PHILOXÈNE DE MABBOG

SA VIE, SES ÉCRITS, SA THÉOLOGIE

UNIVERSITAS CATHOLICA LOVANIENSIS
Dissertationes ad gradum magistri
in Facultate Theologica vel in Facultate Iuris Canonici
consequendum conscriptae
SERIES III. — TOMUS 8.

PHILOXÈNE DE MABBOG

SA VIE, SES ÉCRITS, SA THÉOLOGIE

PAR

ANDRÉ DE HALLEUX

O.F.M.

DOCTEUR EN THÉOLOGIE
LICENCIÉ EN PHILOLOGIE ET HISTOIRE ORIENTALES

LOUVAIN
IMPRIMERIE ORIENTALISTE
144, CHAUSSÉE DE TIRLEMONT
1963

AVANT-PROPOS

Les trente-six années du schisme acacien (482-518) ne furent pas seulement déterminantes pour l'avenir des rapports entre les deux Rome et pour l'histoire du dogme christologique; c'est durant cette période que se forma, dans le patriarcat d'Antioche, une Église monophysite syrienne, qui rejoignit celle d'Égypte dans son opposition au dogne des deux natures, et qui s'est perpétuée jusqu'à ce jour.

L'instauration du régime monophysite à Antioche reste attachée au nom du patriarche Sévère († 538); mais un aîné et un compagnon de lutte de Sévère mérite autant que lui le titre de père de l'Église jacobite : l'archevêque Philoxène de Mabbog († 523). Philoxène exerça une influence décisive sur l'histoire religieuse et politique du patriarcat entre 480 et 518; ses nombreux traités de christologie le rangent parmi les plus grands docteurs du monophysisme; il fut l'initiateur d'une nouvelle version syriaque du Nouveau Testament, tandis que son commentaire des évangiles en fait le premier exégète syrien après saint Éphrem; son importance n'est d'ailleurs pas moindre dans l'histoire de la mystique syrienne, où il se trouve au confluent de l'ancienne spiritualité évangélique et du courant intellectualiste alexandrin.

Les pages suivantes sont consacrées à une monographie sur la vie, les écrits et la théologie de Philoxène. Pour un personnage aussi multiple, l'entreprise pouvait paraître démesurée; si nous n'avons pas reculé devant les inconvénients et les risques qu'elle impliquait, c'est qu'on ne dispose toujours, sur cet auteur, d'aucune notice générale suffisamment sûre pour garantir des recherches particulières plus approfondies. Il nous a donc semblé que la tâche la plus urgente et le meilleur service que nous puissions rendre aux historiens des Ve et VIe siècles byzantins, de la littérature syriaque et de la théologie monophysite serait d'esquisser, à leur intention, l'aperçu d'ensemble qui manquait encore; notre étude aura pleinement rempli son but si elle permet à d'autres de la préciser et de la dépasser.

La vie de Philoxène s'insère dans l'histoire d'une époque bien connue et plus d'une fois excellemment racontée. Nous reprenons le récit de ces événements, dans la première partie de notre travail, avec le souci de mieux mettre en lumière la part qu'y prit l'évêque de Mabbog; mais nous avons également pu tirer profit de nouvelles sources d'information, et une comparaison attentive des anciens témoignages nous a conduit à nuancer ou à corriger les exposés antérieurs. L'index analytique du volume aidera la consultation de sa section historique; en outre, une carte géographique permettra de situer l'activité de Philoxène dans le cadre de Syrie et de Mésopotamie septentrionale où elle s'exerça.

La deuxième partie de notre travail présente le bilan d'une enquête dans la tradition manuscrite syriaque de Philoxène. C'est ici surtout que le besoin d'un examen détaillé se faisait sentir : pour les œuvres inédites, l'historien en était réduit, à peu de chose près, au signalement rapide, et parfois erroné, qu'en donnent les catalogues de manuscrits, tandis que les écrits publiés n'avaient pas toujours fait l'objet d'une critique entièrement satisfaisante. Nous avons donc dressé un inventaire aussi exhaustif que possible des œuvres et des fragments conservés sous le nom de Philoxène, en donnant pour chaque pièce une appréciation sommaire sur son authenticité et sur ses circonstances de composition, ainsi qu'un bref résumé des écrits encore inédits. Un index des manuscrits facilitera l'utilisation de cette partie de notre étude; nous espérons que les renseignements qui s'y trouvent rassemblés pourront aider les futurs éditeurs et, éventuellement, permettre de nouvelles identifications de textes philoxéniens.

Dans la partie doctrinale de notre travail, nous exposons ce qu'un contact prolongé avec les écrits de Philoxène nous a fait apparaître comme les lignes maîtresses et la perspective propre de sa synthèse théologique. Nous y étudions la christologie monophysite en fonction de la théologie trinitaire et de la sotériologie, car ce contexte nous a semblé permettre une exégèse plus compréhensive de la formule de l'une nature incarnée. En des matières si complexes et si délicates, aucune preuve ne saurait prétendre à la rigueur géométrique; loin de vouloir imposer nos convictions au lecteur, nous lui présentons ces pages comme un essai d'interprétation, en l'invitant à vérifier et, au besoin, à corriger nos conclusions par des enquêtes plus larges et plus approfondies; il conviendrait, notamment, de procéder à une recherche attentive des sources patristiques de la théologie de Philoxène, ainsi qu'à sa comparaison avec celle de Sévère d'Antioche et des autres pères du monophysisme jacobite. On trouvera dans l'index analytique du volume le relevé des principaux thèmes étudiés dans sa partie théologique. À l'appui de nos assertions, nous citons de nombreux textes, en bonne partie inédits; cet abondant florilège philoxénien aura au moins l'intérêt de faire prendre contact avec une pensée encore trop imparfaitement connue.

La Faculté de Théologie de l'Université Catholique de Louvain nous fait l'honneur d'accepter notre travail dans une collection où l'histoire et la théologie de l'Orient chrétien ont été plus d'une fois brillamment illustrées; qu'il nous soit donc permis d'offrir ces pages à l'école et aux maîtres qui nous ont formé, comme un témoignage de notre profonde gratitude. Nous sommes heureux de pouvoir exprimer ici plus particulièrement notre reconnaissance à M. le Professeur A. Van Roey, qui a bien voulu patronner notre dissertation; ses conseils et ses encouragements nous ont grandement aidé à la mener à son terme. À ces remerciements nous tenons à associer MM. les Professeurs G. Garitte et A. Houssiau, délégués par la Faculté pour la correction de ce mémoire, qu'ils ont notablement amélioré et enrichi de leurs suggestions; c'est à M. Houssiau que revient le mérite d'avoir conçu et dessiné la carte géographique.

Toute la bibliographie de la présente étude constitue, à sa façon, un hommage aux pionniers de l'orientalisme, sans les travaux desquels le nôtre n'eût pas été concevable; mais bien d'autres personnes ont contribué à le rendre possible de quelque manière. Les supérieurs de notre Ordre nous ont libéralement accordé de consacrer à la recherche de longues années studieuses. L'Académie Royale de Belgique a bien voulu contribuer au financement de ce volume en nous accordant la subvention de la Fondation Edmond Fagnan pour 1962, et la Commission des Publications de l'Université de Louvain nous a également alloué un généreux subside. Nous avons toujours reçu le meilleur accueil à la Bibliothèque Universitaire de Louvain, à celle des RR. PP. Bollandistes à Bruxelles et à l'*Oriental Students Room* du *British Museum* à Londres. Pour l'obtention des microfilms et de renseignements divers sur les manuscrits, la tâche nous a également été facilitée, entre autres, par M. le Professeur J. Assfalg, de Munich, pour la collection Sachau, par M. le Chanoine A. van Lantschoot et M. l'Abbé J.-M. Sauget pour celles de la Bibliothèque Vaticane, par le R.P. V. Arras pour les traductions du ge'ez et par M. le Professeur J. Muyldermans pour celles de l'arménien. M. le Professeur R. Draguet a bien voulu accepter dans le *Corpus scriptorum christianorum orientalium,* et M. Garitte dans *Le Muséon,* l'édition d'importants textes philoxéniens, nous permettant ainsi d'en tirer un plein profit pour l'élaboration de notre étude. Enfin, l'Imprimerie orientaliste de Louvain a mis à l'impression de ce volume un soin et une diligence exemplaires. Que tous veuillent trouver ici l'expression de nos plus vifs remerciements.

Louvain, le 2 juin 1963.   A. DE HALLEUX.

PREMIÈRE PARTIE

LA VIE DE PHILOXÈNE

I. — INTRODUCTION

Le rôle que Philoxène de Mabbog joua dans la politique ecclésiastique du patriarcat d'Antioche et son titre de Père de l'Église jacobite expliquent l'abondance des matériaux biographiques dont disposent ses historiens. Ces matériaux seraient plus aisément exploitables si les polémiques religieuses qui déchiraient la chrétienté orientale autour de l'an 500 eussent été moins passionnées, et leurs chroniqueurs moins prévenus; en effet, la plupart des sources conservées en syriaque sont d'origine monophysite, tandis que les sources grecques et latines proviennent d'historiens chalcédoniens; il faut donc s'attendre à rencontrer ici et là des appréciations tout aussi partiales. En outre, les chroniqueurs, qui relataient des controverses dogmatiques dépassées de leur temps, doivent avoir inconsciemment raidi des positions dont ils n'étaient plus à même de saisir les nuances; au reste, les contemporains de ces controverses ne pouvaient eux-mêmes pénétrer le réseau complexe des influences de tout genre sous-tendant les événements auxquels ils assistaient ou participaient [1].

Les premiers textes à prendre en considération dans une biographie philoxénienne sont évidemment ceux de Philoxène lui-même [2]. Les écrits théologiques de notre auteur livrent ses convictions et révèlent son tempérament; mais ce sont aussi, bien souvent, des œuvres de circonstance, engagées dans des polémiques concrètes, qu'elles aident à mieux situer; parfois même, on y rencontre de précieuses données autobiographiques, expresses ou fortuites [3]. Viennent ensuite les renseignements contenus dans d'autres documents contemporains. Du

---

[1] On trouvera le relevé complet des sources concernant la période qui nous intéresse dans SCHWARTZ, *Acacianische Schisma*, p. 161-170; CHARANIS, *Anastasius*, p. 81-96; VASILIEV, *Justin*, p. 9-38, ainsi que dans toute bonne histoire de la haute époque byzantine, comme BURY, *Later Empire*, t. 2, p. 437-443; STEIN, *Bas-Empire*, p. 847-861 ou OSTROGORSKY, *État byzantin*, p. 49-52. Nous ne mentionnerons ici que celles qui parlent explicitement de Philoxène.

[2] La deuxième partie de ce travail est consacrée à leur inventaire.

[3] Ces données se rencontrent avant tout dans les lettres suivantes : *Aux moines de Palestine* (509), *Au lecteur Maron d'Anazarbe* (ca 515), *À tous les moines orthodoxes d'Orient* (ca 520), *À l'abbé Siméon de Téléda* (ca 520) et *Aux moines de Senoun* (521).

côté monophysite, il faut mentionner une lettre de l'abbé Lazare
de Mār-Bas à Jacques de Saroug [4] ; l'extrait d'une lettre écrite par
un prêtre Siméon, venu avec des moines orientaux dans la Ville
impériale et relatant l'expulsion du patriarche Macédonius [5] ; la
correspondance de Sévère d'Antioche jusqu'à son exil égyptien [6],
les actes de son sacre patriarcal [7] et ses homélies cathédrales [8] ; enfin
la lettre de Siméon de Bēt-Aršam sur le nestorianisme [9]. Du côté
chalcédonien, on possède deux fragments de l'historien Jean
Diacrinomenos [10], mais surtout de larges extraits d'une lettre adressée par des moines palestiniens à l'évêque Alcison de Nicopolis,
en Épire [11].

Trois historiens jacobites du VIe siècle conservent le souvenir de Philoxène : une chronique édessénienne attribuée à Josué le
Stylite [12], la compilation du continuateur anonyme de l'*Histoire*

---

[4] Lazare, *Lettre à Jacques de Saroug*, dans Olinder, *Epistulae*, p. 62-63 ;
Martin, *Jacques de Saroug*, p. 226-227 [228] ; lettre authentique, d'après
Peeters, *Jacques de Saroug*, p. 145 ; nous la situons entre 506 et 512.

[5] Siméon, *Lettre à Samuel*, dans Zacharie cont., *Hist. eccl.*, VII, 8, p.
41-48 [28-33] ; Ahrens-Krüger, *Zacharias*, p. 123-128 ; cette lettre est de peu
postérieure au 7 août 511 ; l'extrait concernant Philoxène, que l'historien
jacobite y a adjoint, p. 47-48 [33], provient vraisemblablement d'une lettre
antérieure du même Siméon (comparer p. [33, *18*] et [28, *13-14*]).

[6] Sévère, *Lettres* SL ; Id., *Lettres* n°s 1-118 ; voir les index au nom de
Philoxène.

[7] Kugener, *Allocution*, p. 266-275.

[8] Sévère, *Homélie 60* ; elle aurait été prononcée à Cyr en octobre 514
(Brière, *Homélies*, p. 56).

[9] Siméon, *Lettre sur le nestorianisme*, dans Assémani, *Bibl. Orientalis*, t. 1,
p. 346-358. La dernière rédaction de cette lettre est postérieure à la mort
d'Anastase (518), qui y est qualifié de bienheureux (ܢܝܚܐ ܕܢܦܫܐ, p. 356) ;
mais ses analogies avec la synodale du concile de Dvin (505/6), que Siméon
inspira (*Livre des lettres*, p. 41-47 ; Ter Minassiantz, *Armenische Kirche*,
p. 152-157), nous inclinent à en reporter la composition à ᶜette époque ; elle
s'inspirait peut-être de la deuxième lettre de Philoxène aux moines du Bēt-
Gōgal (ci-dessous, p. 201, note 2).

[10] Jean Diacrinomenos, *Hist. eccl.*, VII, dans Mansi, t. 13, col. 180 E-181 B ;
Cramer, *Anecdota*, p. 109, *1-2* = Miller, *Jean d'Égée*, p. 402, *25-26*.

[11] *Lettre à Alcison*, dans Évagre, *Hist. eccl.*, III, 31, 33, p. 127-129, 132-133 ;
lettre écrite vers 515.

[12] Ps.-Josué, *Chronique*, ch. 30, p. 25, *11-14* [21] (écrite vers 518), repris dans
Ps.-Denys, *Chronique*, an. 809, p. 256-257 [189, *21* - 190, *6*].

ecclésiastique de Zacharie le Scolastique [13] et le deuxième livre de l'*Histoire ecclésiastique* de Jean d'Éphèse († 588), utilisé par le Ps.-Denys de Tellmaḥrē dans la troisième partie de sa chronique [14]; Zacharie continué et Jean d'Éphèse ont utilisé les mêmes sources, mais de manière indépendante [15].

À la même époque, on trouve mention de notre auteur chez quatre historiographes chalcédoniens : d'abord et surtout Évagre le Scolastique [16] et Théodore le Lecteur [17], puis, à titre secondaire, Cyrille de Scythopolis [18] et Victor de Tunnunna [19]. En historien consciencieux, Évagre indique ses sources et les reproduit parfois [20]; alors que les jugements de ce fonctionnaire cultivé se caractérisent par une remarquable modération [21], Théodore le Lecteur semble avoir nourri contre l'évêque de Mabbog une animosité personnelle [22]. C'est à Théodore que la *Chronographie* de Théophane (IXᵉ siècle) [23], elle-même reprise par Cédrénus-Scylitzès (XIᵉ siècle) [24], doit pratiquement tout ce qu'elle apprend de Philoxène; cette chronique permet ainsi de rétrécir les lacunes qui séparent de l'œuvre théodorienne originale le bref résumé qui en est conservé.

Tandis que les sources byzantines ne font plus que se répéter après le VIᵉ siècle, la tradition jacobite postérieure à l'Islam apporte encore des informations originales sur l'évêque de Mabbog. L'*Anonyme de 846*, compilé au monastère turabdinien de Qartamīn,

[13] ZACHARIE CONT., *Hist. eccl.*, VII, 10, 12 et VIII, 5, livres écrits avant 569.

[14] Ps.-DENYS, *Chronique*, an. 814, 823, 826, 829; voir STEIN, *Bas-Empire*, p. 829-831; HONIGMANN, *Évêques et évêchés*, p. 214-215.

[15] D'après AHRENS-KRÜGER, *Zacharias*, p. XLI-XLIV, ils auraient eu accès aux archives épiscopales d'Amid, ville dont ils étaient tous deux originaires.

[16] ÉVAGRE, *Hist. eccl.*, III, 32, p. 130, *26-27*; III, 31, p. 127, *5-7*.

[17] THÉODORE. *Hist. eccl.*, II, dans MANSI, t. 13, col. 180 D-E = VALOIS, col. 216 C-D.

[18] CYRILLE, *Vie de Sabas*, ch. 50, 55, p. 141, 148.

[19] VICTOR, *Chronique*, [an. 499], p. 193.

[20] Ci-dessus, p. 4, note 11.

[21] SCHWARTZ, *Acacianische Schisma*, p. 219, note 1.

[22] HONIGMANN, *Évêques et évêchés*, p. 67-68.

[23] THÉOPHANE, *Chronographie*, A.M. 5982, 5999, 6001, 6003, 6011; compilée entre 810 et 814.

[24] CÉDRÉNUS, *Compendium*, p. 260, 637; voir OSTROGORSKY, *État byzantin*, p. 240-241.

mérite une attention particulière pour sa notice biographique philoxénienne détaillée [25], alors que son modèle de 819 ne faisait à notre
auteur qu'une brève allusion [26]; outre Zacharie continué et les actes
du sacre de Sévère, l'*Anonyme de 846* utilise des sources qui nous
sont inconnues [27].

Du IXe siècle, il faut passer à la renaissance jacobite des XIIe
et XIIIe, dont le monastère de Barsauma fut le centre [28], pour
retrouver mention de Philoxène chez les grands chroniqueurs monophysites. Le patriarche Michel († 1199) doit beaucoup de ses renseignements au continuateur de Zacharie [29]; il en reprend d'autres
à Denys de Tellmaḥrē [30], d'autres encore à des sources inconnues [31], tandis qu'il est à son tour repris par Bar-Hébræus († 1286),
dont la *Chronique ecclésiastique* ne possède, de ce fait, aucune
valeur indépendante [32]. Au XIIIe siècle encore, mais cette fois dans
le Ṭūr 'Abdīn, notre auteur trouve un panégyriste dans la personne
d'un moine de Qartamīn [33], dont le *mēmrā* biographique fit lui-
même par après l'objet d'un résumé en prose [34]; en éditant ce
panégyrique, nous avons souligné [35] son incontestable intérêt historique, dû aux sources en partie inconnues auxquelles le biographe
médiéval a puisé.

À la tradition jacobite s'apparentent diverses notices biographiques mineures impossibles à dater avec précision. La plus complète,
connue depuis Assémani [36], provient d'une compilation apologétique

---

25 *Anonyme 846*, p. 220-221, 223, 226 [168], 169, 172]; éd. (moins sûre) NAU,
Notice, p. 631-632 [632-633].

26 *Anonyme 819*, p. 8 [5].

27 *Anonyme 846*, p. 220-221 [168, *11-24, 30-37*] = ZACHARIE CONT., *Hist. eccl.*,
VII, 10, p. 50 [34-35]; p. 221 [168, *25-30*] = KUGENER, *Allocution*, p. 274.

28 HONIGMANN, *Barṣauma*, p. I.

29 MICHEL, *Chronique*, IX, 10, p. 261-262 [162-163] = ZACHARIE CONT., VII,
10-11.

30 *Ibid.*, VIII, 14, p. 240 [124].

31 *Ibid.*, IX, 7, p. 258 [157]; 8, p. 259-260 [160-161]; 13, p. 266 [171];
29, p. 308 [244].

32 BAR-HÉBRÆUS, *Chron. eccl.*, I, 39, col. 183-184 = MICHEL, IX, 7; I, 41-42,
col. 187-190 = MICHEL, IX, 8; I, 44-45, col. 211-216 = MICHEL, IX, 29.

33 ÉLĪ, *Mēmrā*.

34 MINGANA, *New Documents*, p. [151-157].

35 DE HALLEUX, *Mēmrā*, p. [III-IX].

36 ASSÉMANI, *Bibl. Orientalis*, p. 11; éd. VASCHALDE, *Three Letters*, p. 175-176.

anonyme, à laquelle nous assignons une date tardive [37]; un *qālā*
du ms. *Paris (Bibliothèque Nationale), syr. 165*, f. 237ᵛ, sur le
martyre de l'évêque de Mabbog [38] et la rubrique d'une liturgie
philoxénienne dans un manuscrit du Ṭūr ʿAbdīn [39] sont parallèles
au *mēmrā* d'Élī de Qartamīn; enfin, les courtes notices inédites
des mss. *Londres (British Museum), Add. 17,193*, f. 69ʳ [40] et
Birmingham (Selly Oak Colleges), Mingana syr 4, f. 61ʳ [41] se
rattachent à Zacharie continué, à Michel le Syrien ou à Bar-
Hébræus.

Une absence aura peut-être frappé dans cette énumération de
l'historiographie monophysite : celle des biographes de Sévère,
Zacharie le Scolastique et Jean de Bēt-Aftōnya [42]; est-ce uniquement
pour mieux mettre en vedette son héros que Zacharie ne fait pas
la moindre allusion au rôle, pourtant dominant, joué par Philoxène
dans les événements qui aboutirent à la déposition de Flavien
d'Antioche? N'aurait-il pas plutôt évité de réveiller la mémoire
d'un coreligionnaire qu'il considérait personnellement comme un
extrémiste [43], à l'heure où le patriarche d'Antioche était lui-même
en butte à des accusations calomnieuses [44]?

Malgré les rapports qui n'ont pu manquer d'exister entre Philoxène et l'Égypte monophysite [45], et en dépit du succès posthume
que sa christologie obtint dans l'Église d'Arménie [46], il ne semble
pas que l'historiographie copte, ni l'arménienne, aient conservé sa
mémoire; tout au plus cette dernière rapporte-t-elle que les écrits

---

[37] DE HALLEUX, *Mēmrā*, p. [I-II], note 2.

[38] *Ibid.*, p. 21 [21].

[39] MINGANA, *New Documents.* p. 156, note 1; DE HALLEUX, *Mēmrā*, p. [III],
note 9.

[40] WRIGHT, *Catalogue*, nᵒ 861, p. 997.

[41] MINGANA, *Catalogue*, col. 9.

[42] ZACHARIE, *Vie de Sévère*; JEAN, *Vie de Sévère*; rien non plus dans les
biographies monophysites par Jean d'Éphèse (JEAN, *Vies*), non plus que dans
les *Plérophories* de Jean Rufus (NAU, *Plérophories*).

[43] ZACHARIE, *Vie de Sévère*, p. 107-108.

[44] Zacharie composa son panégyrique de Sévère vers 515 (AHRENS-KRÜGER,
Zacharias, p. XXII, XXVI), en réponse à un libelle diffamatoire (*Vie de Sévère*,
p. 7-10).

[45] Spécialement sous Jean III le Niciote (506-517); ci-dessous, p. 58.

[46] TER MINASSIANTZ, *Armenische Kirche*, p. 151, note 1.

de notre auteur furent apportés et traduits par le julianiste syrien
ʿAbdīšōʿ, lors du concile de Dvin de 555 [47].

Les origines persanes de l'évêque de Mabbog, et les contacts étroits
qu'il ne cessa jamais d'entretenir avec les milieux monophysites
de l'empire sassanide [48], pouvaient laisser espérer que les « nestoriens », dont il fut l'adversaire déclaré, auraient conservé de lui
des souvenirs précis et abondants ; nous n'avons toutefois pu relever
qu'une allusion chez Babaï le Grand († ca 628) [49], une courte
notice chez Théodore Bar-Kōnī († ca 790) [50], une autre chez le
lexicographe Bar-Bahlūl (Xᵉ siècle) [51] et trois mentions dans la
chronique dite de Séert (ca 1036) [52].

Les orientalistes modernes demeurent largement tributaires de
leur grand pionnier, J. S. Assémani, qui fut le premier à exploiter
les sources syriaques [53] ; depuis le XVIIIᵉ siècle, seuls quelques
nouveaux textes ont permis à la biographie philoxénienne d'enre-
gistrer des progrès [54]. Parmi les nombreuses notices dont on dispose
aujourd'hui [55], il convient de relever comme particulièrement dignes

47 GARITTE, *Narratio*, p. 130-135, 163-164.

48 Ci-dessous, p. 47-48, 64.

49 BABAÏ, *Livre de l'union*, III, 9, p. 76-77 [62-63] ; MINGANA, *Narsai*, p.
5-6, note 5.

50 BAR-KŌNĪ, *Scolies*, t. 2, p. 341.

51 BAR-BAHLŪL, *Lexique*, col. 1546, 6 ; cette notice doit provenir d'une
source monophysite, car le lexicographe nestorien fait de Philoxène un martyr
(ܐܪ̈ܟ ܒ ܠܠ).

52 *Chronique de Séert*, II, 3, 10, 20, p. 105-106, 120, 139.

53 ASSÉMANI, *Bibl. Orientalis*, t. 2, p. 10-20. On trouvera tout ce qui
pouvait être dit de Philoxène avant que ces sources fussent connues dans
TILLEMONT, *Saint Macédone*, art. 6-22, p. 674-710 (spécialement art. 7, p. 677-
679) ; LE QUIEN, *Oriens Christianus*, t. 2, col. 928-930, connaît Assémani (col.
930) mais n'en tient aucun compte.

54 LEBON, *Textes inédits*.

55 WRIGHT, *Syriac Literature*, p. 72-74 (1894) ; DUVAL, *Littérature syriaque*,
p. 356-357 (1e éd., 1899) ; BUDGE, *Discourses*, p. XVII-XXVI (1894) ; VASCHALDE,
Three Letters, p. 3-20 (1902) ; KRÜGER, *Philoxenos*, p. 367-368 (1904) ; LEBON,
Dissertation, p. 38-68 (1909) ; *Christologie*, p. 426, note 1 (1951) ; BAUMSTARK,
Geschichte, p. 141 (1922) ; BARDENHEWER, *Geschichte*, t. 4, p. 419-420 (1924) ;
HAYES, *École d'Édesse*, p. 253-271 (1930) ; CHABOT, *Littérature syriaque*, p.
64-65 (1934) ; TISSERANT, *Philoxène*, col. 1509-1516 (1935) ; RÜCKER, *Philoxenus*,
col. 248-249 (1936) ; DEVREESSE, *Antioche*, p. 67-69 (1945) ; ORTIZ, *Filosseno*,

de mention celles de Budge, Vaschalde, Tisserant et Honigmann.

Pour l'exposé qu'on va lire, nous avons bénéficié d'importantes données inédites des écrits philoxéniens[56], ainsi que des renseignements contenus dans la *Vie* de notre auteur par Élī de Qartamīn; mais nous avons également procédé à une comparaison attentive des sources déjà connues, ce qui nous a permis de réformer ou de préciser plus d'un détail admis jusqu'ici de bonne foi. Sans nourrir l'ambition d'offrir une image absolument neuve du grand évêque monophysite, nous espérons pourtant avoir contribué à mettre son importance historique dans un meilleur relief.

II. — LE NOM

La tradition connaît notre héros sous les deux noms de ܟܣܝܢܐ = Ξεναίας et de ܦܝܠܘܟܣܝܢܘܣ = Φιλόξενος. On ne peut considérer l'usage du premier comme propre aux historiens syriaques, en regardant le second comme sa traduction grecque; en effet, *Xénaïas* se rencontre chez les historiens grecs[1], tandis que *Philoxenos*, avec des graphies diverses, se trouve couramment utilisé en syriaque, non seulement dans des œuvres traduites du grec[2], mais aussi chez des auteurs jacobites ignorant cette langue[3], ainsi que dans les lemmes et colophons syriaques de manuscrits philoxéniens[4]. Ceci dit, et

---

col. 1367 (1950); Honigmann, *Évêques et évêchés*, p. 4-18, 66-68 (1951); Bergsträsser, *Monophysitismus*, p. 15-20 (1953); Ortiz, *Patrologia*, p. 148 (1958); Altaner, *Patrologie*, p. 313-314 (5e éd., 1958).

[56] Spécialement des *Mēmrē contre Ḥabīb*, de la *Lettre aux moines de Palestine* et de celle *Aux moines de Senoun*.

[1] *Lettre à Alcison*, p. 127, *23*; 128, *10*, *19*; 129, *24*; Jean Diacrinomenos, *Hist. eccl.*, VII (Mansi, t. 13, col. 180 E; Cramer, *Anecdota*, p. 109, *1* = Miller, *Jean d'Égée*, p. 402, *25*); Théodore, *Hist. eccl.*, II (Mansi, t. 13, col. 180 D); Théophane, *Chronographie*, A.M. 5982, p. 134, *11*; 5999, p. 150, *4*; 6001, p. 151, *20*; 6003, p. 153, *17*, *26*; 6011, p. 165, *21*.

[2] Kugener, *Allocution*, p. 270, 273-275; Sévère, *Lettre à l'évêque Philoxène de Mabbog*, SL, I, 48, p. 145 [130]; Ps.-Denys, *Chronique* (d'après Jean d'Éphèse?), an. 814, p. 5; 823, p. 12; 826, p. 14; 829. p. 17.

[3] Bar-Cépha, *De paradiso*, ci-dessous, p. 134; Bar-Ṣalībī, *Commentaire des évangiles*, ci-dessous, p. 158-161, etc.; Michel, *Chronique*, VIII, 14, p. 240 [142]; IX, 7, p. 258 [157]; IX, 8, p. 259 [160]; IX, 10, p. 261 [162], avec les passages correspondants de Bar-Hébræus, *Chron. eccl.* (ci-dessus, p. 6, note 32).

[4] On trouvera le détail dans la deuxième partie de ce travail.

réserve faite d'une précision qui va suivre, on peut admettre que
Philoxenos est l'équivalent grec du syriaque *Aksenāyā*, comme le
notent les historiens [5].

Aksenāyā était-il un nom répandu parmi les chrétiens persans
d'expression syriaque ? On ne saurait le dire, car tous les Syriens
connus sous ce nom sont des jacobites postérieurs à Philoxène, et
peut-être appelés de la sorte en mémoire du grand évêque de
Mabbog [6]. La langue ascétique syriaque utilise couramment le substantif ܐܟܣܢܝܘܬܐ = ξενιτεία, dérivé de ܐܟܣܢܝܐ = ξένος, pour
désigner la condition du moine devenu étranger au monde par sa
profession [7]; *Xénaïas* serait ainsi un nom monastique, peut-être
appliqué originairement à une classe spéciale de gyrovagues [8]; nous
ne croyons pourtant pas que Philoxène l'ait reçu à la suite
d'une profession ou d'une éducation monastique; il est d'ailleurs
improbable qu'il ait jamais bénéficié de pareille formation [9].
Siméon de Bēt-Aršam semble distinguer les noms des deux frères
Addaï et Xénaïas des sobriquets dont étaient affublés plusieurs
de leurs condisciples à l'école d'Édesse [10]; ne pourrait-on supposer
que la région natale de Philoxène aurait vénéré la mémoire d'un
saint anachorète, sous le patronage duquel aurait été placé le jeune
enfant [11]?

Plutôt que Φιλόξενος, la traduction exacte du syriaque *Aksenāyā*
eût été Ξένος; mais cette appellation aurait, semble-t-il, exposé
à des évocations péjoratives [12]. *Philoxenos* ne représente donc qu'un
équivalent onomastique, savoir le nom grec usuel [13] le plus appro-

---

5 Par ex. ÉVAGRE, *Hist. eccl.*, III, 32, p. 130, *29-30*. À travers l'arménien
(ֆիլաքսն et ֆիլիքսիանոս), Φιλόξενος a été retraduit en grec Φίλικος
(gén.); GARITTE, *Narratio*, p. 165-166. En éthiopien, le même nom est devenu
(à travers l'arabe?) *Falaskinos* (ፈላስኪኖስ ፡) et *Filkeseyūs* (ፊልከሰዩስ ፡); CONTI
ROSSINI, *Note*, p. 615.

6 Ci-dessous, p. 114-115, note 33.

7 BAR-BAHLŪL, *Lexique*, col. 162, *15, 17*; PAYNE SMITH, *Thesaurus*, t. 1,
col. 188.

8 VÖÖBUS, *History*, p. 270.

9 Ci-dessous, p. 22-24.

10 SIMÉON, *Lettre sur le nestorianisme*, p. 352-353.

11 La *Bibl. hag. orient.* ne connaît aucun saint du nom de Xénaïas.

12 *Lettre à Alcison*, p. 127, *23* : Ξεναΐας, ὁ τοῦ Θεοῦ ξένος.

13 Au moins trente et un Philoxène sont connus pour l'antiquité, dont un
célèbre dithyrambiste (435-380) et un grammairien d'Alexandrie (Iᵉʳ siècle

chant de la consonance du syriaque ; au reste, les historiens affirment moins la synonymie des deux vocables que l'identité du personnage [14].

À quelle occasion Xénaïas prit-il, ou reçut-il, son nom grec ? Théophane [15] et Élī de Qartamīn [16] assurent qu'il lui fut imposé à Antioche par Pierre le Foulon, lors du sacre épiscopal et de la nomination au siège de Mabbog. Le chroniqueur grec livre ce renseignement dans un passage où il répète la légende, rapportée par Théodore le Lecteur, selon laquelle Philoxène n'aurait pas encore été baptisé à ce moment [17] ; il pourrait donc avoir rapproché la « métonomase » du sacre afin de mieux affirmer l'intention, prêtée par Théodore à l'évêque consécrateur, de suppléer au baptême de Xénaïas par son ordination [18]. Il est cependant une circonstance plaidant en faveur d'un rapprochement entre le nouveau nom de Xénaïas et le siège de Mabbog : cette ville avait déjà eu pour évêque un certain Philoxène, lequel avait assisté au concile de Nicée (325), parmi les juges d'Arius [19] ; ainsi serait-ce un successeur, un homonyme, de ce Philoxène, qui allait reprendre à Mabbog la lutte contre les ariens de l'heure, c'est-à-dire contre ces nouveaux négateurs de la divinité du Sauveur qu'étaient aux yeux de Pierre et de son suffragant les héritiers de la tradition christologique « antiochienne ».

La coïncidence serait plus frappante encore si notre héros avait déjà été connu à ce moment sous son nom grec, qu'il aurait alors spontanément adopté dès son arrivée de Perse dans l'« Occident » hellénisé [20]. Dans ce cas, le patriarche d'Antioche n'aurait pas eu

---

av. J.-C.) ; le nom était encore courant sous Léon Ier, Zénon et Anastase ; PAULY-WISSOWA, *Realenz.*, t. 39, col. 189-203.

14 Par ex., JEAN DIACRINOMENOS, *Hist. eccl.*, VII (CRAMER, *Anecdota*, p. 109, 1 = MILLER, *Jean d'Égée*, p. 402, *25*) : Ξεναΐας ὁ Φιλόξενος ; VASCHALDE, *Three Letters*, p. 175 : ܟܢܘܡܐ, ܒܪ ,ܘܐܟܬܒ ܗܘ [...] ܘܦܠܟܣܐ, ܒܪ

15 THÉOPHANE, *Chronographie*, A.M. 5982, p. 134, *16-17*.

16 ÉLĪ, *Mēmrā*, v. 154 p. 6 [6].

17 Ci-dessous, p. 15-17.

18 Le fragment conservé de Théodore (MANSI, t. 13, col. 180 D-E = VALOIS, col. 216 C-D) ne fait pas mention d'un changement de nom.

19 LE QUIEN, *Oriens Christianus*, t. 2, col. 925 ; GOOSSENS, *Hiérapolis*, p. 154 ; HONIGMANN, *Évêques et évêchés*, p. 5, note 7.

20 Ci-dessous, p. 31-32.

à surnommer Xénaïas en vue de l'épiscopat qu'il lui destinait; au contraire, il aurait lu dans le nom déjà porté par Philoxène l'indication providentielle du siège auquel ce nom le prédestinait en quelque sorte.

Ne pourrait-on chercher une confirmation à cette dernière hypothèse dans le fait que l'évêque de Mabbog continue d'être appelé Xénaïas, tant par les documents contemporains et les historiens monophysites que par les lemmes et les colophons des manuscrits de ses œuvres [21]? En effet, si la consécration épiscopale s'était accompagnée d'une véritable «métonomase», comme l'affirme Théophane [22], cet événement eût marqué une nette césure chronologique, qui aurait interdit des titres comme celui de « (saint) Mār Xénaïas, (évêque) de Mabbog » [23]. Nous croirions donc volontiers que la tradition des historiens et des manuscrits [24] reflète bien la réalité en continuant de désigner indifféremment l'évêque de Mabbog de son nom syriaque ou du nom grec qu'il avait vraisemblablement adopté dès son passage en Syrie occidentale [25].

III. — LES ORIGINES PERSANES

Théodore le Lecteur [1], repris par Théophane [2], affirme que Philoxène était persan de naissance, donnée que confirment, du côté nestorien, Babaï le Grand [3] et, du côté jacobite, l'*Anonyme de 846* [4]. Une précision supplémentaire est fournie par Siméon de Bēt-Aršam [5],

---

[21] Ci-dessus, p. 9, notes 1 et 4; SIMÉON, *Lettre à Samuel*, p. 47 [33, *3-4*]; ZACHARIE CONT., *Hist. eccl.*, VII, 10, p. 50 [34, *22*]; VII, 12, p. 54 [37, *27*]; VII, 5, p. 81 [56, *8*], etc.

[22] THÉOPHANE, *Chronographie*, A.M. 5982, p. 134, *16-17*.

[23] BUDGE, *Discourses*, t. 2, p. CXXXVI, XCVI, etc.

[24] *Ibid.*, p. CXX (entre les deux titres des p. CXXXVI et XCVI), etc.

[25] Ainsi, autant l'emploi de cette double appellation est susceptible de constituer un indice appréciable pour discerner les différentes couches des sources historiques, autant serait fallacieuse l'application d'un prétendu changement de nom comme critère chronologique pour dater les écrits de Philoxène d'avant ou d'après l'épiscopat, selon la teneur des lemmes des manuscrits.

[1] THÉODORE, *Hist. eccl.*, II (MANSI, t. 13, col. 180 D).

[2] THÉOPHANE, *Chronographie*, A.M. 5982, p. 134, *13*.

[3] BABAÏ, *Livre de l'union*, III, 9, p. 76 [61, *37* - 62, *2*].

[4] *Anonyme 846*, p. 220 [168, *2*].

[5] SIMÉON, *Lettre sur le nestorianisme*, p. 353.

le lexicographe Bar-Bahlūl [6], Élī de Qartamīn [7] et une notice bio-graphique anonyme [8], qui désignent comme lieu d'origine de notre héros le bourg garmaïte de Taḥēl. Rien n'invite à suspecter ces indications; la nationalité persane de Philoxène explique d'ailleurs son éducation à l'école d'Édesse, ses relations avec les milieux monastiques situés aux confins des deux empires, comme ceux d'Amid, d'Arzōn et du Ṭūr ʿAbdīn, les rapports qu'il entretint vraisemblablement avec Siméon de Bēt-Aršam, enfin l'animosité particulière qu'il nourrit à l'endroit des prélats « nestoriens » Acace et Barsauma [9]. Du bourg de Taḥēl, on sait seulement qu'il se trou-vait dans la province du Bēt-Garmaï, elle-même située à l'est du Tigre et au sud de l'Adiabène, avec comme métropole ecclésiastique Karkā-de-Bēt-Selōk, la Kirkuk moderne [10].

On ne dispose d'aucun élément précis pour déterminer l'épo-que de la naissance de Philoxène. Dans la *Lettre aux moines de Senoun*, écrite en 521, deux ans avant sa mort, notre auteur se présente comme un vieillard [11]; selon qu'il fût alors sexagénaire ou nonagénaire, il aurait vu le jour à la fin ou au début du deu-xième tiers du Ve siècle; mais deux indices nous portent à ne pas trop nous écarter de cette dernière date : quatre ans avant la persécution de Justin (en 514), l'âge du vieil évêque évoquait déjà à Sévère d'Antioche celui du patriarche Jacob bénissant ses enfants [12]; et d'autre part, il avait derrière lui une abondante production littéraire dès le moment de son ordination épiscopale (485) [13].

Si Philoxène n'avait pu assister en témoin averti aux suites du concile d'Éphèse (431), non plus qu'aux répercussions immédiates

---

[6] BAR-BAHLŪL, *Lexique*, col. 1546, *6*.

[7] ÉLĪ, *Mēmrā*, v. 29-34, p. 2 [1-2].

[8] VASCHALDE, *Three Letters*, p. 175.

[9] Ci-dessous, p. 32, 47-48.

[10] HOFFMANN, *Auszüge*, p. 277.

[11] PHILOXÈNE, *Lettre aux moines de Senoun*, p. 2 [2, *10-11*].

[12] SÉVÈRE, *Homélie 60*, p. 252-253; voir aussi ZACHARIE CONT., *Hist. eccl.*, VII, 12, p. 55 [38, *14*].

[13] Ci-dessous, p. 189-201 et 225-238. Les modernes situent la naissance de Philoxène au deuxième quart du Ve siècle (VASCHALDE, *Three Letters*, p. 3; KRÜGER, *Philoxenos*, p. 367), vers 440 (RÜCKER, *Philoxenus*, col. 248; BERG-STRÄSSER, *Monophysitismus*, p. 15, note 2), vers le milieu du Ve siècle (LEBON, *Christologie*, p. 426, note 3) ou dans son troisième quart (BUDGE, *Discourses*, t. 2, p. XVII).

de celui de Chalcédoine (451) dans l'Orient syrien, il eut à cœur
de s'en informer soigneusement, car il rapporte dans ses écrits des
traditions locales sur les diphysites « théodoriens », où la légende
se mêle à des souvenirs peut-être authentiques[14]. Sa future province d'Euphratésie n'avait-elle pas compté parmi les plus irréducti-
bles bastions de la résistance anticyrillienne, puisque Mabbog avait
eu l'évêque Alexandre, Samosate André, Doliché Ḥabīb et Cyr Théodoret[15] !

Nous ne saurions dire si Philoxène connut directement ce dernier
(† ca 466), qui « vivait encore à son époque »[16], ni même s'il arriva
à Édesse durant le second épiscopat d'Hibas (451-457)[17] ; en effet,
on ne peut tirer aucune indication chronologique précise de la
lettre de Siméon de Bēt-Aršam sur le nestorianisme : en opposant
aux disciples d'Hibas Acace et Barsauma notre auteur et les autres
adversaires de l'évêque d'Édesse, Siméon ne prétendait sans doute
pas les présenter comme des contemporains[18].

La famille de Philoxène appartenait vraisemblablement à la communauté araméenne de Perse, évangélisée de longue date[19]. L'hostilité du clergé mazdéen à l'endroit de l'Église persane, ainsi que

---

[14] Philoxène, *Lettre à Abū Yaʿfur* (Martin, *Institutiones*, p. 71-76;
Tixeront, *Abou Nifir*, p. 624-628; Mingana, *Early Spread*, p. 353-358); *Lettre
aux moines de Senoun*, p. 16-21 [13-17].

[15] En outre la légende faisait naître à Germanicée Théodore de Mopsueste
et Nestorius lui-même : Philoxène, *Lettre à Abū Yaʿfur* (Martin, p. 71;
Tixeront, p. 625-626; Mingana. p. 354).

[16] ʿArbayā, *Écoles*, p. 380 [66], d'après qui notre auteur parlerait de
« Théodule », disciple et successeur de Théodore à Mopsueste. Le successeur
de Théodore est Mélèce (Le Quien, *Oriens Christianus*, t. 2, col. 891-892);
nous proposons donc de lire « Théodoret », personnage que Philoxène considère
d'ailleurs comme disciple de Théodore de Mopsueste (Philoxène, *Lettre aux
moines de Senoun*, p. 16 [13, *20-24*]).

[17] Beaucoup d'auteurs l'admettent, par ex. Budge, *Discourses*, t. 2, p. XVII;
Vaschalde, *Three Letters*, p. 3; Lebon, *Dissertation*, p. 38; Hayes, *École
d'Édesse*, p. 253-254; Tisserant, *Philoxène*, col. 1510.

[18] Siméon, *Lettre sur le nestorianisme*, p. 351-352. Barsauma était évêque
de Nisibe dès 449; il meurt entre 492 et 495, et le catholicos Acace en 496
(Labourt, *Christianisme sassanide*, p. 152); l'un et l'autre devaient être au
moins d'une génération les aînés de Philoxène († 523).

[19] Ainsi se résout l'objection de Krüger, *Philoxenos*, p. 367, d'après qui
l'origine persane de Xénaïas serait exclue par son nom araméen.

l'humeur ombrageuse des monarques sassanides pour ses attaches avec la chrétienté « romaine », rendirent son existence précaire tout au long de l'ère préislamique [20]. Élī de Qartamīn assure qu'une persécution contraignit les parents de son héros à émigrer du Bēt-Garmaï dans le Ṭūr ʿAbdīn [21] ; nous craignons que le biographe ait imaginé ce détail pour mieux introduire l'épisode légendaire de la formation ascétique de Philoxène au monastère de Qartamīn [22] ; s'il avait pourtant conservé un souvenir historique, celui-ci s'insérerait sans difficulté dans le contexte du règne de Yazdgerd (ca 438-457), dont la persécution antichrétienne, inaugurée vers 445/6, sévit particulièrement dans le Bēt-Garmaï [23]. Le Ṭūr ʿAbdīn formait alors une région frontière, dont la situation peu accessible devait garantir une retraite sûre à d'éventuels réfugiés [24].

On ne sait pas grand-chose des parents de Xénaïas, que son panégyriste présente sous les traits stéréotypés de ceux du Précurseur [25]. D'après la même source [26], mais ici confirmée par Siméon de Bēt-Aršam [27], Philoxène aurait eu un frère, nommé Addaï, que Siméon range parmi les membres de l'école d'Édesse, et dont Élī fait un « docteur » (ܡܠܦܢܐ) dans le bourg natal. On apprend encore de Michel le Syrien [28] que l'évêque de Mabbog avait aussi une sœur, dont un fils devait devenir, sous le nom de Philoxène, le suffragant de son oncle au siège de Doliché [30].

Une légende calomnieuse, accréditée par Théodore le Lecteur, lequel affirme l'avoir apprise « par ouï-dire, de divers côtés » [31],

---

[20] LABOURT, *Christianisme sassanide*, p. 43-50, etc.

[21] ÉLĪ, *Mēmrā*, v. 39-44, p. 2 [2].

[22] Ci-dessous, p. 24.

[23] CHRISTENSEN, *Iran sassanide*, p. 284.

[24] DILLEMAN, *Haute Mésopotamie*, p. 32-33, 234.

[25] ÉLĪ, *Mēmrā*, v. 31-32, p. 2 [2].

[26] *Ibid.*, v. 35-38, p. 2 [2].

[27] SIMÉON, *Lettre sur le nestorianisme*, p. 353.

[28] MICHEL, *Chronique*, IX, 29, p. 308 [244] = BAR-HÉBRÆUS, *Chron. eccl.*, I, 45, col. 215.

[29] ÉLĪ, *Mēmrā*, v. 334-336, p. 13 [14] : ܒܪ ܚܬܗ = « fils de sa sœur ».

[30] HONIGMANN, *Évêques et évêchés*, p. 72-73.

[31] THÉODORE, *Hist. eccl.*, II (MANSI, t. 13, col. 180 D-E).

puis reproduite par Théophane[32], fait de notre auteur un esclave
fugitif et un non-baptisé. Le peu que l'on sait de la famille de
Philoxène ne favorise guère l'hypothèse d'une origine servile; et
comment un esclave eût-il été accepté à l'école des Perses, puis
reçu à l'ordination[33]? Il nous paraît d'ailleurs significatif que le
« nestorien » Babaï, dont l'antipathie pour l'évêque de Mabbog
valait sans doute celle du chalcédonien Théodore, et qui se trouvait
peut-être mieux placé que lui pour s'informer des origines d'un
compatriote, ne retienne pas ce grief, mais se contente de présenter
Philoxène comme un perpétuel errant, banni de son pays, puis
chassé d'un endroit dans un autre par les évêques « orthodoxes »[34].

La légende ne pourrait-elle provenir d'expressions imagées, décrivant ce qui avait dû paraître aux diphysites persans comme la
défection d'un coreligionnaire, savoir le ralliement de Philoxène
au parti cyrillien d'Édesse, suivi de son départ pour la Syrie
occidentale[35]? La rédaction de Théophane, qui a connu sa source
plus complètement que nous, appuie cette interprétation en appelant
Philoxène l'esclave de Satan[36]; d'abord symboliquement appliquée
à un transfuge réel, l'insulte d'esclavage se serait ensuite matéria-
lisée, avec l'éloignement des événements auxquels elle faisait allusion.

Quant à l'assertion selon laquelle l'évêque de Mabbog n'aurait
jamais reçu le baptême, elle a été depuis longtemps réfutée par des
textes de l'intéressé lui-même[37], qu'il serait d'ailleurs aisé de multi-
plier; mais la lecture attentive de Théodore pourrait même orienter vers l'origine de cette légende. L'historien chalcédonien rapporte[38] que, peu après le sacre épiscopal de Philoxène, des évêques
venus de Perse auraient dénoncé leur compatriote à son patriarche
et consécrateur, Pierre le Foulon, lequel aurait déclaré que l'ordination tiendrait lieu de baptême.

---

[32] THÉOPHANE, *Chronographie*, A.M. 5982, p. 134, *13-19*.

[33] Le deuxième « canon arabe » de Nicée défend d'ordonner les fugitifs;
MANSI, t. 2, col. 952 D.

[34] BABAÏ, *Livre de l'union*, III, 9, p. 76-77 [62, *35 - 63, 27*].

[35] Ci-dessous, p. 28-32.

[36] THÉOPHANE, *Chronographie*, A.M. 5982, p. 134, *11-12*.

[37] ASSÉMANI, *Bibl. Orientalis*, p. 10-12; BUDGE, *Discourses*, t. 2, p. XX-XXI;
VASCHALDE, *Three Letters*, p. 4-5. Philoxène semble considérer le pédobaptisme
comme la pratique normale : *Mēmrē parénétiques*, IX, p. 268.

[38] THÉODORE, *Hist. eccl.*, II (MANSI, t. 13, col. 180 D-E).

On sait que la validité du baptême conféré par les diphysites fit l'objet de vives controverses parmi les monophysites, dès l'époque de Timothée Élure et jusque bien au-delà du VIᵉ siècle; tandis que les partisans de l'intransigeance exigeaient sa réitération, ceux de la condescendance se contentaient d'une rétractation de l'« hérésie » [39]. Lorsque, durant la guerre romano-perse de 502-505, Philoxène déclare à un toparque du Grand Roi qu'il ne rougit point d'avoir été baptisé dans la « tradition » de Chalcédoine, et que la bonne foi a rendu ce baptême valide [40], n'est-ce pas qu'il se sentait personnellement visé par les exigences de certains extrémistes?

Ceci étant, ne pourrait-on envisager l'hypothèse suivante : des monophysites persans [41], partisans de l'intransigeance, et considérant donc comme nul et non avenu le baptême conféré par les diphysites « théodoriens » de leur pays, auraient blâmé le fait que celui de Philoxène n'eût pas été réitéré avant son sacre épiscopal; mais le patriarche d'Antioche, partisan de l'indulgence [42], aurait considéré que le sacre qu'il venait de conférer suppléait à toute déficience éventuelle du baptême; les accusations des évêques persans, mal comprises ou peut-être intentionnellement déformées dans les milieux diphysites de Syro-Mésopotamie, auraient alors donné naissance à la légende de l'ordination frauduleuse d'un intrigant sans scrupule. Nous avançons cette hypothèse sous toute réserve, car elle n'est fondée que sur des probabilités assez vagues et malaisément appréciables; mais en tout état de cause, la tradition de l'esclave fugitif et celle du non-baptisé nous paraissent insoutenables.

---

[39] LEBON, *Textes inédits*, p. 152-160.

[40] PHILOXÈNE, *Lettre à Abū Yaʿfur* (MARTIN, *Institutiones*, p. 77; TIXERONT, *Abou Nifir*, p. [630]; MINGANA, *Early Spread*, p. 358). Philoxène se range ici parmi les baptisés et les ordonnés d'avant la « condamnation officielle » de Chalcédoine, qu'il date de l'*Hénotique* de 482 (*Lettre aux moines de Senoun*, p. 47 [38, *31* - 39, *9*]); le renseignement n'est donc valable que pour son baptême, puisque son sacre épiscopal date de 485 (ci-dessous, p. 39-40).

[41] Qu'ils s'adressent à Pierre le Foulon suppose normalement qu'ils sont de tendance monophysite; s'il s'agissait, au contraire, de « nestoriens », leur intervention prendrait une nuance ironique.

[42] Ci-dessous, p. 34.

IV. — CARACTÈRE

En présentant notre auteur, le continuateur de Zacharie [1], suivi par le patriarche Michel [2], énumère trois traits caractéristiques de l'image que les milieux jacobites se faisaient de l'évêque de Mabbog un demi-siècle après sa mort : éloquence, culture syrienne et zèle pour la foi; mais déjà de son vivant, ces mêmes traits se trouvaient relevés par Sévère d'Antioche [3]; et tout ce qui se dégage des écrits de l'intéressé corrobore entièrement ce jugement.

Le zèle de Philoxène est universellement reconnu, mais diversement apprécié : pour les historiens chalcédoniens, l'évêque de Mabbog représente tout naturellement un génie subversif, sachant allier la ruse à la violence [4], et l'on aurait mauvaise grâce à contester que les faits semblèrent parfois justifier, dans une certaine mesure, cette réputation; mais à ses propres yeux, c'est la cause la plus sacrée qui réclamait tantôt d'engager l'offensive, et tantôt d'organiser la résistance contre les diphysites [5].

Le zèle ardent que les circonstances allaient lui donner l'occasion de dépenser sans compter, Philoxène le devait à un tempérament de lutteur, taillé pour tous les affrontements; il était doué d'une force de volonté peu commune, d'une inflexible ténacité, d'une obstination indomptable, que les années ne parvinrent pas à entamer [6]; en exil, confronté à ses persécuteurs, le vieil évêque apparaît encore tout vibrant d'une fierté cinglante [7].

Cette énergie se trouvait pourtant contenue dans un « vase d'argile ». En effet, ce n'est pas des seuls désagréments dus à sa situation que se plaint le proscrit de Philippoupolis; il s'agit sur-

---

[1] Zacharie cont., VII, 10, p. 50 [34, *22*]; VII, 12, p. 55 [38, *10-14*]; Ahrens-Krüger, *Zacharias*, p. 130, 135.

[2] Michel, *Chronique*, IX, 10, p. 262 [163].

[3] Sévère, *Homélie 60*, p. 252-253.

[4] *Lettre à Alcison* (p. 127, *23*); Théophane, *Chronographie*, A.M. 5982, p. 134, *11-12* : ὁ δοῦλος τοῦ Σατανᾶ; A.M. 6001, p. 151, *20-21* : Ξεναΐας ὁ δυσσεβής, etc.

[5] Philoxène, *Lettre aux moines de Senoun*, p. 91-94 [75-78], etc. Voir aussi l'appréciation de l'antijulianiste du VIIᵉ siècle cité par Draguet, *Julien*, p. 251.

[6] Sévère, *Homélie 60*, p. 253.

[7] Philoxène, *Lettre à tous les moines orthodoxes d'Orient*, fr. 6, l. *30-38*, p. 7 [8-9].

tout d'insupportables « douleurs » (ܟܐܒܐ) qui le suivent « depuis l'enfance » et qui le « fustigent cruellement »[8] ; de son côté, Sévère apprend que, dès 514, l'évêque de Mabbog était « abattu par la maladie (ܟܘܪܗܢܐ) »[9] ; et dans une de ses premières œuvres connues, de peu antérieure à l'épiscopat, Philoxène révèle qu' souffrait déjà de mauvaise santé (ܡܪܥܘܬ ܦܓܪܐ), de « douleurs » et de maladies[10].

Plutôt porté vers l'action que vers la réflexion, notre auteur n'était point de ceux qui hésitent et qui doutent d'eux-mêmes ou de leur cause ; c'est à corps perdu qu'il allait se jeter dans le combat pour la défense du christianisme, qu'il croyait gravement menacé par le « nestorianisme » chalcédonien. Mais ce caractère entraînait comme rançon un certain manque de sensibilité et de finesse, la brusquerie et la véhémence des manières, une combativité sans nuance et souvent intempestive, dont il reconnaît d'ailleurs volontiers qu'elle fut la source principale de ses déboires[11]. Nous voudrions toutefois relever deux circonstances atténuantes, dont il sera utile de se souvenir pour la suite des événements.

À entendre les historiens chalcédoniens, voire un monophysite comme Zacharie le Scolastique[12], on retirerait facilement l'impression que Philoxène représentait l'aile la plus avancée du monophysisme. On peut admettre ceci, avec les nuances que nous dirons[13], pour la période antérieure à la pleine victoire de son parti ; mais aussitôt après la déposition de Flavien d'Antioche et l'élection de Sévère (512), l'évêque de Mabbog se déclarera partisan convaincu de la modération. Nous ne croyons pas que, ce faisant, il ait obéi à un simple calcul politique ; il s'agissait plutôt d'une évolution sincère, qu'il confesse d'ailleurs lui-même en stigmatisant l'intransigeance dont il avait fait preuve jadis. Tout aussi intraitable qu'auparavant sur les principes essentiels, il se montre désormais dis-

---

[8] ID., *Lettre aux moines de Senoun*, p. 80-81 [66, *8-18*].

[9] SÉVÈRE, *Homélie 60*, p. 252-253.

[10] PHILOXÈNE, *Mēmrē contre Ḥabīb*, X, f. 112ʳ b : « Tu m'insultes [en disant] que la mauvaise santé du corps, les douleurs et les maladies [m']arrivent justement. »

[11] ID., *Lettre aux moines de Senoun*, p. 94 [78, *9-11*].

[12] ZACHARIE, *Vie de Sévère*, p. 107-108.

[13] Ci-dessous, p. 53.

posé à la plus large tolérance pour le bien de l'union et de la paix, et cette politique l'amènera à s'opposer, non seulement aux extrémistes que Sévère lui-même devait ménager, mais encore à la majorité des siens [14].

En second lieu, si la mauvaise foi de Philoxène ne fait aucun doute pour ses adversaires chalcédoniens, pour qui sa prétention de défendre l'orthodoxie recouvrait des agissements moins avouables, que l'on attribuait d'ailleurs à l'influence satanique, suivant les canons de l'époque [15], est-il besoin de dire que ce procès d'intentions ne résiste guère à la lecture des ouvrages polémiques de notre auteur. Le ton n'en est assurément pas toujours bienveillant, ni même courtois; mais bien peu savaient alors se garder de la violence passionnée devenue de tradition, en quelque sorte, dans les controverses christologiques. Au reste, le fond du débat portait moins sur des questions de personnes que sur le sort de l'orthodoxie; quelle qu'ait pu être l'incidence de la politique ecclésiastique et des rivalités privées dans les controverses dogmatiques auxquelles notre auteur fut mêlé, ce sont essentiellement des impératifs d'ordre théologique et religieux qui l'opposèrent à ses adversaires. Nous dirons plus loin [16] comment il ne sut voir dans toute forme de diphysisme qu'un nestorianisme honteux, et comment celui-ci représentait à ses yeux la négation même du christianisme. Que l'ambition ou l'intérêt ne lui aient jamais inspiré aucun opportunisme, sa modération dans la victoire, mais surtout son refus de tout compromis dans la persécution et l'exil [17] l'ont plus que suffisamment prouvé.

À côté du zèle de Philoxène, le continuateur de Zacharie souligne sa science, son éloquence et sa culture syrienne [18], tous traits que ses écrits exégétiques, dogmatiques et spirituels confirment amplement. On a souvent loué depuis l'antiquité la pureté de la langue et l'élégance du style, qui font de notre auteur un des grands

[14] Ci-dessous, p. 85-88.
[15] Ci-dessus, p. 18, note 4.
[16] Ci-dessous, p. 327-328 et 330-331.
[17] Ci-dessous, p. 98.
[18] ZACHARIE CONT., VII, 10, p. 50 [34, *22*]; VII, 12, p. 55 [38, *10-14*]; AHRENS-KRÜGER, *Zacharias*, p. 130, 135.

classiques des lettres syriaques[19]. Sa remarquable fécondité dans des genres très variés de la littérature religieuse répondait sans doute au débordement spontané d'une éloquence impétueuse, dont Sévère a conservé le souvenir[20]. L'évêque de Mabbog se meut à l'aise dans la polémique, où sa phrase se resserre spontanément en adjurations pathétiques ou en sarcasmes mordants; ailleurs le style devient plus ample, la pensée s'attarde volontiers en détours et en redites, pour toujours en revenir aux postulats centraux de sa théologie, inlassablement et imperturbablement ressassés : Philoxène se révèle aussi entêté intellectuel qu'il était violent de tempérament.

Par le caractère syrien de sa formation, notre auteur se distinguait nettement de Sévère d'Antioche, lequel était familiarisé avec la culture hellénistique et la littérature patristique grecque[21]. Au besoin, l'évêque de Mabbog n'hésitait pas à prendre parti pour la défense et l'illustration de sa langue nationale : s'indignant de la négligence avec laquelle les anciens traducteurs syriens de l'Écriture s'étaient acquittés de leur tâche[22], ou encore, déplorant l'imprécision du langage théologique de saint Éphrem[23], il attribue ces lacunes à une dépréciation systématique du syriaque, qu'on aurait considéré, à l'en croire, comme un idiome trop fruste pour rendre les nuances d'une discipline scientifique.

Lui-même ne prêchait[24] et n'écrivait[25] vraisemblablement que dans sa langue maternelle; aussi bien ses homélies, lettres et traités s'adressaient-ils avant tout au public non hellénisé des moines orientaux; mais en outre, il ne possédait lui-même qu'une connaissance assez imparfaite du grec, n'en déplaise à son panégyriste, d'après lequel il se serait illustré dans les lettres helléniques, d'abord au monastère de Qartamīn, puis à celui de Téléda[26].

---

[19] Ci-dessous, p. 109, note 2.

[20] SÉVÈRE, *Homélie 60*, p. 252-253.

[21] ZACHARIE CONT., VII, 10, p. 51 [35, *15-21*]; VII, 12, p. 54-55 [37, *29 - 38, 10*]; AHRENS-KRÜGER, *Zacharias*, p. 132, 134-135.

[22] PHILOXÈNE, *Commentaire de Jean, I, 1-17*, f. 38r-40v; ci-dessous, p. 121-122.

[23] ID., *Lettre aux moines de Senoun*, p. 54-55 [45].

[24] SÉVÈRE, *Homélie 60*, p. 253.

[25] PHILOXÈNE, *Lettre au lecteur Maron d'Anazarbe*, p. 55 [80, *12-13*]; LEBON, *Textes inédits*, p. 80, note 2.

[26] ÉLĪ, *Mēmrā*, v. 82-84. p. 4 [3-4]; v. 125-134, p. 5-6 [5].

En effet, si l'évêque de Mabbog ne composait pas en grec, c'est bien parce qu'il ne maîtrisait pas cette langue au point d'y exprimer spontanément sa pensée [27]. Une curieuse méprise que l'on rencontre dans son *Commentaire de Jean* suggérerait même qu'il n'avait du grec que des notions assez rudimentaires : voulant montrer comment cette langue prête à la confusion entre les mots « devenir » ($\gamma \acute{\epsilon} \nu \epsilon \sigma \iota \varsigma$) et « naissance » ($\gamma \acute{\epsilon} \nu \nu \eta \sigma \iota \varsigma$), il y explique sans sourciller que le premier s'écrit avec deux ν et le second avec un seul [28] !

Il ne faudrait pourtant pas conclure de cette bévue que notre auteur aurait tout ignoré de la grande langue culturelle et religieuse de l'empire byzantin. Il serait étrange qu'il n'en ait rien appris dans la métropole bilingue d'Édesse, même si, au moment où il fréquenta l'école persane, on n'y lisait déjà plus dans l'original les œuvres de Diodore de Tarse et de Théodore de Mopsueste [29] ; vers 505 tout au moins, il était à même de se rendre compte des déficiences de la traduction syriaque du Nouveau Testament [30] ; quinze ans plus tard, il entreprend d'expliquer à ses correspondants syriens le sens des termes christologiques utilisés par la théologie grecque [31]. Des rapports inévitables avec les fonctionnaires civils et militaires de la province d'Euphratésie, voire avec les patriarches Calendion ou Flavien d'Antioche et Macédonius de Constantinople ; l'amitié de Pierre le Foulon, de Sévère et de combien d'autres : autant de circonstances qui supposent normalement un certain usage du grec [32] !

V. — ÉDUCATION ET « CONVERSION » À ÉDESSE

Les nombreux écrits philoxéniens de doctrine et de direction spirituelle qui nous sont parvenus donneraient aisément à penser que

---

[27] Ci-dessus, note 25.

[28] PHILOXÈNE, *Commentaire de Jean, I, 1-17*, f. 32r : « La lecture des noms 'devenir' et 'naissance' se ressemble en langue grecque, car dans le nom 'devenir', deux *Nu* (‎ﬞ) sont mis l'un après l'autre, et dans 'naissance' un seulement. »

[29] Ci-dessous, p. 27, notes 28 et 29.

[30] Ci-dessous, p. 121-122.

[31] PHILOXÈNE, *Lettre aux moines de Senoun*, p. 53-54 [44, 17-32].

[32] Il est donc certainement excessif d'affirmer que Philoxène ignorait le grec (BARDY, *Anastase*, p. 303).

leur auteur reçut dans sa jeunesse une formation ascétique; impression que renforce encore la considération des innombrables relations monastiques de Philoxène : non seulement l'évêque de Mabbog avait, entre autres charges pastorales, celle des moines de son territoire, — il affirme avoir « inscrit tous les frères et les sœurs » de la métropole[1], — mais le cercle de ses connaissances débordait largement l'Euphratésie. Du début et de la fin de sa carrière littéraire datent deux encycliques aux moines d'Orient[2], et ses relations avec le grand monastère cynégien de Téléda ne furent pas moins constantes[3]; dès les controverses du *Trisagion,* il correspondait, entre autres, avec de lointains couvents du nord-est, comme ceux du Bēt-Gōgal et d'Amid[4]; et plus tard, lors de sa campagne contre Flavien d'Antioche, il se ménagea l'appui des monastères chalcidiens de Syrie Iᵉ tels Mār-ʿAqība et Mār-Bas[5], ainsi que celui des moines monophysites de Palestine[6].

Ceci dit, comment ne pas trouver étrange le silence de toute la tradition, y compris la jacobite[7], — à la seule exception que nous allons dire[8], — sur la formation de notre auteur dans un monastère? Il n'en manquait certes pas, dans l'Orient monophysite, qui se fussent volontiers prévalus d'avoir abrité la jeunesse d'un père et d'un martyr de leur confession; si l'on résista sept siècles à la tentation de l'annexer[8], c'est tout au moins qu'aucun souvenir positif n'y autorisait. Mais nous croyons disposer d'un indice négatif plus formel : lorsque, entre 482 et 484, le diphysite persan Ḥabīb, moine lui-même et paraissant bien au fait du passé de Philoxène, lui reproche de n'avoir « pas été élevé dans la conduite

---

[1] PHILOXÈNE, *Lettre aux moines de Senoun,* p. 84 [69, *32* - 70, *1*]; 93 [77, *6-7*].

[2] ID., *Lettre dogmatique aux moines* (ca 480); *À tous les moines orthodoxes d'Orient* (ca 520); ci-dessous, p. 189-192 et 220-222.

[3] Ci-dessous, p. 193-194.

[4] Ci-dessous, p. 197-201; DYAKONOV, *Jean d'Éphèse,* p. 23.

[5] Ci-dessous, p. 54.

[6] PHILOXÈNE, *Lettre aux moines de Palestine; Lettre aux abbés Théodore, Mamas et Sévère,* ci-dessous, p. 208-210.

[7] Par exemple ZACHARIE CONT., VII, 12, p. 54-55 [37, *29* - 38, *14*]; AHRENS-KRÜGER, *Zacharias,* p. 134-135, qui parle pourtant de la carrière monastique de Sévère.

[8] Ci-dessous, p. 24.

(ܩܘܒܐ) », c'est-à-dire, sans doute, dans l'ascèse monastique, le futur évêque de Mabbog n'a rien à rétorquer[9]. La modestie n'était pourtant pas de mise, en l'occurrence ; et nous sommes persuadé que notre auteur ne se serait pas laissé dessaisir sans protester, s'il avait pu s'en prévaloir, d'un titre l'habilitant mieux que tout autre à la connaissance du mystère christologique, que son adversaire lui contestait.

Seul, à notre connaissance, Élī de Qartamīn affirme ce que la tradition antérieure tait, si tant est qu'elle ne le nie, en précisant que son héros se serait initié à l'ascèse près de Bāsebrīna, puis au monastère voisin de Qartamīn, dans le Ṭūr ʿAbdīn, avant de compléter sa formation dans celui de Téléda, en Syrie occidentale[10]. Mais cette dernière donnée nous paraît suffisamment expliquée par les rapports assidus que Philoxène entretint avec le grand monastère syrien[11] ; et nous ne croyons pas davantage devoir admettre la formation à Qartamīn. En effet, bien que des rapports entre l'évêque de Mabbog et le Ṭūr ʿAbdīn nous semblent incontestables, nous soupçonnons le panégyriste médiéval, ou la tradition locale dont il se faisait l'écho, d'avoir satisfait, au prix d'une légende et dans l'intérêt de son monastère, où le culte du saint martyr s'était implanté, la curiosité des dévots pèlerins[12] ; si Philoxène avait effectivement été moine de Qartamīn, comment toute l'historiographie de ce monastère au VIIIe et au IXe siècle[13], y compris l'*Anonyme de 846,* qui consacre pourtant à l'évêque de Mabbog sa notice la plus importante[14], n'aurait-elle point fait état d'une circonstance aussi capitale?

Rien ne s'oppose, d'ailleurs, à ce que notre auteur ait reçu son éducation théorique et pratique à l'ascèse dans l'école persane

---

9 PHILOXÈNE, *Mēmrē contre Ḥabīb,* X, f. 113v c : « Il [= Ḥabīb] me tresse encore une couronne d'éloges, et il m'honore en voulant m'offenser : 'Tu n'as point été élevé dans la conduite', comme pour dire : 'Par elle tu [aurais] aussi été élevé dans la science'. »

10 ÉLĪ, *Mēmrā,* v. 45-64, p. 2-3 [2-3] (à Bēt-Sévérianos) ; v. 77-96, p. 3-4 [3-4] (à Qartamīn) ; v. 121-128, p. 5 [5] (à Téléda).

11 Ci-dessous, p. 193.

12 DE HALLEUX, *Mēmrā,* p. [VI-VII], ci-dessous, p. 103.

13 *Anonyme 819,* p. 8, 15; *Vies* des abbés Samuel, Siméon et Gabriel de Qartamīn (DE HALLEUX, *Mēmrā,* p. [III]).

14 *Anonyme 846,* p. 220-221 [168].

d'Édesse, où il vint étudier la théologie. En effet, le règlement de
cette institution, transférée à Nisibe après sa suppression dans la
capitale de l'Osrhoène (489), reflète un régime d'une austérité
quasi monacale [15] : sans être nécessairement profès (ܒܪ ܩܝܡܐ)
ni clercs, les élèves ne se voyaient pas moins astreints, entre autres,
à la résidence et au célibat. Ce ne serait donc pas sans motif que
l'évêque de Mabbog apparaît si familiarisé avec les milieux ascétiques édesséniens, auxquels il adressa les plus originales de ses lettres
de direction [16]; par ailleurs, sa vive répulsion pour le laxisme
dont il rendait responsable Théodore de Mopsueste [17], et dont il
voyait la consécration dans les canons disciplinaires du synode
« nestorien » de Séleucie (486) [18], ne remonterait-elle pas également
à l'époque de sa formation à Édesse?

Le séjour de Philoxène à l'école des Perses [19] est attestée par
Siméon de Bēt-Aršam, qu'appuie l'*Anonyme de 846* [20]; ces deux
sources notent l'existence dans l'école d'une tension reflétant bien
le schisme qui divisait alors la chrétienté édessénienne en « théodoriens » et en « cyrilliens ». Les origines du divorce théologique opposant ces deux partis remontaient peut-être jusqu'à l'époque des
controverses arienne et apollinariste; mais on ignore pratiquement tout de la situation religieuse à Édesse jusqu'au moment
où l'écho des polémiques se répercuta dans tout l'Orient. C'est
d'abord au lendemain du concile d'Éphèse (431) que le conflit
s'envenima, lorsque l'évêque Rabboula († 436), ayant pris le parti
de Cyrille, s'attaqua violemment aux « Orientaux » et à la mémoire
de leur « maître » Théodore de Mopsueste [21]; l'église passa ensuite

[15] Chabot, *École de Nisibe*, p. 31-42.

[16] Philoxène, *Lettre au moine Patricius; Aux prêtres Abraham et Oreste;*
ci-dessous, p. 254-261.

[17] Id., *Lettre aux moines de Bēt-Gōgal, II*, f. 48ᵛ b; *Au moine Patricius*,
f. 70r b-ᵛ a.

[18] Id., *Sept chapitres*, 6 (ci-dessous, p. 181); Marūtā, *Lettre à Jean*, p.
427 [440].

[19] Sur l'école persane d'Édesse, que la tradition faisait remonter à saint
Éphrem, on peut consulter Van Roey, *École d'Édesse*; Hayes, *École
d'Édesse*, p. 144-154.

[20] Siméon, *Lettre sur le nestorianisme*, p. 353; *Anonyme 846*, p. 220 [168,
2-7].

[21] Peeters, *Rabboula*, p. 187-194; Devreesse, *Théodore*, p. 126-130.

par une deuxième crise à la veille du concile de Chalcédoine (451),
quand, à Éphèse (449), les partisans du défunt Rabboula réussi-
rent à faire déposer momentanément son successeur Hibas (436-
457) [22].

Les deux tendances s'accusaient mutuellement des plus graves
hérésies : pour les théodoriens, les cyrilliens étaient des apollinaristes et des « théopaschites » [23] ; pour les cyrilliens, les théodoriens étaient des nestoriens et des adoptianistes [24]. En réalité,
les perspectives christologiques dites alexandrine et antiochienne,
toutes deux également légitimes et également partielles, s'opposaient sans pouvoir se réconcilier, mais en s'exaspérant, au
contraire, par des formules à l'emporte-pièce. On attribue parfois l'apparition du « cyrillianisme » en Syro-Mésopotamie à l'influence égyptienne, transmise par le truchement des milieux monastiques [25]. Cette manière de voir ne manque pas de vraisemblance,
mais elle ne suffit pas à tout expliquer. La christologie fruste et
« mystique » de la naissance, de la passion et de la mort de Dieu
n'est pas spécifiquement alexandrine ; on la rencontre dans toute
l'ancienne tradition homilétique et poétique chrétienne du IVe
siècle, si bien illustrée à Édesse même par un saint Éphrem [26] ; aux
esprits attachés à cette tradition, le diphysisme des « théodoriens »
ne devait-il pas apparaître, sinon comme un arianisme clandestin,
du moins comme une « via moderna », comme une théologie rationnelle et critique, suspecte de dissoudre la foi dans de subtiles distinctions ? Nous ne saurions donc admettre que la christologie « antiochienne », prétendument traditionnelle dans tout l'Orient syrien
au début du Ve siècle, aurait ensuite régressé sous des coups portés
par les théologiens « théopaschites » [27] ; il nous semble, au contraire,
que la christologie « alexandrine » vulgaire n'y représentait pas alors
un système théologique récemment élaboré, comme l'était, par

---

22 DEVREESSE, *Antioche*, p. 56-62.
23 *Ibid.*, p. 52.
24 *Actes d'Éphèse 449*, p. 42-46 [43, *26* - 48, *34*].
25 HAYES, *École d'Édesse*, p. 172.
26 Sur l'antiquité de cette théologie, voir HARNACK, *Lehrbuch*, t. 1, p.
206-207, note 1. Le florilège philoxénien annexé aux *Mēmrē contre Ḥabīb*,
(ci-dessous, p. 233) contient de nombreux « témoignages » d'Éphrem sur ce
thème ; voir l'éd. MOESINGER, *Monumenta*, p. 36-51.
27 *Chronique de Séert*, II, 3, p. 105-106.

exemple, l'apollinarisme, mais ne faisait que refléter naïvement l'écho de la foi, de la prière et du culte chrétiens ancestraux. À Édesse, en tout cas, les opinions de Diodore et de Théodore paraissent lentes à s'installer : si la traduction en syriaque du second put commencer assez tôt [28], celle du premier se poursuivait encore en 465 [29].

Dans une Église en état d'agitation endémique, il est à présumer que l'école persane était le siège de controverses passionnées. Les dépositions du procès d'Hibas (448) [30], qui assurent que l'évêque diphysite fit l'objet d'un blâme officiel de la part de cette institution, n'y mentionnent que les trois « théodoriens » Babaï, Barsauma et Balaš ; mais l'appréciation de Siméon de Bēt-Aršam, d'après qui [31] elle aurait compté une majorité « nestorianisante », a toute chance de mieux refléter la situation réelle ; en effet, l'orientation doctrinale imposée à l'Église de Perse par les anciens élèves de l'école [32], mais surtout la suppression de celle-ci par Zénon (489) [33] montrent bien que les partisans de Diodore et de Théodore n'avaient pas laissé de la marquer d'une empreinte jugée indélébile [34].

Philoxène étudiait-il déjà à Édesse au milieu du Ve siècle, et dans ce cas prit-il part à la campagne menée contre l'évêque Hibas (448-449) ? Rien ne permet de l'affirmer ; on ne saurait même dire s'il arriva à l'école persane avant la mort de cet évêque (457), réhabilité par le concile de Chalcédoine [35] ; en revanche, il nous est possible de déterminer l'état d'esprit dans lequel il s'y rendit.

[28] Van Roey, *École d'Édesse*, col. 1431 ; Hayes, *École d'Édesse*, p. 203 ; Peeters, *Rabboula*, p. 194.

[29] Jacques de Saroug, *Lettre aux moines de Mār-Bas* (Olinder, *Epistulae*, n° 14, p. 58-61 ; Martin, *Jacques de Saroug*, p. 221 [224]).

[30] *Actes syriaques d'Éphèse 449*, p. 24 [25, *33*] ; 26, [27, *40-41*].

[31] Siméon, *Lettre sur le nestorianisme*, p. 350-351.

[32] *Ibid.*, p. 353-354.

[33] Ci-dessous, p. 48.

[34] Jacques de Saroug affirme que l'école des Perses tenait « passionnément » à la doctrine de Diodore, et qu'il fut souvent pris à partie sur ce point lorsqu'il y étudiait, vers 465 (ci-dessus, note 30).

[35] Ci-dessus, p. 26. D'après la *Chronique de Séert*, II, 3, p. 305-306, ce serait après la paix entre Yazdgerd Ier († 421) et Théodose II († 450) que les Persans « dioscoriens » se rendirent à Édesse ; sur cette paix, voir Christensen, *Iran sassanide*, p. 265.

Pour le monophysite Siméon de Bēt-Aršam [36] et l'anonyme
jacobite de 846 [37], il semble aller de soi que le futur champion de
leur commune orthodoxie ne ressentit jamais le moindre penchant
pour les opinions et le parti « théodoriens »; mais une information
de première main nous paraît révéler l'existence d'un retourne-
ment : sous Calendion d'Antioche (482-484), le moine Ḥabīb, s'opposant à la campagne de notre auteur en faveur du *Trisagion*
monophysite, accuse son adversaire de s'être opposé aux évêques
(ܪܫܐ), de s'être « converti », d'avoir « abandonné ce qu'il tenait »
par « vengeance de ses ennemis », et plus précisément par suite
de prétentions déçues à l'épiscopat; or Philoxène, qui rapporte ces
allégations, proteste bien n'avoir jamais nourri l'ambition du pouvoir, mais il admet avoir résisté aux évêques et s'être écarté d'ennemis qui le persécutaient, pour se convertir de son ancien égarement
à la vérité et à la foi orthodoxe [38].

L'« erreur » d'où notre monophysite confesse être revenu doit
être la christologie « antiochienne » de l'*Assumptus homo*; car, s'il

---

[36] SIMÉON, *Lettre sur le nestorianisme*, p. 353.

[37] *Anonyme 846*, p. 220 [168, 7].

[38] PHILOXÈNE, *Mēmrē contre Ḥabīb*, X, f. 113ʳ c-ᵛ b : « [ḤABĪB]: Tu étais
égaré et tu t'es converti! [PHILOXÈNE]: D'où ceci t'a-t-il été révélé? Mais si tu
s[av]ais que j'étais égaré, c'est en ce temps-là que tu devais écrire contre moi,
[et] non pas maintenant, où, comme tu dis, je me suis converti de [mon] erreur
première! [...] [ḤABĪB] : C'est par rancœur contre tes ennemis que tu as
connu la vérité! [PHILOXÈNE] : Tu viens donc de reconnaître que j'ai connu
la vérité et que j'ai reçu la foi; c'est donc toi qui parle contre la foi!
[ḤABĪB] : Dès que tu as abandonné ce que tu tenais, tu as voulu devenir
docteur de la vérité. [PHILOXÈNE] : Il est donc louable que l'on poursuive la
vérité et que l'on acquière sa doctrine! [...] [ḤABĪB] : C'est parce qu'[ayant]
convoité l'épiscopat (ܪܫܘܬܐ), il ne t'est point échu, et c'est parce que
tu as voulu te venger de tes ennemis que tu as appris la foi! [PHILOXÈNE] :
Et il me dit encore que j'ai résisté aux évêques (ܪܫܐ). Comprends, ô sot,
que celui qui convoite l'épiscopat flatte les évêques! Quant aux ennemis que
j'ai eus, [et] grâce auxquels, comme tu dis, j'ai atteint la doctrine du
christianisme, ce sont donc eux qui ne sont pas chrétiens! En effet si je
les ai fuis pour accéder au christianisme, il appert que je les ai laissés
dans la région de l'erreur. Mais pourquoi mes ennemis m'ont-ils persécuté
et rejeté, comme tu dis? Évidemment, parce que je désapprouvai leur volonté! »
Ibid., f. 114ʳ a : « [ḤABĪB] : C'est en voulant nuire à tes ennemis que tu as
trouvé la vérité! »

déclare avoir trouvé, en se convertissant, « la doctrine chrétienne » [39],
il faut se souvenir qu'il dénie la qualité de chrétien au diphysite
comme au nestorien, dans lesquels il voit des négateurs de la divinité du Christ [40]. Dès lors, les persécuteurs dont Philoxène s'est
écarté en venant à la foi ne seraient-ils pas ses maîtres et ses
condisciples « théodoriens » de l'école d'Édesse, alliés à l'épiscopat
de l'Église persane ? En effet, l'évêque de Mabbog se flattera,
plus tard, d'avoir lu les livres des « inventeurs » de l'hérésie nestorienne, c'est-à-dire les commentaires de Diodore et de Théodore,
plus encore que leurs propres disciples [41]; cette familiarité, dont
l'œuvre exégétique de notre auteur fournit d'ailleurs de nombreux
témoignages [42], ne s'explique-t-elle pas le plus naturellement par la
fréquentation studieuse que le jeune élève aurait jadis entretenue
à l'école des Perses avec des auteurs nouvellement traduits, qui y
étaient officiellement adoptés, et dont il ne pouvait ainsi soupçonner
l'« hérésie » [43] ?

Les conflits doctrinaux de l'école, auxquels Siméon de Bēt-Aršam
mêle Philoxène [44], confirment d'ailleurs que la « conversion », qu'ils
recouvrent sans doute, s'opéra lors du séjour à Édesse. La liste des
représentants des deux partis, que l'on trouve chez Siméon, repose
certainement sur des souvenirs précis [45]; mais nous estimons qu'il
serait bien aléatoire d'établir d'après la *Lettre sur le nestorianisme*
des rapprochements chronologiques dont son auteur ne se préoccupa
point; il se pourrait qu'il ait rassemblé, sur un même plan, plusieurs

---

[39] *Ibid.*, f. 113ᵛ a.

[40] Ci-dessous, p. 327-328.

[41] PHILOXÈNE, *Lettre aux moines du Bēt-Gōgal*, II, f. 40ʳ b : « En effet, nous
avons lu les livres des inventeurs de cette doctrine [Diodore et Théodore]
plus que ceux qui la prêchent maintenant, et nous en avons goûté l'amertume. »
Voir aussi ZACHARIE CONT., *Hist. eccl.*, VII, p. 55 [38, *12-13*].

[42] Ci-dessous, p. 132, note 31.

[43] À la confidence que nous venons de rapporter, l'évêque de Mabbog
ajoute d'ailleurs ces mots, bien significatifs de sa conversion : « Je ne rougis
pas de ce que je dis, mais, avec Paul [1 *Tim.*, I, 12], je clame ma reconnaissance à Jésus-Christ, qui m'a réconforté, qui m'a compté comme croyant et
établi à son service » (f. 40ʳ b).

[44] SIMÉON, *Lettre sur le nestorianisme*, p. 351-352.

[45] Certains des personnages qu'il cite, dont Philoxène, étaient d'ailleurs
toujours en vie de son temps; ci-dessus, p. 4, note 9.

générations d'étudiants, dont certains étaient évêques dans leur pays d'origine, alors que d'autres fréquentaient encore l'école.

L'*Anonyme de 846* assure que notre auteur, devenu un des chefs de l'école persane, fut en butte aux attaques d'une cabale de collègues, jaloux de son éloquence [46], tandis que les accusations du moine Ḥabīb supposent, on s'en souvient [47], des ambitions de carrière contrecarrées. Nous ne savons ce qu'on peut retenir de ces témoignages, venant de deux horizons opposés, mais également tendancieux; et nous craignons qu'il faille se résigner à ignorer les circonstances concrètes qui éloignèrent Philoxène de ses compatriotes « théodoriens » pour le rapprocher du parti « cyrillien ». Une chose nous paraît certaine : sa « conversion » fut motivée par une persuasion intime; comme Jacques de Saroug, dont il était peut-être le condisciple [48], c'est pour avoir « goûté l'amertume » des « blasphèmes nestoriens » [49] que notre auteur embrassa la cause du parti traditionaliste, fidèle à la mémoire de l'évêque Rabboula; en effet, son option pour la christologie « alexandrine », qui apparaît nettement marquée dès ses premiers écrits [50], et qu'il ne reniera jamais, ne peut venir que d'une conviction profonde, ancrée lors de la période de formation.

C'est donc à Édesse que Philoxène aurait forgé ses armes pour défendre contre le « rationalisme » nestorien la foi en la naissance, la passion et la mort rédemptrices de Dieu Verbe; il y aurait lu et médité saint Éphrem, dont les commentaires avaient longtemps servi de manuel aux professeurs de l'école persane [51]; peut-être même y découvrit-il la sotériologie athanasienne et l'anthropologie évagrienne, si caractéristique de sa synthèse théologique [52].

---

46 *Anonyme 846*, p. 220 [168, *2-6*].

47 PHILOXÈNE, *Mēmrē contre Ḥabīb*, X (ci-dessus, p. 28, note 38).

48 JACQUES DE SAROUG, *Lettre aux moines de Mār-Bas* (OLINDER, *Epistulae*, n° 14, p. 58-61; MARTIN, *Jacques de Saroug*, p. 221 [224]).

49 PHILOXÈNE, *Lettre aux moines du Bēt-Gōgal, II* (ci-dessus, p. 29, note 41).

50 ID., *Lettre dogmatique aux moines* (ca 480), ci-dessous, p. 189-192.

51 ʿARBAYĀ, *Écoles*, p. 382.

52 Dateraient également de la période de formation les notions d'aristotélisme et de sciences profanes que l'on rencontre dans ses œuvres (par ex. dans le *Commentaire de Jean I, 1-17*, f. 49ᵛ-59ᵛ, etc.), ainsi que sa connaissance des traditions locales édesséniennes; toutefois, celles-ci pouvaient également provenir de visites subséquentes (Ps.-JOSUÉ, *Chronique*, ch. 30, p. 25 [21]) et

VI. — LA QUERELLE DU *TRISAGION* À ANTIOCHE
(475?-484)

D'après le chroniqueur jacobite de 846, la cabale montée contre
Philoxène à l'école des Perses aurait abouti à son expulsion [1]; et
le « nestorien » Babaï affirme qu'il aurait été chassé de son pays
grâce à la vigilance des évêques [2]. Ces deux témoignages se
rapportent-ils aux persécutions que notre auteur lui-même évoque
en parlant de sa « conversion » [3] ? Il faudrait alors supposer qu'à

---

de relations épistolaires (*Lettre au moine Patricius; Aux prêtres Abraham
et Oreste,* ci-dessous, p. 254-261). Sur l'aristotélisme à Édesse, voir, par ex.,
HAYES, *École d'Édesse,* p. 151. — Nous ne croyons pas qu'il faille impliquer
Philoxène dans la prétendue « réaction monophysite » qui aurait provoqué, après
la mort d'Hibas (457), une première expulsion des maîtres « nestoriens » de
l'école (voir, par ex., HAYES, *École d'Édesse,* p. 208-216) ; en effet, non seulement nous ne possédons aucun indice chronologique permettant de déterminer la
période du séjour édessénien de notre auteur; mais les événements auxquels
on voudrait le mêler ne nous paraissent pas suffisamment attestés. Siméon
de Bēt-Aršam ne vise qu'un seul fait, pensons-nous, lorsqu'il mentionne l'expulsion des Perses après la mort d'Hibas et la fermeture de l'école par
l'évêque Cyr et l'empereur Zénon en 489 (*Lettre sur le nestorianisme,* p. 353) ;
pour un auteur qui retrace du passé un tableau schématique, l'expression
« après » n'implique pas nécessairement une suite immédiate. ʿARBAYĀ, *Écoles,*
p. 384 (duquel dépend entièrement pour ce passage la *Chronique d'Arbèle,*
p. 146), utilise une formule aussi vague que Siméon, et dont on ne saurait
tirer aucune précision chronologique; l'historien des écoles nous semble d'ailleurs mieux au fait de l'histoire de Nisibe que de celle d'Édesse, pour laquelle
il doit n'avoir disposé que de sources approximatives. Enfin, si l'évêque
Nonnus avait pris l'initiative d'une première dispersion aussitôt après la
mort de son prédécesseur Hibas, comment Jacques de Saroug eût-il pu venir
étudier à Édesse vers 465, et comment les œuvres de Diodore de Tarse y
eussent-elles encore été en cours de traduction (ci-dessus, p. 27, notes 30 et 35) ?
On ignore tout, d'ailleurs, des convictions théologiques de Nonnus; tout au
plus peut-on dire qu'il devait être toléré par les cyrilliens, qui n'avaient su
s'accommoder de son devancier; suivant que l'on considère Hibas comme un
chalcédonien orthodoxe ou comme un diphysite avancé, Nonnus devient un
cyrillien modéré (HAYES, *École d'Édesse,* p. 209) ou un chalcédonien strict
(PEETERS, *Jacques de Saroug,* p. 154-157).

[1] *Anonyme 846,* p. 220 [168, *4-6*].
[2] BABAÏ, *Livre de l'union,* III, 9, p. 76 [61, *36-37,* 62, *4, 23-27*].
[3] PHILOXÈNE, *Mēmrē contre Ḥabīb,* X (ci-dessus, p. 28, note 38).

son retour d'Édesse, il entra en conflit avec la hiérarchie de l'Église persane, qui comptait dans ses rangs plusieurs anciens élèves « théodoriens » de l'école [4]; l'animosité qu'il nourrit contre le catholicos Acace et le métropolite de Nisibe Barsauma avait pour motif ouvert leurs « canons impies » de 486 [5]; mais rien n'interdit de penser qu'il s'y mêlât secrètement un ressentiment personnel remontant à un passé plus lointain.

Premier des bannissements qu'allait connaître une carrière mouvementée, ou décision spontanée de s'éloigner d'un milieu hostile, toujours est-il que Philoxène quitte la Perse pour la Syrie occidentale. De l'*Anonyme de 846* [6], on pourrait retirer l'impression que ce voyage eut Antioche pour but immédiat; nous admettrions cependant plus volontiers qu'il se fit par petites étapes, en prenant la forme d'un pèlerinage dans les monastères de Syro-Mésopotamie, comme le suggère Élī de Qartamīn [7], appuyé en cela par Babaï le Grand [8]; en effet, la correspondance que notre auteur entretenait avec ces monastères dès avant son épiscopat [9] suppose normalement des contacts personnels antérieurs [10].

La seule donnée chronologique que l'on possède pour l'arrivée de Philoxène en « Occident » se trouve chez l'anonyme jacobite [11], d'après qui notre auteur aurait été reçu à Antioche dans la communion du patriarche Pierre le Foulon. Prise à la lettre [12], cette

---

[4] SIMÉON, *Lettre sur le nestorianisme*, p. 353-354.

[5] PHILOXÈNE, *Sept chapitres*, 6, ci-dessous, p. 181; MARŪTĀ, *Lettre à Jean*, p. 427 [440].

[6] *Anonyme 846*, p. 220 [168, *8*].

[7] ÉLĪ, *Mēmrā*, v. 119-123, p. 5 [5].

[8] BABAÏ, *Livre de l'union*, III, 9, p. 76 [62, *5*].

[9] Ci-dessous, p. 189-201.

[10] C'est à Téléda qu'ÉLĪ, *Mēmrā*, v. 123-124, p. 5 [5]; v. 150, p. 6 [6], fixe le terme de ce pèlerinage; il se pourrait que Philoxène ait effectivement établi sa résidence, jusqu'à son expulsion par Calendion, dans le grand monastère de Syrie I^e.

[11] *Anonyme 846*, p. 220 [168, *8-9*].

[12] Le chroniqueur qartaminien bloque en raccourci une série d'événements qui furent sans doute séparés par un intervalle de plusieurs années : l'expulsion de l'école d'Édesse, l'arrivée à Antioche, la communion avec Pierre, le chorépiscopat, l'épiscopat de Mabbog; il n'est donc pas exclu que Philoxène soit arrivé en Syrie dès avant la première période du Foulon, ou encore durant l'un des deux exils du patriarche (471-475 et 476-484).

indication reporte à l'un des deux premiers épiscopats de Pierre, soit vers 470-471, le futur empereur Zénon étant *magister militum per Orientem*, soit en 475-476, pendant l'usurpation de Basilisque [13] ; en effet, Philoxène résidait certainement dans la région antiochienne, dont il se fit expulser par le patriarche Calendion (482-484) [14], dès avant le troisième épiscopat du Foulon (septembre 484) ; à cette date, notre auteur jouissait d'ailleurs déjà auprès de Pierre d'un crédit assez puissant pour obtenir de lui les radiations des diptyques dont nous reparlerons [15].

Les deux hommes pouvaient assurément être entrés en relation dans le courant de l'été de 484 ; Philoxène, venu en ambassade à Constantinople [16], y aurait rencontré le patriarche d'Antioche, qui résidait clandestinement dans la capitale, après s'être échappé de son exil de la Mer Noire [17]. Cependant, si notre auteur apparaît dès ce moment comme l'âme de la résistance qui ramènera Pierre au trône patriarcal, après en avoir expulsé Calendion [18], il n'est nullement impossible que le futur évêque de Mabbog ait déjà connu le Foulon durant le deuxième épiscopat de celui-ci (475-476) [19] ; le respect dont il témoigna pour la mémoire du patriarche Julien (471-475) [20] pourrait même indiquer qu'il se trouvait déjà à Antioche sous ce dernier, dont il aurait apprécié personnellement l'« orthodoxie » ou la modération [21].

Les sources chalcédoniennes conservent de Pierre le Foulon l'image d'un intrigant sans scrupules, et elles le rangent parmi les pères

---

13 SCHWARTZ, *Acacianische Schisma*, p. 182-183, 192, 209-211.

14 Ci-dessous, p. 36.

15 Ci-dessous, p. 39.

16 Ci-dessous, p. 37-38.

17 SCHWARTZ, *Acacianische Schisma*, p. 192.

18 Ci-dessous, p. 38-39.

19 PHILOXÈNE, *Lettre à tous les moines orthodoxes d'Orient*, fr. 2, p. 206 [217, *17*], qualifie de deuxième entrée la restauration de 484, qui inaugure la troisième période antiochienne de Pierre le Foulon ; ce détail pourrait indiquer qu'il assista personnellement à une « première entrée », qui serait le deuxième épiscopat du patriarche Pierre.

20 *Ibid.*, p. 207 [218, *1-2*].

21 HONIGMANN, *Évêques et évêchés*, p. 19.

du monophysisme [22]. Nous ne prétendrons point que le patriarche d'Antioche ait eu un passé irréprochable et fût totalement dépourvu d'ambition; mais comment taxer d'opportunisme un homme qui montra tant de suite dans ses convictions? C'est l'empereur Zénon qui apparaît comme versatile et « politique » : il exile son ancien ami en 476, lorsqu'il a décidé de restaurer le chalcédonisme en Orient, puis il le réinstalle en 484, après s'être séparé de Rome, tandis que Pierre avait pris parti, en 475, pour le « monophysite » Basilisque, puis, neuf ans plus tard, contre les chalcédoniens Illus et Léonce, en pleine conséquence avec ses opinions théologiques [23]. Celles-ci n'avaient d'ailleurs rien de l'intransigeance qu'on leur attribua dans le camp des chalcédoniens; en effet, que des sévériens aient pu refuser de nommer aux diptyques le patriarche « mono-physite » [24] donne bien la mesure de la modération théologique qui doit avoir été la sienne.

Le centre de gravité de l'antichalcédonisme théologique à Antio-che ne portait pas alors, semble-t-il, sur une critique de la formule dogmatique des « deux natures après l'union »; parmi les reproches adressés au concile de 451 dominait celui d'avoir « partagé » les miracles et les « passions » du Sauveur, en réservant les uns à Dieu et les autres à l'homme [25]; la piété et la foi populaires s'insur-geaient contre ce « blasphème » en proclamant hautement les pas-sions et la mort du Fils consubstantiel, et le « monophysisme » antio-chien trouva ainsi son expression naturelle et comme son cri de ralliement dans la célèbre formule « théopaschite » du *Trisagion* liturgique [26].

En présentant l'« addition » au *Trisagion* comme une innovation de Pierre le Foulon, Théodore le Lecteur [27] ne faisait sans doute

---

[22] DUCHESNE, *Église ancienne*, t. 3, p. 494, note 1.

[23] SCHWARTZ, *Acacianische Schisma*, p. 182-183, 192, 209-211.

[24] SÉVÈRE, *Lettre à Solon*, SL, I, 3, p. 20 [19].

[25] PHILOXÈNE, *Lettre dogmatique aux moines*, p. 135-137 [98-100].

[26] Il s'agit du premier *Trisagion* liturgique, celui de l'entrée et non celui de l'anaphore; HANSSENS, *Institutiones*, t. 3, p. 119-123; RAES, *Introductio*, p. 46. — Le perroquet auquel les monophysites avaient enseigné la formule avec son « addition », et qui « prit une part militante aux émeutes christologiques à Antioche », fut célébré par Isaac d'Édesse (HONIGMANN, *Évêques et évêchés*, p. 4, note 1), et non par Philoxène (HARNACK, *Lehrbuch*, t. 2, p. 404, note 2).

[27] THÉODORE, *Hist. eccl.*, I, 20 (VALOIS, col. 175 B); c'est au début du VIe

que répéter ce qui se racontait de son temps; mais il ne manque pas d'arguments pour la faire remonter à une époque notablement plus ancienne. En effet, à un moment où la formule de l'« Immortel crucifié pour nous » venait prétendument d'être inventée, Philoxène pouvait déjà opposer calmement aux objections d'un adversaire l'antiquité de la tradition [28], tandis qu'en 517/8, le patriarche Sévère attestera l'origine antiochienne de l'« addition » et son intention antinestorienne [29], indication qui se trouve curieusement confirmée par les évêques « orientaux », protestant à Éphèse contre certains qui s'efforçaient pour lors (octobre 431) de troubler le *Trisagion* [30].

Si l'action de Pierre contribua sans doute à exaspérer les controverses, elle ne les créa donc pas de toutes pièces. Au reste, ceux auxquels se rallia le patriarche formaient un parti rien moins que négligeable : vers 470, des troubles avaient forcé son prédécesseur Martyrius à abdiquer devant « le clergé insoumis, le peuple ingrat et l'église souillée »; cinq ans plus tard, le patriarche Julien mourait « de chagrin » de voir le Foulon réinstallé sur son siège par Basilisque; en 479, le patriarche Étienne est assassiné, et Calendion, nommé la même année pour le remplacer, ne réussira à entrer en fonction qu'après trois ans d'attente et sous protection armée, après quoi, ne pouvant ou n'osant supprimer l'« addition », il devra se

---

siècle que l'on forgea sur ce sujet un dossier de lettres apocryphes (SCHWARTZ, *Epistulae ficticiae* p. XI-XIII).

[28] PHILOXÈNE, *Mēmrē contre Ḥabīb*, X, f. 110ᵛ c : « Les Écritures enseignent (ܝܠܦ), les docteurs proclament et l'Église de Dieu s'écrie dans la doxologie (ܬܫܒܘܚܬܐ) : 'Dieu immortel crucifié pour nous!' » — *Ibid.*, f. 111ʳ b : « Qu'ils veillent à maintenir le *Sanctus* suivant leur coutume, et [le] récitent comme [il] a été transmis, et professent correctement comme ils ont reçu : 'Saint [es-tu], Immortel crucifié pour nous'! »

[29] SÉVÈRE, *Homélie 125*, p. 248.

[30] SCHWARTZ, *Acacianische Schisma*, p. 242, note 1. En soulignant le caractère antinestorien de l'« addition », Sévère ne fixait d'ailleurs pas une date limite à sa création. Ses partisans dans la capitale de l'empire avaient même prétendu, vers 511, qu'elle était en usage à Antioche depuis l'époque de l'évêque Eustathe († av. 337) *(ibid.).* Ce que l'on sait aujourd'hui de la première christologie d'Eustathe (GRILLMEIER, *Vorbereitung*, p. 124-130) s'accommoderait parfaitement de cette prétention, qui assignerait au *Trisagion* « monophysite » le caractère originel d'une profession de foi antiarienne.

contenter de l'adoucir en y insérant les mots « Christ roi »[31]. Il semble donc bien que tous les efforts du gouvernement impérial pour imposer à l'Église antiochienne une christologie et un évêque chalcédoniens se soient brisés contre une résistance résolue ; et il est à présumer que ces échecs répétés n'auront pas laissé de peser sur la décision de l'empereur Zénon et du patriarche Acace, de s'engager dans la politique religieuse de l'*Hénotique*.

Philoxène était appelé à jouer dans la querelle du *Trisagion* à Antioche un rôle de premier plan. Le « converti » de l'école des Perses trouvait dans la métropole syrienne un terrain de choix pour exercer son zèle, et on se l'imagine volontiers engagé dans l'arène théologique dès son arrivée en « Occident », où son ardeur doit lui avoir valu sans tarder la sympathie, puis la confiance du patriarche Pierre, mais aussi la suspicion, puis l'hostilité des chalcédoniens.

Toutefois, c'est sous le patriarcat de Calendion (printemps 482-septembre 484), les usurpateurs Illus et Léonce étant les maîtres effectifs du diocèse d'Orient[32], que la tension atteignit son paroxysme. Dans une lettre de 521, où le vieux lutteur monophysite récapitule quelques-unes des persécutions essuyées au cours de sa longue et tumultueuse carrière, il mentionne comme un fait notoire celles que lui avait jadis infligées Calendion[33] ; et la nature de ces désagréments se trouve précisée par Théodore le Lecteur, lequel rapporte que le patriarche d'Orient fit expulser Xénaïas du territoire de sa métropole, comme un agitateur ébranlant la foi de l'Église et soulevant les bourgades[34].

Une série d'écrits philoxéniens datant de cette période[35] reflètent bien l'ambiance dans laquelle ils furent composés. On peut en déduire que la campagne menée par notre auteur en défense du

[31] SCHWARTZ, *Acacianische Schisma*, p. 182-183, 192-193.

[32] *Ibid.*, p. 193-198.

[33] PHILOXÈNE, *Lettre aux moines de Senoun*, p. 94 [79, *2*].

[34] THÉODORE, *Hist. eccl.*, II (MANSI, t. 13, col. 180 D-E) ; THÉOPHANE, *Chronographie*, A.M. 5982, p. 134, *16*.

[35] PHILOXÈNE, *Lettre dogmatique aux moines ; Aux moines de Téléda, I ; Aux Arzōnites ; Aux moines d'Amid ; Mēmrē contre Ḥabīb ; Aux moines du Bēt-Gōgal, I* ; pour le détail, voir ci-dessous, p. 189-201 et 225-238.

Trisagion visait avant tout les milieux monastiques; que, loin d'être limitée à la Syrie Iᵉ (Téléda), l'agitation atteignait jusqu'aux confins des empires romain et sassanide (Amid, Bēt-Gōgal, Arzōn) [36]; que les adversaires du *Trisagion* jouissaient de la faveur des pouvoirs [37]; enfin, que Philoxène, « errant de ville en ville » [38], était calomnié et poursuivi avec un acharnement tout particulier [39].

Peut-être mandaté par le patriarche Pierre en exil, notre auteur avait entrepris une tournée dans les monastères de Syro-Mésopotamie, auxquels il adressa ensuite, pour les exhorter à la résistance, une lettre encyclique [40]; celle-ci ne manqua pas de provoquer de vives réactions dans les cercles monastiques de tendance « théodorienne »; la plus importante des répliques auxquelles elle donna lieu fut sans doute celle que lui adressa un moine persan de grande réputation, nommé Ḥabīb; du moins Philoxène crut-il nécessaire de répondre à ce contradicteur par une monumentale plaidoirie en dix *mēmrē*, accompagnée d'un dossier justificatif, tous deux intégralement conservés [41].

Cependant, le bannissement par Calendion allait trouver un dénouement inattendu, lorsqu'au cours du printemps ou de l'été de 484, Philoxène se rendit personnellement à la cour de Constantinople, porteur d'« anaphores » et d'une supplique monastique [42], afin de prévenir les accusations portées devant Zénon contre les partisans du *Trisagion* en dénonçant lui-même le patriarche d'Orient. Un double témoignage vient ici s'ajouter à celui que notre auteur fournit dans sa première lettre *Aux moines du Bēt-Gōgal* [43] : en effet, le continuateur de Zacharie assure [44] que Philoxène « réclama à Zénon au sujet de la foi »; formule énigmatique, qui s'éclaire par

---

[36] *Ibid.*

[37] Philoxène, *Lettre dogmatique aux moines*, p. 129 [94].

[38] Id., *Mēmrē contre Ḥabīb*, I, p. 452.

[39] Id., *Lettre dogmatique aux moines*, p. 131 [96]; 144 [105]; *Aux moines de Téléda*, I, p. 451, 501.

[40] Id., *Lettre dogmatique aux moines*, ci-dessous, p. 189-192.

[41] Id., *Volume contre Ḥabīb*, ci-dessous, p. 225-238.

[42] Id., *Lettre aux moines du Bēt-Gōgal*, I, p. 158-159 [115]; ci-dessous, p. 198-201.

[43] *Ibid.*

[44] Zacharie cont., VII, 10, p. 50 [34, *24*]; Ahrens-Krüger, *Zacharias*, p. 130, *17-18*.

la source que l'historien jacobite résumait, savoir la lettre du prêtre
Siméon[45], où il est indiqué qu'il s'agissait bien d'une accusation
portée contre Calendion, analogue à celle que l'évêque de Mabbog
devait adresser plus tard à l'empereur Anastase contre les patriarches Macédonius et Flavien[46].

L'heure de pareille démarche n'aurait pu être mieux choisie :
il y avait près de deux ans que Zénon s'était rapproché des monophysites en promulguant l'*Hénotique* (482) ; sans nul doute était-il
irrité par la résistance du patriarche d'Antioche, lequel, non content
d'ignorer l'édit, n'avait pas hésité à rayer des diptyques le nom de
l'empereur[47]. En outre, des bruits circulaient sur les sympathies que
les chalcédoniens d'Antioche trouvaient auprès des usurpateurs Illus
et Léonce, à ce moment en révolte ouverte contre Constantinople[48].
Notre auteur n'ignorait pas ces rumeurs[49] ; quoi de plus naturel
qu'il les ait exploitées, autant que les allégations théologiques,
afin de mieux discréditer son persécuteur[50] ?

Tout ne dépendait plus, désormais, que de la chute des usurpateurs d'Antioche ; ils furent défaits dès septembre 484[51]. Annon-
çant aux moines des provinces orientales le succès de son ambassade
en même temps que la victoire imminente de Zénon sur les ennemis
de l'empire et sur ceux de la croix, notre auteur donnait à entendre
que le zèle des « orthodoxes » serait bientôt récompensé[52] ; effectivement, on allait assister à la déposition de Calendion et au rétablissement de Pierre le Foulon. Philoxène, rentré avec lui à Antioche
en triomphateur[53], avait été un des ouvriers les plus méritants de

---

45 *Ibid.*, VII, 8, p. 47-48 [33, *3-18*] ; AHRENS-KRÜGER, *Zacharias*, p. 128.

46 Ci-dessous, p. 61-63. PS.-DENYS, *Chronique*, an. 794, p. 236 [17, *9-10*] :
« Calendio nestorianus inventus est ».

47 SCHWARTZ, *Acacianische Schisma*, p. 209.

48 STEIN, *Bas-Empire*, p. 22-23 ; SCHWARTZ, *Acacianische Schisma*, p. 202.

49 PHILOXÈNE, *Lettre aux moines de Senoun*, p. 84 [70, *10-12*].

50 Au reste, Philoxène n'était pas seul pour plaider sa cause ; Pierre le
Foulon, qui vivait alors au monastère des Euchaïtes (THÉOPHANE, *Chronographie*, A.M. 5969, p. 125, *17-19*), attendait impatiemment son heure ; il serait
étonnant que les deux hommes ne se soient point concertés.

51 HONIGMANN, *Évêques et évêchés*, p. 5.

52 PHILOXÈNE, *Lettre aux moines du Bēt-Gōgal*, I, p. 157-159 [114-115].

53 ID., *Lettre à tous les moines orthodoxes d'Orient*, fr. 2, p. 206-207 [217,
17-19].

cette restauration [54]; aussi ses services ne tarderaient-ils pas à être reconnus d'une manière éclatante, par son élévation au siège de Mabbog.

VII. — LES PREMIÈRES ANNÉES DE L'ÉPISCOPAT À MABBOG
(485-498)

Les premières heures de la restauration « monophysite » dans le diocèse d'Orient furent marquées par un incident dont Philoxène devait garder un amer souvenir : ignorant encore, à l'époque, la modération et l'indulgence auxquelles le patriarche Pierre aurait, pour sa part, incliné, il pressa ce dernier de rayer des diptyques ecclésiastiques d'Antioche les noms des évêques locaux défunts depuis Jean (429-442), à l'exception de Julien Kostianou (471-475) [1]. Nous dirons plus loin [2] les rebondissements que cette mesure devait provoquer lors de l'avènement du patriarche Flavien (498).

En même temps que Calendion, neuf de ses suffragants orientaux avaient été déposés par Zénon [3]; le patriarche rétabli allait donc pouvoir récompenser Philoxène de son dévouement, en le sacrant évêque d'un des sièges vacants; le bénéficiaire atteste d'ailleurs lui-même qu'il avait reçu l'ordination des mains du « bienheureux archevêque Pierre » [4], confirmant ainsi les historiens jacobites et chalcédoniens [5].

La date de cette promotion peut être fixée grâce au témoignage, de première main, du vieil évêque, qui, déposé et proscrit, affirme avoir prêché la foi à ses diocésains « dans toutes les assemblées ecclésiastiques, durant trente-quatre ans » [6]; la possibilité de cette proclamation orale lui ayant été enlevée depuis l'exil de 519 [7], le

---

[54] LEBON, *Dissertation*, p. 38, note 2.

[1] PHILOXÈNE, *Lettre à tous les moines orthodoxes d'Orient*, fr. 2, p. 207 [217, *19 - 218, 2*].

[2] Ci-dessous, p. 56-57.

[3] HONIGMANN, *Évêques et évêchés*, p. 4-5.

[4] PHILOXÈNE, *Lettre à tous les moines orthodoxes d'Orient*, fr. 2, p. 206-207 [217, *17-18*].

[5] *Anonyme 846*, p. 220 [168, *8-11*]; THÉOPHANE, *Chronographie*, A.M. 5982, p. 134, *16-17*.

[6] PHILOXÈNE, *Lettre aux moines de Senoun*, p. 83 [69, *8-10*].

[7] Ci-dessous, p. 94.

décompte des trente-quatre ans à partir de cet événement reporte
en 485 la nomination au siège de Mabbog. Cette date se trouve
d'ailleurs à la fois confirmée et précisée par le biographe Élī de
Qartamīn, qui la fixe au 18 Āb de l'an 796 des Séleucides (= août
485 A.D.) [9] ; ce jour est celui où l'on commémorait le sacre de
Philoxène au XIIIe siècle dans le Ṭūr ʿAbdīn [10], mais il est également attesté par deux calendriers jacobites reflétant l'usage alépin
du XVIe siècle [11], tandis qu'en Chalcidique, dès le VIIIe ou le IXe
siècle, on fêtait l'évêque de Mabbog le 16 du même mois [12] ; cette
tradition liturgique pourrait dériver d'un souvenir historique ; du
moins ne lui voyons-nous aucune explication plus plausible [13].

L'*Anonyme de 846* assure que Pierre le Foulon avait fait de
Philoxène un de ses chorévêques avant de le nommer au siège de
Mabbog [14], mais rien ne permet de contrôler cette affirmation ; nous
nous demandons si notre auteur, évoquant le souvenir de son ordination, ne la lie pas à son siège d'une manière exclusive du chorépiscopat [15] ; du fait qu'il distingue la *chirotonie* de l'entrée à
Mabbog, on peut seulement conclure qu'il ne fut pas sacré dans
cette ville, mais vraisemblablement à Antioche [16] ; au reste, rien
n'indique qu'un espace de temps notable ait séparé l'ordination et
l'installation du nouvel archevêque. N'est-ce pas la position privilégiée de Philoxène dans la résistance aux anticyrilliens d'Antio-

---

[9] ÉLĪ, *Mēmrā*, v. 347-348, p. 13 [14].

[10] Ci-dessous, p. 102.

[11] Mss. *Paris (Bibliothèque Nationale), syr. 146* (av. 1645) et *Vatican
(Biblioteca Apostolica), syr. 69* (1547) ; NAU, *Ménologes*, p. 84.

[12] Ci-dessous, p. 102, note 8.

[13] Une notice biographique anonyme fixe au sacre de Philoxène la date d'octo-
bre-décembre 488 (synchronisme 800 des Séleucides = 488 A.D.) ; VASCHALDE,
Three Letters, p. 175. Nous croyons cette notice assez tardive ; il n'est pas
exclu que les chiffres dont elle fait état aient été obtenus par un calcul
partant d'autres données chronologiques (DE HALLEUX, *Mēmrā*, p. [I], note 2) ;
en tout état de cause, la date de 485, indirectement révélée par Philoxène
lui-même, est certainement préférable (voir déjà ASSÉMANI, *Bibl. Orientalis*,
t. 2, p. 13) ; celle de 488 est maintenue par LEBON, *Dissertation*, p. 38 ;
Christologie, p. 426, note 3 et ALTANER, *Patrologie*, p. 313.

[14] *Anonyme 846*, p. 220 [168, *9-11*].

[15] PHILOXÈNE, *Lettre à tous les moines orthodoxes d'Orient*, fr. 2, p. 207
[218, *3*].

[16] ÉLĪ, *Mēmrā*, v. 149-154, p. 6 [6].

che durant le deuxième exil de Pierre le Foulon qui aurait suggéré au chroniqueur jacobite de 846 d'en faire un chorévêque de ce patriarche [17] ?

Nous avons déjà dit [18] la raison d'ordre onomastique qui peut avoir incliné le Foulon à choisir pour son nouveau suffragant le siège de Mabbog parmi ceux d'Orient rendus vacants par les mesures répressives de 484 ; il faut ajouter que cette ville, restée foncièrement araméenne et peu marquée par l'hellénisation [19], convenait bien à un pasteur de langue et d'éducation syriaque.

Mabbo(u)g (‏ܡܒܘܓ‎) [20] était située à quelque 160 km. au nord-est d'Antioche, et à une vingtaine à l'ouest de l'Euphrate, sur la route reliant la Babylonie à la Méditerranée par Séleucie, Nisibe, Édesse, Bérée et Antioche [21]. Elle devait sa prospérité à la fertilité de son sol, mais surtout au commerce et à l'industrie artisanale ; après une période de stagnation due aux excès du régime latifundiaire et aux misères accumulées par les guerres romano-perses, la ville commençait à retrouver, sous le règne d'Anastase, un certain essor économique [22].

Mabbog était depuis le deuxième tiers du IVe siècle la capitale administrative, militaire et religieuse de la province d'Euphratésie, dépendant du diocèse d'Orient [23]. Au début du VIe siècle, la métropole comptait douze évêchés suffragants [24]. Elle était gouvernée au civil par un préfet, ayant à ses côtés un duc chargé de la défense du *limes* oriental [25] ; du IVe siècle au début du VIe, de fréquentes hostilités avec l'empire sassanide transformèrent cette ville frontière en une place forte, « le grand quartier général et le dépôt de mobilisation » de l'armée romaine d'Orient [26].

---

[17] Ci-dessus, p. 36-37.

[18] Ci-dessus, p. 11.

[19] GOOSSENS, *Hiérapolis*, p. 105.

[20] *Ibid.*, p. 3-12 ; HONIGMANN, *Hiérapolis*, col. 733-738 ; PEETERS, *Coq sacré*, p. 275 note 3.

[21] GOOSSENS, *Hiérapolis*, p. 151-154 ; DILLEMANN, *Haute Mésopotamie*, p. 131.

[22] GOOSSENS, *Hiérapolis*, p. 4, 163-166.

[23] *Ibid.*, p. 145-146.

[24] HONIGMANN, *Évêques et évêchés*, p. 68-75 ; DEVREESSE, *Antioche*, p. 287-290.

[25] GOOSSENS, *Hiérapolis*, p. 146.

[26] *Ibid.*, p. 148.

Les rapports de l'archevêque Philoxène avec les autorités civiles et militaires de son éparchie ne semblent pas avoir été très cordiaux; du moins accuse-t-il les « hérétiques » de Mabbog de l'avoir discrédité auprès de tous les préfets; et il prétend que le patriarche Flavien d'Antioche complota contre lui auprès des généraux pendant la guerre perse de 502-505 [27].

De date immémoriale, Mabbog était le centre du culte d'Atargatis, déesse syrienne de la fertilité; prérogative qui lui avait valu, depuis la période hellénistique, le surnom de « ville sainte » (Hiéropolis ou Hiérapolis) [28]; le temple de la déesse, situé au cœur de la ville, jadis un des sanctuaires les plus vastes et les plus fréquentés de Syrie, avait peut-être été détruit ou converti en église sous Théodose Ier [29]; mais le vieux culte naturiste dut se perpétuer longtemps dans la ville chrétienne; la survivance de croyances et de rites superstitieux ne fut sans doute pas étrangère aux mesures « iconoclastes » que la tradition attribue à notre auteur [30].

Les chrétiens, attestés à Mabbog dès le IIIe siècle, y restèrent en minorité jusqu'au Ve [31]; sous l'épiscopat de Philoxène, les païens formaient toujours une fraction appréciable de la population [32], mais la ville comptait au moins aux deux tiers les chrétiens que l'évêque se vante d'y avoir baptisés [33]. Hiérapolis chrétienne était même devenue un centre de pèlerinage; elle avait pour patrons les apôtres Pierre et Paul, et l'on vénérait non loin de ses murs le tombeau de l'évangéliste Matthieu [34]; par ailleurs, elle comptait nombre de moines et de moniales [35].

Bien qu'aucune école syriaque de sciences ecclésiastiques ne soit mentionnée à Mabbog, des manuscrits contemporains de l'archevêque Philoxène et provenant d'un *scriptorium* local attestent qu'il s'y déployait, au début du VIe siècle, une remarquable activité lit-

---

27 PHILOXÈNE, *Lettre aux moines de Senoun*, p. 94-95 [78, *27 - 79, 4*].
28 GOOSSENS, *Hiérapolis*, p. 4; PEETERS, *Coq sacré*, p. 274-275.
29 GOOSSENS, *Hiérapolis*, p. 108.
30 Ci-dessous, p. 88-90.
31 GOOSSENS, *Hiérapolis*, p. 154-147, 201.
32 PHILOXÈNE, *Lettre aux moines de Senoun*, p. 94 [78, *27*].
33 *Ibid.*, p. 84 [70, *1-2*].
34 GOOSSENS, *Hiérapolis*, p. 175.
35 PHILOXÈNE, *Lettre aux moines de Senoun*, p. 84 [70, *1*].

téraire, notamment dans les domaines du droit canonique et de
l'exégèse[36]. Notre auteur contribua certainement à promouvoir ce
courant studieux, tant par son abondante production personnelle
que par les initiatives qu'il encouragea, telle la nouvelle version
syriaque du Nouveau Testament qui porte son nom[37].

L'Église de Mabbog était engagée depuis plus d'un demi-siècle
dans le vif des querelles christologiques lorsqu'y arriva son nouveau
pasteur, qui la trouva plongée dans un « nestorianisme » dont il
avoue avoir eu grand-peine à triompher[38]. Le parti de ceux que
notre auteur qualifie ainsi de nestoriens se réclamait de l'évêque
Alexandre[39] : cet anticyrillien, le plus irréductible des « Orientaux »
au concile œcuménique d'Éphèse, avait préféré renoncer à son
siège plutôt que de souscrire au compromis de 433, auquel avaient
fini par se rallier ses propres suffragants André de Samosate et
Théodoret de Cyr[40]. Que la déposition d'Alexandre ait failli provoquer une sédition à Mabbog[41] donne bien la mesure de la fermen-
tation dans laquelle y étaient alors entretenus les esprits.

Les passions n'étaient d'ailleurs pas près de se calmer lorsque,
dix ans avant l'arrivée de Philoxène, furent massacrés les fonctionnaires venus promulguer l'*Encyclique* de Basilisque (475)[42]. Cet
épisode se passait peut-être déjà sous l'évêque Cyr, que notre auteur,
son successeur immédiat, traite de nestorien au même titre qu'Alexandre[43]. Il est vrai que l'allégation de nestorianisme est ici justifiée
par une anecdote de saveur suspecte, et que, pour être regardé
comme hérétique par un monophysite, il suffisait que Cyr eût refusé
d'adhérer à l'*Hénotique*; mais il reste que le nom d'Alexandre

---

[36] Ci-dessous, p. 110; DE HALLEUX, *Nouveaux textes I*, p. 61, note 62.

[37] Ci-dessous, p. 117-124.

[38] PHILOXÈNE, *Lettre aux moines de Senoun*, p. 83 [89, *20-21*].

[39] *Ibid.*, p. 82 [68, *7-8*].

[40] BARDENHEWER, *Geschichte*, p. 250-252.

[41] GOOSSENS, *Hiérapolis*, p. 159-162.

[42] HONIGMANN, *Évêques et évêchés*, p. 66.

[43] PHILOXÈNE, *Lettre aux moines de Senoun*, p. 82 [68, *10-14*]. Au grief
d'hérésie, Philoxène, *ibid.*, p. 84 [70, *10-12*], joint celui de rébellion, accusant ainsi son prédécesseur d'avoir collaboré avec les usurpateurs Illus et
Léonce (ci-dessus, p. 38). Le début de l'épiscopat de Cyr ne peut être daté;
voir LE QUIEN, *Oriens christianus*, t. 2, col. 928.

demeura inscrit aux diptyques tous le temps de l'épiscopat de Cyr [44].
On peut donc présumer que la déposition et le remplacement de ce
dernier ne s'effectuèrent pas sans heurts.

Philoxène souligne, comme un trait de tolérance et un scrupule
d'honneur, qu'à son arrivée à Mabbog, il n'urgea pas son droit
d'exiger l'anathème de son prédécesseur en rayant son nom des
diptyques, et qu'il veilla toujours à ce qu'on ne pût le croire mû
par aucune animosité personnelle [45]. Le nouvel évêque croyait peut-
être utile de démentir ainsi des rumeurs qui auraient circulé sur
sa participation aux intrigues ayant provoqué la déposition de Cyr
avec celle de Calendion; mais sans doute préférait-il aussi ne
point mortifier trop brutalement les chalcédoniens de sa ville épiscopale; le même motif le détermina d'ailleurs à conserver dans la
liturgie le nom de celui de ses prédécesseurs qui avait souscrit au
concile de 451 [46].

Qu'on se garde toutefois d'interpréter ces concessions comme un
aveu d'impuissance; en effet, aussitôt arrivé à Mabbog, Philoxène
n'hésita pas à retirer des diptyques les noms qu'il en avait fait
supprimer pour l'église d'Antioche [47], avec ceux de Diodore de
Tarse, Théodore de Mopsueste, Théodoret de Cyr, André de Samosate, Hibas d'Édesse et Alexandre de Mabbog, allant même jusqu'à
abroger la commémoraison liturgique de ce dernier [48]. Qu'il ait osé
prendre pareille mesure prouve assurément qu'il n'était nullement
disposé à se laisser intimider; mais qu'il ait réussi à l'imposer
montre que le règne du parti d'Alexandre et de Cyr n'était pas
absolu; toute action eût été impossible au nouvel évêque s'il n'avait
pu s'appuyer sur une solide minorité « cyrillienne ».

Les « hérétiques » de Mabbog n'en continuèrent pas moins de le

44 PHILOXÈNE, *Lettre à tous les moines orthodoxes d'Orient*, fr. 2, p. 207
[218, *2-9*].

45 ID., *Lettre aux moines de Senoun*, p. 84 [70, *9-15*].

46 HONIGMANN, *Évêques et évêchés*, p. 66-67; il est vrai qu'Étienne Ier de
Mabbog avait également assisté au synode éphésien de 449! (DEVREESSE,
Antioche, p. 135).

47 Ci-dessus, p. 39.

48 PHILOXÈNE, *Lettre à tous les moines orthodoxes d'Orient*, fr. 2 , p. 207
[218, *2-9*].

harceler par toutes sortes de persécutions qui, à l'en croire [49], auraient parfois dégénéré en émeutes populaires, avec la discrète complicité des autorités civiles. D'amères confidences du vieillard en exil porteraient même à qualifier son pastorat de total insuccès, n'étaient les circonstances particulièrement déprimantes dans lesquelles il exhale sa rancœur : certes, son clergé venait alors d'apostasier le monophysisme avec un empressement scandaleux, et de répudier, en le vouant à l'anathème, celui qu'ils traitaient à présent de « père dur et méchant » [50]; mais ce désenchantement du vieil évêque ne laisse-t-il point transparaître, par contraste, l'image d'un passé plus serein ? Ceux qui l'anathématisaient maintenant étaient soumis à la pression de nouveaux maîtres [51]; jadis ils avaient été les premiers à l'applaudir, en protestant que ses paroles étaient inspirées par l'Esprit-Saint [52]; il semble donc que l'éloquence persuasive de Philoxène avait su convaincre ces esprits aussi influençables qu'insoucieux de subtilités théologiques. Tout compte fait, son épiscopat doit avoir laissé un souvenir favorable sur l'ensemble des fidèles; autrement ceux-ci n'eussent pas été consternés et révoltés de voir leur ancien pasteur si indignement traité [53].

Philoxène pouvait d'ailleurs se rendre le témoignage d'un zèle pastoral exemplaire : en trente-quatre ans, n'avait-il pas conféré l'ordination à tous les membres de son clergé, sauf un, inscrit tous les frères et les sœurs dans l'ordre monastique et baptisé près des deux tiers de la ville [54]? La plupart des monastères placés sous sa juridiction ne comptaient que de cinq à dix frères; le plus grand et le plus fameux était celui de Senoun, qui fut aussi un des seuls à confesser indéfectiblement la foi monophysite sous la persécution de Justin [55]; c'est peut-être à l'intention de ces auditoires que furent originellement composés les *Mēmrē parénétiques*, destinés à devenir un des classiques de l'ascétisme syrien [56].

---

[49] ID., *Lettre aux moines de Senoun*, p. 94 [78, *24-29*].

[50] *Ibid.*, p. 81-86 [67-71], surtout 85 [78, *29-30*].

[51] *Ibid.*, p. 84 [70, *6*].

[52] *Ibid.*, p. 83 [69, *11-14*].

[53] *Ibid.*, p. 84 [70, *3-5*].

[54] *Ibid.*, p. 84 [69, *31* - 70, *2*].

[55] *Ibid.* p. 92-93 [76, *29* - 77, *15*]; DE HALLEUX, *Senoun*, p. [VI-VII].

[56] Ci-dessous, p. 283-290.

Les fonctions de métropolite imposaient à Philoxène de convoquer ses suffragants pour les deux synodes annuels du diocèse oriental; il avait également droit de regard sur l'élection des évêques de sa province, et le devoir d'assister à leur sacre [57]. Selon toute vraisemblance, il veilla dès le début à ce que fussent choisis des candidats de convictions conformes aux siennes; ainsi, on concevrait difficilement que son intervention n'ait pas pesé sur la nomination de son neveu, Philoxène le Jeune, au siège de Doliché [58]. En un quart de siècle, l'Euphratésie, terre traditionnelle de l'anticyrillianisme, allait devenir par son corps épiscopal un des plus sûrs instruments de l'archevêque de Mabbog pour l'établissement du régime monophysite en Orient [59]. Les premiers sièges vacants qu'il eut ainsi à pourvoir furent ceux de Samosate et de Cyr, dont les titulaires, rebelles à l'*Hénotique,* avaient été déposés par Zénon avec leur métropolitain [60]; peut-être est-ce au cours d'une visite pastorale relative à la succession de Jean de Cyr qu'il fit supprimer dans cette Église la mention aux diptyques et la commémoraison liturgique du grand Théodoret [61].

Tant s'en faut, cependant, que l'influence de l'évêque de Mabbog se limitât aux frontières de son éparchie. L'*Anonyme de 846* assure [62], non sans quelque apparence de raison, que Philoxène jouit d'un grand crédit à Antioche sous le règne du patriarche Pierre, puis sous celui de son successeur Pallade; ce dernier ne peut donc avoir été un chalcédonien convaincu; mais, pas plus que

[57] DEVREESSE, *Antioche,* p. 120.
[58] HONIGMANN, *Évêques et évêchés,* p. 72-73.
[59] Ci-dessous, p. 71, note 52, p. 78-80.
[60] HONIGMANN, *Évêques et évêchés,* p. 5.
[61] PHILOXÈNE, *Lettre à tous les moines orthodoxes d'Orient,* fr. 2, p. 207 [218, *10-11*]. La région (χώρα) de Cyrrhestique, où Philoxène échappa de justesse à un attentat (à une date indéterminée; *Lettre aux moines de Senoun,* p. 94 [78, *20-23*]), ne coïncide pas nécessairement avec le diocèse de Cyr (HONIGMANN, *Évêques et évêchés,* p. 69), puisque, selon notre auteur, elle s'étendait jusqu'aux environs d'Édesse (DE HALLEUX, *Senoun,* p. [VI]).
[62] *Anonyme 846,* p. 220 [168, *11-14*], où les chiffres cinq et sept reprennent ceux de la p. 218 [166, *34-35*]. Les cinq ans de Pierre commençant en septembre 484, les sept de Pallade se situent entre la fin de 489 et le début du patriarcat de Flavien (498).

Pierre le Foulon, il ne soutint un monophysisme caractérisé, sans quoi les sévériens d'Isaurie n'auraient pas joint les deux patriarches dans la même réprobation, en estimant leur mention aux diptyques contraire à l'« acribie » [63]. Au reste, la Syrie occidentale semble avoir bénéficié, jusqu'aux dernières années du siècle, d'une accalmie relative des controverses théologiques ; c'est des provinces orientales de l'empire, et surtout de Perse, que venaient alors les inquiétudes les plus sérieuses pour les monophysites.

Amorcée depuis plusieurs décades, l'expansion de la christologie « théodorienne » dans l'empire sassanide atteignait brusquement son paroxysme, à l'heure même où Philoxène devenait archevêque de l'Euphratésie voisine. Sous l'impulsion décidée du métropolite Barsauma de Nisibe, un synode provincial tenu à Bēt-Lapaṭ en 484, puis, deux ans plus tard, le synode général de Séleucie, présidé par le catholicos Acace, définirent l'orthodoxie « nestorienne » de l'Église de Perse et légiférèrent sur le mariage des clercs [64] ; en outre, Barsauma, bien en cour auprès du Grand Roi, entreprit, avec l'appui du bras séculier, de faire respecter les décisions synodales par les monophysites persans, ce que les historiens jacobites décrivent, non sans exagération, comme la plus sauvage des persécutions [65].

À cette offensive brutale qui l'atteignait au moins indirectement, Philoxène réagit sur tous les fronts. Il chercha d'abord à neutraliser immédiatement les effets de la propagande nestorienne dans les marches orientales de l'empire en soutenant par ses lettres la résistance des « orthodoxes » [66]. Durant la guerre romano-perse de 502-505, il aurait même l'audace de correspondre avec le phylarque lakhmide Abū-Yaʿfur, dont la capitale de Ḥīrah se trouvait au cœur de la Babylonie [67]. Notre auteur était vraisemblablement secondé, pour

[63] SÉVÈRE, *Lettre à Solon*, SL, I, 3, p. 20 [19].

[64] *Synodicon Orientale*, p. 53-59 [299-306] ; LABOURT, *Christianisme sassanide*, p. 138-139.

[65] MARŪTĀ, *Lettre à Jean*, p. 425-427 [437-440] ; LABOURT, *Christianisme sassanide*, p. 131-140.

[66] PHILOXÈNE, *Lettre aux moines du Bēt-Gōgal, II* ; ci-dessous, p. 201-203. Déjà au synode de Séleucie (486), les évêques de Perse se plaignent de moines pervertissant la foi et procédant à des eucharisties et à des baptêmes clandestins ; *Synodicon Orientale*, p. 53-54 [301], 55 [302-303].

[67] PHILOXÈNE, *Lettre au stratélate Abū Yaʿfur* ; ci-dessous, p. 203-208.

cette action lointaine, par des missionnaires itinérants, parmi lesquels figurait peut-être, dès la dernière décade du Ve siècle, le « disputeur persan » Siméon de Bēt-Aršam, que l'on retrouvera délégué en Arménie pour y soutenir la campagne monophysite contre Flavien d'Antioche [68].

D'autre part, l'évêque de Mabbog s'occupait à alerter la hiérarchie du patriarcat oriental pour obtenir d'elle la condamnation officielle des synodes persans, contre lesquels il avait composé au moins deux livres [69]; sur la foi de Michel le Syrien, qui déclare tenir ce renseignement de Denys de Tellmaḥrē [70], Philoxène aurait aussi dévoilé et réfuté les canons de Barsauma lors d'un synode tenu à Antioche sous Pierre le Foulon. Il semble même que ses dénonciations aient été portées jusqu'à la cour byzantine; en effet, lorsque le catholicos Acace, envoyé auprès de l'empereur Anastase comme plénipotentiaire du roi Balaš [71], fut contraint d'anathématiser son métropolite Barsauma pour être reçu à la communion, il répondit à ses inquisiteurs que l'accusation de nestorianisme, dont il était l'objet, venait de « son ennemi Xénaïas » [72]; il faut donc supposer, comme le suggère d'ailleurs Zacharie le Scolastique [73], que Philoxène avait délégué à Constantinople des ambassadeurs monophysites pour protester contre les synodes persans. L'évêque de Mabbog répétait ainsi contre Acace et Barsauma la politique de délation qui lui avait réussi contre Calendion, et dont il allait bientôt user avec le même succès contre Flavien d'Antioche; d'ailleurs, il avait peut-être déjà pu personnellement évoquer les affaires de Perse lors de sa mission à Constantinople en 484 [74]; au reste, chez Barsauma comme chez Calendion, les options politiques et religieuses se mêlaient intimement, et le métropolite de Nisibe, dont les intrigues avaient décidé le roi Pērōz à se débarrasser du catholicos romanophile Babowaï (484) [75], ne pouvait que trop aisément être présenté à Zénon comme un ennemi de l'empire.

[68] Ci-dessous, p. 64.
[69] MARŪTĀ, Lettre à Jean, p. 427 [440].
[70] MICHEL, Chronique, VIII, 14, p. 240 [124].
[71] Entre 486 et 488 d'après LABOURT, Christianisme sassanide, p. 151, note 1.
[72] BAR-HÉBRÆUS, Chron. eccl.. II, 22, t. 3, col. 75.
[73] ZACHARIE, Vie de Sévère, p. 112.
[74] Ci-dessus, p. 37-38.
[75] LABOURT, Christianisme sassanide, p. 141-142.

Faut-il également supposer une influence de Philoxène sur la décision impériale de fermer à Édesse l'école des Perses? Bien que nous ne possédions aucun témoignage historique formel [76], c'est là une présomption parfaitement vraisemblable : au moment où l'école fut dissoute par l'archevêque Cyr (489) [77], l'ancien élève « converti », devenu le chef spirituel de la province voisine, se rendait assurément compte mieux que personne de l'inconséquence qu'il y avait à entretenir dans le patriarcat d'Orient un foyer permanent de propagande « nestorienne »; l'extinction de ce foyer était d'ailleurs la seule mesure de rétorsion politiquement possible contre les « théodoriens » persans, et elle serait la plus vivement ressentie.

VIII. — LES DIX PREMIÈRES ANNÉES DE FLAVIEN D'ANTIOCHE (498-508)

Jusqu'aux dernières années du Ve siècle, l'évêque de Mabbog avait exercé son activité avant tout dans les marches orientales de l'empire byzantin; mais les événements allaient bientôt se charger de le ramener sur la scène religieuse et politique d'Antioche. En effet, si la mort de l'empereur Zénon (491) et le début du règne d'Anastase n'avaient marqué aucun changement sensible dans la situation religieuse du diocèse d'Orient, l'avènement de l'archevêque Flavien (498) [1] inaugura une des périodes les plus mouvementées de l'histoire du patriarcat, en même temps que de la vie de Philoxène; d'emblée, pourrait-on dire, éclate entre les deux hommes une opposition irréductible, qui ne cessera de croître en violence jusqu'à ce que le premier soit éliminé sans merci.

[76] Ce n'est pas un an avant la fermeture de l'école (TISSERANT, *Philoxène*, col. 1512), mais bien neuf ans après cet événement que la présence de Philoxène est attestée à Édesse par le PS.-JOSUÉ, *Chronique*, ch. 30, p. 25 [21], repris par PS.-DENYS, *Chronique*, p. 256-257 [189-190]; il y est en mai 498, lors de saturnales que la même chronique fixe au vendredi 17 du même mois pour l'an 496 (PS.-JOSUÉ, *Chronique*, ch. 27, p. 21, *21-22*; 22, *9-10* [17-18]). Peut-être l'évêque de Mabbog se trouvait-il dans la métropole de l'Osrhoène à l'occasion du décès de l'évêque Cyr (498) et de l'élection de son successeur Pierre.

[77] THÉODORE. *Hist. eccl.*, II, 49 (= Jean Diacrinomenos; VALOIS, col. 209 A); *Chronique d'Édesse*, ch. 73, p. 152 [117].

[1] SCHWARTZ, *Acacianische Schisma*, p. 211.

Les mobiles de ce conflit se ramènent fondamentalement aux options théologiques qui divisaient l'Orient chrétien depuis trois quarts de siècle; cependant, le centre de gravité des controverses christologiques s'est déplacé depuis la querelle du *Trisagion* sous Pierre le Foulon. Cette évolution se reflète bien dans la suite chronologique des écrits de notre auteur, dont l'intérêt glisse progressivement de la défense du « théopaschisme » à un antichalcédonisme de plus en plus net et agressif [2]; sans doute, Philoxène apparaissait-il, dès avant la période de l'épiscopat, sinon comme un adversaire déclaré de Chalcédoine et du *Tome* de Léon, du moins comme un partisan de la christologie « alexandrine » [3]; cependant, sous Flavien d'Antioche, il ne s'agit plus tant, pour les cyrilliens d'Orient, de défendre l'hymne liturgique du *Trisagion* [4] que de tenter d'imposer dans le patriarcat un monophysisme intégral et exclusif. Cet élargissement et ce durcissement du débat au seuil du VIᵉ siècle tiennent peut-être, d'une part, au rapprochement avec Alexandrie inauguré par la politique religieuse de l'*Hénotique* (482), et d'autre part aux récents progrès du diphysisme à l'est de l'empire.

Le programme concret des monophysites orientaux se dégage nettement d'une lettre datant de 509, où notre auteur assigne à ses revendications quatre objectifs principaux [5] : il s'efforçait d'abord d'obtenir du patriarche Flavien l'anathème de Nestorius avec « ses maîtres et ses partisans », visant dans ceux-ci Diodore de Tarse et Théodore de Mopsueste, ainsi que Théodoret de Cyr avec les autres « Orientaux » du concile d'Éphèse (431); il réclamait ensuite la ratification des douze « chapitres » ou anathématismes antinestoriens de Cyrille d'Alexandrie, et la condamnation de leurs réfutateurs Théodoret, André de Samosate, Alexandre de Mabbog et Euthérius de Tyane; il cherchait encore à faire approuver par Flavien l'*Hénotique* de Zénon en tant que rejetant l'« addition » chalcédonienne à la foi des trois premiers conciles œcuméni-

---

[2] La chose est surtout sensible pour les lettres dogmatiques de Philoxène; ci-dessous, p. 189-201.

[3] Ci-dessus, p. 30.

[4] L'« addition » au *Trisagion* provoquera encore de sanglantes émeutes à Constantinople, en 510 et en 512; STEIN, *Bas-Empire*, p. 169, 177-178; SÉVÈRE, *Lettre à Sotérichos*.

[5] PHILOXÈNE, *Lettre aux moines de Palestine*, l. 104-117, p. 36-37 [42-43].

ques; enfin il voulait arracher à son adversaire l'approbation de la
formule christologique monophysite ainsi que la condamnation du
diphysisme et des diphysites.

Des quatre articles de ce programme, nous considérerions volontiers
le troisième comme central, car l'importance capitale de l'*Hénotique*
dans la théologie de notre auteur saurait difficilement être exagérée [6]. Philoxène prétend l'édit d'union signé par « tous les évêques de partout », et c'est en lui qu'il trouve les titres juridiques
de son antichalcédonisme [7]; il pouvait d'ailleurs y lire deux autres
de ses revendications : l'anathème de Nestorius et l'approbation des
« chapitres » cyrilliens [8]; enfin, l'*Hénotique* n'avait-il pas pour fin
la « liquidation des scandales », comme on disait alors [9], c'est-à-dire
le rétablissement de la communion avec l'Égypte, à nouveau rompue
par Flavien [10]? Sans nul doute, notre auteur avait accepté l'édit
de Zénon dès 482, avec la condamnation du diphysisme qu'il impliquait à ses yeux; et il ne cessera d'en appeler à lui jusque dans
son dernier exil [11].

Mais dans quelle mesure pareille interprétation répondait-elle
aux vœux de l'empereur Anastase? La politique religieuse de ce
dernier n'a pas laissé d'être durement jugée par la tradition chalcédonienne depuis le VIe siècle [12]; mais, s'il faut accorder aux
historiens byzantins que les sévériens n'auraient jamais réussi à
s'imposer à Antioche sans l'appui impérial, il nous paraît plus
contestable que les sympathies monophysites d'Anastase fussent
aveugles ou exclusives. Politicien pragmatique, croyant et pieux, sans
doute, mais s'inquiétant peu de théologie, cet empereur eut pour
préoccupation majeure de rétablir l'unité religieuse de l'empire par
la communion des patriarcats [13]; l'espoir d'un règlement du schisme

---

[6] Sur l'édit d'union, voir, par ex., SALAVILLE, *Hénotique*, col. 2153-2159;
SCHWARTZ, *Acacianische Schisma*, p. 197-198.

[7] PHILOXÈNE, *Lettre aux moines de Senoun*, p. 47 [38, *31 - 39, 9*].

[8] *Ibid.*; ZACHARIE, *Hist. eccl.*, V, 8, p. 229-230 [159, *1-7*].

[9] SÉVÈRE, *Lettre à Solon*, SL, I, 2, p. 16 [16]; *À Ammonius*, SL, IV, 2,
p. 287-288 [254-255], etc.

[10] Ci-dessous, p. 58-59.

[11] PHILOXÈNE, *Lettre à l'abbé Siméon de Téléda*, fr. 4, p. 181 [192, *15-19*];
ci-dessus, notes 5 et 7.

[12] HAACKE, *Kaiserliche Politik*, p. 124-126.

[13] SÉVÈRE, *Lettre à Solon*, SL, I, 2, p. 16-17 [15-16].

acacien paraissant plus incertain que jamais depuis l'élection du
pape Symmaque (498-514), Anastase se laissa détourner de l'Occident, toujours plus lointain de Byzance, pour tenter de réconcilier
avec le patriarcat d'Alexandrie ceux de Constantinople, de Jérusalem et d'Antioche, dans l'esprit de l'*Hénotique* de son prédécesseur.
Les monophysites syriens ne jouirent de la faveur impériale que
dans la mesure où ils surent lier leur cause à cette politique
« œcuménique » [14]; toute leur habileté consista à transformer la
charte d'union en un instrument de revendication théologique, tout
en protestant ne travailler qu'à son acceptation « sincère » [15].

Le foyer du diphysisme auquel Philoxène s'attaquait dans la
personne du patriarche d'Antioche était situé en Syrie IIe et en
Palestine [16], provinces qui restèrent par la suite le centre principal
de la résistance à Sévère; mais les positions doctrinales n'y avaient
pas la rigueur d'un chalcédonisme strict; en effet, avec le symbole
de 451, Flavien recevait également la formule monophysite cyrillienne, les considérant comme une double et indispensable garantie
contre les hérésies opposées de l'eutychianisme et du nestorianisme [17] :
« néochalcédonisme » que les historiens byzantins ont plus tard
estompé ou interprété comme une concession éphémère et extor-
quée [18].

Cependant, si le patriarche d'Orient acceptait l'*Hénotique* sans restriction [19], il manifesta toujours une extrême répugnance pour les

---

[14] On le vit bien lorsque, après avoir concédé le *Type* contre Flavien
d'Antioche et après avoir fait déposer le patriarche impérial Macédonius,
Anastase reprocha à Jean d'Alexandrie d'avoir repoussé la communion que
Timothée de Constantinople lui offrait sur la base de l'*Hénotique*; SÉVÈRE, *Lettre
à Ammonius*, SL, IV, 2, p. 289 [256].

[15] PHILOXÈNE, *Lettre aux moines de Palestine*, l. 76-87, p. 35-36 [42]; *À
l'abbé Siméon de Téléda*, fr. 4, p. 181 [192, *15-19*]; *Aux moines de Senoun*, p. 76-
77 [63, *15-23*].

[16] CHARANIS, *Anastasius*, p. 16-17; HONIGMANN, *Évêques et évêchés*, p.
54-55.

[17] DE HALLEUX, *Nouveaux textes I*, p. 52-55.

[18] Ci-dessous, p. 69.

[19] PHILOXÈNE, *Lettre aux moines de Palestine*, l. 81-82, p. 35-36 [42]; et
non avec les réserves d'un chalcédonien strict (HONIGMANN, *Évêques et évêchés*,
p. 7).

anathèmes que les philoxéniens réclamaient de lui; lorsque ceux-ci s'efforçaient de démontrer que le scandale de la division des Églises n'était que la suite du dogme de Chalcédoine, et que l'anathème du concile suffirait à rétablir l'union, Flavien ne se faisait point faute de rétorquer que la paix religieuse demandait au contraire que l'on renonçât aux anathèmes [20]. De ce point de vue, les philoxéniens tenaient une position beaucoup plus radicale, puisqu'ils n'admettaient que les formules christologiques monophysites, et exigeaient la condamnation du diphysisme et de ses représentants, indistinctement assimilés aux nestoriens [21]. Tant s'en faut, cependant, que Philoxène fût le plus intransigeant des extrémistes [22], et que la modération théologique de Flavien interdît à celui-ci tout recours à la violence [23]!

Il est malaisé d'apprécier exactement l'importance des partis antagonistes durant les douze premières années du VIe siècle : d'une part, en effet, les moines chalcédoniens de Palestine, écrivant trois ou quatre ans après la déposition de Flavien d'Antioche, s'imaginent rétrospectivement ce patriarche comme sans cesse acculé à la défensive par une puissante opposition [24], ce que semble d'ailleurs confirmer Philoxène s'adressant, dans le feu de l'action (509), aux moines monophysites de la même province [25]; mais, d'autre part, l'évêque de Mabbog précisera nettement, par la suite, que les siens ne formaient toujours en 511 qu'une faible minorité, dont la victoire de l'année suivante fut uniquement rendue possible par la

[20] PHILOXÈNE, *Lettre aux moines de Palestine*, l. 30-53, p. 34-35 [40-41].

[21] *Ibid.*, l. 104-123, p. 36-37 [42-43].

[22] Des divergences sérieuses apparaîtront dans le parti monophysite sous le patriarcat de Sévère, lorsque l'aile avancée des Isauriens rompra avec Philoxène à cause de la fidélité de celui-ci à l'*Hénotique* (ci-dessous, p. 87); mais déjà durant le séjour de Sévère à Constantinople (508-511), des Alexandrins suspectaient le zèle de l'évêque de Mabbog; SÉVÈRE, *Lettre aux prêtres alexandrins*, n° 39, t. 12, p. 197.

[23] Les persécutions dont Philoxène accuse Flavien dans ses lettres *Aux moines de Palestine*, l. 48-50, p. 34 [41] et *Aux moines de Senoun*, p. 94 [78, *29 - 79, 2*] sont confirmées non seulement par le monophysite ZACHARIE, *Vie de Sévère*, p. 111, mais aussi par le chalcédonien ÉVAGRE, *Hist. eccl.*, III, 32, p. 131, *10-16*.

[24] *Lettre à Alcison*, p. 127, *25-26*; 128, *13 - 129, 4*.

[25] PHILOXÈNE, *Lettre aux moines de Palestine*, l. 44, *65*, p. 34, 35 [41].

pression des autorités, et que, même alors, l'épiscopat oriental ne fut pas rallié sans peine à Sévère [26]. En réalité, il faut distinguer, dans ce que nous appelons le « parti » philoxénien, un petit groupe de convaincus et un cercle plus large de sympathisants, ou, si l'on préfère, des radicaux et des modérés [27], tandis que la grande masse des évêques du patriarcat restaient flottants, timides, opportunistes : diphysites indécis, puis monophysites sans conviction, au gré des circonstances, offrant aux meneurs décidés l'appoint d'une majorité aisément influençable [28].

De la minorité agissante dont le métropolite de Mabbog était l'animateur, on connaît une quinzaine d'évêques ; mais les noms que les sources mentionnent ne forment pas une liste exhaustive, et il convient de ne pas les accepter sans critique [29]. C'est surtout parmi les moines que les antichalcédoniens trouvaient leurs partisans les plus convaincus ; nous avons dit [30] comment Philoxène s'était efforcé, dès avant son épiscopat, de rallier les monastères d'Orient à la cause du *Trisagion* ; à ceux qu'il avait gagnés alors on peut ajouter celui de Mār-ʿAqībā à Qennešrīn avec le moine Cosme [31], celui de Mār-Bas à Bītabō, avec son higoumène Lazare [32], sans compter les

---

[26] ID., *Lettre à l'abbé Siméon de Téléda*, fr. 4, p. 179-180 [190, *3-20*].

[27] DE HALLEUX, *Nouveaux textes I*, p. 51-52.

[28] PHILOXÈNE, *Lettre à l'abbé Siméon de Téléda*, fr. 4 : comparer p. 180 [190, *19-20*] et 181 [192, *5-8*].

[29] Quoi qu'en dise la *Lettre à Alcison*, p. 128, *11-12*, Éleusinius de Sasime fut toujours un hésitant (LEBON, *Textes inédits*, p. 67, note 1) et Nicias de Laodicée de Syrie ne fut rallié qu'en 511 (PHILOXÈNE, *Lettre à l'abbé Siméon de Téléda*, fr. 4, p. 180 [190, *14*]). Restent, pour la période précédant le synode de Sidon (511) : Constantin de Séleucie (THÉOPHANE, *Chronographie*, A.M. 6001, p. 151, *23*) avec ses suffragants isauriens (*Lettre à Alcison*, p. 128, *31*), Sotérichus de Césarée (THÉOPHANE, *Chronographie*, A.M. 6003, p. 153, *13*) et Jean de Tella (JEAN, *Vie de Sévère*, p. 303). Cinq recrues furent gagnées par Philoxène se rendant à ce concile (*Lettre à l'abbé Siméon de Téléda*, fr. 4, p. 180 [190, *10-19*]). Enfin, dans les listes du sacre de Sévère, quatre nouveaux noms sont attestés : Eusèbe de Gabboula (Syrie Iᵉ), Eustathe de Perrhé (Euphratésie), Julien de Salamias (Phénicie Libanaise) et Denys de Tarse Cilicie Iᵉ) ; KUGENER, *Allocution*, p. 270 [271].

[30] Ci-dessus, p. 36-37.

[31] ZACHARIE CONT., *Hist. eccl.*, VII, 10, p. 50 [34, *29-31*] ; AHRENS-KRÜGER, *Zacharias*, p. 130.

[32] LAZARE, *Lettre à Jacques de Saroug* (OLINDER, *Epistulae*, nᵒ 15, p. 62-63 ; MARTIN, *Jacques de Saroug*, p. 226-227 [228]).

monastères monophysites de Palestine[33], ainsi que plusieurs autres, sans doute, de ceux qui subirent la persécution sous Justin[34]. Mais dans quelle mesure le mouvement monophysite rencontrait-il l'adhésion populaire, en particulier à Antioche? Les chalcédoniens étaient assurément puissants dans la métropole d'Orient, mais il ne faudrait pas surestimer leur popularité[35]; si le patriarche Paul se vit contraint de démissionner après moins de trois ans d'épiscopat (519-521)[36], comme l'avait été jadis son prédécesseur Martyrius (470)[37], il est à présumer que l'influence des cyrilliens n'avait pas sensiblement baissé à Antioche depuis un demi-siècle.

La campagne de Philoxène contre Flavien s'étale sur la presque totalité du règne de ce dernier (498-512); cependant, et bien que l'on constate une recrudescence de l'offensive antichalcédonienne après la guerre romano-perse (502-505)[38], le conflit ne devient vraiment critique qu'à partir de l'ambassade des moines monophysites palestiniens à Constantinople (508-511). À l'intérieur de ces quinze ans, la *Lettre à Alcison* distingue comme trois phases successives, qui auraient marqué une progression calculée dans les revendications de l'évêque de Mabbog : s'étant d'abord contenté d'exiger la condamnation de Nestorius, celui-ci aurait ensuite réclamé l'anathème de Diodore, de Théodore et des « Orientaux » de 431, puis enfin celui du concile de Chalcédoine et du *Tome* de Léon[39]. Cette division répond bien au tableau que notre auteur se faisait des trois générations des « nestoriens »[40]; sans la confirmer directement, il

---

[33] PHILOXÈNE, *Lettre aux moines de Palestine; Aux abbés Théodore, Mamas et Sévère*; ci-dessous, p. 208, 209-210.

[34] ZACHARIE CONT., *Hist. eccl.*, VIII, 5, p. 80-81 [55-56]; AHRENS-KRÜGER, *Zacharias*, p. 158-159.

[35] HONIGMANN, *Évêques et évêchés*, p. 19.

[36] *Ibid.*, p. 148.

[37] Ci-dessus, p. 35.

[38] THÉOPHANE, *Chronographie*, A.M. 5999, p. 149, *25-26*.

[39] *Lettre à Alcison*, p. 127, *23* - 129, *4*.

[40] Les « nestoriens » de la génération intermédiaire les plus fréquemment cités sont, outre Nestorius : Théodoret de Cyr, Euthérius de Tyane, Hibas d'Édesse, André de Samosate, Alexandre de Mabbog, Irénée de Tyr, Cyr de Mabbog, Jean d'Antioche, Acace de Séleucie et Barsauma de Nisibe (*Lettre aux moines de Palestine*, l. 60-62, p. 35 [41]; *Catalogue des hérésies*, p. CXXXVII;

précise toutefois un point de ce qui serait, d'après les moines palestiniens, la deuxième étape de son offensive : il se serait borné, au
début, à inviter Flavien à condamner les écrits et les doctrines,
afin de mieux lui arracher ensuite l'anathème des personnes [41].

Quel que soit l'intérêt de ces indications, on s'abuserait en les
prenant pour des jalons chronologiques proprement dits ; en effet,
Philoxène assure que la condamnation des écrits et des doctrines,
c'est-à-dire la « première phase » de la « deuxième étape », lui avait
coûté dix ans d'efforts et de luttes [42] ; cette étape devrait donc
avoir commencé bien tôt dans le règne de Flavien pour laisser
quelque place à l'anathème des personnes et à celui de Chalcédoine
avant la fin de ce patriarcat ! En réalité il s'agit moins de
« moments » exclusifs l'un de l'autre que de la gradation logique
croissante de trois revendications que la lettre de notre auteur
aux moines de Palestine montre simultanément impliquées dès le
synode antiochien de 509 [43].

D'après l'*Anonyme de 846*, l'hostilité entre Philoxène et Flavien
remontait à l'installation de ce dernier comme patriarche d'Orient ;
en effet, c'est à partir d'alors qu'aurait cessé, à en croire l'historien
jacobite, l'autorité dont l'évêque de Mabbog jouissait à Antioche
depuis l'époque de Pierre le Foulon [44]. Nous n'avons point l'ambition d'élucider les raisons dernières de cette animosité, dont les
mobiles échappaient déjà aux contemporains [45] ; mais il ne nous
paraît pas impossible d'en établir l'occasion prochaine. En effet,
notre auteur, qui se dépensa dix années durant pour extorquer à

Lettre à tous les moines orthodoxes d'Orient, fr. 2, p. 207 [218, *6-7*]).
Les « pères » ou les « maîtres » du nestorianisme sont Diodore de Tarse et
Théodore de Mopsueste ; la troisième génération de l'hérésie comprend, entre
autres, Flavien de Constantinople, Léon de Rome et les Pères de Chalcédoine
(*Lettre aux moines de Senoun*, p. 16-17 [13, *14* - 14, *23*]).

[41] Philoxène, *Lettre au lecteur Maron d'Anazarbe*, p. 49 [73, *14-20*] ; à
notre avis, ܟܣܘܬ (p. 49, *22*) n'implique aucune référence à une « descente »
à Antioche (p. [73, *14*]).

[42] *Ibid.*, p. 53 [76, *13-17*] ; 54 [79, *7-8*].

[43] Id., *Lettre aux moines de Palestine*, l. 30-100, p. 34-36 [40-42].

[44] *Anonyme 846*, p. 220 [168, *14-16*] ; à Antioche, et non à Mabbog (Honigmann, *Évêques et évêchés*, p. 66).

[45] Lebon, *Dissertation*, p. 41, note 2 ; Van Roey, *Église jacobite*, p. 341,
note 9.

son adversaire l'anathème des « maîtres et des partisans » de Nestorius, avait obtenu de Pierre le Foulon que les noms des principaux évêques « orientaux » fussent rayés des diptyques d'Antioche [46]; rien n'indique que ces noms y aient été réintroduits par le patriarche Pallade (ca 489-497), auprès de qui l'évêque de Mabbog jouissait d'un grand crédit [47]; mais quoi de plus vraisemblable que le premier soin de Flavien, qui avait scrupule à condamner aucun diphysite, ait été de réhabiliter la mémoire de ceux qu'il regardait comme « de grands et illustres maîtres » [48]!

Ces circonstances expliqueraient bien l'acharnement que Philoxène mit à venger un affront qu'il pouvait croire personnellement dirigé contre lui; mais elles le disculperaient en même temps d'avoir pris l'initiative des provocations; selon toute vraisemblance, les deux adversaires eurent leur part dans les procédés dont chacun chargeait l'autre. Les persécutions dont se plaint notre auteur ne datent pas toutes des dernières années de Flavien, puisque celui-ci manœuvrait déjà contre l'évêque de Mabbog pendant la guerre perse (502-505), auprès de généraux [49] qui étaient peut-être les chefs d'armée Hypatius, Patrice et Aérobinde, ou encore le maître des offices Céler, hivernant dans la métropole euphratésienne en 503-504 [50].

Si l'on ne possède que de maigres détails sur les origines du conflit, les renseignements se font notablement plus abondants pour les années 506-512, mais c'est au prix de maintes obscurités et incohérences; la difficulté d'interpréter et de concilier les sources ne tient pas tant à leur partialité et à leurs anachronismes qu'à la subtilité du jeu politique sous-jacent aux déclarations et aux décisions officielles.

Entre autres raisons susceptibles d'expliquer la fortune croissante du parti philoxénien et l'audience de plus en plus favorable que lui accorda l'empereur Anastase à partir de 506, on peut songer

---

[46] Ci-dessus, p. 39.

[47] *Anonyme 846*, p. 220 [168, *12-14*].

[48] PHILOXÈNE, *Lettre aux moines de Palestine*, l. 50-51, p. 34 [41]. Le texte obscur, et peut-être corrompu, de l'*Anonyme 846*, p. 220, *25* [168, *15*], pourrait contenir une allusion à la liturgie : ܘܠ ܗܘ ܕܬܫܡ .

[49] PHILOXÈNE, *Lettre aux moines de Senoun*, p. 94-95 [79, *2-4*].

[50] STEIN, *Bas-Empire*, p. 95-98.

à l'afflux dans le diocèse d'Orient de nombreux réfugiés monophysites persécutés durant la guerre perse [51] ; nous croyons cependant que l'exaspération des rapports entre Philoxène et Flavien trouva son origine dans les lettres synodales du nouveau patriarche d'Alexandrie Jean III le Niciote (505) ; non content de recevoir l'*Hénotique* sans autre précision, comme ses deux prédécesseurs, celui-ci avait ouvertement condamné Chalcédoine et le *Tome* ; lancée dans une atmosphère déjà explosive, cette provocation fut ressentie comme un défi par Flavien d'Antioche, qui rompit la communion avec Alexandrie [52]. La querelle de l'évêque de Mabbog avec son patriarche allait ainsi changer d'objet, en s'orientant vers l'anathème explicite du diphysisme ; mais surtout, à la campagne qu'il menait contre l'orthodoxie personnelle de Flavien, Philoxène pourrait désormais joindre avec plus d'apparence de raison un argument particulièrement sensible à l'oreille impériale, en présentant le patriarche d'Orient comme un adversaire de l'union des Églises [53].

Il n'est nullement exclu que, dès ce moment, notre auteur ait rompu à son tour la communion de son patriarche, pour se solidariser avec celui d'Alexandrie, entraînant avec soi quelques-uns de ses suffragants ; c'est ce que laisse entendre l'*Anonyme de 846*, affirmant que Philoxène serait demeuré vingt ans dans la communion de l'Église [54], car ces vingt années, calculées à partir de la date du sacre (485), amènent précisément à l'avènement de Jean

---

[51] CHARANIS, *Anastasius*, p. 30, qui suggère qu'Anastase se serait décidé à utiliser le monophysisme syrien contre le nationalisme persan.

[52] SCHWARTZ, *Acacianische Schisma*, p. 238, note 1 ; HONIGMANN, *Évêques et évêchés*, p. 11.

[53] Plusieurs indices donnent à penser que l'intervention de Jean le Niciote fut décisive dans l'évolution du conflit : elle fut, en 511, au centre des discussions du synode de Sidon (ci-dessous, p. 70-72) ; on en trouve mention dans une lettre, de date incertaine, attribuée à l'empereur Anastase dans les florilèges arméniens qui la conservent (*Livre des lettres*, p. 277-278 ; *Sceau de la foi*, p. 128) ; enfin, n'est-il pas significatif de rencontrer, dans la lettre de l'abbé monophysite Lazare de Mār-Bas (OLINDER, *Epistulae*, n° 15, p. 62-63 ; MARTIN, *Jacques de Saroug*, p. 227 [228]) le nom de Philoxène joint à celui du patriarche alexandrin, comme si les deux hommes eussent alors passé pour les initiateurs de l'offensive chacédonienne? Voir aussi LIBERATUS, *Bréviaire*, ch. 18, p. 132, *27-34*.

[54] *Anoynme 846*, p. 220 [168, *11-12*].

le Niciote (505) [55]. Mais, en brisant avec l'Égypte, Flavien d'Antioche allait encore envenimer ses rapports avec les milieux monastiques syriens; les moines monophysites de Cynégie se séparèrent de sa communion, ce qui leur valut d'être persécutés [56]; ceux de Syrie IIe avaient sans doute fait de même, car une communauté des environs d'Apamée fut contrainte de se réfugier en Palestine, où Sévère l'accueillit avant 508 [57]. Deux lettres contemporaines, une de l'abbé Lazare de Mār-Bas [58] et l'autre de Philoxène [59], prouvent que notre auteur n'était nullement étranger à cette résistance, comme on le verra mieux par la suite des événements [60].

Hormis le voyage à Constantinople dont il va être question à l'instant, nous croyons que l'évêque de Mabbog ne quitta pas le diocèse d'Orient durant les années 506-512, et notamment qu'il ne rencontra pas Sévère dans la capitale pendant le séjour qu'y fit ce dernier de 508 à 511 [61]. La *Vie de Sévère* par Zacharie le Scolastique, qui envisage les événements de ces années du point de vue constantinopolitain, ne fait aucune allusion à Philoxène, pas même lorsqu'elle rapporte l'activité médiatrice de Sévère entre Flavien et les moines monophysites orientaux, bien qu'à cette occasion d'autres évêques soient expressément nommés [62]; en revanche, dans la

---

[55] La *Lettre à Alcison*, p. 129, *3*, semble situer la rupture à un stade plus avancé du conflit; mais nous avons dit qu'il serait dangereux de chercher dans la relation des moines palestiniens des indications chronologiques précises (ci-dessus, p. 56).

[56] ZACHARIE, *Vie de Sévère*, p. 108, 113.

[57] *Ibid.*, p. 111.

[58] LAZARE, *Lettre à Jacques de Saroug* (OLINDER, *Epistulae*, n° 15, p. 62-63; MARTIN, *Jacques de Saroug*, p. 227 [228]).

[59] PHILOXÈNE, *Lettre aux moines de Palestine*, l. 102, 165-166, p. 36 [42], 38 [44].

[60] Ci-dessous, p. 66, 72, 74-75.

[61] CHARANIS, *Anastasius*, p. 31, note 94; SCHWARTZ, *Acacianische Schisma*, p. 239 et HONIGMANN, *Évêques et évêchés*, p. 8, pensent autrement (ci-dessous, p. 61, note 72).

[62] ZACHARIE, *Vie de Sévère*, p. 108-109; rien non plus dans JEAN, *Vie de Sévère*, p. 223; il est vrai que les deux historiens ne parlent pas davantage de la présence de Philoxène au synode de Sidon (ZACHARIE, p. 111; JEAN, p. 238), auquel il est pourtant certain que l'évêque de Mabbog assista (ci-dessous, p. 71).

Lettre à Alcison, où les moines palestiniens relatent les événements du point de vue de l'Orient, c'est l'évêque de Mabbog qui apparaît comme le chef et l'animateur de l'opposition à Flavien [63] : ce contraste nous semble bien refléter la situation réelle.

L'existence de relations épistolaires suivies entre Philoxène et les abbés monophysites palestiniens délégués dans la capitale [64] confirme d'ailleurs que notre auteur ne se trouvait pas à Constantinople entre 508 et 511 [65]; au reste, sa présence n'y est supposée par aucune source : les dénonciations à l'empereur consécutives au synode antiochien de 509, auquel l'évêque de Mabbog assistait [66], furent faites par lettres [67]; celles qui suivirent le synode de Sidon (511), auquel il était également présent [68], furent transmises dans la capitale par des gens de son entourage [69], et plus précisément par une délégation de moines [70]; enfin, on nous montre Philoxène à Antioche au moment des troubles qui précédèrent l'expulsion de Flavien (512) [71].

Dans sa *Lettre aux moines de Senoun* (521), notre auteur rappelle qu'il eut à subir des avanies de la part des « hérétiques nestoriens » *les deux fois* qu'il monta à la Ville impériale [72]. Nous avons daté

---

[63] *Lettre à Alcison,* p. 127, *23* - 129, *4.*

[64] PHILOXÈNE, *Lettre aux abbés Théodore, Mamas et Sévère*; ci-dessous, p. 209-210.

[65] On ne peut objecter à ceci que des prêtres alexandrins de la capitale chargèrent Sévère d'aller « examiner » Philoxène (SÉVÈRE, *Lettre aux prêtres alexandrins,* n° 39, t. 12, p. 297). L'interprétation la plus naturelle de cet incident ne serait-elle pas que, des soupçons sur l'opportunisme de l'évêque de Mabbog étant arrivés jusqu'à Constantinople, on aurait invité Sévère à mener une enquête personnelle lors de son retour en Orient?

[66] Ci-dessous, p. 65-66.

[67] THÉOPHANE, *Chronographie,* A.M. 6001, p. 151, *19-24,* qui emprunte peut-être ce renseignement à THÉODORE (voir *Hist. eccl.,* II 23; VALOIS, col. 196 A).

[68] Ci-dessous, p. 71.

[69] CYRILLE, *Vie de Sabas,* ch. 55, p. 148.

[70] ZACHARIE CONT., *Hist. eccl.,* VII, 10, p. 51 [35, *9-12*]; AHRENS-KRÜGER, *Zacharias,* p. 131. D'après MICHEL, *Chronique,* IX, 10, p. 262 [163], Philoxène rassemble des moines et se rend auprès d'Anastase; mais ce témoignage ne doit pas être retenu, car il ne fait que démarquer le continuateur de Zacharie.

[71] ÉVAGRE, *Hist. eccl.,* III, 32, p. 130, *26* - 131, *20.*

[72] PHILOXÈNE, *Lettre aux moines de Senoun,* p. 95 [79, *7-9*]; litt. : « Lorsque je montai à la Ville impériale, deux fois ». Philoxène ne vise pas deux séjours parmi d'autres, qui se seraient caractérisés par des désagréments particulièrement mémorables; il fait plutôt remarquer que les deux seules fois qu'il se rendit

du printemps ou de l'été de 484 le premier de ces deux voyages [73] ; mais nous ne voyons pas bien la nature des persécutions que Philoxène essuya à cette occasion ; en effet, non seulement la politique religieuse de l'empereur Zénon et du patriarche Acace favorisait davantage les monophysites depuis la publication de l'*Hénotique*, mais on sait déjà [74] que le dénonciateur de Calendion obtint gain de cause ; peut-être s'était-il heurté dans la capitale aux milieux monastiques chalcédoniens d'où provenait le patriarche d'Antioche qu'il venait diffamer [75].

Le second séjour de Philoxène à la cour byzantine doit être de peu postérieur à la guerre perse ; le chroniqueur Théophane, qui le date de 507, en tient vraisemblablement le récit de Théodore le Lecteur [76] : Anastase ayant invité l'évêque de Mabbog à Constantinople, le patriarche Macédonius aurait refusé de communier avec l'hôte impérial, voire de lui adresser la parole ; mais encore, l'effervescence du clergé, des moines et du peuple aurait rapidement contraint l'empereur de faire discrètement quitter la ville à un visiteur si impopulaire.

On peut rapprocher de cette anecdote la mention, faite par Michel le Syrien [77], d'un synode antichalcédonien convoqué par Anastase dans la capitale et auquel l'évêque de Mabbog se serait rendu ; en effet, la date de ces assises, que le chroniqueur jacobite situe

---

dans la capitale, il eut à y subir des persécutions ; le contact de ce provincial avec le faste de la cour et de l'Église impériale avaient dû profondément marquer dans sa mémoire. Honigmann, *Évêques et évêchés*, p. 7, admet les deux voyages de Philoxène à Constantinople, qu'il situe respectivement entre 482 et 484, et en 507. Mais son exposé des événements de 508 à 512 (p. 8-14) suppose tacitement trois autres séjours de l'évêque de Mabbog dans la capitale : en 508-509 (avant le synode d'Antioche ; voir p. 8, 11) ; en juillet-août 511 (au moment des discussions sur le *Type* (voir p. 12) ; entre fin 511 et novembre 512 (pour dénoncer Flavien ; voir p. 14).

[73] Ci-dessus, p. 37-38.

[74] *Ibid.*

[75] Charanis, *Anastasius*, p. 18-19.

[76] Théophane, *Chronographie*, A.M. 5999, p. 150, *4-8* ; les passages immédiatement précédent et suivant correspondent à Théodore, *Hist. eccl.*, II, 21 et 22 (Valois, col. 193 C - 196 A).

[77] Michel, *Chronique*, IX, 8, p. 259-260 [160-161], repris par Bar-Hébræus, *Chron. eccl.*, I, 41-42, col. 187-190 (leur source n'est pas le continuateur de Zacharie comme en IX, 10, p. 261-262 [162-163]).

avant l'ambassade sévérienne de 508, concorde avec celle que Théophane assigne à l'invitation impériale. Un document monophysite,
de peu postérieur à l'événement, permet d'ailleurs d'en préciser
les circonstances : la lettre du prêtre Siméon rapporte qu'une
profession de Philoxène à Anastase fut lue devant le synode permanent [78], exigeant de Macédonius l'anathème de Diodore, de Théodore, de Nestorius et des Pères « orientaux » ; le patriarche aurait
alors été contraint de souscrire à ces anathèmes, non sans continuer
à faire mémoire, en secret, des personnages incriminés [79].

Ces données permettent de résoudre l'énigme du synode aberrant,
relaté sous l'année 499 par le chroniqueur chalcédonien Victor de
Tunnunna [80] ; en effet, ici comme dans la lettre monophysite, on se
trouve devant une assemblée antichalcédonienne, convoquée par
Anastase à Constantinople, sous l'inspiration de Philoxène ; de part
et d'autre, la liste des anathèmes réclamés, y compris celui de
Chalcédoine et du *Tome* de Léon, est présentée de façon identique [81],
et le résultat de l'intervention philoxénienne est entouré des mêmes
réticences. Selon toute vraisemblance, le « synode de 499 » doit être
identifié avec l'événement rapporté par les monophysites Siméon
et Michel, et situé en 507 par le chalcédonien Théophane [82].

---

[78] SIMÉON, *Lettre à Samuel*, p. 47-48 [33] ; AHRENS-KRÜGER, *Zacharias*,
p. 128 ; nous supposons que c'est le synode permanent qui est désigné par le
syriaque ܣܘܢܩܠܛܘܣ (σύγκλητος, proprement le sénat).

[79] *Ibid.* ; la lettre parle en même temps d'une profession de foi analogue
de Philoxène à Zénon ; nous avons établi (ci-dessus, p. 37-38) que celle-ci datait
de la première ambassade de notre auteur dans la capitale ; il est donc à
présumer que la profession à Anastase correspond bien au second voyage.
L'analogie demanderait que ce soit Flavien, et non Macédonius, qui ait pris la
succession de Calendion dans le réquisitoire philoxénien ; mais l'intérêt de la
Lettre à Samuel se concentre sur le patriarche de Constantinople.

[80] VICTOR, *Chronique*, p. 193, *14-20* ; voir déjà TILLEMONT, *Saint Macédone*,
p. 679 et ASSÉMANI, *Bibl. Orientalis*, t. 2, p. 14-15.

[81] À une exception près : le nom de Nestorius (*Lettre à Samuel*) est remplacé par celui de Cyr (Victor), ou vice-versa. En plaçant l'assemblée sous
la présidence de Flavien et de Philoxène, le chroniqueur africain pourrait
déformer un souvenir historique, à savoir : que l'évêque de Mabbog dénonça
son patriarche devant le synode.

[82] Il n'y a pas à tenir compte de la date à laquelle la chronique de Victor
situe le synode de Constantinople, car elle l'insère dans un contexte chronologiquement bouleversé : les épisodes immédiatement précédent (baptême de

C'est donc bien à cette époque que l'évêque de Mabbog se rendit à Constantinople, comme hôte de l'empereur. Deux ans auparavant, Anastase avait consenti la remise d'un tiers de l'impôt pour la métropole d'Euphratésie, particulièrement éprouvée par la guerre, et y avait fait construire des aqueducs [83]; il se peut que Philoxène ait, dès ce moment, préparé un voyage dont le but principal devait être de protester contre les ennuis que Flavien lui avait créés pendant la guerre perse, non moins que contre les « persécutions » que ce patriarche commençait alors à infliger aux moines monophysites d'Orient. Reçu à la cour impériale, notre auteur fut invité à présenter son réquisitoire devant le synode permanent; mais il avait compté sans l'appui que Flavien conservait dans les milieux chalcédoniens de la capitale [84], et singulièrement auprès de Macédonius. Aux allégations qu'il formulait contre l'orthodoxie du patriarche d'Antioche, il n'hésita donc pas à en joindre d'autres contre le patriarche de la capitale; mais celui-ci était trop bien appuyé par l'opinion publique [85] pour que cette provocation eût la moindre chance de succès; il semble donc que l'évêque de Mabbog, évoquant les persécutions que lui infligea Macédonius avec celles qui marquèrent ses voyages dans la Ville impériale [86], confirme à mots couverts la relation du dénouement humiliant de son séjour par le chroniqueur Théophane.

Bien que les sources historiques relatant l'offensive monophysite dont nous parlons concentrent leur attention sur Antioche et sur

---

Barbas) et suivant (mort d'Olympius) se retrouvent dans la Chronographie de Théophane respectivement en A.M. 6002, p. 152, *16-21* (THÉODORE, *Hist. eccl.*, II, 25, VALOIS, col. 196 B - 197 A) et 5991, p. 142, *12-17* (THÉODORE, *Hist. eccl.*, entre II, 18 et 19, col. 193 B?). Rien n'autorise donc à supposer un voyage de Philoxène à Constantinople en 499, entrepris aux fins de protester auprès d'Anastase contre la nomination de Flavien (DUVAL, *Littérature syriaque*, p. 357; VASCHALDE, *Three Letters*, p. 16; LEBON, *Dissertation*, p. 41; BAUMSTARK, *Geschichte*, p. 141; CHARANIS, *Anastasius*, p. 29).

[83] GOOSSENS, *Hiérapolis*, p. 166-167; en 507, Anastase fait venir dans la capitale un peintre syro-persan (THÉOPHANE, *Chronographie*, A.M. 5999, p. 149, *28* - 150, *1*).

[84] DUCHESNE, *Église ancienne*, t. 3, p. 240.

[85] STEIN, *Bas-Empire*, p. 169.

[86] PHILOXÈNE, *Lettre aux moines de Senoun*, p. 94-95 [78, *30* - 79, *7*].

Constantinople, quelques indices laissent entendre que Philoxène ne cessait de s'intéresser activement aux chrétientés de l'empire sassanide. Le missionnaire et controversiste persan Siméon de Bēt-Aršam, qui était venu, en 505/6, prévenir un synode arménien de Dvin contre la propagande « nestorienne » de ses compatriotes, obtint, lors d'une deuxième tournée en Arménie (506/7 ?), que le catholicos Bagbēn anathématisât Chalcédoine et les diphysites [87] ; cette campagne prolonge si naturellement celle que menaient alors contre Flavien les philoxéniens de Syrie, qu'il serait bien étrange que leur chef et animateur ne l'ait point inspirée. Ayant jadis rempli auprès de Zénon le rôle d'avocat des monophysites persans, Philoxène pourrait même avoir chargé Siméon d'une semblable mission auprès d'Anastase, si tant est qu'il ne l'ait point pris avec soi à Constantinople en 507 ; en effet, la première ambassade de son coreligionnaire de Bēt-Aršam dans la capitale byzantine, à la suite de laquelle Anastase obtint du Grand Roi Kavādh des garanties pour les monophysites de Perse, semble être de peu postérieure à l'armistice de 505 [88].

IX. — LES CINQ DERNIÈRES ANNÉES
DU PATRIARCAT DE FLAVIEN (508-512)

À partir de 508, l'évêque de Mabbog allait disposer, grâce à la délégation des moines palestiniens à Constantinople, d'un intermédiaire privilégié pour appuyer en haut lieu ses revendications [1]. Anastase, favorablement disposé vis-à-vis de Philoxène [2], et séduit

---

[87] Première lettre de Bagbēn (synodale de Dvin) : *Livre des lettres*, p. 41-47 ; TER MINASSIANTZ, *Armenische Kirche*, p. 152-157, 32-39 ; deuxième lettre du même : *Livre des lettres*, p. 48-51.

[88] D'après JEAN, *Vies*, p. 141-143, qui connut personnellement Siméon (voir p. 157). La première mission de ce dernier nous semble de peu postérieure à l'armistice romano-perse de 505, car l'historien jacobite la date d'un moment où Anastase et le Grand Roi s'envoyaient des ambassades et des présents (p. 141) ; CHARANIS, *Anastasius*, p. 29, la situe en 499 et l'attribue à Philoxène, ce qui ne nous paraît pas soutenable (ci-dessus, p. 63, note 82).

[1] PHILOXÈNE, *Lettre aux abbés Théodore, Mamas et Sévère* ; ci-dessous. p. 209-210 ; les événements de ces années se trouvent bien résumés dans HONIGMANN, *Évêques et évêchés*, p. 7-15.

[2] Ci-dessus, p. 63.

par la personnalité du moine Sévère [3], se laissa prévenir contre
Flavien d'Antioche, au point de réclamer de lui une nette déclaration sur les quatre articles que les monophysites faisaient passer pour
traduire l'essentiel de la politique de l'édit unificateur de 482, et
sur lesquels la bonne foi du patriarche d'Orient était mise en cause :
l'anathème du nestorianisme, l'adhésion aux douze « chapitres »
cyrilliens, l'acceptation de l'*Hénotique* et la condamnation du dualisme christologique [4].

La question fut traitée lors d'un synode oriental qui n'était vraisemblablement que l'une des deux assemblées canoniques du patriarcat pour l'année 509 [5], et dont une lettre de Philoxène, qui prit
part aux débats, conserve une image précise [6]. Les monophysites,
dont l'évêque de Mabbog était l'âme [7], entendaient bien exploiter
en leur faveur l'infériorité de leurs adversaires, acculés à la défensive ; ils allaient donc tenter de leur arracher les anathèmes qu'ils
jugeaient impliqués dans l'adhésion sincère à l'*Hénotique* : outre
Diodore, Théodore, Théodoret et les principaux anticyrilliens
d'Éphèse (431), ces anathèmes devaient frapper le diphysisme et
les diphysites [8].

Mais quelque entreprenants qu'ils fussent, les partisans décidés
de Philoxène ne formaient qu'une faible minorité numérique [9] ;
l'outrance même de leurs revendications dut effaroucher le grand
nombre des indécis, dont le patriarche n'eut aucune peine à rallier
les suffrages par une habile modération ; en effet, non content de
souscrire aux quatre articles qui lui étaient proposés, Flavien
n'allait-il pas jusqu'à adhérer aux formules « théopaschite » et
monophysite ! Sur le seul point des anathèmes il demeurait intraitable ; esquivant en cela l'insistance des philoxéniens, il se refusait

---

[3] SCHWARTZ, *Acacianische Schisma*, p. 239.

[4] DE HALLEUX, *Nouveaux textes I*, p. 49-50.

[5] THÉOPHANE, *Chronographie*, A.M. 6001, p. 151, *11-19*, qui ne dit pas
expressément que le synode se tint à Antioche ; la chose est cependant plausible.

[6] PHILOXÈNE, *Lettre aux moines de Palestine ;* ci-dessous, p. 208.

[7] *Ibid.*, l. 102, 165-166, p. 36 [42], 38 [44].

[8] *Ibid.*, l. 105-117, p. 36-37 [42-43]. Le concile de Chalcédoine n'était
cependant point taxé d'hérésie ; on lui reprochait seulement, aux termes de
l'*Hénotique*, d'avoir commis une addition à la foi des trois premiers conciles
œcuméniques ; DE HALLEUX, *Nouveaux textes I*, p. 51, note 23.

[9] Ci-dessus, p. 53-55.

à condamner aucun diphysite, tant par respect pour une tradition vénérable que par souci d'une garantie contre l'eutychianisme [10].

Après s'être concilié de la sorte les modérés des deux tendances, le patriarche d'Antioche rédigea une lettre synodale, qui reçut la signature des évêques présents à l'assemblée et qui fut dépêchée à l'empereur, dont elle devait apaiser les inquiétudes, tout en ignorant adroitement l'intervention des radicaux monophysites [11]. Cependant, Philoxène émettait au nom de ceux-ci une protestation solennelle, qui fut sans doute, elle aussi, envoyée à Constantinople [12]; en même temps, l'évêque de Mabbog alertait les moines monophysites de Palestine et leurs higoumènes délégués dans la capitale [13]; il multipliait également ses efforts pour convaincre les hésitants, auxquels il présentait une apologie de son opposition au diphysime [14] et de son interprétation des anathématismes cyrilliens [15]. Les quelques bribes de cette production littéraire que les chaînes jacobites ont conservées révèlent une controverse de style scolaire, préoccupée d'exégèse patristique [16]; leur ton répond bien à l'atmosphère théologique qui régnait à ce moment, tant à Constantinople qu'en Orient, où l'on assistait à une intense production de florilèges, entre autres cyrilliens, pour et contre le diphysisme [17].

Pour reconstituer la suite des événements immédiatement postérieurs au synode antiochien de 509, on est réduit aux lambeaux maladroitement recousus que présentent deux sources chalcédoniennes. Le chroniqueur Théophane évoque l'assaut de requêtes et de recours à l'empereur dont nous venons de parler, en précisant que

---

[10] PHILOXÈNE, *Lettre aux moines de Palestine*, l. 20-100, p. 33-36 [40-42].

[11] *Ibid.*, l. 90-91, p. 36 [42]; DE HALLEUX, *Nouveaux textes I*, p. 60, note 56.

[12] PHILOXÈNE, *Lettre aux moines de Palestine*, l. 101-104, p. 36 [42]; DE HALLEUX, *Nouveaux textes I*, p. 55-56.

[13] PHILOXÈNE, *Lettre aux moines de Palestine; Aux abbés Théodore, Mamas et Sévère*; DE HALLEUX, *Nouveaux textes I*, p. 59-61.

[14] PHILOXÈNE, *Lettre contre Flavien*; DE HALLEUX, *Nouveaux textes*, p. 60, note 57.

[15] PHILOXÈNE, *Lettre liminaire au 'synodicon' d'Éphèse*; DE HALLEUX, *Nouveaux textes I*, p. 61.

[16] Ci-dessous, p. 208-211.

[17] HONIGMANN, *Évêques et évêchés*, p. 9-11; ci-dessous, p. 214.

Philoxène était appuyé dans ses protestations par le métropolite d'Isaurie Constantin; Anastase aurait fini par céder à leurs instances en imposant le désaveu de Chalcédoine tant à Flavien qu'à Élie de Jérusalem [18].

Marquée d'une aussi nette hostilité vis-à-vis des monophysites, mais plus proche des faits qu'elle relate, la *Lettre à Alcison* distingue une triple capitulation du patriarche d'Antioche : Flavien aurait d'abord anathématisé, dans un *libellus* adressé à l'empereur, ceux que ses adversaires appelaient « les maîtres et les partisans de Nestorius » [19]; on se souvient [20] qu'il n'avait pas encore cédé sur ce chapitre au synode de 509; mais les dix ans après lesquels il fléchit [21] ne peuvent dépasser cette date de beaucoup, pour peu que le conflit ait commencé avec le début de son patriarcat (498).

Flavien aurait ensuite tenté de désarmer ceux qui cherchaient à lui faire condamner Chalcédoine en recourant à la distinction entre la définition et les anathèmes du concile [22]; ne reconnaissant point la valeur normative du symbole chalcédonien, il admettait sa réprobation contenue dans l'*Hénotique,* au nom duquel on l'attaquait, tandis qu'en adhérant à la condamnation conciliaire des hérésies nestorienne et eutychienne, il demeurait fidèle à la position moyenne qu'il avait défendue au synode de 509 [23]. Les moines palestiniens ne prétendent pas que Flavien fût l'inventeur de cette distinction déjà ancienne [24]; on la proposait d'ailleurs à ce moment dans les milieux « néochalcédoniens » d'Orient et de Constantinople, puisque Sévère se l'entendit proposer dans la capitale par l'évêque isaurien Jean de Claudiopolis, alors qu'il travaillait à la rédaction du *Type* [25]; et vers 515, en Cilicie IIe, on espérait encore fonder

---

[18] THÉOPHANE, *Chronographie,* A.M. 6001, p. 151, *19-26.*

[19] *Lettre à Alcison,* p. 128, *13-18.*

[20] Ci-dessus, p. 65-66.

[21] PHILOXÈNE, *Lettre au lecteur Maron d'Anazarbe,* p. 53 [76, *13-17*]; 54 [79, *7-8*].

[22] Dans une ἔκθεσις περὶ πίστεως; *Lettre à Alcison,* p. 128, *24-30.*

[23] PHILOXÈNE, *Lettre aux moines de Palestine,* l. 20-30, p. 33-34 [40].

[24] Elle remontait au moins à l'*Encyclique* de Basilisque (475), sinon au *Codex encyclius* de Léon (457); voir LEBON, *Textes inédits,* p. 61, note 6; MOELLER, *Néo-chalcédonisme,* p. 668.

[25] SÉVÈRE, *Lettre à Constantin de Séleucie,* SL, I, 1, p. 4 [4].

sur elle la résistance au même Sévère, devenu entretemps patriarche d'Antioche [26].

Mais, pas plus que ce dernier, Philoxène ne pouvait se contenter d'une demi-mesure [27] ; l'anathème de Chalcédoine que les monophysites cherchaient à obtenir de leurs adversaires devait atteindre le concile dans son diphysisme même ; tel fut, semble-t-il, l'objet d'une troisième offensive. La *Lettre à Alcison* parle simplement d'une déclaration dogmatique proposée à la signature des suspects, qu'elle attribue conjointement à l'empereur et à l'évêque de Mabbog [28], tandis qu'une lettre de Sévère contemporaine de ce document [29] apporte de précieuses indications sur sa nature et sur les circonstances de son élaboration ; le futur patriarche monophysite affirme qu'il le rédigea lui-même, sur l'ordre d'Anastase, pour être soumis à Flavien ; il le nomme « type de plérophorie » [30], ce qui pourrait se traduire par « formulaire d'explicitation », puisque c'est sur l'interprétation antichalcédonienne de l'*Hénotique* que portaient alors toutes les préoccupations des adversaires du concile.

Sévère dit bien que le *Type* éliminait les « dogmes scandaleux » de Chalcédoine et du *Tome* de Léon [31] ; mais nous ne croyons pas qu'il ait prononcé un anathème explicite et brutal ; celui-ci restait encore dans les vœux des monophysites, qui continueraient de le réclamer jusqu'après l'élection de Sévère [32]. Zacharie le Scolastique,

---

[26] PHILOXÈNE, *Lettre au lecteur Maron d'Anazarbe*, p. 40 [60, *11-16*] ; 44-49 [66-73].

[27] *Ibid.* (notes 25 et 26).

[28] *Lettre à Alcison*, p. 129, *1-3* : un γραμματεῖον ou ἔγγραφον περὶ πίστεως.

[29] SÉVÈRE, *Lettre à Constantin*, SL, I, 1, p. 4-11 [3-11]. Le *Type* se situe entre le synode antiochien de 509 et l'automne de 511, moment auquel Sévère est rentré de Constantinople en Orient pour le synode de Sidon (ci-dessous, p. 72). Si le décès du métropolite Constantin de Séleucie pouvait être daté avec précision, il fournirait un *terminus ante quem* plus rapproché ; Sévère écrit au successeur de Constantin dès avant l'épiscopat, et sans doute de Constantinople ; SÉVÈRE, *Lettre à Solon*, SL, I, 2, p. 12-17 [12-16].

[30] SÉVÈRE, *Lettre à Constantin*, SL, I, 1, p. 3 [4].

[31] *Ibid.*, p. 5 [5].

[32] Ci-dessous, p. 79. La lettre d'Anastase reproduite par deux florilèges arméniens (ci-dessus, p. 58, note 53) conserve peut-être des vestiges du *Type* (MOELLER, *Fragment du Type*, p. 244-245) ; sa condamnation directe de Chalcédoine et du diphysisme nous incline cependant à la dater du patriarcat de Sévère (512-518).

qui présente la formule sévérienne comme un compromis entre Flavien et les moines d'Antioche, attribue à son héros le mérite de cette modération [33] ; en réalité, Sévère se serait montré aussi exigeant que l'évêque de Mabbog [34] s'il n'avait eu à compter avec la politique impériale ; c'est Anastase qui désirait éviter les mesures extrêmes ; du moins l'empereur avait-il exigé qu'avant d'en venir à rédiger le *Type*, Sévère consultât des personnalités modérées [35]. Toute l'habileté du futur patriarche d'Antioche consista donc à revêtir d'une formulation apaisante un texte réellement et profondément antichalcédonien, auquel ne se trompèrent d'ailleurs point les esprits avertis [36].

Il semble que le formulaire sévérien fut proposé non seulement à Flavien d'Antioche, mais encore à Macédonius de Constantinople et à Élie de Jérusalem ; la manière confuse et embarrassée dont la chose est relatée par les historiens byzantins donne à penser que les trois patriarches chalcédoniens cédèrent, au moins temporairement ou avec des réserves [37] ; la soumission de Flavien aurait même entraîné momentanément son excommunication, et celle de ses apocrisiaires constantinopolitains, par Macédonius [38]. Il n'est pas impossible que l'évêque de Mabbog, qui correspondait avec les moines de Palestine [39], ait pris part à l'offensive contre Élie ; rien n'assure cependant que sa rupture avec le patriarcat chalcédonien de Jérusalem ait déjà été effective avant le règne de Sévère [40] ; ce dernier avait d'ailleurs vraisemblablement contre Élie des griefs plus concrets, que sa qua-

---

[33] ZACHARIE, *Vie de Sévère*, p. 107-108.

[34] SÉVÈRE, *Lettre à Constantin*, SL, I, 1, p. 4-5 [3-4] ; *À Dioscore*, n° 49, t. 12, p. 324.

[35] ID., *Lettre à Constantin*, SL, I, 1, p. 4 [4] ; il s'agit de Jean de Claudiopolis.

[36] LIBERATUS, *Bréviaire*, ch. 19, p. 133, *18-19* : « Hic [Sévère] apud Constantinopolim synodo [Chalcédoine] derogabat, et affirmabat quia, ea anathematizata, omnes communicarent ».

[37] D'après CYRILLE, *Vie de Sabas*, ch. 51, 55, p. 143-144, 148, Élie s'esquive habilement ; d'après la *Lettre à Alcison*, p. 129, *9-10*, il cède à contre-cœur. Pour Macédonius, voir STEIN, *Bas-Empire*, p. 166-170.

[38] THÉOPHANE, *Chronographie*, A.M. 6002, p. 153, *7-10*, d'après THÉODORE, *Hist. eccl.* (CRAMER, *Anecdota*, p. 106 = MILLER, *Jean d'Égée*, p. 396).

[39] Ci-dessus, p. 64, 66.

[40] Ci-dessous, p. 261.

lité d'ambassadeur des moines palestiniens à Constantinople lui permettait de faire valoir auprès d'Anastase mieux que ne l'aurait pu Philoxène, occupé en Orient par sa lutte contre Flavien [41]. Pour le même motif, c'est encore Sévère qui paraît avoir été, dans la capitale, l'instigateur de la campagne contre Macédonius qui aboutit à la déposition de ce patriarche en août 511 [42].

Le synode oriental qui se réunit à Sidon vers la fin de 511 [43] ne nous semble pas pouvoir être mis en rapport direct avec le *Type* sévérien. Pour justifier les précisions que son formulaire antichalcédonien apportait à l'*Hénotique*, Sévère fait remarquer qu'il s'agissait, en l'occurrence, d'une profession de foi individuelle, tandis que l'édit de Zénon demeurait destiné, dans l'esprit de l'empereur Anastase, à restaurer et à garantir l'union générale des Églises divisées par Chalcédoine [44]; or le caractère « œcuménique » du synode de Sidon transparaît tant dans les actes qui en sont conservés [45] que dans la relation d'un témoin oculaire [46], d'où il ressort nettement que le problème de l'heure était la réconciliation des patriarcats, et en particulier celle de Flavien d'Antioche avec Jean d'Alexandrie, séparés depuis six ans [47]; comme on sait, par ailleurs, que le nouvel archevêque de Constantinople, Timothée (511-518), venait d'offrir à son collègue alexandrin la communion que son prédécesseur Macédonius avait opiniâtrement refusée, il est patent que l'empe-

41 Élie et Philoxène doivent cependant s'être rencontrés au synode de Sidon; HONIGMANN, *Évêques et évêchés*, p. 12-14.

42 STEIN, *Bas-Empire*, p. 169-170; le passage corrompu de la *Lettre à Alcison*, p. 129, *24-25*, relatif à une action de Xenaïas et « Dioscore » contre Macédonius, doit être compris en référence avec le voyage de Philoxène à Constantinople en 507 (ci-dessus, p. 63).

43 HONIGMANN, *Évêques et évêchés*, p. 12; DUCHESNE, *VIe siècle*, p. 27-28; DEVREESSE, *Antioche*, p. 68. En 512 d'après LEBON, *Dissertation*, p. 51; *Christologie*, p. 426, note 3; BURY, *Later Empire*, t. 1, p. 440, note 5; STEIN, *Bas-Empire*, p. 172; BARDY, *Anastase*, p. 313; BAUMSTARK, *Geschichte*, p. 141; TISSERANT, *Philoxène*, col. 1514.

44 SÉVÈRE, *Lettre à Solon*, SL, I, 2, p. 16-17 [15-16]; *À Hippocrate*, n° 46-47, t. 12, p. 320, 322-323; *À Dioscore*, n° 49, t. 12, p. 324.

45 ZACHARIE CONT., *Hist. eccl.*, VII, 11, p. 52-54 [36-37]; AHRENS-KRÜGER, *Zacharias*, p. 132-134.

46 SÉVÈRE, *Lettre à Ammonius*, SL, IV, 2, p. 288-289 [255-256].

47 Ci-dessus, p. 58.

reur voulait obtenir de l'assemblée de Sidon que les patriarches d'Antioche et de Jérusalem consentissent au même geste.

Ces circonstances expliquent le mécontentement avec lequel l'évêque de Mabbog apprit sa convocation[48] à une assemblée dont le but irénique impliquait la « concession légale » de l'*Hénotique*, c'est-à-dire la prétérition des « scandales » du diphysisme[49]; on ne saurait donc prétendre, avec les historiens jacobites et byzantins[50], que notre auteur ait eu l'initiative du synode, ou qu'il en ait reçu la présidence[51]; mais il n'en était pas moins résolu à tirer le meilleur parti de la situation, puisqu'il prit soin d'organiser à cet effet une campagne de recrutement et un programme d'action.

Malgré les cinq évêques que Philoxène réussit personnellement à séparer de Flavien en se rendant de Mabbog à Sidon, seuls neuf membres de l'assemblée devaient se joindre à lui pour s'opposer au patriarche d'Antioche[52]; si le synode rassembla quatre-vingts délégués[53], les philoxéniens n'y auraient donc été qu'un contre sept;

[48] PHILOXÈNE, *Lettre à l'abbé Siméon de Téléda*, fr. 4, p. 179-180 [190, *10-11*]. Cette confession de Philoxène est également apologétique; c'est pour excuser l'échec humiliant de son parti qu'il décline la responsabilité du synode et souligne la faible minorité des siens.

[49] Ci-dessus, note 44.

[50] PS.-DENYS, *Chronique*, an. 823, p. 11, *21 - 12, 4*; THÉOPHANE, *Chronographie*, A.M. 6003, p. 153, *17-18*.

[51] PHILOXÈNE, *Lettre à l'abbé Siméon de Téléda*, fr. 4, p. 180 [190, *11-19*]; ZACHARIE CONT., *Hist. eccl.*, VII, 10, p. 50 [34, *28*]; AHRENS-KRÜGER, *Zacharias*, p. 130.

[52] Les neuf évêques autres que Philoxène étaient vraisemblablement ses suffragants d'Euphratésie et les recrues gagnées durant son voyage à Sidon. La liste du sacre de Sévère est signée par cinq euphratésiens et quatre des recrues de Sidon; la « prosphonèse » l'est par six euphratésiens (Eustathe de Perrhé s'y est adjoint) et trois des recrues de Sidon (Marinus de Béryte s'est retiré). LEBON, *Textes inédits*, p. 190-191, note 7, et HONIGMANN, *Évêques et évêchés*, p. 12, comptent comme opposants de Flavien à Sidon les cinq nouveaux adhérents, mais Philoxène, qui déclare expressément que les trois premiers (Siméon de Qenneŝrīn, Nicias de Laodicée et Pierre d'Alep) l'accompagnèrent au synode, ne le dit pas des autres (Marinus de Béryte et Thomas d'Anasarthe). LEBON, *ibid.*, complète le nombre des dix par Sotérichus, Jean de Tella (?) et deux ou trois euphratésiens; HONIGMANN, *ibid.*, compte quatre euphratésiens des six présents à la prosphonèse; voir VAN ROEY, *Église jacobite*, p. 343-344.

[53] MARCELLIN, *Chronique*, p. 98, *14*.

mais d'autres monophysites, comme Sotérichus de Césarée[54] et Jean de Tella[55], y sont également mentionnés, et l'on peut supposer la présence de sympathisants que le parti s'était précédemment assurés[56]. Les adversaires de Flavien disposaient, en tout cas, d'un solide appui monastique; parmi les moines palestiniens figurait Sévère, rentré de la capitale[57], et parmi ceux de Chalcidique, Cosme du monastère de Mār-ʿAqība, un érudit résidant à Antioche[58].

C'est à ce dernier que fut confiée la rédaction d'une supplique, à laquelle on joignit un important dossier, comprenant soixante-dix-sept chapitres antichalcédoniens et un florilège patristique[59]. Les pétitionnaires monophysites s'efforçaient de prouver que la division de la chrétienté n'était due qu'à l'« hérésie » consacrée par le concile de Chalcédoine; mais Flavien sut répondre à ce plaidoyer par la plus habile des parades[60] : il protesta avoir anathématisé tout ce qui méritait de l'être, c'est-à-dire les écrits de Diodore et de ses « disciples », notamment Nestorius et les réfutateurs des anathématismes cyrilliens; s'engager plus avant menacerait la paix et l'union des Églises, ou, comme s'exprimait le patriarche[61], « réveillerait le dragon endormi ». Cette argumentation touchait au point sensible les préoccupations d'Anastase, en montrant que l'*Hénotique* ne remplirait sa mission « œcuménique » qu'à la condition de n'être exploité contre personne; tout comme au synode de 509[62], le patriarche d'Antioche démontrait à l'empereur, qui le soupçonnait d'empêcher

---

54 Théophane, *Chronographie*, A.M. 6003, p. 153, *13*.

55 Ps.-Denys, *Chronique*, an. 823, p. 12; voir an. 826, p. 14.

56 Ci-dessus, p. 54, note 29.

57 Sévère, *Lettre à Ammonius*, SL, IV, 2, p. 288-289 [255-256].

58 Zacharie cont., *Hist. eccl.*, VII, 10, p. 50 [34, *30* - 35, *1*]; Ahrens-Krüger, *Zacharias*, p. 130.

59 *Ibid.*, VII, 11, p. 52-52 [36-37]; Ahrens-Krüger, *Zacharias*, p. 132-134. Honigmann, *Évêques et évêchés*, p. 13, identifie cette pièce avec le « document des dix évêques » dont parle Sévère, *Lettre à Éleusinius*, SL, VI, 1, p. 407 [361]; il convient cependant de remarquer que le continuateur de Zacharie précise bien que le dossier monophysite de Sidon fut rédigé et présenté à l'assemblée par les moines.

60 Sévère, *Lettre à Ammonius*, SL, IV, 2, p. 288-289 [255-256].

61 Zacharie cont., *Hist. eccl.*, VII, 10, p. 51 [35, *8*]; Ahrens-Krüger, *Zacharias*, p. 131; *Anonyme 846*, p. 221 [168, *20*].

62 Ci-dessus, p. 65-66.

la réconciliation avec l'Égypte, que les véritables perturbateurs de l'union étaient ceux-là mêmes qui voulaient le contraindre à anathématiser une tradition dogmatique vénérable.

Au dossier antichalcédonien des moines orientaux, les diphysites pouvaient d'ailleurs opposer des témoignages beaucoup plus gênants : l'alexandrin Pierre Monge et ses deux successeurs au siège patriarcal s'étaient contentés, dans leurs synodales, d'adhérer à l'*Hénotique*, sans le solliciter contre Chalcédoine ni le *Tome* ; c'est donc Jean le Niciote qui, ayant répudié cette tradition, devait assumer la responsabilité du schisme. Sévère relate avec amertume le profond embarras que cet argument jeta dans le camp des monophysites ; à leur grande confusion, ceux-ci durent bien en reconnaître l'irréfutable logique [63]. Étant ainsi parvenu à faire échec aux prétentions des philoxéniens, le patriarche Flavien se rallia aisément la masse des hésitants [64] ; finalement, le légat impérial, Eutrope, s'apercevant de l'impossibilité de réconcilier Antioche avec Alexandrie, décréta la dissolution de l'assemblée [65].

Les éléments font défaut pour apprécier objectivement la suite des événements ; on aimerait, notamment, savoir comment l'empereur se résolut à tolérer l'éviction de Flavien. La chose ne fait point difficulté pour les historiens byzantins, qui considèrent Anastase comme le patron des monophysites ; mais la réalité doit avoir été moins simple ; en effet, il ressort d'une lettre de Sévère [66] que l'empereur fit rappeler à l'ordre le patriarche d'Alexandrie pour avoir repoussé la communion offerte par Timothée de Constantinople [67] ; cette réprimande, peut-être inspirée par l'argumentation de Flavien à Sidon, montre bien qu'Anastase entendait toujours se tenir impartialement à la ligne de sa politique religieuse. D'après les chalcédoniens, cependant, l'assemblée de Sidon aurait été suivie

---

[63] SÉVÈRE, *Lettre à Ammonius*, SL, IV, 2, p. 288-289 [255-256].

[64] PHILOXÈNE, *Lettre à l'abbé Siméon de Téléda*, fr. 4, p. 180 [190, *19-20*], 181 [192, *12-14*].

[65] ZACHARIE CONT., *Hist. eccl.*, VII, 10, p. 51 [35, *9*] ; AHRENS-KRÜGER, *Zacharias*, p. 131 (ܡܚ) ; CYRILLE, *Vie de Sabas*, ch. 52, p. 144, *2* (ἄπρακτον) ; THÉOPHANE, *Chronographie*, A.M. 6003, p. 153, *19* (θᾶττον).

[66] SÉVÈRE, *Lettre à Ammonius*, SL, IV, 2, p. 288 [255].

[67] Ci-dessus, p. 66.

d'une campagne de délations, analogue à celle qui avait conclu le synode antiochien de 509 [68]; les philoxéniens dépêchèrent dans la capitale une délégation de moines [69], peut-être celle-là même que conduisait le prêtre Siméon, dont le continuateur de Zacharie a conservé une lettre [70]; une fois de plus, Anastase se serait laissé persuader d'avoir été le jouet de Flavien [71].

La déchéance du patriarche d'Antioche fut alors proclamée à Laodicée [72], par un synode qui réunissait probablement le petit groupe des monophysites philoxéniens que l'on retrouvera sous peu au sacre de Sévère [73]; la déposition de Flavien, dont le diphysisme était assimilé à l'erreur de Paul de Samosate, y fut justifiée par le dix-neuvième canon de Nicée, aux termes duquel le baptême des hérétiques pauliniens ne pouvait être regardé comme valable [74]. Nous ne croyons pas qu'une mesure aussi radicale ait obtenu l'assentiment impérial; il nous semble, au contraire, que les désordres qui allaient suivre n'avaient d'autre fin que de mettre Anastase dans la nécessité de sacrifier le patriarche d'Antioche à l'impératif de la paix publique; au reste, ne serait-ce point parce que Flavien n'entendait pas céder au chantage d'inquisiteurs sans mandat, que les philoxéniens se décidèrent à organiser dans la métropole d'Orient une agitation calculée [75]?

L'historien Évagre devait le récit de ces violences à des vieillards

---

[68] THÉOPHANE, *Chronographie*, A.M. 6003, p. 153, *20-28*.

[69] ZACHARIE CONT., *Hist. eccl.*, VII, 10, p. 51 [35, *9-12*]; AHRENS-KRÜGER, *Zacharias*, p. 131.

[70] SIMÉON, *Lettre à Samuel*, p. 41-48 [28-33]; cette relation de la disgrâce de Macédonius (7 août 511) est pourtant si minutieuse qu'il est plus probable que le prêtre Siméon en fut le témoin, et qu'il était donc dans la capitale dès avant le synode de Sidon; AHRENS-KRÜGER, *Zacharias*, p. 345.

[71] THÉOPHANE, *Chronographie*, A.M. 6003, p. 153, *29*; CYRILLE, *Vie de Sabas*, ch. 52, p. 144, *19-24*.

[72] SÉVÈRE, *Lettre au monastère de Ṭagais*, SL, V, 3, p. 319 [284]; *Contre les réitérateurs de l'onction*, SL, V, 6, p. 357 [316]; *À Sergius de Cyr et Marion de Soura*, SL, V, 15, p. 397 [353].

[73] Ci-dessous, p. 78.

[74] Ci-dessus, note 72; MANSI, t. 2, col. 676 E - 677 A.

[75] ZACHARIE CONT., *Hist. eccl.*, VII, 10, p. 51 [35, *12-14*]; AHRENS-KRÜGER, p. 131; l'historien jacobite prétend qu'ils auraient reçu d'Anastase l'ordre de chasser Flavien.

qui en auraient été les témoins [76] : une bande de moines de Syrie I^e, et notamment du district voisin de Cynégie, se répandit dans la ville en réclamant de leur patriarche l'anathème de Chalcédoine et du *Tome*; c'est peut-être alors que Flavien, pensant les apaiser, aurait répudié publiquement, dans la grande église, le concile et les diphysites [77]; mais le peuple d'Antioche, qui prenait mal cette invasion menaçante, s'agitait à son tour, et la manifestation dégénéra en une émeute, qui coûta aux moines monophysites de nombreuses victimes, noyées dans les eaux de l'Oronte [78]; par après, les moines chalcédoniens de Syrie IIe venaient à leur tour manifester en faveur de Flavien, peut-être à la suite de nouvelles accusations dont celui-ci avait été l'objet [79].

Telles seraient les circonstances troubles dans lesquelles fut décidé officiellement l'éloignement du malheureux patriarche; les fonctionnaires impériaux lui conseillèrent d'abord de se retirer aux « Platanes », dans un faubourg de la ville [80], puis, comme jadis Nestorius, on le relégua à Pétra [81]. Pour Philoxène et les siens, l'heure du triomphe arrivait enfin, après tant d'années d'une lutte longtemps incertaine; il ne fait aucun doute que la victoire était due pour une bonne part à l'inébranlable ténacité de l'évêque de Mabbog, sans qui l'opposition à Flavien se fût vite effritée. Avec l'élection de Sévère au siège d'Antioche, toutes les chances semblaient offertes aux monophysites du patriarcat; car, si leurs difficultés ne se trouvaient pas instantanément aplanies, du moins rien ne laissait-il prévoir que la période faste qui s'ouvrait pour eux ne leur donnerait qu'à peine six ans pour étendre et affermir leur influence.

---

[76] ÉVAGRE, *Hist. eccl.*, III, 32, p. 130, *26-28*.

[77] THÉOPHANE, *Chronographie*, A.M. 6003, p. 153, *30* - 154, *2*.

[78] ÉVAGRE, *Hist. eccl.*, III, 32, p. 130, *29* - 131, *9*.

[79] *Ibid.*, p. 131, *10-16*; THÉOPHANE, *Chronographie*, A.M. 6004, p. 156, *10-15*. Il se pourrait que Philoxène fasse allusion à ces désordres lorsqu'il évoque, en 521, les « persécutions » qu'il avait subies à Antioche; *Lettre aux moines de Senoun*, p. 95 [79, 7].

[80] SCHWARTZ, *Acacianische Schisma*, p. 246, note 2.

[81] HONIGMANN, *Évêques et évêchés*, p. 15.

X. — SOUS LE PATRIARCAT DE SÉVÈRE
(512-518)

On ne sait à quand remontent les relations entre Philoxène et Sévère, qui apparaissent comme établies dès le séjour constantinopolitain du futur patriarche (508-511) [1]; mais, quelque anciens que fussent leur rapports, nous ne croyons pas qu'ils aient jamais pris le tour spontané d'une intime sympathie personnelle. Si le zèle pour une même cause unissait les deux champions du monophysime, les motifs de mésintelligence pouvaient à priori sembler les plus puissants : Sévère était un pisidien de langue grecque [2], Philoxène un persan d'expression syriaque; l'un avait reçu, avant de se faire moine, l'éducation littéraire et juridique classique des universités d'Alexandrie et de Béryte [3], l'autre s'était initié à la théologie dans le milieu plus fervent, mais aussi plus fruste, de l'école d'Édesse; en outre, une génération les séparait, avec toutes les divergences de jugement et d'options que pareil écart suppose normalement.

Sans doute, le nouveau patriarche traitait-il son métropolite d'Euphratésie comme un père vénéré, riche d'une expérience dont il affectait de faire grand cas; il le consultait fréquemment, le convoquant, au besoin, à Antioche [4], et le tenait au courant de ses préoccupations [5]; mais ces rapports déférents n'allaient pas sans quelques ombres passagères. Si c'est bien notre Philoxène que Sévère dut rappeler à son devoir d'enseigner « la vraie doctrine » [6], il faut supposer qu'il avait des avertissements ou des reproches à lui faire sur ce point; ce que le patriarche confirme d'ailleurs lorsqu'il révèle, dans sa deuxième lettre à Julien d'Halicarnasse (après

---

[1] Ci-dessus, p. 64; en outre, les deux *leaders* monophysites doivent s'être rencontrés au synode de Sidon (511), auquel ils assistaient l'un et l'autre (ci-dessus, p. 71-72).

[2] ZACHARIE CONT., *Hist. eccl.*, VII, 12, p. 54-55 [37, *29* - 38, *14*]; AHRENS-KRÜGER, *Zacharias*, p. 134-135.

[3] ZACHARIE, *Vie de Sévère*, p. 12, 46-47.

[4] SÉVÈRE, *Lettre à Philoxène de Mabbog*, SL, I, 48, p. 145-146 [130-132].

[5] ID., *Lettre à Philoxène de Doliché*, SL, I, 28, p. 100-101 [89-90].

[6] ID., *Lettre à l'évêque Philoxène*, n° 77, t. 14, p. 122-123.

518) [7], qu'il avait jadis procédé, avec Philoxène et Éleusinius de
Sasime, « à diverses reprises et en toute charité, à un examen critique d'écrits spéculatifs et de choses relatives à la foi ». Il faut se
résigner à ignorer l'objet précis de ces désaccords, car il ressort
des paroles de Sévère [8] qu'à l'encontre de la polémique qui l'opposait pour lors à Julien, ses différends avec le métropolitain de
Mabbog s'étaient caractérisés par une totale discrétion; en ajoutant
qu'ils avaient pu ainsi être réglés à l'amiable [9], le patriarche indique
tout au moins qu'ils ne furent jamais assez graves pour menacer
l'unité doctrinale du parti.

Sévère fut élu et sacré au siège patriarcal d'Orient en novembre
512 [10]; l'élection, dans laquelle le suffrage des moines joua un
rôle déterminant [11], eut peut-être lieu le 6 de ce mois, qui est la
date fournie pour le sacre par le chroniqueur antiochien Malalas [12].
Philoxène, lié par les canons à sa ville épiscopale, ne pouvait nourrir
l'ambition de succéder à Flavien [13]; en revanche, l'empereur
Anastase applaudirait au choix d'un moine dont il avait récemment
apprécié la piété et la science [14]. On supposa, du côté chalcédonien,
que l'évêque de Mabbog avait contribué à l'élection en distribuant

---

[7] ID., *Deuxième lettre à Julien*, dans ZACHARIE CONT., *Hist. eccl.*, IX, 13,
p. 112 [77, *16-18*]; AHRENS-KRÜGER, *Zacharias*, p. 187; DRAGUET, *Julien*, p. 6.
Il ne nous paraît cependant pas certain qu'il s'agisse d'un différend entre
Sévère d'une part, Philoxène et Éleusinius de l'autre (pris ensemble ou séparé-
ment), plutôt que d'un conflit entre Philoxène et Éleusinius, arbitré par
Sévère. Dans ce dernier cas, si le désaccord portait sur le point auquel Philoxène
fait allusion dans sa *Lettre au lecteur Maron d'Anazarbe*, p. 44 [66, *9 -
67, 1*], il faudrait normalement supposer que Sévère lui donna raison, conformément aux principes qu'il exposait dans sa *Lettre à Constantin*, SL, I, 1,
p. 4-5 [3-5]. On se souvient que, dès l'époque de son séjour à Constantinople,
Sévère avait été chargé par des monophysites alexandrins d'« examiner »
Philoxène (ci-dessus, p. 53, note 22 et p. 60, note 65).

[8] SÉVÈRE, *Deuxième lettre à Julien*, p. 112 [77, *18-19*].

[9] *Ibid.*, p. 112 [77, *19-20*].

[10] SCHWARTZ, *Acacianische Schisma*, p. 247; HONIGMANN, *Évêques et évêchés*,
p. 15-16.

[11] ZACHARIE, *Vie de Sévère*, p. 107, 111.

[12] MALALAS, *Chronographie*, ch. 16, p. 400.

[13] A. FORTESCUE, dans MASPERO, *Alexandrie*, p. 84, note 1.

[14] Ci-dessus, p. 64-65.

généreusement de l'or à Antioche [15], ce qui constituait au moins un hommage involontaire à son désintéressement personnel.

D'après Jean de Bēt-Aftōnya [16], le nouveau patriarche fit sa joyeuse entrée au milieu de la liesse populaire; le trait, s'il est plus qu'un cliché, ne doit pas étonner de la part de foules fameuses pour leur versatilité [17], et que les scrupules dogmatiques ne devaient point pousser à bouder l'éloquence d'un second Chrysostome [18]. La cérémonie de l'intronisation se déroula le 16 novembre [19] dans la grande église, ainsi que l'atteste Philoxène [20], qui y assistait comme évêque consécrateur, entouré du groupe de ses partisans de Sidon [21]. Sévère prononça alors, « devant les évêques (ܪ̈ܝܫܐ), le peuple et les moines », sa première homélie cathédrale, au cours de laquelle il ne fit point mystère de son hostilité vis-à-vis de Chalcédoine et du *Tome* de Léon [22], donnant ainsi aux milieux monastiques monophysites les assurances qu'ils attendaient [23]; à l'issue de la céré-

---

[15] CYRILLE, *Vie de Sabas*, ch. 56, p. 148, *13-22*.

[16] JEAN, *Vie de Sévère*, p. 241-242.

[17] DEVREESSE, *Antioche*, p. 112-114.

[18] HONIGMANN, *Évêques et évêchés*, p. 20. Cependant, le tumulte et les clameurs de la foule qui empêchèrent de nombreux auditeurs de Sévère de saisir son homélie inaugurale (PORCHER, *Sévère*, p. 120) pouvaient contenir des marques d'hostilité.

[19] BRIÈRE, *Homélies*, p. 11-13.

[20] PHILOXÈNE, *Lettre à l'abbé Siméon de Téléda*, fr. 4, p. 180 [191, *1-3*]; et non le 18, au *martyrion* de Saint-Romain (ENGBERDING, *Severus*, p. 132-134).

[21] Des trois listes des évêques consécrateurs de Sévère conservées dans les manuscrits syriaques (KUGENER, *Allocution*, p. 273-275), la troisième est incomplète, mais du même type que la deuxième; les divergences entre celle-ci et la première s'expliqueraient parfaitement dans l'hypothèse où les signatures, à partir du deuxième nom, étant rangées sur deux colonnes dans l'original grec, un traducteur les aurait transcrites dans leur ordre (liste II), et l'autre de droite à gauche, conformément au sens de l'écriture syriaque (liste I). Parmi les douze signataires, on retrouve quatre des nouveaux adhérents que Philoxène s'était adjoints en se rendant à Sidon, ainsi que cinq de ses suffragants. L'évêque de Mabbog avait signé en deuxième place, immédiatement après Denys de Tarse, qui fut peut-être, en raison de son grand âge, le consécrateur principal.

[22] SÉVÈRE, *Homélie 1*, p. 69 [75]; JEAN, *Vie de Sévère*, p. 242; LIBERATUS, *Bréviaire*, ch. 19, p. 133, *21-24*.

[23] Il faut distinguer de la « prosphonèse » ou première homélie cathédrale, entièrement conservée en copte dans sa version du 18 novembre (SÉVÈRE,

monie, les évêques signèrent, dans le sanctuaire de la grande église, une déclaration qui résumait sa profession et ses anathèmes [24].

Mais il restait à gagner au nouveau patriarche la masse de l'épiscopat d'Orient, dont l'allégeance ne devait jamais être franche ni unanime [25]; ceux qui n'hésitaient pas pour des raisons doctrinales suspectaient, non sans motif, la régularité de la déposition de Flavien [26]; d'autres ignoreraient superbement le régime monophysite; d'autres encore ne le supporteraient pas longtemps [27]. Philoxène confesse de bonne grâce que la reconnaissance de Sévère ne fut acquise que progressivement, et il souligne la part personnelle qu'il prit à ce ralliement en écrivant ou en faisant écrire aux indécis qu'il voulait persuader [28]. Ce n'est que lorsque les adhésions individuelles eurent assuré d'une majorité suffisante, que l'on put songer à réunir le synode oriental qui devait mener à bien ce qui avait échoué à Sidon; cette assemblée se tint à Antioche, selon toute vraisemblance en avril ou en octobre 513 [29].

Homélie 1) la « courte profession de foi » (KUGENER, _Allocution,_ p. 272), signée après le sacre, et que l'_Add. 14,533_ du British Museum (_ibid.,_ p. 266) intitule erronément de ce nom. Ce qui fut répété à Daphné, puis repris dans la synodale à Jean le Niciote nous semble être la profession de foi (_ibid.,_ p. 269, note 2).

[24] KUGENER, _Allocution,_ p. 266-270 [267-271]. Le contenu et le ton de cette déclaration répondaient, faut-il le dire, aux vœux de Philoxène; l'anathème des persans Acace et Barsauma pourrait même révéler une influence directe de l'évêque de Mabbog sur son élaboration. Elle reçut treize signatures : en effet, si l'euphratésien Eustathe de Perrhé, ainsi que Marinus de Béryte, acquis au parti peu avant le synode de Sidon, s'étaient joints aux évêques consécrateurs, Denys de Tarse s'était abstenu, peut-être intentionnellement, de souscrire aux anathèmes.

[25] LEBON, _Dissertation,_ p. 59-61, 64 ; DUCHESNE, _VIᵉ siècle,_ p. 31-42; SCHWARTZ, _Acacianische Schisma,_ p. 255-257 ; CHARANIS, _Anastasius,_ p. 69-73.

[26] Nous expliquerions par des scrupules de ce genre l'insistance de notre auteur à souligner que Flavien se retira « par la volonté de Dieu » et que l'ordination de Sévère fut conforme aux canons; _Lettre à l'abbé Siméon de Téléda,_ fr. 4, p. 180 [190, _20_ - 191, _3_].

[27] PHILOXÈNE, _Lettre à tous les moines orthodoxes d'Orient,_ fr. 4-5, l. 5-24, p. 6 [8].

[28] ID., _Lettre à l'abbé Siméon de Téléda,_ fr. 4, p. 180 [191, _3-6_].

[29] Il s'agissait vraisemblablement d'une des deux assemblées canoniques annuelles du patriarcat (Philoxène fait allusion aux canons dans sa lettre _À tous les moines orthodoxes d'Orient_ fr. 5, l. 25, p. 6 [8]), fixées en octobre

L'évêque de Mabbog révèle que le synode sévérien d'Antioche s'était fixé un triple objectif : il devait d'abord confirmer l'élection du nouveau patriarche, ensuite asseoir l'orthodoxie monophysite et maintenir les anathèmes relatifs à Chalcédoine et au *Tome,* enfin assurer la paix et la concorde de l'Église [30]. Philoxène y note encore la présence du groupe des dix radicaux de Sidon [31], et souligne que tout répondit au programme prévu : on entérina la déposition du patriarche exilé et on communia avec son successeur ; on reçut l'*Hénotique,* non pas « hypocritement », comme l'avaient fait Flavien et Macédonius, mais « sincèrement », par une profession et la signature d'une « charte » condamnant le diphysisme ; enfin, tout se fit d'un commun accord, et l'union entre Antioche et Alexandrie, rompue depuis l'avènement de Jean le Niciote, fut ainsi rétablie [32].

Cette unanimité n'avait rien de surprenant, si l'on songe que les monophysites s'étaient adjoint les opportunistes et les pusillanimes, tandis que les partisans convaincus de Flavien, comme son frère, l'archevêque Épiphane de Tyr, ne s'étaient point montrés au synode, qu'ils ne devaient jamais consentir à reconnaître [33].

Des renseignements puisés aux lettres sévériennes viennent confirmer et préciser ceux que l'on trouve chez notre auteur : les anathèmes d'Antioche visaient « ce qui fut fait à Chalcédoine contre la foi orthodoxe, le *Tome* judaïque de Léon et ceux qui appellent deux natures après l'union l'unique Seigneur et Dieu Jésus-Christ » [34] ; des synodales furent envoyées à Jean d'Alexandrie [35]

---

et au troisième dimanche après Pâques (DEVREESSE, *Antioche,* p. 120). Pâques tombait le 7 avril en 513 (CHAINE, *Chronologie,* p. 182). Nous pencherions pour l'automne de 513, car Philoxène souligne que le ralliement à Sévère, commencé après le sacre (16 novembre 512) et précédant le synode, se fit « peu à peu » (*Lettre à l'abbé Siméon de Téléda,* fr. 4, p. 180 [191, *4*]); opinion contraire chez LEBON, *Dissertation,* p. 57.

[30] PHILOXÈNE, *Lettre à l'abbé Siméon de Téléda,* fr. 4, p. 180 [192, *1-4*].

[31] *Ibid.,* p. 180 [191, *7*].

[32] *Ibid.,* p. 181 [192, *14-19*].

[33] ID., *Lettre à tous les moines orthodoxes d'Orient,* fr. 5, l. 22-24, p. 6 [8].

[34] SÉVÈRE, *Lettre à Hippocrate,* n° 46, t. 12, p. 321; *À Musonius et Alexandre,* SL, I, 27, p. 98 [88].

[35] *Ibid.;* voir aussi *Lettre à Denys de Tarse,* SL, V, 7, p. 360 [318-319].

et à Timothée de Constantinople [36]. La première était destinée à
rétablir la communion avec l'Égypte [37]; la seconde causa un certain
émoi dans la capitale, où le patriarche Timothée s'en tenait toujours à la lettre de l'*Hénotique*; Anastase lui-même s'inquiéta, mais
Sévère tint bon, répondant avec assurance aux représentations qui
lui étaient adressées par le fonctionnaire impérial Astérius [38].

Les historiens jacobites, qui semblent ignorer le synode sévérien
d'Antioche, situent à Tyr une assemblée identique [39]. Leurs témoignages s'insèrent dans deux contextes distincts, qui nous paraissent
refléter deux sources immédiates; d'une part Zacharie continué,
VII, 10 [40] et l'*Anonyme de 846* [41] relatent les faits dans l'ordre suivant : synode de Sidon, déposition de Flavien et installation de Sévère, présentation de ce dernier, synode de Tyr, intervention de Serge
le Grammairien; d'autre part Zacharie continué, VII, 12 [42], et Jean
d'Éphèse [43] offrent la suite : présentation de Sévère et de Xénaïas [44],
synode de Tyr, intervention d'Amalaric en Occident; mais les
quatre versions se laissent finalement ramener à une seule source
pour le récit de la convocation et du déroulement du synode phéni-
cien, car l'identité littérale quasi complète qu'y présente leur
texte ne peut être due au hasard, tandis que les menus détails qui
les séparent s'expliquent aisément comme des interpolations ou des

---

36 ID., *Lettre à Hippocrate*, n° 46, t. 12, p. 321.

37 ID., *Lettre à Musonius et Alexandre*, SL, I, 27, p. 98 [88].

38 ID., *Lettre à Hippocrate*, n° 46, t. 12, p. 321; il semble qu'Anastase se
soit rendu à ces instances, et que Timothée dut souscrire aux anathèmes
sévériens; voir GRUMEL, *Régestes*, p. 22-23, n° 201-204.

39 HONIGMANN, *Évêques et évêchés*, p. 16-18.

40 ZACHARIE CONT., *Hist. eccl.*, VII, 10, p. 51 [35, *22-29*]; AHRENS-KRÜGER,
Zacharias, p. 131-132.

41 *Anonyme 846*, p. 221 [168, *30-32*].

42 ZACHARIE CONT., *Hist. eccl.*, VII, 12, p. 55-56 [38, *15-28*]; AHRENS-
KRÜGER, *Zacharias*, p. 135.

43 PS.-DENYS, *Chronique*, an. 826, p. 13-14.

44 Jean d'Éphèse l'appelle partout ailleurs Philoxène; voir PS.-DENYS, *Chronique*, an. 814, p. 5, *15-16*; an. 823, p. 12, *4*; an. 826, p. 14, *7*; an. 829, p. 17, *24*.

corrections postérieures [45]. L'assemblée de Tyr aurait donc réuni

[45]

ZACHARIE CONT., VII, 10	ZACHARIE CONT., VII, 12	JEAN D'ÉPHÈSE
Ensuite [Sévère] fit un synode à Tyr avec Xénaïas et les pontifes de son territoire, ainsi que ceux de Phénicie libanaise, d'Arabie, d'Euphratésie et de Mésopotamie; il expliqua l'*Hénotique* de Zénon en montrant qu'il revenait à casser l'assemblée de Chalcédoine; et les évêques assemblés à Tyr y anathématisèrent ouvertement le concile de Chalcédoine et le *Tome;* et ils écrivirent à Jean d'Alexandrie et à Timothée, [évêques] de la Ville impériale, dont ils reçurent des réponses, ainsi que d'Élie de Jérusalem.	Ceux-ci [Sévère et Xénaïas] avertirent l'empereur Anastase, [...] qui ordonna [...] qu'un synode des Orientaux s'assemble à Tyr; et s'[y] assembl[èrent] l[es] évêque[s] de la région d'Antioche, d'Apamée, d'Euphratésie, d'Osrhoène, de Mésopotamie, d'Arabie et de Phénicie libanaise. Et ayant éclairé la vérité de la foi, [Sévère] expliqua que l'édit de l'*Hénotique* de Zénon revenait à casser ce qui avait été fait à Chalcédoine; et [ils] y anathématis[èrent] ouvertement l'addition advenue à la foi, et ils proclamèrent toute la vérité, les évêques assemblés avec Sévère et Xénaïas. [...] Et ils écrivirent des lettres de communion à Jean d'Alexandrie, à Timothée, [évêque] de la Ville impériale, et encore à Élie de Jérusalem.	L'an 826, un synode s'assembla à Tyr, par ordre de l'empereur Anastase; et s'y assemblèrent tous les évêques orientaux, et ceux d'Apamée, d'Euphratésie, d'Osrhoène, de Mésopotamie, d'Arabie et de Phénicie libanaise. [...] Or Sévère éclaira la vérité et expliqua l'édit *Hénotique*, œuvre de l'empereur Zénon, et montra qu'il revenait à casser ce qui avait été fait à Chalcédoine; et ils y anathématisèrent ouvertement [Chalcédoine], avec l'addition advenue à la foi, et ils proclamèrent toute la vérité, les évêques assemblés avec Sévère et Xénaïas.

Anonyme de 846

[...] Grâce à l'intervention de Mār Xénaïas de Mabbog, un synode s'assembla à Tyr et anathématisa le synode de Chalcédoine et son *Tome*.

Dans la liste des provinces, ZACHARIE CONT., VII, 10, laisse tomber Apamée et l'Osrhoène; l'éparchie de Sévère est «la région d'Antioche» de VII, 12. Jean d'Éphèse a transformé les destinataires des synodales en présidents de l'assemblée, qui reçoit de ce fait un caractère œcuménique; la chose peut s'expliquer par une contamination de la notice que le même historien consacre au synode de Sidon (an. 823, p. 11, *21* - 12, *4* : remarquer de part et d'autre l'épiscopat oriental, en 513 ou en 514/5 [46], sur l'ordre d'Anastase et à la demande des monophysites [47], ses présidents étant Sévère et Philoxène; on y aurait démontré que le dogme de Chalcédoine était en contradiction avec l'*Hénotique* et, en conséquence, anathématisé ce concile, en tant qu'addition faite à la foi, proclamant ainsi ouvertement toute la vérité; enfin, des lettres de communion auraient été envoyées à Jean d'Alexandrie, Timothée de Constantinople et Élie de Jérusalem.

Cette description répond si parfaitement à celle du synode antiochien de 513 faite par Sévère et Philoxène [48], que c'est une même assemblée qui nous paraît visée de part et d'autre, à savoir le grand synode monophysite d'Orient qui interpréta officiellement l'*Hénotique* dans un sens antichalcédonien et rétablit la communion avec l'Égypte; il faut donc choisir entre Tyr et Antioche. Or la source où les historiens jacobites trouvèrent le synode situé à Tyr nous semble grevée d'une lourde difficulté; en effet, nous ne voyons pas qu'aucun synode monophysite d'importance ait pu se réunir dans la métropole phénicienne tant qu'y régnait son archevêque, un diphysite strict, le plus acharné des antisévériens et, qui

le nom de « Philoxène »; ci-dessus, note 44); c'est de cette même notice qu'il tiendrait les noms de Jean de Tella et de Paul d'Édesse, tandis que ceux de Jean Bar-Aftōnyā et de Cosme de Mār-ʿAqībā pourraient indiquer ses sources (le texte semble corrompu ou interpolé); en effet, Jean de Bēt-Aftōnyā, *Vie de Sévère*, p. 238, relate le synode de Sidon, et nous avons dit la part qu'y prit le moine Cosme (ci-dessus, p. 72). Le continuateur de Zacharie, *Hist. eccl.*, VII, 12, p. 56 [39, *3-4*], déclare qu'on peut s'informer sur la communion des patriarcats rétablie par le synode de Tyr dans « la lettre que Philoxène écrivit après son expulsion » : cette lettre doit être celle *Aux moines de Senoun*, que l'historien jacobite connaissait (DE HALLEUX, *Senoun*, p. [I]); or ce n'est pas du synode de Tyr, mais bien de celui d'Antioche qu'y parle l'évêque de Mabbog (p. 76-77 [63, *12-17*]).

[46] Cette dernière date (celle de Jean d'Éphèse) est retenue, entre autres, par LEBON, *Dissertation*, p. 62-64; *Christologie*, p. 426, note 3; CHARANIS, *Anastasius*, p. 70; TISSERANT, *Philoxène*, col. 1515. Celle de 513 l'est par DUCHESNE, *VI*e *siècle*, p. 31, note 1; SCHWARTZ, *Acacianische Schisma*, p. 255; PEETERS, *Hypatius et Vitalien*, p. 9, note 1.

[47] Nous ne croyons pas qu'il faille voir dans ces détails autre chose qu'une observation de routine.

[48] Ci-dessus, p. 80-81.

plus est, le propre frère du patriarche en exil[49]; mais on peut établir qu'Épiphane de Tyr ne fut pas inquiété avant une période d'au moins deux ans postérieure au sacre de Sévère[50]; le synode antichalcédonien ne put donc se tenir dans cette ville avant l'année 514/5, qui est d'ailleurs la date indiquée par Jean d'Éphèse; à ce moment, cependant, les fins qu'on lui assigne étaient depuis longtemps atteintes, puisque la condamnation officielle du diphysisme et le rapprochement avec Alexandrie étaient intervenus dès le synode oriental de 513[51]. C'est Antioche qui est formellement désignée comme le siège de ce synode, tant par Sévère[52] que par Philoxène[53], à l'autorité desquels s'ajoute encore celle de Jacques de Saroug[54]; comment ne pas donner raison à ces témoins directs, dont les deux premiers furent également les acteurs principaux de l'instauration du régime monophysite en Orient? L'option pour Antioche n'entraîne d'ailleurs nullement que la mention d'un synode de Tyr dans les archives jacobites ne réponde à aucune réalité historique; au contraire, nous supposons que les sévériens se réunirent effectivement dans la métropole phénicienne peu après le départ d'Épiphane, afin de confirmer sa déposition et d'installer son remplaçant[55]; pour une raison qui nous échappe, la source commune des historiens syriaques aurait confondu cette assemblée avec

---

[49] DE HALLEUX, Nouveaux textes II, p. 21-25.

[50] Ibid., p. 23-24.

[51] C'est ce qu'a bien senti CHARANIS, Anastasius, p. 70-71; mais son explication des « réformes nécessaires » (ZACHARIE CONT., Hist. eccl., VII, 12, p. 55 [38, 16-17]) comme des concessions à consentir aux chalcédoniens se heurte au fait que le continuateur de Zacharie emploie la même formule pour le synode de Sidon (VII, 10, p. 50 [35, 2-3]), où il s'agit, au contraire, de l'anathème de Chalcédoine. DUCHESNE, VIe siècle, p. 30, remarque justement que la proclamation solennelle de l'Hénotique dans un sens antichalcédonien remonte au sacre de Sévère; la thèse de LEBON, Dissertation, p. 58, 64, selon qui cette proclamation ne serait pas antérieure au synode de Tyr (514/5), nous paraît insoutenable.

[52] SÉVÈRE, Lettre à Hippocrate, n° 46, t. 12, p. 321.

[53] PHILOXÈNE, Lettre aux moines de Senoun, p. 76 [63, 14]; À tous les moines orthodoxes d'Orient, fr. 4-5, l. 22-24, p. 6 [8].

[54] JACQUES DE SAROUG, Troisième lettre aux moines de Mār-Bas (OLINDER, Epistulae, n° 17, p. 82-86; MARTIN, Jacques de Saroug, p. 260-261]264]).

[55] DE HALLEUX, Nouveaux textes II, p. 26.

le grand synode monophysite d'Antioche, dont les anathèmes y furent peut-être d'ailleurs répétés.

Obtenant de l'épiscopat oriental la ratification des anathèmes proclamés par le nouveau patriarche dès le jour de son intronisation, le synode antiochien de 513 réalisait enfin le programme que Philoxène n'avait cessé de poursuivre depuis quinze ans, et que « les dix » de Sidon n'avaient pas réussi à imposer lors du synode de 511 [56] ; mais les monophysites d'Orient n'en continueraient pas moins de se heurter à l'opposition résolue et toujours plus hardie de nombreux évêques et moines chalcédoniens [57] ; cette résistance ne fut pas pour rien dans la tolérance dont les sévériens se décidèrent à user vis-à-vis de leurs adversaires, et dont notre auteur, qui confesse l'avoir trop longtemps ignorée [58], devint un des plus ardents promoteurs.

L'évêque de Mabbog ne pouvait appuyer cette « politique » (ܡܕܒܪܢܘܬܐ) [59] sur aucune justification théologique proprement dite : le diphysisme ne représentait à ses yeux qu'un nestorianisme larvé, lui-même confondu avec l'incrédulité, ses tenants ne jouissaient théoriquement d'aucune juridiction ecclésiastique [60], et leurs baptêmes et eucharisties étaient, à la rigueur, sans effet [61] ; mais Philoxène trouvait la tolérance enseignée par l'exemple des Pères, et le poids de cette tradition suffisait à lui faire admettre que l'intransigeance, souhaitable en soi, nuirait pratiquement à la paix de l'Église et au bien de la foi [62]. Notre auteur se gardait

---

[56] Ci-dessus, p. 50-51, 72-73.

[57] Ci-dessus, p. 79, note 25.

[58] PHILOXÈNE, *Lettre à tous les moines orthodoxes d'Orient*, fr. 2, p. 207 [217, *19 - 218, 1*] ; *À l'abbé Siméon de Téléda*, fr. 3, p. 178-179 [189, *5-8*].

[59] LEBON, *Textes inédits*, p. 159, note 1 ; p. 183, note 3, traduit ce terme par « économie » ; cependant le correspondant syriaque normal du grec οἰκονομία est plutôt ܡܕܒܪܢܘܬܐ ; PAYNE SMITH, *Thesaurus*, t. 1, col. 817-818.

[60] PHILOXÈNE, *Lettre au lecteur Maron d'Anazarbe*, p. 52 [76, *5-11*] ; *Aux moines de Senoun*, p. 77-78 [64, *6-30*].

[61] ID., *Lettre à l'abbé Siméon de Téléda*, fr. 1, p. 175 [184, *5-14*] ; fr. 3, p. 178 [188, *20 - 189, 3*] ; DE VRIES, *Sakramententheologie*, p. 70-71.

[62] *Ibid.*, fr. 1, p. 175 [184, *14 - 185, 1*] ; fr. 3, p. 178-179 [189, *3-13*] ; *Lettre à tous les moines orthodoxes d'Orient*, fr. 1, p. 200-201 [211, *8-14*], etc.

néanmoins d'assimiler cette indulgence à une lâche complicité [63];
jamais on ne le verrait céder sur ce qu'il regardait comme les fonde-
ments mêmes du monophysime; ainsi répondrait-il, vers 515, au
compromis des « néochalcédoniens » d'Alexandrette, en refusant
d'accepter Chalcédoine, fût-ce pour ses anathèmes de Nestorius et
d'Eutychès, qu'il répudiait pourtant de toute son âme, et en démen-
tant ceux qui se réclamaient abusivement de son indulgence pour
se dispenser de condamner les diphysites « orientaux » [64]; la position
de l'évêque de Mabbog fut d'ailleurs tout aussi franche vis-à-vis des
siens, lors d'un synode sévérien de la même époque (514), sur la
question des mesures à prendre à l'égard du chalcédonien Épiphane
de Tyr, contre qui nul n'osait sévir [65].

La tolérance de Philoxène semble s'être concrétisée en quatre
points principaux d'application : la profession à exiger des diphysites repentants, les noms à rayer des diptyques, la réitération des
actes sacramentels ou liturgiques posés par les chalcédoniens, le
traitement des réfractaires. Pour ce dernier point, l'attitude de
notre auteur s'inspirait d'une modération qui l'opposait parfois à
la majorité de son propre parti; ainsi, lors du même synode d'Antioche, vraisemblablement présidé par Sévère, où il réclamait des mesures de rigueur contre le métropolite de Tyr, il plaida l'indulgence
en faveur de trois évêques relaps de la province d'Apamée, estimant inutile et nuisible la sévérité excessive avec laquelle on voulait
les traiter; or, remarque-t-il, non sans amertume, son avis ne fut
point écouté [66].

Quant aux baptêmes, eucharisties, ordinations, dédicaces d'églises
et consécrations d'autels célébrées par des diphysites, Philoxène et
Sévère s'accordaient pour ne pas en urger la réitération, conformément aux normes fixées par Timothée Élure [67]; lors du synode
antiochien de 513, notamment, on n'exigea rien sur ce point des
anciens partisans de Flavien [68]; la question avait pourtant été

---

63 *Ibid.*, fr. 1, p. 201 [211, *14*].

64 ID., *Lettre au lecteur Maron d'Anazarbe*, p. 44-51 [66-75].

65 ID., *Lettre à tous les moines orthodoxes d'Orient*, fr. 5, l. 24-26, p. 6-7 [8].

66 *Ibid.*, fr. 4-5, l. 5-21, 26-28, p. 6-7 [8].

67 *Ibid.*, fr. 1, p. 200-202 [210-212]; pour Sévère, voir LEBON, *Textes
inédits*, p. 153-158.

68 PHILOXÈNE, *Lettre à l'abbé Siméon de Téléda*, fr. 4, p. 180 [191, *7-9*];

agitée au synode de Laodicée (512), où il semble que l'on penchait pour le rigorisme, puisqu'on y aurait invoqué contre le patriarche déchu le canon de Nicée ordonnant de renouveler l'onction des paulinianistes [69]; mais l'évêque de Mabbog reconnaît [70] que des exigences qu'il qualifie par d'ailleurs d'inouïes [71] auraient gravement compromis le ralliement au successeur de Flavien.

Sur la question des noms à rayer des diptyques, Philoxène et Sévère se rencontraient également dans une même indulgence [72]; quelque excessif qu'eût été son zèle passé, notre auteur n'avait jamais réclamé la radiation de tous les diphysites; il continuait, notamment, de tolérer dans la liturgie la mention d'un signataire du concile de Chalcédoine [73]. De semblables accommodements valurent aux sévériens les protestations de certains extrémistes de leur parti, tel le diacre isaurien Calliste, qui eût souhaité voir condamnée la mémoire des patriarches d'Antioche Pierre et Pallade [74].

Au sujet des engagements à exiger des anciens partisans de Flavien, cependant, une certaine divergence apparaît entre Philoxène et Sévère : le patriarche, nous l'avons vu [75], estimait que si l'*Hénotique* suffisait bien pour assurer l'union générale des Églises, on ne pouvait s'en contenter pour les professions individuelles; l'évêque de Mabbog, qui prétendait, au contraire, que « rien ne manquait » à l'édit, entra encore en conflit sur ce point avec les extrémistes isauriens, refusant de se rendre chez eux pour souscrire à leur rigorisme, ce en quoi Sévère ne l'approuva point [76]. Le désaccord entre les deux hommes ne pouvait cependant être bien grave, puis-

---

SÉVÈRE, *Lettre à Sergius de Cyr et Marion de Soura*, SL, V, 15, p. 397 [353].

[69] Ci-dessus, p. 74.

[70] PHILOXÈNE, *Lettre à l'abbé Siméon de Téléda*, fr. 4, p. 180-181 [191, *9* - 192, *4*].

[71] *Ibid.*, fr. 3, p. 177 [187, *16* - 188, *3*].

[72] ID., *Lettre à tous les moines orthodoxes d'Orient*, fr. 1, p. 202 [213, *3-6*]; fr. 2, p. 207-208 [218, *11* - 219, *5*]; SÉVÈRE, *Lettre à Musonius*, n° 41, t. 12, p. 307-308; *À Urbanius*, n° 44, p. 310-312; *À Sotérichus*, n° 45, p. 313-315, etc.; LIBERATUS, *Bréviaire*, ch. 19, p. 133, *27-28*.

[73] SÉVÈRE, *Lettre à Solon*, SL, I, 3, p. 20 [19]; ci-dessus, p. 44, note 46.

[74] *Ibid.*

[75] Ci-dessus, p. 70.

[76] SÉVÈRE, *Lettre aux prêtres alexandrins*, n° 39, t. 12, p. 297.

que Philoxène convenait de la nécessité de faire anathématiser explicitement Chalcédoine, le *Tome* et les diphysites, non seulement au synode de 513 [77], mais encore sous la persécution de Justin [78], alors que les monophysites d'Orient se trouvaient dans une situation bien plus précaire ; son différend avec Sévère ne portait donc que sur la question de savoir si l'on pouvait ou non considérer la répudiation du diphysisme comme impliquée de soi dans la profession de l'*Hénotique*.

Le sens politique clairvoyant qui dicta à Philoxène la modération dont il fit preuve en ces diverses circonstances montre bien que son zèle n'avait rien du fanatisme aveugle qui lui fut souvent imputé. Pour le reste, toute information fait défaut sur son activité durant les derniers temps du règne d'Anastase, ce qui laisse supposer qu'elle fut alors assez réduite ; tout au plus pourrait-on rapprocher une allusion de notre auteur à des persécutions subies au monastère de Mār-Bas [79] de la sanglante échauffourée qui se déroula non loin de là en 517, entre moines des deux partis [80]. Mais avant d'en venir aux années de l'exil, il nous reste à évoquer deux points certainement antérieurs à cette période : l'opposition de Philoxène au culte des images, et sa lutte contre la gnose et l'origénisme.

L'iconoclasme imputé à l'évêque de Mabbog le fut également à son patriarche [81], ce qui autorise à présumer que, même si elle

---

[77] PHILOXÈNE, *Lettre à l'abbé Siméon de Téléda*, fr. 4, p. 181 [192, *14-16*] ; SÉVÈRE, *Lettre à Hippocrate*, n° 46, t. 12, p. 321.

[78] PHILOXÈNE, *Lettre à tous les moines orthodoxes d'Orient*, fr. 6, l. 35-38, p. 7 [8-9] ; *Aux moines de Senoun*, p. 95 [79, *17-22*], etc.

[79] ID., *Lettre aux moines de Senoun*, p. 95 [79, *5-6*]. Le rapprochement de cette allusion avec le voyage de Philoxène à Sidon (512, d'après PEETERS, *Jacques de Saroug*, p. 149-152) ne nous paraît pas fondé.

[80] HONIGMANN, *Évêques et évêchés*, p. 60-61, 189. Dans la réponse du pape Hormisdas à la relation du massacre par le clergé et les moines de Syrie IIe, Xénaïas de Hiérapolis est mentionné parmi les hérétiques à anathématiser ; *Coll. Avellana*, n° 140, p. 502, *1-2* ; 583, *1*. PEETERS, *Hypatius et Vitalien*, p. 25-34 identifie cet événement avec la « bataille de Larisse » (contre Honigmann, semble-t-il : *Évêques et évêchés*, p. 60-61, 62 ; XXVIII, note 1). Rien n'autorise à affirmer que l'évêque de Mabbog intervint dans la déposition d'Élie de Jérusalem (TISSERANT, *Philoxène*, col. 1515).

[81] HONIGMANN, *Évêques et évêchés*, p. 23.

s'était manifestée beaucoup plus tôt [82], cette hostilité aux images se prolongea sous le règne de Sévère. On ne dispose que d'un seul témoignage en la matière, car Cédrénus doit ses renseignements à Théophane [83], qui les reprenait lui-même à Théodore le Lecteur [84], lequel avait copié Jean Diacrinomenos [85]. D'après ce dernier historien, la théorie iconoclaste de Philoxène aurait porté sur trois points : tout d'abord, les anges, êtres incorporels, ne devaient pas être dépeints sous des traits humains; ensuite, le Christ se complaisait dans ses vrais adorateurs (*Jean*, IV, 24), et non dans ses icones; enfin, il était puéril de représenter l'Esprit-Saint sous la forme d'une colombe, l'évangile disant, non pas qu'il devint substantiellement colombe, mais seulement qu'il en prit l'apparence (*Luc*, III, 22); en pratique, l'évêque de Mabbog aurait détruit de nombreuses icones d'anges, mis au secret celles du Christ et interdit l'usage des colombes eucharistiques [86].

Nous ne connaissons aucun texte philoxénien manifestant quelque opposition à la représentation des anges; toutefois, notre auteur développe volontiers l'idée que les apparitions angéliques ne sauraient être « véritables »; l'ange étant une nature spirituelle, sa manifestation sensible consisterait dans la formation, à partir du milieu, d'une apparence ($\phi\alpha\nu\tau\alpha\sigma\acute{\iota}\alpha$), ou forme ($\sigma\chi\hat{\eta}\mu\alpha$), accessible aux sens [87]. Ne pouvait-on aisément déduire de ces prémisses la vanité de toute représentation d'une créature spirituelle?

---

[82] THÉOPHANE, *Chronographie*, A.M. 5982, p. 134, *6-13*, en parle après la querelle du *Trisagion* sous Calendion d'Antioche (482-484).

[83] Comparer CÉDRÉNUS, *Compendium*, t. 2, p. 620, *9-17* et THÉOPHANE, *Chronographie*, A.M. 5982, p. 134, *11-19*.

[84] Comparer le contexte de Théophane avec THÉODORE, *Hist. eccl.*, 7 (MANSI, t. 13, col. 180 D-E = VALOIS, col. 216 C-D).

[85] THÉODORE, *Hist. eccl.* (MILLER, *Jean d'Égée*, p. 402. *25-26*) = JEAN DIACRINOMENOS (CRAMER, *Anecdota*, p. 109, *1-2*).

[86] JEAN DIACRINOMENOS, *Hist. eccl.* (MANSI, t. 13, col. 180 E - 181 B). Théophane, qui écrit sa chronique à la veille de la seconde crise iconoclaste byzantine, a remplacé la mention des anges par celle des saints (peut-être par suite d'une confusion paléographique).

[87] PHILOXÈNE, *Mēmrē contre Ḥabīb*, VII, f. 62ʳ a - 63ʳ b; *Lettre aux moines de Téléda, I*, p. 469-477, 481-486; *Profession à Zénon*, p. 169-170; *Commentaire de Luc, I, 26-35*, p. 157-159.

Mais il en va autrement pour le Christ, car Philoxène oppose régulièrement aux apparitions angéliques le mystère de l'incarnation, qu'il tient pour « véritable » [88] ; son insistance incessante sur la réalité du « devenir » de Dieu Verbe [89] interdit, pensons-nous, de chercher dans son monophysisme la source d'un iconoclasme christologique ; le motif indiqué par Jean Diacrinomenos est d'ailleurs d'ordre « éthique » plutôt que « dogmatique » [90] ; mais, même ici, aucun écrit philoxénien ne nous a paru sensibilisé au danger du culte des images pour la religion intérieure.

C'est sur le point de la théologie de l'Esprit-Saint que les explications de l'historien grec répondent de la manière la plus frappante aux idées de notre auteur ; en effet, polémiquant, dans son *Commentaire de Luc*, contre ceux qui assimilaient l'incarnation du Verbe à l'apparition de l'Esprit lors du baptême de Jésus, Philoxène affirme que la colombe (*Luc*, III, 22) était une image intellectuelle, perçue seulement par l'esprit de Jean-Baptiste, et n'impliquant en aucune façon une transformation hypostatique de l'Esprit [91]. Nous croyons cependant que ce sont les impératifs de la lutte contre les survivances du paganisme qui inclinèrent l'évêque de Mabbog à interdire l'usage des colombes eucharistiques, faisant peut-être intervenir dans le même sens le patriarche Sévère [92] : la colombe était l'oiseau sacré d'Atargatis ; dans la Hiérapolis païenne, elle surmontait l'emblème en or du temple de la déesse, et les pigeons s'étaient jadis multipliés en liberté dans la ville, sans qu'il fût permis de les toucher [93] ; cette ancienne vénération superstitieuse pouvait avoir laissé dans la mémoire populaire des traces que Philoxène aurait craint d'entretenir en maintenant l'usage des colombes eucharistiques.

---

[88] *Ibid.*

[89] Ci-dessous, p. 363-369.

[90] Voir l'allusion à *Jean*, IV, 24 (MANSI, t. 13, col. 181 A).

[91] PHILOXÈNE, *Commentaire de Luc, III, 22*, f. 5r-8r : « L'Esprit n'apparut pas à l'œil du corps, mais il se montra par révélation (ܓܠܝܢܐ) à l'intellect (ܗܘܢܐ) » (f. 5r) ; comparer aussi ܩܢܘܡܐ (f. 6v) à οὐσιωδῶς (MANSI, t. 13, col. 181 A).

[92] HONIGMANN, *Évêques et évêchés*, p. 23.

[93] GOOSSENS, *Hiérapolis*, p. 63, 116.

De nombreux écrits de notre auteur manifestent la préoccupation que lui inspirèrent diverses erreurs de type gnostique. C'est d'une manière purement scolaire, semble-t-il, et vraisemblablement par son maître saint Éphrem [94], qu'il connaissait les systèmes de Valentin et de Bardesane, de Mani et de Marcion [95], bien qu'il ne soit nullement exclu qu'à son époque ces théories aient encore compté des adeptes en Perse et dans les provinces orientales de l'empire byzantin [96]. Plusieurs sectes d'origine édessénienne lui étaient également connues, peut-être depuis son séjour à l'école des Perses, mais sans qu'on puisse davantage préciser dans quelle mesure elles étaient encore actives de son temps : celle des audiens avec leurs *Livres révélateurs*, celle de l'hymnographe Asōnā (= « le guérisseur » ?) et celle des messaliens, inaugurée par Adelphe, disciple de Julien l'Ancien [97].

En revanche, c'est bien à un contemporain que Philoxène eut affaire en la personne d'Étienne Bar-Ṣūdaylī, moine origéniste et évagrien [98], auteur présumé du *Livre de saint Hiérothée* [99], qui circulait dans le diocèse d'Orient en y répandant ses élucubrations [1]. Notre auteur, qui ne connaissait pas personnellement l'hérétique,

---

[94] Éphrem combat la gnose dans ses *Hymnes sur la foi* et *Contre les hérésies*, que connaissait Philoxène (BECK, *Philoxenos und Ephräm*).

[95] PHILOXÈNE, *Mēmrē contre Ḥabīb*, IV, f. 36ᵛ c - 37ʳ c (Mani-Marcion); 39ʳ a - 40ʳ v (Bardesane); V, f. 48ᵛ c - 49ʳ a (Valentin); etc.

[96] Philoxène accuse le moine Ḥabīb d'être un disciple de Bardesane (ci-dessous, p. 235); il parle de persécutions subies par les manichéens contemporains de Perse (*Lettre aux moines de Senoun*, p. 88 [73, *10-13*]); d'ordinaire, cependant, ce sont ceux qu'il regarde comme eutychiens qu'il vise par le grief de manichéisme ou de marcionisme (ci-dessous, p. 364).

[97] PHILOXÈNE, *Lettre à tous les moines orthodoxes d'Orient*, fr. 1, p. 200 [211, *3-8*]; *Lettre au moine édessénien Patricius*, f. 64ʳ b - 67ᵛ a. Des messaliens, notre auteur dit qu'ils sont « aujourd'hui [...] dans les monastères de la région d'Iconium » (f. 67ʳ b), ce qui semble indiquer qu'il ne connaissait pas personnellement ces « spirituels ».

[98] Pour la vie, la doctrine et les œuvres de Bar-Ṣūdaylī, voir GUILLAUMONT, *Kephalaia*, p. 302-311.

[99] Ci-dessous, p. 260, note 3.

[1] PHILOXÈNE, *Lettre à Abraham et Oreste*, p. 28 [29] (des lettres et des livres); p. 46 [47] (des livres); p. 44 [45] (les livres de ses blasphèmes); p. 32 [33]; 42 [43] (des « compositions » ܩܘܼܡܒܐ).

mais qui avait lu ses commentaires de psaumes [2], le réprimanda
d'abord par l'intermédiaire de son disciple Abraham [3] ; mais Étienne,
dans l'entretemps passé en Palestine [4], persistait à se recomman-
der de l'évêque de Mabbog pour introduire ses propres erreurs dans
les milieux monastiques édesséniens [5] ; aussi Philoxène, qui avait
d'ailleurs complété son information [6], crut-il nécessaire de prévenir
le clergé et les moniales d'Édesse contre le panthéisme évolution-
niste et le millénarisme qu'il reprochait au moine origéniste ; on
ignore d'ailleurs les suites de cette intervention, qui eut lieu sous
le patriarcat de Sévère [7].

Bar-Ṣūdaylī avait été un moment le disciple d'un certain Jean
l'Égyptien [8], personnage que notre auteur rangeait à la suite des
hérésiarques gnostiques [9] ; il ne s'agit vraisemblablement pas de
l'origéniste Jean ou Isidore, que Sévère alla démasquer à Nicomédie
durant son séjour à Constantinople [10], mais plutôt du Jean d'Apamée
dont Théodore Bar-Kōnī [11] et Bar-Hébræus [12] affirment qu'il avait
étudié à Alexandrie, et dont ils décrivent le système sous les traits
d'un gnosticisme valentinien [13]. Les deux érudits syriens devaient
leurs renseignements sur cet hérétique à une même source d'infor-

---

2 *Ibid.*, p. 46 [47].

3 *Ibid.*, p. 44-46 [45-47].

4 *Ibid.*, p. 28 [29], 44 [45].

5 *Ibid.*, p. 28 [29].

6 *Ibid.*, p. 42-44 [43-45].

7 Ci-dessous, p. 261. La chronique édessénienne de 1234 remplace curieusement le nom de Philoxène par celui de Pierre de Callinique (581-591); *Chronique 1234*, t. 2, p. 258, *14-24* (et non de Pierre le Foulon; GUILLAUMONT, *Kephalaia*, p. 304-305, note 9).

8 PHILOXÈNE, *Lettre à Abraham et Oreste*, p. 32 [33].

9 ID., *Lettre au moine édessénien Patricius*, f. 65 v b : « [...] Valentin,
Bardesane, Marcion, Mani et ce Jean qui s'appelait (ܗܘܐ ܡܨܪܝܐ) l'Égyptien, lequel est paru récemment (ܡܢ ܩܠܝܠ ܙܒܢܐ ܐܬܚܙܝ) ».

10 ZACHARIE, *Vie de Sévère*, p. 106-107.

11 BAR-KŌNĪ, *Scolies*, t. 2, p. 331.

12 MICHEL, *Chronique*, IX, 30, p. 313 [250].

13 HAUSHERR, *Jean d'Apamée*, p. 5-9; GUILLAUMONT, *Kephalaia*, p. 316-317.
Il faut distinguer ce gnostique de son homonyme Jean le Solitaire, d'Apamée
également, auteur spirituel syriaque très prisé des anciens; HAUSHERR, *Spiritualité*, p. 180-181, qui situe ce dernier « vers le milieu du Ve siècle », le considère comme une des sources de la spiritualité de notre auteur.

mation [14], mais le jacobite est seul à rapporter que Philoxène aurait détruit son couvent et brûlé ses livres à Antioche, comme il est le seul aussi à rapprocher chronologiquement cet épisode de la condamnation de Bar-Ṣūdaylī par l'évêque de Mabbog [15] ; ces deux affirmations nous paraissent donc pour le moins incontrôlables.

XI. — L'EXIL ET LA MORT À PHILIPPOUPOLIS DE THRACE
(519-523)

La mort de l'empereur Anastase (518) et l'avènement de son successeur Justin précipitèrent la ruine du régime monophysite en Orient. Le rapprochement avec Rome, qui s'annonçait depuis plusieurs années, fut consommé le jour de Pâques, 31 mars 519, lorsque la communion mettant un terme au long schisme acacien fut solennellement rétablie. Une semaine auparavant, étaient arrivés à Constantinople les légats du pape Hormisdas, porteurs de conditions particulièrement humiliantes pour les sévériens ; mais le nouvel empereur chalcédonien était décidé à briser toute résistance ; une *sacra* fut envoyée dans les provinces avant le 22 avril, et les évêques refusant de souscrire au *libellus* romain furent contraints de s'exiler au cours de l'année [1].

Sévère avait fui Antioche dès la fin de septembre 518, pour se mettre en Égypte à l'abri des représailles dont on le menaçait [2] ; plus dédaigneux du danger, ou simplement moins heureux que son patriarche, Philoxène fut appréhendé et contraint de céder la place à un chalcédonien [3]. Avec quelle amertume le vieux pasteur doit-il avoir appris, de son exil, les nombreuses défections qui suivirent son

14 HAUSHERR, *Jean d'Apamée*, p. 5-9 : comparer les textes cités.

15 Ci-dessus, note 12.

1 SCHWARTZ, *Acacianische Schisma*, p. 258-261 ; STEIN, *Bas-Empire*, p. 223-224 ; HONIGMANN, *Évêques et évêchés*, p. 142-145 ; VASILIEV, *Justin*, p. 132-190.

2 HONIGMANN, *Évêques et évêchés*, p. 143-144.

3 Le premier évêque de Mabbog connu après Philoxène est Théodore, qui assista au concile de 553 (DEVREESSE, *Antioche*, p. 141). HONIGMANN, *Hiérapolis*, col. 739, doit faire erreur en plaçant avant Théodore l'évêque Étienne (« um 530 »), auteur de la *Vie de sainte Golindouch* ; en effet, Étienne vécut dans la seconde moitié du VIe siècle, comme l'a bien vu DIEKAMP, *Analecta*, p. 156-160 ; voir aussi PEETERS, *Golindouch*, p. 76-77.

départ [4]! Non seulement il ne s'était trouvé aucun confesseur de la foi monophysite, ni dans la ville ni parmi les moines de l'éparchie, mais, forcés d'accepter un nouvel évêque, puis, d'approuver Chalcédoine et le *Tome*, le clergé de Mabbog n'avait pas hésité, en outre, à répudier spontanément Philoxène, en l'anathématisant comme un hérétique et un manichéen; empressement servile, qui avait valu aux parjures les félicitations et les encouragements de leurs nouveaux maîtres [5].

Le nom de notre auteur figure dans la liste des évêques bannis rédigée par Jean d'Éphèse et conservée chez trois autres historiens jacobites [6]. La seule datation précise de son exil se trouve dans la *Chronique d'Édesse*, aux termes de laquelle Sévère et Xénaïas furent chassés de leurs sièges « la deuxième année de Justin, qui est 830 » [7]; inexact pour le patriarche d'Antioche [8], ce synchronisme visait peut-être plus particulièrement l'évêque de Mabbog; dans ce cas, l'expulsion de celui-ci se situerait entre le 10 juillet 519 (début de la deuxième année de Justin) et le 1er octobre de la même année (début de l'an 831 des Séleucides). Philoxène révèle d'ailleurs que les troubles de novembre 519, qui marquèrent à Édesse l'expulsion de l'évêque Paul, se produisirent après qu'il eut lui-même quitté Mabbog [9]; et rien ne s'oppose à ce que la « persécution » de Justin n'ait pas atteint la province d'Euphratésie avant le mois de juillet précédent [10].

Le continuateur de Zacharie [11], repris par le patriarche Michel [12], que résume à son tour Bar-Hébræus [13], mais aussi l'*Anonyme de*

---

4 PHILOXÈNE, *Lettre aux moines de Senoun*, p. 81 [67, *25-30*], 94 [78, *24*].

5 *Ibid.*, p. 81 [67, *31 - 68*, *2*], 83 [69, *6-19*], 84-85 [70, *6-30*], 92 [77, *2-12*].

6 HONIGMANN, *Évêques et évêchés*, p. 147, n° 12.

7 *Chronique d'Édesse*, p. 154 [124-125]; l'*Anonyme 846*, p. 221 [169, *3*] donne également l'an 830 des Séleucides; voir aussi l'*Anonyme 819*, p. 8 [5, *4-6*].

8 Ci-dessus, note 2.

9 DE HALLEUX, *Senoun*, p. [III].

10 HONIGMANN, *Évêques et évêchés*, p. 145.

11 ZACHARIE CONT., *Hist. eccl.*, VIII, 5, p. 78 [53, *20-23*]; AHRENS-KRÜGER, *Zacharias*, p. 159.

12 MICHEL, *Chronique*, IX, 13, p. 266 [171].

13 BAR-HÉBRÆUS, *Chron. eccl.*, I, 43, col. 195-198.

846 [14], Élī de Qartamīn [15] et les notices biographiques syriaques anonymes [16], en un mot toute l'historiographie jacobite [17], fixe l'endroit de l'exil à Gangres de Paphlagonie; Zacharie continué [18] connaissait d'ailleurs une lettre que Philoxène adressa de cette ville à l'abbé Béronicianos de Bēt-Mār-Ḥanīnā, pour le féliciter de sa courageuse intervention auprès de Justin en faveur des monophysites persécutés. Cependant, c'est un autre lieu de déportation, la métropole de Thrace Philippoupolis [19], qui se trouve indiqué, non seulement dans une tardive et peu sûre chronique nestorienne [20], mais aussi par trois lettres de notre auteur, adressées respectivement à tous les moines orthodoxes d'Orient, à l'abbé Siméon de Téléda et aux moines de Senoun [21]; les lemmes des manuscrits qui datent ces lettres de Thrace proviennent d'un recueil épistolaire philoxénien dont l'antiquité est aussi respectable que celle de la collection d'où le continuateur de Zacharie tirait vraisemblablement la mention de l'exil paphlagonien [22]. Le séjour à Gangres et celui de Philippoupolis sont donc attestés avec une égale certitude; mais dans quel ordre chronologique convient-il de les ranger?

Décrivant aux moines de Senoun les conditions inconfortables de son exil, l'évêque de Mabbog leur confie qu'il est tenu au secret avec ses compagnons dans une chambre exiguë, sise au-dessus de la cuisine de son auberge, d'où une fumée suffocante menace de leur faire perdre la vue [23]. Ces détails sont à l'origine de la légende

14 *Anonyme 846*, p. 226 [172, *9-12*].

15 ÉLĪ, *Mēmrā*, v. 290, p. 11 [12]; v. 308, p. 12 [13], etc.

16 VASCHALDE, *Three Letters*, p. 175; mss. *Londres (British Museum), Add. 17,193*, f. 69ᵛ a; *Birmingham (Selly Oak Colleges), Mingana syr. 4*, f. f. 61ᵛ a.

17 À laquelle se rattache le nestorien BAR-BĀHLŪL, *Lexique*, col. 1546, *6*; ci-dessus, p. 8, note 51.

18 ZACHARIE CONT., *Hist. eccl.*, VIII, 5, p. 31, *17-22* [56, *4-8*]; AHRENS-KRÜGER, *Zacharias*, p. 159 = MICHEL, *Chronique*, IX, 14, p. 267 [172].

19 Aujourd'hui Płovdiv; pour l'orthographe, voir, par ex., STAMOULÈS, *Symvoli*, p. 212.

20 *Chronique de Séert*, II, 20, p. 139; elle se trompe manifestement en faisant ordonner Jacques évêque de Saroug par Sévère et Philoxène (II, 10, p. 121), puisque cette ordination date de 519 (PEETERS, *Jacques de Saroug*, p. 138-144, 187).

21 DE HALLEUX, *Nouveaux textes II*, p. 9-11.

22 *Ibid.*, p. 5, 11.

23 PHILOXÈNE, *Lettre aux moines de Senoun*, p. 93 [77, *28 - 28, 3*].

du martyre de Philoxène par étouffement; en effet le créateur de
cette légende [24] déclare naïvement tenir son récit d'une lettre philoxénienne, qu'il ne nomme pas, mais qui se laisse identifier sans
peine avec celle aux moines de Senoun [25]. L'historien jacobite du
VIe siècle ne mettait pas encore de lien formel entre la suffocation
et le décès du vieil évêque [26]; le pas est franchi avec l'*Anonyme de
846*, Michel le Syrien, Bar-Hébræus [27], et des notices biographiques
anonymes [28], pour qui la fumée des cuisines devient un instrument
de mort violente; le nestorien Bar-Kōnī fait même intervenir un
ordre exprès de l'empereur [29]; ailleurs [30] la chambre haute de l'auberge se muera en établissement de bains, et le martyre de Philoxène prendra des proportions épiques. En réalité, si l'inconfort
dont se plaignait l'exilé lui était bien ménagé par la malveillance
de ses geôliers, il n'en appréhendait aucune issue fatale; c'est sa
vue, et non sa vie, que menaçait la fumée des fourneaux [31]!

En situant à Gangres le prétendu supplice et la mort de Philoxène, l'historiographie jacobite dépend donc uniquement du continuateur de Zacharie; mais il convient de préférer à celui-ci l'autorité de la tradition épistolaire philoxénienne, qui place à Philippoupolis l'épisode de la suffocation. Il se peut que le moine amidien
ait connu la *Lettre aux moines de Senoun*, ou des extraits de cette
lettre, dans une autre version que celle des manuscrits qui l'ont
conservée; à supposer que le lemme de son exemplaire ait mentionné l'exil sans autre précision, n'était-il pas naturel que notre
historien se soit efforcé de concrétiser cette donnée en fonction de ce
qu'il savait du séjour de Philoxène à Gangres? De toute façon, la

---

[24] ZACHARIE CONT., VIII, 5, p. 78 [53, *20-23*]; AHRENS-KRÜGER, *Zacharias*,
p. 159.

[25] DE HALLEUX, *Senoun*, p. XII.

[26] *Ibid.* : « Il était détenu [...] et étouffé par la fumée, [...] et il finit
par mourir. »

[27] Ci-dessus, p. 94-95, notes 12-14.

[28] VASCHALDE, *Three Letters*, p. 175; ms. *Londres (British Museum), Add.
17,193*, f. 69[v] a.

[29] BAR-KŌNĪ, *Scolies*, t. 2, p. 341.

[30] Ms. *Birmingham (Selly Oak Colleges), Mingana syr. 4*, f. 61[v] a; ÉLĪ,
Mēmrā, v. 293-332, p. 11-13 [12-14]; v. 419-490, p. 16-18 [17-19]; DE HALLEUX,
Mēmrā, p. 21 [21].

[31] PHILOXÈNE, *Lettre aux moines de Senoun*, p. 93 [98, *3*].

Chronique de Séert rend un écho plus exact en plaçant dans la métropole de Thrace l'asphyxie et la mort du vieil évêque de Mabbog [32].

Mais dès lors, il n'y a plus aucun motif de placer l'exil de Philippoupolis avant celui de Paphlagonie [33]; l'ordre naturel des choses nous paraît, au contraire, demander que l'on regarde ce dernier comme une première étape dans l'éloignement de l'Orient monophysite [34]; ce que confirme d'ailleurs la désignation de l'exil thrace comme deuxième, aussi bien dans la *Lettre aux moines de Senoun* que dans celle *À Siméon de Téléda* [35]. Nous ignorons la durée du séjour à Gangres; mais il n'est pas interdit de penser qu'il ne constitua qu'une halte du voyage, prolongée durant l'hiver de 519-520 [36]; en toute hypothèse, Philoxène se trouvait déjà à Philippoupolis au printemps de 521, car la première des trois lettres conservées qu'il écrivit de cette ville ne saurait être postérieure à cette date [37].

De la correspondance de l'exilé avec les siens on peut tirer quelques détails sur sa vie de proscrit dans la métropole de Thrace. Parmi les compagnons qui partageaient sa détention, notre auteur mentionne un prélat monophysite, enclin aux concessions [38]. Au séjour

[32] *Chronique de Séert*, II, 20, p. 139.

[33] C'est l'opinion générale depuis Assémani, *Bibl. Orientalis*, t. 2, p. 19-20; voir, par ex., Budge, *Discourses*, t. 2, p. xxv-xxvi; Vaschalde, *Three Letters*, p. 19-20; Tisserant, *Philoxène*, col. 1515; Honigmann, *Évêques et évêchés*, p. 67.

[34] Le métropolite Théodote de Gangres était chalcédonien en 518; Honigmann, *Évêques et évêchés*, p. 140. Vitalien, l'implacable ennemi de Sévère, avait été jusqu'alors chef des armées de Thrace, dont Philippoupolis était la métropole; Stein, *Bas-Empire*, p. 178-185.

[35] de Halleux, *Nouveaux textes II*, p. 9.

[36] Cette courte durée nous dissuade d'accepter l'hypothèse ingénieuse de Honigmann, *Évêques et évêchés*, p. 67-68, d'après laquelle l'ordre qui amena à Gangres l'historien Théodore le Lecteur aurait concerné la garde de Philoxène.

[37] de Halleux, *Nouveaux textes II*, p. 17-18. Ce n'est pas la déportation de Philoxène à Philippoupolis qui est notifiée au pape Hormisdas le 1er mai 521 (Honigmann, *Évêques et évêchés*, p. 67, note 3), mais la démission de Paul d'Antioche (*ibid.*, p. 148, note 5).

[38] Philoxène, *Lettre à tous les moines orthodoxes d'Orient*, fr. 2, p. 206 [216, *25*].

incommode du *xénodochion* qui lui était imposé [39], le malheureux
vieillard eût préféré la prison commune, mais l'évêque du lieu lui
refusa cette grâce plusieurs fois sollicitée [40]; on ne saurait dire s'il
s'agissait, en l'occurrence, de Démétrius, un des six orthodoxes
invités par Justinien au colloque de 532 avec les sévériens [41]; toujours est-il que Philoxène considérait cet évêque comme un chalcédonien strict, animé à son égard de sentiments plus malveillants
encore que ceux qui l'avaient confié à sa garde [42].

Dans sa légende de la *passio* philoxénienne, le panégyriste Élī de
Qartamīn fait précéder l'asphyxie du martyr par un long procès,
marqué de discussions théologiques, de tentatives de séduction et de
supplices variés [43], récit assurément invraisemblable, mais non dénué
pour autant de tout fondement historique; en effet, l'évêque de Mabbog rapporte lui-même que son collègue de Philippoupolis, se flattant
de convaincre les réfractaires de souscrire au concile de Chalcédoine
et au *Tome* de Léon, leur avait délégué à cet effet des parlementai-
res, conduits par son archidiacre, lui aussi un diphysite convaincu;
mais, au terme de longues et stériles discussions, Philoxène laissa
entendre, d'une manière aussi catégorique qu'insultante pour ses
interlocuteurs, qu'on ne lui ferait jamais approuver ce qu'il appelait une œuvre de Satan [44]. Le scandale produit par cette déclaration
ne fut sans doute pas pour rien dans l'aggravation du régime de
l'exilé; lorsque celui-ci attribue l'inconfort de sa détention au
zèle avec lequel il défend la foi en parole [45], nous croirions volontiers qu'il fait allusion au colloque que nous venons de rapporter:
c'est après avoir échoué dans leurs tentatives de persuasion que les
chalcédoniens auraient décidé, par manière de représailles, une réclusion plus sévère de l'irréductible monophysite.

Pour fâcheuse qu'elle fût, cette réclusion laissait cependant au

---

[39] Il s'agissait peut-être d'un hospice monastique administré par l'évêque,
comme il en existait en Orient; Vööbus, *History*. t. 2, p. 373.

[40] Philoxène, *Lettre aux moines de Senoun*, p. 93-94 [78, *2-5*].

[41] de Halleux, *Nouveaux textes II*, p. 16, note 39.

[42] Philoxène, *Lettre aux moines de Senoun*, p. 94 [78, *6-9*].

[43] Élī, *Mēmrā*, v. 291-302, p. 11-12 [12-13]; v. 320-322, p. 12-13 [13-14].

[44] Philoxène, *Lettre à tous les moines orthodoxes d'Orient*, fr. 6, l. 30-38,
p. 7 [8-9].

[45] Id., *Lettre aux moines de Senoun*, p. 94 [78, *9-11*].

proscrit une liberté relative. Tout comme le patriarche Sévère dans
sa retraite d'Égypte, l'évêque de Mabbog continuait, de Thrace, à
s'occuper des affaires de l'Église ; en effet, non seulement il demeurait averti de la politique religieuse dans la capitale, et recevait
d'Orient, et notamment des moines restés fidèles, des nouvelles sur
la situation des communautés monophysites [46] ; mais il avait encore
la possibilité de leur répondre longuement. Les lettres qu'il écrivit
de Philippoupolis trahissent, entre autres, l'utilisation de l'*Histoire
ecclésiastique* de Socrate [47], ainsi que celle d'un florilège composite
de polémique christologique [48], preuve qu'il était moins démuni de
livres qu'il ne voulait le dire [49].

Deux préoccupations majeures paraissent avoir dominé Philoxène
au cours des années de l'exil : il s'agissait, en premier lieu, de
soutenir la résistance des moines et des évêques encore attachés à
la confession sévérienne. La chose avait d'abord été facilitée par
l'excès même des exigences romaines [50], qui, en compensation de
nombreuses défections, avaient raidi les fidèles d'Orient dans une
audacieuse révolte [51]. Cependant le danger allait bientôt se faire plus
insidieux ; instruit par l'échec de la persécution violente, ou impressionné par les propositions conciliatrices des « néochalcédoniens »
de Palestine, l'empereur Justin se décida, dès 520, à tempérer la
rigueur de l'abjuration exigée des monophysites ; au lieu du *libellus*
d'Hormisdas, on leur proposerait désormais une formule adoucie
qui, tout en maintenant l'adhésion à Chalcédoine et au *Tome,* con-
céderait l'expression *Théotokos* et la « formule théopaschite », dont
les moines scythes se faisaient alors dans la capitale les plus ardents
défenseurs [52]. L'évêque de Mabbog ne pouvait voir dans ce compromis qu'une manœuvre hypocrite, faisant bon marché du synode
oriental de 513 pour en revenir aux feintes dérisoires des patriar-

---

[46] DE HALLEUX, *Senoun,* p. [V, XII].

[47] LEBON, *Textes inédits,* p. 166.

[48] DE HALLEUX, *Senoun,* p. [XII-XIV].

[49] PHILOXÈNE, *Lettre aux moines de Senoun,* p. 92 [*19-20*].

[50] ID., *Lettre à l'abbé Siméon de Téléda,* fr. 3, p. 177 [188, *1-3*] ; *À tous
les moines orthodoxes d'Orient,* fr. 3, p. 208 [219, *11-12*] ; *Aux moines de
Senoun,* p. 73 [60, *5-19*].

[51] *Ibid.,* p. 80-81 [66, *25* - 67, *24*].

[52] *Ibid.,* p. 73 [60, *17-25*] ; DE HALLEUX, *Senoun,* p. [VIII-IX] ; VASILIEV,
Justin, p. 222-223.

ches Flavien et Macédonius; mais il craignait surtout que l'apparente modération du nouveau formulaire ne séduisît ceux dont l'intransigeance n'avait pu avoir raison [53]; aussi sa *Lettre aux moines de Senoun* n'est-elle rien moins qu'une exhortation pathétique au maintien inconditionné des anathèmes de Chaldédoine, du *Tome*, des diphysites, des « romains » et des « hiérosolymites » [54].

C'est un tout autre souci que reflètent les fragments conservés de la grande *Lettre à tous les moines orthodoxes d'Orient* et de celle *À Siméon de Téléda* : inconscients, semble-t-il, de la gravité de l'heure, de nombreux monophysites s'entêtaient à exiger l'« acribie » des diphysites convertis [55]; Philoxène dut s'employer à les rappeler à la raison; manifestement, l'intolérance tournerait au dommage de la foi en compromettant la sincérité des anathèmes consentis, et reculerait davantage encore, en grossissant le nombre des hérétiques, l'espoir de réconcilier les Églises [56]; l'évêque de Mabbog adjurait donc les siens de réduire leurs exigences à l'essentiel, ce pour quoi il leur donnait d'ailleurs des instructions détaillées [57]. On ignore si ces appels furent entendus; à tout le moins témoignent-ils, par leur existence même, que le monophysime oriental conservait, au plus fort de la persécution, les profondes racines d'où l'Église jacobite renaîtrait quelque vingt ans plus tard.

Le dernier signe de vie qui reste de Philoxène sont les trois lettres écrites de Philippoupolis, dont la dernière, celle *Aux moines de Senoun*, doit dater de l'été ou de l'automne de 521 [58]; à ce moment, l'infortuné vieillard subissait une crise particulièrement aiguë du mal qui le poursuivait depuis l'enfance [59]; selon toute probabilité, les fatigues de l'exil eurent rapidement raison de ses forces déclinantes, mais on imaginerait mal qu'elles aient jamais

---

[53] PHILOXÈNE, *Lettre aux moines de Senoun*, p. 74-77 [61, *24* - 63, *25*].

[54] DE HALLEUX, *Senoun*, p. [x].

[55] LEBON, *Textes inédits*, p. 159-162.

[56] PHILOXÈNE, *Lettre à l'abbé Siméon de Téléda*, fr. 3, p. 178-179 [p. 189, *5-13*]; f. 4, p. 182 [193, *12-18*], etc.

[57] ID., *Lettre à tous les moines orthodoxes d'Orient*, fr. 3, p. 203-209 [219, *7* - 220, *10*].

[58] DE HALLEUX, *Senoun*, p. [v-vi]; *Nouveaux textes II*, p. 17.

[59] PHILOXÈNE, *Lettre aux moines de Senoun*, p. 80-81 [66, *8-18*].

pu entamer sa foi et sa confiance dans la cause sacrée du monophysisme [60].

Sévère d'Antioche était déjà averti en Égypte de la mort de
son ancien métropolite lorsqu'il rédigeait sa deuxième lettre à Julien
d'Halicarnasse [61], puisqu'il y qualifie Philoxène de « digne de sainte
mémoire » [62]; l'*Anonyme de 846,* qui parle de nombreuses années
de persécution [63], et qui cite notre auteur parmi les membres du
colloque de 532 [64], a donc confondu l'évêque de Mabbog avec celui
de Doliché, lequel assista effectivement à la conférence théologique
de Justinien [65]. Le biographe Élī de Qartamīn situe la mort de
Philoxène à la date très plausible du « 10 de *Kanūn* Ier, en la fête
de Mār Behnam, l'an 835 d'Alexandre » [66] (= décembre 523 A.D.);
cette précision provient d'une tradition liturgique peut-être moins
vénérable que ne le voudrait le panégyriste jacobite, mais nous n'en
voyons pas moins de meilleure explication que sa conformité à
la vérité historique; en effet, quoi de plus naturel que les compagnons d'exil de l'évêque de Mabbog aient soigneusement noté la
date de sa mort glorieuse, et se soient empressés d'en faire part à
leurs coreligionnaires d'Orient?

XII. — LE CULTE

Bien que Philoxène méritât plus que Sévère le titre de martyr,
et quoiqu'il eût travaillé tout autant à l'établissement du monophysisme en Orient, l'Église jacobite décerna au patriarche d'Antioche les honneurs d'une liturgie propre, tandis qu'elle n'accordait
à l'évêque de Mabbog que de simples commémoraisons [1]. D'après

---

[60] ID., *Lettre à tous les moines orthodoxes d'Orient,* fr. 6, l. 35-38, p. 7
[8-9].

[61] Plus près de 518 (début du conflit entre Julien et Sévère) que de 528
(date de la mort de Julien); DRAGUET, *Julien,* p. 24-25.

[62] SÉVÈRE, *Deuxième lettre à Julien,* dans ZACHARIE CONT., *Hist. eccl.,* IX,
13, p. 112 [77, *16-17*]; AHRENS-KRÜGER, *Zacharias,* p. 187.

[63] *Anonyme 846,* p. 226, 11-15 [172, *9-12*].

[64] *Ibid.,* p. 223 [169, *34-36*].

[65] HONIGMANN, *Évêques et évêchés,* p. 72-73, 150.

[66] ÉLĪ, *Mēmrā,* v. 311-314, p. 12 [13]; v. 344, p. 13 [14].

[1] BAUMSTARK, *Festbrevier,* p. 204, 287, 160. La rédaction du calendrier sancto-

la *Vie* philoxénienne d'Élī de Qartamīn, la mémoire de Philoxène
était célébrée le 18 août, le 10 décembre et le 18 février, ces dates
étant censées correspondre respectivement aux anniversaires du
sacre, de la mort et de la translation de l'évêque de Mabbog [2].
Le moine qartaminien témoigne de l'usage du Ṭūr 'Abdīn au
XIIIe siècle [3] ; mais les mêmes dates répondent à la pratique de la
Syrie occidentale, car on les retrouve toutes trois, ou du moins
deux d'entre elles, dans des calendriers liturgiques copiés à Alep
du XVe au XVIIe siècle [4] ; la commémoraison la plus largement
représentée, celle du 18 février, se rencontre encore dans le « martyrologe de Rabban Sliba », qui reflète l'usage de Mardin au début
du XIVe siècle [5], ainsi que dans quatre calendriers nitriotes, datant
des XIIIe et XIVe siècles [6] ; au lieu du 18 août c'est, nous l'avons
dit [7], le 16 du même mois qui se trouve attesté par d'autres syna-
xaires jacobites, reflétant l'usage, notablement plus ancien, de la
Chalcidique aux VIIIe et IXe siècles [8].

toral jacobite pourrait remonter à Jacques d'Édesse († 708). MINGANA, *New
Documents*, p. 154, note 2 et p. 155-156, note 3, parle de « l'office de Philoxène »
dans « le bréviaire syrien », sans autre précision.

[2] ÉLĪ, *Mēmrā*, v. 343-348, p. 13 [14]. Nous avons déjà parlé des deux
premières dates (ci-dessus, p. 40 et 101) ; pour la troisième, voir ci-dessous,
p. 104-105.

[3] DE HALLEUX, *Mēmrā*, p. [IV].

[4] Les trois dates dans les mss. *Paris (Bibliothèque Nationale), syr. 146*
(1645) et *Vatican (Biblioteca Apostolica), syr. 69* (1547) ; les deux dernières dans le *Vatican syr. 68* (1465) ; NAU, *Ménologes*, p. 84, 68, 128, 72, 129.

[5] PEETERS, *Rabban Sliba*, p. 147 [175].

[6] Les mss. *Londres (British Museum), Add. 17,232* (1210) ; *Add. 17,246*
(1239) ; *Add. 14,708* (XIIIe-XIVe s.) ; *Add. 17,261* (XIIIe-XIVe s.) ; NAU,
Ménologes, p. 94, 109, 119.

[7] Ci-dessus, p. 40.

[8] Mss. *Londres (British Museum), Add. 17,134* (VIIe s.) ; *Add. 14,504* (IXe
s.) ; *Add. 14,519* (XIe-XIIe s.) ; NAU, *Ménologes*, p. 34, 44, 52. Les deux
manuscrits commémorant Philoxène le 1er ou le 2 avril [respectivement mss.
Vatican (Biblioteca Apostolica), syr. 68 (1465 et *Londres (British Museum),
Add. 17,261* (XIIIe-XIVe s.) ; NAU, *Ménologes*, p. 130, 110] ne précisent
pas s'il s'agit de l'évêque de Mabbog, précision que tous les calendriers (à
l'exception du *Vatican syr. 68*) indiquent pour le 18 février ; nous croyons donc
que les commémoraisons d'avril visent soit l'évêque de Doliché, soit, plus
probablement (ci-dessous, p. 105, note 29) un évêque jacobite postérieur du
nom de Philoxène (ci-dessous, p. 114-115, note 33).

Si le panégyrique du moine Élī se montre si riche en précisions sur le culte de l'évêque de Mabbog, c'est qu'il fut composé au centre même de ce culte; en effet, au XIIIᵉ siècle, le chef du saint martyr était vénéré à Modyād, chef-lieu du Ṭūr ʿAbdīn, tandis que le grand monastère de Qartamīn, à Dēr-el-ʿAmr, revendiquait le privilège de posséder son corps, et qu'on montrait aux pèlerins, près de Bēt-Sévérianos (Bāsebrīna), la cellule dans laquelle le jeune Xénaïas se serait initié à la vie ascétique [9].

Nous avons dit plus haut [10] notre scepticisme touchant la prétendue éducation monastique de Philoxène dans le Ṭūr ʿAbdīn; nous ne croyons pas davantage que le corps du martyr reposât effectivement à Qartamīn du vivant de son biographe, car celui-ci n'aurait sans doute pas usé d'allusions si imprécises au cas où la tradition aurait encore connu, ou déjà précisé, la place exacte de la précieuse relique [11]; l'*Anonyme de 846,* qui était comme Élī un moine de Qartamīn, paraît même ne rien savoir d'une translation du corps de Philoxène dans son monastère [12]; c'est donc vraisemblablement un culte tout récent que le panégyriste du XIIIᵉ siècle contribuait à accréditer par son *mēmrā*; peut-être même la légende de l'éducation à Bēt-Sévérianos et à Qartamīn n'avait-elle d'autre fin que de conférer des lettres de noblesse à une vénération qui pouvait d'ailleurs trouver sa justification relative dans une éventuelle translation temporaire [13], et en tout cas dans les rapports déférents et amicaux que notre auteur avait effectivement entretenus avec le grand monastère turabdinien [14]. En revanche, le culte dont les contemporains d'Élī entouraient le chef de l'illustre martyr se rattachait à une tradition plus vénérable, puisque cette relique était conservée dans une église de Modyād, dédiée à la mémoire de Philoxène, dès

---

9 Élī, *Mēmrā*, v. 40-62, p. 2-3 [2-3]; v. 349-358, p. 13-14 [14-15]; on trouvera des précisions géographiques dans les notes de l'édition.

10 Ci-dessus, p. 24.

11 DE HALLEUX, *Mēmrā*, p. [VII-VIII]; le panégyriste supposait le corps de son héros enterré parmi les « douze mille élus thaumaturges » du cimetière de Qartamīn; Élī, *Mēmrā*, v. 353-354, p. 13 [15].

12 *Anonyme 846*, p. 221 [169, *1-3*]; 226 [172, *9-12*].

13 Ci-dessous, p. 105.

14 PHILOXÈNE, *Lettre à Asṭorkios*, ci-dessous, p. 253; DE HALLEUX, *Mēmrā*, p. [V-VII].

avant 1144/5, date à laquelle elle fut transférée au monastère voisin de Mār-Abraham, à la suite d'une profanation [15].

Le panégyriste qartaminien assigne au culte de son héros la plus vénérable antiquité, en le faisant remonter à Philoxène le Jeune : ayant prétendument accompagné son oncle en exil et lui ayant ensuite succédé à Mabbog, l'évêque de Doliché aurait ramené sa dépouille mortelle dans la métropole d'Euphratésie, organisé son culte, et enfin procédé à sa seconde translation, celle de Ṭūr ʿAbdīn [16]. Autant d'assertions à première vue invraisemblables, et sur lesquelles, au surplus, laisse planer quelque ombre de suspicion le zèle de l'évêque Jean de Mardin († 1165) dans la restauration de la liturgie du Ṭūr [17], à l'époque même où le culte philoxénien s'établissait au monastère de Mār-Abraham; en effet, il nous paraît très improbable que Philoxène de Doliché ait partagé l'exil de l'évêque de Mabbog, et on ne saurait prétendre qu'il lui succéda dans la métropole euphratésienne [18]; et comment concevoir que les reliques du martyr monophysite aient été solennellement ramenées dans une Église violemment hostile à son ancien pasteur et dirigée par un chalcédonien strict [19] ?

Cependant, Élī de Qartamīn ne mentionnait la translation à Mabbog que comme un prélude à celle du Ṭūr ʿAbdīn [20]; et nous ne dénierions pas à priori toute vraisemblance à cette dernière. Le culte philoxénien à Modyād remonte au moins à la première moitié du XIIe siècle [21]; mais dès le IXe, il apparaît qu'on témoignait dans la région un intérêt tout spécial pour l'évêque de Mabbog, qui reçoit de l'anonyme qartaminien de 846 un éloge de loin supérieur à celui de Sévère d'Antioche [22]; cette prédilection ne devait pas aller sans quelque raison, que plusieurs indices convergents permettraient de rattacher à Philoxène le Jeune. Tout d'abord, l'évê-

---

15 ÉLĪ, *Mēmrā*, v. 355-358, p. 13-14 [15]; v. 369-408, p. 14-15 [15-17].

16 *Ibid.*, v. 333-368, p. 13-14 [14-15].

17 KRÜGER, *Tur-Abhdin*, p. 13.

18 HONIGMANN, *Évêques et évêchés*, p. 72-73; ci-dessous, p. 105.

19 Ci-dessus, p. 93-94.

20 ÉLĪ, *Mēmrā*, v. 338-358, p. 13-14 [14-15] : Philoxène est déposé à Mabbog dans une église construite en son honneur; c'est la guerre qui occasionne la translation dans le Ṭūr ʿAbdīn.

21 *Ibid.*, v. 370-372, p. 14 [15].

22 *Anonyme 846*, p. 220-221 [168].

que de Doliché, qui resta fidèle à la confession monophysite jusqu'en 532 [23], résidait vraisemblablement dans le Ṭūr ʿAbdīn durant
la troisième décennie du VIe siècle, avec un groupe de réfugiés, auxquels Sévère écrivit d'Égypte « sur la montagne de Mardē », pour
les rendre attentifs à la rapide expansion du julianisme [24]; mais
encore, il devait jouir d'une certaine considération auprès de
Justinien, puisqu'il fut l'un des six sévériens invités au colloque
interconfessionnel de Constantinople [25]; d'autre part, les annales
de Qartamīn conservent le souvenir d'une visite de l'impératrice
Théodora, qui aurait apporté au monastère de riches présents [26];
et l'on sait que les monophysites regardaient leur royale protectrice
comme la fille d'un prêtre « orthodoxe » de Mabbog [27]. Ce nœud
de relations entre Philoxène de Doliché, la cour impériale byzantine,
la métropole d'Euphratésie et le Ṭūr ʿAbdīn ne posent-elles pas
autant de prémisses aux affirmations d'Élī de Qartamīn sur l'origine du culte régional de l'évêque de Mabbog? Cent possibilités
ne font pas une certitude; mais encore faut-il trouver une explication à la date liturgique de la translation, attestée dans toute
l'Église jacobite dès le XIIIe siècle [28]. Si l'on admet que la tradition
rapportée par le panégyriste médiéval constitue la plus naturelle
des explications, on devra situer l'éventuel transfert du martyr
dans le Ṭūr ʿAbdīn entre la date de sa mort (10 décembre 523) et
celle du colloque de 532, à la suite duquel l'évêque de Doliché passa
au chalcédonisme et reçut un nouvel évêché dans l'île de Chypre [29];
c'est d'ailleurs peut-être dès 530 que fut déclenchée la persécution
du patriarche chalcédonien Éphrem d'Antioche, qui, en provoquant
la destruction momentanée des bâtiments de Qartamīn et la dispersion de ses moines [30], a pu contribuer à estomper les souvenirs
relatifs au culte de Philoxène.

[23] HONIGMANN, *Évêques et évêchés*, p. 73.
[24] SÉVÈRE, *Lettre à Jean, Philoxène et Thomas*, SL, V, 14, p. 389-394 [345-
350].
[25] HONIGMANN, *Évêques et évêchés*, p. 73.
[26] SOCIN, *Tūr ʿAbdīn*, p. 252-253.
[27] MICHEL, *Chronique*, IX, 20, p. 277 [189]; DE HALLEUX, *Mēmrā*, p. [IX].
[28] Ci-dessus, p. 102.
[29] HONIGMANN, *Évêques et évêchés*, p. 73.
[30] KRÜGER, *Tur Abhdin*, p. 41-42; VAN ROEY, *Église jacobite*, p. 354.

DEUXIÈME PARTIE

LES ÉCRITS DE PHILOXÈNE

INTRODUCTION

Vivant à une époque d'intenses polémiques religieuses, Philoxène n'eut ni le loisir ni le détachement nécessaire pour s'adonner à l'érudition encyclopédique dans laquelle devaient s'illustrer les écrivains jacobites postérieurs; son génie ne le portait pas davantage vers le genre poétique, alors cultivé par son contemporain Jacques de Saroug [1]; cependant, l'exégète, le théologien, l'auteur spirituel que fut l'évêque de Mabbog n'en mérite pas moins d'être considéré comme un classique des lettres syriaques [2].

Au XIIIe siècle, le panégyriste Élī de Qartamīn établissait la liste suivante des écrits philoxéniens : commentaires des Livres saints et de « tous les livres des Grecs et des Syriens »; mēmrē et tūrgāmē inspirés; environ cent soixante-dix volumes ($\pi\iota\nu\alpha\kappa\iota\delta\iota\alpha$) doctrinaux; environ cent cinquante tūrgāmē pour les fêtes du Seigneur et sur le cycle annuel; dix livres à l'intention des solitaires et des moines; vingt-deux livres de lettres adressées à des chrétiens de toutes classes; six livres contre l'impiété de Nestorius et de Barsauma [de Nisibe]; des livres dévoilant la ruse des nestoriens; treize livres contre l'hérésie de Chalcédoine [3].

La précision de ces chiffres emphatiques est assurément suspecte; Marūtā de Tagrīt († 649) ne connaissait que *deux* livres contre

---

1 Ci-dessous, p. 294. Après avoir mis Philoxène au rang des poètes avec Jacques de Saroug, Bardenhewer se reprend en disant que l'évêque de Mabbog ne versifia qu'exceptionnellement (BARDENHEWER, *Geschichte*, p. 412 et 419).

2 Voir les appréciations des anciens et des modernes réunies par BUDGE, *Discourses*, t. 2, p. XII-XIII et XXIX-XXXI (J. S. Assémani, Wright, Nöldeke, Guidi); on peut y ajouter, entre autres, celles de BAUMSTARK, *Geschichte*, p. 140; LEBON, *Textes inédits*, p. 17-18; CHABOT, *Littérature syriaque*, p. 65. Par contre, le prétendu éloge littéraire de notre auteur par Jacques d'Édesse, que l'on rencontre parfois cité dans les notices philoxéniennes (par ex. VASCHALDE, *Three Letters*, p. 22-23), provient d'une erreur de la *Bibliotheca Orientalis* (t. 2, p. 20); en effet, dans le passage auquel Assémani se réfère (*ibid.*, t. 1, p. 475), c'est le style de Jacques d'Édesse qui est loué par Bar-Hébræus; au même endroit (p. 475), on trouve bien une mention de Philoxène chez Jacques d'Édesse, mais Assémani la relève pour montrer que l'évêque de Mabbog n'y est jamais qualifié de « saint ».

3 ÉLĪ, *Mēmrā*, v. 183-214, p. 7-8 [7-8].

Barsauma[4], tandis que les patriarches Michel († 1199) et Bar-Hébræus († 1286), l'un de peu antérieur au moine Élī et l'autre son contemporain, se contentent de distinguer des écrits antidiphysites, ascétiques et liturgiques, sans en indiquer le nombre[5]. Néanmoins, les importants vestiges de l'œuvre philoxénien qui nous sont parvenus sont loin d'en représenter la totalité, puisqu'on rencontre, tantôt chez l'évêque de Mabbog lui-même, tantôt chez les historiens jacobites, des références à des pièces dont rien n'est conservé[6].

La plupart des traités et des homélies de notre auteur avaient vraisemblablement été édités dans un *scriptorium* de sa ville épiscopale[7], et ceux d'avant 485 dans les monastères où il résidait[8]; sa correspondance avait été réunie en collections raisonnées, peut-être déjà de son vivant[9]; mais cet héritage était destiné à un appauvrissement rapide. Certes, rien n'indique que les œuvres de notre auteur aient jamais fait l'objet d'une mesure d'interdit analogue à celle qui frappa les écrits de Sévère d'Antioche[10]; la langue dans laquelle elles étaient rédigées restreignait d'ailleurs leur rayonnement à des cercles monastiques syriens bien éloignés de la capitale.

---

[4] Marūtā, *Lettre à Jean*, p. 427 [440].

[5] Michel, *Chronique*, IX, 7, p. 258 [157]; Bar-Hébræus, *Chron. eccl.*, I, 39, col. 183-184.

[6] Ci-dessous, p. 188, 224, 253.

[7] Ci-dessus, p. 42-43. De ce *scriptorium* proviennent les mss. *Londres (British Museum), Add. 17,126* (commentaire philoxénien de *Matthieu* et de *Luc*, ci-dessus, p. 144) et *Add. 14,528* (un *synodicon*; Wright, *Catalogue*, p. 1032).

[8] Ci-dessus, p. 32; ci-dessous, p. 189-201 et 225-238.

[9] de Halleux, *Senoun*, p. ix-x. Philoxène, qui n'écrivait pas en grec, avait des secrétaires chargés des éventuelles traductions (*Lettre à Maron*, p. 55 [80, *13*]); c'est au chorévêque Polycarpe qu'il confia la nouvelle version du Nouveau Testament (ci-dessous, p. 117). Notre auteur faisait vraisemblablement compiler ses « concordances » bibliques et ses florilèges patristiques et hérésiologiques par des moines (*Mēmrē contre Ḥabīb; Lettre aux moines de Senoun*, ci-dessous, p. 233; Zacharie cont., *Hist. eccl.*, VII, 10, p. 51 [34-35]). Il conservait les minutes de sa correspondance (*Lettre à Abraham et Oreste*, p. 44-46 [45-47]), qu'il pouvait ainsi rééditer au besoin (*Lettre dogmatique aux moines*, ci-dessous, p. 189-190). Certains de ses écrits trahissent l'utilisation de matériaux antérieurs (*Livre des sentences; Mēmrē sur inhumanation*, ci-dessous, p. 243, 247-248); d'autres peuvent avoir été constitués en plusieurs étapes (*Livre des sentences; Mēmrē parénétiques*, ci-dessous, p. 286).

[10] Justinien, *Novelle 42*, du 6 août 536; Stein, *Bas-Empire*, p. 383.

En revanche, il est à présumer que nombre de manuscrits philoxéniens furent perdus ou détruits lors des persécutions que les
monophysites d'Orient subirent au cours de la troisième et de la
quatrième décennie du VIe siècle [11].

Parmi les rescapés, le *Volume contre Ḥabīb*, le *Livre des senten-*
ces, les *Mēmrē parénétiques*, ainsi que des recueils épistolaires et
des collections de « chapitres » dogmatiques, étaient encore recopiés
dans la jeune Église jacobite durant la seconde moitié du VIe
siècle [12]; cependant la littérature des florilèges, née des controverses doctrinales de cette époque (julianisme, schisme paulinien, trithéisme), et dont la vogue devait se prolonger jusqu'au VIIIe, voire
jusqu'au Xe siècle [13], doit avoir à son tour contribué à la perte
des écrits philoxéniens, que leurs « morceaux choisis » dispensaient
de lire; au reste, les œuvres polémiques de Sévère, de caractère
plus scolastique, convenaient mieux aux subtilités spéculatives dans
lesquelles s'engageait alors la théologie monophysite.

Les commentaires bibliques de notre auteur allaient d'ailleurs
subir peu après un sort identique; en effet, s'ils sont encore réédités
au XIe siècle [14], il semble que les exégètes jacobites du siècle suivant ne les citent plus qu'à travers des compilations de leurs
devanciers [15]. Au moyen âge, on ne transmet plus guère de Philoxène que des lettres et des traités ascétiques; avec ceux-ci, c'est
avant tout par les pièces liturgiques inscrites sous son nom que
l'évêque de Mabbog reste connu en Orient [16]; n'était la bibliothèque

---

[11] VASILIEV, *Justin*, p. 221-241; HONIGMANN, *Évêques et évêchés*, p. 148-149.

[12] Mss. *Vatican (Biblioteca Apostolica)*, syr. *138* (ci-dessous, p. 225); *syr.*
137 (ci-dessous, p. 240); *syr. 136* (ci-dessous, p. 189, etc.); *Londres (British*
Museum), *Add. 12,164* (ci-dessous, p. 225); *Add. 14,596*; *Add. 12,163*; *Add.*
17,153; *Add. 14,595* (ci-dessous, p. 280); *Add. 14,597* (ci-dessous, p. 183, etc).

[13] Mss. *Birmingham (Selly Oak Colleges)*, *Mingana 69* (VII^c s.); *Vatican*
(Biblioteca Apostolica), *syr. 135* (VIIe-VIIIe s.); *Londres (British Museum)*,
Add. 14,529 (VIIe-VIIIe s.); *Add. 12,155* (VIIIe s.); *Add. 14,532* (VIIIe s.);
Add. 14,533 (VIIIe-IXe s.); *Add. 14,629* (VIIIe-IXe); *Add. 14,538* (Xe s.).

[14] Ci-dessous, p. 128.

[15] Ci-dessous, p. 140.

[16] Pour le détail, nous renvoyons aux indications bibliographiques du chapitre troisième. Les manuscrits rassemblés dans la riche collection Mingana
(MINGANA, *Catalogue*) donnent une bonne idée des œuvres philoxéniennes que
doivent posséder aujourd'hui les bibliothèques du Moyen Orient encore inexplo-
rées ou trop mal connues.

du monastère nitriote de N.-D. des Syriens, où l'abbé Moïse rapporta d'Orient, en 932, les plus précieuses des œuvres dogmatiques de notre auteur [17], celles-ci se fussent sans doute irrémédiablement perdues.

Déjà si limitée dans sa propre Église, l'influence des écrits philoxéniens n'en dépassa guère les frontières pour pénétrer dans les autres littératures monophysites. On traduisit pour le concile de Dvin (555) des œuvres de l'évêque de Mabbog apportées en Arménie par le julianiste syrien ʿAbdīšōʿ [18], peut-être déjà sous forme de florilège, dont quelques maigres fragments (extraits du *Commentaire de Jean*) subsisteraient dans le *Sceau de la foi* [19]; c'est par une autre voie, sans doute, et plus tardivement, que la lettre ascétique *Sur les trois degrés* passa, elle aussi, en arménien [20]. En arabe, on possède la même lettre, ainsi que des prières du bréviaire et un commentaire d'apophtegmes attribué à notre auteur, traductions médiévales qui furent finalement reprises en éthiopien [21], tandis qu'aucun écrit philoxénien ne semble avoir été conservé en copte [22]. Dans les littératures non monophysites, le nom même de Philoxène resta totalement inconnu, puisque c'est sous celui d'Isaac de Ninive que sa *Lettre à Patricius* fut traduite en grec [23].

Le premier bilan moderne de l'œuvre de notre auteur est celui que J. S. Assémani dressa dans la *Bibliotheca Orientalis* (1721), d'après les manuscrits nitriotes du Vatican [24]. Vinrent ensuite les catalogues des manuscrits syriaques des grandes bibliothèques européennes : Rome (Vaticane, 1758-1759), Oxford (Bodléienne, 1864), Lon-

---

[17] WHITE, *Manuscripts of Nitria*, p. 338-444.

[18] GARITTE, *Narratio*, p. 130-135, 163-164.

[19] Ci-dessous, p. 161-162. Deux citations philoxéniennes indéterminées sont relevées par MACLER, *Notices*, p. 245 et 247, dans le florilège arménien composite du ms. *Marseille (Coll. Siméon Mirzayantz)*, n° *2*, p. 410 et 176 (XVIIe et XVIIIe s.), que nous n'avons pu consulter.

[20] Ci-dessous, p. 270.

[21] Pour le détail, nous renvoyons aux indications bibliographiques du chapitre troisième.

[22] Philoxène n'est pas mentionné dans le répertoire de O' LEARY, *Littérature copte*, col. 1606-1611.

[23] Ci-dessous, p. 255-256. On ne connaît aucune traduction de Philoxène en géorgien : PERADZE, *Georgische Überlieferung*; KEKELIDZE, *Ucʿḥo avtorebi*.

[24] ASSÉMANI, *Bibl. Orientalis*, t. 2, p. 23-46.

dres (British Museum, 1870-1872) et Paris (Nationale, 1874), d'après lesquels E. A. W. Budge compila une liste bibliographique de quatre-vingts titres [25]. Le relevé critique des manuscrits qu'A. Baumstark établit dans son histoire de la littérature syriaque (1922) [26] ne doit guère être complété que par le catalogue de la collection Mingana (1933) [27].

Amorcée dès la fin du siècle dernier, l'édition des œuvres de notre auteur se trouve déjà relativement avancée [28] : les plus importants des écrits dogmatiques sont publiés ou en voie d'achèvement ; depuis ces dernières années, l'intérêt semble se porter également sur les écrits ascétiques, dont l'ensemble sera sans doute prochainement édité [29] ; il n'est que les écrits exégétiques dont rien ne fasse encore prévoir la publication, bien qu'ils soient loin de constituer la part la moins intéressante de l'héritage philoxénien.

Si les catalogues et les éditions modernes fournissent une base indispensable à toute étude sur les écrits de notre auteur, ils ne permettent cependant de tracer qu'une ébauche très approximative ; d'une part, en effet, des descriptions sommaires ou mal interprétées ont entraîné des identifications imprécises ou erronées ; d'autre part, l'authenticité et la date des œuvres publiées n'ont pas toujours été établies avec un soin suffisant. Ayant pris personnellement connaissance de tous les vestiges littéraires de notre auteur conservés en syriaque, nous nous croyons en mesure d'apporter quelques préci-

---

25 BUDGE, *Discourses*, t. 2, p. XLVIII-LXV, qui ne pouvait encore (1894) tenir compte des manuscrits de Berlin (SACHAU, *Verzeichniss*, 1899) et de Cambridge (WRIGHT-COOK, *Catalogue*, 1901). C'est cette liste que résument VASCHALDE, *Tractatus tres*, p. [3-4] et TISSERANT, *Philoxène*, col. 1516-1527 (avec de nombreuses remarques originales).

26 BAUMSTARK, *Geschichte*, p. 141-144 ; mentionnons, pour mémoire, les autres histoires littéraires : WRIGHT, *Syriac Literature*, p. 74-75 ; DUVAL, *Littérature syriaque*, p. 229-230, 358 ; CHABOT, *Littérature syriaque*, p. 65-66 ; ORTIZ, *Patrologia*, p. 148-150.

27 MINGANA, *Catalogue* ; voir aussi SBATH, *Catalogue*, p. 93 ; SHERWOOD, *Charfet*, p. 105.

28 Voir VASCHALDE, *Tractatus tres*, p. [5] (jusqu'en 1907) ; BAUMSTARK, *Geschichte*, p. 141-144 (jusqu'en 1922) ; ORTIZ, *Patrologia*, p. 148-150 (jusqu'en 1958) ; pour le détail, nous renvoyons aux indications bibliographiques des chapitres suivants.

29 Les *Mēmrē parénétiques* le sont depuis 1894 (BUDGE, *Discourses*).

sions et corrections nouvelles à la bibliographie philoxénienne :
l'examen des manuscrits nous a permis de déterminer des écrits non
encore remarqués, d'en mieux situer d'autres, déjà édités, et surtout
d'identifier nombre de fragments comme des doublets d'œuvres connues [30]; en outre, divers indices nous ont porté à considérer certaines pièces comme apocryphes ou douteuses, et nous ont aidé à repla-
cer les écrits authentiques dans les circonstances historiques de leur
composition.

Notre examen porte sur tous les écrits de notre auteur, édités
ou inédits; il s'étend donc aux fragments cités dans les florilèges
et chez les écrivains jacobites. Toutefois nous n'avons réussi à
obtenir aucune information précise sur les manuscrits de Šarfeh,
d'Alqoš et de Dēr-Zaʻferan [31]; en outre, notre relevé des œuvres
philoxéniennes conservées dans les bibliothèques européennes reste
tributaire des catalogues [32]; enfin, notre enquête dans la littérature
syriaque postérieure s'est bornée en principe aux pièces publiées,
et nous n'avons consulté les manuscrits que lorsqu'une indication
précise nous assurait d'y trouver des citations philoxéniennes.

La critique de cet abondant matériel ne va pas sans difficulté.
Notre auteur portant un des plus grands noms de l'Église jacobite,
il faut s'attendre à ce qu'on ait inscrit sous son patronage plus
d'une pièce dogmatique, ascétique ou liturgique; mais le dépistage
de ces fraudes s'avère particulièrement difficile dans l'état actuel
des études patristiques syriaques [33]. Le principal critère d'authen-

---

[30] La liste de Budge se raccourcit ainsi de vingt-cinq titres : les nᵒˢ II
(commentaire de la *Prima Johannis*), IV (p. L), VII (p. LI), XXI, XXIII
(p. LV), XXVII, XXVIII, XXX, XXXI (p. LVI), XXXIII, XXXVII-
XXXVIII (p. LVII), XXXIX-XLI (p. LVIII), LI, LIV (p. LX), LVIII (p. LXI),
LXII, LXV, LXVI (p. LXII), LXVIII, LXIX (p. LXIII), LXXIV, LXXV
(p. LXIV); par contre les nᵒˢ XVII (p. LIV) et LXXVI (p. LXIV) confondent
chacun deux écrits différents.

[31] Les catalogues des deux premières de ces bibliothèques ne mentionnent
expressément aucun écrit nouveau de notre auteur, mais des surprises sont
toujours possibles.

[32] Leurs descriptions n'entrent pas toujours dans le détail, et restent elles-
mêmes tributaires des lemmes des copistes, quand ce n'est pas de l'état
défectueux des *codices*.

[33] Certaines attributions erronées peuvent d'ailleurs provenir d'une simple
confusion, car les monophysites d'Orient comptèrent au cours des âges nombre
de moines et d'évêques du nom de Xénaïas ou de Philoxène. Michel le Syrien
mentionne vingt-six évêques Philoxène, dont quatre de Mabbog, ordonnés entre

ticité dont nous disposons n'est d'ailleurs souvent constitué que
par des apparentements de vocabulaire, de style et de doctrine,
rarement irréfutables, et toujours explicables par l'hypothèse d'une
contrefaçon; quant aux témoignages de la tradition, ils se réduisent,
dans la plupart des cas, à des manuscrits impossibles à dater
avec précision [34]. Enfin, si la chronologie des écrits philoxéniens
que nous estimons authentiques se laisse facilement établir pour certaines pièces de polémique christologique riches en allusions concrètes, les œuvres ascétiques de notre auteur ont un caractère quasi-
ment intemporel, qui rend leur datation extrêmement aléatoire.

Dans ces conditions, les pages suivantes ne sauraient prétendre
à être définitives; en les rédigeant, nous n'avons eu d'autre ambition que celle de défricher une tradition manuscrite assez embrous-
saillée, afin de dresser un inventaire précis des écrits philoxéniens,
et de leur fixer quelques jalons chronologiques. Ce faisant, nous
avons d'ailleurs limité nos indications à l'essentiel, convaincu que,
si chacun des ouvrages de notre auteur mériterait assurément une
étude plus poussée, celle-ci ne pourrait être entreprise que sur la
base d'éditions critiques encore manquantes.

Nous avons classé les œuvres de Philoxène en exégétiques (ch. I),
dogmatiques (ch. II), morales, spirituelles et liturgiques (ch. III),
non que l'évêque de Mabbog ait nettement distingué ces disciplines,
mais parce qu'elles comportent des critères d'attribution et de datation différents. À l'intérieur de cette division générale, nous avons
adopté celle des genres littéraires, en nous basant tantôt sur la nature
même des écrits (professions, « chapitres », prières, *ordines*, anaphores), tantôt sur les indications de notre auteur ou sur les lemmes
des manuscrits (lettres, traités). Enfin, dans chacune de ces sub-

---

le début du IXe et la fin du XIIe siècle (*Chronique*, App. III, XVII-XLIV,
t. IV, p. 753-768 [t. III, p. 451-482]); voir aussi ASSÉMANI, *Bibl. Orientalis*,
t. 2, p. 381-385 et HONIGMANN, *Barsauma*, p. 168-177. Pour un moine Xénaïas,
voir ci-dessous, p. 169.

[34] Lorsque les manuscrits ne sont pas pourvus d'un colophon daté, nous
reproduisons, dans nos indications bibliographiques, l'âge que leur assignent
les catalogues; mais ces indications sont toujours sujettes à caution, la paléo-
graphie syriaque ne disposant d'aucun critère chronologique assuré; voir R.
DRAGUET, recensant W. H. P. HATCH, *An Album of Dated Syriac Manuscripts*
(Boston, 1946), dans *Le Muséon*, t. 61 (Louvain, 1948), p. 298-300.

divisions, nous suivons, autant que possible, l'ordre chronologique, rejetant en dernier lieu les écrits douteux ou apocryphes dont l'examen nous a paru s'imposer.

Nous faisons précéder l'analyse de chaque pièce ou fragment par un ensemble de références : les manuscrits syriaques et leurs catalogues, ou, lorsqu'il s'agit d'une citation chez un auteur jacobite, la source, éditée ou inédite ; éventuellement les manuscrits (d'après les histoires littéraires) et les éditions des versions anciennes ; les éditions et versions modernes, s'il en existe ; enfin, les principales notices littéraires, ainsi que d'autres études éventuelles. Lorsqu'il s'agit d'une œuvre philoxénienne encore inédite, nous en donnons un bref résumé, principalement destiné à fournir le contexte des citations qui en seront faites au cours de la partie doctrinale de ce travail. Ces citations renvoient au manuscrit ou à l'édition que nous avons marquée de l'astérisque. Nous n'avons critiqué les versions ou les éditions modernes que si la chose nous paraissait indispensable ; mais il va sans dire que tous les textes de Philoxène que nous citons sont traduits directement de l'original syriaque.

CHAPITRE PREMIER

ŒUVRES EXÉGÉTIQUES

I. — LA VERSION PHILOXÉNIENNE DU NOUVEAU TESTAMENT

Le nom de l'évêque de Mabbog est lié à une version de la Bible syriaque qu'il fit exécuter ; mais les problèmes posés aux historiens de la critique biblique par cette « philoxénienne » sont encore loin d'être résolus [1].

Certaines données paraissent définitivement acquises : l'existence de la version ; son auteur, le chorévêque Polycarpe ; le lieu et la date de son élaboration : à Mabbog, en 507/8 [2]. Ces données s'ap-

---

[1] Pour la bibliographie, nous renvoyons à VOGELS, *Textkritik*, p. 121-123 ; DUPLACY, *Critique textuelle*, p. 81-82 ; BAUMSTARK, *Geschichte*, p. 144 ; ORTIZ, *Patrologia*, p. 151, 161 ; VÖÖBUS, *Bibelübersetzungen*, col. 389 ; ID., *Early Versions*, p. 103-121.

[2] On ne saurait accorder aucun crédit à l'information d'Élī de Qartamīn, d'après qui Philoxène aurait traduit les deux Testaments au monastère de Téléda avant son épiscopat (ÉLI, *Mēmrā*, v. 130-134, p. 5-6 [5]). Le témoignage de Jacques d'Édesse, auquel en appelle le biographe *(ibid.)*, porte sur le fait de la version, non sur les circonstances de son élaboration. MINGANA, *New Documents*, p. 159, considère le travail de Polycarpe comme une simple révision de la version prétendument élaborée par Philoxène à Téléda. — Aucun des colophons de l'harcléenne connus à ce jour ne présente d'autre date pour la philoxénienne que l'an 819 d'Alexandre = 507/8 A.D. ; voir HATCH, *Harclean Gospels*, p. 148-151 ; ZUNTZ, *Harklean N.T.*, p. 13-33. C'est une simple erreur typographique qui a transformé 819 (ܬܡܢܥܣܪܐ) en 812 (ܬܪܥܣܪܐ) dans l'édition de l'*Add. 7,163* du British Museum, f. 35v par BUDGE, *Discourses*, t. 2, p. XLVIII. Nous attribuerions semblablement au copiste du Nouveau Testament harcléen de Modyād (XIVᵉ s.?), cité par MINGANA, *New Documents*, p. 159, le changement de l'an 819 en 809 dans le colophon traditionnel. Enfin nous n'accorderions pas davantage crédit à la mention de l'année 810 d'Alexandre dans le prologue aux épîtres pauliniennes d'un Nouveau Testament harcléen de Ain-Kawa (1168), — date que son éditeur, RAHMANI, *Studia syriaca*, t. 4, p. ܗ [5], ramène fautivement à 505 A.D. *(ibid.*, p. 54), — car ce chiffre n'est garanti que par l'auteur de ce prologue, qui se livre par ailleurs à des supputations chronologiques suspectes.

puient sur un témoignage remontant au troisième quart du sixième
siècle : celui de Moïse d'Aghel, préfaçant sa traduction syriaque
des *Glaphyres* de Cyrille d'Alexandrie[3] ; elles sont encore attestées
par les colophons de nombreux manuscrits conservant la révision
du texte de Philoxène que Thomas de Harqel, son successeur sur le
siège de Mabbog, exécuta en 615/6 au couvent alexandrin de
l'Énaton[4] ; Bar-Hébræus s'est fait l'écho de cette tradition[5], que
rien n'autorise à mettre en doute.

En revanche, l'étendue et la nature de la version philoxénienne
demeurent contestées. Selon certains, elle aurait compris l'Ancien
Testament ; d'après la plupart elle se limitait au Nouveau ; mais
ici même on discute pour savoir si l'évêque de Mabbog incluait
dans le canon néotestamentaire les quatre épîtres catholiques mineures et l'Apocalypse johannique, qui n'étaient pas reçues dans l'ancienne tradition d'Antioche[6]. En outre, le travail de Polycarpe
représentait-il une traduction nouvelle ou la simple révision d'un
modèle antérieur ? Sur quelle autre version syrienne, ou sur quelle
recension du texte grec se basait la philoxénienne ? Avait-elle un
caractère philologique ou théologique[7] ?

La réponse adéquate à ces questions serait fournie par les manuscrits de la philoxénienne ; mais on n'en connaît point qui se
présente comme tel ; et aucun des nombreux candidats successivement proposés n'a réussi à s'imposer[8]. La version harcléenne, qui
offrirait le point de comparaison le plus approchant avec un texte
dont elle provient directement, s'avère elle-même d'une utilisation
bien délicate, puisque la nature du travail de l'évêque Thomas sur
la philoxénienne n'est rien moins qu'assurée[9]. On conçoit donc que
la plus grande confusion ait longtemps régné en la matière ; en

---

3 ASSÉMANI, *Bibl. Orientalis*, p. 82-83 ; voir LEBON, *Philoxénienne*, p. 413-417.

4 ZUNTZ, *Harklean N.T.*, p. 13-33.

5 Voir les citations relevées par ASSÉMANI, *Bibl. Orientalis*, t. 1, p. 267 ;
t. 2, p. 23-24, 334, 411.

6 LEBON, *Philoxénienne*, p. 414-416, 419-424.

7 *Ibid.*, p. 435, note 2 ; VÖÖBUS, *New Data*, p. 169-176.

8 VÖÖBUS, *New Data*, p. 170-173.

9 LEBON, *Philoxénienne*, p. 426, va jusqu'à soutenir que « l'héracléenne n'est
pas encore retrouvée ». On s'accorde cependant à la reconnaître dans le texte
que son éditeur (WHITE, *Versio philoxeniana*) prenait erronément pour la
philoxénienne.

réalité, seul un renversement de méthode pouvait acheminer vers la solution du problème : en effet, n'est-ce pas chez Philoxène lui-même qu'il convenait de chercher la philoxénienne, avant de vouloir la reconnaître dans les manuscrits bibliques [10] ?

L'examen comparé des citations de l'Écriture à travers les œuvres de l'évêque de Mabbog, qui s'imposait comme une tâche préliminaire à toute identification de sa version biblique, a été entrepris dès le début de l'édition moderne de Philoxène et s'est régulièrement poursuivi depuis[11] ; nous craignons cependant qu'on n'ait guère procédé jusqu'ici qu'à des généralisations hâtives, sur la base de données trop maigres et insuffisamment critiquées. En effet, deux conditions nous paraissent requises pour garantir des conclusions valides.

Il conviendrait tout d'abord que les citations proviennent d'œuvres philoxéniennes d'une authenticité certaine et, sinon datées avec précision, du moins situées par rapport à l'époque traditionnellement attestée pour la révision du chorévêque Polycarpe [12] ; or on a souvent suivi le chemin opposé, en cherchant dans les citations scripturaires de Philoxène un critère chronologique pour la datation de ses écrits, et cela sans être aucunement assuré que ces citations correspondissent à un texte biblique dont on ignorait la nature et l'ascendance exactes [13].

En second lieu, l'examen comparé des citations scripturaires chez l'évêque de Mabbog devrait n'utiliser qu'un matériel littéraire soigneusement qualifié ; nous entendons par là que devraient seuls être pris en considération des exemples suffisamment caractéristiques, c'est-à-dire divergeant à la fois de la vulgate et des vieilles syriaques (curétonienne, sinaïtique, etc.), puisqu'il n'est nullement

---

[10] VÖÖBUS, *New Data*, p. 175-176.

[11] LEBON, *Philoxénienne*, p. 415-416, note 6 ; ZUNTZ, *Harklean N.T.*, p. 40-58 ; VÖÖBUS, *New Data*, p. 180-183.

[12] Ainsi, considérer la première *Lettre aux moines de Téléda* (entre 482 et 484, ci-dessous, p. 194-195) comme postérieure à l'exil de 519 (ZUNTZ, *Harklean N.T.*, p. 40-41 ; VÖÖBUS, *New Data*, p. 179) expose à échafauder d'inutiles hypothèses.

[13] LEBON, *Philoxénienne*, p. 436, note 1.

prouvé, comme on l'admettait naguère, que l'ancienne version connue par Philoxène soit la *Pešīṭṭā*[14].

Mais les sondages que nous avons opérés dans le *Commentaire de Jean, I, 1-17* et dans la *Lettre aux moines de Senoun* nous ont convaincu de l'extrême difficulté que présente la sélection d'exemples valables[15]. Nous ne songeons pas tant aux variantes révélées par la comparaison des manuscrits, et normalement imputables aux copistes; c'est l'évêque de Mabbog lui-même qui manifeste une certaine négligence dans la manière dont il cite le même verset, parfois à quelques lignes de distance; ailleurs il semble résumer ou combiner délibérément des textes scripturaires; souvent il insère les citations dans un développement en les adaptant à leur nouveau contexte; des versets sont simplement évoqués, ou encore glosés; d'autres passages semblent cités de mémoire et sans prétention à l'exactitude littérale; enfin il faut compter avec l'influence éventuelle d'un modèle patristique, que l'auteur reproduirait ou dont il s'inspirerait tacitement[16].

Nous craignons donc que la reconstitution de la philoxénienne à partir des œuvres de l'évêque de Mabbog ne demeure une entreprise prématurée tant qu'il n'aura pas été procédé à un relevé exhaustif et critique de leurs citations bibliques, et ce travail ne pourra lui-même être envisagé qu'après l'édition des écrits exégétiques de notre auteur[17]. Nous ne pouvons donc songer à l'entre-

14 VÖÖBUS, *Studies*, p. 89, 199. Philoxène parle souvent des versions syriaques des Écritures en usant d'un pluriel indéterminé (*Commentaire de Jean, I, 1-17*, f. 38r; *Lettre aux moines de Senoun*, p. 54 [45, *7-8*]), ce qui nous semble indiquer que la Vulgate ne s'était pas encore imposée de son temps.

15 DE HALLEUX, *Senoun*, p. [XIV-XV].

16 *Ibid.*; pour le *Commentaire de Jean, I, 1-17*, les divergences dans *Matth.*, II, 1-2, cité deux fois à un feuillet de distance (f. 32r et 33r), nous paraissent particulièrement éloquentes : [I] ܟܕ ܠܡ ܐܬܐܠܕ. ܝܫܘܥ ܒܒܝܬ ܠܚܡ ܕܝܗܘܕܐ
ܒܝܘ̈ܡܝ ܗܪܘܕܣ ܡܠܟܐ : ܗܐ ܡܓܘ̈ܫܐ ܡܢ ܡܕܢܚܐ ܐܬܘ ܠܐܘܪܫܠܡ ܟܕ.
ܐܡܪܝܢ : ܐܝܟܐ ܐܝܬܘܗܝ ܗܘ ܕܐܬܐܠܕ. ܡܠܟܐ ܕܝܗ̈ܘܕܝܐ. — [II] ܟܕ ܕܝܢ ܐܬܐܠܕ.
ܝܫܘܥ ܒܒܝܬ ܠܚܡ ܕܝܗܘܕܐ ܒܝܘ̈ܡܝ ܗܪܘܕܣ ܡܠܟܐ : ܐܬܘ ܡܓܘ̈ܫܐ ܡܢ
ܡܕܢܚܐ ܠܐܘܪܫܠܡ ܘܐܡܪܝܢ . ܕܐܝܟܘ ܡܠܟܐ ܕܝ̈ܗܘܕܝܐ ܕܐܬܐܠܕ.

17 Un exemple : ce n'est pas *Jean*, I, 3 (VÖÖBUS, *Studies*, p. 199) mais

prendre ici; toutefois, ayant eu la bonne fortune de rencontrer chez Philoxène lui-même un témoignage resté jusqu'ici entièrement inaperçu [18], nous sommes en mesure de fournir quelques précisions de toute première main et d'une incontestable authenticité sur la nature et l'étendue de la philoxénienne.

Énumérant, dans son commentaire du prologue johannique, les textes sacrés favorables à la théologie du « devenir de Dieu » [19], l'évêque de Mabbog est amené à parler de la version syriaque des Écritures. Toute traduction biblique, remarque-t-il, doit veiller à rendre fidèlement la parole de Dieu, sans référence aux convenances humaines; modifier l'original, en ce cas, ne serait pas tant une fraude qu'une impiété [20]. Notre auteur fait ici allusion aux falsifications marcionites et manichéennes, mais surtout à celles qu'il attribue à Théodore de Mopsueste et à Nestorius, et dont il cite quelque exemples [21]; c'est la mention du nestorianisme qui le conduit à évoquer le cas de l'ancienne version syriaque du Nouveau Testament, pour lui reprocher d'être contaminée par cette hérésie [22].

Philoxène ne prend pas sur lui d'attribuer cette tare à une perversité intentionnelle des traducteurs; il laisse à ceux-ci le bénéfice

Col., I, 16 que Philoxène cite dans son Commentaire de Jean, I, 1-17, f. 158r et 169v.

[18] Nous n'en avons pas trouvé mention chez M. Vööbus, qui a pourtant étudié de très près le commentaire johannique de notre auteur (Vööbus, Studies, p. 89; New Data, p. 179-184).

[19] Philoxène, Commentaire de Jean, I, 1-17, f. 30r-40r.

[20] Ibid., f. 38r-v : « Celui qui a à cœur de traduire fidèlement (ܪܚܡ) ne doit pas choisir les paroles [les mieux] adaptées à chaque langue, mais [bien] chercher les mots ($\phi\theta\acute{\epsilon}\gamma\mu\alpha\tau\alpha$) et les noms prononcés par Dieu ou son Esprit, par l'intermédiaire des Prophètes et des Apôtres. [...] Et puisque les livres du Nouveau Testament ont été prononcés dans leur langue [des Grecs], il faut d'abord se conformer à ce qui se trouve chez eux, et non à ce qui [vient] d'un traducteur quelconque, [représentant] son opinion à lui, et non l'enseignement de l'Esprit. Quiconque altère ou traduit différemment les paroles et les noms prononcés par l'Esprit est donc non seulement criticable et blâmable, mais aussi impie et blasphémateur. »

[21] Ibid., f. 38v-40r; voir le détail ci-dessous.

[22] Ibid., f. 39r-v : « Ceux qui jadis (ܡܢ ܩܕܝܡ) traduisirent (ܦܫܩܘ) les Écritures s'étant donc conformés à ceux-là [Théodore de Mopsueste et Nestorius], soit volontairement, soit par ignorance, [altérèrent] beaucoup de [textes], non seulement ceux qui enseignent l'économie de l'incarnation (ܡܬܒܪܢܫ), mais aussi les autres, écrits touchant d'autres points (ܐܚܪܢܝ). »

de l'ignorance et de la bonne foi, soit par respect pour des personnages connus (Rabboula?), soit au contraire qu'il ne disposât d'aucun renseignement précis sur leur identité ni sur leurs tendances doctrinales [23]. Il les accuse plutôt de s'être désintéressés de la culture syriaque, et d'avoir méprisé une langue qu'ils auraient prétendument crue incapable de s'enrichir d'un vocabulaire théologique technique comparable à celui du grec [24].

L'évêque de Mabbog indique ensuite le seul remède aux infidélités qu'il déplore dans le Nouveau Testament syriaque : c'est le retour à la langue dans laquelle le texte sacré fut consigné et dans laquelle, à travers les Apôtres, s'était exprimé Dieu lui-même [25]; « Aussi, conclut-il, venons-nous, pour notre part, de faire retraduire du grec en syriaque les Livres saints du Nouveau Testament » [26].

Ce témoignage, provenant d'un texte indubitablement authentique [27], apporte aux données traditionnelles les précisions et les confirmations les plus précieuses. — 1. Philoxène a effectivement pris l'initiative d'une nouvelle version biblique syriaque. — 2. Cette entreprise est contemporaine, ou de peu antérieure (ﬞ), à la rédaction du *Commentaire de Jean, I, 1-17* (lequel ne peut malheureusement être daté avec précision, mais se situe vraisemblablement aux alentours de l'année 505) [28]. — 3. Le travail de traduction ne fut pas l'œuvre personnelle de l'évêque de Mabbog; celui-ci la confia (ﬞ[...]ﬞ) à un secrétaire, qu'il ne nomme pas, mais que la tradition désigne comme le chorévêque Polycarpe [29]. —

---

23 *Ibid.*, f. 31v, à propos de *Matth.*, I, 1 et 18 : « Bien que je ne sache pas pourquoi il plut au traducteur de traduire 'génération' et 'naissance', au lieu de 'devenir' [...]. » — f. 32r : « Donc, le motif qui a fait adopter au traducteur 'naissance' au lieu de 'devenir' est ou bien, peut-être, que la lecture des noms 'devenir' et 'naissance' se ressemble en grec, [...] ou bien encore que [le traducteur] s'imagina peut-être qu'il ne convient pas d'appliquer le devenir à Dieu. » — f. 34v : « Nous voulons reprocher au traducteur d'avoir adopté les paroles qu'il estimait convenir au syriaque, ou qu'il jugeait convenir à Dieu, en plus de la vérité de ce qui est écrit. »

24 ID., *Lettre aux moines de Senoun*, p. 54-55 [45, *7-16*].

25 ID., *Commentaire de Jean, I, 1-17*, f. 38r-v (ci-dessus, p. 121, note 20).

26 *Ibid.*, f. 39v : ﬞ : ﬞ
ﬞ.

27 Ci-dessous, p. 151.

28 Ci-dessous, p. 132-133.

29 Ci-dessus, p. 117.

4. La nouvelle version s'étendait aux « Livres saints du Nouveau Testament »; Philoxène ne précise pas quels livres il inclut dans le canon néotestamentaire; cependant, le fait que nous n'ayons relevé dans tout ce qui reste de ses écrits aucune citation certaine des quatre épîtres catholiques mineures et de l'Apocalypse johannique nous dissuade d'attribuer à son initiative la complétion du canon syriaque ancien [30]. — 5. L'évêque de Mabbog n'entendait pas se borner à la simple révision d'une version syriaque déjà existante; il prétendait faire exécuter une traduction nouvelle (ܬܘܒ ܡܢ ܕܪܝܫ), d'après le grec. Telle était du moins son intention, car il serait étonnant que le traducteur n'ait effectivement tenu compte d'aucune version antérieure. — 6. Enfin, la philoxénienne n'avait pas un caractère proprement philologique, mais elle visait à des fins exclusivement dogmatiques, et concrètement à fournir des lieux d'argumentation plus corrects aux polémistes antidiphysites [31].

On peut se faire quelque idée des corrections qui allaient ainsi être introduites dans la Bible syriaque à l'usage des monophysites, en observant quatre des « fraudes nestorianisantes » auxquelles l'évêque de Mabbog entendait mettre fin; plus nombreux, des exemples de ce genre permettraient sans doute aux spécialistes de la critique textuelle néotestamentaire de déterminer les versions syriaques que Philoxène entendait réformer, ainsi que la recension du texte grec dont on se servit à cette fin [32] : 1. En *Matth.*, I, 1 et 18, les anciennes versions traduisaient γένεσις par ܬܘܠܕܬܐ *(génération)* et ܝܠܕܐ *(naissance)*, soit par confusion avec γέννησις, soit plutôt, explique notre auteur, pour adoucir le scandale du « devenir » de Dieu [33]. — 2. En *Rom.*, I, 3, elles traduisaient sem-

---

[30] VÖÖBUS, *Bibelübersetzungen,* col. 389, penche pour l'opinion contraire, défendue par GWYNN, *Remnants*; voir les critiques de LEBON, *Philoxénienne,* p. 428-435.

[31] Durant le séjour de Sévère à Constantinople (508-511), les milieux monophysites de la capitale soulevaient également des doutes sur la fidélité du texte reçu du Nouveau Testament grec, entre autres pour 1 *Tim.*, III, 16 et *Actes,* XXVII, 49 : SCHWARTZ, *Acacianische Schisma,* p. 243-244; HONIGMANN, *Évêques et évêchés,* p. 9.

[32] Les quatre leçons se trouvent dans la *Pešīṭtā,* mais elles sont corrigées dans l'harcléenne de l'édition WHITE, *Versio philoxeniana*; pour le modèle grec, voir ZUNTZ, *Harklean N.T.,* p. 113-121.

[33] PHILOXÈNE, *Commentaire de Jean, I, 1-17,* f. 31v-32r (ci-dessus, p. 122, note 23).

blablement par ܐܬܝܠܕ *(né)* le grec γενόμενον [34]. — 3. En *Hébr.*,
v, 7, elles avaient ܗܕ ܟܕ ܗܘܐ *(lorsqu'il était revêtu)* au lieu
du grec ἐν ταῖς ἡμέραις, donnant ainsi prétexte à la théorie christologique nestorienne du « revêtement » [35]. — 4. En *Hébr.* x, 5, elles
rendaient de même par ܐܠܒܫܬܢܝ *(tu m'as revêtu)* le grec
κατηρτίσω μοι [36].

Nous bornons notre enquête à ces quatre exemples, qui constituent
d'ailleurs les seules leçons que nous estimons pouvoir présentement
attribuer à la philoxénienne avec une absolue certitude; mais nous
devons encore relever à ce sujet un phénomène remarquable. Certains écrits de notre auteur, qui se laissent dater par ailleurs d'avant
l'épiscopat, citent régulièrement les quatre versets dans leur version
« nestorianisante » [37]; ce fait montre bien que l'évêque de Mabbog,
qui avait tout d'abord accepté naïvement les versions néotestamentaires syriaques en usage à son époque, ne prit conscience de leur
caractère censément tendancieux qu'à un certain moment de sa
carrière, moment qui doit avoir coïncidé avec celui où il entreprit
son exégèse christologique des évangiles pour combattre l'influence
qu'exerçaient dans les milieux monophysites de Syro-Mésopotamie
les commentaires de Diodore de Tarse et de Théodore de Mopsueste.
La teneur des quatre versets dans des écrits philoxéniens non datés
constitue ainsi un critère chronologique assuré pour situer ces écrits
avant ou après cette entreprise, que nous datons des années 500-
505 [38].

L'évêque de Mabbog s'était-il livré à des travaux de philologie
ou d'érudition en vue de sa révision du texte sacré? On ne saurait
l'affirmer sur la base des variantes bibliques présentées sous son
nom par plusieurs manuscrits [39]; en effet, rien n'interdit de sup-

[34] *Ibid.*, f. 38r.
[35] *Ibid.*, f. 39v.
[36] *Ibid.*
[37] Ci-dessous, p. 195, 237.
[38] Ci-dessous, p. 132-133.
[39] Une syro-hexaplaire du VIIe siècle pour *Is.*, IX, 6; un manuscrit de la
massore syrienne pour *Rom.*, VI, 20; 1 *Cor.*, I, 28; 2 *Cor.*, VII, 13; x, 4; *Éph.*,
VI, 12 (ms. *Vatican syr. 152*; LEBON, *Philoxénienne*, p. 427-428); un autre pour
Rom., XII, 16 (ms. *Londres, British Museum, Add. 12,178*, f. 165r, XIIe-

poser que ces leçons proviennent directement d'un texte biblique que les copistes ou les lecteurs anonymes à qui nous les devons considéraient, à tort ou à raison, comme la version philoxénienne; à moins qu'elles n'aient été directement tirées d'œuvres de notre auteur : tel pourrait être le cas d'*Is.*, ix, 6 [40], puisque la philoxénienne ne s'étendait pas à l'Ancien Testament [41].

Un manuscrit de miscellanées, daté de 873/4, reproduit sous le nom de Philoxène une liste de citations d'écrivains sacrés et profanes dans les épîtres pauliniennes [42]. Le même manuscrit contient plusieurs autres pièces authentiques de notre auteur [43]; il n'est donc pas exclu que la liste qui lui est attribuée provienne du *Commentaire des évangiles*, si fécond en digressions de toute sorte [44]; mais il faudrait d'abord examiner si elle ne fut pas compilée à partir de scolies de l'harcléenne, version que la tradition considérait comme une simple collation (ܪܘܒ̇ܬܐ) de la philoxénienne [45].

S'il semble donc que l'évêque de Mabbog ne s'occupa point à des travaux d'érudition biblique, nous admettrions cependant volontiers qu'il disposait pour son travail exégétique et théologique d'instruments analogues aux concordances modernes; en effet, certaines accumulations méthodiques de lieux scripturaires sur un thème verbal donné, que l'on rencontre, entre autres, dans les *Mēmrē contre Ḥabīb* [46], nous paraissent s'expliquer le plus normalement par des collections de *testimonia*.

XIIIe s.; WRIGHT, *Catalogue*, n° 162, p. 109); des remarques marginales à un manuscrit du Nouveau Testament selon la *Pešīṭṭā* pour *Éph.*, vi, 12 et 2 *Tim.*, ii, 23 (*Add. 14,681*, f. 116r et 161v; WRIGHT, *Catalogue*, n° 123, p. 78).

[40] Texte messianique que Philoxène cite, entre autres, dans le *Livre des sentences*, II, 2, p. 46 [40].

[41] LEBON, *Philoxénienne*, p. 419-424.

[42] Ms. *Londres (British Museum), Add. 17,193*, f. 3v-4r; WRIGHT, *Catalogue*, p. 989-990. Sont relevées les citations suivantes : 1 *Cor.*, ii, 9 (auteur inconnu); *ibid.*, xv, 32 (un vieillard lacédémonien); *ibid.*, 33 (Ménandre); *Gal.*, vi, 15 et *Éph.*, v, 14 (auteurs inconnus); *Tite*, i, 12 (Épiménide).

[43] Voir WRIGHT, *Catalogue*, p. 989-1001.

[44] Ci-dessous, p. 152.

[45] ZUNTZ, *Harklean N.T.*, p. 13, 25, 30.

[46] PHILOXÈNE, *Mēmrē contre Ḥabīb*, IV, f. 32r a (sur le mot « signe »); f. 38r b-v a (sur le mot « devenir »); X, f. 103v b-105v a et 107r c-108r b (titres christologiques); f. 105v c-107v c (naissance et mort de Dieu).

II. — UN *HEXAMÉRON* :
LE *MĒMRĀ* SUR L'ARBRE DE VIE

Treize fragments dans * BAR-CÉPHA, *De paradiso*, I, 1, 8, 16, 19, 20, 22, 28, col. 486, 493, 500, 504, 513, 535, 562, 572-573, 573, 579, 581-582. || Un fragment dans * BAR-CÉPHA, *Traité de l'âme*, ch. 26, p. 53.

Ēlī de Qartamīn, qui assurait que la version philoxénienne de la Bible porta sur l'Ancien Testament [1], garde plus de réserve lorsqu'il dit que Philoxène commença à expliquer « les Livres saints » durant la période de son épiscopat [2]; il nous semble donc que la tradition ignorait tout d'un commentaire vétérotestamentaire de notre auteur. Les seuls vestiges qu'on ait cru devoir rapporter à pareil commentaire [3] sont, à notre connaissance, deux citations de la chaîne jacobite arabe du Pentateuque (XIIIe siècle), consacrées respectivement à *Gen.*, I, 21 et IX, 18-20 [4]; mais l'examen des deux passages en cause suffit à rendre manifeste le malentendu; en effet, dans le premier cas, ce n'est pas Philoxène, mais bien Moïse Bar-Cépha qui est cité avec Éphrem [5]; quant à la seconde citation, elle provient effectivement d'un commentaire philoxénien, mais c'est de celui de *Luc* [6].

En revanche, on pourrait considérer comme une explication des premières pages de la *Genèse* le *Mēmrā sur l'arbre de vie*. De cette œuvre perdue de Philoxène, il ne subsiste que des extraits cités par Moïse Bar-Cépha († 903) dans son *Hexaméron* et dans son *Traité de l'âme* [7]. Nous ne possédons aucune indication formelle sur l'étendue du *mēmrā* philoxénien; mais le fait qu'aucune numérotation ni subdivision n'est jamais mentionnée avec son titre [8]

---

1 ĒLĪ, *Mēmrā*, v. 131-134, p. 5-6 [5].

2 *Ibid.*, v. 183-184, p. 7[7].

3 GRAF, *Geschichte*, t. 1, p. 452-453.

4 LAGARDE, *Materialien*, p. 17 et 86.

5 *Ibid.*, p. 17, 1-2.

6 Ci-dessous, p. 149.

7 Nous n'en avons rien trouvé dans le *Candélabre* de BAR-HÉBRÆUS, malgré les indications d'ASSÉMANI, *Bibl. Orientalis*, p. 295.

8 D'après la traduction de MASIUS, Bar-Cépha le cite sous le titre : *Sermo* (ou: *Oratio*) *de contemplatione* (ou : *meditatione*) *arboris* (ou : *ligni*) *vitae*, ou encore, plus simplement : *Oratio de arbore vitae*.

pourrait indiquer qu'il s'agissait d'une œuvre ne faisant pas partie
d'un commentaire plus étendu, et que son auteur aurait jugée trop
brève pour comporter plusieurs chapitres. Dans la mesure où les
fragments conservés permettent de s'en rendre compte, le *Mēmrā
sur l'arbre de vie* semble pourtant avoir constitué un important
Hexaméron, à la manière des hymnes d'Éphrem sur le paradis,
où l'auteur exposait, à propos des trois premiers chapitres du livre
sacré, ses théories de cosmologie, d'anthropologie et de typologie
christologique, en mêlant des interprétations spirituelles et allégori-
santes aux représentations scientifiques de l'antiquité. Le contenu
et le style de ces fragments ne rendent ni les préoccupations ni le
ton habituels de Philoxène, et aucune trace de polémique christologique n'y est perceptible; mais ceci peut tenir au genre adopté
et à l'influence de modèles imités. L'authenticité du *mēmrā* nous
paraît d'ailleurs recommandée par de nombreux points de rencontre
avec des écrits certainement philoxéniens, comme le *Commentaire
des évangiles* et les *Mēmrē parénétiques*[9]; et ces analogies nous
inclineraient à le considérer comme contemporain de ces deux ouvrages, dont le premier date du début du VIᵉ siècle[10].

---

[9] Sans vouloir être complet, relevons ici les principaux passages parallèles :
l'homme entre l'ange et la bête : *Mēmrā*, fr. I, 8, col. 493 = *Commentaire
de Jean, III, 13*, f. 215ᵛ a; le premier mouvement de l'âme, tourné vers la
contemplation de Dieu : *Mēmrā*, fr. I, 28, col. 562 = *Commentaire de Jean,
III, 13*, f. 215ᵛ a; le fruit défendu était celui du figuier : *Mēmrā*, fr. I, 19,
col. 504 = *Mēmrē parénétiques*, XI, p. 446; l'arbre de vie devait être
source d'immortalité : *Mēmrā*, fr. I, 20, col. 508 = *Commentaire de Matthieu,
XXVII, 45-53* (ci-dessous, p. 139); les anges sont les administrateurs des
στοιχεῖα : *Mēmrā*, fr. I, 28, col. 535 = *Commentaire de Jean, III, 13*, f. 215ᵛ b;
Adam et Ève jouissaient de la contemplation de Dieu : *Mēmrā*, fr. I, 28, col.
562 = *Commentaire de Jean, III, 13*, f. 216ʳ a; les événements allant de la
création à la chute se passent en un seul jour, comme ceux de la rédemption :
Mēmrā, fr. I, 28, col. 579, 581-582 = *Commentaire de Matthieu, XXVII, 45-53*
(ci-dessous, p. 139).

[10] Ci-dessous, p. 132-133.

III. — LE COMMENTAIRE DES ÉVANGILES

Si l'on ne sait rien d'une explication philoxénienne des *Actes*[1], de l'Apôtre ou des épîtres catholiques[2], en revanche, l'existence d'un commentaire des évangiles par l'évêque de Mabbog se trouve abondamment attestée; elle l'est d'abord par les colophons de deux précieux manuscrits, tout proches encore de l'archétype; puis par de nombreux fragments de chaînes et d'homiliaires syriaques, arméniens, arabes ou éthiopiens; enfin par des extraits et des références chez les exégètes jacobites postérieurs[3]. Il semble même qu'un exemplaire, complet ou partiel, de cet ouvrage, dans une édition révisée par un certain Abraham de Mélitène avant le XIe siècle, se soit conservé jusqu'aujourd'hui au monastère turabdinien de Dēr-Zaʿferan, où elle se trouvait encore en 1892[4].

En dépit de si nombreux vestiges, il demeure difficile de définir exactement la structure et l'étendue du commentaire philoxénien. Nous estimons peu probable que l'évêque de Mabbog se soit jamais attaché à l'exégèse du deuxième évangile[5]. Le seul indice d'un commentaire de *Marc* par notre auteur serait, à notre connaissance, l'allusion suivante d'un lectionnaire jacobite du XIIIe siècle : « Basile et Philoxène ont dit que [ce que] Marc appela 'évangile'

---

[1] Ci-dessous, p. 147.

[2] Le prétendu commentaire philoxénien de la première épître johannique (BUDGE, *Discourses*. t. 2, p. L; BERGSTRÄSSER, *Monophysitismus*, p. 22) n'est qu'un extrait de la *Lettre aux moines de Senoun* (DE HALLEUX, *Senoun*, p. XII-XIII).

[3] On trouvera le détail ci-dessous, p. 134-162. En fait de bibliographie du sujet, nous ne connaissons que BUDGE, *Discourses*, t. 2, p. XLIX-L (n° II); TISSERANT, *Philoxène*, col. 1517, et surtout BAUMSTARK, *Geschichte*, p. 141, note 5; *Evangelienexegese*, p. 161-162.

[4] PARRY, *Syrian Monastery*, p. 337, n° 2 : « 1001. A.D. Two columns parchment. Commentary on the Gospels by Philoxenus and Abraham of Malatia (on the Euphrates), contains hymns of St. Ephrem and St. James ». Pour Dēr-Zaʿferan, voir, par ex., SACHAU, *Šabuštī*, p. 13-14, n° 22.

[5] Pas plus que Chrysostome et Cyrille d'Alexandrie, pour ne citer que deux des modèles de l'exégèse monophysite syrienne (BAUMSTARK, *Evangelienexegese*, p. 156-157).

et 'commencement de l'évangile' [*Marc*, i, 1] est le baptême »[6] ; mais ceci pourrait se rapporter à l'explication du baptême de Jésus suivant *Matthieu* ou *Luc*[7]. En faisant porter sur ces deux évangiles une partie du commentaire philoxénien, le manuscrit le plus autorisé[8] laisse d'ailleurs entendre que celui de *Marc* n'y était pas inclus ; au reste, les indications numériques dont nous allons parler ne laissent pas de place pour une explication du deuxième évangile entre celles de *Matthieu* et de *Luc*[9]. Cette absence ne saurait étonner si l'on tient compte des intentions essentiellement dogmatiques de l'œuvre exégétique de Philoxène[10] ; en effet, les lieux principaux de la christologie de notre auteur se trouvent chez l'Apôtre et chez les trois autres évangélistes[11], tandis que *Marc* est l'un des livres du Nouveau Testament que l'évêque de Mabbog cite le plus rarement[12].

La plupart des manuscrits citent le commentaire philoxénien de *Matthieu* ou celui de *Luc* comme s'il s'agissait de deux ouvrages distincts[13] ; mais le colophon de l'*Add. 17,126* du British Museum, très proche de l'original philoxénien, lie les deux en un seul *Commentaire des évangélistes Matthieu et Luc*[14]. Cette partie de l'œuvre était divisée en livres, et subdivisée en « chapitres », car le même colophon précise que le volume de l'*Add. 17,126* conserve des fragments constituant le quatrième livre du commentaire, consacré

---

[6] Ms. *Tubingue (Universitätsbibliothek), Sachau 218*, f. 42r ; SACHAU, *Catalogue*, n° 188, p. 610 *b*.

[7] BAR-ṢALĪBĪ et GEORGES DE BEʿELTAN, *Commentaire de Matth.*, *I, 15* et *IV, 1* (ci-dessous, p. 140-141) montrent que Philoxène s'intéressait à des problèmes théologiques analogues et comparait entre eux les évangiles synoptiques.

[8] Ci-dessous, p. 144-145.

[9] *Ibid.*, p. 130 : le « chapitre 29 » de Philoxène se rapporte à *Matth.*, XXVI, et le « chapitre 32 » à *Luc*, ii, 7.

[10] Ci-dessous, p. 131-132.

[11] PHILOXÈNE, *Commentaire de Jean*, *I, 1-17*, f. 30r-40r, etc.

[12] BAUMSTARK, *Evangelienexegese*, p. 162. Chez aucun des exégètes jacobites postérieurs nous n'avons trouvé Philoxène cité ailleurs qu'à propos des évangiles de *Matthieu, Luc* et *Jean* (voir le détail ci-dessous, p. 140-141) ; ainsi ne l'est-il jamais par Bar-Ṣalībī dans ses commentaires de *Marc*, des *Actes*, de l'*Apocalypse* et des épîtres johanniques.

[13] On trouvera le détail des lemmes ci-dessous.

[14] WRIGHT, *Catalogue*, p. 526 *a*.

à l'exégèse de cinq « chapitres » de *Luc* [15]. La même structure se trouve attestée par une ancienne chaîne jacobite, qui conserve un fragment du « chapitre » vingt-neuvième du deuxième livre [16].

Tout indique que les « chapitres » suivaient une numérotation unique et continue à travers les différents livres que Philoxène avait consacrés aux évangiles de *Matthieu* et de *Luc*. Le hasard a voulu que les larges extraits conservés de l'*Add. 17,126* ne contiennent aucune trace de cette numérotation ; mais en revanche, les lemmes des chaînes et des homiliaires mentionnent encore les chapitres 5 [= *Matth.*, ii, 1], 6 [= *Matth.*, ii, 14-15], 7 [= *Matth.*, iii, 1], 22 [= *Matth.*, xiii, 16-17 ?], 29 [= *Matth.*, xxvi, 36-44], 32 [= *Luc*, ii, 7] et 35 [= *Luc*, ii, 52 ?] [17]. Les deux derniers se rapportent à l'évangile de *Luc*, tous les autres à celui de *Matthieu* ; leur suite montre bien l'homogénéité du commentaire dans l'esprit de son auteur ; ils aident également à comprendre que la mention des « livres » ait été aisément omise comme superflue par les compilateurs.

Les précisions numériques dont on dispose pour le commentaire philoxénien de *Jean* sont beaucoup plus parcimonieuses ; en effet, nous ne connaissons qu'un « deuxième *mēmrā* » expliquant un passage indéterminé de l'évangéliste [18], et un « dix-septième *mēmrā* (ܐ) » se rapportant à *Jean*, xx, 17 [19]. Du moins cette dernière indication prouve-t-elle que l'évêque de Mabbog avait mené son exégèse jusqu'à la fin de l'évangile johannique, tandis que la première montre qu'il avait distingué le commentaire de *Jean* de celui de *Matthieu* et de *Luc* par une nouvelle série de « chapitres » [20].

De l'ensemble des chiffres conservés, il ressort que la numérota-

---

15 *Ibid.*

16 Ci-dessous, p. 139.

17 Pour le détail, voir ci-dessous, p. 135-147.

18 Ci-dessous, p. 159.

19 Ci-dessous, p. 161.

20 En effet, ce sont bien des « chapitres » plutôt que des « livres » du commentaire que recouvre, selon nous, le titre de *mēmrā* ; certains manuscrits se servent d'ailleurs du même terme *(mēmrā)* pour intituler l'explication de *Jean*, vi, 51 (ci-dessous, p. 161) et l'on rencontre celui de *šarbā* pour désigner celle de *Luc*, ii, 6-21, dont le commentaire (comme celui de *Jean*, xx, 17) ne faisait vraisemblablement pas l'objet d'un « livre » entier (ci-dessous, p. 143).

tion des « chapitres » du commentaire suivait l'ordre du texte
évangélique; mais elle constituait uniquement une division adoptée
par notre auteur, et ne correspondait pas à celle des péricopes traditionnelles du Nouveau Testament[21]. Au reste, le titre le plus
général que reproduisent les colophons des *Add. 17,126* et *14,534*
précise bien que le commentaire de Philoxène portait sur des « chapitres extraits des évangélistes »[22]; il semble donc que l'évêque de
Mabbog ne s'était pas astreint à l'exégèse suivie de chaque verset
évangélique, mais qu'il avait choisi de commenter certains passages
particulièrement significatifs[23].

Cette sélection répond d'ailleurs au caractère essentiellement dogmatique et polémique de l'œuvre exégétique de notre auteur. Les
éclaircissements littéraux et les applications parénétiques qu'on y
rencontre sont incidentes[24]; nous n'y avons pas davantage trouvé
de référence aux autorités de l'exégèse patristique antérieure :
Éphrem, Chrysostome, Cyrille d'Alexandrie. En revanche, le commentaire de Philoxène s'égare si volontiers et si longuement dans
des considérations doctrinales que l'appellation de traité christologique lui conviendrait parfois mieux[25]; la frontière entre les deux
genres s'avère d'ailleurs d'autant plus fragile que les traités et
les lettres dogmatiques de notre auteur ne constituent souvent
qu'un tissu de lieux scripturaires glosés.

Le caractère polémique de l'exégèse philoxénienne ressort non
seulement du contenu des fragments conservés du commentaire,
mais encore de lemmes qui les introduisent; les extraits de la
chaîne biblique de l'*Add. 12,154* sont présentés comme provenant
de « chapitres contre les nestoriens »[26], et ceux des homiliaires des

---

21 Aucun des « chapitres » philoxéniens ne répond aux κεφάλαια « eutha-
liens » que l'on trouve couramment indiqués dans les manuscrits de l'harcléenne
(ZUNTZ, *Harklean N.T.*, p. 109-113); nous avons consulté la table de ceux de
Matthieu dans le ms. *Londres (British Museum), Add. 7,163*, f. 1ʳ.

22 WRIGHT, *Catalogue*, p. 527 *b*.

23 Tous les vestiges connus du commentaire de *Luc* se rapportent aux trois
premiers chapitres de cet évangile.

24 Par exemple : identification du centurion (*Matth.*, VIII, 13), du paraly-
tique (*Matth.*, IX, 2), de Marie Cléophas (*Jean*, XIX, 25); commentaire de la
parabole des vierges (*Matth.*, XXV, 14-30); voir ci-dessous, p. 139, 141.

25 Voir notre résumé du *Commentaire de Jean, I, 1-17*, ci-dessous, p. 152-158.

26 Ci-dessous, p. 135.

Add. 17,267 et *14,727*, d'un « commentaire des chapitres [...] contre lesquels achoppent les nestoriens » [27]. Les hérétiques ainsi visés sont parfois désignés nommément dans d'autres titres, tels que « commentaire des chapitres contre Diodore [de Tarse] » [28], ou « chapitres contre Diodore » [29].

Enfin, une citation de notre auteur reproduite dans la chaîne de l'*Add. 14,529* révèle que le commentaire des « chapitres » était précédé d'un *mamlelā* dirigé contre Théodore [de Mopsueste] [30]. Ce renseignement complète donc notre information sur la structure du commentaire philoxénien : cet ouvrage était précédé d'un *logos,* qui indiquait clairement son intention antinestorienne et mentionnait expressément les noms de ceux que l'évêque de Mabbog regardait comme les pères de l'hérésie [31].

Le commentaire des évangiles formait ainsi le couronnement naturel de la révision du Nouveau Testament que Philoxène avait patronnée [32] ; ayant établi une version correcte du texte sacré, il pouvait enfin réfuter sur des bases sûres l'exégèse diphysite de deux commentateurs naguère encore enseignés à l'école d'Édesse et devenus depuis les « interprètes » officiels de l'Église persane [33] ; notre auteur était d'ailleurs tout désigné par sa formation édessénienne et par la situation géographique de sa province pour combattre l'influence que les commentaires « nestoriens » de Diodore et de Théodore ne devaient pas manquer d'exercer aux confins des deux empires [34].

Un désintéressement apparent du commentaire philoxénien pour les questions qui préoccupaient alors l'évêque de Mabbog dans sa lutte contre Flavien [35], ainsi que le caractère particulièrement som-

---

27 Ci-dessous, p. 144.
28 Ci-dessous, p. 134.
29 *Ibid.*
30 *Ibid.*
31 Dans le commentaire lui-même, ceux que Philoxène qualifie de nestoriens sont sans cesse pris à partie ; on trouve Diodore et Théodore cités tant dans le commentaire de *Luc,* II, 52 (f. 19-20) que dans celui de *Jean,* I, 1-17 (f. 39r, 104v et *Add. 17,126,* f. 11-13).
32 Ci-dessus, p. 123-124.
33 Ci-dessus, p. 29.
34 Ci-dessus, p. 49.
35 Ci-dessus, p. 50-51 ; nous n'avons rencontré qu'un seul passage de polé-

maire de son appréciation du nestorianisme, nous semblent d'ailleurs
indiquer que son œuvre exégétique était destinée à un public de
diphysites beaucoup plus frustes que les néochalcédoniens d'Antioche. Par ailleurs, cette imprécision théologique rend sa datation
particulièrement délicate. Un *terminus ante quem* incontestable
pour le commentaire de *Matthieu* est fourni par l'*Add. 17,126,* copié
en 510/1, puisqu'à ce moment Philoxène avait déjà expliqué les
évangiles au moins jusqu'à *Luc,* III, 23 [36]; mais en outre, l'évêque
de Mabbog commentait déjà *Jean* tandis que sa nouvelle version du
Nouveau Testament était en cours d'élaboration [37]. En comptant
que cette dernière entreprise, achevée en 507/8 [38], ne prit pas moins
d'un ou deux ans, on pourrait donc situer l'explication de *Jean,* I,
1-17 aux alentours de 505; et si, conformément à l'ordre des Livres
saints, le commentaire johannique fut lui-même précédé par celui
de *Matthieu* et de *Luc,* ce dernier pourrait remonter aux premières
années du VIe siècle. L'absence quasi totale de polémique antidiphysite *technique,* à laquelle nous venons de faire allusion [39], s'accommoderait parfaitement de cette chronologie, puisque ce sont les
années 506-512 qui marquent la période critique des revendications
antichalcédoniennes de l'évêque de Mabbog contre Flavien d'Antioche [40].

Il nous reste à énumérer dans leur ordre les vestiges du commentaire des évangiles que nous avons pu rassembler, d'abord pour
Matthieu et *Luc,* ensuite pour *Jean,* en espérant que cette liste
trouvera son utilité dans la préparation d'une éventuelle édition
de l'œuvre exégétique de Philoxène [41]. Il nous a paru hors de propos
de discuter l'authenticité de chacun des fragments, parfois minimes,
que nous avons relevés, et dont il est souvent impossible de retracer
la préhistoire codicologique; nous nous contenterons d'indiquer l'âge,

---

mique antichalcédonienne dans le *Commentaire de Jean, I, 1-17* (f. 188v-189r);
le même ouvrage distingue les « nestoriens » et les « semi-nestoriens » (ou
diphysites : f. 15r; WRIGHT, *Catalogue,* p. 526 b).

[36] WRIGHT, *Catalogue,* p. 526 a.

[37] Ci-dessus, p. 122.

[38] Ci-dessus, p. 117.

[39] Ci-dessus, p. 132-133.

[40] Ci-dessus, p. 57-59.

[41] Édition que BAUMSTARK, *Evangelienexegese,* p. 387, appelait de ses vœux
dès le début de ce siècle.

déclaré ou supposé, des manuscrits qui les transmettent, et de mentionner les parallèles doctrinaux avec des écrits philoxéniens certainement authentiques. Outre maintes pièces mineures, nous avons restitué au commentaire des évangiles un *mēmrā* sur l'annonciation, qui était rangé jusqu'ici parmi les œuvres dogmatiques de l'évêque de Mabbog [42].

A. — FRAGMENTS DE L'INTRODUCTION DU COMMENTAIRE

1. — Un fragment dans * BAR-CÉPHA, *De paradiso*, III, 5, col. 602 B-D.
TITRE : *Philoxenus, capitulis quae adversus Diodorum composuit.*
RÉSUMÉ : Adam n'était pas immortel par nature.

2. — Un fragment dans le ms. * *Birmingham (Selly Oak Colleges)*, *Mingana syr. 69*, f. 19va (chaîne jacobite, VIIe s.; MINGANA, *Catalogue*, col. 176).
TITRE : *De Mār Xénaïas, du commentaire des chapitres contre Diodore.*
RÉSUMÉ : Même idée que le fragment précédent.

3. — Un fragment dans le ms. * *Londres (British Museum), Add. 14,529*, f. 13rb-14va (chaîne jacobite antijulianiste, VII-VIIIe s.; WRIGHT, *Catalogue*, no 856, p. 918b).
TITRE : *De saint Philoxène, du mamlelā qu'il faut placer avant le commentaire des chapitres, dirigé contre Théodore.*
RÉSUMÉ : La condition du Christ glorieux pendant la période des apparitions est inexplicable.
PARALLÈLE : *Commentaire de Jean, I, 14*, f. 13 (ci-dessous, p. 150)).

B. — FRAGMENTS DU COMMENTAIRE DE *MATTHIEU*

1. — MATTH., I, 17.
Un fragment dans les mss. * *Birmingham (Selly Oak Colleges)*, *Mingana syr. 322*, f. 7r = *Mingana syr. 480*, f. 31r (MINGANA, *Catalogue*, col. 616 et 868); partiellement dans BAR-ṢALĪBĪ, *Commentaire de Matth., I, 15*, p. 48, 16-19 [37, 2-4] [1].
TITRE : *Mār Philoxène.*
RÉSUMÉ : La division tripartite de la généalogie de *Matthieu* répond à trois promesses messianiques de l'Ancien Testament (*Gen.*, XXII, 18; *Ps.* LXXXIX, 5; *Éz.*, XXXIV, 23) et honore la Trinité.

---

[42] TISSERANT, *Philoxène*, col. 1519, no 6; ORTIZ, *Patrologia*, p. 148.
[1] On trouvera rassemblés ci-dessous (p. 140-141, no 17) les fragments du commentaire de *Matthieu* cités par les exégètes jacobites postérieurs.

2. — ₍MATTH., II, 1.

Un fragment dans le ms. * *Londres (British Museum), Add. 12,154*, f. 50ᵛ-51ʳ (chaîne jacobite, VIIIᵉ-IXᵉ s.; WRIGHT, *Catalogue*, n° 860, p. 980*a*).

TITRE : [*De saint Mār Xénaïas de Mabbog, chapitres contre les nestoriens*]. *Du chapitre cinquième, sur l'époque de la naissance de Notre-Seigneur.*

RÉSUMÉ : La naissance du Christ réalise la prophétie des semaines (*Dan.*, IX) et celle de Jacob (*Gen.*, XLIX, 10).

3. — MATTH., II, 14-15.

Deux fragments (a-b) dans l'**Add. 12,154*, f. 50ᵛ (WRIGHT, *Catalogue*, n° 860, p. 980*a*).

TITRES : a. *Du même, sur la fuite du Christ en Égypte.* — b. *Du même, du chapitre sixième : Combien de temps le Christ fut-il en Égypte?*

RÉSUMÉ : a. Le séjour en Égypte réalise la prophétie d'*Is.*, XIX, 1. — b. Il dure environ trois ans.

4. — MATTH., III, 1.

Un fragment dans l'**Add. 12,154*, f. 50ᵛ (WRIGHT, *Catalogue*, n° 860, p. 980*a*).

TITRE : *Du chapitre septième.*

RÉSUMÉ : Le Christ a deux ans lors de la fuite en Égypte, où il reste trois ans; il en passe vingt-cinq à Nazareth et se fait baptiser par Jean à trente ans.

5. — MATTH., III, 1-16.

Quatre fragments (a-d) dans les mss. * *Londres (British Museum), Add. 14,649*, f. 202ᵛᵃ-205ᵛᵇ (miscellanées, IXᵉ-Xᵉ s.; WRIGHT, *Catalogue*, n° 683, p. 533*b*) = *Add. 14,613*, f. 162ʳ-173ʳ (feuillets dépareillés, IXᵉ s.; WRIGHT, *Catalogue*, n° 806, p. 813*a*) [2].

TITRE : *De saint Mār Xénaïas, du livre du commentaire de Matthieu.*

RÉSUMÉ : a. Le premier de ces extraits (f. 202ᵛᵃ-203ʳᵇ), qui paraissent tous appartenir au même contexte, provient d'un « chapitre » dont le numéro d'ordre, laissé en blanc dans les deux manuscrits, était peut-être illisible dans leur modèle; il s'agit vraisemblablement du septième, consacré au commentaire de *Matth.*, III (ci-dessus, n° 4 et ci-dessous, c.). Philoxène explique que l'économie de l'incar-

---

[2] Les deux témoins reproduisent des extraits de même étendue et de teneur identique; il manque cependant à l'*Add. 14,613* quelques lignes correspondant à l'*Add. 16,649*, f. 203ᵛ b; on notera aussi leurs divergences dans les lemmes du deuxième et du quatrième fragment.

nation réalise le mystère primordial, celui de la réunion des créatures dans le Christ et, par lui, au Père ; il expose comment la contemplation spirituelle est accordée à l'intellect purifié par la foi et par la
garde des commandements. — b. Le deuxième fragment est introduit
dans les deux manuscrits par les lemmes contradictoires « peu après »
(*Add. 14,649*, f. 203^{rb-vb}) et « beaucoup après » (*Add. 14,613*, f.
163^v-165^v) ; l'évêque de Mabbog énumère ici les étapes conduisant
à la contemplation spirituelle : la foi et le baptême, la garde des
commandements, l'impassibilité, la charité. — c. Le troisième extrait
provient du « chapitre septième » du commentaire philoxénien (f.
203vb-204vb) ; d'après notre auteur, le baptême de Jésus préfigure
et inaugure la spiritualisation de l'univers et sa réunion à Dieu
« dans le Christ » ; à la fin des temps, affirme-t-il, les démons, l'erreur et le mal seront anéantis, tandis que Dieu agira dans l'univers
transformé « comme l'âme dans les membres ». — d. Les manuscrits inscrivent le quatrième fragment sous les lemmes, opposés à
ceux du deuxième mais également contradictoires : « beaucoup
après » (*Add. 14,649*, f. 204vb-205vb) et « peu après » (*Add. 14,613*,
f. 169^r) ; Philoxène y traite encore de la connaissance religieuse ; le
chrétien, explique-t-il, doit passer de son renouvellement insensible
par le baptême et l'Esprit à la perception des mystères ; les trois contemplations sont celle des corps (ܪ̈ܓܫܢܝܬܐ), la spirituelle et l'essentielle (ou celle de la Trinité) ; leur plein accomplissement ne se
réalisera qu'à la fin des temps. Les « Pères » auxquels notre auteur
en appelle (f. 205ra) se résument vraisemblablement à Évagre le
Pontique [3].

PARALLÈLES : *Commentaire de Jean, I, 1-17*, f. 12^r-13^r ; 25^r-27^v ; 120^r-
132^r ; 140^v-142^r ; 147^v ; 156^r-159^r ; *Commentaire de Luc, III, 23*, f. 32 ;
Livre des sentences, I, p. 3-4 [9-10] ; *Lettre à Patricius*, f. 40vb-43rb ;
51ra-53vb ; *Lettre aux moines de Senoun*, p. 70-71 [58-59], etc.

6. — MATTH., III, 1-16?

[3] Ce sont les dernières pages du commentaire philoxénien reproduites dans
ce quatrième fragment (f. 205^v) qui nous paraissent avoir été librement
rendues dans la version éthiopienne d'une chaîne jacobite sur les évangiles :
nous avons consulté le ms. *Londres (British Museum), Orient. 736*, f 36^v a-b.
D'après le colophon de l'*Orient. 732*, il semble que cette chaîne fut traduite
du syriaque en arabe au début du XIe siècle, et de l'arabe en ge'ez au XVIe
siècle (WRIGHT, *Ethiopic Manuscripts*, p. 200, col. 1).

Un fragment dans les mss. * *Oxford (Bodleian Library), Marsh 392*, f. 76ᵛ (chaîne arabe-karšūnī sur les évangiles, 1589; PAYNE SMITH, *Catalogus*, n° 144, col. 469) = *Birmingham (Selly Oak Colleges), Mingana syr. 119*, f. 213ʳ (XVIIᵉ s.; MINGANA, *Catalogue*, col. 283).

TITRE : *Mār Philoxène, évêque de Mabbog.*

RÉSUMÉ : Ce fragment traite des effets rédempteurs du baptême; il est suivi, sans transition, d'une liste de dix-sept motifs (اسباب) (f. 76ᵛ-78ʳ), qui n'est pas dans la manière de notre auteur; le texte nous semble donc interpolé; sa substance philoxénienne pourrait provenir du même contexte que les fragments précédents.

7. — MATTH., IV, 1-11.

Un fragment dans les mss. * *Londres (British Museum), Orient. 736*, f. 41ᵛᶜ et parallèles (chaîne éthiopienne sur les évangiles; ci-dessus, p. 136, note 3).

TITRE : *Philoxène l'interprète.*

RÉSUMÉ : L'épreuve satanique du Christ, qui consistait dans les trois passions de l'avarice, de la vaine gloire et de la gourmandise, ne troubla pas son intellect.

PARALLÈLES : *Commentaire de Luc, II, 42-46*, f. 17-18; *Mēmrē parénétiques, XIII*, p. 620.

8. — MATTH., V, 17.

Un fragment dans les mss. * *Londres (British Museum), Orient. 736*, f. 54ʳᵇ⁻ᶜ et parallèles (chaîne éthiopienne sur les évangiles; ci-dessus, p. 136, note 3).

TITRE : *Philoxène l'interprète.*

RÉSUMÉ : Le Christ rendit la Loi caduque en l'observant.

PARALLÈLES : *Mēmrē contre Ḥabīb, VIII*, f. 76ᵛᵃ-81ᵛᵃ; *Mēmrē parénétiques, VIII*, p. 249-255, etc.

9. — MATTH., XI, 11?

Un fragment dans le ms. * *Londres (British Museum), Add. 12,154*, f. 64ʳ⁻ᵛ (WRIGHT, *Catalogue*, n° 860, p. 981b).

TITRE : *De saint Mār Xénaïas de Mabbog, du commentaire de l'évangéliste Matthieu.*

RÉSUMÉ : Jean-Baptiste appartient encore à l'ancienne économie [4].

PARALLÈLE : *Mēmrē parénétiques, IX*, p. 302; *XI*, p. 484.

10. — MATTH., XIII, 16-17?

---

[4] Ce fragment pourrait également provenir du commentaire de *Matth.*, III, 14-15.

Un fragment dans * Bar-Cépha, *Création des anges,* ch. 29, p. 267a.

Titre : *Philoxène de Mabbog* [...] *dans le commentaire de Matthieu, au chapitre vingt-deuxième.*

Résumé : Les anges eux-mêmes ignoraient que le Fils de Dieu devait s'incarner; l'Esprit livrait aux prophètes l'énoncé, non le sens de leurs prophéties; même la science des anges ne peut épuiser la « sagesse des corps »[5].

Parallèles : *Commentaire de Matthieu, XVI, 16-17* (ci-dessous, n° 11); *Commentaire de Luc, I, 26-35,* p. 159.

11. — Matth., xvi, 16-17.

Un fragment dans les mss. * *Oxford (Bodleian Library), Marsh 101,* f. 57r-60r (non daté; Payne Smith, *Catalogus,* n° 142, col. 463) = *Birmingham (Selly Oak Colleges), Mingana syr. 480,* f. 400vc-401vb (1711/2; Mingana, *Catalogue,* col. 874) = *Mingana syr. 105,* f. 221ra-222va (1831-1833; *Catalogue,* col. 259).

Titre : *Section* (ܩܦܠܐܘܢ)[6] *de Mār Philoxène.*

Résumé : À l'encontre des autres confessions christologiques des évangiles, celle de Simon vise la divinité et la filiation naturelle de Jésus; elle est due à une révélation du Père, laquelle n'est ni sentie ni comprise par son bénéficiaire; les démons et « certains anges » eux-mêmes ignorent encore à ce moment le mystère. L'auteur s'en prend aux « nestoriens » (f. 59ra-60ra); il réfute une interprétation christologique dualiste de *Matth.,* xvi, 16, qu'il attribue à Théodore [de Mopsueste] (f. 57rb-58ra).

Parallèle : Ci-dessus, n° 10.

12. — Matth., xxii, 29-32?

Un fragment, dans * Jean de Dara, *Résurrection des corps,* II, 14, f. 34ra-35va.

Titre : *De saint Philoxène, du commentaire de Matthieu.*

Résumé : Philoxène recense huit opinions sur la condition des corps ressuscités; il semble pencher pour la septième. Le σχῆμα et la structure (ܪܘܟܒܐ) des corps ressuscités demeure, tandis que leur consistance matérielle (ܥܒܝܘܬܐ τῶν στοιχείων) disparaît (1); leur consistance matérielle demeure, mais dotée de propriétés nouvelles (2-6), parmi lesquelles la gloire lumineuse de la transfiguration, qui est celle de l'homme nouveau (6); leur nature devient spirituelle, c'est-à-dire perd sa composition corporelle, sans toutefois se transformer ni se confondre avec l'âme, ni avec les anges (7-8).

---

[5] Ce fragment pourrait également provenir du commentaire de *Matth.,* xi, 25-27 ou xvi, 17.

[6] Les *Mingana syr. 480* et *105* ont : « Section ou éclaircissement (ܢܘܗܪܐ) ».

13. — MATTH., xxv, 14-30 ?

Un fragment dans les mss. * *Oxford (Bodleian Library), Marsh 392,* f. 80-81 (chaîne arabe-karšūnī sur les évangiles; 1589; PAYNE SMITH, *Catalogus,* nᵒ 144, col. 469) = *Birmingham (Selly Oak Colleges), Mingana syr. 119,* f. 218ᵛ-219ʳ (XVIIᵉ s.; MINGANA, *Catalogue,* col. 283).

TITRE : *Du commentaire* (تفسير) *de Philoxène de Mabbog.*

RÉSUMÉ : La parabole des talents est ici interprétée en fonction de la pureté corporelle (celle des actions) et psychique (celle des pensées), fruit de la « justice ».

14. — MATTH., xxvi, 26-29.

Un fragment dans le ms. * *Tubingue (Universitätsbibliothek), Sachau 218,* f. 32ᵛ (chaîne sur les évangiles, Modyād, 1847; SACHAU, *Verzeichniss,* nᵒ 188, p. 610*b*).

TITRE : *Philoxène.*

RÉSUMÉ : Le Christ « mangea de son corps et but de son sang ».

15. — MATTH., xxvi, 36-44.

Un fragment dans les mss. * *Londres (British Museum), Add. 12,155,* f. 78ᵛᵇ (chaîne antijulianiste, VIIIᵉ s.; WRIGHT, *Catalogue,* nᵒ 857, p. 932*b*) = *Add. 14,532,* f. 74ʳᵃ (VIIIᵉ s.; *Catalogue,* nᵒ 858, p. 960*b*) = *Add. 14,538,* f. 113ʳ (Xᵉ s.; *Catalogue,* nᵒ 863, p. 1007*b*).

TITRE : *De Mār Xénaïas, du deuxième livre du commentaire de Matthieu, du chapitre vingt-neuvième.*

RÉSUMÉ : Les questions du Sauveur (*Luc,* II, 46) sont source de la connaissance des mystères; sa sueur délivre de la malédiction de *Gen.,* III, 19.

PARALLÈLES : *Commentaire de Luc, II, 52,* f. 16, 19, 23, 25.

16. — MATTH., xxvii, 45-53 ?

Deux fragments (a-b) dans le ms. * *Londres (British Museum), Add. 17,193,* f. 97ʳ⁻ᵛ (miscellanées, 873/4; WRIGHT, *Catalogue,* nᵒ 861, p. 1001*a*).

TITRE : *De saint Philoxène, du commentaire de Matthieu, du chapitre vingt-neuvième.*

RÉSUMÉ : a. Le déroulement de la passion du Christ, et notamment sa chronologie, est l'antitype de la création et de la chute de l'homme. — b. Adam, s'étant efforcé, en mangeant le fruit de l'arbre de vie, de casser la sentence qui le frappait, se fait expulser du paradis.

PARALLÈLE : *Mēmrā sur l'arbre de vie,* col. 508, 579, 581-582.

---

⁷ Ce fragment pourrait également provenir du commentaire de *Matth.,* xvii, 1-8.

17. — Fragments du commentaire de *Matthieu* conservés chez des exégètes jacobites postérieurs : GEORGES DE BEʿELTAN († ca. 785), *Commentaire* ; BAR-ṢALĪBĪ († 1171), *Commentaire* ; BAR-HÉBRÆUS († 1286), *Horreum*.

Nous avons déjà relevé des mentions du commentaire philoxénien de *Matthieu* chez les écrivains jacobites Jean de Dara (IXᵉ s.) [8] et Moïse Bar-Cépha († 903) [9]. Faut-il préciser que notre enquête dans une littérature encore peu explorée ne saurait se vouloir exhaustive ; nous soupçonnons, notamment, que l'œuvre de Jacques d'Édesse († 708) recèle encore des précisions inédites concernant celle de l'évêque de Mabbog [10]. Nous rassemblons ici la liste des citations de Philoxène dans le commentaire de *Matthieu* par Bar-Ṣalībī et Bar-Hébræus, ainsi que le résultat d'un sondage pratiqué aux passages correspondants du commentaire encore inédit de Georges de Beʿeltan [11]. Georges de Beʿeltan et Bar-Ṣalībī se recouvrent littéralement dans la plupart des cas, mais chacun possède des citations philoxéniennes en propre ; nous supposons donc qu'ils ne connaissaient déjà plus du commentaire de notre auteur que des extraits, qu'ils lisaient indépendamment l'un de l'autre dans une source commune [12]. Quant aux citations philoxéniennes de Bar-Hébræus, elles nous paraissent s'expliquer normalement par une dépendance directe vis-à-vis de Bar-Ṣalībī, chez qui elles trouvent toutes leur correspondant, librement rendu.

Matth., I, 15 : GEORGES DE BEʿELTAN, f. 9ʳᵇ = BAR ṢALĪBĪ, p. 48, *16-19* [37, *2-4*] ; BAR-ṢALĪBĪ, p. 52, *13-18* [39, *31-35*] ; plus complètement dans les mss. *Birmingham (Selly Oak Colleges), Mingana syr. 480*, f. 31ʳ = *Mingana syr. 332*, f. 7ʳ (MINGANA, *Catalogue*, col. 868 et 616) ‖ *Matth.*, I, 18 : BAR-ṢALĪBĪ, p. 69, *15-21* [52, *13-19*] ‖ *Matth.*, III, 1 : BAR-ṢALĪBĪ, p. 131, *17-22* [98, *18-22*] (ci-dessus, p. 137, nᵒ 6) ‖ *Matth.*, III, 4 :

---

[8] Ci-dessus, p. 138, nᵒ 12.

[9] Ci-dessus, p. 134, nᵒ 1 et p. 138, nᵒ 10.

[10] ÉLĪ, *Mēmrā*, v. 131-134, p. 5-6 [5]. Nous n'avons cependant rien trouvé dans l'*Hexaméron* de JACQUES D'ÉDESSE, non plus dans ses lettres exégétiques éditées par WRIGHT et traduites par NAU, *Traduction*.

[11] Voir les indications de BAUMSTARK, *Evangelienexegese*, p. 364-366. Pour *Matth.*, III, 3 et 4 (ms. *Vatican syr. 154*, f. 9r-v et 10r) ce n'est pas Philoxène qui est cité (BAUMSTARK, p. 364), mais Africanus.

[12] Source qu'auraient également connue les mss. *Mingana syr. 480* et *332* (ci-dessous, *Matth.*, I, 15).

Georges de Beʻeltan, f. 32ᵛᵇ-33ʳᵃ : Jean-Baptiste se nourrissait de racines
(ܡܩܕ̈ܐ) et non de sauterelles (ܩܡ̈ܨܐ) || *Matth.*, iii, 11 : Bar-Ṣalībī,
p. 153, *15-16* [114, *29-30*] || *Matth.*, iv, 1 : Georges de Beʻeltan, f. 45ʳᵃ =
Bar-Ṣalībī, p. 170, *28* - 171, *1* [127, *35-36*] || *Matth.*, iv, 3 : Georges de
Beʻeltan, f. 48ʳᵃ = Bar-Ṣalībī, p. 179, *17-18* [134, *29-30*] || *Matth.*, iv,
5 : Bar-Ṣalībī, p. 184, *1-3* [137, *37* - 138, *1*] || *Matth.*, iv, 11 : Bar-Ṣalībī,
p. 190, *19-21* [142, *36* - 143, *2*] (ci-dessus, p, 137, n° 7) || *Matth.*, viii, 13 :
Bar-Ṣalībī, p. 252, *19-22* [188, *30-32*]; voir Georges de Beʻeltan, f. 96ʳᵃ ||
Matth., viii, 24 : Bar-Ṣalībī, p. 258, *12-23* [192, *26-36*] || *Matth.*, ix, 2 :
Bar-Ṣalībī, p. 263, *4-5* [196, *7-9*] || *Matth.*, ix, 6 : Bar-Ṣalībī, p. 265,
6-8 [197, *25-27*] || *Matth.*, ix, 37 : Bar-Ṣalībī, p. 280, *12-16* [208, *20-24*] ||
Matth., xxvi, 23 : Bar-Ṣalībī, p. 74, *23-30* [59, *24-30*] || *Matth.*, xxvi, 29 :
Bar-Ṣalībī, p. 81, *23-28* [65, *8-12*] = Bar-Hébræus, p. 78, *18-20* [63];
voir Georges de Beʻeltan, f. 219ʳᵃ || *Matth.*, xxvii, 56 (?) : Bar-Ṣalībī,
p. 128, *21-26* [103, *8-13*] = Bar-Hébræus, p. 90, *6-8* [71].

Il n'est pas assuré que ces citations proviennent toutes du passage correspondant du commentaire philoxénien de *Matthieu*; en
effet, non seulement ce commentaire ne se trouve formellement
mentionné qu'une fois par Georges de Beʻeltan et Bar-Ṣalībī [13];
mais en outre la seule indication précise que fournit le premier
des deux exégètes jacobites révèle que la citation qu'ils reproduisent l'un et l'autre en *Matth.*, i, 15 était puisée au « chapitre »
philoxénien commentant *Luc*, iii, 23 [14]; le passage de notre auteur
auquel se réfère Bar-Ṣalībī en *Matth.*, viii, 24 et ix, 6, pourrait
également appartenir à un autre contexte [15]. Par ailleurs, l'influence de notre auteur sur les exégètes postérieurs est sans doute
plus profonde que les mentions expresses ne le laissent supposer;
en effet, les considérations que Bar-Ṣalībī consacre à la typologie

---

[13] « Philoxène [...] dans le commentaire de Matthieu » (*Matth.*, xxvi, 29).

[14] « Philoxène de Mabbog écrit ainsi dans le chapitre : Jésus avait environ
trente ans. » La comparaison de cet extrait avec le « chapitre » authentique
de Philoxène (ci-dessous, p. 148, n° 13) révèle que l'évêque de Mabbog n'était
pas cité littéralement, mais *ad sensum*, dans la source commune de Georges
de Beʻeltan et de Bar-Ṣalībī. — C'est également au commentaire philoxénien
de *Luc*, ii, 52, f. 27ᵛ que semblent se référer les deux exégètes en *Matth.*, iv, 1
(le Christ ne fait pas de miracles avant son baptême et son jeûne au désert).

[15] Philoxène, *Commentaire de Jean, III, 13*, f. 215ᵛ a, 216ʳ b-ᵛ a; il s'agit
du principe christologique suivant lequel « l'homme que devint [le Verbe]
est l'homme nouveau d'avant la transgression ». La citation philoxénienne de
Bar-Ṣalībī, *Commentaire de Matthieu, I, 18* nous semble également provenir
du contexte de *Matthieu, iii*.

christologique des premières pages de la Genèse [16] ou aux malédictions de Caïn et de Lamech [17] rappellent nettement des pages caractéristiques de notre auteur.

C. — FRAGMENTS DU COMMENTAIRE DE *LUC*

1. — Luc, i, 26-35.

Un fragment sous forme d'homélie dans le ms. *Londres (British Museum), Add. 14,727,* f. 26r-30v (XIIIe s.; Wright, *Catalogue,* no 848, p. 886a); deux citations du même dans les mss. *Tubingue (Universitätsbibliothek), Sachau 165,* f. 5r (XIVe s.; Sachau, *Verzeichniss,* no 201, p. 664a) = *Birmingham (Selly Oak Colleges), Mingana syr. 105,* f. 21va (1831-1833; Mingana, *Catalogue,* col. 255).

Édition avec version allemande et introduction : * Krüger, *De annuntiatione* [1], p. 156-160 [160-165]; 153-156.

Titre : *De saint Philoxène de Mabbog, mēmrā sur l'annonciation de la Mère de Dieu, Marie.*

Cette pièce rend un son incontestablement monophysite [2]; en outre, son thème principal, qui compare par contraste l'apparition de l'ange à l'incarnation du Verbe, de même que son insistance sur l'incompréhensibilité du mystère, nous paraissent caractéristiques de Philoxène [3]; rien n'empêche donc de l'accepter comme authentique, au même titre que l'extrait du commentaire de *Luc,* ii, 24-39, conservé par le même manuscrit [4]. Il s'avère d'ailleurs que le présent

---

[16] Bar-Ṣalībī, *Commentaire de Matthieu, XXVII 44,* p. 126-127 [101-102] = Philoxène, *Commentaire de Matthieu, XXVII, 45-53* (ci-dessus, p. 139, no 16).

[17] Bar-Ṣalībī, *Commentaire de Luc, III, 38,* p. 309-310 [250-251] = Philoxène, *Commentaire de Luc, III, 23-38,* f. 1-2; ci-dessous, p. 149, no 15.

[1] L'éditeur de l'*Add. 14,727* a tacitement modifié la pagination du manuscrit en intervertissant ses f. 27v et 28v, 28v et 29r; ces inversions bouleversent inutilement un texte correct. Il faut donc rétablir l'ordre suivant dans la foliotation qu'il adopte : [...] f. 27r, 28v, 29r, 27v, 28r, 29v [...]. Cette suite se trouve d'ailleurs confirmée par les deux citations identiques et littérales des *Sachau 165* et *Mingana syr. 105,* qui passent normalement du « f. 27r » au « f. 28v » de l'édition Krüger.

[2] « Dieu devenu chair » (p. 157, 158); « devenu homme de la Vierge en restant Dieu » (p. 158); « Dieu incorporé » (p. 157), « inhumané » (p. 160); « Jésus, Dieu par sa nature » (p. 159).

[3] Ci-dessous, p. 326-327, 366-370.

[4] Ci-dessous, p. 144.

« mēmrā » provient également du commentaire de *Luc*; en effet, Denys Bar-Ṣalībī en cite librement un court passage, sous le nom de Philoxène, dans son propre commentaire de *Luc*, I, 28 [5]. C'est donc l'homiliaire de l'*Add. 14,727* qui a adapté cet extrait pour la fête du 24 Adar, en le faisant précéder d'une adresse et du texte de *Luc*, I, 28-35 (p. 156 [160-161]), et en le concluant par une doxologie (p. 160 [165]).

2. — LUC, I, 35.

Un fragment, dans * BAR-ṢALĪBĪ, *Commentaire de Luc, I, 35*, p. 248, *17-29* [201, *1-13*] [6] = BAR-HÉBRÆUS, *Candélabre*, VIII, p. ܐܚ, *18* - ܐܚ., *2* [42].

TITRE : *Philoxène.*

RÉSUMÉ : La chair du Verbe incarné n'est animée qu'après quarante jours.

3. — LUC, II, 7.

Un fragment dans le ms. * *Londres (British Museum), Add. 12,154*, f. 50^r-v (chaîne jacobite, VIIIe-IXe s.; WRIGHT, *Catalogue*, n° 860, p. 980*b*).

TITRE : [*De saint Mār Xénaïas de Mabbog*], *du chapitre trente-deuxième, commentaire de : « Notre-Seigneur naquit dans une grotte et fut déposé dans une crèche ».*

RÉSUMÉ : Le Verbe incarné prend la condition de l'homme déchu; la grotte préfigure son tombeau, et la crèche évoque la croix et l'autel; les langes sont l'image du vieil Adam.

4. LUC, II, 21.

Quatre fragments (a-d) dans les mss. * *Londres (British Museum), Add. 12,155*, f. 78ra-b (chaîne antijulianiste, VIIIe s.; WRIGHT, *Catalogue*, n° 857, p. 932*b*) = *Add. 14,532*, f. 72va-b (VIIIe s.; *Catalogue*, n° 858, p. 960*b*) = *Add. 14,533*, f. 70rb-va (VIIIe-IXe s.; *Catalogue*, n° 859, p. 968*a*) = *Add. 14,538*, f. 113ra (Xe s.; *Catalogue*, n° 863, p. 1007*b*).

TITRE : *De saint Mār Xénaïas, évêque de Mabbog, du traité* (ܡܐܡܪܐ) *sur ce* [*passage*] *: « Les jours où elle devait enfanter furent révolus, et elle enfanta son fils premier-né »* [*Luc, II, 6-7*], *parlant de la circoncision de Notre-Seigneur* [*Luc, II, 21*].

RÉSUMÉ: a. et c. (Lemme: *Et encore*). L'auteur s'attaque à des « blasphémateurs », qu'il assimile aux manichéens parce qu'ils nient la circoncision du Christ en arguant du livre des *Actes*, II, 31. — b. (Lemme : *Et encore*) et

---

[5] BAR-ṢALĪBĪ, *Commentaire de Luc, I, 28*, p. 241, *7-9* [195, *4-6*] = PHILO-XÈNE, *Commentaire de Luc, I, 26-35*, p. 159-157.

[6] Correspond au texte édité par ASSÉMANI, *Bibl. Orientalis*, p. 158-159.

d. (lemme : *Et encore, à la fin du traité* [ܪܕܝܬ]). Philoxène admet l'in-corruption du « corps vivant et vivifiant de Dieu » dès avant la résurrection, mais il n'en accepte pas moins la circoncision, considérant comme une impiété sacrilège de s'interroger sur le sort provisoire des parties détachées du corps terrestre du Sauveur avant qu'elles soient réunies à son corps glorieux.

5. — LUC, II, 24-39.

Un fragment dans les mss. * *Londres (British Museum), Add. 14,727,* f. 120r-126r (XIIIe s.; WRIGHT, *Catalogue,* no 848, p. 887a) = *Add. 17,267,* f. 20r-22v (XIIIe s.; *Catalogue,* no 845, p. 885a).

TITRE : *Du commentaire des chapitres de l'évangéliste Luc, contre lesquels achoppent les nestoriens, œuvre de Philoxène, évêque de Mabbog* [7].

RÉSUMÉ : L'auteur explique que les holocaustes de la Loi préfiguraient le sacrifice personnel du Christ; que la divinité du Sauveur fut manifestée par les miracles et les révélations qui entourèrent sa naissance; que, contre l'opinion des « hérétiques », le cantique de Siméon s'adressait bien à l'En-fant-Dieu; enfin, que la foi de Marie ne fut pas exempte, avant la Pentecôte, de faiblesse et de scandale.

PARALLÈLES : *Commentaire de Luc, II, 52,* f. 15; *Mēmrē parénétiques,* VIII, p. 249-254.

6. — LUC, II, 40.

Un fragment dans le ms. * *Londres (British Museum), Add. 17,126,* f. 14. Ce fragment, et la plupart des suivants du commen-taire de *Luc* [8], se trouve conservé dans un manuscrit dont le colo-phon (f. 38v) précise qu'il fut copié à Mabbog, en l'an 822 d'Alex-andre (= 510/1 A.D.) [9]; cette proximité de l'époque à laquelle notre auteur composa son commentaire, ainsi que la provenance du lieu même de son édition, constituent une sérieuse présomption en faveur de l'authenticité et de l'intégrité du texte. L'*Add. 17,126* contenait le quatrième livre du commentaire des évangélistes Matthieu et Luc,

---

[7] Les deux témoins ne présentent que des variantes minimes, dans lesquelles l'*Add. 14,727* se révèle préférable. Leur modèle était un homiliaire, où la lecture de cette pièce était fixée pour la fête de la Présentation. Son adapta-tion liturgique ressort de la rubrique initiale : « À lire à la fête de l 'Ἀπάντησις ou de l'Entrée » (f. 120r), ainsi que de l'addition d'une finale homilétique (f. 125r-126r). L'indication : « Et peu après », dont les deux manuscrits font suivre le titre, montre que leur modèle présentait déjà cet extrait après d'autres.

[8] Ci-dessous, nos 7-8, 12-13, 15 et 17.

[9] WRIGHT, *Catalogue,* p. 526.

et portait sur cinq « chapitres » extraits de ce dernier (f. 38ᵛ) [10]. Il nous est malheureusement parvenu dans un état déplorable : son écriture a pâli au point de devenir par endroits complètement illisible, voire réfractaire à l'infra-rouge (spécialement les f. 35-38) ; mais surtout, ses trente-huit feuillets actuels ne représentent plus que des lambeaux désordonnés. On ne peut même se faire une idée exacte de l'étendue originelle du manuscrit, car, si la signature des quinions ܚ (8) et ܛ (9) subsiste encore dans la marge des actuels f. 19ʳ et 29ʳ, rien n'apparaît plus pour le dernier cahier [11]. Le volume du commentaire johannique conservé dans l'*Add. 14,534*, et provenant peut-être du même *scriptorium*, comptait vingt-quatre quinions [12] ; il n'est donc pas interdit de penser que l'*Add. 17,126* en ait compris à peu près autant. Dans le reclassement des feuillets que nous adoptons ici, nous nous efforçons de suivre l'ordre du texte évangélique commenté, en nous basant sur les indications du contenu [13].

Résumé : Au f. 14, Philoxène explique la croissance de Jésus en grâce [14] : l'Esprit divin, instrument de l'incarnation, vivifie le corps du Christ, même dans la mort, comme il le fait des croyants ; perdu par le premier Adam, il est rendu au second, qui grandit « en lui ».

Parallèle : *Mēmrā sur la foi par questions et réponses*, I, p. 46 [62] ; 53-54 [68-69].

7. — Luc, ii, 42-46.

Un fragment dans l'**Add. 17,126*, f. 17-18 (ci-dessus, p. 144, n° 6).

Résumé : À l'âge de douze ans, Jésus manifeste au temple sa sagesse spirituelle ; il en fixe l'accès aux baptisés ; constitutionnellement exempt de la convoitise, il n'a pas senti s'éveiller en lui les

---

10 *Ibid.*

11 Nous ne voyons pas comment Wright, *Catalogue*, p. 526, a pu lire la signature ، (10) au f. 33ʳ, car nous n'y avons relevé aucune trace de la lettre-chiffre syriaque. Par ailleurs, il y avait vraisemblablement plus d'un cahier entre les f. 29 (cahier ܛ) et 33 (dernier cahier) qui commentent respectivement *Luc*, ii, 52 et iii, 23-38.

12 Ci-dessous, p. 151.

13 Pour les f. 11-13, voir ci-dessous, p. 150.

14 Ce fragment pourrait donc également provenir du commentaire de *Luc*, ii, 52 (ci-dessous, p. 146, n° 8).

mouvements des « passions » ou des « pensées » qui émoussent chez les autres hommes la sensibilité aux choses de l'Esprit.

PARALLÈLE : *Mēmrē parénétiques*, XIII, p. 620.

8. — LUC, II, 51-52.

Trois fragments (a-c) dans l'* *Add. 17,126*, f. 15, 16, 19-29 (ci-dessus, p. 144, n° 6).

RÉSUMÉ : a. Avant la Pentecôte, Marie n'eut pas connaissance de la nature proprement divine de son enfant. — b. En *Luc,* II, 52, Jésus est sorti de l'enfance (ܛܠܝܐ , de sept à douze ans), dans laquelle il se trouvait encore en *Luc,* II, 40. — c. Philoxène explique que la croissance de Jésus devant Dieu la rend possible aux chrétiens. Suit une section polémique, dirigée d'abord contre Théodore [de Mopsueste] et Nestorius. L'évêque de Mabbog reproche concrètement au premier d'opposer à la nature divine ou à la Trinité, appelée Père des hommes, un homme ordinaire, le Fils adoptif (ܕܒܝܬܝܘܬܐ), semblable aux élus de l'ancienne Alliance, et auquel la croissance est attribuée ; il s'oppose à cette opinion en présentant Jésus comme « une hypostase incarnée de la nature divine » (f. 19^r-22^v). Notre auteur s'en prend ensuite à l'opinion « nouvellement inventée » des hérétiques, selon laquelle Jésus n'est pas un homme ordinaire, ni Dieu et un homme associés nominalement, ou encore par participation de sagesse et de puissance, mais en tout cas demeurant « un autre et un autre » ; il réfute cette opinion par l'absurde, et montre, en se rapportant « aux Pères », que Jésus est « un seul Dieu incorporé sans changement » (f. 22^v-25^v). Il conclut en réaffirmant la réalité du mystère de la croissance de Dieu en âge et en sagesse, mais aussi en précisant que cette croissance se produit « selon l'incorporation qui lui advint de Marie » (f. 25^v-27^r). Le commentaire se poursuit alors par un exposé des trois degrés de connaissance et de leur place dans le dessein de Dieu ; les trois degrés sont la « science des pensées psychiques », la foi, et la sensibilité ou sagesse spirituelle, cette dernière étant le fruit de la grâce du baptême et de la victoire sur les passions. Dieu avait d'abord déposé sa sagesse spirituelle dans la nature créée ; mais à la fin des temps, c'est la sagesse de sa propre nature qui s'incarne pour rassembler à soi toute la sagesse créée, en attendant de la ramener en son lieu (f. 27^v-29^v).

PARALLÈLES : *Commentaire de Matthieu, III, 1-16*, f. 202va-205vb ;

Commentaire de Jean, I, 1-17, f. 120ʳ-148ᵛ; *Lettre à Patricius,* f. 53ᵛᵇ₋ʳᵇ.

9. — LUC, II, 52?

Un fragment dans le ms. * *Londres (British Museum), Add. 12,154,* f. 49ᵛ-50ʳ (VIIIᵉ-IXᵉ s.; WRIGHT, *Catalogue,* n° 860, p. 980*b*).

TITRE : *De saint Mār Xénaïas de Mabbog, du chapitre trente-cinquième contre les nestoriens; commentaire de ce qui suit* (ܟܐ ܐܚ܍ܝ).

RÉSUMÉ : Dans son évangile de l'enfance, Luc avait le dessein de montrer ce dont le Christ fut l'auteur (ܡܢܘ), l'objet (ܠܗܝܡ) et l'occasion (ܣܝܠܝܐ , ܣܝܐܠܝܗ). Ce fragment cite plusieurs textes de *Luc* II; nous le rapprochons de l'*Add. 17,126,* f. 15ᵛ (ci-dessus, p. 146, n° 8), où l'évêque de Mabbog déclare que jusqu'en *Luc,* II, 22, l'évangéliste relatait ce dont Jésus fut l'objet (ܠܗ , ܠܗܝܡ) et l'auteur (ܡܢܘ).

10. — LUC, III, 21.

Un fragment dans * BAR-ṢALĪBĪ, *Commentaire de Luc,* III, 21, p. 303, *31*-304, *24* [246, *22*-247, *7*].

TITRE : *De saint Mār Philoxène.*

RÉSUMÉ : Quittant le régime de la Loi lors de son baptême, le Christ prie le Père d'envoyer l'Esprit présider à la nouvelle naissance des chrétiens.

11. — LUC, III, 21?

Un fragment dans le ms. * *Tubingue (Universitätsbibliothek), Sachau 238,* f. 1ᵛᵇ (commentaire jacobite des *Actes,* XVᵉ s.; SACHAU, *Verzeichniss,* n° 181, p. 594*b*).

TITRE : *Philoxène, dans le quatrième mēmrā, sur l'Esprit.*

RÉSUMÉ : Le Christ possédait dans sa plénitude l'Esprit-Saint, dont les Prophètes n'avaient reçu que la grâce et l'opération, et qui descendit sur les Apôtres réellement, mais partiellement (ܐܢܘܝ ܣܝܠܐ ܠܐܝܣܐܝ). — Philoxène semble être cité seulement *ad sensum.* Le lemme de l'exégète jacobite des *Actes* n'implique pas que notre auteur ait commenté ce Livre saint, ni même qu'il ait consacré quatre *mēmrē* à l'Esprit-Saint; du moins la tradition ne lui attribue-t-elle rien de pareil [15], tandis que le « quatrième *mēmrā* » pourrait parfaitement s'identifier avec le « quatrième livre » du commentaire de *Matthieu* et de *Luc* de l'*Add. 17,126,* auquel cas le contexte normal de la citation philoxénienne serait l'apparition de l'Esprit au baptême du Christ, comme dans le fragment suivant.

12. — LUC, III, 22.

---

[15] Pour le « *mēmrā* sur l'inhabitation du Saint-Esprit », voir ci-dessous, p. 277-278.

Un fragment dans le ms. * *Londres (British Museum), Add. 17,126,* f. 3-10 (ci-dessus, p. 144, n° 6).

Résumé : Ces feuillets de l'*Add. 17,126* contiennent une section polémique contre des hérétiques que Philoxène assimile aux simoniens, aux eutychiens, aux marcionites, aux valentiniens et aux manichéens, négateurs de la corporalité du Christ (f. 4ʳ) ; c'étaient des contemporains, qui passaient pour d'orthodoxes monophysites [16]. D'après notre auteur, ils avaient prétendu par écrit (ﬤﬣﬠ) que « de même que l'hypostase de l'Esprit apparut sous l'image d'une colombe [*Luc,* III, 22], le Fils aussi se montra sous l'image d'un homme [*Phil.,* II, 7] » (f. 6ᵛ). L'évêque de Mabbog explique que « l'apparition » de la colombe à Jean-Baptiste fut instantanée et mentale, tandis que l'authenticité de l'inhumanation ressort de la véritable maternité de Marie, de besoins et « passions » humains expérimentés avec une intensité extraordinaire, ainsi que de la réalité des biens du salut ; purement phénoménale, l'économie n'aurait pas été un miracle transcendant.

Parallèle : *Mēmrē sur l'inhumanation,* fragm. 2-3, f. 16ʳ.

13. — Luc, III, 23.

Deux fragments (a-b) dans l'* *Add. 17,126,* f. 32-31, 30 (ci-dessus, p. 144, n° 6).

Résumé : a. La généalogie de *Matthieu* descend d'Adam vers la naissance corporelle du Verbe ; celle de *Luc* remonte de la nouvelle naissance jusqu'à Dieu, à qui le baptême réunit les chrétiens. La paternité putative de Joseph vis-à-vis du Fils de Dieu est l'image de la première naissance des baptisés, ou encore de la filiation adoptive des Juifs. — b. Tandis que, dans l'ancienne Alliance, le mystère de l'incarnation ne se transmit que par une seule race aux patriarches (Seth, Hénoch, Noé, Sem, Abraham, Isaac, Jacob) et à quelques autres justes, depuis l'incarnation la contemplation est accordée à tous ceux qui « revêtent l'homme nouveau ».

Parallèle : *Lettre à Patricius,* f. 58ʳᵇ-61ʳᵇ.

14. — Luc, III, 23.

Un fragment dans * Georges de Beꜥeltan, *Commentaire de Matth.,* I, 15, f. 9ʳᵇ = Bar-Ṣalībī, *ibid.,* p. 48, *16-19* [37, *2-4*] (ci-dessus, p. 141).

---

[16] « [Ils] sont proches de nous, ils sont avec nous, ils passent pour membres de l'Église (ﬢﬤ ﬤﬠ ﬡﬢ) et disciples de la foi » (f. 4ʳ).

Titre (chez Georges de Beʿeltan seul) : *Philoxène de Mabbog* [...] *dans le chapitre :* « *Jésus avait environ trente ans* ».

Résumé : La généalogie « légale » de *Luc* explique le « ut putabatur ».

15. — Luc, iii, 23-38.

Un fragment dans le ms. * *Londres (British Museum), Add. 17,126,* f. 1-2 (ci-dessus, p. 144, n° 6).

Résumé : Dans ce fragment, Philoxène disserte sur le sort de Caïn et de sa descendance, en suivant pas à pas *Gen., iv,* 14-17. On a proposé de voir dans ces deux pages un vestige du commentaire de *Matthieu* [17]; nous préférons cependant les rattacher au contexte du fragment précédent (f. 30) et du suivant (f. 33-38) [18] de l'*Add. 17,126,* où Philoxène prend occasion de la généalogie du Christ (*Luc, iii,* 23-38) pour retracer la préparation de l'économie par une exégèse typologique des premières pages de la *Genèse*; nous situerions plus précisément le présent fragment entre le f. 30, qui annonce ce thème [19], et les f. 33-38, formant la fin du « chapitre » qui lui est consacré [20]. Le f. 33ᵛ rappelle d'ailleurs que l'oblation et le meurtre d'Abel sont un « mystère »; c'est bien ce qui était expliqué ici (f. 1), où notre auteur montrait en Abel le type du Christ pardonnant à ses bourreaux.

16. — Luc, iii, 23-38.

Un fragment dans la chaîne arabe sur le Pentateuque, *Gen., ix,* 20; éd. * Lagarde, *Materialien,* p. 86.

Titre : *Philoxène, évêque de Mabbog.*

Résumé : L'image de Dieu (*Gen., i,* 27) se transmet par les trois fils de Noé; les descendants de ceux-ci construisent la tour de Babel (*Gen., xi,* 14); Noé plante la vigne et s'enivre (*Gen., ix,* 20-21). — Pas plus que le fragment précédent (ci-dessus, n° 15), cette citation ne provient d'un commentaire philoxénien de la *Genèse*; le thème de la transmission de l'image de Dieu la rapproche, au contraire, du contexte suivant de l'*Add. 17,126* (ci-dessous, n° 17).

17. — Luc, iii, 23-38.

---

[17] Wright, *Catalogue,* p. 526 *a,* se basant sur l'allusion du f. 1ʳ à *Matth., xviii,* 21-22.

[18] Ci-dessus, n° 13, et ci-dessous, n° 17.

[19] Ci-dessus, p. 148, n° 13.

[20] Le colophon de l'*Add. 17,126* se trouve au f. 38ᵛ.

Un fragment dans le ms. *Londres (British Museum), Add. 17,126*, f. 33-38 (ci-dessus, p. 144, n° 6).

Résumé : L'image et ressemblance du Père, qu'Adam reçut pour lui et pour sa race, est le Fils de Dieu, « planté en lui » et « résidant dans sa formation première pour être transmis par sa génération ». Adam perd cette image après le péché; mais à partir de l'oblation et du meurtre d'Abel, elle est rendue à Seth, de qui elle passe à Hénoch, aux patriarches, au Peuple élu et enfin à la Vierge. Philoxène polémique contre ceux qui ne lisent dans *Gen.*, I, 26 que le propos ou l'intention divine, en réservant sa réalisation à *Gen.*, I, 27.

D. — FRAGMENTS DU COMMENTAIRE DE *JEAN*

1. — JEAN, I, 14.

Un fragment dans le ms. *Londres (British Museum), Add. 17,126*, f. 11-13 (ci-dessus, p. 144, n° 6).

Résumé : Philoxène, qui déclare avoir lu les livres des « hérétiques » (f. 11ʳ), s'en prend d'abord à l'opinion de Théodore [de Mopsueste], auquel il reproche d'interpréter « l'Esprit-Saint » et « la Force du Très-Haut » (*Luc*, I, 35) comme un effet de l'action divine, et non comme deux des hypostases de la Trinité; il s'attaque ensuite à la distinction de Nestorius entre noms christologiques simples et doubles; enfin, il réfute l'interprétation de *Jean*, XX, 19 selon Diodore de Tarse, d'après qui l'entrée du Ressuscité au cénacle ne fut pas miraculeuse, les Apôtres ayant négligé de serrer les portes. — Ces trois feuillets n'appartiennent pas au commentaire de *Matthieu* et de *Luc*, dans lequel ils sont insérés, mais proviennent du commentaire de *Jean* de l'*Add. 14,534*, comme l'indique clairement le style de l'écriture[1]. L'analyse du contenu ne s'oppose d'ailleurs nullement à cette restitution : l'accent portant ici sur la réalité du devenir de Dieu Verbe, ces feuillets pouvaient parfaitement commenter le verset *Jean*, I, 14, qui s'y trouve d'ailleurs cité à trois reprises (f. 11ᵛ).

2. — JEAN, I, 1-17.

Ms. : *Londres (British Museum), Add. 14,534*, f. 1-199.

---

[1] WRIGHT, *Catalogue*, p. 526 *a*, en note.

Titre : *Livre sur les chapitres extraits des évangélistes, œuvre de saint Philoxène, évêque de Mabbog*[2].

La physionomie paléographique de l'*Add. 14,534* est analogue à celle de l'*Add. 17,126*, dont on l'a rapproché avec raison[3] ; cependant, le bas de la page (f. 199r) où le scribe avait peut-être indiqué la date et le lieu de sa copie est déchiré et irrémédiablement perdu. En qualifiant Philoxène de « saint » (ܩܕܝܫܐ), la partie conservée et lisible du colophon (f. 199r) nous paraît indiquer que le manuscrit fut copié après la mort de l'évêque de Mabbog († 523), mais peut-être le fut-il sur un modèle contemporain de l'*Add. 17,126* (510/1, A.D.) ; en tout état de cause, les deux textes nous paraissent également exempts d'altérations. L'*Add. 14,534* est cependant acéphale ; ses cent quatre-vingt-dix-neuf feuillets actuels constituent, à une unité près, les vingt et un derniers des vingt-quatre cahiers originels[4] ; ces cahiers étant des quinions[5], on peut fixer le nombre des feuillets manquant en tête de vingt-cinq à trente et un[6], et le total de ceux du codex originel de deux cent vingt-quatre à deux cent trente.

L'authenticité du commentaire johannique de l'*Add. 14,534* est garantie par l'antiquité du manuscrit ; par les révélations de l'auteur touchant sa nouvelle version syriaque du Nouveau Testament[7] ; par la teneur de ses thèmes christologiques monophysites, qui offrent maintes analogies avec d'autres écrits philoxéniens[8] ; enfin par le témoignage de Bar-Ṣalībī qui le cite dans son propre commentaire de *Jean*[9].

L'imposant volume de l'*Add. 14,534* ne dépasse pas l'explication du prologue johannique ; encore ne commente-t-il celui-ci d'une

---

[2] C'est l'énoncé du colophon (f. 199r), le manuscrit étant acéphale ; Wright, *Catalogue*, p. 527 *b*.

[3] *Ibid.*, p. 526 *b*.

[4] Cahier ܗ (5) = f. 20r-20v ; cahier ܟܕ (24) = f. 196r-199v.

[5] À l'exception de trois quaternions, savoir les cahiers ܝܒ (12) = f. 80r-87v, ܟܐ (21) = f. 168r-175v et ܟܕ (24) = f. 196r-199v.

[6] Y compris les trois feuillets de l'*Add. 17,126*, f. 11-13 ; ci-dessus, p. 150, n° 1.

[7] Ci-dessus, p. 122.

[8] Nous donnerons quelques références à l'occasion du résumé qui va suivre.

[9] Ci-dessous, p. 157-161.

manière suivie qu'en deux brefs passages [10] ; pour le reste, le *Livre sur les chapitres extraits des évangélistes* constitue plutôt un traité théologique et polémique sur le « devenir » du Verbe, comparable à tant d'autres exposés de notre auteur, où le verset *Jean*, I, 14 forme, comme ici, le pivot de l'argumentation, sans que le développement de la pensée trahisse aucun plan d'ensemble bien arrêté. L'*Add. 14,534* étant toujours inédit en dépit de son grand intérêt exégétique et dogmatique, nous croyons utile d'en résumer brièvement le contenu.

Dans les premières pages conservées du manuscrit, il est montré, d'après *Hébr.*, II, 14, que le Fils préexistait à son « devenir sans changement » par sa nature et son hypostase divine, tandis que les fils adoptifs n'existaient encore que dans la prescience et la volonté du Père (f. 1^r-3^v ; 171^{r-v}) [11]. Philoxène fonde ensuite sur la foi en Dieu et dans l'Écriture (*Jean*, I, 14) le dogme du devenir sans changement (f. 3^v-5^r). Il compare et oppose les apparitions divines dans l'Ancien Testament à l'incarnation véritable de Dieu Verbe dans le Nouveau (f. 5^r-7^v) [12]. Puis il explique que Dieu devint sans changer comme il existait sans être devenu : miracle incompréhensible, mais convenant à Dieu et réclamant la foi (f. 7^v-12^r) [13]. Suit un deuxième argument : le Fils de Dieu devient homme sans changement parce qu'il ne devient pas pour lui-même, mais pour faire devenir les hommes fils de Dieu par le baptême ; s'opérant dans une hypostase divine, ce devenir constitue le miracle par excellence (f. 12^r-15^r) [14].

L'évêque de Mabbog montre alors comment les « nestoriens », après avoir convaincu les ariens de la divinité du Verbe par *Jean*, I, 1, éludent son devenir en interprétant *Jean*, I, 14 comme d'une assomption et d'une inhabitation (f. 15^r-17^r ; 102). Il répond à l'objection selon laquelle « le Verbe devenu chair ne serait plus

---

10 Aux f. 28^r-29^r (*Jean*, I, 10-13) et 195^v-197^r (*Jean*, I, 14-17).

11 Parallèle : *Mēmrē contre Ḥabīb*, VIII, f. 81^v b-83^v b.

12 Parallèle : *Ibid.*, VII, f. 62^r a-63^r b.

13 Parallèles : *Ibid.*, VIII, f. 85^v c-86^r c ; *Livre des sentences*, III, 4, p. 230-234 [171-174] ; III, 5, p. 239-240 [177-178].

14 Parallèles : *Livre des sentences*, II, 3, p. 56-57 [48] ; II, 4, p. 62-68 [52-56] ; III, 4, p. 219-223 [163-166].

Verbe, mais chair », en excluant du devenir divin tout changement;
« passion » du devenir, celui-ci ne peut affecter la nature immuable de Dieu, tandis qu'au contraire l'immutabilité divine se vérifie,
en quelque sorte, en passant victorieusement l'épreuve du devenir
(f. 17ʳ-20ᵛ) [15].

Notre auteur poursuit son exposé en expliquant que le Verbe
devint en assumant et assuma en devenant; il trouve le devenir
enseigné par les Pères de Nicée [16] et l'assomption par ceux de
Constantinople [17] (f. 20ᵛ-22ʳ; 187ᵛ-188ʳ). L'idée du « mystère »
l'amène alors à expliquer, d'après saint Paul (1 *Cor.*, ı, 21-22)
comment Dieu, s'étant d'abord manifesté par sa sagesse et sa
puissance, choisit enfin de se révéler dans la faiblesse, pour
rendre plus éclatante la victoire de la foi (f. 22ʳ-25ʳ) [18]. On ren-
contrera encore à plusieurs reprises ce même thème développé dans
le commentaire; en attendant, Philoxène cherche dans l'eucharistie
et le baptême une analogie au mystère du devenir sans changement
de Dieu [19]; à cette occasion, il recense trois modes de présence
du Verbe incarné (dans le Père comme coëssentiel, dans le monde
comme infini, « dans le ventre » comme homme) [20], et glose *Jean*, ı,
10-14 (f. 25ʳ-29ᵛ). Suit l'énumération des principaux témoignages
scripturaires favorables au « devenir », dans l'ordre suivant : Jean,
Paul, Luc, Matthieu, l'ange de l'annonciation, les Pères dans le
symbole de Nicée-Constantinople, Michée, Isaïe, Baruch [21]; c'est
dans ce contexte que l'évêque de Mabbog adresse à la version syriaque du Nouveau Testament les critiques que nous avons dites [22],
et annonce qu'il en a fait entreprendre une nouvelle traduction
(f. 29ᵛ-40ʳ).

[15] Parallèles : *Mēmrē contre Ḥabīb*, VII, f. 59ᵛ c-61ʳ b; X, f. 99ʳ c-100ʳ b;
Livre des sentences, II, 4, p. 65-67 [54-55].

[16] « Descendit du ciel (*Jean*, ııı, 13), s'incarna (*Jean*, ı, 14) s'inhumana
(*Gal.*, ıv, 4) ».

[17] « De l'Esprit-Saint et de la Vierge Marie (*Matth.*, ı, 18-20 ».

[18] Parallèle : *Commentaire de Luc*, II, *52*, f. 25ᵛ-27ʳ, 28ᵛ-29ᵛ.

[19] Parallèles : *Mēmrē contre Ḥabīb*, V, f. 42ʳ a-ᵛ b; VIII, f. 71ʳ a-b; *Livre
des sentences*, II, 7, p. 117-118 [90-91], 125-126 [95-96], 131-138 [100-104]; II, 8,
p. 144-151 [109-114].

[20] Parallèles : *Livre des sentences*, II, 6, p. 90-92 [71-73]; 98-101 [77-79].

[21] Parallèles : *Mēmrē contre Ḥabīb*, V, f. 44ᵛ a-46ʳ a; X, f. 101ʳ a-c; *Livre
des sentences*, III, 3, p. 206-207 [153-154]; 236-237 [175-176].

[22] Ci-dessus, p. 121-124.

Après ce long développement, notre auteur revient aux trois modes de la présence divine, qu'il appelle maintenant « selon la nature et la volonté » (périchorèse trinitaire), « selon le lieu » (présence de l'Infini au fini) et « selon la volonté » (le devenir de l'incarnation) (f. 40ʳ-42ᵛ). Il énumère les caractéristiques qui font du devenir divin un miracle (f. 42ᵛ-43ᵛ) 23. Puis, il répond à l'objection selon laquelle « les Pères et les docteurs » auraient expliqué le devenir du Verbe par l'assomption d'un homme, en assurant que par « assomption » il ne visaient que l'immutabilité du devenir du Verbe (f. 43ᵛ-45ʳ) 24. Afin de mieux illustrer ce mystère, l'évêque de Mabbog lui cherche alors des analogies naturelles : la lumière simple montrant à l'œil les objets composés ; le *logos* simple et spirituel s'incarnant dans la parole composée et sensible (f. 45ʳ-49ᵛ) 25. De là, notre auteur passe à une longue série d'apories concernant essentiellement l'interaction du corps et de ses organes avec l'âme et ses facultés (f. 49ᵛ-59ʳ).

Dans l'esprit de notre auteur, ces difficultés devaient prouver à fortiori l'incompréhensibilité du mystère christologique ; l'idée du mystère conduit Philoxène à de nouvelles considérations sur la connaissance de Dieu. Il oppose d'abord à la victoire de la foi, fondée sur la faiblesse et la folie de la croix, l'échec de l'humanité à reconnaître Dieu dans la sagesse incommensurable et inépuisable de la création (f. 59ʳ-64ʳ) 26. Il précise ensuite que la connaissance de Dieu accessible à partir de la créature concerne l'existence du Créateur, mais nullement son Essence (ܐܝܬܘܬܐ), ou sa nature ; à la foi d'accueillir docilement ce qui lui sera révélé de cette dernière (f. 64ʳ-71ᵛ) 27. Enfin, à l'« hérétique » objectant que le devenir de Dieu n'a pas « le témoignage de la conscience » (*Rom.*, ii, 15), Philoxène répond que la recherche de preuves est une attitude antérieure à la foi ; que celle-ci porte sur des mystères essentiellement surnatu-

---

23 Parallèle : *Livre des sentences*, II, 6, p. 45-46 [39-40].

24 Parallèles : *Mēmrē contre Ḥabīb*, VIII, f. 76ʳ a-81ᵛ a ; *Livre des sentences*, III, 1, p. 160-165 [120-125].

25 Parallèles : *Mēmrē contre Ḥabīb*, V, f. 41ʳ a-42ᵛ c ; VIII, f. 75ʳ b-76ᵛ b ; *Livre des sentences*, II, p. 40 [35-36].

26 Ci-dessus, p. 153 (f. 22ʳ-25ʳ).

27 Parallèles : *Mēmrē contre Ḥabīb*, III, f. 24ʳ a-28ᵛ b ; *Livre des sentences*, II, 6-7, p. 101-107 [79-83].

rels; que la parole de Dieu offre une meilleure garantie que des miracles (f. 71ᵛ-77ᵛ).

En dépit de ces assurances, l'évêque de Mabbog passe cependant sans transition à l'analyse des types du devenir sans changement obscurément prédits dans les miracles de l'*Exode* : l'eau devenue sang (*Ex.*, VII, 14-25), le bâton d'Aaron devenu serpent (*Ex.*, VII, 8-12), la lumière devenue ténèbres (*Ex.*, X, 22-23 et XIV, 19-20) (f. 77ᵛ-87ʳ); d'où il s'engage dans la description des analogies naturelles ou surnaturelles du « mélange sans confusion », enseigné par « les Pères », entre Dieu Verbe et la chair, parmi lesquelles les miracles de l'eau et du feu (*Ex.*, IX, 23-24) et celui du buisson ardent (*Ex.*, III, 3-4; f. 87ʳ-91ʳ) [28]. L'« hérétique » interprétant comme l'assomption de la chair le devenir enseigné par *Jean*, I, 14, Philoxène lui oppose la lettre de l'évangile et le caractère unique du mystère, mais il rappelle aussi que le Verbe « devint » à partir de Marie, c'est-à-dire qu'il assuma en devenant (f. 91ʳ-93ᵛ) [29]. Il reprend alors le thème de l'opposition entre la voie de la sagesse et des miracles, et celle de la faiblesse de Dieu, épreuve et scandale de la raison; il exalte à nouveau la victoire de la foi, en l'attribuant essentiellement à la rénovation de l'homme par la naissance baptismale (f. 93ᵛ-101ʳ) [30].

Notre auteur revient maintenant à stigmatiser l'illogisme de l'« hérétique » acceptant *Jean*, I, 1 et rejetant *Jean*, I, 14, qui révèle la seconde naissance du même Verbe [31]; il rapproche cette infidélité à l'Écriture d'interprétations laxistes qu'il impute à Théodore de Mopsueste (f. 104ᵛ) [32]; une des raisons pour lesquelles le devenir de Dieu se produit sans changement, explique-t-il, est que ce devenir ressortit à une volonté éternelle (f. 101ʳ-108ʳ) [33]. L'« adversaire » estimant le devenir de Dieu moins admissible que l'assomption,

[28] Parallèles : *Mēmrē contre Ḥabīb*, VIII, f. 75ʳ b-76ᵛ b; *Livre des sentences*, II, 7, p. 112-117 [86-90].

[29] Parallèles : *Mēmrē contre Ḥabīb*, VI, f. 56ᵛ b-c; VIII, f. 72ᵛ c-75ʳ b, 81ᵛ b-84ʳ b.

[30] Parallèle : *Lettre à Patricius*, f. 63ʳ b-64ʳ b.

[31] Ci-dessus, p. 152 (f. 15ʳ-17ʳ).

[32] Parallèles : *Lettre aux moines du Bēt-Gōgal, II*, f. 48ᵛ b; *Lettre à Patricius*, f. 70ʳ b-v a.

[33] Parallèles : *Mēmrē contre Ḥabīb*, X, f. 98ᵛ a-99ʳ c; *Livre des sentences*, I, p. 29 [27-28].

Philoxène réplique que ce dernier concept est lui-même ambigu et ne peut être appliqué à Dieu sans une purification de tout anthropomorphisme; mais alors cette assomption, unique et surnaturelle (ﻦﻴﺑﺩ ﻢﻫ ﺩﻝ), s'identifie au mystère incompréhensible du devenir (f. 108ʳ-111ᵛ) [34].

Suivent de nouvelles considérations sur la foi, la raison et la contemplation. L'évêque de Mabbog rapproche d'abord la foi de la « simplicité naturelle » (f. 113ᵛ-116ʳ; 146ᵛ-147ᵛ) [35]; mais il oppose ensuite, d'après 1 *Cor.*, i, 18 - ii, 16, la « sagesse naturelle », qui leur est hostile, à celle de l'incarnation, source de salut (f. 116ʳ-120ʳ; 156ʳ); enfin, continuant de gloser saint Paul (1 *Cor.*, iii, 1-3), il expose comment le chrétien, ayant reçu avec l'ingénuité d'un enfant la tradition du symbole, est appelé à grandir par les vertus et la lutte contre les passions, jusqu'à la sensibilité spirituelle des mystères, qu'Adam avait perdue depuis la transgression; scruter les mystères divins en dehors de cette voie expose, conclut-il, aux plus graves illusions (f. 120ʳ-132ʳ; 135ʳ-136ʳ; 145ᵛ-146ᵛ) [36].

Philoxène répond encore à des objections contre le devenir de Dieu : « Impossible que Dieu devienne et meure, puisqu'il est l'Existant et le Vivant! Le devenir du Verbe est inacceptable pour la raison » (f. 132ʳ-134ᵛ). Il reprend alors le thème des deux sagesses : l'humaine, dont il montre l'impuissance dans son propre domaine, et celle de la croix, sensible à l'intellect croyant et purifié par la garde des commandements (f. 134ᵛ-142ʳ). Il explique comment, bien que conservant des différenciations, cette connaissance spirituelle est supérieure à celle des sens corporels et des « pensées psychiques » : elle est enseignée directement par l'Esprit aux sens intérieurs de l'intellect revenu à la pureté naturelle du premier Adam grâce à la rédemption du Verbe incarné, et plus spécialement à sa croissance en sagesse (f. 142ʳ-149ʳ) [37].

Notre auteur revient ici au devenir sans changement de Dieu Verbe, pour le défendre contre l'explication « nestorienne » de l'as-

---

[34] Parallèle : *Lettre aux moines du Bēt-Gōgal, II*, f. 50ᵛ a-51ᵛ a.

[35] Parallèles : *Mēmrē parénétiques*, IV, p. 74-76, 105-108; V, p. 145-146, 148-150.

[36] Parallèles : *Commentaire de Matthieu, III, 1-16*, f. 203ʳ b, 205ʳ b-ᵛ a; *Commentaire de Luc, II, 52*, f. 25ᵛ-29ᵛ; *Lettre à Patricius*, f. 58ʳ b-61ʳ b.

[37] Parallèle : *Lettre à Patricius*, f. 55ʳ b-57ʳ b.

somption; il était normal, affirme-t-il, que le mystère fondamental du christianisme fût aussi le plus incompréhensible (f. 148^v-153^v) ; Dieu seul pouvait le réaliser (f. 153^v-155^r). Parce qu'ils ne le reçurent pas sans discussion, les « nestoriens » sont tombés dans l'illusion, confondant l'incarnation avec la divinisation par grâce des baptisés, au lieu de voir dans ce dernier mystère une image de l'incompréhensibilité du premier (f. 155^r-160^v). L'évêque de Mabbog propose alors ce qu'il regarde comme le dogme de la foi relatif au devenir de Dieu (f. 160^v-162^r), pour montrer qu'on ne peut le réduire à une assomption (f. 162^r-165^v). Il s'oppose plus particulièrement à la conception de l'union des hypostases en un *prosopon* (f. 165^v-168^r), puis à l'analogie avec l'union conjugale en une seule chair, en distinguant le corps hypostatique du Christ de son corps ecclésial (f. 168^r-171^v). Il conclut enfin en accusant les « nestoriens » d'anthropolâtrie (f. 171^v-173^r).

À ces considérations s'enchaînent de nouvelles variations sur le thème des deux sagesses. La connaissance naturelle de Dieu est inscrite dans la création; celle de la divinité de Jésus, surnaturelle, exige une foi plus grande, laquelle est rendue possible par le secours de l'Esprit acquis depuis la rédemption par la croix (f. 173^v-179^r). Philoxène compare alors le devenir de l'incarnation à celui du baptême, dont le premier est la cause (f. 179^r-181^v) [38]; de là, il passe à un exposé sur la rédemption, fin de l'incarnation : le Christ affranchit du péché en en triomphant, et de la sentence décrétée contre les pécheurs en devenant lui-même malédiction (*Gal.*, III, 13) (f. 181^v-184^r) [39]. Denys Bar-Ṣalībī cite *ad sensum* une partie de ce passage dans son commentaire de *Jean*, I, 14 [40].

Notre auteur s'en prend à nouveau aux « hérétiques » qui attribuent le devenir du Verbe à la chair ou à l'homme que le Verbe assumerait en l'habitant (f. 184^r-186^r). Il polémique ensuite contre le diphysisme : l'union des natures et des hypostases, « enseignée

---

[38] Parallèles : *Mēmrē contre Ḥabīb*, V, f. 42^r a-^{v} b; *Livre des sentences*, II, p. 41 [36]; II, 7, p. 124-125 [95-96], 132-138 [100-105]; II, 8, p. 144-151 [108-113].

[39] Parallèles : *Mēmrē contre Ḥabīb*, VIII, f. 76^v b-81^v a; *Livre des sentences*, III, 1, p. 160-165 [120-125].

[40] Bar-Ṣalībī, *Commentaire de Jean, I, 14*, f. 235^v b = Philoxène, *Commentaire de Jean, I, 1-17*, f. 182^v, ou, peut-être, f. 44^v.

par certains docteurs », exclut la distinction des deux natures comme celle des deux hypostases, à quelque moment que ce soit ; il n'y a pas deux natures lors de l'union (ܠܚܘܕܝܘܬܐ), ni après l'union, mais bien union à partir de deux natures (f. 186ʳ-189ᵛ). Après être revenu une dernière fois au « devenir » de *Jean*, ɪ, 14 (f. 189ᵛ-190ᵛ), Philoxène passe enfin à l'exégèse suivie des derniers versets du prologue johannique. Pour *Jean*, ɪ, 14 *b*, il explique qu'à l'intellect pur, le devenir de Dieu Verbe révèle mieux encore que ses miracles sa puissance, son immutabilité et sa grâce (f. 190ᵛ-192ʳ ; 193ᵛ-195ᵛ) [41]. En *Jean*, ɪ, 15-17, l'évangéliste en appelle au témoignage de Jean-Baptiste pour réfuter les Juifs ; la supériorité du Christ que le Baptiste proclame est celle de sa nature, et non celle d'une vertu meilleure (f. 192ʳ-193ᵛ) ; c'est lui qui parle aux v. 16-17. La plénitude du Christ (v. 16) est celle de sa divinité ; « grâce pour grâce » *(ibid.)* oppose les deux Testaments ; « la grâce et la vérité » (v. 17) sont données directement par le Christ et « en lui » (f. 195ᵛ-197ʳ). Nous avons relevé deux allusions à cette section du commentaire philoxénien dans celui de Denys Bar-Ṣalībī [42] ; et la seconde de ces allusions de l'exégète jacobite se trouve à son tour citée dans une glose marginale du lexique d'Eudokos de Mélitène [43].

Le volume de l'*Add. 14,534* se termine par une preuve de la « mort de Dieu », que Philoxène fonde sur la supériorité de la nouvelle Alliance sur l'ancienne, dont le Christ Dieu était déjà l'auteur (f. 197ʳ-199ʳ). Vient enfin une doxologie (f. 199ʳ).

3. — JEAN, ɪɪ, 4.

Un fragment dans * BAR-ṢALĪBĪ, *Commentaire de Jean, II, 4,* f. 244ᵛᵇ.

TITRE : *Saint Philoxène.*

RÉSUMÉ : Le Verbe incarné se soumet à sa mère pour obéir à la Loi, et non parce que Marie serait sa mère « naturellement » [44].

PARALLÈLE : *Mēmrē parénétiques*, VIII, p. 251-252.

4. — JEAN, ɪɪ, 19.

Deux fragments (a-b) dans * BAR-ṢALĪBĪ, *Commentaire de Jean, II, 19,* f. 247ᵛᵃ.

---

[41] Parallèle : *Livre des sentences*, III, 4, p. 231-234 [171-173].

[42] BAR-ṢALĪBĪ, *Commentaire de Jean, I, 15, 27,* f. 237ʳ a-b, 239ᵛ a = PHILOXÈNE, *Commentaire de Jean, I, 1-17,* f. 193ʳ, 195ᵛ.

[43] Ms. *Tubingue (Universitätsbibliothek), Sachau 348,* f. 73ʳ ; SACHAU, *Verzeichniss,* n° 234, p. 717 a.

[44] C'est-à-dire en dehors de l'économie.

Titre : *Saint Philoxène.*

Résumé : a. Jésus s'appelle lui-même (ܡܩܕܫܐ) temple à cause des membres de son corps ecclésial (*Éph.*, v, 20) [45]. — b. Il s'appelle lui-même temple parce que le Père demeure en lui (*Col.*, ii, 9; *Jean*, xiv, 10).

5. — Jean, ii, 19?

Un fragment dans le ms. * *Londres (British Museum), Add. 14,538,* f. 23ᵛ-24ʳ (Xᵉ s.; Wright, *Catalogue,* n° 863, p. 1005 *b*).

Titre : *De Philoxène du deuxième mēmrā du commentaire de Jean.*

Résumé : Le compilateur de cet extrait l'a fait précéder d'un sommaire qui en résume bien le contenu : « Que les âmes des justes (ܟܐܢܐ) pénètrent toutes les [choses] spirituelles après leur solution d'avec le corps, [tandis que] les âmes des impies ne peuvent plus sentir ni pénétrer les [choses spirituelles] ; et [que] le Christ déposa dans les mains de son Père, avec son âme à lui, les âmes des justes (ܕܟܐܢܐ) ayant cru en lui et les âmes de tous ceux qui croiraient en lui et quitteraient leur corps en [état de] pureté ».

Les notions de psychologie et d'eschatologie individuelle exposées ici sont conformes à celles que Philoxène développe dans le *Commentaire de Matthieu, III, 1-16,* f. 204ʳᵇ, dans celui de *Luc, II, 40,* f. 14ʳ et dans le *Mēmrā sur la foi par questions et réponses,* I, p. 46 [62] ; 53-54 [68]. Si les indications du lemme sont exactes, ce fragment provient du deuxième *mēmrā* du commentaire philoxénien de *Jean*; nous supposons qu'il s'agit d'un « livre » plutôt que d'un « chapitre », car l'*Add. 14,534,* commentant le prologue, devait normalement former le premier livre du commentaire; cependant, nous ne voyons aucune allusion du présent extrait permettant de le rapporter à un passage précis de l'évangile johannique [46].

6. — Jean, iii, 13.

Quatre fragments (a-d) dans Bar-Ṣalībī, *Commentaire de Jean, III, 13,* f. 250ᵛᵃ-252ʳᵇ [47].

---

[45] Parallèles : *Mēmrē contre Ḥabīb,* VIII, f. 81ᵛ a-b; *Livre des sentences,* II, 3, p. 55-60 [47-50]; *Lettre aux moines de Senoun,* p. 3-5 [3-4].

[46] Nous le rapprochons de *Jean,* ii, 19 où le Christ prédit sa mort.

[47] Nos références à cette section du commentaire de Bar-Ṣalībī sont faites au ms. *Vatican (Biblioteca Apostolica), syr. 155,* f. 215ᵛ a-126ᵛ b.

Résumé : a. Lemme : *Philoxène*. L'homme que devint le Verbe est l'homme nouveau d'avant la transgression (f. 215va). — b. Lemme : *Encore, de Philoxène*. Notre auteur expose sous neuf chefs la condition originelle du premier homme : immortalité, impassibilité, absence d'inclination au péché, liberté, prophétie, sagesse spirituelle, science psychique, royauté sur la création, contemplation de Dieu. Il décrit ensuite les trois « mouvements » de l'intellect adamique : la convoitise, qui luttait contre Adam depuis l'imposition du commandement divin, s'installe dans son corps depuis la transgression (f. 215va-216rb). — c. Lemme : *Solution dudit Philoxène* [48]. La nutrition et le mariage relevaient chez Adam de l'ordre de sa création. L'âme du Verbe incarné passe par les deux premiers « mouvements » ; il est affranchi des suites de la transgression en vertu de sa naissance virginale, mais les assume volontairement pour ceux qu'il veut sauver, ce que notre auteur montre par l'évangile (f. 216^{rb-va}). — d. Lemme : *Encore*. Même contexte : Dieu Verbe communie à la nature humaine, détruit le péché, reçoit volontairement la sentence. Conclusion : le Christ, seul fils de l'homme d'avant la transgression, n'en est pas moins soumis aux passions et aux besoins. — La fin du troisième fragment est citée librement, et sans indication de provenance, par Bar-Hébræus, *Candélabre*, IV [49], probablement d'après Bar-Ṣalībī.

Parallèles : *Commentaire de Matthieu VIII, 24 et IX, 2* [50] ; *Mēmrā sur l'arbre de vie* [51] ; *Lettre à Abraham et Oreste*, p. 36 [37] ; *Mēmrē contre Ḥabīb*, VIII, f. 76ra-81va ; *Livre des sentences*, III, 1, p. 160-165 [120-125].

7. — Jean, iii, 25.
Un fragment dans * Bar-Ṣalībī, *Commentaire de Jean, III, 25*, f. 254^{ra-b}.
Titre : *Saint Philoxène*.
Résumé : Notre auteur explique le motif de la discussion entre un Juif et les disciples du Baptiste sur le baptême de Jésus.

---

[48] À une objection que lui adressait Bar-Ṣalībī.
[49] Ms. *Vatican (Biblioteca Apostolica)*, syr. 168, f. 161^r; trad. inédite J. Khouri, p. 71, 150, 155 (communication du R.P. F. Graffin).
[50] Ci-dessus, p. 141.
[51] Bar-Cépha, *Traité de l'âme*, p. 53.

8. — JEAN, III, 27.

Un fragment dans * BAR-ṢALĪBĪ, *Commentaire de Jean, III, 27*, f. 254ᵛ.
TITRE : *Philoxène.*
RÉSUMÉ : Le Baptiste confesse sa condition humaine.

9. — JEAN, IV, 10.

Deux allusions (a-b) dans * BAR-ṢALĪBĪ, *Commentaire de Jean, IV, 10*,
f. 257ʳᵇ⁻ᵛᵃ.
TITRE : *Philoxène.*
RÉSUMÉ : a. Jésus s'appelle lui-même don de Dieu. — b. Il désigne par
l'eau vive la vie éternelle.

10. — JEAN, VI, 51.

Quatre fragments (a-d) dans les mss. * *Londres (British Museum), Add.
12,155*, f. 76ʳᵃ⁻ᵛᵃ (chaîne antijulianiste, VIIIᵉ s.; WRIGHT, *Catalogue*, n° 857,
p. 932*b*) = *Add. 14,532*, f. 67ʳᵃ⁻ᵛᵇ (XIIIᵉ s.; *Catalogue*, n° 858, p. 960*b*) =
Add. 14,533, f. 68ʳᵃ⁻ᵇ (VIIIᵉ-IXᵉ s.; *Catalogue*, n° 859, p. 969*a*) = *Add.
14,538*, f. 110ʳᵇ⁻111ʳᵃ (Xᵉ s.; *Catalogue*, n° 863, p. 1007*b*).
TITRE : *De saint* (ou : *Du bienheureux*) *Philoxène, évêque de Mabbog,
du mēmrā sur cette parole de* (ܐܢܐ ܗܘ ܠܚܡܐ) *Notre-Seigneur : « C'est
moi le pain de vie, [car] je suis descendu du ciel ».*
RÉSUMÉ : a. Notre-Seigneur dit descendu du ciel non son corps personnel (ܕܩܢܘܡܗ), mais « le pain des mystères » (f. 76ʳᵃ⁻ᵇ). — b. Lemme :
Peu après. Son corps fut brisé une seule fois à la croix; l'eucharistie l'est
sans cesse pour tous les croyants (f. 76ʳᵇ). — c. Lemme : *Après d'autres
[choses].* Le corps descendu du ciel est celui qu'il faut manger (f. 76ʳᵇ). —
d. Lemme : *Peu après.* Or personne n'a mangé ni bu le corps ou le sang
de la croix, qui instauraient les mystères (f. 76ʳᵇ⁻ᵛᵃ). — Philoxène s'opposait
peut-être ici à des « phantasiastes » tirant prétexte de *Jean*, VI, 51 pour
appeler céleste le corps du Christ [52]. Un fragment du même contexte se
trouve cité *ad sensum* dans BAR-ṢALĪBĪ, *Commentaire de Jean, VI, 48*,
f. 269 ᵛᵃ⁻ᵇ.

11. — JEAN, XX, 17.

Un fragment dans le * *Sceau de la foi*, p. 253, 9-19.
TITRE : *Du bienheureux Philoxène, évêque de Mabbog, du dix-septième
mēmrā* (ܝܙ) *sur [cette] parole : « Je monte vers mon Père ».*
RÉSUMÉ : Notre-Seigneur s'étant incarné dans le corps et l'âme d'Adam
d'avant la chute, ne fut pas sous l'empire de la mort et des passions.
PARALLÈLE : *Commentaire de Jean, III, 13*, f. 215ᵛᵃ.

---

[52] Les julianistes se réclamaient de ce texte; GARITTE, *Narratio*, § 50-51, p. 33.
Pour la tradition antérieure, voir GESCHÉ, *Commentaire*, p. 109-114.

12. — JEAN, XX, 17 ?

Un fragment dans le * Sceau de la foi, p. 260, 22 - 261, 23.

TITRE : Du bienheureux Philoxène, évêque de Mabbog, du commentaire du saint évangile selon Jean.

RÉSUMÉ : L'incarnation véritable du Fils ne comporte aucune des suites de la condamnation d'Adam; c'est donc avec une souveraine liberté que le Seigneur expérimenta les besoins, les passions et la mort. — Cet extrait cite Jean, X, 18; mais il pourrait également provenir du contexte de la citation précédente, ou encore se rapporter à un passage tel que Jean, IV, 6-7 et 31-34.

13. — JEAN, XX, 17 ?

Un fragment dans le * Sceau de la foi, p. 286, 23-32.

TITRE : Du bienheureux Philoxène, évêque de Mabbog.

RÉSUMÉ : Jésus est exempt des passions du corps et de l'âme parce qu'il ne pécha point (1 Pierre, II, 22), et non seulement en tant que Dieu impassible et immortel. — Cette citation provient vraisemblablement du commentaire johannique de Philoxène, comme les deux précédentes du Sceau de la foi, et peut-être du même contexte.

IV. — DES PIÈCES DE POLÉMIQUE EXÉGÉTIQUE ?

La plupart des lettres et des traités christologiques de Philoxène se ramènent souvent à un exposé et à une discussion de lieux scripturaires controversés; nous groupons néanmoins ici trois pièces que leur titre même semble caractériser comme consacrées ex professo à l'exégèse polémique; mais l'existence de la première, l'intégrité de la deuxième et l'authenticité de la dernière ne nous paraissent pas assurées.

1. — UN MAMLĒLĀ DOGMATIQUE SUR ACTES, II, 22 ?

La Bibliotheca Orientalis recense parmi les œuvres de notre auteur un traité discutant un passage du Livre des Actes « contre ceux qui pensent que 'Jésus' et 'Christ' sont les noms d'[un] homme (ܐܢܫܐ) conjoint à Dieu, et non de Dieu devenu homme »[1]. Au dire d'Assémani, le titre de cette pièce philoxénienne suivait dans

---

[1] ASSÉMANI, Bibl. Orientalis, p. 45, no 17; voir BAUMSTARK, Geschichte, p. 144, note 3; TISSERANT, Philoxène, col. 1519, no 5.

l'actuel ms. *Vatican syr. 136* (VIe s.) la *Lettre aux moines de Senoun;* mais cette lettre se termine au f. 130 et dernier du manuscrit, sans que le titre en cause s'y puisse déchiffrer; il ne le pouvait pas davantage moins de quarante ans après la rédaction de la *Bibliotheca* (t. 2 : 1721), puisque le *Catalogus,* auquel collabora le même auteur (t. 3 : 1759), reste muet sur le traité de Philoxène [2]; ce silence ne laisse pas d'inspirer quelque soupçon sur l'exactitude du renseignement du savant maronite, d'autant que l'on peut montrer qu'il n'était déjà plus à même de déchiffrer correctement le *Vatican syr. 136* dès 1721 [3]. À supposer sa lecture exacte, elle ne représenterait d'ailleurs qu'un témoignage d'attribution non nécessairement œuvre du scribe, mais peut-être seulement d'un possesseur ou d'un lecteur postérieur du manuscrit. Au reste, nous ne voyons pas à quel ouvrage connu de l'évêque de Mabbog le titre mentionné pourrait se rapporter, et nous ne connaissons même aucun texte philoxénien commentant ou discutant *Actes,* II, 22. Faute de toute confirmation sur l'existence de ce traité, mieux vaut donc, pensons-nous, ne pas le retenir; son analogue le moins éloigné serait, à notre connaissance, un passage des *Mēmrē contre Ḥabīb,* où notre auteur explique le titre christologique « homme » (ܐܢܫܐ) dans le discours athénien de saint Paul (*Actes,* XVII, 31) [4].

2. — UNE CONTROVERSE (ܕܪܫܐ) ANTINESTORIENNE SUR *ÉPH.,* I, 17?

Ms. : * *Vatican (Biblioteca Apostolica), syr. 135,* f. 71va 77rb (VIIe-VIIIe s.; ASSÉMANI, *Catalogus,* p. 215-216).

BIBL. : ASSÉMANI, *Bibl. Orientalis,* t. 2, p. 45, no 15; BUDGE, *Discourses,* t. 2, p. LIV, no XVII; BAUMSTARK, *Geschichte,* p. 143, note 7; TISSERANT, *Philoxène,* col. 1518-1519, no 3.

Cette pièce est inscrite dans l'unique manuscrit qui la conserve sous le titre de « Controverse qui opposa Mār Xénaïas à un savant (ܣܘܦܝܣܛܐ) nestorien sur ce point : Le Dieu de Notre-Seigneur Jésus-Christ, Père de la Gloire [*Éph.,* I, 17] ». L'auteur reproche à ce « nestorien » de distinguer dans le Christ le Verbe et un

---

[2] ASSÉMANI, *Catalogus,* p. 217.
[3] DE HALLEUX, *Senoun,* p. V-VI.
[4] PHILOXÈNE, *Mēmrē contre Ḥabīb,* VII, f. 66v c-69v b.

homme assumé, formant deux natures (f. 75rb), afin d'éviter au Fils naturel l'imperfection du changement; il lui conteste son exégèse adoptianiste de trois versets du Nouveau Testament : *Éph.*, I, 17 (f. 71va-72ra; 73rb), 1 *Cor.*, II, 8 (f. 72ra-73rb) et *Jean*, XX, 17 (f. 73rb-77rb), que lui-même explique dans la perspective du devenir véritable mais immuable de Dieu Verbe par l'incarnation; il s'oppose également au « nestorien » sur le point de l'application de la « science » rationnelle au mystère de la foi (f. 73va-74rb; 76^{v}).

Ces thèmes sont monophysites, et il serait facile de leur trouver des parallèles dans les écrits de notre auteur; par ailleurs, le *Vatican syr. 135* conserve plusieurs lettres et fragments philoxéniens d'une incontestable authenticité [1]; néanmoins, la présente controverse nous paraît insérée dans un contexte suspect. Sa forme dialoguée n'est jamais utilisée dans aucune œuvre authentique de l'évêque de Mabbog, tandis qu'ici les répliques de l'« orthodoxe » et de l'« hérétique » se poursuivent dans la réfutation anonyme dont il va être question, et reprennent au cours des deux pièces de polémique antijulianiste qui s'y enchaînent [2]; les quatre morceaux n'auraient-ils pas reçu cette adaptation d'un compilateur? L'hypothèse d'un remaniement se confirme par la considération de l'exorde abrupt de la controverse; en effet, le lemme qui l'introduit : « Le scrutateur dit » (f. 71va) remplace vraisemblablement une portion tronquée de l'original. Par ailleurs, le ton de la discussion manifeste un « irénisme » qui n'est guère dans la manière de notre auteur, mais qui nous semble dater d'un stade plus apaisé et plus scolaire des controverses christologiques.

La *Réfutation spéculative* (ܚܫܒ) *des nestoriens [par] les orthodoxes* (f. 77rb-80va), qui suit immédiatement la controverse exégétique, s'y rattache explicitement par une transition (f. 77^{rb-va}); elle s'adresse aux chalcédoniens (*ibid.* et f. 79^{ra-va}; 80ra), mais porte essentiellement sur la naissance et la mort volontaires de l'Immortel (f. 77va-80rb). Ici encore, les idées développées sont monophysites et philoxéniennes [3]; il convient cependant de souligner que le titre du

---

[1] ASSÉMANI, *Catalogus*, p. 214-216; ci-dessous, p. 171, 187, 189, 197-199.

[2] C'est à partir du f. 86^{r} a que « l'hérétique » devient « le julianiste »; DRAGUET, *Polémique antijulianiste*, p. 277, note 7.

[3] Nous ne voyons pourtant pas le moyen d'attribuer à notre auteur l'étrange théorie affirmant au sujet du Christ : « Alors qu'il parle avec Caïphe et Pilate, il est écrit qu'il était au cœur des enfers » (f. 80^{r} a).

manuscrit, qui ne mentionne aucun nom d'auteur (f. 77rb), ne porte pas même le lemme habituel : « Encore, du même », qui eût été de mise si la *Réfutation* avait été attribuée à Philoxène. C'est donc abusivement que le catalogue des Assémani [4], reprenant la *Bibliotheca Orientalis* [5], inscrit le « dialogue » sous le nom « du même Xénaïas ».

Étant donné l'absence de toute indication permettant d'établir l'attribution de la *Réfutation* et de confirmer l'intégrité textuelle de la *Controverse,* nous préférons ne retenir que cette dernière comme philoxénienne, mais sous la réserve d'adaptations de fond et de forme impossibles à déterminer.

3. — UN DIALOGUE ENTRE NESTORIUS ET L'ÉGLISE?

Deux fragments dans le ms. * *Londres (British Museum), Add. 14,628,* f. 9-20 (VIe-VIIe s.; WRIGHT, *Catalogue,* n° 682, p. 532b-533a).

BIBL. : BUDGE, *Discourses,* t. 2, p. LIV, n° XVII; BAUMSTARK, *Geschichte,* p. 143, note 7; TISSERANT, *Philoxène,* col. 1518-1519, n° 3.

Dans le catalogue des manuscrits syriaques du British Museum, les douze derniers feuillets de l'*Add. 14,628* sont présentés comme deux lambeaux d'un traité de controverse antinestorienne sous la forme d'un dialogue entre l'Église et un nestorien, par Philoxène de Mabbog, et il est proposé d'identifier ce dialogue avec la controverse du *Vatican syr. 135* dont nous venons de parler [1]; mais cette identification ne résiste pas à la comparaison des manuscrits, tandis que l'examen de l'*Add. 14,628* n'apporte aucune confirmation décisive à l'attribution à Philoxène.

Le dialogue acéphale s'ouvre sur une transition, dans laquelle l'auteur annonce qu'après l'exposé systématique (ܣܘܪܝܐܝܬ) des christologies « nestorienne » et « orthodoxe », il va opposer en une controverse (ܕܪܫܐ) détaillée les raisons (ܥܠܬܐ) des premiers et les réponses (ܦܘܢܝܐ) des seconds (f. 9r-10v). Il s'agit d'une discussion de textes scripturaires, chaque fois introduite sous les rubriques : « Nestorius dit » et « l'Église dit ». Seize points sont conservés, sur un nombre indéterminé, car on ne saurait apprécier l'éten-

---

[4] ASSÉMANI, *Catalogus,* p. 216.
[5] ASSÉMANI, *Bibl. Orientalis,* t. 1, p. 587; t. 2, p. 45.
[1] WRIGHT, *Catalogue,* p. 532-533.

due de la lacune séparant les deux fragments entre les actuels f. 14 et 15, non plus que le nombre de feuillets manquant en queue.

Les objections avancées par « Nestorius » se fondent sucessivement sur *Luc*, I, 32 (« sera appelé Fils »; f. 10^v-11^r); *Luc*, III, 22 et *Is.*, XLII, 1 (Fils = serviteur; f. 11); *Jean*, XII, 28 et *Matth.*, VI, 9 (le Christ demande au Père de le glorifier; f. 11^v-12^r); *Jean*, V, 30 et 2 *Cor.*, III, 5 (l'homme inhabité ne peut rien faire de lui-même; f. 12^r-13^r); *Matth.*, XXIV, 36 et XX, 23 (le Fils n'a ni la science ni le pouvoir d'un Fils connaturel de Dieu; f. 13); *Phil.*, II, 7-9 et *Hébr.*, I, 4 (le Christ est glorifié en récompense de son obéissance; f. 14). Le deuxième fragment du traité s'ouvre sur la réponse de « l'Église » à une objection partant de *Jean*, II, 19-21 (f. 15^r); suivent *Éph.*, I, 17 (le Père est Dieu de Notre-Seigneur Jésus-Christ; f. 15^r-16^r); *Hébr.*, X, 20 (le Christ est le voile de Dieu Verbe; f. 16^v-17^v); *Deut.*, XVIII, 15 et *Luc*, XIII, 33 (le Christ est un prophète; f. 17^v-18^r); *Luc*, II, 52 (Dieu ne croît pas en taille et en savoir; f. 18); *Rom.*, VIII, 34 (le Christ prie pour nous; f. 18^v). Les trois objections qui suivent ne se fondent pas sur un lieu biblique précis (f. 19^r-20^v); la dernière conservée porte sur *Hébr.*, II, 9-12 et 1 *Pierre*, III, 18 (contre la passion et la mort de Dieu; f. 20^r).

Au nestorianisme qu'il vise, l'auteur reproche de distinguer des titres christologiques « de l'union », ou « jumelés » (ܩܕ̈ܝܫܐ), d'autres titres, qui seraient particuliers (ܐ̈ܡܝܢܬܐ) à Dieu Verbe et à l'homme Christ; sa critique des « particularités » pourrait viser la définition de Chalcédoine; lui-même défend « l'union des natures » (f. 9^r-10^v); sa perspective est donc celle d'un monophysite. En outre, plusieurs des thèses développées ici se rencontrent dans des écrits de Philoxène : les chrétiens, temples de l'Esprit par le baptême (f. 15^r) [2]; salut et retour de la création à Dieu dans le Christ (f. 11; 15^r-16^r) [3]; la chute décrite comme « mouvement » (de l'intellect; (ܟܗܬܝܐܘܬܐ, f. 17^r) [4]; on notera, en particulier, que l'interprétation de *Éph.*, I, 17 (f. 15^r-16^r) est analogue à celle de la controverse précédente [5]. C'est d'ailleurs sur la base des renseignements d'Assémani concernant cette controverse que le présent

---

[2] PHILOXÈNE, *Mēmrē contre Ḥabīb*, VIII, f. 81^v a-b; *Livre des sentences*, II, 3, p. 55-60 [47-50]; *Lettre aux moines de Senoun*, p. 3-5 [3-4].

[3] ID., *Commentaire de Matthieu*, III, *1-16*, f. 203^v b-204^r b.

[4] ID., *Commentaire de Jean*, III, *13*, f. 216^r a-b.

[5] Ci-dessus, p. 164.

dialogue a été attribué à l'évêque de Mabbog; mais, en réalité, l'*Add. 14,628* ne contient aucune indication de provenance ni d'auteur [6]; on ne possède donc aucun indice formel autorisant cette attribution. L'étude comparée des citations bibliques du dialogue avec celles des commentaires philoxéniens apportera peut-être un argument concluant; en attendant, nous préférons ne pas nous prononcer sur l'identité de son auteur, d'autant que plusieurs de ses considérations théologiques, notamment celles qui tendent à nier le progrès du Christ en savoir (f. 13 et 18), contredisent les explications que Philoxène fournit sur ce point dans son commentaire de *Luc* [7].

---

[6] On ne peut rien conclure du fait qu'il accuse les mêmes caractéristiques paléographiques que le commentaire philoxénien de l'*Add. 14,534* (voir, notamment, les lignes corrigées et récrites plus serrées dans l'*Add. 14,628*, f. 11r = *Add. 14,534*, f. 15r, 20v, 30v, 81v, 156v, 175r, 178v, 184v, 195r). WRIGHT, *Catalogue*, p. 533, en note, se trompe manifestement en rapprochant cette écriture de celle de l'*Add. 14,670*.

[7] PHILOXÈNE, *Commentaire de Luc, II, 52*, f. 23v-27r.

CHAPITRE DEUXIÈME

ŒUVRES DOGMATIQUES

I. — PROFESSIONS DE FOI

Parmi les écrits dogmatiques de notre auteur, la profession de foi représente un genre distinct par le style et le contenu. La profession philoxénienne est généralement composée de deux parties : la première constitue une amplification plus ou moins développée des articles trinitaire et christologique du *Credo* de Nicée-Constantinople, dans la perspective monophysite ; puis vient normalement une partie négative, rédigée le plus souvent sous forme d'anathèmes.

Certaines de ces professions constituèrent des signes de ralliement, des armes offensives ou des pièces justificatives dans la lutte contre les « nestoriens » et les diphysites. Philoxène avait exposé sa foi aux empereurs Zénon et Anastase [1] ; il annexa une profession à sa première lettre *Aux moines de Téléda* [2], à sa première *Aux moines du Bēt-Gōgal* [3] et à celle *Au moine Patricius* [4] ; plusieurs de ses écrits les plus importants contiennent également des professions et des anathèmes, tels le *Volume contre Ḥabīb* [5] et le *Livre des sentences* [6] ; d'autres, comme la *Lettre dogmatique aux moines* [7], se ramènent à une profession de foi développée. Les circonstances concrètes qui donnèrent naissance à ces compositions permettent parfois d'en déterminer la date avec une certaine précision ; cependant, les manuscrits les ont parfois retirées de leur contexte historique pour les adapter à l'usage scolaire ou liturgique.

Certaines des professions attribuées à Philoxène se distinguent des précédentes par leur caractère intemporel et stéréotypé ; les critères d'authenticité sont ici bien ténus, d'autant plus que nombre

---

1 Ci-dessus, p. 37-38, 60-63.
2 PHILOXÈNE, *Lettre aux moines de Téléda, I*, p. 500-501.
3 ID., *Lettre aux moines du Bēt-Gōgal, I*, p. 152-157.
4 ID., *Lettre à Patricius*, f. 72ʳ b.
5 ID., *Mēmrē contre Ḥabīb*, app., f. 135ᵛ c.
6 ID., *Livre des sentences*, II, 2, p. 54-55 [46] ; III, 5, p. 268-271 [198-200].
7 Ci-dessous, p. 189-191.

de pièces analogues se rencontrent sous le nom de tous les grands théologiens jacobites. Un jugement définitif en cette matière présuppose une étude comparative qui n'a pas encore été entreprise. Nous avons consulté la profession de Timothée Élure à l'empereur Léon [8], une de Sévère encore inédite [9], celle de Jacques Baradée [10], celle du patriarche Jean X [11], une de Michel le Syrien [12], celle de Bar-Hébræus [13] et celle du Pontifical jacobite [14]; mais il faudrait également tenir compte, entre autres, de celles de Jacques d'Édesse [15] et de Bar-Ṣalībī [16].

Nous avons classé sous la rubrique des professions de foi l'écrit de notre auteur connu sous le titre de *Lettre à Zénon* [17]; nous y parlerons aussi de sa prétendue lettre à Jean II d'Alexandrie [18]. On notera que la liste bibliographique philoxénienne de Budge dédouble sous les n°s XXIII et XXIV, une profession identique [19]; par ailleurs, les deux pièces dogmatiques des n°s XXVII et XXX [20] ne sont pas de Philoxène : la première représente un *qālā* célébrant le « martyre » de l'évêque de Mabbog [21], et la seconde une polémique relative à l'eucharistie, œuvre d'un certain Xénaïas « gyrovague », (ܡܫܢܝܐ) [22]. Disons enfin que nous n'avons pu consulter le

---

[8] Timothée, *Lettre à Léon*, p. 241-243.

[9] Ci-dessous, p. 178, n° 6.

[10] Jacques Baradée, *Profession de foi*, p. 121-139 [139-163].

[11] Jean X, *Profession de foi*, p. 149-152 [178-180].

[12] Michel, *Profession de foi*, col. 280-285.

[13] Bar-Hébræus, *Profession de foi*, p. 276-267.

[14] *Pontifical jacobite*, p. 324-326 [326-327].

[15] Ms. *Londres (British Museum), Orient. 2307*; Margoliouth, *Descriptive List*, p. 7.

[16] Ms. *Oxford (Bodleian Library), Marsh 101*, f. 33; Payne Smith, *Catalogus*, n° 142, col. 461.

[17] Ci-dessous, p. 171-173, n° 2.

[18] Ci-dessous, p. 174, note 4.

[19] Budge, *Discourses*, t. 2, p. LV; ci-dessous, p. 177, n° 6.

[20] *Ibid.*, p. LVI.

[21] de Halleux, *Mēmrā*, p. III-IV, 21 [21].

[22] Mss. *Paris (Bibliothèque Nationale), syr. 112*, f. 277r-v (Zotenberg, *Catalogue*, p. 75 a); *Londres (British Museum), Orient. 2307*, f. 37r-v (Margoliouth, *Descriptive List*, p. 7). Il s'agit peut-être du julianiste Xénaïas de Gubbā-Barrayā (ca 820), dont Michel, *Chronique*, XII, 6 et 11, p. 492, 506-507 [25, 48-49] apprend qu'il milita dans le parti schismatique d'Abraham de Qartamīn pour la formule eucharistique « le pain du ciel ».

manuscrit alépin *Sbath 178*, p. 32 (XIII⁰ s.) contenant, en syriaque,
« l'acte de foi de saint Filalmsinus » [23].

1. — « NOUS PROFESSONS LA FOI EN UNE NATURE ÉTERNELLE... »

Mss. : * *Cambridge (University Library), Add. 2012*, f. 165ʳ-166ᵛ (XIVᵉ
s.; WRIGHT-COOK, *Catalogue*, p. 535); *Birmingham (Selly Oak Colleges),
Mingana syr. 577*, f. 34ʳ-35ʳ (XIIIᵉ s.; MINGANA, *Catalogue*, col. 1093) ||
Un fragment dans le ms. *Londres (British Museum), Add. 17,201*, f. 6ʳᵇ-ᵛᵇ
(VIᵉ-VIIᵉ s.; WRIGHT, *Catalogue*, nᵒ 749, p. 690a-b).

BIBL. : BUDGE, *Discourses*, t. 2, p. LV, nᵒ XXII; BAUMSTARK, *Geschichte*,
p. 143, note 6; TISSERANT, *Philoxène*, col. 1520, nᵒ 7 k.

Une courte profession de foi se trouve conservée sous le nom de
Philoxène dans deux manuscrits médiévaux; mais un feuillet plus
ancien de l'*Add. 17,201*, qui en contient le début, vient heureusement appuyer son authenticité. Il s'agit d'une pièce polémique
peut-être extraite d'une lettre et vraisemblablement destinée à des
moines monophysites. L'auteur s'oppose à la christologie de l'inhabitation, puis souligne l'appartenance du divin et de l'humain à
l'unique et même Christ. Parmi les notions familières à Philoxène,
relevons la distinction entre « l'hypostase » et « le nom » (f. 165ʳ⁻ᵛ) [1],
et celle de la « nature » et de la « volonté » (f. 165ʳ; 166ᵛ) [2]. L'insistance sur le lien entre le mystère et la foi (f. 166ᵛ) [3], ainsi que
l'argumentation en faveur de l'*Unus de Trinitate* à partir de la
Théotokos (f. 166ʳ⁻ᵛ) [4], sont également caractéristiques de notre
auteur.

---

[23] SBATH, *Catalogue*, t. 1, p. 93. Nous présumons que cette profession
philoxénienne est l'une des deux que nous avons rangées ci-dessous, p. 175 et 177,
nᵒˢ 4 et 6; cependant l'auteur du catalogue ne donne aucun *incipit* qui permette de s'en assurer. « Filalmsinus » est évidemment une déformation de
« Philoxenos ».

[1] Voir PHILOXÈNE, *Mēmrē contre Ḥabīb*, III, f. 21ʳ c-ᵛ c; *Commentaire de
Jean, I, 1-17*, f. 15ʳ-17ᵛ.

[2] ID., *Mēmrē contre Ḥabīb*, X, f. 98ᵛ a-100ʳ b; *Livre des sentences*, I, p. 8
[12].

[3] ID., *Mēmrē contre Ḥabīb*, I, p. 461, 470; III, f. 19ᵛ c - 20ʳ a; *Mēmrē parénétiques*, II, p. 54-55.

[4] ID., *Lettre dogmatique aux moines*, p. 136-138 [98-100]; *Mēmrē contre
Ḥabīb*, X, f. 111ʳ a-ᵛ a

Cette profession fut écrite à un moment critique pour l'auteur, qui envisage la perspective d'épreuves à subir pour la foi, et engage ses destinataires à résister sans crainte aux persécuteurs (f. 166ᵛ). Par ailleurs, le débat ne semble pas porter sur le monophysisme strictement dit : la formule « cyrillienne » n'y est citée qu'au passage, et le meilleur manuscrit ne mentionne alors que l'hypostase (f. 166ʳ) ; la pointe du morceau est plutôt « théopaschite » (f. 166ʳ⁻ᵛ). Ces circonstances nous inclinent à dater la présente profession du patriarcat de Calendion d'Antioche (482-484), c'est-à-dire de l'époque où l'intervention de Philoxène et des moines en défense du *Trisagion* monophysite allait lui valoir son expulsion du patriarcat [5].

2. — « AU SUJET DE L'INCORPORATION ET DE L'INCARNATION DE DIEU VERBE... »

Ms. : *Vatican (Biblioteca Apostolica), syr. 135*, f. 17ʳᵃ-19ᵛᵇ (VIIᵉ-VIIIᵉ s.; ASSÉMANI, *Catalogus*, p. 214).

Éd. avec version anglaise et introduction : * VASCHALDE, *Three Letters*, p. 163-173 [118-126] ; 90-92.

BIBL. : ASSÉMANI, *Bibl. Orientalis*, t. 2, p. 34-35, nᵒ 10 ; BUDGE, *Discourses*, t. 2, p. LX, nᵒ L ; LEBON, *Dissertation*, p. 112-114 ; BAUMSTARK, *Geschichte*, p. 142, note 3 ; TISSERANT, *Philoxène*, col. 1522.

En faveur de l'authenticité de la présente profession de notre auteur à l'empereur Zénon, on peut faire valoir le contexte des deux lettres authentiques dans l'unique mais ancien manuscrit qui la lui attribue [1] ; en outre, il convient d'en appeler au témoignage du continuateur de Zacharie, s'appuyant lui-même sur un document plus ancien, aux termes duquel Xénaïas « écrivit à l'empereur [Zénon une profession de] foi orthodoxe » [2]. Nous avons dit les circonstances qui amenèrent Philoxène à se rendre à Constantinople en 484, tant pour accuser son patriarche Calendion que pour

---

[5] Ci-dessus, p. 36.

[1] *Lettre dogmatique aux moines* (f. 15ᵛ-17ʳ) et première *Aux moines du Bēt-Gōgal* (f. 19ᵛ-23ᵛ) ; ci-dessous, p. 189 et 198, nᵒˢ 1 et 5.

[2] ZACHARIE CONT., *Hist. eccl.*, VIII, 10, p. 50 [34] ; SIMÉON, *Lettre à Samuel*, p. 48 [33] ; ci-dessus, p. 37-38. C'est l'historien jacobite qui transforme sa source de « écrivit » en « écrivit *et envoya* ».

se défendre contre ses propres détracteurs[3]; il nous reste à préciser comment la « lettre à Zénon » se rapporte à ces circonstances.

Tout d'abord le titre de « lettre », assigné à cette pièce par le manuscrit, nous paraît abusif[4] : matériellement, il s'agit d'une profession trinitaire et christologique monophysite, suivie des habituels anathèmes; formellement, cette profession est dépourvue d'adresse épistolaire, et son auteur la conclut en disant qu'il a « écrit et donné »[5]; il semble donc qu'il l'ait personnellement remise à l'empereur dans la capitale. Dans sa première lettre *Aux moines du Bēt-Gōgal,* Philoxène révèle précisément qu'il s'était rendu en ambassade à Constantinople pour y accuser Calendion d'Antioche[6]; il faut donc rapprocher la profession à Zénon de ce voyage. On ne saurait cependant l'identifier avec celle dont parle l'historien jacobite[7]; en effet, notre auteur déclare ici exposer sa foi sur l'ordre de l'empereur, pour fermer la bouche à ceux qui décrient sa foi christologique, ainsi que pour l'édification de ceux qui ont à cœur de le défendre[8]; la profession à Zénon ne représente donc pas la supplique accusatrice des moines monophysites d'Orient, mais plutôt une garantie justificative exigée par l'empereur.

La profession philoxénienne reflète bien l'atmosphère de la controverse sur le *Trisagion* qui avait motivé l'ambassade à Constantinople. L'argumentation qu'y emploie notre auteur rappelle celle des *Mēmrē contre Ḥabīb*[9]; en effet, non seulement il y défend explicitement la « mort de Dieu » en croix[10], mais tout le reste de la profession tend au même point : son insistance sur les présupposés trinitaires de la christologie[11] vise à appuyer l'*Unus de Trinitate,* tandis que

---

[3] Ci-dessus, p. 37-38.

[4] Le libellé de ce titre, y compris la mention de Zénon, reprend simplement les premiers mots de la profession (p. 163 [118]).

[5] PHILOXÈNE, *Profession à Zénon,* p. 173 [126]; Vaschalde traduit fautivement ܠܣܡ par « sent ».

[6] Ci-dessous, p. 199-200, n° 5.

[7] LEBON, *Dissertation,* p. 112-113.

[8] PHILOXÈNE, *Profession à Zénon,* p. 173 [126].

[9] Ouvrage composé entre 482 et 484; ci-dessous, p. 237-238. Dans la présente profession, Philoxène manifeste cependant un souci plus particulier de se justifier du reproche de théopaschisme.

[10] PHILOXÈNE, *Profession à Zénon,* p. 169-172 [123-125].

[11] *Ibid.,* p. 163-164 [118-119], 172 [125].

la justification du « devenir sans changement » [12], de la perspective des deux naissances du Verbe et de l'attribution à Dieu de l'aspect humain de l'économie [13] tend à montrer « un de la Trinité à la croix » [14]. Tout porte donc à dater cette pièce du premier séjour de Philoxène à Constantinople, séjour que la *Lettre aux moines du Bēt-Gōgal* permet de situer au cours de l'été de 484 [15].

3. — « MA FOI EST EN LA TRINITÉ... »

Mss. : *Londres (British Museum), Add. 14,670,* f. 21ʳ-22ʳ (VIᵉ-VIIᵉ s.; Wright, *Catalogue,* n° 750, p. 690a) ; *Add. 14,529,* f. 69ᵛᵇ-71ʳᵃ (VIIᵉ-VIIIᵉ s.; *Catalogue,* n° 856, p. 920b).

Éd. avec version anglaise : * Budge, *Discourses,* t. 2, p. xcvi-xcviii [xxxi-xxxiii].

Bibl. : Budge, *Discourses,* p. lvi, n° xxix; Lebon, *Dissertation,* p. 115; Baumstark, *Geschichte,* p. 143, note 6; Tisserant, *Philoxène,* col. 1520, n° 7 j.

Deux anciens manuscrits, dont rien n'autorise à récuser le témoignage, conservent sous le nom de notre auteur une profession de foi qu'ils intitulent « réponse de Mār Xénaïas ». Cette pièce se termine de manière abrupte, mais il se peut qu'elle ne nous soit parvenue que tronquée. Le texte de l'*Add. 14,670* est préférable à celui de l'*Add. 14,529,* seul édité ; en effet, si le titre y laisse déjà tomber le nom du personnage auquel s'adressait primitivement la « réponse », il ne lui a pas encore conféré le caractère général et intemporel que lui donne l'*Add. 14,529,* en l'intitulant : « Réponse lorsqu'on (ܐܢܫ) est interrogé : Comment crois-tu ? » ; le lemme final du même *Add. 14,529* a d'ailleurs conservé quelque chose du

---

12 *Ibid.,* p. 166-167 [121].

13 *Ibid.,* p. 167-168 [121-122].

14 *Ibid.,* p. 169-170 [123-124].

15 Ci-dessous, p. 199-200. L'éditeur de la « lettre à Zénon » et de la *Lettre aux moines* a donc inutilement interverti l'ordre dans lequel ces deux pièces se suivent dans le *Vatican syr. 135* ; cet ordre correspond strictement à leur suite chronologique. Assémani, *Bibl. Orientalis,* p. 34, et Vaschalde, *Three Letters,* p. 90, voient dans la « lettre à Zénon » l'acceptation de l'*Hénotique,* que Philoxène aurait signifiée à l'empereur peu après son ordination épiscopale ; Lebon, *Dissertation,* p. 112-114, suivi par Tisserant, *Philoxène,* col. 1522, situe la « lettre » avant l'épiscopat de Philoxène, sinon avant la promulgation de l'*Hénotique.*

ton concret de l'original, en parlant d'« interrogatoire de la foi de Mār Xénaïas ».

Nous ne voyons pas le moyen de déterminer à la demande de quel personnage répondait la présente profession. En effet, c'est à partir d'un examen trop rapide de l'*Add. 14,670*, f. 19-22, qu'on a cru pouvoir identifier ce personnage avec le patriarche Jean II d'Alexandrie [1]. Ces feuillets détachés contiennent les quatre morceaux suivants : 1. la fin d'une lettre d'un monophysite à son « frère bien-aimé » (f. 21^r) sur le mystère de l'incarnation (f. 19^r-21^r) : cette pièce n'est pourvue d'aucune indication de provenance; — 2. la réponse de Mār Xénaïas, évêque de Mabbog (f. 21^r-22^r) : aucune donnée du lemme ne permet de rattacher cette « réponse » à la lettre précédente [2]; — 3. un extrait du *Livre des sentences* [3], introduit et conclu par les lemmes : « Encore, dudit Mār Xénaïas », et : « Fin dudit Mār Xénaïas, évêque de Mabbog » (f. 22^{r-v}); — 4. le début d'un « *tūrgāmā* et apologie » du « saint et théophile Jean, archevêque d'Alexandrie la Grande, au peuple fidèle, sur la foi orthodoxe » (f. 22^v) : rien n'indique que ce dernier morceau ait été précédé par d'autres du même auteur, et rien ne permet davantage de préciser que cet auteur soit Jean II (496-505), plutôt que son successeur Jean III le Niciote (506-517).

C'est uniquement sur le titre de cette quatrième pièce que l'on a pu fonder l'attribution de la première à Jean d'Alexandrie, puis supposer que la « réponse » de Philoxène était adressée à ce patriarche; mais on voit que cette hypothèse n'est aucunement fondée [4]; mieux vaut donc ne pas se prononcer sur l'auteur

---

[1] WRIGHT, *Catalogue*, p. 690-691; BAUMSTARK, *Geschichte*, p. 143, note 1.

[2] En outre cette lettre n'était pas attribuée à Philoxène, sans quoi le lemme qui la suit aurait sans doute spécifié : « Réponse *dudit* Mār Xénaïas » comme ci-dessous, 3.

[3] Ci-dessous, p. 240, note 1.

[4] Une mauvaise interprétation des indications de Wright a donné naissance à une lettre de Philoxène à Jean II d'Alexandrie; c'est, en effet, la lettre « adressed to Philoxenus of Mabbogh, probably *by* John II of Alexandria » (WRIGHT, *Catalogue*, p. 690 *a*) que Budge a transformée, dans sa liste bibliographique philoxénienne (BUDGE, *Discourses*, t. 2, p. LX, n° LI) en une lettre « *to* John II of Alexandria »; l'erreur est passée de là chez VASCHALDE, *Tractatus tres*, p. 4 et TISSERANT, *Philoxène*, col. 1524 (« à Jean II Nikiotès »!). BAUMSTARK, *Geschichte*, p. 142-143, note 1, se montre plus circonspect.

de la première lettre tant qu'elle n'aura pas été identifiée, si la chose est possible, par l'analyse de son contenu; mais quel que soit le résultat de cette identification, il ne s'ensuivra nullement que la « réponse » de Philoxène s'y rapporte, car rien n'empêche que le florilège dont ces quatre feuillets sont un débris ait juxtaposé sans suite des pièces d'origine diverse. Une chose nous paraît certaine : le correspondant anonyme qui avait interrogé l'évêque de Mabbog n'était pas hostile au monophysisme; en effet, la « réponse » de ce dernier ne dénote aucun souci défensif ou apologétique, ce qui nous semble indiquer qu'il s'adressait à un sympathisant.

L'exposé trinitaire et christologique de la présente profession est typiquement monophysite; par ailleurs, on n'y trouve pas de référence expresse à Chalcédoine ni au diphysisme, qui ne sont visés qu'indirectement dans la personne des « égarés » à qui Philoxène reproche d'attribuer les « particularités » à « un autre et un autre » (p. xcvii). Ce ton apaisé reporte, sinon à une époque contemporaine des deux professions précédentes, du moins antérieurement à la seconde partie du patriarcat de Flavien d'Antioche.

4. — CATALOGUE (ﺭﺩﺩ) DES HÉRÉSIES QUI SOUTIENNENT L'ERREUR

Mss. : *Londres (British Museum)*, Add. 14,529, f. 65ᵛᵃ-66ᵛᵇ (VIIᵉ-VIIIᵉ s.; WRIGHT, *Catalogue*, n° 856, p. 920a); *Paris (Bibliothèque Nationale)*, syr. 112, f. 277ᵛ-278ʳ (1239; ZOTENBERG, *Catalogue*, p. 75a); *Birmingham (Selly Oak Colleges), Mingana syr. 4, f. 73ᵛᵃ⁻ᵇ (1895; MINGANA, *Catalogue*, col. 11).

ÉD. avec version anglaise : * BUDGE, *Discourses*, t. 2, p. CXXXVI-CXXXVIII [XLV-XLVIII]; avec version française : NAU, *Textes monophysites*, p. 248-250.

BIBL. : BUDGE, *Discourses*, t. 2, p. LIII, n° XI; LEBON, *Dissertation*, p. 115; BAUMSTARK, *Geschichte*, p. 143, note 5; TISSERANT, *Philoxène*, col. 1519, n° 7 a.

Une brève notice hérésiologique se trouve attribuée à Philoxène par trois manuscrits, dont l'*Add. 14,529* est le plus ancien et présente le meilleur texte. Les hérésies christologiques de type eutychien, puis celles de type nestorien, y sont brièvement recensées, après quoi vient une courte profession de foi christologique « orthodoxe », c'est-à-dire monophysite. Les traits qui dépeignent chacune des hérésies correspondent à ceux que l'on trouve dans les œuvres authentiques de notre auteur[1], et la liste des hérésiarques « nestoriens », plus complète dans l'*Add. 14,529,* comprend bien les personnages dont l'évêque de Mabbog ne cessa de réclamer la condamnation[2].

Cependant, la présente notice ne contient aucun anathème; le ton en est serein; l'accent n'est mis sur aucun point particulier. Nous ne pensons donc pas qu'elle ait été destinée à la polémique antidiphysite; mais nous y verrions plutôt un formulaire vulgarisé, à l'usage des « simples ». La mention du catholicos Acace de Séleucie et du métropolite de Nisibe Barsauma (p. cxxxvii) permet de dater cette pièce d'après les synodes persans de 484 et 486[3]; les noms des archevêques de Mabbog Alexandre et Cyr *(ibid.)* pourraient indiquer qu'elle fut rédigée à l'usage des fidèles des provinces orientales, et particulièrement de ceux d'Euphratésie.

5. — « NOUS CONFESSONS TROIS HYPOSTASES DIVINES... »

Ms. : *Paris (Bibliothèque Nationale), syr. 112,* f. 278[r-v] (1239; ZOTENBERG, *Catalogue,* p. 75 a).

Éd. avec version française : * NAU, *Textes monophysites,* p. 250-251.

BIBL. : BUDGE, *Discourses,* t. 2, p. LVI, n° XXVI; BAUMSTARK, *Geschichte,* p. 143, note 6; TISSERANT, *Philoxène,* col. 1520, n° 7 *k.*

Une courte profession trinitaire, attribuée à « Mār Xénaïas, évêque de Mabbog », est conservée, à notre connaissance, dans un seul manuscrit, du XIIIe siècle. On peut y distinguer deux parties; mais si la seconde (p. 251) correspond littéralement à un passage du deuxième *Mēmrā parénétique* de Philoxène[1], nous n'avons trouvé à la première (p. 250-251) aucun correspondant dans d'autres écrits de l'évêque de Mabbog; en dépit de certaines analogies avec le *Livre des sentences*[2], ces lignes nous paraissent commandées par

---

[1] PHILOXÈNE, *Mēmrē contre Ḥabīb,* V, f. 44v a-49r a; *Livre des sentences,* II, p. 54-55 [46]; *Lettre aux moines de Senoun,* p. 10-11 [9].

[2] Ci-dessus, p. 55, note 40.

[3] Ci-dessus, p. 47.

[1] PHILOXÈNE, *Mēmrē parénétiques,* II, p. 32, *10-17;* la citation ne coïncide pas exactement avec celle du florilège de l'*Add. 14,533* du British Museum (ci-dessous, p. 281).

[2] PHILOXÈNE, *Livre des sentences,* I, p. 26 [26].

une intention antitrithéite [3]. Nous ne croyons donc pas que la présente profession soit l'œuvre de notre auteur, qui l'aurait composée à partir de matériaux préexistants [4]; nous préférons supposer une compilation postérieure, dont seule la seconde partie serait philoxénienne; une profession exclusivement trinitaire comme celle-ci serait d'ailleurs sans exemple chez Philoxène.

6. — « NOUS PROFESSONS LA FOI [EN] UN DIEU VÉRITABLE... »

Mss. : *Londres (British Museum), Add. 14,621*, f. 172^{va-b} (fragment; après 801/2; WRIGHT, *Catalogue*, n° 779, p. 759*b*); *Add. 17,216*, f. 32va-33vb (fragment; XIIIe s.; *Catalogue*, n° 684, p. 533*b*-534*a*); *Orient. 2307*, f. 5^r-7^v (XVIIIe s.; MARGOLIOUTH, *Descriptive List*, p. 7); *Birmingham (Selly Oak Colleges), Mingana syr. 95*, f. 119^r-121^r (1896; MINGANA, *Catalogue*, col. 239); *Mingana syr. 480*, f. 400^{rb-vc} (1712/3; *Catalogue*, col. 874); *Mingana syr. 105*, f. 219vb-221ra (1831-1833; *Catalogue*, col. 259); *Vatican (Biblioteca Apostolica), syr. 159*, f. 82vb-84rb (1628-1632; ASSÉMANI, *Catalogus*, p. 313); *Borgia syr. 147*, f. 293^{ra-vc} (1480; SCHER, *Musée Borgia*, p. 279); *Oxford (Bodleian Library), Marsh 101*, f. 55^r-57^r (PAYNE SMITH, *Catalogus*, n° 142, col. 463).

Bibl. : ASSÉMANI, *Bibl. Orientalis*, t. 2, p. 33-34, n° 9; BUDGE, *Discourses*, t. 2, p. LV, n°s XXIII et XXIV; BAUMSTARK, *Geschichte*, p. 143, note 6; TISSERANT, *Philoxène*, col. 1520, n° 7 *k*.

Une profession monophysite particulièrement développée est attribuée à Philoxène par de nombreux manuscrits médiévaux et modernes. Elle se compose de cinq parties : l'exposé du dogme trinitaire; celui du dogme christologique; une série de quatorze anathèmes doctrinaux; une autre, d'anathèmes personnels; la liste des conciles et des Pères reçus comme orthodoxes. L'*Orient. 2307* et le *Mingana syr. 95* présentent un texte secondaire, qui omet le premier anathème doctrinal, intervertit la suite des six suivants, bouleverse et complète la liste des « hérétiques » et des « Pères ».

Aucune de ces deux recensions ne peut être attribuée telle quelle à leur auteur déclaré; en effet, parmi les Pères, figurent non seulement Philoxène lui-même et Sévère d'Antioche († 538), mais d'autres évêques monophysites postérieurs : Anthime de Constantinople (535-

---

[3] Cette intention se marque dans la répétition : « pas trois dieux, [...] pas trois natures, [...] pas trois essences » (p. 250).
[4] Ci-dessus, p. 110, note 9.

536) ; Pierre [de Callinique?] († 591), Julien [d'Antioche?] († 594), Jacques [Baradée?] († 578) et un certain Éphrem Xénaïas, auxquels la seconde recension joint, entre autres, Jacques d'Édesse († 708), Bar-Ṣalībī († 1171) et Bar-Hébræus († 1286).

En faveur de l'authenticité foncière de cette profession, on pourrait faire valoir le fait qu'elle était attribuée à l'évêque de Mabbog dès la fin du VIIIᵉ siècle, dans un texte dont l'état lacuneux de l'*Add. 14,621* ne permet malheureusement pas de préciser l'étendue; cependant, on trouve ses deux premières sections sous le nom de Sévère d'Antioche dans trois manuscrits du British Museum plus anciens que l'*Add. 14,621* [1], tandis que sa section finale offre des similitudes frappantes avec la profession du Pontifical jacobite [2]; dans ces conditions, l'attribution à Philoxène nous paraît difficilement soutenable.

II. — « CHAPITRES »

Les « chapitres » philoxéniens se présentent sous la forme de courtes thèses, articles ou anathématismes, réunis en des séries numérotées. Les trois premières des collections conservées semblent avoir vu le jour dans le vif de la lutte que le parti monophysite menait pour la conquête de son hégémonie en Orient; ils sont parfois le reflet de résolutions synodales [1]; il est alors possible de les dater avec un certain degré d'approximation, mais il convient de procéder avec prudence, car la tradition manuscrite, pourtant très ancienne [2], paraît avoir débarrassé certains textes de leurs incidences concrètes pour les adapter à l'usage de générations devenues étrangères à l'objet des premiers combats. Trois autres séries de « chapitres » attribués à l'évêque de Mabbog se présentent comme des pièces

---

[1] Les *Add. 14,582*, f. 187r-189r (816; WRIGHT, *Catalogue*, nᵒ 752, p. 695 *a*), *17,109*, f. 145v (873/4; *Catalogue*, nᵒ 170, p. 122 *a*) et *14,650*, f. 154r (875; *Catalogue*, nᵒ 949, p. 1105 *a*); voir également l'*Add. 14,728*, f. 188r-191r (XIIIᵉ s.; *Catalogue*, nᵒ 843, p. 884 *a*), ainsi que le *Cambridge (University Library), Add. 2012*, f. 159r (WRIGHT-COOK, *Catalogue*, p. 535).

[2] *Pontifical jacobite*, p. 324-326 [326-327].

[1] Ci-dessous, p. 181-182, nᵒ 2.

[2] Les *Add. 14,604* et *14,597* du British Museum datent du VIIᵉ siècle (ci-dessous, nᵒˢ 1, 2, 4-6).

d'argumentation monophysite de caractère purement spéculatif, et partant beaucoup plus intemporel; elles doivent dater d'un moment où la polémique passionnée des années de lutte indécise laissait quelque répit pour la discussion théologique apaisée; mais leur authenticité et leur intégrité ne sont pas toujours aisées à établir.

1. — [SIX] CHAPITRES SPÉCIAUX (ܪ̈ܫܐ), QUE DOIT ANATHÉMATISER LE SUSPECT DE NESTORIANISME

MSS. : *Londres (British Museum), Add. 14,604,* f. 67ra-68rb et 111vb-113ra (VIIe s.; WRIGHT, *Catalogue,* no 761, p. 724*b*); *Add. 14,529,* f. 66va-68rb (VIIe-VIIIe s.; *Catalogue,* no 856, p. 920*a*).

ÉD. avec version anglaise : * BUDGE, *Discourses,* t. 2, p. CXX-CXXIII [XXXVII-XXXIX].

BIBL. : BUDGE, *Discourses,* t. 2, p. LIII, no XIV; LEBON, *Dissertation,* p. 116; BAUMSTARK, *Geschichte,* p. 143, note 5; TISSERANT, *Philoxène,* col. 1519-1520, no 7 *d-e.*

Une même collection de « chapitres » inscrits sous le nom de notre auteur se présente différemment dans les deux anciens manuscrits qui les conservent : tandis que le texte de l'*Add. 14,529* compte sept articles, celui de l'*Add. 14,604,* encore inédit, n'en comprend que six, dont le deuxième correspond aux deuxième et troisième de l'*Add. 14,529,* lequel détache ici sans raison Diodore (ch. 2) de Théodore et Théodoret (ch. 3). Le long intervalle séparant des cinq premiers le sixième et dernier « chapitre » de l'*Add. 14,604* doit s'expliquer par le modèle perdu de ce manuscrit; nous ne sommes plus à même de résoudre cette énigme paléographique. En revanche, le texte du même *Add. 14,604* nous paraît indubitablement préférable; non seulement il offre des leçons meilleures et un texte plus complet, mais il reflète encore la situation de fait pour laquelle les présents « chapitres » furent composés. Il s'agissait d'instructions à l'usage de moines monophysites (ch. 6), pour qui elles fixaient les gages d'orthodoxie exigibles d'un suspect de « nestorianisme »; mais l'*Add. 14,529* a défiguré ce contexte en demandant aux monophysites eux-mêmes (1re personne du pluriel) les garanties primitivement réclamées des seuls suspects d'hérésie dans l'*Add. 14,604* (3e personne du singulier), puis en neutralisant les allusions concrètes et en tronquant la conclusion de ton personnel. La même adaptation transparaît d'ailleurs dans les titres des deux

manuscrits. Celui de l'*Add. 14,604* se lit : « Chapitres spéciaux de
saint Philoxène, évêque de Mabbog, devant être anathématisés par le
suspect de nestorianisme : si quelqu'un tombe sous le soupçon
[d'hérésie] et est déclaré hérétique, savoir nestorien, il convient qu'il
anathématise ces chapitres, s'il veut écarter de soi l'insulte dont il a
été l'objet » ; à côté de quoi le titre de l'*Add. 14,529* rend un son
manifestement secondaire : « Chapitres spéciaux composés par le
révérend (ܪܝܫܐ) et saint Philoxène, évêque de Mabbog : qu'il doit
anathématiser tout nestorien, et [qu']il consente à écarter de soi
ses nombreuses insultes ».

Les cinq premiers (six dans l'*Add. 14,529*) « chapitres » de la
présente série exigent successivement : l'anathème de Nestorius,
avec sa doctrine et ses livres, ainsi que le désaveu de ses « maîtres »
et de ses « partisans » Diodore, Théodore et Théodoret (ch. 1-2) ;
la réception de l'*Hénotique* de Zénon (ch. 3) ; l'adhésion aux anathématismes cyrilliens avec l'anathème de leurs réfutations (ch. 4) ;
enfin la condamnation du diphysisme (ch. 5). Ce sont là les quatre
points du programme à la réalisation duquel l'évêque de Mabbog
travailla sous le patriarcat de Flavien d'Antioche[1] ; et cette circonstance nous paraît une confirmation décisive de l'authenticité
philoxénienne de cette collection, authenticité que recommandaient
déjà leur caractère monophysite et l'antiquité des manuscrits.

Le sixième et dernier « chapitre » de l'*Add. 14,604* (f. 111vb-
112vb) permet d'ailleurs de préciser la date de leur composition ;
il contient des instructions complémentaires, relatives à la communion avec « l'hérétique », d'où il appert que celui-ci n'avait pas encore
condamné « vraiment et par écrit » les « maîtres » et les « partisans »
de Nestorius. Notre auteur va jusqu'à concéder que l'on refuse
d'anathématiser les noms ; il exige qu'alors on condamne au moins
« les livres, la doctrine et la pensée », sans se réclamer « hypocritement » de la distinction entre écrits orthodoxes et erronés. D'autre
part, si la condamnation du diphysisme est réclamée dans ces « chapitres » (ch. 5), ni le concile de Chalcédoine ni le *Tome* de Léon
n'y sont expressément mentionnés. Ces détails permettent de situer
la pièce qui nous occupe à un moment de la campagne d'intimida-
tion contre Flavien où la prudence portait encore Philoxène à de

---

[1] Ci-dessus, p. 50-51.

sensibles concessions sur la question des anathèmes personnels[2]. C'est une date postérieure à 506 et antérieure à 511 qui nous paraît le mieux convenir à cet état de choses[3].

2. — [SEPT] CHAPITRES SPÉCIAUX, CONTRE CEUX QUI DISENT QU'IL FAUT ANATHÉMATISER LA PARTIE MAUVAISE DES DOCTRINES DES HÉRÉTIQUES, [MAIS] NON LES REJETER EUX-MÊMES AVEC TOUTE LEUR DOCTRINE

Ms. : * Londres (British Museum), Add. 14,604, f. 113ra-115rb (VIIe s.; WRIGHT, Catalogue, n° 761, p. 726a).

BIBL. : BUDGE, Discourses, t. 2, p. LV, n° XIX; BAUMSTARK, Geschichte, p. 143, note 5; TISSERANT, Philoxène, col. 1520, n° 7 g.

Une série de sept « chapitres », encore inédits, fait suite aux précédents dans l'Add. 14,604. Ils représentent les résolutions adoptées par une assemblée monophysite, où il fut décidé qu'on n'enverrait pas de synodale aux « nestoriens », mais qu'on se contenterait d'indiquer la profession « orthodoxe » à ceux qui s'en enquerraient de bonne foi (ch. 2). Les hérétiques ainsi visés étaient ceux de l'Église persane, « retranchés par canon et anathème de la communion des Églises saintes de chez les Romains » (ch. 2 et 6); c'est pourquoi on exigeait d'eux qu'ils répudient les canons dogmatiques et disciplinaires d'Acace et de Barsauma (ch. 6). Les autres prestations que l'on entendait leur imposer s'apparentent aux quatre articles de la collection précédente : l'anathème de tous les livres de Diodore, Théodore et Théodoret, et non seulement de leur doctrine sur l'incarnation (ch. 1); l'admission des anathématismes cyrilliens et l'anathème de leurs réfutations (ch. 7); la réception de l'Hénotique de Zénon « comme rejet de toute addition faite à la foi, fût-ce à Chalcédoine » (ch. 4); l'adhésion à la formule monophysite et la condamnation du diphysisme (ch. 3 et 5).

La mention des quatre points du programme philoxénien dans les termes mêmes dans lesquels les présente la Lettre aux moines de Palestine[1], ainsi que l'intérêt que ces « chapitres » manifestent

---

[2] Voir PHILOXÈNE, Lettre à Maron d'Anazarbe, p. 49-50 [73, 14-20].

[3] Ci-dessus, p. 55-56.

[1] Ci-dessus, p. 50-51.

pour la chrétienté persane, garantissent leur attribution à l'évêque
de Mabbog; ils pourraient avoir été rédigés sous son inspiration
lors d'un synode provincial ou diocésain. Le sixième article assure
que « les Églises saintes de chez les Romains et leurs théophiles
pontifes » tenaient alors « la foi orthodoxe »; cette précision désigne
nettement l'époque de Sévère d'Antioche, car notre auteur ne se
serait point exprimé de la sorte sous le règne de Flavien[2]. La
modération insolite dont l'évêque de Mabbog témoigne ici touchant
l'anathème des prétendus maîtres et partisans de Nestorius (ch. 1)
pourrait d'ailleurs être motivée par une résistance des diphysites
analogue à celle dont témoigne la *Lettre à Maron d'Anazarbe*,
datant également de la période 513-518[3].

3. — [TROIS] PREMIERS CHAPITRES CONTRE LES HÉRÉSIES
QUI S'ATTAQUENT À (ܕ.ܡܬܚܡܝ ܠܥ) L'ÉGLISE

Ms. : * *Londres (British Museum), Add. 14,529*, f. 69rb-vb (VIIe-VIIIe s.;
Wright, *Catalogue*, no 856, p. 920b).

Bibl. : Budge, *Discourses*, t. 2, p. LV, no XX; Baumstark, *Geschichte*,
p. 143, note 5; Tisserant, *Philoxène*, col. 1520, no 7 h.

Trois « chapitres, œuvre de Mār Xénaïas, évêque de Mabbog »,
sont qualifiés de « premiers » par le lemme de l'unique manuscrit
qui les conserve. Ce détail signifie-t-il qu'un compilateur les aurait
trouvés dans un contexte où ils occupaient la première place[1]?
ou appartenaient-ils primitivement à une collection plus longue, dont
ils ne représentaient que le début? ou encore, les considérait-on
comme premiers ou « anciens » par rapport à une ou à plusieurs
autres séries chronologiquement postérieures et consacrées au même
sujet? Nous ne voyons pas le moyen d'en décider, faute d'une

---

2 L'antichalcédonisme avoué du ch. 4 s'explique mieux à partir du synode
antiochien de 513 (ci-dessus, p. 78-80), et la mention du schisme persan de 486
comme ancien (« voici longtemps », ch. 2) suggère également l'hypothèse
d'une date assez tardive.

3 Philoxène, *Lettre à Maron d'Anazarbe*, p. 49-50 [73-74], 52-54 [76-78];
ci-dessous, p. 212-213. Il est également possible que Philoxène ait tempéré ses
exigences en fonction de la réputation dont les écrivains en cause jouissaient
dans l'Église persane.

1 Ils tiennent, au contraire, la dernière place dans les trois séries de
« chapitres » philoxéniens de l'*Add. 14,529*.

documentation manuscrite suffisante; au reste, l'état dans lequel l'*Add. 14,529* a transmis le texte ne nous semble pas offrir toute garantie de fidélité.

Cette pièce se présente sous la forme d'imprécations, de saveur biblique. Aucune hérésie caractérisée ne s'y trouve nommée; les deux premiers « chapitres » donnent un sévère avertissement aux séducteurs qui sollicitent les « simples » à communier avec les hérétiques, tandis que le troisième vise une erreur proprement ecclésiologique, l'auteur s'opposant à ceux qui comprennent « l'Église » au sens matériel du lieu de réunion, et non comme « les hommes eux-mêmes, appelés par Dieu Église nouvelle dans le sang de sa personne (ܩ‍ܢܘܡܐ) par la foi en lui [*Actes*, xx, 28] ». À supposer ce texte monophysite, — ce que rien n'assure, — nous ne voyons pas dans quel milieu situer l'hérésie qu'il révèle, et dans laquelle nous ne percevons aucune connexion doctrinale avec le dogme christologique. Faute de pouvoir identifier le contexte de ces trois « chapitres », nous préférons ne pas nous prononcer sur leur authenticité; rien n'empêche de l'admettre, sur la foi de l'ancien manuscrit, où ils suivent deux séries authentiques; on rencontre d'ailleurs chez notre auteur le thème théologique de l'Église fondée sur la foi orthodoxe[2].

4. — DOUZE CHAPITRES CONTRE CEUX QUI DISENT DEUX NATURES DANS LE CHRIST ET UNE HYPOSTASE

Mss. : *Londres (British Museum), Add. 14,597*, f. 91rb-98vb (569; Wright, *Catalogue*, n° 730, p. 649 a-b) || Un fragment dans l'*Add. 17,201*, f. 14rb-15ra (VIe-VIIe s.; *Catalogue*, n° 749, p. 690b).

Éd. : * Budge, *Discourses*, t. 2, p. civ-cxx.

Bibl. : Budge, *Discourses*, t. 2, p. liii, n° xii; Lebon, *Dissertation*, p. 115; Baumstark, *Geschichte*, p. 143, note 5; Tisserant, *Philoxène*, col. 1519, n° 7 b.

Les douze « chapitres » de cette série présentent un caractère surtout spéculatif, mais les témoignages scripturaires y conservent une place relative (ch. 9-12). L'attribution de la collection à « saint Mār Xénaïas, évêque de Mabbog » est affirmée par ses lemmes initial et final dans l'*Add. 14,597*, manuscrit postérieur

---

[2] Philoxène, *Commentaire de Matthieu, XVI, 16-18*, f. 59r-60r; *Lettre aux moines de Senoun*, p. 69-70 [64]; 84 [70].

de moins d'un demi-siècle à la mort de notre auteur; elle se trouve également confirmée par l'*Add. 17,201*, qui reproduit littéralement les deux premiers « chapitres » et le début du troisième [1].

Conformément à l'indication du titre, il s'agit d'une pièce de polémique antichalcédonienne, comme le précise très bien le deuxième « chapitre » [2]. Il faut sans doute ne voir qu'un procédé de style dans la personnification singulière qu'y reçoit le chalcédonien (ch. 2 et 6), sans chercher à identifier cet adversaire fictif avec un personnage historique comme serait, par exemple, Flavien d'Antioche; la plupart des « chapitres » (par ex. 5, 7, 9, 10) visent d'ailleurs des interlocuteurs indéterminés.

Le ton et l'argumentation de la présente série dénote le souci apologétique d'un monophysite en butte aux reproches d'eutychianisme (ch. 5) et de confusion (ch. 1, 11); les objections des chalcédoniens sont d'ailleurs parfois expressément reproduites avant d'être réfutées [3]. Ces objections paraissent avoir impressionné l'auteur monophysite au point de lui arracher d'étonnantes concessions, ainsi lorsqu'il admet que le Christ est « double » (ch. 4, 12), ou encore lorsqu'il reconnaît en lui « deux » (ܬܪܝܢ) après l'union (ch. 1, 4, 8). Pour peu que l'on songe à l'opposition de notre auteur à l'expression du dualisme christologique « post unionem » [4], on hésitera à lui attribuer d'aussi étonnantes formules; aussi pensons-nous qu'en dépit de la vénérable antiquité du manuscrit, le texte de Philoxène ne nous est pas parvenu dans son intégrité originelle, et doit donc n'être utilisé qu'avec prudence [5].

---

1 Correspondant à l'édition BUDGE, p. CIV-CVI, *22*.

2 « Or, après le [nestorien] est arrivé celui qui, approuvant avec nous l'unité de filiation et des noms, [et] confessant encore avec nous contre lui l'unité d'hypostase, proclame cependant contre nous la séparation des natures » (p. CV).

3 « Si vous dites une [seule] nature, comment [le Christ] est-il notre connaturel à nous et [celui] du Père? » (ch. 5, p. CIX). « Cette nature que vous dites, est-elle [celle] de Dieu ou [celle] de l'homme? est-elle passible ou impassible? » (ch. 10, p. CXVI).

4 Ci-dessous, p. 385-386.

5 Signalons cependant les parallèles entre le ch. 6, p. CX-CXII et les *Mēmrē contre Ḥabīb*, V, f. 40ʳ c-44ʳ a; VIII, f. 70ᵛ a-c, et entre le ch. 8, p. CXIII-CXIV et le *Livre des sentences*, III, 2, p. 197-203 [147-151]; III, 5, p. 252-254 [187-188].

5. — VINGT *KÉPHALAIA* « CONTRE NESTORIUS »

Ms. : *Londres (British Museum), Add. 14,597*, f. 98vb-105va (569; WRIGHT, *Catalogue*, n° 730, p. 649*b*).

ÉD. avec version anglaise partielle : * BUDGE, *Discourses*, t. 2, p. CXXIII-CXXXVI [XXXIX-XLIV].

BIBL. : BUDGE, *Discourses*, t. 2, p. LIII, n° XIII; LEBON, *Dissertation*, p. 115; BAUMSTARK, *Geschichte*, p. 143, note 5; TISSERANT, *Philoxène*, col. 1519, n° 7 *c*.

Les vingt « chapitres » qui suivent immédiatement la série précédente dans le même manuscrit se présentent comme « prononcés contre Nestorius », mais ce titre ne répond pas à leur contenu [1]; en effet, les principales formules critiquées par l'auteur ne sont autres que celles de Chalcédoine : deux natures et une hypostase après l'incorporation (ch. 15) ; deux natures avec leurs propriétés, particularités et activités, et une hypostase (ch. 8) ; deux natures concourant dans leurs particularités, propriétés et activités (ch. 10, 14, 16) ; deux natures opérant distinctement en une hypostase (ch. 17). Par ailleurs, le texte de cette collection ne nous semble pas en parfait état de conservation; signalons qu'une partie du ch. 8 se trouve répétée dans le ch. 17 [2], et que le ch. 15 comporte probablement une lacune [3].

Seul le lemme final du manuscrit attribue ces *képhalaia* à Philoxène. En confirmation de leur authenticité, on peut souligner que la théorie, exposée dans les ch. 3, 4 et 7, selon laquelle l'humanité du Christ reçoit nature et hypostase dans le Verbe, se trouve développée, avec à l'appui la même citation ps.-athanasienne (*Contre Apollinaire*, I, 5), dans la *Lettre aux moines de Senoun* [4]; les trois derniers « chapitres » invoquent également un argument familier à notre auteur, fondant la « naissance de Dieu » sur l'expression *Théotokos* [5].

À l'encontre de la série précédente, celle-ci ne dénote aucun souci

[1] Voir déjà LEBON, *Dissertation*, p. 245, note 1.
[2] Éd. BUDGE, p. CXXVII, *18* - CXXVIII, *13* = p. CXXXIV, *9-19*.
[3] Éd. BUDGE, p. CXXXIII, *2-3*.
[4] PHILOXÈNE, *Lettre aux moines de Senoun*, p. 40-42 [33-35].
[5] ID., *Livre des sentences*, III, 5, p. 250-256 [186-190], 261-262 [193-194], etc.

apologétique; c'est plutôt le monophysite qui a l'avantage, et son adversaire paraît acculé à la défensive (ch. 14, 16, 17). Philoxène apostrophe le chalcédonien à la seconde personne du singulier (ch. 1, 8-17, 19), mais il ne faut sans doute voir là qu'un artifice littéraire. L'absence de toute polémique concrète et le ton exclusivement spéculatif de cette pièce nous dissuadent de chercher à préciser la date de sa composition.

6. — DIX CHAPITRES CONTRE CEUX QUI DIVISENT NOTRE-SEIGNEUR APRÈS L'UNION INDIVISIBLE

Ms. : *Londres (British Museum), Add. 14,597,* f. 105va-107va (569; WRIGHT, *Catalogue,* n° 730, p. 649*b*).

ÉD. avec résumé anglais : * BUDGE, *Discourses,* t. 2, p. C-CIV [XXXVI-XXXVII].

BIBL. : BUDGE, *Discourses,* t. 2, p. LIV, n° XVIII; LEBON, *Dissertation,* p. 115; BAUMSTARK, *Geschichte,* p. 143, note 5; TISSERANT, *Philoxène,* col. 1520, n° 7 *f.*

La troisième collection de « chapitres prononcés par Mār Xénaïas » que conserve l'*Add. 14,597* oppose aux diphysites des apories tirées de textes néotestamentaires, concernant les mystères de la vie du Christ: naissance (ch. 1-2), adoration des mages (ch. 3), baptême (ch. 4, 7), faiblesses et passion (ch. 5, 6, 10), transfiguration (ch. 8) et miracles (ch. 9). Rien ne s'oppose à l'attribution à Philoxène, qu'atteste le très ancien manuscrit; on peut invoquer en sa faveur les parallélismes entre l'interprétation du baptême de Jésus exposé ici (ch. 4 et 7) et celle d'autres écrits philoxéniens [1]; l'insistance sur le mystère de « la faiblesse de Dieu » (ch. 5) est également un des thèmes favoris de notre auteur [2]; l'argument des « natures » ébranlées lors de la mort du Sauveur, ainsi que celui de l'adoration du Crucifié (ch. 10) se rencontrent, entre autres, dans la *Lettre aux moines de Senoun* [3]; enfin, on trouve ici (ch. 1) comme dans la série précédente [4] l'appel au dogme de la *Théotokos.*

---

[1] ID., *Mēmrē contre Ḥabīb,* X, f. 104^v c; *Livre des sentences,* II, 7, p. 135-136 [103].

[2] ID., *Commentaire de Luc, II, 52,* f. 25^v-27^r; *Commentaire de Jean, I, 1-17,* f. 22^v-25^r, 93^v-101^r, 140^v-142^r, etc.

[3] ID., *Lettre aux moines de Senoun,* p. 13 [11], 29-30 [24], 35 [29].

[4] Ci-dessus, p. 185.

Les présents « chapitres » défendent la formule de l'une nature incarnée (ch. 5-8) contre des diphysites, sans que ceux-ci soient nettement caractérisés; cependant, notre auteur leur reproche de soutenir « deux natures du Christ séparées » (ch. 5) : il se peut donc qu'il ignore encore, ou qu'il feigne ignorer, la formule « deux natures non séparées », qu'il réfute dans le *Livre des sentences* et dans la *Lettre à Maron d'Anazarbe*[5]; par ailleurs, le concile de Chalcédoine n'est pas expressément nommé ici; nous situerions donc la présente collection à une époque antérieure à ces deux ouvrages, c'est-à-dire, avant les années 509-515. Les adversaires que vise Philoxène ne sont pas apostrophés directement; peut-être rédigea-t-il ces « chapitres » à l'usage d'un public monastique qu'il cherchait à convaincre par une argumentation dépourvue de subtilité.

III. — LETTRES

Ni l'étendue des lettres doctrinales de Philoxène ni l'occasion qui les détermina ne justifient leur distinction d'avec les *mēmrē* : ainsi la *Lettre aux moines de Senoun* a-t-elle l'ampleur et le contenu spéculatif de n'importe lequel des *Mēmrē contre Ḥabīb*, tandis que ceux-ci sont adressés à un destinataire plus précis que les lettres encycliques aux moines d'Orient[1]; nous avons cependant maintenu la distinction des deux genres dans la mesure où les indications des manuscrits nous paraissaient remonter à l'auteur lui-même[2].

Le panégyriste Élī de Qartamīn attribue à Philoxène vingt-deux livres de lettres[3]; nous ignorons à quoi répond ce chiffre, qui n'est attesté que par le biographe médiéval; mais il nous paraît vraisemblable que la correspondance de l'évêque de Mabbog ait été classée en collections analogues aux recueils épistolaires de Sévère d'Antioche[4]; c'est à ces collections que les manuscrits *Vatican syr. 136,* f. 1-58 et *135,* f. 13-23 auraient puisé leurs lettres philoxé-

---

[5] Philoxène, *Livre des sentences,* II, 7, p. 130-131 [99-100]; *Lettre à Maron d'Anazarbe,* p. 40 [60, *2-3*].

[1] Voir le détail ci-dessous, p. 223, n° 19, p. 225, n° 1, p. 189, n° 1 et p. 220, n° 17.

[2] Pour la « lettré à Zénon », voir ci-dessus, p. 171, n° 2.

[3] Élī, *Mēmrā,* v. 195-196, p. 8 [8].

[4] Sévère, *Lettres SL; Lettres n°s 1-118.*

niennes [5]; ne pourrait-on même pas expliquer comme des vestiges d'une classification chronologique les lemmes élaborés de certaines lettres datant du patriarcat de Flavien [6] ou de l'exil de Thrace [7]?

De toute façon, il semble que la plupart des lettres dogmatiques de notre auteur se perdirent assez rapidement : exception faite de celles que conservent les deux anciens manuscrits vaticans que nous venons de mentionner [8], il n'en subsiste guère que les maigres vestiges recueillis par les florilèges du VIIe au Xe siècle [9]. Entre autres pièces aujourd'hui disparues, Élī de Qartamīn résume une lettre dogmatique de Philoxène à Jean d'Amid († 502) [10]; Sévère d'Antioche révèle l'existence d'une autre, écrite aux Isauriens durant une controverse relative à l'acribie [11]; le continuateur de Zacharie en mentionne une troisième, adressée de l'exil de Gangres à l'abbé Béronicianos de Bēt-Mār-Hanīna [12]; enfin, c'est notre auteur lui-même qui nous apprend que sa deuxième lettre aux moines du Bēt-Gōgal, avait été précédée d'une première, qui n'est pas celle que l'on appelle aujourd'hui de ce nom [13].

Parmi les pièces épistolaires faussement attribuées à l'évêque de Mabbog figure la lettre de Siméon de Bēt-Aršam sur les martyrs himyarites [14]; on sait également que la *Lettre dogmatique aux moines* fut abusivement intitulée par les Assémani « deuxième aux moines de

5 ASSÉMANI, *Catalogus*, p. 214, 216-217.

6 Ci-dessous, p. 208, n° 8 et p. 209, n° 10.

7 Ci-dessous, p. 220-223, p. 17-19.

8 Ci-dessus, note 5.

9 Les mss. *Alqoš (Couvent de Notre-Dame des Semailles), 215* (anc. 96), contenant une lettre de Philoxène aux moines de Téléda (cahier 11, p. 14 - cahier 14, p. 16; XIXe s.; SCHER, *Mss. d'Alqoš*, p. 61; VOSTÉ, *Mss. d'Alqoš*, p. 84) et *Šarfeh (Couvent de Notre-Dame Libératrice), fonds patr. 115* et *178*, dont le premier reproduit, entre autres, celle à Abū Yaʿfur (SHERWOOD, *Charfet*, p. 105), nous sont malheureusement restés inaccessibles.

10 ÉLĪ, *Mēmrā*, v. 231-248, p. 9-10 [9-10]; DE HALLEUX, *Mēmrā*, p. [v].

11 SÉVÈRE, *Lettre aux prêtres alexandrins*, n° 39, t. 12, p. 296. L'évêque de Mabbog affirmait dans sa lettre aux Isauriens qu'il ne manquait rien à l'*Hénotique*, que lui même communiait avec le patriarche d'Alexandrie et ne taisait pas (dans les diptyques) les noms des hérétiques; ci-dessus, p. 87.

12 Ci-dessus, p. 95.

13 Ci-dessous, p. 202.

14 MINGANA, *New Documents*, p. 154; DE HALLEUX, *Mēmrē*, p. [10], note 4.

Téléda »[15]; la prétendue « lettre » contre Ḥabīb est passée d'une traduction trop peu précise de la *Bibliotheca Orientalis* dans la bibliographie philoxénienne[16]; enfin, nous avons déjà dit[17] par quelle méprise la même bibliographie s'enrichit indûment d'une lettre à Jean II d'Alexandrie. On trouvera ici l'inventaire des lettres et fragments de lettres dogmatiques de Philoxène, classées suivant l'ordre chronologique de leur composition[18].

1. — LETTRE DOGMATIQUE (ܕܣܘܢܕܘܣ) AUX MOINES

Mss. : *Vatican (Biblioteca Apostolica)*, *syr. 136*, f. 29ᵛ-35ʳ (VIᵉ s.; ASSÉMANI, *Catalogus*, p. 216); *syr. 135*, f. 15ᵛ-17ʳ (VIIᵉ-VIIIᵉ s.; *Catalogus*, p. 214); *syr. 138*, f. 120ʳᵇ-123ʳᵇ (581; *Catalogus*, p. 219); *Londres (British Museum)*, *Add. 12,164*, f. 126ʳ-130ʳ (VIᵉ s.; WRIGHT, *Catalogue*, nᵒ 676, p. 528a).

ÉD. avec version anglaise et introduction : * VASCHALDE, *Three Letters*, p. 127-145 [93-105]; 83-87 [1].

BIBL. : ASSÉMANI, *Bibl. Orientalis*, t. 2, p. 37-38, nᵒ 13; BUDGE, *Discourses*, t. 2, p. LVIII, nᵒ XLV; LEBON, *Dissertation*, p. 116; BAUMSTARK, *Geschichte*, p. 142, note 8; TISSERANT, *Philoxène*, col. 1523.

Les *Vatican syr. 136* et *135* reproduisent une première édition de la *Lettre dogmatique*, dont ils ont conservé l'adresse complète (p. 127-128 [93]) et la remarque finale (p. 145 [105])[2]; le *Vatican syr. 138* et l'*Add. 12,164*, en présentent une recension que Philoxène

---

[15] GUIDI, *Tell ʿAddâ*, p. III-IV; nous croyons cependant avoir établi l'existence d'une lettre aux moines de Téléda autre que l'unique reconnue jusqu'ici; ci-dessous, p. 217-219, nᵒ 15.

[16] BUDGE, *Discourses*, t. 2, p. LXII, nᵒ LXII; VASCHALDE, *Tractatus tres*, p. 4; TISSERANT, *Philoxène*, col. 1525. Le syriaque d'ASSÉMANI (*Bibl. Orientalis*, p. 45, nᵒ 18) portait bien ܚܒܐ ; aussi BAUMSTARK (*Geschichte*, p. 144, note 8) a-t-il justement pressenti qu'il s'agissait d'un ouvrage important.

[17] Ci-dessus, p. 174, note 4.

[18] Celles que nous avons rangées sous les nᵒ 13-16 ne peuvent être datées que d'avant l'exil de 519.

[1] Édition du *Vatican syr. 138* [A] avec les variantes des *Vatican syr. 135* [B] et *136* [C].

[2] Ces deux manuscrits ne présentent entre eux que des variantes insignifiantes : le *Vatican syr. 136* nous paraît préférable; des leçons du *Vatican syr. 135* (p. 132, notes 10, 13 et p. 133, note 7) pourraient être des corrections intentionnelles.

inséra dans le dossier joint à ses *Mēmrē contre Ḥabīb* [3]. L'authenticité de la lettre se voit donc garantie non seulement par l'autorité de trois manuscrits du VIe siècle, mais surtout par le témoignage formel de l'auteur lui-même, qui y fait de fréquentes allusions dans les *Mēmrē* [4]. Les circonstances de composition des deux écrits sont d'ailleurs intimement liées, et ce qui va être dit ici de la *Lettre dogmatique* recevra une confirmation complémentaire de nos conclusions touchant la réfutation de Ḥabīb [5].

L'adresse et la finale de la présente lettre mentionnent des monastères, au pluriel (ܟܝܣܘܐ , ܟܝܪܝܐ) [6], et les *Mēmrē contre Ḥabīb* la désignent régulièrement du titre tout aussi indéterminé de « Lettre aux moines » [7]; on n'a donc aucune raison de supposer qu'elle ait primitivement été destinée à un couvent particulier; bien plutôt était-elle adressée à l'ensemble des monastères d'une région que notre auteur avait quittée après les avoir visités [8].

Il se dégage de la *Lettre dogmatique* une atmosphère de gravité et de tension : les « ennemis de la vérité » semblent les maîtres de l'heure; ils ont l'audience du pouvoir séculier [9]; la flatterie, le respect humain, l'intérêt portent les faibles à composer avec la foi [10]. Philoxène exhorte ses correspondants à la fidélité [11]; pour les vrais croyants et les confesseurs intrépides, et notamment pour lui-même, il envisage la perspective de la persécution et de la mort [12]. Il s'attribue d'ailleurs dans ce combat un rôle de premier plan : depuis qu'il a quitté ses correspondants, on l'outrage, on le calomnie,

---

[3] Ci-dessous, p. 227. Les deux éditions ne diffèrent pratiquement pas; les variantes se rencontrent souvent dans les citations de l'Écriture, par ex. p. 128, notes 6-8, p. 131, note 2, p. 132, note 15.

[4] PHILOXÈNE, *Mēmrē contre Ḥabīb*, IX, f. 122r a; X, f. 101r c; f. 110v c, etc.; voir aussi le florilège comparé (f. 123r b - 135r b) et le colophon de l'*Add. 12,164* (f. 141v c).

[5] Ci-dessous, p. 234-238.

[6] *Lettre dogmatique aux moines*, p. 127-128 [93].

[7] Ci-dessus, note 4.

[8] *Lettre dogmatique aux moines*, p. 144 [104]; 127 [93].

[9] *Ibid.*, p. 129 [94].

[10] *Ibid.*, p. 130-131 [95].

[11] *Ibid.*, p. 130-131 [95], 143 [104].

[12] *Ibid.*, p. 128 [93-94], 144 [104].

on le traite de dévoyeur et de corrupteur, parce qu'il prêche la vérité [13].

Dans les *Mēmrē contre Ḥabīb,* notre auteur précise lui-même d'une manière plus concrète l'occasion qui l'avait amené à rédiger sa *Lettre dogmatique,* lorsqu'il dit celle-ci écrite en défense du *Trisagion* monophysite [14]; effectivement, l'hymne liturgique, qui s'y trouve citée, avec son « addition » [15], et qui revient équivalamment dans l'anathème final résumant toute la lettre [16], demeure bien au centre de toute l'argumentation [17]. Cette circonstance reporte la *Lettre dogmatique* dans le contexte historique bien précis des controverses antiochiennes sur le *Trisagion,* sous les patriarches Pierre le Foulon et Calendion [18].

Le rôle que Philoxène joua dans ces polémiques et les « persécutions » qu'elles lui valurent s'accordent bien avec les détails de la lettre que nous venons de relever. L'appui du pouvoir séculier, que notre auteur y reconnaît aux « hérétiques », pourrait s'expliquer comme une allusion aux sympathies liant le parti chalcédonien aux usurpateurs Illus et Léonce [19]. Cependant, la *Lettre dogmatique* ne contient aucune mention de l'incise « Christ roi », introduite par

---

[13] *Ibid.,* p. 131 [96]; 144 [104].

[14] *Mēmrē contre Ḥabīb,* X, f. 110ᵛ c : « Pourquoi me reproches-tu d'avoir utilisé comme argument (ܟܣܘܠܬܐ) ce à cause de quoi j'[avais] écrit toute la lettre? » (il s'agit du *Trisagion* monophysite). L'indication selon laquelle elle s'opposait « aux deux doctrines de Nestorius et d'Eutychès » (*ibid.,* I, p. 483) est évidemment beaucoup plus vague.

[15] *Lettre dogmatique aux moines,* p. 139 [101].

[16] *Ibid.,* p. 144 [104].

[17] La polémique de Philoxène contre l'eutychianisme vise concrètement, ici, à défendre le dogme de la maternité divine, lequel lui sert de preuve à « la mort de Dieu »; quant au nestorianisme, notre auteur lui reproche de faire du Christ « un homme en dehors de la Trinité », et donc de nier « la mort de Dieu » (*Lettre dogmatique aux moines,* p. 133-134 [97-98], 136-139 [99-101]). La preuve de ce dernier point est d'ailleurs longuement développée; les adversaires objectaient l'absurdité de la crucifixion de Dieu (*ibid.,* p. 138 [100]).

[18] Ci-dessus, p. 35-36; Assémani, *Bibl. Orientalis,* p. 37, la datait de l'exil de Justin parce qu'il situait à la même époque la « première » lettre aux moines de Téléda. Vaschalde, *Three Letters,* p. 84-85; Lebon, *Dissertation,* p. 116 et Baumstark, *Geschichte,* p. 142, note 8, la datent du patriarcat de Flavien.

[19] Ci-dessus, p. 38.

Calendion, et Philoxène n'y dit point avoir fait de la part de ce patriarche l'objet de la mesure d'expulsion dont il fut frappé [20]; en outre, il fallut normalement un certain temps pour que la *Lettre dogmatique* provoquât la réfutation du moine Ḥabīb, et celle-ci à son tour la réplique de notre auteur : or les *Mēmrē contre Ḥabīb* sont eux-mêmes antérieurs à la profession à Zénon et à la première *Lettre aux moines du Bēt-Gōgal,* datant toutes deux de l'été de 484 [21] : nous situerions donc la composition de la *Lettre dogmatique* au début du patriarcat effectif de Calendion (482), sinon un peu plus tôt encore, durant le second exil de Pierre le Foulon (476).

2. — [PREMIÈRE] LETTRE AUX MOINES DE TÉLÉDA

Mss. : *Vatican (Biblioteca Apostolica), syr. 136,* f. 3ra-29rb (VIe s.; Assémani, *Catalogus,* p. 216); *Alqoš (Couvent de Notre-Dame des Semailles), 215* [1] || Un fragment dans le *Vatican syr. 135,* f. 89ra (VIIe-VIIIe s.; *Catalogus,* p. 216) || Cinq fragments dans le ms. *Londres (British Museum), Add. 14,663,* f. 10va-11ra (VIe-VIIe s.; Wright, *Catalogue,* no 751, p. 692a) || Un fragment dans l'*Add. 12,155,* f. 75rb (VIIIe s.; *Catalogue,* no 857, p. 933a) = *Add. 14,532,* f. 64va (VIIe s.; *Catalogue,* no 858, p. 960b) = *Add. 14,538,* f. 109[v]-110[r] (Xe s.; *Catalogue,* no 863, p. 1007b) = *Birmingham (Selly Oak Colleges), Mingana syr. 69,* f. 42[va-b] (VIIe s.; Mingana, *Catalogue,* col. 176).

Éd. avec résumé analytique italien et introduction : * Guidi, *Tell ʿAddâ,* p. 449-501 [VII-XII]; III-VI [2].

Bibl. : Assémani, *Bibl. Orientalis,* t. 2, p. 37-38, no 13; Budge, *Discourses,* t. 2, p. LVIII, no XLV; Vaschalde, *Three Letters,* p. 34-37; Lebon, *Dissertation,* p. 117; Baumstark, *Geschichte,* p. 142, note 6; Draguet, *Julien,* p. 232-248; Tisserant, *Philoxène,* col. 1523.

La *Bibliotheca Orientalis* intitule « aux moines de Téléda » la première lettre du *Vatican syr. 136,* et il ressort des fragments de

---

[20] Ci-dessus, p. 35-37. Les moines auxquels il écrit après être « sorti de chez eux » (p. 144 [104]) ne sont pas nécessairement ceux de Syrie Ie; il pourrait tout aussi bien s'agir de ceux des provinces orientales (voir ci-dessous, les lettres aux moines d'Amid et du Bēt-Gōgal, p. 197-200, nos 4 et 5).

[21] Ci-dessous, p. 200; 238; ci-dessus, p. 171-173.

[1] Ci-dessus, p. 188, note 9.

[2] Éd. du *Vatican syr. 136* en fac-similé, avec les fragments de l'*Add. 14,663*; une partie de cette édition est reproduite dans Gismondi, *Grammatica,* p. 130-140.

cette même lettre conservés par d'autres témoins que le titre est
correct; Assémani ne pouvait pourtant le trouver ni dans la finale
(p. 501) ni dans les titres courants du manuscrit; il doit donc avoir
connu le début de la lettre, qu'il fixe d'ailleurs au « fol. I » du
Vatican syr. 136. Toutefois, les deux premiers feuillets et le sixième,
suivant la numérotation européenne, étaient déjà perdus au moment
de la rédaction du *Catalogus* (t. 3 : 1759), qui décrit la *Lettre aux
moines de Téléda* comme « initio mutila », et donne comme son
incipit les premières lignes lisibles du f. 3 [3]. Nous n'avons pu
recueillir aucune indication précise sur le manuscrit d'Alqoš contenant une « lettre de Mār Xénaïas au monastère de Téléda » [4], elle
aussi acéphale [5]; nous ne saurions donc dire s'il s'agit de la lettre
du *Vatican syr. 136* plutôt que de celle dont les chaînes jacobites
conservent des fragments [6], ou encore d'une autre, inconnue.

Le fragment de la présente lettre, cité sans indication d'origine
dans le florilège antinestorien du *Vatican syr. 135*, correspond au
Vatican syr. 136, f. 8[v] [7], avec quelques variantes, inversions et
omissions, tandis que tous les autres extraits concordent *ad litteram*
avec le même manuscrit; ceux de l'*Add. 14,663*, qui se réclament
d'un « *mēmrā* au monastère de Téléda », correspondent à ses f. 16ra,
23vb, 25ra, 25va [8], et celui du florilège antijulianiste de l'*Add. 12,155*
et de ses parallèles, présenté comme venant de la « lettre aux moines
de Téléda », à son f. 26[rb-va] [9].

L'authenticité de la *Lettre aux moines de Téléda* est garantie par
l'antiquité du manuscrit principal, datant du VIe siècle, non moins
que par les citations des florilèges, qui se rattachent à une tradition
remontant à la même époque [10]. Par ailleurs, des relations de Philoxène avec Téléda sont attestées par d'autres de ses lettres [11]; le
biographe Élī de Qartamīn assure même que son héros passa dans

---

[3] Guidi, *Tell ʿAddâ*, p. iv-v; de Halleux, *Senoun*, p. i-ii.
[4] Vosté, *Mss. d'Alqoš*, p. 84.
[5] Scher, *Mss. d'Alqoš*, p. 61.
[6] Ci-dessous, p. 217-219, n° 15.
[7] Éd. Guidi, p. 460, col. 1, *31* - col. 2, *8* et *20-24*.
[8] *Ibid.*, p. 475, *6-29*, 490, *3-11*, 493, *12-18*, *25-30*.
[9] *Ibid.*, p. 495, *33* - 496, *15*.
[10] de Halleux, *Nouveaux textes I*, p. 32.
[11] Ci-dessous, p. 217-219 et 222, n°s 15 et 18.

le grand monastère plusieurs années studieuses avant d'être élevé à l'épiscopat [12]. Enfin les indications historiques et doctrinales que nous allons dire confirment le témoignage de la tradition.

Il émane de la présente lettre une atmosphère analogue à celle de la *Lettre dogmatique* : ici comme là, Philoxène est persécuté pour la foi, traité de dévoyeur et de corrupteur, et il se dispose à subir le martyre (p. 451, 501). Beaucoup de moines se perdent par lâcheté (p. 498-500) ; si notre auteur écrit à ceux de Téléda pour les exhorter à la confession intrépide, c'est qu'ils lui ont eux-mêmes fait part de leur dessein de tout supporter pour l'orthodoxie (p 453).

C'est encore le sort du *Trisagion* qui est ici en jeu ; en effet, la lettre de Philoxène contient des allusions on ne peut plus nettes à l'altération de l'« addition théopaschite » par la clause « Christ roi » [13] ; notre auteur écrit précisément pour combattre cette incise « nestorienne » ; aussi tout l'essentiel de son message se borne-t-il à établir, à expliquer et à défendre « la mort de Dieu » (p. 459-479 ; 486-496).

Ce contexte permet de dater la *Lettre aux moines de Téléda* du patriarcat de Calendion d'Antioche (482-484), qui fut l'introducteur de la clause incriminée [14]. En effet, si les persécutions dont se plaint Philoxène (p. 451) étaient celles qu'il subit sous Justin (519-523), il n'aurait pu prétendre en être la seule victime (p. 501), tandis que cette remarque s'applique bien à son expulsion par Calendion, circonstance qui explique également que notre auteur, banni de la région antiochienne, écrive à un monastère situé dans cette province [15]. La même période de composition nous semble

---

[12] Élī, *Mēmrā*, v. 121-128, p. 5 ; v. 150, p. 6 [5-6].

[13] « C'est donc à bon droit que l'Église de Dieu proclame : Dieu immortel, crucifié pour nous ! [...] Mais ceux qui disent que [c'est] le Christ roi, distinct (ܡܠܟܐ) de Dieu immortel, [qui] a été crucifié pour nous... » (p. 496). « Cette acclamation : Christ roi ! » (p. 498).

[14] Ci-dessus, p. 35-36.

[15] Ci-dessus, p. 36. Sur la situation de Téléda, voir par ex. CUMONT, *Études syriennes*, p. 29-33 ; VÖÖBUS, *History*, t. 2, p. 242-244. GUIDI, *Tell ʿAddâ*, p. 448, note 1, qui avait soupçonné le contexte chronologique du patriarcat de Calendion, suit pourtant Assémani en datant la *Lettre aux moines de Téléda* de l'exil de Philoxène sous Justin ; il identifie l'adversaire que notre auteur vise plus particulièrement dans cette lettre avec le patriarche d'Antioche Paul « le Juif » *(ibid.)*, mais cette hypothèse est exclue par le fait qu'il

d'ailleurs suggérée par le voisinage de la présente lettre avec la
Lettre dogmatique aux moines dans le *Vatican syr. 136* [16], et sa
date ancienne se confirme encore par le fait que le verset *Rom.*, I, 3
s'y trouve avec la leçon ܕܐܬܝܠܕ *(né)*, que l'évêque de Mabbog
répudiera plus tard en faveur de ܕܗܘܐ *(devenu)* [17].

L'occasion prochaine qui amena Philoxène à écrire aux moines
de Téléda semble avoir été une lettre dans laquelle les « nestoriens »
avaient rassemblé leurs objections contre le *Trisagion* monophysite
(p. 461), et que notre auteur vise tout particulièrement. Il y était
ironiquement demandé qui gouvernait le monde pendant les trois
jours de la mort de Dieu, et qui ressuscita la Vie morte (p. 460,
477, 486) ; la notion même de la mort de Dieu y était déclarée
contradictoire au nom de l'immortalité divine (p. 460) ; on y objec-
tait encore l'immortalité des anges, des âmes et des démons (p.
472) ; enfin, peut-être y expliquait-on que la liberté du Christ
devant la mort tenait à sa justice (p. 463).

Les auteurs « nestoriens » de cette lettre sont désignés au pluriel
et sans aucune autre précision ; une fois, cependant, la polémique
prend un accent plus personnel et vise un adversaire bien précis,
membre de l'ordre monastique (p. 472). Peut-on identifier ce dernier
avec le moine Ḥabīb auquel Philoxène s'en prend dans ses dix
mēmrē [18] ? Malgré la similitude des situations, et quelques coïnciden-
ces de détail, nous ne le pensons pas : notre auteur ne parle jamais
d'une *lettre* de Ḥabīb, mais bien d'un *mamlelā* [19]; la réfutation
de Ḥabīb constituait une réplique à la *Lettre dogmatique* [20], tandis
que la *Lettre aux moines de Téléda* ne suppose aucunement l'existence de cette encyclique ; enfin on ne rencontre pas dans les « cha-

---

s'agissait d'un moine (f. 14ᵛ b, p. 472) ; au reste, l'assimilation des « nestoriens » aux Juifs et aux païens, courante chez les monophysites, est expressément indiquée ici même par Philoxène (f. 8ᵛ a, p. 460). La datation erronée,
acceptée depuis ASSÉMANI, *Bibl. Orientalis*, p. 37, a été rectifiée par TISSERANT,
Philoxène, col. 1523.

16 Ci-dessus, p. 189, n° 1; ASSÉMANI, *Catalogus*, p. 216. Elles est suivie de
deux fragments des *Mēmrē contre Ḥabīb* dans le *Vatican syr. 135*; ci-dessous,
p. 225, note 1; ASSÉMANI, *Catalogus*, p. 214 et 216.

17 *Lettre aux moines de Téléda*, f. 4ᵛ b, p. 456. Ci-dessus, p. 123-124.

18 Cette hypothèse est suggérée par TISSERANT, *Philoxène*, col. 1523.

19 Ci-dessous, p. 227, note 7.

20 Ci-dessous, p. 227.

pitres » de Ḥabīb cités par Philoxène les objections caractéristiques
de la « lettre » nestorienne que nous venons de résumer, mais on en
trouve d'autres, qui ne sont ni mentionnées ni réfutées ici [21].

3. — LETTRE AUX ARZŌNITES

Un fragment dans le ms. * *Vatican (Biblioteca Apostolica), syr. 135,*
f. 89ra-b (VIIe-VIIIe s.; ASSÉMANI, *Catalogus,* p. 216).

BIBL. : ASSÉMANI, *Bibl. Orientalis,* t. 2, p. 45-46, n° 19; BUDGE, *Discourses,*
t. 2, p. LXI, n° LV; BAUMSTARK, *Geschichte,* p. 144, note 5; TISSERANT,
Philoxène, col. 1525.

Un fragment de lettre philoxénienne aux Arzōnites [1] suit deux
extraits des *Mēmrē contre Ḥabīb* et un autre de la *Lettre aux
moines de Téléda* dans l'ancienne chaîne jacobite du *Vatican syr.
135,* voisinage qui présente une garantie pour l'authenticité de
cette pièce et une indication pour sa chronologie. Au reste, le contenu des quelques lignes qui en sont conservées suffit pour orienter
vers le contexte historique de la lettre précédente, car notre auteur
expose ici le dogme de la « mort de Dieu » et le défend contre les
« nestoriens ». Il montre tout d'abord que « c'est celui qui devint
qui mourut »; notre corps étant devenu celui du Verbe, explique-t-il,
Dieu meurt donc lui-même de notre mort. Philoxène aborde ensuite
l'objection suivante des « nestoriens » : « Ne dis pas que celui qui
mourut est Dieu, de peur qu'il ne devienne inférieur aux anges et
aux démons! » (f. 89rb); à quoi il répond par l'argument de la
prière et du culte au Crucifié : les démons eux-mêmes, dit-il, ont
confessé le Fils de Dieu et le Saint (*Luc,* IV, 35). Ce développement rend le même son que la polémique de la *Lettre aux moines
de Téléda* [2]; aussi considérons-nous les deux pièces comme contem-

---

[21] Seule l'opposition générale à la formule : « l'Immortel est mort et
l'Impassible a pâti » est commune aux objectants de la *Lettre aux moines de
Téléda,* p. 461 et des *Mēmrē contre Ḥabīb,* X, f. 118v a-b; voir aussi ci-dessous,
p. 200-201.

[1] Sur l'Arzanène, région frontière entre la Mésopotamie du Nord et l'Arménie
méridionale, on trouvera quelques renseignements dans DILLEMANN, *Haute
Mésopotamie,* p. 121-122; pour Arzōn, voir *ibid.,* p. 163-164.

[2] Voir en particulier l'objection de l'immortalité des anges et des démons,
ci-dessus, p. 195.

poraines. Le lemme du seul fragment conservé de la *Lettre aux Arzōnites* ne précise pas si ses destinataires étaient des *moines* de l'Arzanène, mais on peut raisonnablement le supposer, par analogie avec la presque totalité des lettres dogmatiques philoxéniennes [3].

4. — LETTRE AUX MOINES D'AMID

Un fragment dans les mss. *Vatican (Biblioteca Apostolica), syr. 126,* f. 392[va-b] (av. 1222/3; Assémani, *Catalogus,* p. 176) = *Vatican syr. 543,* f. 100[v]-101[r] (1782) [1] = *Borgia syr. 148,* f. 183[r-v] (1576; Scher, *Musée Borgia,* p. 280) = *Londres (British Museum), Add. 17,193,* f. 69[v] (873/4; Wright, *Catalogue,* n° 861, p. 997a) = *Add. 14,538,* f. 80ra (Xe s.; *Catalogue,* n° 863, p. 1007b) = *Šarfeh (Couvent de Notre-Dame Libératrice), fonds patr. 302,* f. 39[v] (1699) [2] = *Paris (Bibliothèque Nationale), syr. 62,* f. 218[v] (IXe s.; Zotenberg, *Catalogue,* p. 26a) = *Cambridge (University Library), Add. 2023,* f. 237[v]-238[r] (XIIIe s.; Wright-Cook, *Catalogue,* p. 620).

Éd. avec version anglaise et introduction : * Vööbus, *Legislation,* p. 51-54; version française : Nau, *Littérature canonique,* p. 37-38.

Bibl. : Assémani, *Bibl. Orientalis,* t. 2, p. 37, n° 12; Budge, *Discourses,* t. 2, p. lix, n° xlvii; Baumstark, *Geschichte,* p. 142, note 5; Tisserant, *Philoxène,* col. 1524.

Un même fragment épistolaire se trouve attribué à Philoxène par de nombreux manuscrits dont les plus anciens datent du IXe siècle. Seul le *Vatican syr. 126* [3] l'inscrit sous le titre : « De la lettre aux moines d'Amid »; le *Vatican syr. 543* et les *Add. 17,193* et *14,538* n'ont aucune indication de provenance; les trois autres manuscrits l'intitulent : « De la lettre sur le zèle, envoyée aux moines » *(Cambridge 2023),* ou « aux monastères » [4] *(Paris syr. 62* et *Šarfeh*

---

[3] Arzōn était en territoire perse depuis la paix de Jovien (Honigmann, *Ostgrenze,* p. 8-9); le « nestorien » Barsauma de Nisibe s'en fit expulser (Ter Minassiantz, *Armenische Kirche,* p. 37), et le monophysite Siméon de Bēt-Aršam s'y rendit en mission (Jean d'Éphèse, *Vies,* p. 145). On a également conservé une lettre de Jacques de Saroug adressée aux Arzōnites (Olinder, *Epistulae,* n° 6, p. 28).

[1] Communication de M. le chanoine A. Van Lantschoot.

[2] Vööbus, *Legislation,* p. 52.

[3] Et non les *Add. 17,193* du British Museum et *2023* de Cambridge (Vööbus, *Legislation,* p. 52, note 9).

[4] Tisserant, *Philoxène,* col. 1524, comprend erronément : « aux moniales ».

302), et inscrivent chaque phrase sous un numéro d'ordre [5]. C'est en se fondant sur ces derniers témoins que l'on voudrait considérer la *Lettre aux moines d'Amid* comme des « canons » ou des « règles » de Philoxène [6]; en réalité, l'insertion du fragment conservé dans une collection canonique n'est qu'une adaptation secondaire, que les compilateurs ont d'ailleurs indiquée en conservant au morceau le titre originel de « lettre ». En outre, l'examen du contenu confirme qu'il ne s'agit pas d'ordonnances monastiques, mais bien d'une objurgation uniformément répétée à ne pas esquiver la confession de la foi par vénalité ou respect humain, ni sous prétexte de recueillement; ce thème s'insère naturellement dans le contexte des exhortations et menaces qui se rencontrent dans la plupart des lettres philoxéniennes, et notamment dans deux des précédentes et dans la suivante [7].

Aucune indication formelle n'invite à dater la *Lettre aux moines d'Amid* du patriarcat de Calendion d'Antioche (482-484), plutôt que de celui de Flavien (498-512); cependant, les concussions évoquées ici rappellent celles dont il est question dans la *Lettre dogmatique* et celle *Aux moines du Bēt-Gōgal* [8], où les moines cupides sont également comparés à Judas; en outre, la proximité d'Amid avec le Bēt-Gōgal [9] nous fait semblablement pencher pour la première période, car la lutte de Philoxène contre Flavien se concentra plutôt en Syrie occidentale [10].

5. — PREMIÈRE LETTRE AUX MOINES DU BĒT-GŌGAL

Ms. : *Vatican (Biblioteca Apostolica), syr. 135*, f. 19vb-23vb (VIIe-VIIIe s.; Assémani, *Catalogus*, p. 214).

---

[5] Cinq numéros dans le *Paris syr. 62*, huit dans les *Cambridge 2023* et *Šarfeh 302*; par ailleurs, le fragment est plus court de deux phrases dans les *Vatican syr. 126*, *Add. 17,193* et *14,538*, et de trois phrases dans le *Vatican syr. 543*.

[6] Nau, *Littérature canonique*, p. 7; Vööbus, *History*, t. 2, p. 182-183; *Legislation*, p. 51-52.

[7] Philoxène, *Lettre dogmatique aux moines*, p. 128-131 [93-95], 143-144 [103-105]; *Aux moines de Téléda, I*, p. 498-500; *Aux moines du Bēt-Gōgal, I*, p. 146-148 [105-107].

[8] *Ibid.*

[9] Vööbus, *History*, t. 2, p. 231-233.

[10] Ci-dessus, p. 49.

Éᴅ. avec version anglaise et introduction : * Vᴀsᴄʜᴀʟᴅᴇ, *Three Letters,*
p. 146-162 [105-118] ; 87-89.

Bɪʙʟ. : Assᴇ́ᴍᴀɴɪ, *Bibl. orientalis,* t. 2, p. 35-37, nᵒ 11 ; Bᴜᴅɢᴇ, *Discourses,*
t. 2, p. ʟx, nᵒ ʟɪɪ ; Lᴇʙᴏɴ, *Dissertation,* p. 114 ; Bᴀᴜᴍsᴛᴀʀᴋ, *Geschichte,*
p. 142, note 4 ; Tɪssᴇʀᴀɴᴛ, *Philoxène,* col. 1523.

La première lettre aux moines du Bēt-Gōgal suit deux autres
pièces authentiques de notre auteur dans l'unique manuscrit qui la
conserve [1] ; l'assurance de relations épistolaires entre Philoxène et
les mêmes destinataires [2] garantit l'attribution du *Vatican syr. 135,*
et l'analyse du contenu de la présente lettre confirme encore son
authenticité.

Les circonstances qu'elle reflète nous paraissent à la fois proches
et différentes de celles que supposait la première lettre aux moines
de Téléda. En effet, il est encore question ici des controverses sur
le *Trisagion* ; dans sa partie doctrinale, la lettre défend le dogme
monophysite de la « mort de Dieu » (p. 151-152 [109-110]), tandis
que dans la longue série d'anathèmes dirigés contre Nestorius et
Eutychès, notre auteur vise nommément les négateurs des formules
« Un de la Trinité crucifié », et « L'Impassible a pâti, l'Immortel
est mort » (p. 154 [111]) ; les adversaires contre lesquels Philoxène
mène le combat de la foi sont d'ailleurs caractérisés comme les
« ennemis de la Croix » (*Phil.,* ɪɪɪ, 18 ; p. 159 [115]) : autant d'allusions transparentes à l'« addition » monophysite de l'hymne liturgique [3]. Cependant, le ton a changé depuis la *Lettre dogmatique aux
moines* et celle *Aux moines de Téléda,* où les événements ne semblaient pas tourner en faveur des monophysites ; en effet, ce sont
de joyeuses nouvelles qu'annonce ici notre auteur : l'erreur est en
déroute et le salut est là (p. 146 [105]) ; les « hérétiques » n'ont

---

[1] La *Lettre dogmatique aux moines* et la *Profession à Zénon* (ci-dessus,
p. 189, nᵒ 1 et p. 171, nᵒ 2). Le manuscrit porte ici le titre : « Lettre au
Bēt-Gōgal, aux révérends moines (ܪܝܫܝ ܕܒܝܬ) » (f. 19ᵛ b, p. 146 [105]).
Pour la montagne du Bēt-Gōgal, voir ci-dessus, p. 198, note 9.

[2] Ci-dessous, p. 201, nᵒ 6.

[3] En outre, notre auteur, qui veut sauvegarder la confession traditionnelle
de la Trinité, accuse ses adversaires d'avoir troublé les églises en y introduisant une nouveauté, laquelle consiste à augmenter la Trinité d'une hypos·
tase (lire ܩܢܘܡܐ au lieu de ܩܢܘܡܐ p. 158 [115]) ; ceci vise-t-il la clause
« Christ roi » inséré dans le *Trisagion* par Calendion ?

plus de protecteurs, ils sont poursuivis par le glaive de la justice (p. 161 [117]) ; l'empereur va remporter la pleine victoire sur ses ennemis grâce aux prières de Philoxène et des moines, et les récompenser de leur zèle pour la paix des Églises et le déracinement des ennemis de la Croix (p. 157-159 [114-115]).

Ces précisions invitent à reporter la composition de la présente lettre à la veille de la victoire de Zénon sur les usurpateurs Illus et Léonce, et de la seconde restauration du patriarche Pierre d'Antioche [4], soit peu avant septembre 484. Mais d'où Philoxène écrit-il aux moines mésopotamiens ? Des allusions très claires orientent, croyons-nous, vers la capitale de l'empire : en effet, non seulement notre auteur révèle que ses correspondants du Bēt-Gōgal avaient concrétisé leur attachement à son parti par une signature (p. 158 [115]), mais il leur transmet les remerciements de Zénon et de « l'archevêque » pour les « anaphores » (p. 158-159 [115]). Tout porte donc à croire que Philoxène s'était rendu à la cour impériale, porteur de présents et d'une pétition des moines monophysites contre les « ennemis de la Croix », et que c'est de Constantinople qu'il annonçait à la fois le succès de son ambassade et la victoire imminente sur Léonce et Illus.

Parmi ses adversaires, notre auteur distingue des hérétiques et des hypocrites intéressés (p. 158 [115]) ; il s'en prend particulièrement à un moine, qu'il traite de renégat (p. 159-160 [115-116]), lequel l'avait calomnieusement accusé de proclamer du neuf, d'être par là cause de dissensions et du trouble des Églises, et qui lui avait demandé de se taire, prenant ainsi le parti des hérétiques, sans comprendre que c'est à la foi elle-même qu'il s'attaquait (p. 160-161 [117]). Il serait tentant d'identifier cet adversaire avec le moine Ḥabīb contre lequel Philoxène écrivit ses dix Mēmrē [5]; cependant Ḥabīb s'était rallié au parti « nestorien » en connaissance de cause [6], tandis que notre auteur semble admettre la bonne foi du « moine renégat », en le distinguant des « hérétiques » ; en revanche,

---

4 Ci-dessus, p. 38. Le fait est reconnu depuis VASCHALDE, *Three Letters*, p. 87-88, qui date la lettre philoxénienne de 485.

5 Ci-dessous, p. 234-237.

6 Ci-dessous, p. 234.

rien ne s'oppose à ce que ce moine soit identique à l'auteur « nestorien » de la lettre que réfutait celle *Aux moines de Téléda* [7].

3. — DEUXIÈME LETTRE AUX MOINE DU BĒT-GŌGAL

Ms. : * *Vatican (Biblioteca Apostolica), syr. 136,* f. 35vb-53rb (VIe s.;
ASSÉMANI, *Catalogus,* p. 216).
      BIBL. : ASSÉMANI, *Bibl. Orientalis,* t. 2, p. 35-37, n° 11; BUDGE, *Discourses,*
t. 2, p. LX, n° LII; BAUMSTARK, *Geschichte,* p. 142, note 4; TISSERANT, *Philoxène,* col. 1523.

Une lettre « aux monastères du Bēt-Gōgal », distincte de la précédente, forme la troisième pièce du recueil philoxénien que constitue
la première partie du *Vatican syr. 136.* Le contexte des deux lettres
authentiques qu'elle y suit [1], ainsi que l'antiquité du manuscrit,
plaident en faveur de son authenticité. Cette lettre étant encore
inédite, nous en résumerons ici le contenu.

Des deux premières pages, devenues presque illisibles, on peut
tirer que l'auteur, ayant déjà mis ses correspondants en garde par
une première lettre contre les « mœurs judaïques sournoisement
introduites dans l'alliance du Christ », va parler dans celle-ci des
« doctrines judaïques de l'hérésie nestorienne » (f. 35rb-37ra). Il retrace d'abord la généalogie de cette hérésie depuis l'époque apostolique,
énumérant les Juifs, Ébion et Artémon, Paul de Samosate, Théodore
de Mopsueste et Nestorius (f. 37ra-40va)[2]. Il réfute ensuite la christologie des deux Fils et des deux hypostases conjointes par grâce
et par honneur (f. 40va-41rb), en lui opposant celle du devenir de
Dieu et de sa kénose volontaire par l'incorporation, où le Verbe
fait sien notre corps en l'unissant à son hypostase (f. 41rb-44va).

Suit une justification théologique du baptême du Christ, conçu
comme l'onction messianique du Fils connaturel à l'Esprit : il y
« reçut ce qui est nôtre parce que devenu semblable à nous », pour

[7] Ci-dessus, p. 195-196; Philoxène invite le moine « nestorien » à rentrer en
lui-même pour se rendre compte qu'il s'allie aux Juifs et aux païens en
combattant le dogme de la mort de Dieu (*Aux moines de Téléda, I,* p. 472);
notre auteur semble donc concéder la bonne foi de son adversaire.
   [1] *Aux moines de Téléda, I* et *Lettre dogmatique aux moines*; ci-dessus, p.
192, n° 2 et p. 189, n° 1.
   [2] Cette section offre de frappantes ressemblances avec SIMÉON, *Lettre sur
le nestorianisme,* p. 346-349.

nous oindre de sa grâce (f. 44va-47ra). Philoxène montre alors que les « faiblesses » de l'économie doivent être attribuées à Dieu devenu homme, et que tous les titres christologiques (Verbe, Dieu, Fils, Monogène, Jésus, Christ, Seigneur) se rapportent à une seule et même hypostase, tout comme les divers noms du Père (f. 47ra-49ra).

Il conteste ensuite que la théorie christologique de l'inhabitation ou de l'assomption puisse rendre compte du « devenir » de *Jean*, I, 14, et souligne que le « comment » de l'économie est un mystère insondable (f. 49rb-51va). Après avoir encore argumenté à partir de la naissance miraculeuse du Sauveur, et expliqué l'inhabitation de 2 *Cor.*, v, 19 (f. 51va-52va), il conclut que sa courte lettre aidera à combattre l'erreur et à résister aux persécuteurs, et il termine en prévenant ses correspondants contre le danger des traîtres et contre la séduction des « présents impies », comme il l'avait fait, dit-il, dans sa première lettre (f. 42va-53rb).

Cette dernière allusion évoque immédiatement à l'esprit les mises en garde contre la corruption que l'on rencontre dans la lettre précédente [3]; peut-on supposer que celle-là serait bien la « première lettre » dont notre auteur parle ici? Nous ne le croyons pas, car Philoxène précise que cette première lettre traitait du relâchement moral qu'il imputait aux « nestoriens » (f. 36rb), thème que l'on chercherait vainement dans celle de 484, consacrée à la défense du *Trisagion*. La « première lettre » mentionnée par l'évêque de Mabbog n'est donc pas celle que l'on appelle de ce nom depuis Assémani, pour la distinguer de la présente.

Les circonstances de composition des deux lettres conservées diffèrent d'ailleurs sensiblement : dans la seconde, on ne relève plus aucune insistance sur le paradoxe de « la mort de Dieu », et s'il y est encore question de luttes contre l'erreur (f. 52vb), dans lesquelles les « orthodoxes » sont persécutés et injuriés (f. 53ra), ce n'est pas vers Antioche, mais vers l'Église de Perse que l'on est ici reporté. En effet, Philoxène présente la christologie des « hérétiques » comme un grossier adoptianisme, qu'il attribue expressément à Théodore de Mopsueste, en précisant à deux reprises que la doctrine de ce dernier est particulièrement affectionnée dans le pays

---

[3] PHILOXÈNE, *Aux moines du Bēt-Gōgal, I*, p. 147-148 [106-107].

(ܪܚܡܐ) de ses correspondants (f. 48ʳᵇ), ou chez eux (f. 39ʳᵇ) ; lorsqu'il parle des « révoltés » qui prêchent « maintenant » cette doctrine, et troublent ainsi les simples de « là-bas » (f. 37ʳᵃ ; 40ʳᵇ), il doit donc viser les initiateurs des synodes persans de 484 et 486, et notamment Barsauma de Nisibe [4]. L'allusion devient plus claire encore lorsqu'il évoque les « mœurs judaïques » (f. 36ʳᵇ), c'est-à-dire la prétendue corruption morale des « hérétiques », relâchement dont il rend Théodore responsable (f. 48ᵛᵇ) ; il s'agit évidemment ici des « canons » de ces mêmes synodes relatifs au mariage des clercs [5].

La présente lettre est donc postérieure à 486; d'autre part, le fait que son auteur n'y donne nulle part à entendre qu'il fasse lui-même l'objet de persécutions nous paraît indiquer qu'elle fut composée antérieurement au patriarcat de Flavien d'Antioche [6]; nous la daterions donc volontiers de la période d'active propagande « nestorienne » menée en Mésopotamie septentrionale dans les dernères années du Vᵉ siècle sous l'impulsion de Barsauma.

7. — LETTRE AU STRATÉLATE ABŪ YA'FUR DE ḤĪRTĀ DE BĒT-NU'MAN

Mss. : Texte I : *Londres (British Museum), Add. 14,529*, f. 61ʳᵃ-65ᵛᵃ (VIIᵉ-VIIIᵉ s.; Wright, *Catalogue*, n° 856, p. 920a) ‖ Texte II : un fragment dans les *Add. 17,193*, f. 83ʳ⁻ᵛ (873/4; *Catalogue*, n° 861, p. 998b) =*Add. 17,134*, f. 4ᵛ (feuillet dépareillé; *Catalogue*, n° 421, p. 338a) ‖ Texte III : *Manchester (John Rylands Library), syr. 59*, f. 99ᵛ-107ᵛ (copie moderne d'un manuscrit turabdinien du XIᵉ s.) [1] = *Birmingham (Selly Oak Colleges), Mingana syr. 71*, f. 40ʳ-47ʳ (XVIIIᵉ s.; Mingana, *Catalogue*, col. 782) ‖ Texte indéterminé : *Šarfeh (Couvent de Notre-Dame Libératrice), fonds patr. 143* (Sherwood, *Charfet*, p. 105).

Éd. : * Martin, *Institutiones*, p. 71-78 (*Add. 14,529*); version française de l'éd. Martin) : * Tixeront, *'Abou Niphir*, p. 623-630; éd. avec version anglaise et introduction : * Mingana, *Early Spread*, p. 368-371 [352-367]; 343-352 (*John Rylands 59*).

---

[4] Ci-dessus, p. 47.

[5] *Ibid.*

[6] En outre, elle doit avoir été séparée de la première (484) par un espace de temps suffisamment long pour que Philoxène puisse appeler « première » une lettre précédente postérieure à celle-là.

[1] Mingana, *Early Spread*, p. 346.

BIBL. : BUDGE, *Discourses*, t. 2, p. LX, n° XLIX; VASCHALDE, *Three Letters*, p. 29-33; BAUMSTARK, *Geschichte*, p. 143, note 2; TISSERANT, *Philoxène*, col. 1526; NAU, *Naissance de Nestorius*, p. 424-425; PEETERS, *Nouveau document*, p. 209-213; GUPPY, *Genuineness*, p. 121-123; MINGANA, *Remarks*, p. 123-124.

La lettre à Abū Ya'fur n'a été longtemps connue que d'après l'*Add. 14,529*; dans ce manuscrit, elle se compose d'une légende de Nestorius et de Théodore de Mopsueste, avec un récit du concile œcuménique d'Éphèse (p. 71-74 [624-627]), puis d'une relation du concile de Chalcédoine et du schisme alexandrin des isaïens acéphales (p. 74-76 [627-629]), puis enfin de considérations sur la validité du baptême conféré par les chalcédoniens avant l'*Hénotique* de Zénon (p. 76-78 [629-630]). C'est sur la base de ce texte que l'on a mis en doute l'authenticité de la lettre philoxénienne, en arguant de ses anachronismes flagrants : Honorius (empereur d'Occident, 395-423) faisant consacrer Théodore (392) et Nestorius (428) (p. 72 [625]), et le même Théodore († 428) anathématisant Nestorius à Éphèse (431) (p. 73-74 [625-626]) [2]. Mais ne faut-il point compter avec la négligence ou l'ignorance d'un copiste, qui aurait transformé en Honorius le nom de Théodose et celui de Théodoret en Théodore [3]? En tout état de cause, on possède un témoin plus correct du texte dans le traité de Denys Bar-Ṣalībī contre les nestoriens; en effet, le premier chapitre de cet ouvrage, qui s'inspire tacitement de la présente lettre, dont il reproduit littéralement le récit des origines de Nestorius et du concile d'Éphèse, ne parle point d'Honorius et porte partout Théodoret au lieu de Théodore [4].

---

[2] VASCHALDE, *Three Letters*, p. 30; TIXERONT, *'Abou Niphir*, p. 623. Plusieurs difficultés de lecture sont dues à l'édition Martin (MARTIN, *Institutiones*, p. 102); en la collationnant avec le manuscrit, nous avons constaté que les f. 65r a, *21-22* et 65r b, *9-18* ont été sautés par *homéotéleuton*. Il faut donc suppléer, à la p. 77, *11* : ܐܠ ܡܣܝܚܘܬܐ ܕܐܝܬܝܗ ܬܪܝܢ : ܘܐܠ ܡܣܝܚܘܬܐ et *ibid.*, *15* : ܗܟܢܐ ܣܘܥܪܢܐ ܘܗܘ ܕܐܠܗܘܬܐ ܣܒ ܣܘܥܪܢܐ ܠܟܬܪܐ . ܐܘܟܝܬ ܐܠܗܐ ܗܟܢܐ ܬܠܝܬܝܐ . ܘܗܘ ܕܐܬܒܪܢܫ ܗܘܐ ܡܢ ܡܪܝܡ ܘܐܢܫܐ ܕܐܝܬܘܗܝ : ܘܐܡܪ ܡܢ ܕܝܠܝܬܐ ܕܬܪܝܢ ܟܝܢܐ ܒܡܣܝܚܘܬܐ.

[3] MINGANA, *Early Spread*, p. 344, 349.

[4] Voir les extraits du *Paris syr. 209*, p. 181-182, traduits par NAU, *Bar Salibi*, p. 301-302; *Naissance de Nestorius*, p. 424. C'est un fragment du

Si les objections contre l'authenticité de la *Lettre à Abū Yaʿfur* se laissent aisément dissiper, l'intégrité de la version fournie par l'*Add. 14,529* n'en est pas pour autant assurée [5]; en effet, ce manuscrit ne reproduit pas toute la lettre primitive [6], car le fragment conservé par les *Add. 17,193* et *17,134* révèle que son texte était précédé d'une sorte d'*épitomé* des conciles d'Ancyre, Antioche (268), Nicée (325), Rome (340?), Gangres et Constantinople (381) [7]. Cependant, la recension la plus complète se trouve dans les deux manuscrits *John Rylands 69* et *Mingana syr. 71*. La pièce y est bien présentée comme une lettre, et le nom du destinataire y est correctement orthographié ܐܒܘܝܥܦܘܪ (p. 352; f. 40ʳ); l'adresse de la lettre y est conservée et le résumé des conciles y est muni d'une introduction, où l'auteur dit répondre à une demande de son correspondant *(ibid.)*. Le récit des origines de Nestorius (p. 354-356; f. 40ᵛ-42ʳ) y est suivi d'une preuve de l'hérésie de « Théodore » [8] d'après son *logos* sur l'*Épiphanie du Roi* et un commentaire de *Psaumes* (ܦܘܐܪܬ ܕ.ܢܝ ܒܪܐܘܝܬܐ) (p. 356-357; f. 42ʳ). Après la relation du concile de Chalcédoine et du schisme des acéphales, où l'auteur déclare répondre à une seconde lettre d'Abū Yaʿfur (p. 357-359; f. 42ʳ-44ʳ), le texte coupe court aux considérations sur la validité du baptême chalcédonien que l'on trouvait dans l'*Add. 14,529* et passe à une critique du concile de 451 (p. 359-360; f. 44ʳ⁻ᵛ). Puis commence sans transition un exposé sur l'origine du christianisme chez les Turcs, expliquant comment ces peuplades auraient été « nestorianisées » par ruse, à la suite du schisme de l'Église per-

---

traité de Bar-Ṣalībī (= NAU, *Bar Salibi*, p. 301), et non de la *Lettre à Abū Yaʿfur*, qui est contenu dans le feuillet détaché du *Mingana syr. 184*, f. 94 (MINGANA, *Catalogue*, col. 406).

[5] Le titre de *synodicon*, qu'elle y reçoit (p. 71 [624]), s'explique peut-être par le fait qu'elle est insérée dans une collection canonique (WRIGHT, *Catalogue*, p. 917-921), peut-être aussi par le récit des conciles qu'elle contient. La graphie ܐܒܘܝ dans le nom du destinataire peut provenir d'un ܐܒܘ originel.

[6] Le début abrupt : « J'écris [...] encore » (p. 71 [624]) suppose bien l'absence des pages précédentes, mais non une lettre précédente sur le même sujet (TIXERONT, *'Abou Niphir*, p. 624, note 1).

[7] L'*Add. 17,134* omet la notice relative au concile de Gangres; celles sur Éphèse et Chalcédoine se retrouvent dans l'*Add. 14,529* après le récit des origines de Nestorius (p. 73-74 [625-627]); dans l'*Add. 17,193*, l'extrait est intitulé : « Du livre de Mār Xénaïas au stratélate de Ḥīrtā de Bēt-Nuʿman ».

[8] Peut-être Théodoret? (ci-dessus, note 4).

sane (p. 360-366; f. 44ᵛ-47ʳ). La lettre se conclut par une reprise de la discussion sur la validité du baptême, suivant l'*Add. 14,529* (p. 366-367; f. 47ʳ).

L'éditeur de ce qui apparaît ainsi comme la recension longue de la *Lettre à Abū Yaʿfur* se montrait très réservé sur son authenticité et proposait d'en attribuer la composition à un jacobite vivant à Bagdad vers 730-790 [9]; d'autres ont même proposé de la considérer comme une falsification moderne [10], mais une opinion si radicale ne nous semble pas recevable pour la totalité de la lettre[11]. En réalité, il convient de ne pas porter sur ce document composite un jugement sans nuances.

Tout d'abord, l'existence d'une lettre de notre auteur à Abū Yaʿfur paraît bien attestée : le résumé anonyme d'une *Vie* philoxénienne médiévale la mentionne expressément [12], Denys Bar-Ṣalībī († 1171) la cite sans la nommer [13], et la tradition des manuscrits remonte jusqu'au VIIᵉ ou au VIIIᵉ siècle [14]. Par ailleurs, le toparque lakhmide de al-Ḥīra, destinataire de la lettre, est un contemporain de Philoxène [15]; la christianisation des Arabes nomades de Babylonie à cette époque n'a rien d'invraisemblable [16], non plus que des tentatives de propagande monophysite, puisque c'est seulement quelques années plus tard que sont attestées des missions religieuses à al-Ḥīra, conduites par le « controversiste persan » Siméon de Bēt-Aršam [17]; des relations de l'évêque de Mabbog avec un ennemi de l'empire romain [18] durant la guerre perse de

---

[9] MINGANA, *Early Spread*, p. 345, 349-350; il ne songe pas à Lazare Bar-Sabtā, devenu évêque de Bagdad au IXᵉ siècle sous le nom de Philoxène (ASSÉMANI, *Bibl. Orientalis*, p. 123-124).

[10] PEETERS, *Nouveau document*, p. 212, propose de l'attribuer au faussaire turc Islâm Akhûn, qui répandit impunément ses supercheries jusqu'à la fin du siècle dernier.

[11] Voir la réponse pertinente de MINGANA, *Remarks*, p. 123-124; GUPPY, *Genuineness*, p. 121-123.

[12] MINGANA, *New Documents*, p. 154-155.

[13] Ci-dessus, p. 204.

[14] C'est l'époque supposée de l'*Add. 14,529*.

[15] Il régna de 503 à 505, d'après ROTHSTEIN, *Laḥmiden*, p. 71.

[16] CHARLES, *Christianisme des Arabes*, p. 55-59, 70.

[17] JEAN D'ÉPHÈSE, *Vies*, p. 140, 145.

[18] CHRISTENSEN, *Iran sassanide*, p. 347.

502-505 expliqueraient d'ailleurs parfaitement que les généraux byzantins lui cherchèrent alors des ennuis [19].

Ceci dit, déterminer dans quelle mesure les différentes versions se présentant comme la *Lettre à Abū Yaʿfur* répondent au texte philoxénien original est une opération extrêmement délicate, pour laquelle on ne peut guère que se livrer à des conjectures. La section consacrée aux Turcs chrétiens, dans la recension des manuscrits *John Rylands 69* et *Mingana syr. 71*, a été manifestement interpolée dans un passage relatif au catholicos Acace (p. 361, f. 44ʳ) et à Barsauma de Nisibe (p. 366; f. 47ʳ); il ne nous appartient pas de décider de la date de ce morceau [20]. L'adresse et l'introduction suivant les mêmes témoins, qui répondent bien à l'objet de la lettre, ainsi que l'histoire résumée des conciles, qui est attestée par les fragments des *Add. 17,193* et *17,134* et supposée par l'*Add. 14,529*, nous paraissent offrir de bonnes garanties d'authenticité. La légende de Nestorius et de Théodore vient briser la liste conciliaire des *Add. 17,193* et *17,134* en la gonflant démesurément; cependant elle se trouve déjà dans le plus ancien manuscrit connu de la lettre, et elle n'est pas plus invraisemblable qu'une autre légende concernant la convocation de Nestorius au concile de Chalcédoine, à laquelle Philoxène fait crédit dans sa lettre authentique *Aux moines de Senoun* [21]; bien que rien ne prouve positivement l'authenticité de cette section, nous ne voyons pas d'argument qui l'infirme [22]. La critique du concile de Chalcédoine, conservée complètement par les *John Rylands 59* et *Mingana syr. 71*, présente des similitudes littérales avec un pamphlet antichalcédonien de Philoxène [23]; ce passage s'expliquerait donc comme l'utilisation par notre auteur d'un de ses écrits antérieurs, à moins qu'on ne préfère y voir l'œuvre d'un compilateur consciencieux. Pour l'authenticité de la section consacrée aux acéphales, nous ne pouvons invoquer que des raisons plus générales : d'une part, la question de la validité des baptêmes et des ordinations conférées par les héréti-

---

[19] Ci-dessus, p. 57.

[20] PEETERS, *Nouveau document*, p. 211.

[21] PHILOXÈNE, *Lettre aux moines de Senoun*, p. 17-22 [14-18].

[22] Les *Add. 17,193* et *17,134* peuvent avoir abrégé un modèle qui suivait le texte long; pour les erreurs chronologiques, voir ci-dessus, p. 204.

[23] Ci-dessous, p. 250-251.

ques était discutée dans le parti monophysite, et notamment par Philoxène lui-même [24]; d'autre part, il était normal que cette question se posât dans le cas d'une mission auprès d'un prince d'obédience « nestorienne » [25]. Quant à l'exposé relatif à l'introduction du nestorianisme en Perse et à la persécution de Barsauma, sa présence dans la *Lettre à Abū Yaʿfur* est également naturelle; elle expliquerait que le thème soit semblablement développé dans le traité antinestorien de Bar-Ṣalībī, qui s'inspire de la lettre philoxénienne [26].

8. — LETTRE DOGMATIQUE AUX MOINES DE PALESTINE

Un fragment dans le ms. *Londres (British Museum), Add. 14,532,* f. 178va-181vb (VIIIe s.; WRIGHT, *Catalogue*, no 858, p. 963b).

ÉD. avec version française et commentaire : * DE HALLEUX, *Nouveaux textes I*, p. 33-39 [40-44]; 45-61.

BIBL. : BAUMSTARK, *Geschichte*, p. 144, note 5.

D'une lettre de Philoxène aux moines monophysites de Palestine dont l'*incipit* était : « Quel bien infini... », sont seules conservées les dernières pages, dans la section antitrithéite d'une ancienne chaîne jacobite. En publiant cet important fragment, nous avons établi l'authenticité de la lettre dont il provient [1] et nous avons situé celle-ci au lendemain du synode d'Antioche de 509, dont elle évoque les péripéties [2].

9. — LETTRE LIMINAIRE AU *SYNODICON* D'ÉPHÈSE

Un fragment dans le ms. *Londres (British Museum), Add. 14,533,* f. 168r (VIIIe-IXe s.; WRIGHT, *Catalogue*, no 859, p. 973b).

ÉD. avec version française et commentaire : * DE HALLEUX, *Nouveaux textes I*, p. 39 [45]; 61-62.

BIBL. : BAUMSTARK, *Geschichte*, p. 144, note 5; TISSERANT, *Philoxène*, col. 1525.

---

[24] Ci-dessus, p. 86-87.

[25] Dès le synode « nestorien » de 486, la hiérarchie persane se plaint de moines qui troublent l'Église par des eucharisties et des baptêmes clandestins (*Synodicon Orientale*, p. 53-55 [301-303]).

[26] NAU, *Bar Salibi*, p. 302-303.

[1] DE HALLEUX, *Nouveaux textes I*, p. 45-48.

[2] *Ibid.*, p. 49-60.

Les quelques lignes d'une lettre philoxénienne liminaire au *syno-dicon* d'Éphèse (431), que reproduit la section antipaulinaniste d'une ancienne chaîne jacobite, offrent de telles similitudes de style et de fond avec la *Lettre aux moines de Palestine* que nous considérons les deux pièces comme authentiques et contemporaines [1]. Si le passage conservé, relatif aux douze anathématismes cyrilliens, reflète bien l'argument central de la lettre, il se pourrait que celle-ci ait été écrite en défense de ces anathématismes, et en vue d'obtenir la condamnation de leurs réfutateurs ; le libellé du titre nous semble indiquer que Philoxène aurait versé au débat un dossier des actes du concile au cours duquel avait été lue la deuxième lettre de Cyrille à Nestorius, avec les « douze chapitres » [2].

10. — LETTRE AUX ABBÉS THÉODORE, MAMAS ET SÉVÈRE

Un fragment dans les mss. * *Londres (British Museum), Add. 12,155*, f. 41ra-b (VIIIe s. ; WRIGHT, *Catalogue*, no 857, p. 925b) = *Add. 14,532*, f. 8rb (VIIIe s. ; *Catalogue*, no 858, p. 957b) [1].

BIBL. : BAUMSTARK, *Geschichte*, p. 144, note 5.

Le lemme très détaillé d'un fragment de lettre philoxénienne aux abbés Théodore, Mamas et Sévère révèle que cette lettre concernait celle « que Flavien d'Antioche écrivit au clément empereur », et précise qu'elle s'ouvrait par ces mots : « Je viens de (ܐܟܪ ܗܡܪ) recevoir une deuxième lettre (*Add. 12,155* : deux lettres) de Votre Charité ». L'auteur y assure que « les Pères » ne reçurent pas la formule christologique « deux natures avant l'union, lors de l'union (ܒܡ) ou après l'union », mais qu'ils se contentèrent de maintenir la différence (ܟܠܘܐܬ) des natures. La conformité de cette position avec celle que l'on trouve soutenue dans la *Lettre contre Fla-vien* [2] confirme l'attribution que le compilateur de cette section

---

[1] DE HALLEUX, *Nouveaux textes I*, p. 45-46.

[2] *Ibid.*, p. 61-62 ; Philoxène fait allusion à cette épître cyrillienne dans sa lettre contemporaine *Contre Flavien* ; ci-dessous, p. 211, note 1.

[1] Ce fragment se trouvait peut-être également dans la section correspondante, aujourd'hui perdue, de la même chaîne dans l'*Add. 14,538* (Xe s., *Catalogue*, no 863, p. 1006 b) ; il pourrait aussi être reproduit dans la chaîne analogue du *Mingana syr. 69* (VIIe s.), mais le *Catalogue*, col. 176, reste muet sur ce point.

[2] Ci-dessous, p. 211, no 11.

du florilège, elle-même antérieure aux manuscrits qui la reproduisent, tenait vraisemblablement d'un recueil épistolaire philoxénien.

Le lemme de ce fragment permet de dater la *Lettre aux abbés* d'une période où Flavien était encore patriarche d'Antioche et Sévère encore moine, tandis que sa teneur doctrinale la situe plus précisément à un moment où le différend entre Philoxène et son patriarche portait sur la formule diphysite chalcédonienne, c'est-à-dire dans les dernières années de Flavien (509-512) [3]. La délégation des moines palestiniens à Constantinople (508) était précisément conduite par les trois archimandrites auxquels écrit l'évêque de Mabbog [4]; et d'autre part, la lettre de Flavien à l'empereur mentionnée dans le lemme de celle-ci pourrait s'insérer sans difficulté dans le contexte de la campagne de dénonciations consécutive au synode antiochien de 509 [5]; il nous paraît donc raisonnable de supposer que notre auteur écrivit aux abbés palestiniens en séjour dans la capitale, pour y neutraliser l'action de son patriarche [6]. Sévère étant rentré en Orient à l'époque du concile de Sidon, auquel il assistait avec Philoxène [7], la correspondance entre l'évêque de Mabbog et les Palestiniens ne serait donc pas postérieure à l'été de 511.

11. — LETTRE CONTRE FLAVIEN D'ANTIOCHE

Trois fragments dans les mss. * *Londres (British Museum), Add. 12,155,* f. 41rb (VIIIe s.; WRIGHT, *Catalogue,* n° 857, p. 925*b*) = *Add. 14,532,* f. 7vb-8ra (VIIIe s.; *Catalogue,* n° 858, p. 957*b*).

BIBL. : BAUMSTARK, *Geschichte,* p. 144, note 5.

Trois fragments d'une lettre philoxénienne contre Flavien d'Antioche précèdent immédiatement celui de la *Lettre aux abbés* dans les mêmes florilèges; et l'examen de leur contenu en corrobore l'authenticité. L'auteur y présente l'union christologique *ex duabus naturis* comme le moyen terme entre les deux « passions » destructrices de l'union, savoir le nombre (deux dans l'union) et la confusion (le Verbe converti en chair ou la chair en la nature du Verbe); il admet,

---

[3] Ci-dessus, p. 55-56.
[4] ZACHARIE, *Vie de Sévère,* p. 100-107.
[5] Ci-dessus, p. 66-67.
[6] DE HALLEUX, *Nouveaux textes I,* p. 55-56, 59-61.
[7] Ci-dessus, p. 71-72.

avec saint Cyrille[1], que la « différence (ܪ̈ܘܫܐ) des natures »
est conservée dans l'union, entendant par là prévenir leur changement (ܠܐ ܡܫܬܚܠܦ), mais il refuse d'assimiler cette concession
au diphysisme chalcédonien (« deux natures dans l'union »). Ces
détails s'accordent avec les données de la lettre précédente, et permettent de supposer pour celle-ci la même période de composition (509-
512)[2]. L'accent de la *Lettre contre Flavien* trahit une préoccupation
apologétique, car notre auteur semble s'y défendre de l'accusation
de synousiasme, et contester que la formule diphysite constitue une
précaution indispensable contre la confusion; or le patriarche
d'Antioche avait précisément fait valoir ces objections au synode
de 509[3]. Les fragments conservés de la présente lettre ne contiennent aucune indication sur sa destination; elle peut avoir été adressée à l'empereur Anastase, à des moines ou à des évêques monophysites, ou encore à des indécis toujours en communion avec Flavien.

12. — LETTRE AU LECTEUR MARON D'ANAZARBE

Ms. : *Londres (British Museum), Add. 14,726,* f. 19ᵛ-24ᵛ (Xᵉ s.; WRIGHT,
Catalogue, n° 815, p. 829a-b).

ÉD. avec version latine et commentaire : * LEBON, *Textes inédits,* p. 39-56
[58-80]; 20-38 [1].

BIBL. : BUDGE, *Discourses,* t. 2, p. LXI, n° LVII; LEBON, *Dissertation,* p.
137-147; 162; BAUMSTARK, *Geschichte,* p. 142, note 12; TISSERANT, *Philoxène,* col. 1524.

---

[1] CYRILLE D'ALEXANDRIE, *Deuxième lettre à Nestorius,* éd. AUBERT, dans
PG, t. 77, col. 45 B-C.

[2] Ci-dessus, p. 210.

[3] DE HALLEUX, *Nouveaux textes I,* p. 60, note 53.

[1] Nous ne croyons pas décisive l'argumentation qui amène LEBON, *Textes
inédits,* p. 31-38, à déceler dans cette lettre des mutilations et des transpositions,
sur la base du plan annoncé des sept questions (p. 40 [60-61]) : en effet,
rien n'assure que Philoxène se soit astreint à remplir ce programme dans
l'ordre logique; ainsi pouvait-il estimer avoir virtuellement répondu à la première question en résolvant les trois suivantes (p. 40-44 [61-66], qui portaient
comme celle-là sur des formules diphysites); l'éditeur constate d'ailleurs un
mélange des questions 6 et 7 sans supposer aucune altération du texte (*ibid.,*
p. 36, note 1).

On trouvera dans l'édition de la lettre philoxénienne à Maron d'Anazarbe la preuve de son authenticité[2] et l'étude détaillée de ses circonstances de composition[3]. Pour celles-ci, l'éditeur maintient les conclusions qu'il avait déjà formulées dans sa dissertation de 1909 : « La *Lettre à Maron* fut écrite quelque temps après la victoire que le monophysisme remporta en Orient par la chute de Flavien ; elle eut pour cause la consultation de Maron, provoquée par les agissements d'un groupe de chalcédoniens opportunistes réunis à Alexandrette et par leurs écrits à l'empereur et pour le Synode. [...] Le personnage principal de la réunion susdite était Jean Grammaticus, et la cause immédiate de la lettre de Maron à Philoxène fut la composition [...] de son *Apologie du concile de Chalcédoine*[4]. [...] La lettre à Maron étant ainsi mise en relation avec l'Apologie de Jean Grammaticus, on peut en reporter la composition aux années 515-518. [...] Il semble bien que Philoxène écrit après que l'*Henoticon* de Zénon eut été officiellement interprété dans un sens antichalcédonien, ce qui n'arriva qu'au synode monophysite de Tyr (514-515)[5]. »

Il nous paraît effectivement incontestable que la *Lettre à Maron* reflète un épisode de la résistance au monophysisme en Orient sous le patriarcat de Sévère (512-518) ; les anathèmes personnels de Diodore de Tarse et de Théodore de Mopsueste, ainsi que la condamnation du concile de Chalcédoine, du *Tome* de Léon et du diphysisme, acquis aux philoxéniens après les dix ans de luttes[6] qui se terminèrent avec la déposition de Flavien (512), sont à présent remis en cause par un groupe de « néochalcédoniens », qui ont adressé une pétition à l'empereur Anastase et composé une apologie du concile[7].

Mais, ceci dit, nous ne voyons dans la lettre de Philoxène aucun argument décisif en faveur d'une identification plus précise. Le passage où notre auteur fait allusion à l'*Hénotique*[8] ne reflète pas

2 Lebon, *Textes inédits*, p. 23-27.

3 *Ibid.*, p. 27-31.

4 Id., *Dissertation*, p. 146-147.

5 *Ibid.*, p. 162.

6 Philoxène, *Lettre à Maron*, p. 54, *18-23* [79, *4-10*].

7 *Ibid.*, p. 46-47 [69-71], 49 [72-73], 55 [79-80] ; celui qui « s'acharna à justifier et à esquiver les scandales », c'est-à-dire Flavien d'Antioche, semble ne plus être sur le trône patriarcal (p. 49, *22-23* [73, *14-15*]).

8 *Ibid.*, p. 48, *9-10* [71, *16* - 72, *1*].

nécessairement une interprétation officielle de ce document, mais exprime simplement celle que l'évêque de Mabbog avait toujours regardée comme la seule sincère [9]; de toute façon, l'explication officielle de l'édit de Zénon dans un sens antichalcédonien ne date pas du synode de Tyr (514/5), mais de celui d'Antioche (513) [10]; ce n'est donc pas d'après ce critère que nous fixerions le *terminus post quem* de la *Lettre à Maron*. Une lettre de Sévère de peu postérieure au concile avorté d'Héraclée (515) [11], nous paraît présenter une coïncidence plus significative : le patriarche d'Antioche y révèle qu'Éleusinius de Sasime était soupçonné d'avoir récemment soutenu dans la capitale la distinction entre la définition de Chalcédoine et l'anathème d'Eutychès [12], distinction que Philoxène reproche ici au même évêque, qui l'aurait défendue « peu auparavant », au synode d'Alexandrette [13]; si les deux interventions d'Éleusinius ne se suivirent pas de trop loin, on pourrait donc dater la *Lettre à Maron* des environs de 515.

L'attribution à Jean le Grammairien de la distinction soutenue à Alexandrette n'est fondée que sur une note marginale de l'*Add. 14,726* [14]; si vénérable qu'en soit l'antiquité [15], elle ne remonte pas à Philoxène, mais représente uniquement l'interprétation d'un lecteur ou d'un scribe; or dès le VIe siècle, on enregistre chez les historiens jacobites les mieux informés de lamentables confusions sur les événements et les personnes d'une époque à peine révolue [16].

Il faut, certes, reconnaître que les positions doctrinales de Jean le Grammairien concordent avec celles des auteurs de l'apologie

---

[9] LEBON, *Textes inédits*, p. 192, note 2, reconnaît d'ailleurs que « pour Philoxène, cet édit avait toujours eu ce sens »; voir, par ex., la *Lettre aux moines de Palestine* (509), l. 76-79, p. 35 [42]; l. 111-113, p. 37 [43].

[10] Ci-dessus, p. 79-85.

[11] SÉVÈRE, *Lettre à l'archiatre Théotecne*, SL, I, 24, p. 92-94 [83-85].

[12] *Ibid.*, p. 93 [83-84].

[13] PHILOXÈNE, *Lettre à Maron*, p. 44, *16* - 45, *1* [66, *9* - 70, *6*].

[14] LEBON, *Textes inédits*, p. 49, note 1 [67, note 1].

[15] ID., *Dissertation*, p. 142, note 1.

[16] JEAN, *Vie de Sévère*, p. 248-250, confond les grammairiens Jean et Sergius. Une autre glose marginale de la *Lettre à Maron* dans le même manuscrit (*Add. 14,726*, f. 22r) est matériellement inexacte, quelle que soit l'explication de cette erreur (LEBON, *Dissertation*, p. 142, note 2; *Textes inédits*, p. 71, note 2).

visée par Philoxène [17], mais cette coïncidence n'a rien de concluant, puisque le recours à la tradition patristique en faveur du diphysisme, ainsi que l'appel à celui-ci comme à une nécessaire garantie contre l'eutychianisme [18], sont des arguments que l'on trouve avancés par Flavien et les « néochalcédoniens » d'Antioche dès le synode de 509 [19]. Dès cette époque, fleurit, en Orient comme à Constantinople, une abondante littérature d'apologies chalcédoniennes dont on peut présumer qu'elles utilisaient une argumentation similaire [20].

Au demeurant, c'est la synodale d'Alexandrette à l'empereur Anastase, et non l'apologie du concile de Chalcédoine, qui se trouve formellement attribuée à Jean le Grammairien par la glose marginale du manuscrit [21]; or le seul détail concret que l'on connaisse de cette lettre est qu'elle déclarait accepter le concile de 451 pour ses anathèmes, mais non pour son symbole [22]; il faudrait donc montrer que le chalcédonien Jean soutint ce point caractéristique [23], avant de s'autoriser à lui assigner le rôle que le glossateur de l'*Add. 14,726* lui attribue dans une assemblée qui n'est d'ailleurs connue que par la *Lettre à Maron*.

13. — LETTRE AU SCOLASTIQUE URANIUS (ܐܘܪܢܝܘܣ)

Un fragment dans les mss. *Londres (British Museum), Add. 14,529*, f. 16rb (VIIe-VIIIe s.; WRIGHT, *Catalogue*, no 856, p. 918b) = *Add. 12,155*, f. 74va (VIIIe s.; *Catalogue*, no 857, p. 933a) = *Add. 14,532*, f. 63ra-b (VIIIe s.; *Catalogue*, no 858, p. 961a) = *Add. 14,533*, f. 66va (VIIIe-IXe

17 LEBON, *Dissertation*, p. 339, note 2; PHILOXÈNE, *Lettre à Maron*, p. 40, *2-3* [60, *2-3*] (δύο φύσεις ἀδιαίρετοι).

18 PHILOXÈNE, *Lettre à Maron*, p. 55 [79-80]; 40, *6-8* [60, *6-9*].

19 Ci-dessus, p. 65-66.

20 HONIGMANN, *Évêques et évêchés*, p. 9-11 (pour Constantinople); MOELLER, *Néo-chalcédonisme*, p. 670-676 (pour l'Orient). L'apologie dont parle ici Philoxène est attribuée « aux adversaires », en général (*Lettre à Maron*, p. 55 [79-80]), ce qui nous paraît supposer qu'elle était anonyme; celle du Grammairien était caractérisée par Sévère comme un opuscule (LEBON, *Dissertation*, p. 154, 156, note 1), tandis qu'il s'agit ici d'une « fusa oratio » (*Lettre à Maron*, p. 55, *7* [79, *19*]).

21 PHILOXÈNE, *Lettre à Maron*, p. 49, *9-14* [72, *24* - 73, *2*].

22 *Ibid.*, p. 47 [71, *2-4*]; 44 [67, *1-6*].

23 Il considérait, au contraire, le rejet de la formule des deux natures comme un signe d'hérésie (SÉVÈRE, *Contre le Grammairien*, II, 16, p. 138 [108]; 140 [109]).

s.; *Catalogue,* nº 859, p. 969*a*) = *Add. 14,629,* f. 19[ra-b] (VIIIe-IXe s.; *Catalogue,* nº 778, p. 755*b*) = *Add. 14,538,* f. 109[ra-b] (Xe s.; *Catalogue,* nº 863, p. 1007*b*) = *Birmingham (Selly Oak Colleges),* Mingana syr. 69, f. 42[r] (VIIe s.; Mingana, *Catalogue,* col. 176).

BIBL. : Baumstark, *Geschichte,* p. 144, note 5.

Le seul fragment connu d'une lettre philoxénienne à Uranius se trouve conservé dans une chaîne patristique antijulianiste, que reproduisent de nombreux et anciens manuscrits. À l'exception de l'*Add. 14,529,* qui doit s'expliquer par un autre archétype, tous les témoins présentent un texte littéralement identique, et le situent dans un même contexte [1].

Dans ce fragment, l'auteur de la lettre montre, en s'inspirant de *Hébr.,* II, 18, que les « passions » rédemptrices du Verbe incarné supposent l'assomption de « notre corps passible ». Cette doctrine ne s'oppose pas à la théorie de Philoxène suivant laquelle le Verbe s'unit par l'incarnation l'homme nouveau d'avant la chute [2]; dans l'hypothèse, que rien n'exclut, où le contexte aurait expliqué cette passibilité comme volontairement assumée, il va de soi que le compilateur antijulianiste du florilège n'aurait pas retenu ces explications [3]; toujours est-il que l'auteur de la lettre entendait par corps « passible » un corps « par lequel [le Verbe] puisse (ܕܐܠܒ.ܘ ܒܝܫܐ) pâtir », et non un corps nécessairement soumis aux suites du péché. Rien n'interdit donc d'accorder foi aux lemmes de l'ancienne chaîne, dont les deux versions rapportent cet extrait à une lettre de Philoxène.

En revanche, nous ne voyons aucun indice qui permette de situer chronologiquement cette lettre; en effet, on ne saurait dire si son

---

[1] Toutefois, l'*Add. 14,629* n'a pas l'extrait suivant (de la *Lettre à Jean l'Arabe*); en revanche, il intercale entre le précédent (des *Mēmrē sur l'inhumanation*) et celui-ci un fragment d'une *Lettre aux moines de Téléda,* qui suit celui de la *Lettre à Jean l'Arabe* dans tous les autres manuscrits. L'*Add. 14,529* ne cite pas *Hébr.,* II, 18 au début du présent fragment, mais il le prolonge de trois propositions; son texte offre une inversion et une légère addition, ainsi que les deux variantes « corps » (ܒܣܝܪܐ) et « corporel » là où les autres témoins ont « chair » (ܒܣܪܐ).

[2] Ci-dessus, p. 160.

[3] Voir Draguet, *Julien,* p. 208, sur l'opposition de Sévère aux « passions volontaires » du Christ.

seul extrait conservé en reflète bien le thème central. Le cas fût-il
tel, on ne serait pas pour autant orienté vers la période des controverses sur le *Trisagion*, car il est à présumer que la christologie
monophysite des « passions de Dieu » ne laissa jamais de soulever
des oppositions [4]. Par surcroît, le correspondant de Philoxène nous
reste totalement inconnu. La tradition manuscrite est absolument
ferme sur la graphie ‮ܝܘܢ‬ ; il semble donc qu'on ne puisse songer
à lire « Aaron » (‮ܐܝܪܘܢ‬). Nous proposons « Uranius » comme une
simple conjecture ; une lettre de Sévère, dont il ne reste que des
fragments malheureusement impossibles à dater, était adressée à
un personnage de ce nom [5].

14. — LETTRE À JEAN L'ARABE (‮ܥܪܒܝܐ‬)

Un fragment dans les mss. * *Londres (British Museum), Add. 12,155,*
f. 74vb (VIIIe s. ; WRIGHT, *Catalogue,* n° 857, p. 933a) = *Add. 14,532,*
f. 63rb (VIIIe s. ; *Catalogue,* n° 858, p. 961a) = *Add. 14,533,* f. 66vb
(VIIIe-IXe s. ; *Catalogue,* n° 859, p. 969a) = *Add. 14,538,* f. 109rb (Xe s. ;
Catalogue, n° 863, p. 1007b) = *Birmingham (Selly Oak Colleges), Mingana syr. 69,* f. 42ra (VIIe s. ; MINGANA, *Catalogue,* col. 176).

BIBL. : BAUMSTARK, *Geschichte,* p. 144, note 5.

Un très bref extrait d'une lettre à « Jean l'Arabe », attribuée
à Philoxène, qui suit immédiatement le fragment de la *Lettre à
Uranius* dans le même florilège antijulianiste [1], développe une doctrine christologique analogue : opposant les deux naissances divines,
l'auteur affirme ici que dans la seconde, le Fils naquit de la Vierge

---

[4] Le présent fragment nous semble teinté d'une nuance apologétique, comme
si Philoxène défendait ici le dogme des passions de Dieu contre une interprétation eutychianiste : « Si le [Verbe] avait pâti dans une autre chair [que
la nôtre], laquelle n'eût pas été soumise aux passions, soit qu'elle [eût] été
du ciel, soit qu'elle [eût été] assumée des anges, soit qu'elle [fût] devenue de
rien, soit qu'elle [eût] été sienne par nature, et non à cause de l'union… »
(f. 16[v]).

[5] SÉVÈRE, *Lettre à Uranius,* n° 112, t. 14, p. 276-277. À moins que l'on
ne préfère voir dans ‮ܝܘܢ‬ une déformation de « Aurélius », car Sévère écrit
entre 513 et 518 à un *scolastique* de ce nom : SL, VIII, 3, p. 443-445 [395-
396] ; un autre fragment de lettre sévérienne est adressée au *grammairien*
Urbanius, n° 44, t. 12, p. 310-312 (datant de 516/7).

[1] Il est absent de l'*Add. 14,529* ; ci-dessus, p. 215, note 1.

« visible, tangible, susceptible de (‎ﻟﻤﺴﻪ‎) besoins, passible et mortel ». Rien n'interdit d'admettre l'authenticité de cette pièce, au même titre que pour la lettre précédente. Nous ne voyons pas le moyen de la dater, sinon que son destinataire resta l'évêque monophysite des Arabes Ṭayāyē à Ḥawarīn (Syrie libanaise) jusqu'à la persécution de Justin [2].

15. — DEUXIÈME LETTRE AUX MOINES DE TÉLÉDA

Sept fragments dans le ms. *Londres (British Museum)*, * *Add. 14,529*, f. 14vb-15rb (fr. 1-4); f. 15[rb-va] (fr. 5-7; VIIe-VIIIe s.; WRIGHT, *Catalogue*, n° 856, p. 918*b*) ‖ Deux fragments dans les mss. * *Add. 12,155*, f. 70[vb] = f. 124ra (fr. 3); f. 74vb (fr. 8; VIIIe s.; *Catalogue*, n° 857, p. 933*a*) = *Add. 14,532*, f. 53[ra-b] (fr. 3); f. 63[rb-va] (fr. 8; VIII[e] s.; *Catalogue*, n° 858, p. 961*a*) = *Add. 14,533*, f. 62[ra] (fr. 3); f. 66[ra] (fr. 8; VIII[e]-IX[e] s.; *Catalogue*, n° 863, p. 969*a*) = *Add. 14,629*, f. 17[ra-b] (fr. 3); f. 17ra (fr. 8; VIIIe-IXe s.; *Catalogue*, n° 778, p. 755) = *Add. 14,538*, f. 107rb (fr. 3); f. 109rb (fr. 8; Xe s.; *Catalogue*, n° 863, p. 1007*b*) = *Birmingham (Selly Oak Colleges)*, *Mingana syr. 69*, f. 43[r] (fr. 8; VIIe s.; MINGANA, *Catalogue*, col. 176) [1].

Le florilège antijulianiste de l'*Add. 14,259* reproduit une première série de quatre fragments philoxéniens, que leurs lemmes rapportent à une lettre aux moines de Téléda. Parlant de l'agonie de Gethsémani (*Luc*, XXII, 44), l'auteur y montre, par *Hébr.*, II, 9-15 et V, 7-9, dans quel sens le Christ incarné « revêtit notre faiblesse », et expérimenta nos « passions » pour notre salut [2].

Ces fragments sont suivis par une deuxième série de quatre citations philoxéniennes, dont la première est intitulée : « Encore, du même, du septième *mēmrā* contre Ḥabīb » [3], et les trois autres : « Encore, du même » [4]. Nous n'avons pu identifier ces trois der-

---

[2] Il fut exilé après 519; HONIGMANN, *Évêques et évêchés*, p. 98-99, 147, n° 21.

[1] Contrairement à l'indication de MINGANA, *Catalogue*, col. 176, le *Mingana syr. 69*, f. 34[r] ne contient aucun extrait de Philoxène.

[2] Le quatrième fragment, introduit par un lemme plus vague *(Encore, du même)* que les deux précédents *(Et après d'autres [choses])*, nous paraît cependant appartenir au même contexte.

[3] Ci-dessous, p. 226, note 1.

[4] Viennent ensuite les fragments des *Mēmrē sur l'inhumanation* (ci-dessous, p. 246).

niers fragments dans aucun des dix *mēmrē* de notre auteur contre
Ḥabīb, lesquels sont cependant intégralement conservés; en revanche, nous leur avons trouvé un contenu identique à celui des quatre
extraits d'une *Lettre aux moines de Téléda* dont il vient d'être question; ici encore, en effet, il s'agit du Christ « revêtu de notre faiblesse » et « parfait par les passions », suivant *Hébr.*, ɪɪ, 10 et v, 7-9.
L'*Add. 14,529* nous paraît donc conserver en tout sept fragments
de la même lettre, interrompus après le quatrième par un extrait
des *Mēmrē contre Ḥabīb*. Leur authenticité et leur provenance,
garanties par le témoignage de cet ancien manuscrit, sont encore
confirmées par la circonstance que le troisième se trouve également
conservé en partie dans le florilège apparenté de l'*Add. 12,155* et
de ses parallèles, qui le présentent comme provenant d'une *Lettre
au grand monastère de Téléda* [5].

Enfin, les mêmes témoins (à l'exception de l'*Add. 14,529*) reproduisent peu après dans le même florilège une nouvelle citation
philoxénienne provenant également d'une *Lettre aux moines de
Téléda*; l'auteur y présente comme une suite de la kénose (*Phil.*,
ɪɪ, 7) le fait que Dieu Verbe se soit soumis à la condition (ܕܒܪܐ)
et aux besoins humains « sans laisser rien de la nature ou de ce
qu'introduisit la sentence, sans l'exercer dans son hypostase
(ܒܩܢܘܡܗ), hormis le péché [*Hébr.*, ɪv, 15], lequel n'est ni nature
ni de (ܡܢ) nature ». Ces considérations se laissent aisément rattacher
au contexte des fragments précédents; cette dernière citation constituerait donc le huitième extrait conservé d'une même lettre,
qu'il nous reste à présent à identifier.

Les motifs christologiques développés dans ces morceaux inédits
de notre auteur aux moines de Téléda ne sont pas sans rappeler
ceux de la première lettre de Philoxène aux mêmes, où il est question
comme ici de la mort et de la passion de Dieu Verbe [6]. Cependant,
aucune des nouvelles citations ne peut appartenir à cette première
lettre. Sans doute celle-ci n'est-elle conservée que dans un manus-

---

[5] Les seules variantes consistent en ce que ces témoins adoucissent en
« coupable » (ܚܝܒܐ) la leçon « pécheur » (ܚܛܝܐ) de l'*Add. 14,529*; ce
dernier précise aussi que le Christ portait le péché du monde « à ce moment »
(celui de l'agonie).

[6] Ci-dessus, p. 194-195; comparer notamment le fr. 8 avec *Aux moines de
Téléda*, I, p. 470, 473

crit acéphale, le *Vatican syr. 136* [7], et l'on pourrait à priori supposer que les fragments en cause aient trouvé place dans des feuillets aujourd'hui manquants; mais cette hypothèse ne résiste pas à
l'examen. En effet, l'introduction de la première lettre, préliminaire
à toute discussion doctrinale, est encore partiellement conservée
dans les deux premiers feuillets actuels du manuscrit [8]; les nouvelles citations ne pouvaient donc se trouver dans les pages manquant en tête. Elles n'étaient pas davantage contenues dans l'actuel
f. 6, également perdu, car du f. 5 au f. 7, l'exposé dogmatique
passe du thème de la foi dans le mystère à une preuve de la divinité
du Christ d'après *Col.*, i, 12-18, sans laisser place à l'idée des
« besoins » et des « passions » du Sauveur [9].

Le *Vatican syr. 136* ne présentant aucune faille où puissent s'insérer les fragments inédits, il faut donc conclure que ceux-ci proviennent d'une deuxième lettre de Philoxène au moines de Téléda,
aujourd'hui perdue. Nous ne voyons pas la possibilité de dater
cette lettre, fût-ce de façon tout à fait générale : en effet, si le
contenu des citations conservées la rapproche des deux précédentes [10], nous ne disposons pour celles-ci d'aucun indice chronologique ;
en outre, il ne faut pas perdre de vue que les extraits du compilateur antijulianiste ne représentent pas nécessairement l'intention
essentielle des écrits qu'il alléguait ; enfin, les relations épistolaires
de Philoxène avec le grand monastère de Téléda sont attestées dès
avant l'épiscopat et jusqu'après l'exil de 519 [11].

[7] Ci-dessus, p. 192-193.

[8] Les f. 3-4 de la numérotation européenne (p. 451-454), correspondant
aux f. 7-8 du manuscrit originel.

[9] P. 456-457. Par ailleurs, Philoxène consacrait sa première lettre à la
défense du dogme monophysite de la mort de l'Immortel et de la passion de
l'Impassible en mettant l'accent sur le dernier mot de ces paradoxes; en
d'autres termes, il répondait alors aux adversaires du *Trisagion* monophysite,
hostiles non certes au fait des « passions » et de la mort, mais à leur caractère divin. Par contre, la pointe des nouveaux fragments semble plutôt
porter sur la réalité des passions et leur nécessité sotériologique, dans une
perspective antidocète. Il est vrai que le compilateur peut avoir extrait d'un
autre contexte ces affirmations favorables à sa thèse.

[10] *Au scolastique Uranius* et *À Jean l'Arabe*, ci-dessus, p. 215-217.

[11] Ci-dessus, p. 193-194, n° 2 et ci-dessous, p. 222, n° 18. Nous n'appelons
« deuxième » la présente lettre que pour la distinguer de celle du *Vatican
syr. 136*, ci-dessus, p. 188-189, note 15.

16. — LETTRE APOLOGÉTIQUE AUX MOINES POUR DIOSCORE

Un fragment dans le ms. *Londres (British Museum), Add. 12,155*, f. 163ra (VIIIe s.; WRIGHT, *Catalogue*, n° 857, p. 945*a*).

ÉD. avec version latine et commentaire : * LEBON, *Textes inédits*, p. 57 [83-84].

L'attribution à Philoxène du seul fragment connu d'une *Lettre apologétique aux moines pour Dioscore* ne repose que sur l'autorité de l'ancienne chaîne jacobite qui la conserve, mais rien n'invite à suspecter son authenticité [1]. D'après le lemme de ce fragment, Philoxène montrait dans sa lettre que si Dioscore Ier d'Alexandrie reçut Eutychès à sa communion lors du synode d'Éphèse (449), c'était par ignorance d'une hérésie qu'il anathématisa dans la suite, tant au concile de Chalcédoine que dans son exil. Notre auteur citait des cas de bonne foi semblablement surprise chez des Pères comme Jules, Damase et Libère, choisissant peut-être intentionnellement des évêques romains pour opposer aux détracteurs chalcédoniens de Dioscore une réplique plus pertinente. Il se peut cependant que les destinataires de la *Lettre apologétique* aient été des moines monophysites, auxquels l'évêque de Mabbog aurait alors fourni des arguments pour la controverse. La date de sa lettre pourrait être fixée avec quelque vraisemblance si l'on connaissait la chronologie précise de celles de Sévère relatives à la même question [2]. Les exemples tirés de l'histoire ecclésiastique, que Philoxène invoque ici, rappellent le recours à l'argument traditionnel que l'on rencontre dans les lettres de notre auteur datant de l'exil [3], mais sans impliquer aucunement que la *Lettre apologétique* ne puisse être antérieure à cette période.

17. — LETTRE À TOUS LES MOINES ORTHODOXES D'ORIENT

Six fragments dans le ms. *Londres (British Museum), Add. 14,533*, f. 50ra-52ra (fr. 1-3); f. 169vb-170ra (fr. 4-5); f. 184rb (fr. 6; VIIIe-IXe s.; WRIGHT, *Catalogue*, n° 859, p. 969*a*, 973*b*, 975*b*).

---

[1] LEBON, *Textes inédits*, p. 83, note 1; p. 26, note 2.

[2] SÉVÈRE, *Lettre aux frères orthodoxes de Tyr*, n° 32, t. 12, p. 266-267; *À Néon sur la réception d'Eutychès*, n° 33, p. 267-268; l'éditeur de ces fragments les date de l'épiscopat de Sévère (513-518).

[3] LEBON, *Textes inédits*, p. 165-166.

Éd. des fr. 1-3 avec version latine et commentaire : * Lebon, *Textes inédits*, p. 200-209 [210-220] ; 149-166 ; 194-199 ; éd. des fr. 4-6 avec version française et commentaire : * de Halleux, *Nouveaux textes II*, p. 6-7 [8-9] ; 9-26.

Bibl. : Budge, *Discourses*, t. 2, p. lxii, n° lxiv ; Lebon, *Dissertation*, p. 119 ; Baumstark, *Geschichte*, p. 144, note 5 ; Tisserant, *Philoxène*, col. 1524-1525.

Une ancienne chaîne patristique jacobite conserve trois fragments d'une même lettre philoxénienne dans une section anonyme, deux autres dans une section antipaulianiste, et le dernier dans une section antichalcédonienne [1]. Les lemmes précisent que cette lettre était une encyclique adressée à tous les moines monophysites d'Orient, qu'elle traitait du gouvernement (ܪܕܒܪܢܘܬܐ) ou des affaires (ܣܘܥܪܢܐ) de l'Église, et qu'elle fut envoyée de l'exil de Thrace [2].

L'authenticité incontestable de cette lettre est garantie par le témoignage de l'abbé Jean de Mār-Bas (575-581), qui y fait une allusion [3], mais surtout par les confidences autobiographiques et les données doctrinales qu'elle contient [4]. Écrite de Philippoupolis, elle est donc postérieure à 519 [5] ; d'autre part, nous la croyons antérieure à la *Lettre à Siméon de Téléda*, à laquelle elle nous paraît se référer [6].

L'éditeur des premiers fragments de la *Lettre aux moines d'Orient* a excellemment décrit la situation historique qu'elle suppose : Philoxène s'y efforçait de convaincre les intransigeants de son propre parti à user de tolérance dans la réception des diphysites repentants [7]. Il n'est pourtant pas assuré que cette question, — la seule

---

[1] Lebon, *Textes inédits*, p. 150-151 ; de Halleux, *Nouveaux textes II*, p. 5.

[2] de Halleux, *Nouveaux textes II*, p. 9-13, où nous proposons de rétablir l'ordre originel des six fragments conservés en plaçant les deux avant-derniers entre les deux premiers et le troisième.

[3] *Ibid.*, p. 13-16.

[4] Lebon, *Textes inédits*, p. 196-197 ; de Halleux, *Nouveaux textes II*, p. 16-17.

[5] Ci-dessus, p. 97.

[6] Philoxène, *Lettre à Siméon de Téléda*, p. 176, *5-6* [185, *8-9*]. Notre auteur y exposait donc, entre autres exemples de ratifications d'ordinations conférées par des ariens, le cas de Mélèce d'Antioche ; cet évêque est mentionné dans la *Lettre aux moines de Senoun*, p. 78 [65, *1-2*].

[7] Lebon, *Textes inédits*, p. 152-165.

à intéresser le compilateur des cinq premières citations [8], — ait formé l'objet principal d'un écrit que son auteur lui-même caractérisait comme sa « grande » lettre [9] ; selon toute vraisemblance, elle traitait également de points de dogmatique et de polémique christologique, comme le laisse soupçonner son sixième fragment, ainsi que les allusions des premiers à la résistance aux persécutions des chalcédoniens [10].

18. — LETTRE À L'ABBÉ SIMÉON DE TÉLÉDA

Quatre fragments dans le ms. *Londres (British Museum), Add. 14,533,* f. 48va-50ra (VIIIe-IXe s. ; WRIGHT, *Catalogue,* no 859, p. 969a).

ÉD. partielle : LEBON, *Dissertation,* p. 553-555 ; éd. complète avec version latine et commentaire : * LEBON, *Textes inédits,* p. 175-182 [183-195] ; 149-174.

BIBL. : BUDGE, *Discourses,* t. 2, p. LXII, no LXIII ; LEBON, *Dissertation,* p. 117-118 ; TISSERANT, *Philoxène,* col. 1524.

Quatre fragments d'une lettre philoxénienne à l'abbé Siméon de Téléda précèdent immédiatement les trois premiers de la *Lettre à tous les moines d'Orient* dans le même manuscrit. Aucune autre attestation n'en est connue, mais leur authenticité « reçoit une confirmation abondante et indubitable des détails que l'auteur donne lui-même à son sujet dans le dernier fragment » [1] ; à quoi l'on peut ajouter la similitude de doctrine et de situation historique avec la lettre précédente, que celle-ci résumait en y renvoyant [2]. Le lemme du manuscrit précise d'ailleurs qu'elle fut écrite du second exil, celui de Philippoupolis de Thrace, et qu'elle traitait « des affaires ecclésiastiques » [3]. Son destinataire est l'abbé de Téléda auquel Sévère écrivit, lui aussi, de sa retraite égyptienne [4].

---

[8] *Ibid.,* p. 151-152.

[9] Ci-dessus, p. 221, note 7.

[10] PHILOXÈNE, *Lettre à tous les moines orthodoxes d'Orient,* fr. 3, p. 208 [219, *7-13*] ; fr. 6, l. 30-47, p. 7 [8-9].

[1] LEBON, *Textes inédits,* p. 170.

[2] Ci-dessus, p. 221, note 7.

[3] LEBON, *Textes inédits,* p. 175 [183, *2-5*].

[4] SÉVÈRE, *Lettre à l'abbé Siméon de Téléda,* SL, V, 9, p. 365-366 [323-324].

19. — LETTRE AUX MOINES DE SENOUN

Mss. : *Vatican (Biblioteca Apostolica), syr. 136,* f. 58vb-130vb (VIe s.;
Assémani, *Catalogus,* p. 217); *Londres (British Museum), Add. 14,597,*
f. 35vb-91ra (569; Wright, *Catalogue,* nᵒ 730, p. 649a).
Éd. avec version française et introduction : * de Halleux, *Senoun.*
Bibl. : Assémani, *Bibl. Orientalis,* t. 2, p. 38-45, nᵒ 14; Budge, *Discourses,*
t. 2, p. lviii, nᵒ xliv; Nau, *Héraclide,* p. 370-373; Baumstark, *Geschichte,*
p. 142, note 7; Draguet, *Julien,* p. 240-241, 247; Tisserant, *Philoxène,*
col. 1525.

La *Lettre aux moines de Senoun* compte parmi les plus importantes qui soient conservées de Philoxène. Son authenticité incontestable ressort de la très ancienne tradition manuscrite, de deux mentions tacites dans l'*Histoire ecclésiastique* du continuateur de
Zacharie, et surtout des critères internes d'ordre doctrinal et de
nombreuses données autobiographiques [1]. Celles-ci confirment l'indication du lemme, qui la date de l'exil de Philippoupolis; nous la
situons plus précisément dans le courant de l'été ou de l'automne
de 521 [2], et après les deux lettres précédentes [3]. Notre auteur y
répond à des moines de son éparchie [4] en les exhortant au maintien
inconditionné de l'anathème de Chalcédoine et du *Tome* de Léon,
c'est-à-dire, concrètement, au rejet d'une formule de compromis,
nouvellement proposée par l'empereur Justin à l'adhésion des monophysites persécutés en remplacement du *libellus* romain [5].

IV. — TRAITÉS

Philoxène doit avoir consacré à la défense et à l'exposé de sa christologie un nombre de traités beaucoup plus élevé que ceux qui nous
sont parvenus, en tout ou en partie. Nous avons déjà mentionné le
catalogue qu'en dressait au XIIIe siècle le moine Élī de Qartamīn [1]:

---

1 de Halleux, *Senoun,* p. [i-iii].
2 *Ibid.,* p. [v-vi].
3 Id., *Nouveaux textes II,* p. note 45.
4 Id., *Senoun,* p. [vi-vii].
5 *Ibid.,* p. [viii-x]; ci-dessus, p. 99-100. La lettre de Philoxène contient
un florilège patristique; ci-dessous, p. 233, note 24.
1 Élī, *Mēmrē,* v. 190, 197-198, 207-208, 213-214, p. 8 [7-8].

« Environ cent soixante-dix volumes doctrinaux; six livres contre l'impiété de Nestorius et de Barsauma; des livres dévoilant la ruse des nestoriens; treize livres contre l'hérésie de Chalcédoine ». Michel le Syrien et Bar-Hébræus se contentent de dire que notre auteur « dévoila l'erreur sournoise des nestoriens diphysites » [2], tandis que la lettre de Marūtā de Tagrit au patriarche Jean mentionne « deux grands livres » contre les « canons impurs » de Barsauma [3]. De son côté, notre auteur lui-même révèle incidemment, dans sa lettre aux moines de Senoun, qu'il avait réfuté les « blasphèmes » de Léon de Rome, et notamment ceux du *Tome* dogmatique, « dans d'autres pièces (ܪܒܝܬ) et dans des lettres » [4]. Dans sa lettre au lecteur Maron, il apprend également qu'il avait composé un « livre » étendu pour montrer qu'il convient d'anathématiser non seulement les hérésies, mais aussi leurs inventeurs, même si ceux-ci ne furent reconnus tels qu'après leur mort; cet ouvrage contenait, entre autres, l'exemple d'Origène [5]; il datait vraisemblablement de la période où l'évêque de Mabbog s'efforçait d'obtenir de Flavien d'Antioche les anathèmes personnels de Diodore de Tarse et de Théodore de Mopsueste [6].

Faut-il également compter parmi les écrits dogmatiques perdus de notre auteur un *mamlelā* contre les nestoriens et les eutychianistes, dont J. S. Assémani dit avoir lu le titre au f. 130ᵛ de l'actuel *Vatican syr. 136* [7] ? Les remarques que nous avons émises au sujet du prétendu *mamlelā* parallèle sur *Actes*, ii, 22 pourraient être répétées ici : le renseignement de la *Bibliotheca Orientalis* est incontrôlable, le feuillet où devait se trouver le titre en question étant devenu très tôt illisible [8]. S'il s'y trouvait effectivement, ce titre se référait peut-être à deux sections du *Livre des sentences* [9].

---

[2] MICHEL, *Chronique*, IX, 7, p. 258 [157]; BAR-HÉBRÆUS, *Chron. eccl.*, I, 39, col. 183-184.

[3] MARŪTĀ, *Lettre à Jean*, p. 427 [440].

[4] PHILOXÈNE, *Lettre aux moines de Senoun*, p. 16 [13, *12-13*].

[5] ID., *Lettre à Maron*, p. 50 [73, *21 - 74, 8*].

[6] Ci-dessus, p. 55-56.

[7] ASSÉMANI, *Bibl. Orientalis*, p. 45, n° 16; BUDGE, *Discourses*, t. 2, p. LIV, n° XVI; BAUMSTARK, *Geschichte*, p. 144, note 3.

[8] Ci-dessus, p. 162-163.

[9] PHILOXÈNE, *Livre des sentences*, II, 1, p. 41 [37] : « Contre les phantasiastes »; II, 2, p. 43 [38] : « Contre les diphysites ». TISSERANT, *Philoxène,*

Des nombreux traités dogmatiques philoxéniens, seules deux pièces importantes sont conservées intégralement : les *Mēmrē contre Ḥabīb,* appelés depuis Assémani *De uno ex Trinitate incarnato et passo Dissertationes X* [10], et le *Livre des sentences,* que l'on désigne habituellement, d'après le même auteur, comme *De Trinitate et Incarnatione Tractatus III* [11]. Pour le reste, il ne subsiste que de maigres vestiges d'un *Mēmrā sur le Trisagion,* quelques autres d'une série de *Mēmrē sur l'inhumanation,* et des fragments désassortis de polémique antichalcédonienne. Rappelons que nous avons restitué le soi-disant *Mēmrā sur l'annonciation* au commentaire de *Luc* [12], et que nous avons également rangé dans le chapitre consacré aux œuvres exégétiques de notre auteur, la pièce intitulée par les Assémani *Disputatio cum quodam nestoriano doctore* [13]; en revanche, nous rattachons à cette section une série d'anathématismes antichalcédoniens connus sous le titre de « profession de foi » [14].

1. — LE VOLUME (ܦܘܪܣܐ) CONTRE ḤABĪB

Mss. : * *Vatican (Biblioteca Apostolica), syr. 138* (581; Assémani, *Catalogus,* p. 218-221); *Londres (British Museum), Add. 12,164* (VIᵉ s.; Wright, *Catalogue,* nᵒ 676, p. 527b-529a) ‖ Deux fragments dans le *Vatican syr. 135,* f. 88ᵛᵇ-89ʳᵃ (VIIᵉ-VIIIᵉ s.; *Catalogus,* p. 216) ‖ Quatre fragments dans l'*Add. 12,154,* f. 51ʳ⁻ᵛ (VIIIᵉ-IXᵉ s.; *Catalogue,* nᵒ 860, p. 981a) ‖ Deux fragments dans l'*Add. 14,529,* f. 14ᵛᵃ; f. 15ʳᵇ (VIIᵉ-VIIIᵉ s.; *Catalogue,* nᵒ 856, p. 918b) [1].

col. 1519, nᵒ 4, croit qu'Assémani avait en vue les *Douze chapitres* et les *Vingt chapitres* philoxéniens suivant la *Lettre aux moines de Senoun* dans l'*Add. 14,597* du British Museum (ci-dessus, p. 183-186), manuscrit que le savant maronite aurait « pu voir à Scété ». Cette hypothèse ingénieuse se heurte au fait qu'aucune de ces deux séries de « chapitres » n'est dirigée contre les phantasiastes et que le manuscrit en question ne contient aucune trace du *mamlelā* sur *Actes,* ii, 22, qu'Assémani avait pourtant lu avec le prétendu *mamlelā* contre les nestoriens et les eutychianistes.

[10] Assémani, *Bibl. Orientalis,* p. 27-30, nᵒ 7; ci-dessous, p. 225-238.

[11] *Ibid.,* p. 25-27, nᵒ 6; ci-dessous, p. 240-246.

[12] Ci-dessus, p. 142-143.

[13] Ci-dessus, p. 163-164.

[14] Budge, *Discourses,* t. 2, p. xcviii-xcix [xxxiii-xxxvi]; ci-dessous, p. 250.

[1] Les fragments du *Vatican syr. 135* proviennent du *mēmrā* VII (= *Vatican syr. 138,* f. 61ᵛ c-62ʳ a et 60ʳ c), ceux de l'*Add. 12,154* du *mēmrā* VIII

Éd. avec version latine : * Brière, *Dissertationes* [2].

Bibl. : Assémani, *Bibl. Orientalis*, t. 2, p. 27-30, n° 7 ; Budge, *Discourses*, t. 2, p. lii, n° viii ; Baumstark, *Geschichte*, p. 142, note 1 ; Draguet, *Julien*, p. 234-248 ; Tisserant, *Philoxène*, col. 1518, n° 2 ; Bergsträsser, *Monophysitismus*, p. 23.

Les deux manuscrits qui ont conservé l'ensemble du dossier philoxénien contre Ḥabīb sont paléographiquement très proches, sans toutefois dépendre directement l'un de l'autre [3]. L'*Add. 12,164* fut ramené d'Orient au monastère de N.-D. des Syriens à Nitrie par l'abbé Moïse de Nisibe en 932 [4] ; il avait eu, peut-être dès avant cette époque, un lecteur arménien, qui signa ‎ܕܡܙܡܐܟ dans la marge du f. 113ᵛ ; il lui manque un feuillet entre les actuels f. 42 et 43 et un second entre les f. 136 et 137 ; en revanche, il offre un titre plus détaillé et des leçons meilleures que le *Vatican syr. 138* [5], daté de 581,

---

(= *Vatican syr. 138*, f. 78ʳ c, 79ʳ b-c, 79ʳ c, 60ᵛ c), ceux de l'*Add. 14,529* des *mēmrē* IX et VII (= *Vatican syr. 138*, f. 98ʳ a-b et 61ᵛ c). Les Assémani, *Catalogus*, p. 70, identifient quatre pages erratiques du *Vatican syr. 108* (p. 420-423, insérées dans le ch. 50 du *Traité contre Flavien* de Pierre de Callinique) avec un fragment de l'écrit philoxénien *De Uno ex Trinitate incorporato et passo* (voir l'annotation dans la marge inférieure de la p. 420 du manuscrit). Cette identification doit leur avoir été suggérée par la formule de la p. 422 : « Dieu Verbe, un de la Trinité qui s'incarna et devint homme » (voir aussi p. 423 : « Le Verbe Dieu, une de cesdites trois hypostases saintes, allait [...] devenir homme »). Ces pages sont bien l'œuvre d'un monophysite ; cependant elles ne proviennent pas du *Volume contre Ḥabīb* ; il s'agit plutôt d'un écrit d'inspiration évagrienne, exposant une exégèse mystique des « quatre fruits » de l'arbre de vie (*Gen.*, ii, 9 ; iii, 22), sous forme de questions et réponses entre un maître (ܡܠܦܢܐ) et son disciple. Nous avons vainement cherché son correspondant dans l'*Hexaméron* de Jacques d'Édesse, p. 131-141 [109-118].

[2] Seuls les *mēmrē* I et II sont déjà publiés ; le reste est en préparation : voir F. Graffin, dans *L'Orient Syrien*, t. 5 (Paris, 1960), p. 248.

[3] On peut s'en rendre compte en consultant l'apparat critique des deux *mēmrē* édités par Brière, *Dissertationes*.

[4] Wright, *Catalogue*, p. 529.

[5] *Vatican syr. 138*, f. 24ʳ b a ܩܘܣܘܪ pour ܩܘܣܠ (*Add. 12,164*, f. 26ʳ a) ; au f. 86ʳ a il omet une phrase (*Add. 12,164*, f. 90ᵛ a) ; au f. 90ʳ a, il omet ܟܠܪܐܟ et ܩܘܣܝ (*Add. 12,164*, f. 94ᵛ c) ; au f. 109ʳ c, ᵛ b et ᵛ c, il omet une phrase (*Add. 12,164*, f. 115ʳ a-c) ; etc.

lequel semble avoir subi quelques corrections de caractère théologique [6].

Le dossier reproduit par ces deux témoins se compose de
quatre pièces, savoir : dix *mēmrē* répondant au *mamlelā* d'un
adversaire (f. 1-114vb) ; des « chapitres », extraits de ce *mamlelā*
(114vb-119rb) [7] ; après une courte réponse de l'auteur des *mēmrē*
(f. 119rb-120rb), sa *Lettre dogmatique aux moines* (f. 120rb-123rb) ;
enfin, un florilège comparé de citations provenant de cette lettre,
du *mamlelā* de l'adversaire et des Pères, sur les cinq points suivants :
1. l'hypostase du Fils, un de la Trinité, Dieu Verbe, est descendue
et a résidé dans la Vierge (f. 123rb-125[vc]) ; 2. il s'est incarné de
celle-ci et est devenu homme sans changement (f. 125[vc]-127[vc]) ; 3. il
est né d'elle, laquelle est donc Mère de Dieu (f. 127[vc]-129[rc]) ; 4. il
n'est pas « un autre et un autre », avec leurs particularités respec-
tives, ni « compté en deux », mais un seul Dieu Verbe (f. 129[rc]-
131vb) ; 5. Dieu a pâti, est mort, a été crucifié (f. 131vb-135rb). Le
dossier se clôt par un résumé de ces cinq points (f. 135[rb-vb]) [8], une
profession de foi (f. 135vb-136ra) et une remarque finale (f. 136[ra-b]).

Le titre et le colophon des manuscrits [9] aident à reconstituer la
succession chronologique de ces quatre documents : c'est la *Lettre
dogmatique aux moines* qui provoqua la réplique du *mamlelā* de
l'adversaire, lequel fut à son tour réfuté dans les *mēmrē* de l'auteur,
et dans le florilège annexe. La réunion du dossier en un tout fut
l'œuvre de l'auteur des *mēmrē*, qui le déclare explicitement (f. 114vb,
119[rc], 120rb, 123[rb-va]). On peut donc accorder foi à la tradition
dont les manuscrits se font l'écho en attribuant le *Volume contre
Ḥabīb* à l'évêque de Mabbog, puisque c'est bien Philoxène qui est
l'auteur de la *Lettre dogmatique* [10]. L'authenticité des dix traités

---

[6] *Vatican syr. 138*, f. 81[v] c a corrigé « naissance » (*Add. 12,164*, f. 86[r] b)
en « devenir » dans *Matth.*, I, 1 ; au f. 88[r] b, il adoucit « impassible » (*Add.
12,164*, f. 92 [v] c) en « sans passion » ; etc.

[7] Philoxène nomme « chapitres » les extraits de son adversaire qu'il reproduit (voir f. 114[v] b), mais il apparaît par ailleurs que ces « chapitres » faisaient partie d'un *mamlelā* assez étendu (*Mēmrā*, I, p. 491 ; *Appendice*, f.
112[r] b, 125[r] b, etc.).

[8] Assémani, *Bibl. Orientalis*, p. 28-30.

[9] Wright, *Catalogue*, p. 527 *b*, 529 *a*.

[10] Ci-dessus, p. 189-192.

ressort d'ailleurs amplement de l'examen de leur contenu, dont
nous donnerons ici un bref résumé.

Le premier des deux *mēmrē* déjà publiés constitue une sorte de
préface, où l'auteur se livre à des considérations sur la manière
dont il conçoit les intentions de son adversaire et la réponse à lui
opposer (p. 443-491). Le deuxième amorce la réplique au premier
point contesté : « Une des hypostases de la Trinité est descendue
du ciel » ; Philoxène y montre que ce mystère de la foi ne divise
nullement l'essence divine, tandis qu'il exclut absolument le diphysisme christologique (p. 492-542).

Le troisième *mēmrā* poursuit l'examen du même sujet. Après une
introduction opposant à la « science spirituelle de la foi » les prétentions de l'adversaire au savoir profane (f. 18^{vc}-21^{rc}), notre auteur
prouve que, sans contredire l'immensité divine, la « descente »
s'applique vraiment à l'hypostase du Fils ; le nier mènerait, selon
lui, à réduire l'incarnation à une simple grâce témoignée à un
homme (f. 21^{rc}-24ra). Philoxène insiste encore sur la nécessité de
respecter le mystère de la foi, dont le domaine spirituel échappe à
l'explication et relève de l'obéissance (f. 24ra-25^{vc}). Il réaffirme le
paradoxe de la descente de Dieu, véritable, mais immobile, et
s'attache à démontrer qu'on peut légitimement l'appliquer à l'hypostase du Fils, bien que l'Écriture n'emploie pas un langage si précis
(f. 25^{vc}-29ra). Il reproche à son adversaire de glisser dans le sabellianisme par une crainte exagérée de l'anthropomorphisme ; la même
erreur ferait interpréter à l'adversaire la descente de l'Esprit-Saint
comme le don de la grâce divine ; pour Philoxène, la descente de
l'Esprit, comme celle du Fils, se rapporte bien aux hypostases de
la Trinité, révélées dans le Nouveau Testament, mais sans menacer
pour autant la transcendance de la nature divine (f. 29ra-30vb).

Le début du quatrième *mēmrā* est encore consacré à la théologie
trinitaire, après quoi l'auteur réfute des objections diverses, en
suivant pas à pas, semble-t-il, le *mamlelā* de son adversaire. Il
accuse d'abord celui-ci de nommer la Trinité « seigneurie » dans
le sens hérétique de Bardesane et de Mani ; puis d'appeler les noms
divins « signes », « icones » et « figures descriptives », en vue de
nier qu'ils visent directement le mystère de Dieu (f. 30vb-33ra) ; enfin,
il rattache à nouveau le sabellianisme trinitaire qu'il lui impute à

sa christologie adoptianiste (f. 33ʳᵃ-34ʳᵇ, 34ᵛᵇ-35ʳᵇ). Dissertant désormais sur des thèmes christologiques, Philoxène commence par poser en thèse que le Fils lui-même expérimenta la mort tout en restant immortel dans sa nature (f. 34ʳᵇ⁻ᵛᵇ, 35ʳᵇ⁻ᵛᵃ) ; puis il explique, en glosant *Hébr.*, ɪᴠ, 15, que le Christ expérimenta les besoins et les « passions » humaines avec la liberté et l'autorité de Dieu devenu sans changement, tandis qu'il fut exempt, en vertu de sa naissance virginale, des « impulsions naturelles de la convoitise » (f. 35ᵛᵃ-36ʳᵇ). Notre auteur prouve alors par le dogme de la *Théotokos* le « devenir » de Dieu (f. 36ʳᵇ⁻ᵛᶜ) ; il refuse d'ailleurs d'interpréter celui-ci comme une assomption, — au contraire, c'est l'assomption qu'il comprend comme l'incarnation véritable de Dieu (f. 36ᵛᶜ-37ʳᶜ), — et conteste à son adversaire que l'expression « Dieu est devenu » soit une formule païenne, ou que l'on puisse attribuer à Bardesane les vers d'Éphrem [11] : « Le Très-Haut est devenu nourrisson ; le Séculaire est devenu enfant » (f. 37ʳᶜ-40ʳᶜ).

Le cinquième *mēmrā* s'ouvre sur des considérations touchant la nécessité de la foi pour la connaissance des mystères de Dieu (f. 40ʳᶜ-41ʳᵃ), mais il est essentiellement consacré à réfuter l'objection de l'adversaire, estimant contradictoire qu'un être devienne en restant ce qu'il était. Philoxène propose d'abord l'analogie de la pensée incarnée dans les signes écrits (f. 41ʳᵃ-42ʳᵃ), celle du devenir que constitue la nouvelle naissance du baptisé (f. 42ʳᵃ⁻ᵛᵇ) et celle de l'objet perçu dans l'œil tout en demeurant en soi-même (f. 42ᵛᵇ⁻ᶜ) ; il montre ensuite que son adversaire a confessé involontairement le mystère qu'il conteste, en disant avec l'Apôtre (1 *Tim.*, ɪɪɪ, 16), que « Dieu est apparu dans le corps » (f. 42ᵛᶜ-44ʳᵇ) ; il se défend enfin de partager les hérésies d'Arius (f. 44ʳᵇ-46ᵛᵃ), d'Eutychès (f. 46ᵛᵃ-47ʳᵇ), de Bardesane et de Mani (f. 47ʳᵇ⁻ᵛᶜ), d'Apollinaire (f. 47ᵛᶜ-48ᵛᶜ) et de Valentin (f. 48ᵛᶜ-49ʳᵃ), dont il était accusé.

Dans le sixième *mēmrā*, notre auteur énumère les fins sotériologiques universelles de l'incarnation, pour convaincre son adversaire qu'elles ne sont pas la « conjonction (ܢܩܝܦܘܬܐ), inhabitation, union ou manifestation de Dieu à l'homme » (f. 49ʳᵃ-50ᵛᵃ). Suivent une discussion de *Jean*, ɪɪ, 19, où il est montré que le « temple » n'est

---

[11] Nous n'avons trouvé que des équivalents de ce texte dans l'œuvre publié du grand poète syrien ; ÉPHREM, *Nativité*, XVIII, 10 ; *Sogītā*, I, 47 ; II, 14.

pas l'homme Jésus, ressuscité par Dieu (f. 50vb-52rb), et une section consacrée à la défense de la *Théotokos,* mère de celui qui devint homme en elle et d'elle (f. 52rb-53rb). Philoxène accuse alors son adversaire de soutenir la doctrine nestorienne des « noms simples » (Verbe, Dieu) et des « noms doubles » (Seigneur, Fils, Monogène, Jésus, Christ), théorie que lui, Philoxène, estime incompatible avec la formule de l'union, enseignée par « les Pères » : une hypostase et une nature incorporée (ܟܝܢܐ) ; il explique comment tous les titres christologiques sont simples, l'économie ne les ayant pas plus « doublés » que Dieu et l'homme ne sont séparés dans l'incarnation (f. 53rb-55vb). Vient ensuite une nouvelle polémique contre l'attribution de la naissance du Christ à un homme, laquelle rendrait inexplicable la conception et l'enfantement virginal (f. 55vb-56^vc) ; enfin, il est prouvé, d'après *Hébr.,* ix, 14-17, que le nouveau Testament est bien scellé par « la mort de Dieu », et que la mort de l'Immortel était nécessaire pour l'acquisition du salut (f. 56^vc-59rb).

Le septième *mēmrā* développe d'abord le thème de la mort surnaturelle et volontaire de l'Immortel ; notre auteur entend par là que Dieu ne meurt pas « au-delà de l'incorporation », mais au contraire, en vertu de celle-ci, subissant donc la mort avec la même liberté que tout le reste de l'économie. Seul un immortel pouvait mourir « pour nous », et non pour lui-même, c'est-à-dire d'une mort salutaire ; ce que Philoxène prouve par l'évangile ainsi que par l'analogie de la mort « volontaire » des croyants (f. 59^rc-61rb). Il conteste ensuite à son adversaire que la mort et la résurrection du Christ soient « naturelles » (f. 61rb-62ra) et met en garde contre la confusion du « surnaturel » avec l'apparence illusoire ; le « devenir » de Dieu est surnaturel et miraculeux, mais véritable (f. 62ra-64^rc). Vient enfin la réponse aux objections suivantes : « C'est le Christ qui a pâti, et non Dieu immortel » (f. 64va-b) ; « C'est le Christ, et non Dieu, qui est la victime agréée par le Père » (f. 64vb-66^vc) ; « Dieu jugera toute la terre par l'homme qu'il a mis à part (*Actes,* xvii, 31) » (f. 66^vc-69vb).

Le huitième *mēmrā* débute comme la plupart des autres par quelques considérations sur la « science humaine » et la foi (f. 69vb-70rb). Notre auteur affirme alors que le dogme de la mort de l'Immortel n'implique aucun docétisme (f. 70va-c), et il prouve par l'effet divinisant du baptême et de la résurrection des croyants que la mort et la résurrection du Christ sont celles de Dieu (f. 70^{vc}-72rb) : « Ma nature, ma mort, sont en lui celles de Dieu Verbe, qui détruit ainsi les passions et la mort » (f. 72$^{\text{rb-vb}}$). À son adversaire, qui regarde le « devenir » christologique comme « opinion » (ܪ݁ܐܘܢܝܐ) et l'assomption comme réelle, Philoxène représente qu'il a contre lui l'Écriture et les Pères, qu'on ne peut réduire l'un à l'autre, mais que les deux sont véritables et complémentaires, car Dieu « s'est incarné de notre nature » (f. 72^{vc}-75rb). Puis il défend et illustre par des analogies (le *logos* et la voix, l'âme et le corps, la lumière et l'œil, etc.) les expressions, qu'il dit utilisées par les « Pères araméens et grecs », de « mélange (ܡܘܙܓܐ) sans confusion (ܒܘܠܒܠܐ) » et de « fusion (ܚܘܠܛܢܐ) sans corruption (ܚܘܒܠܐ) », ceci étant la « passion » de cela (f. 75rb-76vb). Vient alors un commentaire de *Gal.*, III, 13, verset qui était invoqué par l'adversaire en faveur de l'assomption christologique ; notre auteur y distingue la malédiction du péché et celle de la sentence ; le Christ, explique-t-il, « devient » vraiment « dans » la sentence en se soumettant à la Loi pour payer la dette des générations antérieures, mais sur la croix, il supprime le péché sans y « devenir », c'est-à-dire sans s'y associer (f. 76vb-81va). À ce commentaire, fait suite celui d'autres passages scripturaires, également invoqués par l'adversaire : *Jean*, I, 14 *b* (f. 81$^{\text{va-b}}$) ; *Hébr.*, II, 16 (f. 81vb-83va) et *Phil.*, II, 7 *a* (f. 83vb-84rb) ; *Jean*, II, 19 (f. 84$^{\text{rb-va}}$) ; *Col.*, I, 19 (f. 84va-85^{rc}) ; *Hébr.*, V, 7 (f. 85$^{\text{rc-vc}}$) [12]. Philoxène souligne enfin, d'après *Jean*, I, 14 et l'anathème du symbole de Nicée, que le « devenir » de Dieu Verbe n'entraîne aucun changement dans la nature divine (f. 85^{vc}-86^{rc}).

Le neuvième *mēmrā* s'ouvre sur l'affirmation que le mystère du devenir de Dieu offre à la « science » une contradiction qui ne peut être surmontée que dans la foi (f. 86^{rc}-88^{rc}). L'auteur passe ensuite à l'exégèse de quatre lieux vétérotestamentaires sur lesquels l'adversaire fondait son diphysisme : *Gen.*, XXII, 18 ; *Deut.*, XVIII, 15 ; *Ps.* CXXXII, 11 et *Is.*, XI, 1 (f. 88^{rc}-89^{vc}). Viennent alors une série d'explications et de preuves de la naissance, de la passion et de la mort de Dieu, fondées, entre autres, sur l'argument de la *Théoto-*

---

[12] À ces textes on peut ajouter *Éph.*, V, 30, commenté au *mēmrā* IX, f. 93^{r} a-c.

kos (f. 89^{vc}-92rb) ; Philoxène montre également que tous les titres christologiques désignent proprement (ܒܟܝܢܐܝܬ) une seule et même hypostase divine, sans qu'on puisse y distinguer des noms « communs » et « particuliers » (f. 92rb-95^{vc}). Il entreprend ensuite de justifier une expression de sa *Lettre dogmatique,* prise à partie par l'adversaire : « Nous ne connaissons pas de Dieu qui ne soit le Christ » [13] (f. 95^{vc}-96va), et il se défend également d'avoir jamais dit que « le Christ ressuscite Dieu » (f. 96va-97va), avant de revenir à nouveau sur les noms désignant l'hypostase de Dieu Verbe dans sa première naissance et dans les diverses étapes de son économie (f. 97va-98rb).

Dans le dixième et dernier *mēmrā,* notre auteur démontre que l'assertion de sa *Lettre dogmatique,* selon quoi Dieu Verbe, « vivant par sa nature, goûta la mort par sa volonté » [14] n'implique ni opposition ni division entre la nature et la volonté divines (f. 98rb-99^{rc}). Il répond ensuite à diverses objections contre « la mort de l'Immortel », assurant que, loin de porter atteinte à la nature divine impassible, ce mystère est enseigné dans l'Écriture et contenu dans le dogme de la *Théotokos* ; au reste, Dieu ne meurt pas « pour lui », mais « pour nous » (f. 99^{rc}-101ra). Philoxène affirme encore à son adversaire que le « devenir » de Dieu est le grand mystère de la foi (f. 101^{ra-c}) ; il lui explique dans quel sens la *Lettre dogmatique* déclarait que, dans l'eucharistie, « nous buvons l'ingoûtable » [15] (f. 101^{rc-va}), et il assure que la théorie christologique de l'assomption « augmente » Dieu en une quaternité (f. 101va-103ra). Il revient ensuite aux paradoxes du devenir de l'Étant, de la passion de l'Impassible et de la mort de l'Immortel, pour y montrer l'expression de la foi commune, fondée sur l'Écriture, puisque tous les noms humains et divins dont celle-ci qualifie le Christ désignent le même Verbe divin (f. 103ra-108va), ce qui interdit d'attribuer la mort à un homme (f. 108va-109ra). Après avoir réfuté une dernière fois le diphysisme de son adversaire (f. 109ra-110vb), Philoxène ajoute qu'il a invoqué dans sa *Lettre dogmatique* l'« addition » au *Trisagion* liturgique comme le couronnement de l'Écriture et des Pères, ainsi

---

13 PHILOXÈNE, *Lettre dogmatique aux moines,* p. 137-138 [100].
14 *Ibid.,* p. 138 [100].
15 *Ibid.,* p. 140 [101].

que saint Basile l'avait fait pour la doxologie trinitaire [16] (f. 110vb-111ra), et qu'il s'est servi du dogme de la *Théotokos* comme d'un révélateur de l'hérésie nestorienne (f. 111ra-va). Les considérations finales portent sur l'intelligence du mystère par la foi (f.112vb-113^rc), mais surtout sur les circonstances personnelles de la présente controverse (f. 111va-112va; 113^rc-114vb).

Les citations patristiques annexées par Philoxène à ces dix *mēmrē* mériteraient d'être étudiées dans le contexte des florilèges monophysites. Celui-ci se compose de deux cent vingt-quatre *testimonia*, répartis dans les cinq points déjà mentionnés [17], entre les noms suivants : Alexandre d'Alexandrie (1); Athanase d'Alexandrie (8); Atticus de Constantinople (3); Basile de Césarée (12); Cyrille d'Alexandrie (23); Éphrem le Syrien (102); Eusèbe d'Émèse (33); Grégoire de Nazianze (9); Jean Chrysostome (30); Nestorius (2); Théophile d'Alexandrie (1) [18]. Selon toute apparence, notre auteur organisa ou fit organiser ce florilège en utilisant au moins une chaîne préexistante; c'est ce que nous paraissent suggérer des séries de noms récurrentes dans tous ou dans plusieurs des cinq points : Éphrem, Jean Chrysostome et Eusèbe d'Émèse [19]; Athanase et Atticus [20], ou Athanase et Basile [21]; Grégoire de Nazianze [22]; Cyrille d'Alexandrie est régulièrement cité en dernier lieu [23]. Une comparaison attentive de ce florilège de Philoxène avec ceux de Cyrille, de Timothée Élure, de Sévère et les chaînes monophysites anonymes

---

[16] BASILE DE CÉSARÉE, *Traité du Saint-Esprit*, ch. 29.

[17] Ci-dessus, p. 227.

[18] On trouvera plus de détails dans ASSÉMANI, *Catalogus*, p. 220, et WRIGHT, *Catalogue*, p. 528 *a-b*. Les citations d'Atticus ont été étudiées par BRIÈRE, *Homélie d'Atticus*, p. 164-165; *Lettre d'Atticus*, p. 395, 401-402 et celles de la lettre athanasienne à Épictète par LEBON, *Épictète*, p. 735-736. La plupart de celles d'Eusèbe d'Émèse ont été publiées par NAU, *Eusèbe d'Émèse*, p. 420-429 et BUYTAERT, *Eusèbe d'Émèse*, p. 31*-36*, et la plupart de celles d'Éphrem par MOESINGER, *Monumenta*, p. 36-51; voir aussi LAMY, *Éphrem*, t. 2, col. 513-515.

[19] Pour les points 1, 4 et 5; Jean et Éphrem sont inversés au point 2; Éphrem vient en queue au point 3; un texte d'Eusèbe revient comme antépénultième au point 5.

[20] Point 2 et 3.

[21] Points 2, 4 et 5.

[22] En tête au point 3, mais à la fin du point 4 et avant-dernier au point 5.

[23] Avant-dernier au point 4.

permettrait d'établir son degré d'originalité; cette originalité nous semble tenir avant tout aux nombreuses citations d'Eusèbe d'Émèse, et surtout à celles d'Éphrem [24].

L'adversaire auquel Philoxène réplique dans ses dix *mēmrē* est un moine de grande réputation, résidant dans un monastère vénérable, où il est entouré de jeunes nobles [25]; il connaît la philosophie, l'astronomie et la médecine [26]; c'est un syrien, non seulement parce qu'il a dû lire la *Lettre dogmatique,* écrite en syriaque, mais encore parce qu'il entre dans des discussions philologiques supposant l'usage de cette langue [27]. Le titre du dossier n'a pas conservé son nom dans les deux manuscrits principaux, mais la tradition des autres fragments a retenu qu'il s'appelait Ḥabīb [28]; ce nom se rencontre d'ailleurs à plusieurs reprises sous la plume de Philoxène [29].

Notre auteur, qui considère son adversaire comme un nestorien [30], le prétend rallié à ce parti en transfuge du manichéisme [31]. On

---

[24] Ce florilège a peu de citations communes avec le seul autre connu de notre auteur : celui de la *Lettre aux moines de Senoun* (DE HALLEUX, *Senoun,* p. [XIII-XIV]).

[25] *Mēmrā* I, p. 452-453; *Appendice,* f. 114r b-v b. Notre auteur le traite de « colporteur » (ܪܟܘܠܐ ; *Titre,* p. 443; *Mēmrā* I, p. 456, 488; *Vatican syr. 135,* f. 88v b). À la suite d'ASSÉMANI, *Bibl. Orientalis,* p. 45, n° 18; *Catalogus,* p. 216, on traduit généralement « pharmacopola » ou « aromatopola », marchand de pommades ou parfumeur (BAUMSTARK, *Geschichte,* p. 144, note 8; TISSERANT, *Philoxène,* col. 1525); en réalité, il faut comprendre « colporteur de livres » (*Mēmrā* III, f. 19r c). Nous ignorons ce que ce sobriquet recouvre exactement.

[26] *Mēmrā* I, p. 454-457; III, f. 20r c-v b.

[27] *Appendice,* f. 115v c-116r a, 118r c.

[28] *Vatican syr. 135,* f. 88v b : « Du livre contre Ḥabīb le colporteur »; *Add. 12,154,* f. 51r : « Du *mēmrā* huitième contre Ḥabīb »; *Add. 14,529,* f. 14v a : « Du πινακίδιον contre Ḥabīb »; f. 15r b : « Du *mēmrā* septième contre Ḥabīb ».

[29] *Mēmrē* IV, f. 30v c, 31r a; IX, f. 86v c; *Appendice,* f. 119r b. Il se peut que la tradition ait transformé en un nom propre ce qui n'aurait été, chez notre auteur, qu'une simple apostrophe ironique (« bien-aimé »), comme celle de ܪܚܡܝ (« ami »; *mēmrā* I, p. 445) ou de ܚܒܪܝ (« camarade »; *mēmrē* VII, f. 59v c; IX, f. 97v a).

[30] *Appendice,* f. 123r c, 136r a, etc.

[31] *Mēmrā* I, p. 446, 454-455, 457, 471, 483, etc.

pourrait croire cette imputation motivée par l'assimilation polémique,
de très mauvais aloi assurément, que Philoxène établit entre le refus
« nestorien » du « devenir de Dieu » et la négation « manichéenne »
de la réalité de l'incarnation [32], d'autant plus que notre monophysite reconnaît parfois dans son adversaire un manichéen
malgré lui [33]. Cependant, des griefs plus précis nous semblent
supposer à ces allégations un certain fondement; à en croire
notre auteur, Ḥabīb avait fréquenté les « docteurs manichéens » [34];
il soutenait comme eux que le Christ anéantit le corps avec le
péché, et il voyait dans la Croix, à la suite de Bardesane, l'image
du supplice de l'âme enfermée dans le corps [35]; en outre, il se disait
du parti de Dieu, connaturel à Dieu [36], et prétendait faire se lever
le soleil [37]. Les larges extraits de l'adversaire reproduits en appendice aux dix *mēmrē* [38] n'autorisent aucune de ces inculpations; en
revanche, ils rendent un son diphysite nettement prononcé [39]. En
effet, non content de confesser deux natures du Christ [40], Ḥabīb les
désignerait comme « un autre dans (*ou* : avec) un autre » [41], l'assu-

---

[32] *Mēmrē* I, p. 483; VIII, f. 73ᵛ a, etc.

[33] *Mēmrē* I, p. 464; IX, f. 90ʳ c.

[34] *Mēmrā* VIII, f. 80ʳ b-c.

[35] *Mēmrē* I, p. 454-455; II, p. 513; IV, f. 30ᵛ c, 39ʳ a-b; V, f. 47 a-c.

[36] *Mēmrā* III, f. 19ᵛ a.

[37] *Mēmrā* VIII, f. 76ʳ b.

[38] *Appendice*, f. 114ᵛ b-119ʳ b.

[39] L'édition complète du dossier permettra de comparer critiquement les
citations de Ḥabīb éparses dans les dix *mēmrē* avec celles qui sont rassemblées
dans le florilège annexe. Il nous semble que Philoxène a tacitement procédé
ici à des coupures (par ex. comparer f. 118ʳ a et f. 94ᵛ b; par contre, l'étendue
séparant deux extraits peut parfois être appréciée : ainsi, au f. 115ʳ c, pas
plus de dix στοιχεῖα, d'après le f. 34ᵛ c). En outre, des variantes d'une
importance dogmatique capitale doivent inciter à la méfiance : ainsi dans le
mēmrā VIII (f. 84ᵛ a) et dans l'appendice (f. 119ʳ c), Philoxène accuse son
adversaire de n'avoir pas osé prétendre que le Verbe assuma un homme et
habita dans un homme; or si le « chapitre » allégué au *mēmrā* VIII contient
bien la leçon « humanité », on lit dans le florilège (f. 117ᵛ a) la leçon
« homme »; œuvre de Philoxène lui-même ou d'un copiste postérieur, cette
leçon majore illégitimement le « nestorianisme » de Ḥabīb.

[40] *Mēmrē* VIII, f. 75ʳ b-76ᵛ b; IX, f. 88ʳ c; X, f. 109ᵛ c; *Appendice*, f.
114ᵛ c, 119ʳ a.

[41] *Appendice*, f. 116ʳ b, 117ᵛ a.

mant et l'assumé, le temple et son occupant [42], la pourpre et le roi [43], l'homme du Verbe [44], l'homme du Fils de Dieu [45], l'homme assumé créé par Dieu [46], le Fils de la nature et le Fils de la grâce [47]. Philoxène accuse encore son adversaire de soutenir la théorie « nestorienne » des noms doubles et simples [48], du propre et du commun [49]. Jamais la mère de Jésus n'est désignée chez Ḥabīb par le nom de *Théotokos* [50], et les « [choses] humaines » de l'économie sont régulièrement réservées à l'homme [51]. L'union est considérée comme inhabitation et conjonction [52] en un Christ, un Fils, un Jésus, un Monogène, une adoration, une louange, bref, un en tout « sauf la nature et l'hypostase » [53].

Il n'est pas assuré que l'adversaire de Philoxène ait professé les plus audacieuses de ces formules, et notamment la dualité d'hypostases, car notre auteur, qui ne polémique jamais contre ce point, traite Ḥabīb de nestorien honteux, anathématisant extérieurement son patron et dissimulant ses convictions [54]. Il n'en reste pas moins que ce diphysisme « théodorien », dépassé à la fin du Ve siècle par l'évolution des controverses dogmatiques, ne trouvait plus guère refuge à cette époque que dans l'Église de Perse et dans les provinces orientales de l'empire byzantin [55]; aussi est-ce vraisemblablement en Osrhoène ou en Mésopotamie que résidait le moine Ḥabīb [56];

---

[42] *Ibid.*, f. 116[v] a, c.

[43] *Ibid.*, f. 118[v] a.

[44] *Ibid.*, f. 116[v] a.

[45] *Ibid.*, f. 117[r] a.

[46] *Ibid.*, f. 116[v] c.

[47] *Mēmrā* VI, f. 53[r] a, 53[r] c-v a, 59[r] a.

[48] *Ibid.*, f. 54[r] c.

[49] *Appendice*, f. 114[v] c.

[50] L'adversaire de Philoxène semble vouloir éviter ici toute expression dogmatique : c'est « la bienheureuse Marie » ou « la Vierge sainte » (*Appendice*, f. 115[v] b, 116[v] b).

[51] *Appendice*, f. 116[r] c-v a.

[52] *Ibid.*, f. 116[r] b.

[53] *Ibid.*, f. 116[v] c.

[54] *Mēmrā* I, p. 484-486; *Appendice*, f. 119[r] c. En outre, il est question dans les « chapitres » de Ḥabīb de deux natures ni séparées ni confondues (*ibid.*, f. 114[v] c, 117[r] a, 119[r] a-b).

[55] Ci-dessus, p. 47.

[56] Philoxène révèle que son adversaire a envoyé ses livres « dans un autre

en outre, une commune origine persane expliquerait que Philoxène, au courant d'un passé « manichéen » que son adversaire s'efforçait de cacher, ait pu le démasquer [57].

Le lien rattachant les dix *mēmrē* philoxéniens à la *Lettre dogmatique aux moines* par l'intermédiaire de la réfutation de Ḥabīb fournit une première indication chronologique pour situer l'ensemble du dossier à l'époque des querelles sur le *Trisagion* à Antioche [58]. L'intérêt des traités se porte d'ailleurs fréquemment sur le dogme de la mort de l'Immortel [59] ; mais en outre, il y est fait une mention expresse de l'hymne liturgique avec son « addition » monophysite [60], et Philoxène déclare avoir écrit pour exhorter à en maintenir la proclamation traditionnelle [61].

La date ancienne des *mēmrē* se trouve encore confirmée par la circonstance que trois des quatre versets néotestamentaires que l'évêque de Mabbog cite à propos de sa nouvelle version biblique s'y rencontrent régulièrement dans leur leçon « nestorianisante » [62]. Il nous paraît également remarquable que Philoxène ne se livre ici à aucune polémique antichalcédonienne, comme dans ses écrits contemporains du patriarcat de Flavien d'Antioche [63]. Enfin, il appa-

---

pays » (*Mēmrā X*, f. 112ʳ c) ; l'un et l'autre se trouvaient donc à ce moment dans l'empire romain.

[57] *Mēmrē* I, p. 445-446, 465, 482, 487 ; X, f. 112ʳ b-c. Ḥabīb semble d'ailleurs lui-même au courant du passé de Philoxène (ci-dessus, p. 28). — Le nom de Ḥabīb était répandu ; Jacques de Saroug écrit à un correspondant de ce nom (OLINDER, *Epistulae*, n° 8, p. 38-39). On ne peut évidemment songer à l'évêque Ḥabīb de Doliché, exilé après 433 comme rebelle à la réconciliation des orientaux avec les cyrilliens (BARDENHEWER, *Geschichte*, t. 4, p. 251). Le moine édessénien Ḥabīb qui déposa contre Hibas (*Actes d'Éphèse 449*, p. 32 [33, 43]) nous semble également exclu.

[58] Ci-dessus, p. 191-192.

[59] *Mēmrē* IV, f. 34ʳ b-ᵛ b ; VI, f. 58ʳ a-59ʳ b ; VII, f. 59ᵛ c-62ʳ a ; VIII, f. 70ᵛ a-c ; IX, f. 89ʳ b-91ᵛ b ; X, f. 98ᵛ a-100ʳ c, 109ᵛ c.

[60] *Mēmrā* X, f. 110ʳ b-c, 111ʳ a. L'adversaire conteste cette « addition » (*Appendice*, f. 119ʳ b).

[61] *Mēmrā* X, f. 111ʳ b.

[62] Ci-dessus, p. 124 : *Matth.*, ɪ, 1 (*Mēmrē* IV, f. 39ʳ a ; VIII, f. 86ʳ b [*Add. 12,164*] ; IX, f. 89ʳ a) ; *Rom.*, ɪ, 3 (*Mēmrē* IV, f. 38ʳ c ; V, f. 44ʳ c ; VIII, f 82ʳ a ; IX, f. 89ʳ b ; X, f. 101ʳ b, ᵛ c, 105ᵛ b, c) ; *Hébr.*, ᴠ, 7 (*Mēmrē* VII, f. 66ʳ c ; VIII, f. 85ʳ c, ᵛ b).

[63] La formule monophysite se trouve aux *Mēmrē* VI (f. 53ʳ b) et IX (f.

raît que notre auteur n'était pas encore évêque au moment où Ḥabīb réfutait sa *Lettre dogmatique aux moines* [64], et qu'il errait de ville en ville tandis qu'il préparait sa réplique [65]. Ce dernier détail pourrait être une allusion à l'exil que Philoxène subit sous Calendion d'Antioche (482-484).

Les trois années du patriarcat effectif de Calendion se voient d'ailleurs confirmées comme les termes extrêmes de la composition des *mēmrē* philoxéniens. En effet, il y est affirmé d'une part, que Nestorius est désormais rejeté par tous, que nul n'ose s'affirmer sien [66], qu'interrogés, les nestoriens reconnaissent par écrit et par anathème que le Crucifié est un de la Trinité [67]; l'*Hénotique* de Zénon est donc déjà promulgué (482) et imposé à l'acceptation des chalcédoniens [68]. D'autre part, notre auteur reconnaît que le « temps troublé » favorise le combat de son adversaire contre l'orthodoxie et que les faits n'ont pas encore démontré la ruine des nestoriens [69]; ce qui reporte avant la chute des tyrans Illus et Léonce et la déposition de Calendion en septembre 484 [70].

2. — *MĒMRĀ* SUR LE *TRISAGION*

Trois fragments dans les mss. * *Londres (British Museum), Add. 12,155*, f. 75[ra-b] = f. 120va (VIIIe s.; WRIGHT, *Catalogue*, no 857, p. 932*b*) =

90r c); les formules : « union *ex duobus* » et « pas deux natures séparées » au *Mēmrā* II (p. 505, 508). Philoxène ne fait pas encore usage ici du terme christologique « inhumanation » ni de ses dérivés.

[64] *Mēmrā* X, f. 113v a.

[65] *Mēmrā* I, p. 452.

[66] *Ibid.*, p. 443, 484-486.

[67] *Mēmrē* II, p. 496; IV, f. 33r c-v a.

[68] Il contient l'anathème de Nestorius et une allusion à l'*Unus de Trinitate*; voir ZACHARIE, *Hist. eccl.*, V, 8, p. 229 [159, *1-5*] et 230 [159, *7-13*].

[69] *Mēmrē* V, f. 47v b; voir I, p. 443 (« multos »).

[70] Les dix *mēmrē* et le dossier annexe nous semblent donc légèrement antérieurs à l'ambassade de Philoxène à Constantinople, dont témoignent la première *Lettre aux moines du Bēt-Gōgal* et la profession de foi à Zénon; ils pourraient être contemporains de la première *Lettre aux moines de Téléda*, où notre auteur apparaît également comme persécuté par Calendion. Aucun indice positif ne permet cependant d'identifier avec Ḥabīb l'adversaire que notre auteur vise dans cette lettre; ce moine nestorien appartenait d'ailleurs vraisemblablement aux cercles monophysites de Syrie Ie proches de Téléda, tandis que l'influence de Ḥabīb doit s'être exercée plus à l'est.

Add. 14,532, f. 64^(ra-va) (VIIIe-IXe s.; *Catalogue,* no 858, p. 960*b*) = *Add. 14,538,* f. 109^(va-b) (Xe s.; *Catalogue,* no 863, p. 1007*b*) = *Birmingham (Selly Oak Colleges), Mingana syr. 69,* f. 42^(rb-va) (VIIe s.; MINGANA, *Catalogue,* col. 176).

BIBL. : BAUMSTARK, *Geschichte,* p. 144, note 6.

Une chaîne patristique antijulianiste conservée dans plusieurs anciens manuscrits jacobites présente trois courts extraits sous le titre suivant : « Sur le *Sanctus* (ܩܕܝܫ ܐܠܗܐ ܩܕܝܫ) ; de saint Philoxène, du (ܡܢ ܗܘ) *mēmrā* qu'il composa sur cette hymne (ܬܫܒܘܚܬܐ) ». Ces fragments se trouvent insérés parmi d'autres pièces philoxéniennes authentiques[1]; par ailleurs, leur auteur se montre adversaire de la « christologie de l'assomption » (fr. 3) et partisan du *Trisagion* monophysite : nous ne voyons donc aucun motif de récuser l'ancienne tradition qui les attribue à l'évêque de Mabbog.

Il ressort des quelques lignes conservées de ce *mēmrā* que Philoxène y interprétait naturellement l'addition au *Trisagion* comme une acclamation christologique; en effet, notre auteur explique que le terme « Immortel » s'applique au Christ en vertu de son Essence, tandis que « crucifié » le désigne en vertu de son devenir, autrement dit de sa corporalité, par laquelle il est mortel, « c'est-à-dire susceptible (ܡܩܒܠܐ) de mort » et de la crucifixion.

On ne possède aucune indication touchant l'étendue du *mēmrā* philoxénien sur le *Trisagion.* Si les fragments conservés en rendent fidèlement le ton et l'argumentation, il faut supposer qu'il ne constituait pas une œuvre polémique dirigée contre des adversaires « nestoriens » de l'hymne liturgique, car notre auteur n'y justifie pas le paradoxe de la mort de Dieu, comme dans ses écrits d'avant l'épiscopat[2]; il s'agit, au contraire, d'une explication apaisée, adressée à « celui qui n'aspire qu'à croire » (fr. 3). Peut-être Philoxène répondait-il à la consultation d'un correspondant, qui lui aurait demandé, entre autres (fr. 1) : « Par quel mot saurai-je donc indiquer la corporalité [du Verbe], puisque celui d'"Immortel" ne la montre pas ? »

---

[1] Ils sont immédiatement précédés d'un fragment *Aux moines de Téléda* (ci-dessus, p. 217, n° 15), et suivis d'un extrait de la première lettre aux mêmes (ci-dessus, p. 192, n° 2).

[2] Ci-dessus, p. 189-201 et 225-238.

On pourrait expliquer par cette circonstance l'écart de tonalité qui distingue les présents fragments des écrits polémiques de notre auteur sur le *Trisagion*, sans devoir dater le *mēmrā* d'une époque différente ; nous préférons toutefois le situer dans une période moins agitée et moins passionnée que celle des années 482-484, c'est-à-dire à un moment où le « travail de la discussion (ܪܚܝܢܐ) » (fr. 3) avait peut-être succédé à la violence des premières controverses.

3. — LE LIVRE DES SENTENCES

Ms. : *Vatican (Biblioteca Apostolica), syr. 137* (564 ; ASSÉMANI, *Catalogus*, p. 217-218) ‖ Deux fragments dans JEAN DE DARA, *Hiérarchie céleste*, ch. 15, f. 12vb = BAR-CÉPHA, *Hiérarchie céleste*, ch. 15, p. 321 ‖ Un fragment dans le ms. *Londres (British Museum), Add. 14,670*, f. 22^{r-v} (VIe-VIIe s. ; WRIGHT, *Catalogue*, n° 750, p. 691a) ‖ Un fragment dans les *Add. 17,214*, f. 87vb-88ra (VIIe s. ; *Catalogue*, n° 855, p. 917b) = *Add. 17,191*, f. 64^v (IXe-Xe s. ; *Catalogue*, n° 864, p. 1014a) [1].

ÉD. avec version latine : * VASCHALDE, *Tractatus tres* [2].

BIBL. : ASSÉMANI, *Bibl. Orientalis*, t. 2, p. 25-27, n° 6 ; BUDGE, *Discourses*, t. 2, p. LIII, n° IX ; LEBON, *Dissertation*, p. 115 : BAUMSTARK, *Geschichte*, p. 142, note 1 ; TISSERANT, *Philoxène*, col. 1517-1518, n° 1 ; ZUNTZ, *Harklean N.T.*, p. 41-58 ; BERGSTRÄSSER, *Monophysitismus* ; BECK, *Philoxenos und Ephräm*.

Le *Vatican syr. 137* contient un important ouvrage théologique que seul le colophon d'un de ses propriétaires [3] permit aux Assémani d'attribuer à Philoxène, car le titre avait disparu avec les deux premiers feuillets du manuscrit. Les mêmes auteurs l'intitulèrent *De Trinitate et Incarnatione tractatus III* [4], en s'inspirant vraisem-

---

[1] Les fragments de Jean de Dara et Bar-Cépha (l'examen des deux manuscrits montrerait peut-être qu'il s'agit d'un même ouvrage) = VASCHALDE, *Tractatus tres*, p. 109, *2-22* et 111, *3-6* ; celui de l'*Add. 14,670* = p. 145, *16* - 146, *8* (voir BUDGE, *Discourses*, t. 2, p. LV, n° XXI) ; celui de l'*Add. 17,214* = p. 253, *28* - 254, *4*.

[2] Voir la recension de C. BROCKELMANN, dans *Zeitschrift der Deutschen Morgenländischen Gesellschaft*, t. 62 (Leipzig, 1908), p. 388-390.

[3] L'évêque Jacques de Mabbog (ASSÉMANI, *Catalogus*, p. 217) ; il s'agit peut-être de celui qui fut ordonné par le patriarche Jean V (936-953) ; voir MICHEL, *Chronique*, app. XXV, 24, t. 4, p. 759 [t. 3, p. 464].

[4] ASSÉMANI, *Bibl. orientalis* p. 25 ; *Catalogus*, p. 217.

blablement de son contenu; et son éditeur lui donna pareillement un titre général élaboré à partir de ceux des *mēmrē* qui le composent[5]. À tout cela, nous préférons le titre de « Livre des sentences (ܟܬܒܐ) », correspondant aux subdivisions des *mēmrē* et attesté par une très ancienne tradition; en effet, c'est sous cette dénomination que le présent écrit était connu, non seulement par les compilateurs anonymes des chaînes patristiques des *Add. 17,214* et *17,191* (VIe-VIIe s.), mais encore par Jean de Dara (IXe s.) et Moïse Bar Cépha († 903) dans leur commentaire de la *Hiérarchie céleste* du Ps.-Denys.

En même temps que cette tradition révèle le titre original du *Livre des sentences,* elle en garantit l'authenticité philoxénienne. Celle-ci nous paraît encore confirmée par de nombreuses similitudes doctrinales avec d'autres œuvres de notre auteur, comme les *Mēmrē contre Ḥabīb* et le *Commentaire des évangiles.* Une liste détaillée de ces parallèles entraînerait trop loin; nous nous contenterons donc de relever les quelques thèmes suivants : les noms divins[6]; le nombre dans la Trinité[7]; volonté divine et création[8]; interprétation de *Jean*, II, 19[9]; exemption de la convoitise chez le Christ[10]; caractère insondable de la création[11]; apories tirées des miracles de l'*Exode*[12]; comparaison entre *Jean*, I, 14 et *Gal.*, III, 13[13]. Ces exemples pourraient aisément être multipliés, car c'est toute la sub-

---

[5] VASCHALDE, *Tractatus tres,* p. 3, *1-4.*

[6] *Livres des sentences,* I, p. 16 17 [18-19] = *Commentaire de Jean, I, 1-17,* f. 64r-70r.

[7] *Livre des sentences,* I, p. 23-24 [24] = *Mēmrē contre Ḥabīb,* II, p. 493-495; X, f. 102r a.

[8] *Livre des sentences,* I, p, 29 [27-28] = *Commentaire de Luc, III, 23-38,* f. 33-38.

[9] *Livre des sentences,* II, 3, p. 55-56 [47-48] = *Mēmrē contre Ḥabīb,* VI, f. 50v a-51r a.

[10] *Livre des sentences,* II, 6, p. 99 [78]; III, 5, p. 266 [197] = *Mēmrē contre Ḥabīb,* IV, f. 35v a-36r b; VII, f. 61r b-62r a; VIII, f. 76v b-81v a.

[11] *Livre des sentences,* II, 7, p. 105-107 [82-83] = *Commentaire de Jean, I, 1-17,* f. 59r-70r.

[12] *Livre des sentences,* II, 7, p. 109-116 [84-89] = *Commentaire de Jean, I, 1-17,* f. 77v-87r.

[13] *Livre des sentences,* III, 1, p. 160-165 [121-124] = *Mēmrē contre Ḥabīb,* VIII, f. 76v a-81v a; *Commentaire de Jean, I, 1-17,* f. 43v-45r.

stance de l'ouvrage qui est marquée d'un cachet indéniablement philoxénien : les autorités invoquées, la conception du « nestorianisme », la théologie du « devenir » du Verbe, la gnoséologie apophatique sont bien partout celles de l'évêque de Mabbog.

Le *Livre des sentences* est bâti d'après une structure complexe, mais qui ne répond pas à un plan logique rigoureux ; comme dans tous ses autres traités, Philoxène ne procède pas suivant une progression linéaire, mais bien par vagues successives, reprenant inlassablement quelques thèmes majeurs, développés en de multiples variations. C'est chacune de ces unités qu'il intitule « sentence » [14]. Cinq de celles-ci, précédées d'une introduction, sont réunies en un « troisième *mēmrā* », et huit autres, également munies d'une introduction, forment le « deuxième *mēmrā* » ; tandis que l'auteur annonce qu'il va traiter dans le troisième deux groupes d'expressions relatives au mystère de l'économie [15], il ne trace aucun plan au seuil du deuxième. Quant au premier *mēmrā*, acéphale et non subdivisé en « sentences », on pourrait l'intituler *De Deo uno et trino* ; pour Philoxène, cependant, la « théologie » ne constitue ici rien d'autre qu'un préambule à la christologie [16].

Les trois « traités » sont expressément rattachés l'un à l'autre dans le *Vatican syr. 137* [17], mais aucune des deux références précises conservées par les autres témoins de la tradition ne mentionne la division du *Livre des sentences* en *mēmrē* : Jean de Dara et Bar-Cépha [18] citent comme venant du « chapitre septième » du livre un passage correspondant à la septième « sentence » *du deuxième mēmrā*, et les *Add. 17,214* et *17,191* comme extrait de la « cinquième sentence » un fragment de la cinquième « sentence »

---

[14] Il ne s'agit donc pas de la recension et de la discussion d'opinions diverses, comme dans les *Sommes* médiévales. Sont seules munies d'un titre les deux premières « sentences » du deuxième *mēmrā* (1. « Contre les phantasiastes », p. 41 [37] ; 2. « Contre les diphysites », p. 43 [38]) et la première du troisième *mēmrā* (« Dieu devenu homme », p. 155 [117]).

[15] *Livre des sentences*, III, p. 151-155 [115-117].

[16] Les considérations sur l'incompréhensibilité de la nature divine fournissent les prémisses gnoséologiques nécessaires pour aborder le mystère de l'incarnation, tandis que les considérations sur les hypostases trinitaires préludent à l'interprétation de l'*Unus de Trinitate* (voir II, p. 33-34 [31]).

[17] *Livre des sentences*, II, p. 33 [31] ; III, p. 152 [115].

[18] *Hiérarchie céleste*, f. 12ᵛ b (Jean de Dara) = p. 321 (Moïse Bar-Cépha).

du troisième mēmrā [19]. Peut-on supposer que les trois traités auraient
circulé indépendamment avant d'être réunis en un seul livre par
leur auteur? ou faut-il attribuer l'omission des *mēmrē* dans les
lemmes à la négligence des compilateurs ou des copistes? Nous ne
saurions en décider [20]; mais on ne peut exclure à priori l'hypothèse d'une composition du *Livre des sentences* par étapes successives; les couches les plus anciennes seraient alors les « sentences »
individuelles, ainsi que le premier *mēmrā*, et les plus récentes les
introductions aux deux derniers *mēmrē*. En tout état de cause, nous
n'avons relevé dans tout l'ouvrage aucun indice qui eût trahi une
différence appréciable de situation historique; nous nous croyons
donc autorisé, pour déterminer sa date de composition, à envisager
le livre comme un tout homogène [21].

Une première indication chronologique est fournie par la teneur
des citations néotestamentaires du *Livre des sentences* : les trois des
quatre textes témoins qui s'y trouvent cités le sont suivant leur nouvelle version [22]; cette constatation reporte au moins la rédaction définitive de l'ouvrage postérieurement à une époque comme celle des
Mēmrē contre Ḥabīb, où Philoxène semblait ne pas avoir encore
pris conscience des défectuosités de la Bible syriaque [23].

La polémique partout sous-jacente au *Livre des sentences* n'y
manifeste rien de l'âpreté de maintes lettres philoxéniennes datant
du patriarcat de Flavien ou de l'exil de Thrace, ce qui nous semble
supposer une situation moins critique pour le parti monophysite.
Les adversaires ne sont jamais désignés avec précision, mais notre

---

[19] Ci-dessus, p. 240, note 1.

[20] Nous n'arguerons pas davantage du titre du troisième *mēmrā* : « Autres
sentences [...] qu'*il prononça* [...] » (p. 152 [115]) pour attribuer la réunion
des « sentences » de ce traité à des disciples ou à des secrétaires de l'évêque
de Mabbog.

[21] Les hypothétiques phases d'élaboration peuvent avoir été rapprochées
dans le temps; en outre, les diverses parties peuvent avoir été retouchées
lors de leur réunion en un livre.

[22] Ci-dessus, p. 124 : *Rom.*, I, 3 (p. 218-219); *Hébr.*, x, 5 (p. 38-39, 65);
Matth., I, 18 (p. 236) : la traduction de Vaschalde, p. [175], est ici trompeuse. Si la leçon « naissance » est bien conservée en un endroit pour *Matth.*,
I, 18 (p. 265), c'est pour les besoins du raisonnement théologique; à moins
qu'on ne préfère y voir le vestige d'une couche rédactionnelle ancienne.

[23] Ci-dessus, p. 237.

auteur s'en prend avant tout, sinon uniquement, au dogme de Chalcédoine [24] ; en effet, bien que le concile ne soit jamais expressément nommé, la formule christologique des « deux natures après l'union » paraît sans cesse visée [25].

Par ailleurs, Philoxène précise que les chalcédoniens qu'il réfute faisaient à l'« orthodoxie » plusieurs concessions, qu'il taxe d'ailleurs d'hypocrites : ils admettaient la formule « unitus est » [26] ; ils consentaient à parler de l'« humanité » et de la « corporalité de Dieu » [27] ; ils recevaient l'expression *Théotokos* [28] ; autant d'indices supposant les diphysites sur la défensive.

D'autres allusions de notre auteur montrent cependant que ses adversaires n'avaient pas désarmé ; ils opposaient toujours au « devenir de Dieu » de nombreuses objections : « Devenir chair, c'est se changer en chair [29] ; s'il est devenu, il n'était pas [30] ; si Dieu devient homme, c'est un homme qui naît [31] ». Ils assuraient encore que ne pas reconnaître le Christ en deux natures reviendrait à approuver Eutychès [32] ; aussi, notre auteur devait-il souligner que « la différence des natures demeure sans confusion même dans l'union » [33].

---

[24] Philoxène assimile naturellement ses adversaires à des nestoriens caractérisés, auxquels il attribue la christologie des deux Fils (III, 1, p. 180 [135]), du ψιλὸς ἄνθρωπος (II, 6, p. 85-86 [68-69]), de la conjonction, inhabitation et assomption (II, 2, p. 52-53 [44-45]) ; ce sont là des « réductions » purement polémiques.

[25] *Livre des sentences*, II, 2, p. 44 [39], 51 [44] ; III, p. 152-154 [115-116] ; III, 1, p. 181 [136] ; III, 5, p. 267 [198] ; voir aussi la formule de notre auteur : « une nature avant comme après » (III, 1, p. 181 [136]).

[26] *Ibid.*, III, p. 152-153 [115] ; certains soutenaient également la formule « deux natures non séparées » (*ibid.*, II, 7, p. 130-131 [99-100]).

[27] *Ibid.*, II, 2, p. 49 [42], 52 [44-45] ; II, 8, p. 141 [107].

[28] *Ibid.*, II, 8, p. 142 [107] ; III, 5, p. 253 [187].

[29] *Ibid.*, II, 5, p. 70 [58].

[30] *Ibid.*, III, 3, p. 207 [154], 213 [159] ; III, 4, p. 217 [161].

[31] *Ibid.*, III, 5, p. 252 [187].

[32] *Ibid.*, p. 256 [190].

[33] *Ibid.*, III, 2, p. 202 [151]. L'opposition du *Livre des sentences* à l'eutychianisme n'est pourtant pas purement apologétique et spéculative. Philoxène déclare connaître des eutychiens et avoir entendu leurs propos ; il résume leur position dans l'aporie suivante : « Si Dieu a assumé la chair à partir de Marie, il y a nombre, addition dans son hypostase et donc dans la Trinité »,

Ces indications nous dissuadent de reporter le *Livre des sentences* sous sa forme actuelle avant les dernières années du patriarcat de Flavien d'Antioche (509-512) ; en effet, c'est à partir de ces années que la lutte contre le diphysisme chalcédonien passe à l'avant-plan des préoccupations de Philoxène [34] ; en outre, les concessions que notre auteur attribue ici à ses adversaires, non moins que leur résistance reflétée dans ses propres concessions, répondent aux positions tenues par Flavien et les « néochalcédoniens » d'Orient au moment du synode antiochien de 509 [35].

Cependant, l'assurance tranquille qui caractérise la polémique du présent ouvrage oriente plutôt vers les années du patriarcat de Sévère, pendant lesquelles la victoire du parti monophysite se tempéra d'une vive résistance à l'antichalcédonisme officiel [36]. Est-ce un hasard si la formule des « deux natures non séparées », que Philoxène réfute ici [37], se trouve précisément au programme du groupe des « néochalcédoniens » d'Alexandrette, tel que le fait connaître la *Lettre à Maron* [38] ? Et lorsque notre auteur confesse que les « nestoriens », tout en feignant recevoir les expressions « orthodoxes » par crainte des croyants zélés, n'en conservent pas moins un grand crédit auprès des simples en agitant le spectre de l'eutychianisme [39],

---

aporie qu'ils fondaient sur la comparaison de la naissance humaine : « De même que la semence de l'homme n'assume rien de la femme... » (III, 2, p. 204-205 [152-153]). Notre auteur précise que ces eutychiens sont dans l'Église et s'efforcent d'y rester (III, p. 154-155 [117] ; III, 2, p. 204 [152]) ; il s'agit donc de théologiens monophysites. Ils nous semblent cependant distincts de ceux que Philoxène vise dans le *Commentaire de Luc*, III, *22* (f. 3-10 ; ci-dessus, p. 148) ; nous hésitons tout autant à rapprocher leurs thèses de celles du grammairien Sergius : en effet, ce dernier soutient un « monophysisme d'acribie », relatif à la profession exigée des diphysites repentants, et un eutychianisme scolastique, de type « synousiaste » (et non docète), concernant l'unité de propriété dans le Christ (LEBON, *Dissertation*, p. 163-172).

[34] Ci-dessus, p. 65.

[35] Sur les concessions de Flavien, d'après la lettre de notre auteur *Aux moines de Palestine*, voir DE HALLEUX, *Nouveaux textes I*, p. 53 ; pour celles de Philoxène (sauvegarde de la différence des natures), voir les lettres *À Théodore, Mamas et Sévère* et *Contre Flavien* (ci-dessus, p. 209 et 211, nos 10 et 11).

[36] Ci-dessus, p. 79.

[37] Ci-dessus, p. 244, note 26.

[38] PHILOXÈNE, *Lettre à Maron d'Anazarbe*, p. 40 [60, *2-3*].

[39] ID., *Livre des sentences*, III, p. 154-155 [107].

ne perçoit-on pas un écho de l'habile politique déployée par les chalcédoniens d'Orient durant la période difficile du régime sévérien (513-518) [40] ?

Les destinataires du *Livre des sentences*, sous sa forme achevée, étaient des moines; des débris du prologue du premier *mēmrā*, on peut tirer qu'ils avaient prié Philoxène de leur parler du « terme de la voie » [41]; et c'est vraisemblablement à la même requête que l'auteur fait allusion au début du deuxième traité [42]. Il est donc insoutenable qu'ils aient été des nestoriens, comme le croyait Assémani [43], qui fondait cette conjecture sur un passage où notre auteur remarque, à l'adresse de ses lecteurs : « Théodore [de Mopsueste] est appelé docteur parmi vous » [44]. Il a été proposé d'écarter la difficulté en corrigeant « parmi vous » en « parmi eux », savoir, « chez les hérétiques » [45]; mais il nous semble, au contraire, qu'en respectant la *lectio difficilior*, on obtient un détail précieux sur l'identité des moines monophysites auxquels s'adresse Philoxène : ces moines vivaient dans une région de tradition « théodorienne », qui peut être la Perse, mais également la Mésopotamie byzantine, puisqu'en écrivant aux moines du Bēt-Gōgal notre auteur leur déclarait semblablement [46] : « C'est par l'intermédiaire de Théodore et de ses écrits qu'a germé *chez vous* et qu'est apparue la doctrine cachée [de l'hérésie] ».

4. — DES *MĒMRĒ* SUR L'INHUMANATION

Trois fragments dans les mss. * *Londres (British Museum), Add. 14,529* f. 15ᵛᵃ-16ʳᵇ (VIIᵉ-VIIIᵉ s.; WRIGHT, *Catalogue*, nᵒ 856, p. 918a); fr. 2 dans l'*Add. 12,155*, f. 70ᵛᵇ = f. 124ʳᵃ (VIIIᵉ s.; *Catalogue*, nᵒ 857, p. 932b, 941a) = *Add. 14,532*, f. 53ʳᵇ (VIIIᵉ s.; *Catalogue*, nᵒ 858, p.

---

[40] DE HALLEUX, *Nouveaux textes II*, p. 18-23.

[41] *Livre des sentences*, I, p. 4 [10].

[42] *Ibid.*, II, p. 33 [31].

[43] ASSÉMANI, *Bibl. Orientalis*, p. 27. Si Philoxène apostrophe parfois à la deuxième personne ceux qu'il regarde comme des hérétiques (par ex. II, 6, p. 85-86 [68-69]), il n'y a là qu'un procédé oratoire absolument courant chez notre auteur.

[44] *Livre des sentences*, III, 1, p. 176 [133], où la leçon ܡܨܝܕܬܐ («parmi eux») est une erreur de l'éditeur (voir p. [7]).

[45] VASCHALDE, *Tractatus tres*, p. [7].

[46] PHILOXÈNE, *Aux moines du Bēt-Gōgal, II*, f. 39ʳ b.

960*b*) = *Add. 14,533,* f. 62ra (VIIIᵉ-IXᵉ s.; *Catalogue,* n° 859, p. 969*a*) = *Add. 14,538,* f. 107rb (Xᵉ s.; *Catalogue,* n° 863, p. 1007*b*) = *Add. 14,629,* f. 17rb (VIIIᵉ-IXᵉ s.; *Catalogue,* n° 778, p. 755*b*) ‖ Dix fragments dans l'*Add. 14,663,* f. 9ra-10va (VIᵉ-VIIᵉ s.; *Catalogue,* n° 751, p. 692*a*).

Une section antijulianiste du florilège jacobite de l'*Add.* 14,529 contient trois citations philoxéniennes provenant d'un « *mēmrā* premier sur l'inhumanation ». Le deuxième de ces extraits se trouve partiellement conservé dans le florilège de l'*Add. 12,155* et de ses parallèles, en une version légèrement différente, et sous le titre moins précis : « D'[un] *mēmrā* sur l'inhumanation ». Le premier extrait de l'*Add. 14,529* correspond littéralement à un passage du *Livre des sentences* de Philoxène [1] et le deuxième contient deux autres citations du même ouvrage, rapprochées entre elles comme de la première [2]. Faut-il donc supposer que le *Livre des sentences* circula également sous le nom de *Mēmrē sur l'inhumanation* [3]? Le troisième fragment de l'*Add. 14,529* interdit de s'arrêter à cette hypothèse; en effet, bien que le lemme « Encore » rattache cette citation, comme la précédente, au « premier *mēmrā* sur l'inhumanation », et bien que son contenu confirme qu'elle provenait du même contexte [4], nous n'avons pu l'identifier, ni dans les pages suivantes, ni avec aucune autre du *Livre des sentences,* pourtant conservé dans son entier [5]; au reste, ce fragment de l'*Add. 14,529* nous paraît contenir une intention doctrinale absente du contexte de l'ouvrage auquel correspondent les deux autres [6]. De ces constatations il faut conclure

---

[1] *Add. 14,529,* f. 15ᵛ a-b = *Livre des sentences,* III, 1, p. 186, *8-12.*

[2] *Add. 14,529,* f. 15ᵛ b = *Livre des sentences,* III, 1, p. 186, *18-21, 26-28.*

[3] Voir le titre du deuxième *mēmrā* du *Livre des sentences* : « Sur l'inhumanation du Monogène » (p. 33 [30]). Le compilateur des fragments de l'*Add.* 14,529 aurait alors intitulé « premier *mēmrā* » la première « sentence » du troisième *mēmrā* actuel.

[4] Philoxène y souligne la réalité de l'incarnation.

[5] Les deux seuls feuillets perdus du *Vatican syr. 137* contenaient le début de l'introduction, qui continue jusqu'à l'actuel f. 1ᵛ (*Livre des sentences,* p. 3-4 [9-10]).

[6] Dans le *Livre des sentences,* III, 1, p. 184-190 [138-142], Philoxène ne cherche pas à prouver la réalité de l'économie; il montre que l'humiliation volontaire de Dieu Verbe fut à la mesure de sa grandeur « naturelle », c'est-à-dire extrême.

que Philoxène composa des *Mēmrē sur l'inhumanation* distincts de la recension conservée du *Livre des sentences*[7], et que l'un de ces deux ouvrages reprenait des matériaux de l'autre en les adaptant à leur nouveau contexte[8]. Les seuls fragments connus des *Mēmrē* sont malheureusement trop brefs pour permettre aucune conjecture sur le caractère et la date de cet écrit perdu; à moins qu'on puisse lui restituer les morceaux dont il va être question à présent.

Nous voulons parler des dix premiers fragments contenus dans deux feuillets dépareillés de l'*Add. 14,663*, f. 9-10. Ces citations n'ont pu être attribuées à Philoxène que grâce au lemme des quatre suivantes, intitulées : « Encore, du même Mār Xénaïas »; mais la circonstance que celles-ci proviennent effectivement de la première *Lettre aux moines de Téléda*[9] constitue, avec l'antiquité du manuscrit, une garantie d'authenticité pour les précédentes, auxquelles nous ne connaissons, par ailleurs, aucun parallèle dans les écrits de notre auteur. Acéphale, le premier fragment actuel n'était peut-être pas le premier de la série originellement réunie par le compilateur; c'est, vraisemblablement, avec le début de cette série qu'a disparu le titre complet de l'œuvre philoxénienne d'où les fragments étaient tirés[10]; tout ce que l'on peut déduire des lemmes conservés, c'est que l'ouvrage dont ils proviennent comprenait au moins neuf *mēmrē*, dont le deuxième (fr. 4), le quatrième (fr. 2 et 6) et le neuvième (fr. 9) sont encore mentionnés.

Le compilateur des fragments assure que l'auteur qu'il allègue écrivait conformément à son propos (ܪܒܝܐ, fr. 4) et dans le même dessein (ܪܒܢܐ, fr. 2, 8), ce qu'il précise d'ailleurs en disant que les *mēmrē* étaient dirigés contre les « nestoriens », qu'ils tournaient en ridicule (fr. 5). En réalité, les fragments 1-3 (f. 9^{ra-b}) traitent du caractère mortel de l'homme après la chute; les fragments 4-5 et 9-10 (f. 9^{rb-va}; 10^{rb-va}) répliquent aux « nestoriens » que l'abandon de Jésus en croix (*Matth.*, xxvii, 46) n'implique pas que le Crucifié

---

[7] Si l'on refuse cette inférence, on devra admettre que le troisième fragment de l'*Add. 14,529*, f. 16^r a-b est apocryphe.

[8] On peut également supposer que le matériel commun préexistait à la composition des deux écrits.

[9] Ci-dessus, p. 192.

[10] Le titre que leur donne WRIGHT, *Catalogue*, p. 629 : « Regarding the Incarnation and Passion of Our Lord » est tiré du contenu.

fût séparé de Dieu, mais simplement qu'il mourut en tant qu'homme expérimentant notre faiblesse; enfin, les fragments 6-8 (f. 8va-10rb) montrent que le Christ, ayant vaincu Satan non comme Dieu, mais comme homme, en combat régulier, était habilité à plaider devant Dieu la cause de ceux « dont il porte la corporalité dans son hypostase », et fut exaucé « en toute justice ».

Aucune indication positive ne suggère de rapprocher ces *mēmrē* de ceux sur l'inhumanation dont il vient d'être question, sinon l'analogie de la structure et du thème général des écrits auxquels ils sont censés appartenir; aussi est-ce à simple titre d'hypothèse que nous les avons rassemblés sous une même rubrique.

5. — TROIS FRAGMENTS DE POLÉMIQUE ANTICHALCÉDONIENNE

Un fragment dans le ms * *Londres (British Museum), Add. 12,155*, f. 117vb-118ra (VIIIe s.; WRIGHT, *Catalogue*, n° 857, p. 941*a*) ‖ Un fragment dans l'*Add. 14,529*, f. 68rb-69ra (VIIe-VIIIe s.; *Catalogue*, n° 856, p. 920*a*) = *Birmingham (Selly Oak Colleges), Mingana syr. 4*, f. 72vb-73ra (1895; MINGANA, *Catalogue*, col. 11) ‖ Un fragment dans le ms. * *Mingana syr. 4*, f. 73^{ra-va} (*Catalogue, ibid.*).

ÉD. du fr. 2 avec version anglaise : * BUDGE, *Discourses*, t. 2, p. XCVIII-XCIX [XXXIII-XXXVI].

BIBL. : BUDGE, *Discourses*, t. 2, p. LVI, n° XXV; BAUMSTARK, *Geschichte*, p. 143, note 6; TISSERANT, *Philoxène*, col. 1520, n° 7 *i*.

La chaîne jacobite de l'*Add. 12,155* est seule à reproduire, dans une section antijulianiste, un bref fragment intitulé : « De Mār Xénaïas, évêque de Mabbog, de la réfutation (ܪ‍ܝ) qu'il fit de la définiton du concile de Chalcédoine ». Voici la traduction de ce fragment : « Or le Verbe de Dieu, avant de s'incorporer et de devenir homme, est par nature Monogène, Saint et Fils de Dieu [*Jean*, I, 18; *Luc*, I, 35], tandis que nous [sommes] par nature des hommes, corruptibles, mortels et instables (ܟܠܘܐܬ ܐܢܫܘܬܐ) ». Ces quelques lignes sont insuffisantes pour autoriser des spéculations sur la nature exacte et sur les circonstances de composition de l'ouvrage d'où elles seraient extraites. Une présomption d'authenticité réside dans l'antiquité du manuscrit, qui conserve de nombreux extraits philoxéniens [1].

---

1 WRIGHT, *Catalogue*, p. 925, 932-933, 941, 945, 954.

Une série d'anathèmes antichalcédoniens de l'*Add. 14,529*, dépourvus de nom d'auteur, se trouvent cependant insérés entre deux séries de « chapitres » philoxéniens, et leur attribution à l'évêque de Mabbog est attestée par le *Mingana syr. 4*, copié sur « un très ancien manuscrit du Ṭūr ʿAbdīn » [2]. Ce dernier témoin nous semble avoir conservé un texte meilleur ; en effet, tandis que le titre de l'*Add. 14,529*, de toute évidence corrompu, ne peut se lire correctement : « Foi [3] anathématisée (?) par l'Église ; ce en quoi a forfait (ܐܘܝܪ) le concile de Chalcédoine », celui du *Mingana syr. 4* nous semble refléter plus fidèlement l'original : « Encore, d'un *mamlelā*, œuvre de Mār Philoxène, [exposant] pourquoi le concile de Chalcédoine est anathématisé, et montrant comme du doigt ses forfaits ». Il est donc possible que ce qui se présente dans le manuscrit de Londres comme une série d'anathèmes numérotés ait primitivement appartenu à un traité antichalcédonien de notre auteur. Les griefs dont Philoxène charge ici le concile de 451 [4] répètent les allégations classiques de la polémique monophysite [5], en des termes dont la banalité interdit de situer le présent extrait dans un contexte historique précis ; tout au plus l'accent particulièrement virulent de son antichalcédonisme nous dissuade-t-il de le dater d'avant les dernières années de Flavien d'Antioche (509-512).

La pièce que nous venons de décrire est immédiatement suivie dans le *Mingana syr. 4* par un fragment « de saint Philoxène de Mabbog, sur le concile de Chalcédoine ». Dans ce morceau, de caractère moins doctrinal qu'historique, l'auteur raconte comment, l'empereur Marcien ayant réuni les évêques pour établir un nouveau

---

[2] MINGANA, *Catalogue*, col. 19.

[3] D'où le titre de « profession de foi » sous lequel cette pièce est désignée depuis BUDGE, *Discourses*, t. 2, p. LVI, n° XXV.

[4] Dans l'édition de Budge, le « chapitre premier » de Philoxène s'en prend au « concile de Macédonius », et le « chapitre huitième » au symbole du même (p. XCVIII, *9* ; XCIX, *7*), tandis que la traduction porte « Chalcedon » dans les deux cas (p. XXXIII-XXXIV) ; cette dernière leçon est bien celle du manuscrit, ainsi que nous nous en sommes assuré.

[5] Du point de vue doctrinal sont reprochés à Chalcédoine son nouveau symbole (ch. 1, 3, 7), ainsi que la distinction des natures, propriétés et activités, d'où la « tétrade » et l'anthropolâtrie (ch. 8) ; en outre, le concile est accusé d'avoir approuvé Nestorius (ch. 4, 8) et Léon, réhabilité Hibas et Théodoret (ch. 6) et anathématisé Dioscore (ch. 5, 6).

symbole de foi, ceux-ci s'y refusent d'abord par anathème, puis, forcés, définissent « le Seigneur, homme devenu Dieu, en dehors de la Trinité » ; Dioscore et les moines égyptiens anathématisent alors le concile comme une nouvelle Sodome. Ce récit est dans la veine légendaire des « plérophories » monophysites [6] ; mais ses outrances n'excluent pas son authenticité, puisque la lettre de Philoxène *Aux moines de Senoun* contient une légende similaire [7] ; nous avons d'ailleurs relevé en deux endroits du présent extrait une coïncidence littérale avec la *Lettre à Abū Yaʿfur* [8]. Toutefois, le texte peu correct et le style malhabile nous portent à supposer que cette pièce a subi des retouches, voire, qu'il aurait été compilé à partir de matériaux philoxéniens.

6. — TROIS FRAGMENTS DOGMATIQUES ?

Un fragment dans le ms. * *Londres (British Museum), Add. 17,206*, f. 30v-33r (VIIe s. ; WRIGHT, *Catalogue*, no 831, p. 859b) || Un fragment dans l'**Add. 12,155*, f. 161rb (VIIIe s. ; *Catalogue*, no 857, p. 945a) || Un fragment dans le ms. * *Birmingham (Selly Oak Colleges), Mingana syr. 37*, f. 4v (XVIe s. ; MINGANA, *Catalogue*, col. 94).

Une note marginale attribue à « saint Philoxène de Mabbog » un fragment « sur la foi », conservé dans l'*Add. 17,206*. Il s'agit d'un exposé du dogme trinitaire, au cours duquel l'auteur polémique contre ceux qui veulent scruter le « comment » du mystère ; le ton du morceau est parénétique, et ne trahit rien de spécifiquement monophysite. Les exemples ne manquent certes pas de passages analogues dans de nombreux écrits philoxéniens, tels que les *Mēmrē contre Ḥabīb*, le *Livre des sentences* ou les *Mēmrē parénétiques* consacrés à la foi [1] ; mais nous y avons vainement cherché un correspondant exact à celui-ci.

---

[6] NAU, *Plérophories*, p. 7.

[7] PHILOXÈNE, *Lettre aux moines de Senoun*, p. 17-18 [14-15].

[8] Le serment des Pères de Chalcédoine et la résistance de Dioscore (f. 72v b = MARTIN, *Institutiones*, p. 74-75) ; l'anathème du concile par ce dernier (f. 73r b, v a = MINGANA, *Early Spread*, p. 359).

[1] PHILOXÈNE, *Mēmrē contre Ḥabīb*, III, f. 19v c-20r a ; IX, f. 87v c-88r c ; *Commentaire de Jean, I, 1-17,* f. 93r ; *Livre des sentences*, II, 5, p. 73-83 [59-66] ; II, 7 ; p. 104-107 [81-83] ; *Mēmrē parénétiques*, II, p. 26, 28, etc.

Une section mineure de l'ancien florilège jacobite de l'*Add.
12,155,* intitulée : « Expressions dont se servent les orthodoxes pour
[désigner] les natures dont [provient] (ܐ ܩܢܘܡܐ.ܕ) le Christ»,
reproduit sans autre indication de provenance une citation « de
Mār Xénaïas, évêque de Mabbog», dont voici la traduction : «La
spéculation (ܪܢܝܐ), [c'est] la recherche sur les faits (ܣܘܥܪ̈ܢܐ).
La frontière de la spéculation [consiste à] ne pas s'écarter de la
règle (ܩܢܘܢܐ), c'est-à-dire de la vérité. Pourquoi la spéculation?
Pour que soit reconnue la vérité et qu'apparaisse le mensonge. »
Nous n'avons pu découvrir aucun équivalent de ce texte dans les
œuvres conservées de notre auteur.

Enfin, un manuscrit de miscellanées, le *Mingana syr. 37,* de date
tardive, contient une citation sans titre, qu'il attribue à Philoxène,
et dont voici la traduction : « Le fondement véritable du christianisme est la venue du Fils de Dieu dans le monde; sinon il ne
serait pas même question de (ܡܫܝ̈ܚܝܐ ܗܘܐ) chrétiens. Et quiconque ne confesse pas et ne croit pas ainsi erre bel et bien. » Ces
lignes évoquent un passage du commentaire philoxénien de *Matthieu,*
où il est déclaré que « c'est celui qui confesse le Christ comme
le Père l'a appris [*Matth.,* xvi, 17] qui est justement appelé par
son nom, c'est-à-dire chrétien »[2]; cependant, nous ne les avons trou-
vées nulle part littéralement sous la plume de l'évêque de Mabbog.

[2] PHILOXÈNE, *Commentaire de Matthieu, XVI, 16-17,* f. 59r.

CHAPITRE TROISIÈME

ŒUVRES MORALES,
SPIRITUELLES ET LITURGIQUES

I. — LETTRES

Il faut attendre jusqu'au patriarche Michel[1] et jusqu'au moine Élī de Qartamīn[2] pour rencontrer chez les Syriens jacobites un écho de la réputation de Philoxène comme auteur spirituel; dès le VIᵉ siècle, cependant, les manuscrits attribuaient à l'évêque de Mabbog des traités et des lettres parénétiques, qui ne perdirent jamais la faveur du public monastique; de ces écrits, les plus populaires, mais aussi les moins garantis, passèrent du syriaque en arménien, en arabe et en éthiopien[3], tandis qu'un autre recevait, sous un nom d'emprunt, les honneurs d'une traduction grecque[4].

Ce qui nous est parvenu des lettres spirituelles de notre auteur ne représente assurément pas la totalité de ce que la tradition lui attribua. La *Vie* anonyme de l'abbé Siméon de Qartamīn mentionne une lettre philoxénienne, aujourd'hui perdue, qui était adressée à un certain Aṣṭorkius (= Eustorgius?), et où il était assuré qu'un septuple pèlerinage au grand monastère turabdinien équivalait à celui des Lieux saints[5]. Il se peut également que les bibliothèques monastiques et ecclésiastiques du Moyen Orient possèdent des vestiges encore inconnus de l'*asceticon* de notre auteur[6]. En revanche,

---

[1] MICHEL, *Chronique*, IX, 7, p. 258 [157], repris par BAR-HÉBRÆUS, *Chron. eccl.*, I, 39, col. 183-184 : « Il exposa aussi par écrit de saines et vigoureuses doctrines sur la sainte règle (ܐܘܝܘܬܐ) du monachisme ».

[2] ÉLĪ, *Mēmrā*, v. 193-194, p. 8 [7] : « Il composa dix livres pour le profit des moines et des cénobites ».

[3] Ci-dessous, p. 270, n° 8; p. 291, n° 5; p. 300, n° 4.

[4] Ci-dessous, p. 255, n° 1.

[5] *Vie de Siméon*, p. 83 [45].

[6] Les lettres philoxéniennes des mss. *syr. 181* et *268* du fonds patriarcal de Šarfeh (SHERWOOD, *Charfet*, p. 105) nous sont malheureusement restées inaccessibles.

un examen superficiel des manuscrits connus a indûment enrichi la bibliographie philoxénienne; en effet, les lettres dites « au novice » et « au disciple » [7], ainsi que celles « à un ami » et « à un disciple » [8], ne représentent chaque fois que deux versions différentes d'un original unique.

Dans les écrits ascétiques de Philoxène, l'exégète et le polémiste monophysite fait place au directeur de conscience et au théoricien de la vie spirituelle. On n'imaginerait pas avoir affaire au même auteur, si l'on ne trouvait d'une part dans le *Commentaire des évangiles* et dans des traités dogmatiques, comme les *Mēmrē contre Ḥabīb* ou le *Livre des sentences,* d'importantes digressions sur les voies morales de la connaissance christologique [9], et d'autre part dans des lettres ascétiques, comme celle *À Patricius,* des références expresses à la théologie de l'incarnation et à la sotériologie comme au fondement de la vie chrétienne [10]. L'indigence de la plupart des œuvres spirituelles philoxéniennes en fait d'indices historiques et doctrinaux précis n'en rend pas moins délicate leur authentification et leur datation; il faut d'ailleurs s'attendre à ce que le renom de l'évêque de Mabbog ait invité d'obscurs épigones à placer leurs imitations sous son patronage; mais tant que les textes et l'histoire de la spiritualité syrienne resteront si imparfaitement connus et situés, nous craignons que l'on ne puisse rien avancer de bien assuré en ce domaine.

1. — LETTRE AU MOINE ÉDESSÉNIEN PATRICIUS

Mss. : * *Londres (British Museum), Add. 14,621,* f. 39ra-72rb (801/2; WRIGHT, *Catalogue,* n° 779, p. 756b-757a); *Add. 14,623,* f. 70va-80rb (823; *Catalogue,* n° 781, p. 765b); *Add. 14,580,* f. 89^v-118^r (865/6; *Catalogue,* n° 783, p. 768a); *Add. 12,167,* f. 144rb-179va (875/6; *Catalogue,* n° 785, p. 771b); *Add. 14,649,* f. 180ra-200va (IXe s.; *Catalogue,* n° 683, p. 533a-b); *Add. 17,185,* f. 33^r-44^v (X^e-XIe s.; fragments; *Catalogue,* n° 822, p. 838b);

---

[7] Ci-dessous, p. 262-265, n° 3.

[8] *Ibid.,* p. 269-276, n° 8.

[9] PHILOXÈNE, *Commentaire de Matthieu,* III, 1-16, f. 203^r a-b, 205^r a-v a; *Commentaire de Luc,* II, 52, f. 27^v-29^v; *Commentaire de Jean,* I, 1-17, f. 87^r-88^r, 120^r-148^v, 155^r-156^r; *Mēmrē contre Ḥabīb,* III, f. 21^v c-22^r b, 26^v b-27^v b; VIII, f. 67^v b-70^v a; *Livre des sentences,* I, p. 3-4 [9-10].

[10] ID., *Lettre à Patricius,* f. 48^v b-49^r a, 51^r a-b, 58^r b-61^r b, 63^r b-64^r b.

Šarfeh (Monastère de Notre-Dame Libératrice), fonds patr. 302, cah. 8*,
14 (1699; SHERWOOD, *Charfet,* p. 105); *Tubingue (Universitätsbibliothek),
Sachau 111,* f. 63ᵛ-115ʳ (av. 1379; SACHAU, *Verzeichniss,* n⁰ 199, p. 649a);
Vatican (Biblioteca Apostolica), syr. 125, f. 145ʳᵇ-158ʳᵇ (apr. VIIᵉ s.;
ASSÉMANI, *Catalogus,* p. 154-155); *Cambridge (University Library), Add.
2023,* f. 296ᵛ-318ʳ (XIIIᵉ s.; fragments; WRIGHT-COOK, *Catalogue,* p. 627);
Birmingham (Selly Oak Colleges), Mingana syr. 480, f. 398ᵛᵇ-400ʳᵃ
(1711/2; fragments; MINGANA, *Catalogue,* col. 873-874) = *Mingana syr.
105,* f. 217ᵛᵇ-219ᵛᵃ (1832/3; *Catalogue,* col. 259).

VERSION grecque sous le nom d'Isaac de Ninive : éd. THEOTOKI, *Isaac*[1];
SPETSIERIS, *Isaac,* p. 366-395; COZZA LUZI, *Isaac,* p. 157-187 (introduction,
p. XXI-XXIV).

ÉD. partielle avec version latine : RAHMANI, *Studia syriaca,* t. 4, p.
ܝ-ܗ [70-73]; KMOSKO, *Liber graduum,* p. CCIII-CCXI (introduction, p.
CXXIII-CXXIV)[2]; éd. complète avec version française par R. LAVENANT[3].

BIBL. : ASSÉMANI, *Bibl. Orientalis,* t. 2, p. 46, n⁰ 21; CHABOT, *Isaac,*
p. 12-15; BUDGE, *Discourses,* t. 2, p. LIX, n⁰ XLVI; BAUMSTARK, *Geschichte,*
p. 142, note 10; HAUSHERR, *Contemplation*[4]; TISSERANT, *Philoxène,* col.
1525.

À l'exception du *Vatican syr. 125,* tous les manuscrits syriaques de la *Lettre à Patricius* la reproduisent, totalement ou en
partie, dans un texte qu'on peut qualifier de long, et qui, sans
être impeccable, nous paraît le plus proche de l'original[5]. Le « texte
bref » du *Vatican syr. 125* se trouve reproduit à la suite d'une
collection des *mēmrē* ascétiques d'Isaac de Ninive[6]; et ce doit être

---

[1] Voir HAUSHERR, *Contemplation,* p. 171-172.

[2] Rahmani édite un fragment du *Šarfeh 302,* avec les variantes du *Vatican
syr. 125*; Kmosko édite le même fragment d'après les *Add. 14,621,* f. 66ʳ b-67ᵛ a
et *14,649,* avec les variantes de Rahmani et de Cozza Luzi.

[3] Pour paraître dans la *Patrologia Orientalis*; voir GRAFFIN, *Avocat,* p. 184.
Le P. Graffin nous a aimablement communiqué sur épreuves l'introduction
de l'édition Lavenant, mais notre rédaction était déjà trop avancée pour que
nous puissions en tenir compte.

[4] Cet article est basé sur le *Vatican syr. 125.*

[5] Le copiste de l'*Add. 14,649* déclare, non sans raison (f. 200ᵛ a, en marge) :
« Très abîmé était le premier exemplaire que j'ai transcrit; et après [l']avoir
collationné sur trois autres, qui étaient, eux aussi, en pareil [état], je n'ai
pu savoir ce qu'il fallait écrire » (voir WRIGHT, *Catalogue,* p. 533 b). L'exemplaire le plus ancien, et qui nous semble aussi le meilleur, est l'*Add. 14,621.*

[6] ASSÉMANI, *Catalogus,* p. 152-154.

à partir d'un modèle semblable que la lettre philoxénienne fut traduite en grec sous le nom du grand mystique persan, car les erreurs caractéristiques du manuscrit vatican ont passé dans la version grecque [7], où la « question » d'Isaac qui précédait immédiatement la lettre philoxénienne dans le syriaque a été substituée à une section de cette lettre [8]. Il n'est cependant pas impossible qu'une traduction grecque du « texte long » ait également existé, car des équivalents grecs de termes syriaques ont été annotés dans les marges de l'*Add. 12,167* [9]. Bien que la recension brève de la lettre en ait écarté maints détails significatifs, ses omissions ne nous paraissent commandées par aucune intention doctrinale précise; toutefois, ce n'est pas sans raison que le nom de l'hérétique Jean l'Égyptien y a été remplacé par celui d'Origène [10].

Le titre du « texte long » doit provenir du contenu de la *Lettre à Patricius,* qu'il résume heureusement, tandis que les noms de l'auteur et du destinataire furent sans doute tirés d'une adresse aujourd'hui perdue (f. 39ra) : « De saint Mār Philoxène, évêque de Mabbog, exposé (ܡܐܡܪ) de questions touchant les passions de l'âme, et sur la pureté de ladite âme; comment et par quoi on

---

[7] « Malpaṭ » : Cozza Luzzi, *Isaac,* p. 184 = *Vatican syr. 125,* f. 156ᵛ a, contre « Adelphe » : Kmosko, *Liber graduum,* p. CCIII, CCVI; voir aussi ci-dessous, note 10.

[8] La réponse aux questions 2 et 3 de Patricius (*Vatican syr. 125,* f. 148ʳ a-149ʳ a) est remplacée par celle d'Isaac : « Cur monachi vitam asceticam eligant, quum Dominus misericordiam praetulerit » (Chabot, *Isaac,* p. 51, nᵒ 32; éd. Bedjan, *Isaac,* nᵒ 81, p. 566-574; vers. Wensinck, *Isaac,* p. 379-384). Le texte grec porte encore la finale d'Isaac avec sa doxologie, après quoi vient le lemme : « Le reste de la lettre [de Philoxène] » (Cozza Luzi, *Isaac,* p. 166-167). On ne saurait dire si cette transposition, qui justifie partiellement l'attribution de la lettre philoxénienne à Isaac de Ninive, est antérieure à la version grecque ou si, au contraire, elle fut l'œuvre du traducteur. En tout état de cause, la question ne nous semble pas de savoir pourquoi on chercha à un écrit « monophysite » un patron « nestorien », mais plutôt d'expliquer par quel détour de la tradition manuscrite la *Lettre à Patricius* en vint à être jointe à l'*ascéticon* d'Isaac.

[9] Il faudrait également examiner si la *Lettre à Patricius* ne se trouve pas dans les versions arabes et éthiopiennes du *corpus* isaacien (Graf, *Geschichte,* t. 1, p. 441-442; Conti Rossini, *Note,* p. 67, sous le nom de *Mār Yesḥāq*).

[10] Jean l'Égyptien : *Add. 14,621,* f. 65ᵛ b; Origène : *Vatican syr. 125,* f. 155 *bis*ᵛ b; Cozza Luzi, *Isaac,* p. 183.

l'acquiert; s'il faut préférer [certains] lieux pour la guerre contre les passions; et s'il nous est opportun d'accomplir en acte (ܟ̈ܒܕܐ) tous les commandements du Christ; [questions] posées par saint Patricius (ܦܛܪܝܩ.), solitaire édessénien, que [l'auteur] critique dans ledit exposé, [en] lui montrant qu'il n'a pas questionné convenablement (ܟ̈ܫܡܠܝܐ) » [11]. L'auteur de la lettre reproduit les trois premières questions de son correspondant [12], qui concernaient respectivement l'observance des commandements évangéliques (f. 39va), la fuite des occasions des passions (f. 46ra) et le souci du scandale (f. 49vb). Il abandonne ensuite tout plan systématique, et si d'autres références à la lettre de Patricius apparaissent encore çà et là (f. 43vb, 53vb, 57va), on ne saurait dire si elles correspondent à des « questions » proprement dites. Les thèmes abordés ici traitent divers points de la théologie de la mystique : recherche de la pureté de l'âme (f. 51rb-53vb), désir de l'amour de Dieu (f. 53vb-55rb), « lecture » et contemplation (f. 55rb-57va), contemplation et hospitalité (f. 57va-58rb), contemplation et charité (f. 58rb-61rb), contemplation et illuminisme (f. 61rb-64rb), contemplation et vie ascétique (f. 64rb-71va). En concluant son exposé, l'auteur déclarait y joindre une brève profession de foi (f. 71va-72rb); malheureusement, aucun manuscrit n'a cru devoir la reproduire [13].

Attestée par toute la tradition manuscrite syriaque, l'attribution à Philoxène de la *Lettre à Patricius* nous paraît incontestable. L'auteur trahit la tendance monophysite de sa christologie lorsqu'il écrit que le larron confessa « le Verbe en croix » (f. 68ra); comme l'évêque de Mabbog, il accuse Théodore de Mopsueste d'« expliquer les commandements de Notre-Seigneur » (f. 70^{rb-va}) [14]; comme Philoxène encore, il s'en prend à l'hérétique Jean l'Égyptien (f. 65vb) [15] et aux prétendues révélations des audiens (f. 66^{ra-b}) [16]. Sa lettre

[11] Certains témoins, dont l'*Add. 14,649*, ont « Xénaïas » au lieu de « Philoxène », et précisent qu'il s'agit d'une lettre, tandis que l'auteur lui-même la qualifie de *mēmrā* (f. 69^v a).

[12] HAUSHERR, *Contemplation*, p. 176.

[13] La profession qui suit des extraits de la *Lettre à Patricius* dans les *Mingana syr. 480* et *150* est apocryphe (ci-dessus, p. 177, n° 6).

[14] PHILOXÈNE, *Lettre aux moines du Bēt-Gōgal*, II, f. 48^v b.

[15] ID., *Lettre à Abraham et Oreste*, p. 32 [33].

[16] ID., *Lettre à tous les moines orthodoxes d'Orient*, p. 200 [211, *2-8*].

offre d'ailleurs de nombreuses affinités doctrinales précises avec des écrits authentiques de notre auteur; certains thèmes trouvent un parallèle dans les commentaires des évangiles : la « sagesse des [natures] créées », destinée à conduire l'intellect à leur connaissance spirituelle (f. 46rb-47rb) [17]; l'erreur et le mal déracinés de l'âme par l'effet de l'incorporation, de la passion et de la mort du Christ (f. 53vb-55rb) [18]; le Sauveur renouvelant « notre nature » dans son hypostase en nous composant à lui comme membres de son corps (f. 61ra; 63^{rb-vb}) [19], ou encore « rassemblant les contemplations dans son hypostase » et « devenant en elles comme pour nous » (f. 63^{rb-vb}) [20]; la contemplation comme « sensation » de la nouvelle naissance baptismale (f. 51^{ra-b}; 63vb-64rb) [21], et plus précisément comme mode spirituel, immédiat et ineffable de connaissance (f. 55rb-57va) [22], comprenant les trois degrés qu'y distinguait Évagre (f. 51^{ra-b}; 63vb-64rb) [23]. D'autres théories et comparaisons exposées dans la *Lettre à Patricius* se rencontrent dans les *Mēmrē parénétiques* de Philoxène : la foi des Apôtres due à « la simplicité de la nature » (f. 64va) [24]; l'amour de crainte, d'intérêt, d'amitié (f. 58rb-61rb) [25]; l'image du dépouillement de la membrane par le nouveau-né (f. 63vb-64rb) [26]; l'âme saine désirant « selon sa nature ce qui est au-dessus de sa nature » (f. 53vb-55rb) [27].

---

[17] ID., *Commentaire de Luc, II, 52*, f. 28v-29v; *Commentaire de Jean, I, 1-17*, f. 59r-70r, 116r-119r; *Commentaire de Matthieu, III, 1-16*, f. 204r b.

[18] ID., *Commentaire de Matthieu, III, 1-16*, f. 202v b-203r b; *Commentaire de Jean, I, 1-17*, f. 93v-101r.

[19] ID., *Commentaire de Luc, II, 52* et *III, 22*, f. 20r-22r et 32v; *Commentaire de Jean, I, 1-17*, f. 40r-42r, 156r-159r.

[20] ID., *Commentaire de Luc, II, 52*, f. 28v-29v.

[21] ID., *Commentaire de Matthieu, III, 1-16*, f. 203r b, 205r b-v a; *Commentaire de Luc, II, 52*, f. 27v-28v; *Commentaire de Jean, I, 1-17*, f. 120r-142r.

[22] ID., *Commentaire de Matthieu, III, 1-16*, f. 203r b; *Commentaire de Luc, II, 52*, f. 27v-28v.

[23] ID., *Commentaire de Matthieu, III, 1-16*, f. 205v a.

[24] ID., *Mēmrē parénétiques*, IV, p. 76-78, 82-83.

[25] *Ibid.*, VI, p. 186-187; VII, p. 195-196.

[26] *Ibid.*, IX, p. 265-267.

[27] *Ibid.*, VIII, p. 239-240; XII, p. 505-506. HAUSHERR, *Contemplation*, p. 174, 187-188 etc. a heureusement souligné l'influence évagrienne sur Philoxène. On sait que la présente lettre contient également des renseignements

Si tous ces rapprochements ne laissent aucun doute sur l'authenticité de la lettre philoxénienne à Patricius, en revanche, aucun indice formel ne permet d'en déterminer la date de composition, car ceux que l'on aurait vraisemblablement pu tirer de la profession de foi qui lui était annexée ont disparu avec cet appendice. Dans l'introduction de la lettre, Philoxène décrit sa condition (ܐܒܘܢܐ) présente comme le privant de la pureté et de la paix de l'âme, et il se prétend dans l'agitation et le trouble d'affaires nombreuses, sans conserver aucun loisir pour rentrer en soi-même (f. 39[ra-va]). Faut-il ne voir dans ces déclarations de notre auteur qu'une banale précaution oratoire, ou doit-on y lire, au contraire, une référence à la condition du pasteur, absorbé par les affaires de la foi christologique? Dans ce cas, une allusion au « scandale de la croix » (f. 50ra), ainsi que celle à Théodore de Mopsueste (f. 70[rb-va]) orienteraient vers les années 485-500 [28], tandis que les nombreuses analogies avec le *Commentaire des évangiles* recommandent de descendre jusqu'à une période légèrement postérieure (500-505) [29]. Le nom du correspondant de Philoxène n'était pas inusité à l'époque, en Orient; c'est, entre autres, celui d'un prêtre monophysite dont le patriarche Sévère en exil déplorait la mort récente [30].

2. — LETTRE AUX PRÊTRES ÉDESSÉNIENS ABRAHAM ET ORESTE

Ms. : *Vatican (Biblioteca Apostolica), syr. 107*, f. 60[r]-64[r] (avant le VIIIe s.; ASSÉMANI, *Catalogus*, p. 51-52).

ÉD. avec version anglaise et introduction : *FROTHINGHAM, *Bar Sudayli*, p. 28-48 [29-49]; 7-9; 49-62.

BIBL. : ASSÉMANI, *Bibl. Orientalis*, t. 2, p. 30-33, n° 8; BUDGE, *Discourses*,

---

précieux sur les origines du messalianisme (KMOSKO, *Liber graduum*, p. CXXIII-CXXIV).

28 C'est-à-dire après les controverses antiochiennes sur le *Trisagion* (482-484) et les synodes « nestoriens » de Perse (484-486), comme la deuxième *Lettre aux moines du Bēt-Gōgal*,

29 HAUSHERR considère la *Lettre à Patricius* comme antérieure à celle *À Abraham et Oreste* (*Contemplation*, p. 175), et postérieure de « quelque vingt ans » aux *Mēmrē parénétiques* (*Grands courants*, p. 119).

30 SÉVÈRE, [*Lettre acéphale*], SL, I, 54, p. 180-181 [162-163]. Le stratélate qui vint à Édesse, en 519, requérir la soumission de l'évêque Paul au décret chalcédonien de Justin s'appelait également Patricius (HONIGMANN, *Évêques et évêchés*, p. 49).

t. 2, p. LIX, n° XLVIII; VASCHALDE, *Three Letters,* p. 33-34; BAUMSTARK, *Geschichte,* p. 142, note 9; MARSH, *Hierotheos,* p. 223-226; TISSERANT, *Philoxène,* col. 1524; GUILLAUMONT, *Kephalaia,* p. 302-332.

La lettre de Philoxène sur Étienne Bar-Ṣūdaylī nous est parvenue dans un unique manuscrit[1]; encore ne s'y trouve-t-elle pas conservée intégralement, car l'adresse et l'introduction dont elle était sans doute originellement pourvue y sont remplacées par le titre actuel, tandis qu'une lacune finale impossible à déterminer est due au copiste qui cessa délibérément la transcription[2].

Cette pièce constitue la source principale des maigres renseignements que l'on possède sur l'origéniste Bar-Ṣūdaylī[3], car elle suffit à rendre compte de ceux que fournit Michel le Syrien, qui la démarque maladroitement[4]. Le chroniqueur jacobite pourrait donc être invoqué comme un témoin de l'existence et de l'authenticité de la lettre philoxénienne; au reste, rien n'invite à récuser l'autorité de l'ancien manuscrit qui attribue celle-ci à notre auteur; en effet, on y relève des expressions de saveur monophysite, telle :

---

[1] Elle y suit une lettre de Jacques de Saroug au même (f. 57v-60r), éd. FROTHINGHAM, *Bar Sudayli,* p. 10-26 [11-27]; OLINDER, *Epistulae,* n° 1, p. 2-11.

[2] C'est ce que nous semble indiquer l'abréviation ܠܐ = etc. (p. 48); FROTHINGHAM, *Bar Sudayli,* p. 48, note 1, suppose inutilement une page manquante dans le manuscrit ou un modèle défectueux. Ces altérations peuvent évidemment remonter à l'archétype du *Vatican syr. 107.*

[3] Nous n'avons pas à nous prononcer ici sur la nature des rapports rattachant ce personnage au *Livre de saint Hiérothée,* et par là au *corpus* pseudodionysien. FROTHINGHAM, *Bar-Sudayli,* p. 1-7, considérait Bar-Ṣūdaylī comme auteur du *Livre* et maître du Ps.-Denys. MARSH, *Hierotheos,* p. 227-246, admet l'attribution à Bar-Ṣūdaylī d'au moins une partie du *Livre,* mais nie la priorité de celui-ci sur l'Aréopagite. GUILLAUMONT, *Kephalaia,* p. 311-312, 326-329, qui se range à l'opinion de Marsh, estime que l'attribution du livre de Bar-Ṣūdaylī à « saint Hiérothée » est due à un disciple du moine origéniste. — Le nom de Bar-Ṣūdaylī se trouve dans le titre, mais non dans le corps de la lettre philoxénienne, qui ne parle que d'« Étienne le lettré (ܣܦܝܪܐ) » (p. 28 [29]); ce nom pourrait donc être un sobriquet appliqué à Étienne par ses adversaires, et formé à partir de ܣܘܕܐ « delusio, irrisio ». Philoxène ne dit nulle part qu'Étienne « was a native of Edessa » (FROTHINGHAM, *Bar Sudayli,* p. 56).

[4] MICHEL, *Chronique,* IX, 30, p. 312-313 [249-250], texte manifestement apparenté à l'édessénien *Anonyme 1234,* a. 882, p. 258, *14-24,* lequel remplace curieusement le nom de Xénaïas par celui de Pierre [de Callinique] (581-591).

« le corps du Verbe » (p. 46 [47]), ainsi que des thèmes doctrinaux philoxéniens, comme ceux de la mort « volontaire » du Christ (p. 38 [39]) [5], du devenir sans changement (p. 32 [33]) [6] et de la croix considérée comme le terme de l'économie (p. 38 [39], 42 [43]) [7]. Le fait que le titre de la lettre (p. 28 [29]) appelle simplement l'auteur « Mār Xénaïas de Mabbog », sans le qualifier de « saint », pourrait d'ailleurs indiquer qu'elle fut recopiée et diffusée dès le vivant de Philoxène, en vue de combattre l'influence de Bar-Ṣūdaylī.

Le dissentiment dogmatique et la rupture de communion avec « l'évêque de Jérusalem », auxquels notre auteur fait allusion (p. 46 [47]), constituent une indication chronologique assez imprécise; on identifie généralement le personnage visé ici par l'évêque de Mabbog avec le patriarche Élie (494-516) [8], mais rien n'interdit de lui préférer son successeur Jean (516-524), dont l'opposition à Sévère d'Antioche ne fut pas moins accusée [9]; nous ne voyons donc d'autre date limite assurée pour la composition de la *Lettre à Abraham et Oreste* que l'exil de son auteur [10]. Toutefois un indice supplémentaire nous fait pencher pour l'époque du patriarcat de Sévère : en effet, Philoxène mentionne parmi ses informateurs sur Bar-Ṣūdaylī des anciens compagnons palestiniens de l'hérétique venus s'installer dans la région ($\chi\acute{\omega}\rho\alpha$) d'Antioche (p. 44 [45]); il s'agissait vraisemblablement de moines monophysites; or on ne voit pas bien comment ceux-ci auraient pu s'établir tranquillement en Syrie I[e] au début du VIe siècle, c'est-à-dire, avant la déposition de Flavien (512) [11].

---

[5] Ci-dessous, p. 488-489.

[6] Ci-dessous, p. 339.

[7] PHILOXÈNE, *Mēmrē contre Ḥabīb*, VI, f. 58[v] b; *Dix chapitres*, 6, p. CII, etc.

[8] Depuis ASSÉMANI, *Bibl. Orientalis*, p. 33 et FROTHINGHAM, *Bar Sudayli*, p. 47, note 1; p. 58.

[9] STEIN, *Bas-Empire*, p. 176. Les deux prédécesseurs d'Élie, Martyrius (478-486) et Salluste (486-494) souscrivirent à l'*Hénotique* (*ibid.*, p. 21 et 165).

[10] Philoxène est encore en Orient (« chez nous », p. 28 [29]).

[11] La tension entre les chalcédoniens de Palestine et les monophysites d'Orient fut d'ailleurs particulièrement vive sous Sévère (SCHWARTZ, *Acacianische Schisma*, p. 257). C'est bien de cette période que DIEKAMP, *Origenistische Streitigkeiten*, p. 34, suivi par GUILLAUMONT, *Kephalaia*, p. 305, date la *Lettre à Abraham et Oreste*. D'autres la situent entre 494 et 512 (MARSH, *Hierotheos*, p. 223), ou encore entre 509 et 512 (FROTHINGHAM, *Bar Sudayli*,

À la présente lettre, notre auteur joignait la copie d'une autre, qu'il avait jadis adressée personnellement à Étienne [12] (p. 44-46 [45-47]), espérant ainsi contrecarrer l'influence de celles que le moine origéniste venait d'envoyer à Édesse avec ses écrits (p. 28 [29], 46 [47]) ; Philoxène demandait que l'on veille à ce que ces écrits ne parvinssent à personne « et surtout pas aux moniales demeurant dans l'édifice (ܩܘܝܡܐ) de l'église » (p. 44 [45]) ; les destinataires devaient également écrire à l'hérétique pour lui manifester leur réprobation (p. 44-46 [45-47]). Le titre de la lettre philoxénienne, vraisemblablement tiré de l'adresse perdue, désigne ces destinataires comme les prêtres Abraham et Oreste. Le premier est évidemment distinct du disciple de Bar-Ṣūdaylī par l'intermédiaire duquel l'évêque de Mabbog avait fait parvenir à celui-ci sa première lettre (p. 44 [45]) ; le nom du second est traditionnellement vocalisé « Oreste » [13], mais la graphie du manuscrit s'accommoderait tout aussi bien de la lecture « Aristos » ou « Érastès ».

3. — LETTRE À QUELQU'UN NOUVELLEMENT DEVENU MOINE (ܐܝܢܐ ܕܗܘܐ ܠܗ) HORS DU SIÈCLE

Mss. : Texte I : *Vatican (Biblioteca Apostolica), syr. 136*, f. 53rb-57va (VIe s.; ASSÉMANI, *Catalogus*, p. 216-217); *Londres (British Museum), Add. 14,649*, f. 200va-202va (IXe s.; WRIGHT, *Catalogue*, n° 683, p. 533b); *Add. 14,577*, f. 126ra-129rb (IXe s.; *Catalogue*, n° 793, p. 787a-b) || Texte II : *Add. 14,617*, f. 47r-49v (VIIe-VIIIe s.; *Catalogue*, n° 770, p. 741a); *Add. 12,167*, f. 179va-182va (875/6; *Catalogue*, n° 785, p. 771b); *Add. 18,817*, f. 147r-151r (IXe s.; *Catalogue*, n° 801, p. 806a); *Add. 17,178*, f. 72r-v (7 fragments); f. 90 (deux fragments; XIe-XIIe s.; *Catalogue*, n° 828, p. 856a).

p. 58-59; TISSERANT, *Philoxène*, col. 1524). La profession de foi sur laquelle Frothingham se fonde pour justifier cette date n'anathématise pas Bar-Ṣūdaylī (comme le porte erronément sa copie, p. 59, note 1), mais bien Barsauma [de Nisibe]; en outre, cette pièce apocryphe ne saurait dater du synode de Sidon (511); ci-dessus, p. 177-178.

12 Denys Bar-Ṣalībī connaissait encore cette lettre, si toutefois c'est bien à elle qu'il se réfère dans l'introduction de son commentaire (inédit) des *Centuries gnostiques* évagriennes, en disant que, dans sa lettre à Bar-Ṣūdaylī, Philoxène affirmait de ces centuries : « Peu nombreux sont ceux qui arrivent à en comprendre le sens et la profondeur » (GUILLAUMONT, *Kephalaia*, p. 294, 319).

13 Depuis ASSÉMANI, *Bibl. Orientalis*, p. 30.

Éd. avec version anglaise et introduction : * Olinder, *Novice*, p. 1-12 [13-20]; i-vii [1]. Version française et introduction : M. Albert, *Disciple*, p. 245-254; 243-244 [2].

Bibl. : Assémani, *Bibl. Orientalis*, t. 2, p. 46, n⁰ 20; Budge, *Discourses*, t. 2, p. lx, n⁰ liii et p. lxi, n⁰ lviii; Baumstark *Geschichte*, p. 142, notes 15-16; Tisserant, *Philoxène*, col. 1525-1526.

Les listes bibliographiques philoxéniennes distinguent deux lettres ascétiques de notre auteur, dont l'une serait adressée « à un novice » et l'autre « à un disciple »; mais le collationnement des manuscrits qui les conservent révèle une conformité trop étroite pour qu'il puisse s'agir de deux pièces indépendantes [3]; la *Lettre au disciple* doit être considérée comme la « recension brève » d'un écrit dont la *Lettre au novice* représente le « texte long ». Après une introduction (p. 1-2), cette dernière reproduit une collection de sentences détachées, formant une sorte de « centurie » (p. 2-9); les maximes sont rédigées à la deuxième personne, sous forme de préceptes, tous relatifs au stade cénobitique et « pratique » de la vie monastique : travail et service des frères, prière et psalmodie, silence et modestie, exercices du jeûne, de la veille et de la lecture. Le « texte bref » omet neuf sentences, en déplace deux autres (p. 3 = p. 7), remplace par dix nouvelles (p. 11-12) les cinq dernières du « textes long » et coupe la conclusion dans laquelle celui-ci reprenait le style épistolaire du début (p. 9-10). Pour le reste, les deux versions ne présentent que des variantes mineures.

Leurs divergences ont été jugées « inexplicables par des éliminations et interpolations de copistes », et on a supposé que c'est l'auteur lui-même qui remploya une ancienne lettre en l'adaptant à de nouvelles circonstances [4]; nous croyons, au contraire, que les deux textes représentent deux stades dans la tradition manuscrite d'une même lettre, originellement adressée au même destinataire, dont la comparaison des titres permet encore de suivre la trans-

---

[1] Édition du texte I, d'après le *Vatican syr. 136* et l'*Add. 14,649*; voir le compte rendu par C. Brockelmann, dans *Zeitschrift der Deutschen Morgenländischen Gesellschaft*, t. 96 (1942), p. 144-145.

[2] Traduction du texte II, d'après l'*Add. 12,167*.

[3] Olinder, *Novice*, p. iii-iv.

[4] *Ibid.* M. Olinder ne se prononce pour la priorité d'aucune des « deux lettres »; Brockelmann (ci-dessus, note 1) opte pour celle du texte court.

formation progressive du « novice » au « disciple ». Le *Vatican syr. 136* et l'*Add. 14,649* l'intitulent : « Lettre envoyée au monastère (ܐ), à (ܓ) quelqu'un nouvellement devenu disciple hors du siècle » ; il se peut que le nom du monastère où vivait le nouveau moine ait été indiqué dans l'adresse originale. L'*Add. 14,577* donne pour titre : « Lettre envoyée par saint Philoxène à quelqu'un devenu disciple strict hors du siècle » ; ici, la mention du monastère a disparu, et « nouvellement » (ܐܬܚܕܬ) s'est déformé en « strict » (ܚܬܝܬ). L'*Add. 14,617* simplifie davantage : « Lettre envoyée par le bienheureux Philoxène à quelqu'un récemment devenu disciple » ; la nature monastique du « discipulat » n'étant plus spécifiée ici par « la sortie hors du siècle », on pouvait l'interpréter comme la conversion au christianisme [5], voire comme un stage à l'école de l'auteur. Ce dernier pas est franchi avec les *Add. 12,167* et *18,817*, qui ont simplement : « Lettre à un de ses disciples ». Le fait que l'*Add. 14,617* conserve au « texte bref », qu'il reproduit, le titre du « texte long » (au « novice ») fournit d'ailleurs la preuve flagrante que ces deux recensions ne remontent pas à l'auteur de la lettre [6].

L'authenticité de la *Lettre au nouveau moine* est attestée par des manuscrits datant du VIIe au XIIe siècle, et dont la plupart sont du IXe [7]. Le contenu ne confirme ni n'infirme ces témoignages, car il est tissu d'aphorismes classiques, dont les sources, syriaques ou grecques, seraient à déterminer (Évagre, Diadoque, Nil ?) [8]. Entre

---

[5] Ci-dessous, p. 265, n° 4, où il s'agit d'une conversion du judaïsme.

[6] Il n'est nullement prouvé, comme le suppose OLINDER, *Novice*, p. IV, que les préceptes omis par la « lettre au disciple » aient trait à la situation spécifique du novice. Il nous semble que c'est, au contraire, la confusion entre deux sens du mot « disciple » (ܬܠܡܕܐ) qui a conduit les modernes à partager la lettre philoxénienne entre deux destinataires.

[7] Le plus ancien témoin, le *Vatican syr. 136* (VIe s.), n'attribue pas expressément la lettre à Philoxène ; le lemme porte simplement : « Encore », sans donner de numéro d'ordre comme le font ceux des deux lettres philoxéniennes précédentes dans le même manuscrit, qui précisent d'ailleurs : « Du même » (f. 29ᵛ a, 35ᵛ b). On ne peut rien conclure du lemme du f. 58ᵛ b, déclarant terminé le recueil philoxénien (ASSÉMANI, *Catalogus*, p. 217), puisque ce lemme est immédiatement précédé d'une profession christologique de Sévère d'Antioche (f. 57ᵛ a-58ᵛ a).

[8] Le peu d'accent mis sur la contemplation peut tenir à la circonstance que l'auteur s'adressait à un moine encore au stade « pratique » du cénobitisme.

autres thèmes qui se retrouvent chez notre auteur, on peut relever les suivants : les membres spirituels du corps vivant du Christ (p. 3) [9]; les sens intérieurs (p. 2) [10]; l'amour de l'esclave, du mercenaire, du fils (p. 8) [11]; le souvenir de Dieu (p. 3) [12]. Du destinataire, on sait qu'il s'était nouvellement fait moine au moment où l'auteur lui écrit, et qu'il avait passé auparavant quelque temps avec lui (p. 1, 10).

4. — LETTRE PARÉNÉTIQUE (ܪܚܕܩܘܒܬܢܐ.ܐ) À QUELQU'UN CONVERTI (ܘܠܒ ܕ ܕܐܬ) DU JUDAÏSME ET VENU À LA VIE (ܪܒܘܢ) DE LA PERFECTION

Ms. : *Londres (British Museum)*, Add. *14,726*, f. 10ʳ-11ᵛ (Xᵉ s.; WRIGHT, *Catalogue*, nᵒ 815, p. 828*b*-829*a*.

VERSION française et introduction : * ALBERT, *Juif converti*, p. 43-50; 41-42.

BIBL. : BUDGE, *Discourses*, t. 2, p. LXI, nᵒ LVI; BAUMSTARK, *Geschichte*, p. 142, note 17; TISSERANT, *Philoxène*, col. 1526.

Le titre de la lettre au Juif converti de l'*Add. 14,726* répond bien à son contenu, dont il doit d'ailleurs provenir; l'auteur répond à un moine d'origine israélite (p. 47), qui lui avait fait part de ses progrès (p. 43) [1], pour l'en féliciter et l'encourager dans la voie de la contemplation. L'unique manuscrit qui conserve cette pièce, en l'attribuant à « saint Philoxène de Mabbog », date du Xᵉ siècle; il la fait suivre d'un autre fragment philoxénien probablement authentique [2]; en outre, le ton personnel de la présente lettre et

---

[9] PHILOXÈNE, *Mēmrē contre Ḥabīb*, VII, f. 64ʳ a; *Aux moines de Téléda I*, p. 455; *Commentaire de Luc*, III, *23-38*, f. 32ᵛ; *Commentaire de Jean, I, 1-17*, f. 40ʳ-42ʳ, 93ᵛ-101ʳ, 156ʳ-159ʳ, etc.

[10] ID., *Mēmrē contre Ḥabīb*, VIII, f. 70ᵛ a-c; *Commentaire de Jean, I, 1-17*, f. 46ʳ-48ʳ, 56ᵛ-57ʳ; *Mēmrē parénétiques*, IV, p. 55-56; IX, p. 292; XI, p. 463, etc.

[11] ID., *Mēmrē parénétiques*, VI, p. 186-187; VII, p. 195-196; *Lettre à Patricius*, f. 58ʳ b-61ʳ b.

[12] ID., *Mēmrē parénétiques*, VI, p. 171-177, 183-184, etc.

[1] Il lui avait confié, entre autres : « Le recueillement (ܪܢܝܫ) nous est plus cher que tout ».

[2] Fragment d'un *mēmrā* (et non d'une lettre, WRIGHT, *Catalogue*, p. 329 *a*) sur la prière (f. 11ᵛ-13ʳ; ci-dessous, p. 282).

les thèmes qui y sont développés sont bien dans la manière de notre auteur. Des formules comme « les pensées spirituelles, la science des mystères du Christ, la limpidité de l'intellect, la science de la charité du Christ » (p. 44-45) reviennent fréquemment dans les *Mēmrē contre Ḥabīb* [3] ; l'idée que les choses spirituelles sont apparentées à l'âme (p. 49) se retrouve dans les *Mēmrē parénétiques* [4], ainsi que le thème de la « sensation » de l'homme nouveau (p. 46), plus spécialement développé dans le commentaire des évangiles [5]. La lettre se termine sur une brève profession monophysite : « Salue quiconque confesse que le Christ est Dieu, un de la Trinité, et que [c'est] lui [qui] a pâti et [qui] est mort pour nous » (p. 50). Sans vouloir nécessairement lire dans cette formule une allusion aux controverses antiochiennes sur le *Trisagion* (482-484), nous croyons cependant qu'elle invite à dater la *Lettre au Juif converti* d'avant la phase antichalcédonienne de la lutte de Philoxène contre son patriarche Flavien (506-512). Le nom du destinataire a sans doute disparu avec l'adresse de la lettre.

5. — LETTRE À UN ANCIEN SCOLASTIQUE DEVENU MOINE ET ÉPROUVÉ PAR SATAN

Ms. : *Londres (British Museum), Add. 12,167*, f. 278ra-282vb (875/6; Wright, *Catalogue*, n° 785, p. 773b-774a) [1].

Version française et introduction : * Graffin, *Avocat*, p. 186-196; 183-185.

Bibl. : Budge, *Discourses*, t. 2, p. lxii, n° lxi; Baumstark, *Geschichte*, p. 142, note 14; Tisserant, *Philoxène*, col. 1526.

---

3 Philoxène, *Mēmrē contre Ḥabīb*, III, f. 21r a-c; VIII, f. 69v b-70v a, etc.

4 Id., *Mēmrē parénétiques*, XII, p. 505.

5 *Ibid.*, I, p. 24; *Commentaire de Matthieu, III, 1-16*, f. 203r a-b; *Commentaire de Luc, II, 52*, f. 27v-28v; *Commentaire de Jean, I, 1-17*, 120r-142r.

1 D'après Graffin, *Avocat*, p. 184, un autre manuscrit du British Museum, dont il possède la copie, mais pourvue d'une référence erronée, contiendrait la même lettre philoxénienne; le P. Graffin ne précise pas si, dans ce manuscrit, la lettre est anonyme, ou attribuée à l'évêque de Mabbog, ou encore attribuée à un autre auteur, ce qui infirmerait le témoignage d'authenticité de l'*Add. 12,167*; nous n'avons rien trouvé d'approchant dans la description des œuvres d'Éphrem, Jacques de Saroug, Isaac de Ninive, Basile, Chrysostome et Nil d'après Wright, *Catalogue*.

L'*Add. 12,167* conserve une pièce attribuée à notre auteur et présentée sous un titre très élaboré : « De saint Philoxène, lettre qu'il écrivit à certain bienheureux qui, [ayant] abandonné la profession d'avocat (ܪܣܘܐܠܒܘܩܬܐ.) pour la condition monastique (ܕܕܝܪܝܘܬܐ), avec savoir et renoncement parfaits, fut éprouvé par Satan, lequel irrita (ܐܙܝܥ) un de ses membres et le tourmenta de toute manière ; et [Philoxène] lui écrivit ceci par manière d'encouragement ». Le compilateur devait connaître la nature de l'infirmité infligée au malheureux moine par la lettre elle-même, où l'auteur révèle qu'il s'agissait d'un tremblement à la [main] droite (p. 193, 191) ; quant à la mention de l'ancienne profession du « scolastique », on peut supposer qu'elle provient d'une adresse que remplacerait le titre actuel.

Il ne semble pas que la *Lettre à un ancien avocat* constitue une réponse au moine éprouvé, car l'auteur donne à entendre qu'il avait appris fortuitement son épreuve (p. 196, 189) [2]. Dans l'état présent de notre connaissance de la tradition manuscrite [3], nous ne voyons aucun argument décisif à invoquer pour ou contre l'authenticité philoxénienne de cette pièce ; en particulier, nous n'y avons décelé aucun indice de monophysisme, pas même dans la doxologie finale ; une idée développée ici (p. 190) rappelle cependant la troisième question de la *Lettre à Patricius* : « Le moine ne doit pas se préoccuper du scandale que son épreuve pourrait provoquer chez les sots » [4].

6. — LETTRE PARÉNÉTIQUE À DES MOINES RECLUS (ܐܓܪܬܐ ܕܚܘܒ̈ܝܐ)

Deux fragments dans les mss. * *Londres (British Museum)*, *Add. 14,577*, f. 101vb-102vb (IXe s.; WRIGHT, *Catalogue*, n° 793, p. 787a) ; *Add. 14,613*, f. 140^v-141^v (IXe-Xe s.; *Catalogue*, n° 806, p. 812a-b) || Un fragment dans l'*Add. 14,601*, f. 6^r-v (IXe s.; *Catalogue*, n° 795, p. 789a).

BIBL. : BUDGE, *Discourses*, t. 2, p. LXI, n° LIX ; BAUMSTARK, *Geschichte*,

---

[2] L'objection qu'il met dans sa bouche (p. 190) s'explique normalement comme un artifice littéraire. On trouvera un bon résumé de la lettre dans GRAFFIN, *Avocat*, p. 185.

[3] Voir ci-dessus, p. 266, note 1.

[4] PHILOXÈNE, *Lettre à Patricius*, f. 49^v b-51^r b. La *Lettre à un ancien avocat* (p. 192, note 8) contient des apophtegmes non identifiés.

p. 142, note 11; Tisserant, *Philoxène*, col. 1526; Ortiz, *Patrologia*, p. 149 [1].

L'*Add. 14,577* conserve deux fragments de « saint Mār Xénaïas, évêque de Mabbog », extraits d'une « lettre parénétique aux frères reclus »; le même extrait se trouve également dans l'*Add. 14,613*, sous le titre : « De saint Mār Xénaïas, de la lettre aux frères reclus », mais moins complet (trois courts passages sont omis) et dans une version inférieure. Il s'agit d'une exhortation à la vigilance et à l'ardeur au combat contre Satan, que l'auteur adresse à des « bien-aimés ». Un feuillet mutilé de l'*Add. 14,601* contient la « fin de la lettre aux frères reclus, de saint Mār (*ms.* : ܣ) Xénaïas » (f. 6ᵛ); mais ici l'auteur exhorte ses correspondants au zèle dans la prière et dans la psalmodie en commun [2].

Nous ne connaissons aucune attestation d'une lettre philoxénienne à des reclus autre que celle de ces trois manuscrits; et dans les fragments qu'ils conservent, nous n'avons pu relever aucun indice favorable ou défavorable à son authenticité. Si celle-ci se confirmait, on pourrait supposer que Philoxène écrivit, non à des reclus proprement dits (le second fragment semble l'exclure), mais à un monastère du Reclus, comme il en existait plusieurs en Orient [3].

7. — UNE LETTRE À UN NOVICE, SUR LA PRIÈRE?

Trois fragments dans le ms. ** Londres (British Museum), Add. 12,167*, f. 182ᵛᵃ-184ᵛᵇ (875/6; Wright, *Catalogue*, n° 785, p. 771b-772a).

La lettre de Philoxène au nouveau moine [1] est suivie dans l'*Add. 12,167* par trois extraits, dont le premier ne se rattache à la pièce précédente que par le lemme : « Du même » (f. 182ᵛᵃ). L'examen de ces fragments révèle qu'ils proviennent d'une lettre adressée à un moine (ܕܝܪܝܐ, f. 183ʳᵃ), encore apprenti (ܬܠܡܝܕܐ f. 183ʳᵇ),

---

[1] C'est par erreur qu'Ortiz, *Patrologia*, p. 149, mentionne cette lettre comme éditée, d'après l'*Add. 14,621*, avec une version française, par J. Lebon. L'édition visée (Lebon, *Textes inédits*, p. 149-220) est celle des lettres philoxéniennes *À Siméon de Téléda* et *À tous les moines orthodoxes d'Orient*.

[2] En outre, le style de ce fragment diffère des précédents : ici l'auteur parle à la première personne, là à la deuxième personne du pluriel.

[3] Vööbus, *History*, t. 2, p. 227; Krüger, *Mönchtum*, p. 26-27.

[1] Ci-dessus, p. 262, n° 3.

qui avait interrogé l'auteur sur la prière, s'imaginant, notamment, qu'« elle s'apprend par des paroles » (f. 183rb). La réponse distingue de la prière vocale la prière parfaite, angélique, pure, spirituelle, non composée de paroles, qui n'est atteinte qu'avec la « sensation de l'homme nouveau », au stade spirituel où conduit la « voie de la justice ».

Un lecteur de l'*Add. 12,167* a noté, en marge des présents extraits : « Cette pièce (ܟܬܒܐ) est de saint Basile »[2] ; nous n'avons cependant pu les identifier dans aucun des passages de l'*asceticon* basilien consacrés à la prière[3]. Peut-être le lecteur anonyme se référait-il à un pseudo-Basile ; toujours est-il que les thèmes de mystique alexandrine exposés dans ces fragments d'une lettre sur la prière s'accordent en tout point avec la doctrine spirituelle de Philoxène[4] ; rien ne nous paraît donc s'opposer à leur authenticité.

8. — UNE LETTRE SUR LES TROIS DEGRÉS DE LA VIE MONASTIQUE?

Mss. : Texte I : *Londres (British Museum)*, *Add. 14,728*, f. 76rb-125ra (XIIe-XIIIe s.; WRIGHT, *Catalogue*, no 840, p. 876a-b); *Add. 14,729*, f. 131r-157r (acéphale; XIIe-XIIIe s.; *Catalogue*, no 839, p. 874b) ‖ Texte II : *Add. 17,262*, f. 42ra-71va (XIIe s.; *Catalogue*, no 837, p. 868a-b); *Tubingue (Universitätsbibliothek)*, *Sachau 111*, f. 21r-63v (av. 1379; SACHAU, *Verzeichniss*, no 199, p. 648a-649a); *Sachau 202*, f. 24v-76r (XVe-XVIe s.; *Verzeichniss*, no 200, p. 655b-656b); *Or. quart. 1050*, f. 129v-178v (1652/3)[1]; *Cambridge (University Library)*, *Add. 1999*, f. 132r-157v (1572/3; WRIGHT-COOK, *Catalogue*, p. 469-470); *Alqoš (Monastère de N.-D. des Semailles)*, *cod. 232* (1840) et *233* (1881; SCHER, *Mss. d'Alqoš*, p. 67; VOSTÉ, *Mss. d'Alqoš*, p. 90). ‖ Un fragment dans les mss. *Vatican (Biblioteca Apostolica)*, *syr. 58*, f. 72r-v (1586; ASSÉMANI, *Catalogus*, t. 2, p. 346) = *Birmingham (Selly Oak Colleges)*, *Mingana syr. 480*, f. 15vc (1711/2;

---

[2] WRIGHT, *Catalogue*, p. 772 a.

[3] Les deux règles, les constitutions ascétiques (éd. des Mauristes dans MIGNE, t. 31, col. 890-1428) et la première lettre à Grégoire de Nazianze (ep. II de l'éd. des Mauristes, dans MIGNE, t. 32, col. 223-234).

[4] PHILOXÈNE, *Lettre à Patricius*, f. 51r b-53v b, 55r b-57v a ; *Mēmrē parénétiques*, XI, p. 469-472 (sur la « prière pure »); pour la « voie de la justice » et la « sensation de l'homme nouveau », voir *Mēmrē parénétiques*, VIII, p. 222-224, 254-255; IX, p. 343-347, etc.

[1] Communication de M. J. Assfalg, d'après son catalogue en préparation (ASSFALG, *Syrische Handschriften*), où ce manuscrit reçoit le no 46.

MINGANA, *Catalogue*, col. 866) = *Mingana syr. 105*, f. 39va (1832/3; *Catalogue*, col. 257).

VERSION arménienne : *Vie des saints Pères*, t. 2, p. 538-562; version arabe : GRAF, *Geschichte*, t. 1, p. 453, nᵒ 3 [2].

ÉD. avec version anglaise et introduction : * OLINDER, *Letter to a Friend*, p. 1*-46* [1-64], I-X [3]; version française et introduction : * GRAFFIN, *Lettre à un supérieur*, p. 330-352, 455-486, 77-102 (trad.); 317-329, 323-324 (intr.) [4].

BIBL. : BUDGE, *Discourses*, t. 2, p. LX-LXI, nᵒ LIV et p. LXI-LXII, nᵒ LX; BAUMSTARK, *Geschichte*, p. 142, notes 16 et 13; TISSERANT, *Philoxène*, col. 1525.

L'*Add. 14,728* du British Museum contient une importante pièce ascétique, qui est intitulée : « Lettre que Philoxène écrivit à l'un de ses disciples sur la sortie hors du siècle, sur l'exercice (ܩܘܒܝܐ) cénobitique, sur le recueillement (ܫܠܝܐ) et sur le séjour en cellule » (f. 76rb) [5], tandis que le lemme final du manuscrit l'appelle « *mēmrā* de Mar Xénaïas, c'est-à-dire Philoxène, des trois degrés (ܕܪ̈ܓܝܢ) » (f. 125ra). L'*Add. 14,729*, qui reproduit le même morceau, est acéphale [6] et se termine simplement sur l'indication : « Fin de la lettre de saint Mār Philoxène » (f. 157^r).

De cette pièce les listes bibliographiques philoxéniennes distinguent une autre, traduite en arménien et en arabe, et conservée dans de nombreux manuscrits syriaques sous un titre plus élaboré que la première : « Lettre de saint Mār Philoxène à certain sien bien-aimé (ܚܒܝܒܘܗܝ), qui était l'un des archimandrites (ܪ̈ܝܫܝ)

---

[2] Une édition critique de la version arabe est en préparation, par les soins du P. TANGHE (TANGHE, *Inhabitation*, p. 39-40, note 3).

[3] Édition du texte II d'après l'*Add. 17,262* (en reproduction photographique) avec les variantes des *Sachau 111* et *202*. Il faudrait examiner dans quelle mesure la traduction arménienne dépend de la recension brève connue en syriaque.

[4] Traduction du texte I avec les variantes du Texte II, d'après cinq manuscrits (*Add. 14,728* et *17,262*, *Cambridge 1999* et *Sachau 111* et *202*). Les références de nos citations renvoient à l'édition de M. OLINDER (chiffres avec astérisques) et à la traduction du P. Graffin, celle-ci étant seule indiquée lorsqu'il s'agit d'un passage de la *Lettre sur les trois degrés* propre au texte I (recension longue).

[5] Ce titre s'inspire du prologue de la lettre (p. 1* [323, 329]), où l'on retrouve les expressions « sortie hors du siècle », « exercice cénobitique », « recueillement » et « séjour en cellule ».

[6] *Add. 14,729*, f. 131^r = *Lettre sur les trois degrés*, p. 24* [477].

du désert, sur le commencement de la sortie de l'homme hors du
siècle, sur la soumission (ܟ̈ܝܫܘܬ) cénobitique, sur le séjour
en cellule, sur le recueillement dans la solitude, [sur] les combats,
les révélations, l'aridité (ܝܒܝܫܘ) et la joie advenant à [ceux] qui
demeurent dans le recueillement; elle est divisée en trois chapitres
(ܩܦܠܐ), sur les trois degrés » [7].

La seule comparaison des lemmes pouvait faire soupçonner une
parenté entre les deux lettres [8]; et le collationnement des textes
confirme qu'il s'agit effectivement de deux recensions d'un même
écrit, recensions dont la première pourrait être qualifiée de « texte
long » et la seconde de « texte bref » [9]. Cette dernière se caractérise
d'abord en ce que son introduction substitue une phrase neutre
de résumé aux éléments concrets et personnels du texte long [10];
ensuite il accuse la division ternaire de la lettre en y introduisant
des rubriques inspirées du titre général [11]; en outre, ses variantes
offrent généralement des leçons moins bonnes que celles du texte
long [12]; enfin et surtout, il retranche à celui-ci cinq passages majeurs
et vingt-trois passages moins importants [13], omissions dont plusieurs

---

[7] *Add. 17,262*, f. 42ʳ a; le lemme final reprend cette dernière phrase.

[8] TISSERANT, *Philoxène*, col. 1525, l'avait pressenti.

[9] GRAFFIN, *Lettre à un supérieur*, les désigne respectivement par les sigles
W2 et W1.

[10] En revanche, il amplifie sa doxologie finale.

[11] *Add. 17,262*, f. 48ʳ b, 69ᵛ a, p. 11* [458], 43* [96]; ces rubriques sont
plus nombreuses encore dans les *Sachau 111* (f. 28ᵛ, 36ᵛ, 38ᵛ, 41ʳ, 54ʳ, 56ʳ,
60ʳ) et *202* (f. 37ʳ, 48ʳ, 68ᵛ, 73ʳ; SACHAU, *Verzeichniss*, p. 648-649 et 655-656).
Leur assimilation typologique des régimes cénobitique et anachorétique au
Désert et à la Terre promise est maladroite, et leur équation entre le degré
spirituel, la perfection et la charité accomplie est étrangère aux conceptions
intellectualistes de l'auteur de la lettre. Il n'est pas impossible que la mention
du destinataire comme « un des archimandrites du désert » (*Add. 17,262*, f.
42ʳ a) provienne d'une mauvaise lecture de « l'exercice du désert » dans le
lemme du f. 48ʳ b.

[12] Ce point ne pourra être commodément mis en valeur que sur la base
d'une édition critique; nous nous fondons ici sur un examen personnel des
manuscrits.

[13] La plupart sont indiqués dans la traduction de GRAFFIN, *Lettre à un
supérieur*. À notre avis, l'hypothèse d'omissions s'impose, car des amplifications
et interpolations du « texte long » (*ibid.*, p. 323) se seraient normalement trahies
dans le contexte par une redondance ou par des sutures artificielles.

nous paraissent commandées par une intention doctrinale [14]. Tout porte donc à considérer le texte bref comme secondaire; mais cette rédaction constitue-t-elle une révision de l'auteur lui-même, ou faut-il plutôt la considérer comme une recension postérieure? Nous ne saurions nous prononcer sur ce point.

La lettre était primitivement adressée à un correspondant bien déterminé, que l'auteur appelle son « frère spirituel » (p. [323]), et qui devait être un moine [15]. Après avoir lu un ouvrage précédent de l'auteur (p. [329]), ce correspondant lui avait demandé une lettre, claire et brève, concernant « le recueillement et le séjour en cellule, avec ses épreuves et ses grâces » (p. [323-324]). L'auteur annonce qu'il exaucera ce désir, mais qu'il va d'abord traiter de la sortie hors du siècle et de la vie cénobitique (p. [329]). Son exposé, qui remplit bien ces promesses, repose sur une division ternaire, où se recouvrent les deux points de vue du progrès intérieur, passant par les degrés du corps, de l'âme et de l'esprit, et des régimes de vie cénobitique et anachorétique [16].

L'authenticité philoxénienne de cette pièce nous paraît très délicate à établir. À première vue, il ne manque pas de raisons pour l'appuyer. En effet, au témoignage des manuscrits, tant syriaques qu'arabes et arméniens, qui l'attribuent à notre auteur, il convient d'ajouter celui de la « prière avant l'évangile », inscrite sous le nom de Philoxène dans l'office du lucernaire du *Vatican syr. 58*

---

[14] Dans l'introduction, l'auteur se présentait comme commentateur d'Évagre le Pontique (p. [323-324]; Évagre reste cependant cité dans le texte court, p. 22* [474], 27* [480], 32* [79], 36* [87]); dans d'autres passages omis, il polémiquait contre ceux qui assimilent la pureté à la sérénité et la vie dans le siècle au degré « corporel » (p. 333-339, 350-458]); d'autres sont relatifs à la liberté spirituelle (p. [465-466, 482, 97-98, 101] : danger de l'anomisme?), d'autres encore au caractère communicable de la contemplation (p. [95]) et à la vue de l'intellect par soi-même (p. [99]).

[15] Le titre du texte long le présente comme un disciple de l'auteur : ceci refléterait-il une déformation analogue à celle que nous avons constatée pour la lettre phlioxénienne *Au nouveau moine* (ci-dessus, p. 263-264)? On manque ici de tout point de comparaison, l'*Add. 14,728* étant seul à avoir conservé ce titre. Pour l'expression « un des archimandrites du désert », voir ci-dessus, p. 271, note 11.

[16] On trouvera un bon résumé de la lettre dans GRAFFIN, *Lettre à un supérieur*, p. 325-329.

et dans l'évangéliaire des *Mingana syr. 480* et *105,* car cette prière est littéralement extraite de la présente lettre (p. 15* [463]) [17]. Mais on peut encore relever plusieurs points de contact entre la doctrine spirituelle de la *Lettre sur les trois degrés* et celle des écrits authentiques de notre auteur : la trilogie corps, âme, esprit, si caractéristique des auteurs spirituels syriens [18], et la typologie de l'*Exode,* classique en Orient depuis Origène, se retrouvent dans les *Mēmrē parénétiques* [19], où l'on rencontre aussi la distinction, également syrienne [20], entre la « pureté » (ܕܟܝܘܬܐ) et la « sérénité » (ܫܦܝܘܬܐ) [21], tandis que la division « évagrienne » des contemplations et l'insistance sur leur caractère passif s'accordent avec le commentaire philoxénien de *Matthieu* et la *Lettre à Patricius* [22].

Ces exemples ne sont pas exhaustifs [23]; et pourtant, un lecteur familiarisé avec la manière et le style des écrits spirituels de Philoxène, diffus et moralisateur dans les *Mēmrē parénétiques,* précis et théologique dans la *Lettre à Patricius,* hésitera à reconnaître le même auteur dans la rigidité systématique et les subtilités artificielles de la *Lettre sur les trois degrés.* Celle-ci ne contient pas la moindre trace de monophysisme; elle ne dit pas un mot de la foi ni de l'économie du Verbe, auxquelles Philoxène attache toujours

---

17 Le *Sachau 202,* f. 40v l'y faisait précéder d'un lemme. Elle présente un embolisme dans les *Mingana syr. 480* et *105.*

18 Hausherr, *Jean le Solitaire,* p. 7-9, 14.

19 Les trois degrés = Philoxène, *Mēmrē parénétiques,* I, p. 14-15, 17; l'Égypte (p. [333-336]) = IX, p. 276-277; passage du Jourdain et entrée dans la Terre promise (p. 8*-10* [347-456], etc.) = IX, p. 274 (et *Lettre à Patricius,* f. 41r a-b); entrée à Sinon (p. 42*-45* [96-101]) = IX, p. 288. Philoxène pouvait trouver cette typologie chez Évagre (Guillaumont, *Kephalaia,* p. 103).

20 Hausherr, *Jean le Solitaire,* p. 13, 20.

21 *Lettre sur les trois degrés,* p. [336-337] = Philoxène, *Mēmrē parénétiques,* V, p. 148-149.

22 Philoxène, *Commentaire de Matthieu, III, 1-16,* f. 205r a-b; *Lettre à Patricius,* f. 64r b-67v a.

23 Comparer, par ex., les objections des démons à la sortie hors du siècle ici (p. 3*-4* [332-334]) et dans les *Mēmrē parénétiques* (IX, p. 277-281); en revanche, tandis que les *Mēmrē* (VIII, p. 222-224, 254-255) reconnaissent la possibilité de la « justice » dans le siècle, la *Lettre sur les trois degrés* (p. [336]) déclare qu'on n'y peut servir Dieu.

une importance capitale [24]; ses distinctions savantes sur les contemplations [25], sa démonologie allégorique [26], son programme minu-
tieux de la journée et de l'office du solitaire [27] nous paraissent
d'une époque postérieure à celle de l'évêque de Mabbog; est-ce donc
un hasard si aucun manuscrit de la *Lettre sur les trois degrés* n'est
antérieur au XIIe siècle? Si ce traité de mystique vient de Philoxène, ce serait le plus ésotérique, le plus artificiel, le plus servile-
ment évagrien de ses écrits. Son édition critique et son examen
comparé avec d'autres témoins de la spiritualité syrienne [28] permettra peut-être d'établir sur ce point des conclusions plus assurées.

II. — TRAITÉS

Les difficultés que rencontre la critique des écrits spirituels de
Philoxène ne sont pas moindres pour les *mēmrē* que pour les lettres
ascétiques [1]. L'auteur de la *Lettre sur les trois degrés* apprend qu'il
avait écrit un ouvrage antérieur, en deux parties, consacré à l'exégèse des *Centuries* (ܪ‌ܝ̈) *gnostiques* d'Évagre le Pontique [2]; ce

---

[24] PHILOXÈNE, *Mēmrē parénétiques*, I, p. 7-9; II-III; *Commentaire de Jean
I, 1-17*, f. 135v-136r; voir LEMOINE, *Spiritualité*, p. 352-355.

[25] *Lettre sur les trois degrés*, p. 28*-44* [481-100].

[26] *Ibid.*, p. 21*-27*, 35*-37* [473-481, 87-90], etc.

[27] *Ibid.*, p. 14*-21* [463-473].

[28] Non seulement avec les écrits de Jean le Moine (HAUSHERR, *Jean le
Solitaire*, p. 9, 14; OLINDER, *Letter to a Friend*, p. VIII-X), mais aussi, entre
autres, avec ceux des mystiques postérieurs édités par MINGANA, *Mystics*.

[1] Ci-dessus, p. 254. Nous avons noté l'indistinction pratique des deux genres
à propos des écrits dogmatiques de notre auteur (ci-dessus, p. 187), mais
les mêmes remarques sont également applicables à ses œuvres spirituelles :
Philoxène appelle *mēmrā* sa *Lettre à Patricius* (ci-dessus, p. 270, note 11), et les
lemmes des manuscrits qualifient indifféremment de lettre ou de *mēmrā*
l'écrit sur les trois degrés (ci-dessus, p. 270).

[2] GRAFFIN, *Lettre à un supérieur*, p. 323-325, traduit le passage en question,
qu'il commente en distinguant « un important ouvrage sur la vie monastique
dont le premier livre comprenait deux parties » et un commentaire des centuries
évagriennes. Cette interprétation est tout à fait justifiable; nous préférons
toutefois comprendre que l'auteur de la *Lettre sur les trois degrés*, dont les
explications sont assurément assez confuses, ne vise qu'un seul ouvrage
(ܣܘܡܐ) ou livre (ܟܬܒ) antérieur (ܩܕܡܝܐ) composé de deux sections
(ܦܠܓ̈ܘܬܐ) et consacré au commentaire des centuries d'Évagre. GUILLAUMONT,

commentaire perdu devrait donc être restitué à l'évêque de Mabbog ; mais nous avons dit que l'attribution à notre auteur de la lettre qui en révèle l'existence ne nous paraît pas suffisamment garantie[3]. Des divergences dans les indications des manuscrits constituent d'autres invitations à la prudence ; ainsi la « Parénèse (ܪ݁ܬܝܒ݂ܐ) de saint Mār Philoxène » conservée dans l'*Add. 17,206* du British Museum n'est-elle autre chose que la lettre de Jacques de Saroug sur la componction[4].

Un cas plus troublant réside dans l'identification de Philoxène avec le pseudo-Nil ; en effet, on lit dans un manuscrit syriaque du British Museum, en regard d'un « *mēmrā* prononcé par saint Mār Nil, solitaire égyptien, sur la vie monastique (ܕܘܒ݂ܪܐ ܕܕܝܪܝܘܬܐ) », l'annotation suivante, inscrite par un lecteur anonyme : « Ce Nil le solitaire, c'est Philoxène de Mabbog, qu'on appelle de trois noms : Nil le solitaire égyptien, Mār Xénaïas, et Philoxène »[5] ; une remarque analogue se lirait également dans « un vieil exemplaire » arménien du *De oratione* du pseudo-Nil : « Philoxène était le nom de ce vieillard Nil, ce saint Père, à cause de [son] éloquence »[6]. La solution de l'énigme posée par ces notes nous échappe ; du moins paraît-il exclu que l'on puisse raisonnablement attribuer à l'évêque de Mabbog la paternité du *De oratione*[7], non plus que celle du *mēmrā* de l'*Add. 14,601*[8].

Kephalaia, p. 211-213, comprend également qu'il s'agit d'un seul ouvrage, mais il rapporte ses deux parties à une introduction, et non à l'« interprétation des chapitres ». Le même auteur propose de voir dans ce « commentaire » la version syriaque ancienne et expurgée des centuries gnostiques, dont Philoxène serait ainsi non seulement le premier témoin connu, mais encore le traducteur (*ibid.*, p. 207-213 ; 291, note 136). M. Guillaumont accepte sans examen l'authenticité de la *Lettre sur les trois degrés*.

[3] Ci-dessus, p. 273-274.

[4] *Add. 17,206*, f. 54r-59r (WRIGHT, *Catalogue*, nº 831, p. 860 *a* ; BUDGE, *Discourses*, t. 2, p. LVII, nº XXXIII)= JACQUES DE SAROUG, *Lettre sur la componction* (OLINDER, *Epistulae*, nº 28, p. 229-232).

[5] *Add. 14,601*, f. 95v (WRIGHT, *Catalogue*, nº 795, p. 790 *b*).

[6] *Vie des saints Pères*, t. 2, p. 700, en note.

[7] Le P. Hausherr l'a restitué à Évagre (HAUSHERR, *De oratione*).

[8] Nous n'avons pas trouvé ce *mēmrā* parmi les écrits rassemblés sous le nom de Nil dans MIGNE, t. 79 ; il est l'œuvre d'un auteur ayant vécu en Égypte (f. 105r a), et plus précisément à Alexandrie (f. 95v b), circonstance exclue dans le cas de Philoxène.

Nous avons identifié comme des fragments des *Mēmrē parénéti-ques* les pièces présentées par la liste bibliographique philoxénienne de Budge sous les titres : « Against passions in the soul » [9], « On the fear of God » [10], « Rules for the monastic life » [11] et « Tract on chastity » [12]. Deux extraits sur la prière distingués par le même auteur sont identiques [13], tandis que deux autres sur la tonsure qu'il rassemble sous une même rubrique appartiennent à des contextes différents [14]. Enfin, nous proposons de rapprocher plusieurs fragments ascétiques des *Mēmrē parénétiques* [15], et le « *Mēmrā* sur l'inhabitation de l'Esprit-Saint » du fragment sur l'eucharistie du prêtre indigne [16].

1. — *MĒMRĀ* SUR LA FOI PAR QUESTIONS [ET RÉPONSES] (ܡܐܡܪܐ ܕܥܠ ܗܝܡܢܘܬܐ)

Mss. : Texte I : *Londres (British Museum), Add. 17,193,* f. 18ʳ-26ʳ (873/4; WRIGHT, *Catalogue,* n° 861, p. 993a); *Birmingham (Selly Oak Colleges), Mingana syr. 49,* f. 66ʳ⁻ᵛ (un fragment; XVIIIᵉ s.; MINGANA, *Catalogue,* col. 140). ‖ Texte II : *Vatican (Biblioteca Apostolica),* * *Borgia syr. 10,* f. 104ᵛ-106ʳ (XIXᵉ s.? SCHER, *Musée Borgia,* p. 251); *syr. 58,* f. 140ᵛ-141ʳ (1586; ASSÉMANI, *Catalogus,* t. 2, p. 349-350); *Tubingue (Universitätsbibliothek), Sachau 335,* f. 17ʳ (XVIIIᵉ s.; SACHAU, *Verzeichniss,* n° 205, p. 680a).

ÉD. avec version française et introduction : * TANGHE, *Inhabitation* [1]; éd. partielle avec version latine : ASSÉMANI, *Catalogus,* t. 2, p. 349-350 [2].

BIBL. : BUDGE, *Discourses,* t. 2, p. LVI-LVII, n° XXXII; BAUMSTARK, *Geschichte,* p. 143, note 8; TISSERANT, *Philoxène,* col. 1521, n° 3; TANGHE, *Eucharistie,* p. 178-180.

Des compilations canoniques et liturgiques syriaques conservent deux fragments philoxéniens que nous rangeons ici, en dépit de

---

[9] BUDGE, *Discourses,* t. 2, p. LXIV, n° LXXV; ci-dessous, p. 280-281.
[10] *Ibid.,* p. LXIII, n° LXIX; ci-dessous, p. 281.
[11] *Ibid.,* n° LXVIII, ci-dessous, p. 281.
[12] *Ibid.,* p. LXII, n° LXV; ci-dessous, p. 282.
[13] *Ibid.,* p. LXIII, n° LXXII et p. LXIV, n° LXXIV; ci-dessous, p. 282.
[14] *Ibid.,* p. LXIV, n° LXXVI; ci-dessous, p. 282-283.
[15] Ci-dessous, p. 285-286, 288-290.
[16] Ci-dessous, p. 278.
[1] Édition du texte I d'après l'*Add. 17,193.*
[2] Édition du texte II d'après le *Vatican syr. 58.*

leur caractère partiellement dogmatique, parce qu'ils n'ont pas trait
à la christologie, comme tous les écrits rassemblés dans le chapitre
précédent, mais bien à la théologie de la vie chrétienne.

La première de ces deux pièces est attribuée par l'*Add. 17,193* au
« bienheureux Mār Xénaïas » et présentée comme un « *mēmrā* composé parce que quelqu'un lui avait demandé si l'Esprit-Saint quitte
l'homme lorsqu'il pèche, et s'il (ܐ‍ܘ) revient chez le [pécheur]
lorsqu'il s'est repenti » (p. 42 [57]). Ce titre, qui résume bien
l'objet du morceau, est sans doute l'œuvre du compilateur, qui le
tira vraisemblablement de l'énoncé de la question à laquelle répondait l'auteur. Bien que cette question semble complètement traitée
dans le texte actuel, son exorde abrupt suggère qu'il pourrait
n'être qu'un fragment d'un écrit plus important ; auquel cas la
doxologie serait également secondaire. L'auteur du *mēmrā* défend
la thèse de la permanence de l'Esprit-Saint chez le croyant pécheur ;
il répond à un moine (ܐ‍ܘܢ‍ܝ‍ܕ ܕ) [3], qui lui avait soumis la théorie
opposée, en vertu de laquelle des gens « stupides » voulaient interdire au pécheur la communion eucharistique [4].

En faveur de l'authenticité de cette pièce, on peut faire valoir
l'autorité de l'*Add. 17,193* [5], ainsi que la citation, probablement
indépendante, du *Mingana syr. 49* [6]. Nous l'appuierions également
sur des parallèles doctrinaux caractéristiques, tels celui de l'Esprit-
Saint considéré comme « l'âme de notre âme » [7], ou encore celui de
la mort du croyant regardée comme un simple sommeil [8] ; la théo-

---

[3] *Mēmrā sur la foi*, I, p. 42 [57, *9*], 56 [71, *13*].

[4] *Ibid.*, p. 50 [66, *7-9*], 51 [67, *7-8*], 55 [69, *33-35*, 70, *10-11*], 56 [71,
10-13].

[5] Ce manuscrit conserve plusieurs autres fragments philoxéniens, dont un
extrait du *Commentaire de Matthieu* (ci-dessus, p. 139, n° 16) un de la *Lettre
aux moines d'Amid* (ci-dessus, p. 197) et un de celle *À Abū Yaʿfur* (ci-
dessus, p. 203).

[6] Cette citation, reproduite sans indication de provenance sous le nom de
« saint Philoxène », correspond à l'édition TANGHE, *Inhabitation*, p. 46, *21-29*.

[7] *Mēmrā sur la foi*, I, p. 52 [67, *17*] = PHILOXÈNE, *Aux moines de Téléda I*,
p. 452 ; *Commentaire de Luc*, III, *23*, f. 30v. Le thème se retrouve chez ÉPHREM,
Sur la foi, LXXX, 1, ou encore chez Afraate et dans le *Livre des degrés*
(ORTIZ, *Patrologia*, p. 47, 83-84).

[8] *Mēmrā sur la foi*, I, p. 53-54 [68, *17-31*] = PHILOXÈNE, *Commentaire de
Luc*, II, *40*, f. 14r.

logie du *mēmrā* sur le lien entre l'Esprit, le baptême et la foi répond d'ailleurs parfaitement à celle de notre auteur [9].

Un fragment philoxénien sur la validité de l'eucharistie [10] célébrée par un prêtre indigne se trouve reproduit le plus complètement dans le *Borgia syr. 10*, moins longuement, et avec des leçons inférieures, dans le *Vatican syr. 58*, plus brièvement encore dans le *Sachau 335*. Il y est répondu à une question disputée par « beaucoup », qui prétendaient que l'Esprit-Saint « n'obéit pas » aux prêtres indignes, c'est-à-dire ne descend pas consacrer leurs oblations. L'opinion de l'auteur est que l'Esprit « sanctifie » n'importe quelle oblation en vue des fidèles, pourvu que le prêtre soit orthodoxe et dûment ordonné. La question lui avait été posée par un correspondant qu'il appelle « mon fils » (f. 105ᵛ).

La solution défendue dans ce fragment concorde avec celle que Philoxène adoptait dans ses lettres *À Abū Yaʿfur, À Maron d'Anazarbe* et *Aux moines de Senoun* [11], et cette analogie nous incline à admettre son authenticité. Le compilateur du *Borgia syr. 10*, ou son modèle, en indique la provenance en précisant qu'il l'emprunta à un « *mēmrā* sur la foi par questions [et réponses] » (f. 104ᵛ) [12]; la similitude de ce fragment avec le précédent, tant dans le genre littéraire et le style que dans le thème débattu et la doctrine exposée [13], nous les font considérer comme deux morceaux d'un même traité dont le *Borgia syr. 10* aurait conservé le titre [14].

---

[9] Ci-dessous, p. 438-440.

[10] Il s'agit également du baptême, mais en ordre secondaire (f. 105r).

[11] On retrouve dans ces quatre pièces une même argumentation, fondée sur *Matth.*, XVI, 16-18 : *Mēmrā sur la foi, II*, f. 105ᵛ = PHILOXÈNE, *Lettre à Abū Yaʿfur*, p. 77 [630] (« le baptême des disciples (ܬܠܡܝܕܐ) de Simon-Céphas »); *Lettre à Maron d'Anazarbe*, p. 45 [67-68]; *Lettre aux moines de Senoun*, p. 77-78 [64]. Les circonstances sont cependant différentes, puisqu'il s'agit ici de la validité des actes sacramentels posés non par des hérétiques, mais par des prêtres orthodoxes, encore que pécheurs.

[12] Le lemme du *Vatican syr. 58* conserve un vestige de ce renseignement : « De saint Philoxène, sur (ܥܠ ܗܝܡܢܘܬܐ) la foi ».

[13] TANGHE, *Inhabitation*, p. 42, *1* (ܪܘܚܐ ܕܐܠܗܐ) et *3* (ܩܕܫ ܘܡܩܕܫ ܪܘܚܐ) = *Borgia syr. 10*, f. 104ᵛ (ܪܘܚܐ ܕܐܠܗܐ, ܪܘܚܐ). Ici et là le terme ܪܘܚܐ est senti tantôt au masculin, et tantôt au féminin. Les deux pièces traitent de l'action sanctificatrice de l'Esprit chez le pécheur.

[14] Le second fragment ne constituait donc pas originellement des « règle-

2. — FRAGMENT SUR LA TRANSGRESSION DE L'INTERDIT ÉPISCO-PAL

Ms. : *Vatican (Biblioteca Apostolica), syr. 126*, f. 391vb-392^rc (1223; Assémani, *Catalogus*, t. 2, p. 176).

Bibl. : Assémani, *Bibl. Orientalis*, t. 2, p. 46, n° 23; Budge, *Discourses*, t. 2, p. lxiv, n° lxxxix; Tisserant, *Philoxène*, col. 1521, n° 5.

Une section canonique du *Vatican syr. 126* contient une pièce intitulée : « De saint Mār Philoxène de Mabbog, sur celui qui transgresse volontairement l'interdit (ܚܪܡܐ) des prêtres (ܟܗܢܐ) » (f. 391vb). L'auteur de cet extrait assimile l'interdit ecclésiastique aux anathèmes divins de l'Ancien Testament, et déclare que ses contempteurs se livrent inconsciemment à l'esclavage de Satan et à la mort spirituelle. Le titre du morceau nous semble inspiré de son contenu; c'est, en tout cas, sa typologie vétérotestamentaire qui a conduit le compilateur à adopter le terme de « prêtre » *(sacerdos, et non presbyter)* pour désigner les évêques.

Nous ne connaissons pas d'équivalent à cette pièce dans les œuvres conservées de notre auteur; son authenticité ne repose donc que sur la tradition manuscrite représentée par cette section du *Vatican syr. 126*, où elle précède immédiatement le fragment authentique de la *Lettre aux moines d'Amid* [1]. Si l'adresse « mes frères » (f. 391vb) ne vient pas du compilateur, il faut supposer que le fragment sur l'interdit fut extrait d'une lettre ou d'une homélie adressée à une communauté monastique [2], ce qui se confirme par une allusion au jeûne, à la veille et à l'office (f. 392ra). Le motif de la sanction en cause nous semble d'ailleurs d'ordre moral, et non dogmatique; du moins expliquons-nous ainsi l'utilisation de 1 *Cor.*, v, 5 (f. 391^vc-392rb); le contexte du fragment conservé est cependant insuffisant pour permettre de se prononcer avec certitude.

---

ments pour les prêtres », et l'on ne saurait davantage l'identifier dans aucun passage des deux *Mēmrē parénétiques* consacrés à la foi (Vööbus, *History*, t. 2, p. 183).

[1] Ci-dessus, p. 197.

[2] L'auteur parle tantôt à la 1e personne du pluriel (f. 391^v c), tantôt à la 3e personne (« celui qui » ou « ceux qui », f. 392^r a-b); l'emploi de la 2e personne du singulier (f. 391^v c-392^r a) ne représente vraisemblablement qu'un artifice de style.

3. — LES *MĒMRĒ* PARÉNÉTIQUES

Mss. édités par Budge : *Londres (British Museum), Add. 14,596* (fr.
des *mēmrē* V-VI et VIII-XIII; VIᵉ-VIIᵉ s.; WRIGHT, *Catalogue*, n⁰ 680,
p. 531*b*-532*a* = E, BUDGE, *Discourses*, t. 2, p. LXXI); *Add. 14,625* (*mēmrē*
VII-VIII, X-XI et fr. de II, IV-VI, IX, XII-XIII; Xᵉ-XĪᵉ s.; *Catalogue*,
n⁰ 681, p. 532*a*-*b* = F, BUDGE, p. LXXI); *Add. 12,163* (*mēmrē* I-IX; VIᵉ s.;
Catalogue, n⁰ 677, p. 529*a*-530*b* = C, BUDGE, p. LXX); *Add. 17,153* (*mēmrē*
I-IX; VIᵉ et IXᵉ s.; *Catalogue*, n⁰ 679, p. 531*a*-*b* = D, BUDGE, p. LXX-
LXXI); *Add. 14,598*, f. 1-152 (*mēmrē* I-IX; VIIᵉ s.; *Catalogue*, n⁰ 764,
p. 731*a*-*b* = A, BUDGE, p. LXVI-LXVIII); *Add. 14,598*, f. 153-348 (*mēmrē*
X-XIII; IXᵉ s.; *Catalogue*, *ibid.* = A, BUDGE, p. LXVI-LXX); *Add. 14,595*
(*mēmrē* VIII-XIII; VIᵉ s.; *Catalogue*, n⁰ 678, p. 530*b*-531*a* = B, BUDGE,
p. LXX); *Add. 14,601*, f. 105ᵛᵃ (*mēmrā* XII; IXᵉ s.; *Catalogue*, n⁰ 795, p.
790*b* = G, BUDGE, p. LXXII).

Mss. recensés par BUDGE, *Discourses*, t. 2, p. LXXII-LXXIV *et* XCIV-XCV,
mais non utilisés dans son édition : *Add. 14,612*, f. 91ʳ-92ʳ (fr. du *mēmrā*
VII; VIᵉ-VIIᵉ s.; *Catalogue*, n⁰ 753, p. 698*a*); *Add. 14,611*, f. 68ʳ-76ᵛ
(*mēmrā* VIII; Xᵉ s.; *Catalogue*, n⁰ 813, p. 826*a*-*b*); *Add. 12,170*, f. 136ʳ-
137ʳ (fr. des *mēmrē* VIII et XIII; VIIIᵉ-IXᵉ s.; *Catalogue*, n⁰ 774, p.
747*a*); *Add. 14,621*, f. 1ᵛ-39ʳ (fr. des *mēmrē* IX et XI; 801/2; *Catalogue*,
n⁰ 779, p. 756*b*); *Add. 14,577*, f. 102ᵛ-120ᵛ (fr. des *mēmrē* IX, XI et XII;
IXᵉ s.; *Catalogue*, n⁰ 793, p. 787*a*); *Add. 17,185*, f. 1-33ʳ (fr. des *mēmrē*
IX, XI et XIII; Xᵉ-XIᵉ s.; *Catalogue*, n⁰ 822, p. 838*a*); *Add. 14,582*, f. 181ʳ
(fr. du *mēmrā* XIII; 815/6; *Catalogue*, n⁰ 752, p. 694*b*) = *Add. 14,522*,
f. 38ᵛᵇ (Xᵉ s.; *Catalogue*, n⁰ 816, p. 831*b*) = *Add. 14,614*, f. 70ʳ (XIᵉ s.;
Catalogue, n⁰ 817, p. 832*b*) = *Add. 14,728*, f. 186ᵛ-187ʳ (XIIIᵉ s.; *Catalogue*, n⁰ 843, p. 884*a*) [1].

Mss. non signalés par BUDGE. Fragments du *mēmrā* I : *Cambridge
(University Library), Add. 2023*, f. 54ʳ-ᵛ (XIIIᵉ s.; WRIGHT-COOK, *Catalogue*, p. 607 : trois fr. « De saint Philoxène » = éd. BUDGE, *Discourses*,
t. 1, p. 4, *13-14*; 4, *21 - 5, 8*; 5, *10 - 6, 2*); *Vatican (Biblioteca Apostolica),
syr. 96*, f. 157ʳ (1352; ASSÉMANI, *Catalogus*, t. 2, p. 522 : un fr. de « Mār
Xénaïas de Mabbog, du *mēmrā* premier » = éd. BUDGE, p. 5, *10-13*); *Cambridge, Add. 2016*, f. 221ʳ-222ʳ (XIIIᵉ s.; WRIGHT-COOK, *Catalogue*, p. 553 :
un fr. = éd. BUDGE, p. 21, *5 - 23, 18*); *Londres, Add. 17,173*, f. 127ʳ-128ʳ
(VIIᵉ s.; WRIGHT, *Catalogue*, n⁰ 762, p. 727*b*-728*a* : deux fr. « dudit bien-

---

[1] Ce dernier fragment correspond à l'éd. BUDGE, *Discourses*, t. 1, p. 558,
5-13.

heureux Mār Xénaïas, contre les passions de l'âme; comment elles doivent être guéries » = éd. BUDGE, p. 21, *11-12*; 22, *2 - 23, 18*).

Fragments du *mēmrā* II : *Paris (Bibliothèque Nationale), syr. 112,* f. 278ᵛ (1239; ZOTENBERG, *Catalogue,* p. 75a : un fr. = éd. BUDGE, p. 32, *10-17*; ci-dessus, p. 176, n° 5); *Londres (British Museum), Add. 14,533,* f. 92ʳᵇ (VIIIᵉ-IXᵉ s.; WRIGHT, *Catalogue,* n° 859, p. 969b : un fr. « de Philoxène, évêque de Mabbog, dans le deuxième *mēmrā* de parénèse »; éd. FURLANI, *Scritti antitriteistici,* p. 698-699 = éd. BUDGE, p. 32, *12-17*).

Fragment du *mēmrā* IV : *Add. 12,155,* f. 263ʳᵃ (VIIIᵉ s.; *Catalogue,* n° 857, p. 954a : un fr. « du même [Mār Xénaïas] » = éd. BUDGE, p.115, *16-18*).

Fragments du *mēmrā* VI : *Add. 14,577,* f. 130ʳ⁻ᵛ (après le IXᵉ s.; *Catalogue,* n° 793, p. 788b : cinq fr. « de saint Mār Xénaïas, sur la crainte de Dieu » = éd. BUDGE, p. 160, *20-22*; 166, *8-10*; 175, *20 - 176, 12*; 181, *21-182, 9*; 183, *8-16*); *Add. 12,155,* f. 262ᵛᵃ-263ʳᵃ (VIIIᵉ s.; *Catalogue,* n° 857, p. 954a : trois fr. « de saint Mār Xénaïas, du *mēmrā* sur la simplicité » *(sic)*; « et encore, dudit *mēmrā* »; « encore, dudit Mār Xénaïas, du *mēmrā* du renoncement » *(sic)* = éd. BUDGE, p. 174, *17- 175, 12*; 176, *3-15*; 183, *20-23*).

Fragments du *mēmrā* VII : *Add. 12,155,* f. 263ʳᵃ (VIIIᵉ s.; *Catalogue,* n° 857, p. 954a : deux fr. « du même, du *mēmrā* septième, sur la crainte de Dieu »; « encore, du même » = éd. BUDGE, p. 201, *15-19*; 202, *4-6*).

Fragments du *mēmrā* IX : *Cambridge, Add. 2016,* f. 222ᵛ-223ᵛ (XIIIᵉ s.; WRIGHT-COOK, *Catalogue,* p. 553 : un fr. « du même » = éd. BUDGE, p. 304, *14 - 307, 1), Londres (British Museum), Add. 17,262,* f. 72ʳᵃ-78ᵛᵃ (XIIᵉ s.; WRIGHT, *Catalogue,* n° 837, p. 868b : un fr. « [sur] la conduite monastique » = éd. BUDGE, p. 305, *4 - 327, 9*, avec de légères omissions correspondant à l'éd. BUDGE, p. 321, *2-6*; 321, *10 - 322, 8*; 322, *12 - 323, 7*; 323, *9-13*; 327, *3-7*); *Add. 14,522,* f. 38ᵛ (Xᵉ s.; *Catalogue,* n° 816, p. 831b) = *Add. 14,614,* f. 70ʳ (XIᵉ s.; *Catalogue,* n° 817, p. 832b : un fr. « du même [Mār Xénaïas] » = éd. BUDGE, p. 312, *4-14*); *Šarfeh (Monastère de N.-D. Libératrice), fonds patr. 302,* cah. 8*, 14 (? voir SHERWOOD, *Charfet,* p. 105).

Fragments du *mēmrā* X : *Birmingham (Selly Oak Colleges), Mingana syr. 49,* f. 17ᵛ-20ᵛ (XVIIᵉ s.; MINGANA, *Catalogue,* col. 138 : tout le *mēmrā* en fr. sous le titre : « Parénèse de saint Mār Philoxène contre la gourmandise » = éd. BUDGE, p. 353-419).

Fragment du *mēmrā* XI : *Cambridge (University Library), Add. 2016,* f. 222ʳ⁻ᵛ (XIIIᵉ s.; WRIGHT-COOK, *Catalogue,* p. 553 : un fr. « du même [Mār Xénaïas] » éd. BUDGE, p. 425,*19 - 426, 10*).

Fragments du *mēmrā* XIII : *Londres (British Museum), Add. 17,180,*

f. 21^r (Xe s.; *Catalogue,* n° 826, p. 852b : un fr. « du même [Mār Xénaïas], du *mēmrā* treizième » = éd. BUDGE, p. 558, *5-13*); *Vatican syr. 103,* f. 249 (861; ASSÉMANI, *Catalogus,* p. 18) = *Londres (British Museum), Add. 12,144,* f. 125rb-126rb (1080/1; WRIGHT, *Catalogue,* n° 853, p. 911a : glose marginale « de saint Mār Xénaïas, du *mēmrā* sur la chasteté et contre le combat de la fornication » [cinq fr.] = éd. BUDGE, p. 614, *6-12*; 614, *15-21*; 615, *20 - 616, 8*; 616, *13-17*; 616, *23 - 617, 6*).

Fragments de *mēmrē* perdus? Sur l'humilité (un fr.) : *Londres (British Museum), Add. 14,582,* f. 178^v-179^r (815/6; WRIGHT, *Catalogue,* n° 752, p. 694a) = *Add. 14,522,* f. 37^r (Xe s.; *Catalogue,* n° 816, p. 831b) = *Add. 14,614,* f. 69^r (XIe s.; *Catalogue,* n° 817, p. 832b) = *Add. 17,180,* f. 20^r (XIe s.; *Catalogue,* n° 826, p. 852b) = *Add. 18,817,* f. 70^r (XIIe s.; *Catalogue,* n° 801, p. 804b) = *Add. 14,728,* f. 184^r-185^r (XIIIe s.; *Catalogue,* n° 843, p. 884a).

Sur la pénitence (un fr.) : *Add. 14,582,* f. 179^r-181^r (815/6; *Catalogue,* n° 752, p. 694b) = *Add. 14,522,* f. 37^r-38^r (Xe s.; *Catalogue,* n° 816, p. 831b) = *Add. 14,614,* f. 69^r-70^r (XIe s.; *Catalogue,* n° 817, p. 832b) = *Add. 17,180,* f. 20^r-21^r (XIe s.; *Catalogue,* n° 826, p. 852b) = *Add. 18,817,* f. 70^r-71^r (XIIe s.; *Catalogue,* n° 801, p. 804b) = *Add. 14,728,* f. 185^r-186^v (XIIIe s.; *Catalogue,* n° 843, p. 884a).

Sur la prière (fin d'un *mamlelā*) ; *Add. 17,181,* f. 24va-26rb (VIe s.; *Catalogue,* n° 738, p. 664b-665a) = *Add. 14,604,* f. 95va-98va (VIIe s.; *Catalogue,* n° 761, p. 725a) = *Add. 17,173,* f. 126^r-127^r (VIIe s.; *Catalogue,* n° 762, p. 727b) = *Add. 14,617,* f. 49^v-52^v (VIIe-VIIIe s.; *Catalogue,* n° 770, p. 741a) = *Add. 14,726,* f. 11^v-13^r (Xe s.; *Catalogue,* n° 815, p. 829a).

Sur la prière (deux fr.) : *Add. 14,582,* f. 181^r-182^r (815/6; *Catalogue,* n° 752, p. 694b) = *Add. 14,522,* f. 39^r; 39^v (Xe s.; *Catalogue,* n° 816, p. 831b) = *Add. 14,614,* f. 70^v; 70^v-71^r (XIe s.; *Catalogue,* n° 817, p. 833a) = *Add. 17,180,* f. 21^r; 21^v (XIe s.; *Catalogue,* n° 826, p. 852b) = *Add. 14,728,* f. 187^{r-v}; 187^v-188^v (XIIIe s.; *Catalogue,* n° 843, p. 884a) = *Add. 14,611,* f. 1vb; 1vb-2ra (Xe s.; *Catalogue,* n° 813, p. 824a); *Add. 18,817,* f. 71^v-72^r (XIIIe s.; *Catalogue,* n° 801, p. 804b [fr. 1]); *Vatican syr. 543,* f. 90^r-91^r (1782) [2].

Sur les vierges (un fr.) : *Londres (British Museum), Add. 17,215,* f. 43^r (X^e-XIe s.; WRIGHT, *Catalogue,* n° 823, p. 840a).

Sur l'habit monastique (un fr.) : *Add. 14,613,* f. 141^v (IXe-Xe s.; *Catalogue,* n° 806, p. 812b).

Sur la tonsure (un fr.) : *Add. 17,193,* f. 83^v (873/4; *Catalogue,* n° 861,

---

[2] Communication de M. le Chan. Van Lantschoot.

p. 999*a*) = *Paris (Bibliothèque Nationale), syr. 112,* f. 278^v (1239; ZOTEN-BERG, *Catalogue,* p. 75*a*).

VERSION arabe : GRAF, *Geschichte,* t. 1, p. 453.

ÉD. avec version anglaise et introduction : * BUDGE, *Discourses,* t. 1 [t. 2] ; t. 2, p. VII-X; LXVI-XCV; version allemande du *Mēmrā* II : BAETHGEN, *Über den Glauben,* p. 122-138; version française et introduction : LEMOINE, *Homélies* [3].

BIBL. : ASSÉMANI, *Bibl. Orientalis,* t. 2, p. 46, n° 22; BUDGE, *Discourses,* t. 2, p. LVII-LVIII, n° X; p. LXII, n° LXV; p. LXII-LXIV, n°s LXVII-LXXVII; DUVAL, *Littérature syriaque,* p. 229-230; VASCHALDE, *Three Letters,* p. 25-29; LEBON, *Dissertation,* p. 114; BAUMSTARK, *Geschichte,* p. 142, note 2 et p. 143, note 9; CHABOT, *Littérature syriaque,* p. 66; TISSERANT, *Philoxène,* col. 1520-1521; ORTIZ, *Patrologia,* p. 149; LEMOINE, *Spiritualité,* p. 351-367; ID., *Physionomie,* p. 91-103; HAUSHERR, *Spiritualité,* p. 171-185; GRIBOMONT, *Messalianisme,* p. 419-432.

D'après Michel le Syrien et Bar-Hébræus [4], Philoxène « exposa par écrit de saines et vigoureuses doctrines sur la sainte règle du monachisme », ce que le panégyriste Élī de Qartamīn précise en disant que l'évêque de Mabbog composa « dix livres pour le profit des moines et des cénobites » [5]. Les *Mēmrē parénétiques* furent probablement l'ouvrage le plus lu et le plus recopié de notre auteur ; toutefois, le fait que tous les manuscrits médiévaux n'en reproduisent que des morceaux choisis pourrait indiquer qu'ils n'étaient déjà plus connus intégralement dans l'Église jacobite des XIIe et XIIIe siècles.

L'imposante tradition manuscrite, qui remonte jusqu'au VIe siècle, s'accorde unanimement sur l'attribution des *Mēmrē* à Philoxène; et les indices doctrinaux qu'ils contiennent, bien que ténus et clairsemés, en confirment néanmoins l'authenticité. Relevons, entre autres expressions de type monophysite, la distinction entre la nature du Christ et son économie (VIII, p. 252), les formules : « la corporalité du Christ » (X, p. 383) et « le corps de Dieu » (XIII, p. 619-620), ainsi que le paradoxe : « le Vivant est mort » (X,

---

[3] Version de l'édition de Budge, dont la pagination (et non celle « du manuscrit syriaque édité », LEMOINE, *Homélies,* p. 10) est indiquée en grasse dans le texte.

[4] MICHEL, *Chronique,* IX, 7, p. 258 [157], repris par BAR-HÉBRÆUS, *Chron. eccl.,* I, 39, col. 183-184.

[5] ÉLĪ, *Mēmrā,* v. 193-194, p. 8 [7].

p. 383) [6]. D'autres points sont plus particulièrement consonants à la christologie philoxénienne : la liberté du Christ dans son économie, et notamment dans sa mort volontaire [7] ; l'absence de la convoitise, dont il bénéficiait, et le lien de celle-ci avec le mariage et la mort [8] ; le rôle du baptême comme étape de son économie [9].

Chaque homélie de la collection est appelée *mēmrā* dans les manuscrits, tandis que leur auteur les désigne lui-même du terme très vague de *šarbē* (I, p. 10, 25). Elles sont dotées chacune d'un titre plus ou moins emphatique selon les témoins, et qui doit avoir été amplifié par les copistes. Le titre général de la collection actuelle s'inspire du *mēmrā* d'introduction (I, p. 25) ; celui de *Mēmrē parénétiques* (ܕܡܠܦܢܘܬܐ) que nous avons adopté, subsiste jusque dans les lemmes les plus élaborés, et pourrait remonter à l'original.

La réunion de plusieurs *mēmrē* en un tout organisé est l'œuvre de l'auteur, qui s'en explique dans le *mēmrā* d'introduction dont il les fait précéder (I, p. 10), et qui renvoie parfois de l'un à l'autre (V, p. 120 ; XII, p. 496). Les homélies sont numérotées dans la plupart des manuscrits, où leur nombre ne dépasse jamais treize ; mais rien n'assure que ce chiffre réponde à leur montant originel, ou tout au moins au projet de l'auteur, car les pièces conservées dans la collection actuelle n'épuisent par le programme exposé au départ. En effet, si dans l'introduction Philoxène insiste spécialement sur les débuts de la vie ascétique (I, p. 7, 10, 17, 25), sur « l'accomplissement des règles (ܕܘܒܪ̈ܐ) et exercices » et sur la guerre des convoitises et des passions (I, p. 13, 22-23), il n'omet pourtant pas d'y mentionner la purification de l'intellect dans le

---

[6] Voir aussi l'opposition : « En tant qu'il *est* Dieu, [...] en tant qu'il *devint* » (VIII, p. 241).

[7] *Mēmrē parénétiques*, VIII, p. 240-241 ; XI, p. 447, 481 = *Mēmrē contre Ḥabīb*, VII, f. 59ᵛ c-61ʳ b ; IX, f. 97ʳ a ; X, f. 98ᵛ a-99ʳ c ; *Aux moines de Téléda*, I, p. 465-477.

[8] *Mēmrē parénétiques*, XIII, p. 620 ; XI, p. 446-447 = *Mēmrē contre Ḥabīb*, IV, f. 35ᵛ a-36ʳ b ; VII, f. 61ʳ b-62ʳ a, 63ʳ b-64ʳ c ; VIII, f. 76ᵛ b-81ᵛ a ; *Aux moines de Téléda I*, p. 465-467 ; *Livre des sentences*, III, 1, p. 179 [135] ; III, 4, p. 227 [168-169].

[9] *Mēmrē parénétiques*, VIII, p. 243-244 ; IX, p. 258-259, 274 ; XI, p. 480 = *Mēmrē contre Ḥabīb*, f. 76ᵛ b-81ᵛ a ; *Commentaire de Jean, I, 1-17*, f. 1ʳ-3ᵛ, 70ᵛ-71ᵛ, etc.

recueillement de la solitude (I, p. 15, 16-17), la contemplation spirituelle (I, p. 8) et la prière pure (I, p. 16), et il annonce son intention de décrire l'ascension intérieure jusqu'au « degré supérieur de la charité », voire jusqu'à celui de la perfection (I, p. 25) [10]. Or on ne découvrira pas la moindre trace de ceci dans les douze *mēmrē* suivants, qui traitent successivement de la foi (II-III), de la simplicité (IV-V), de la crainte de Dieu (VI-VII), du renoncement (VIII-IX), de la lutte contre la gourmandise, de l'ascèse (X-XI) et du combat contre la luxure (XII-XIII).

L'introduction exposant un programme tripartite (I, p. 25), on serait tenté de conjecturer que les *mēmrē* conservés ne constituent que les deux premiers tiers de l'ensemble projeté : les *mēmrē* II à VII représenteraient une première partie, traitant du début de la vie spirituelle, ou correspondant au « degré du corps », et les *mēmrē* VIII à XIII une deuxième, consacrée au progrès par la lutte contre les passions, ou relatifs au « degré de l'âme » (I, p. 14-15), tandis que manquerait la troisième partie, qui aurait parlé du « terme », ou du « degré spirituel » [11]. Faut-il donc supposer que Philoxène n'acheva jamais l'entreprise annoncée dans son prologue aux treize *mēmrē* ? La chose n'a rien d'impossible; toutefois, une série de manuscrits, qui datent du IXe au XIe siècle, mais qui reproduisent des florilèges ascétiques antérieurs, encadrent leurs extraits des *mēmrē* IX et XIII d'autres fragments philoxéniens concernant l'humilité, la pénitence et la prière [12]; il n'est pas interdit de penser

---

[10] Dans le *Commentaire de Jean, I, 1-17*, f. 135^v-136^r, notre auteur esquisse un programme analogue de la vie spirituelle, dont il fixe comme étapes successives (voir *Rom.*, v, 1-5) : la foi, la crainte de Dieu, le jeûne, l'espérance et la constance, l'impassibilité, la charité spirituelle, la contemplation de la science des natures, les paroles divines et « un autre bonheur (ܪ̈ܚܐܢܝܬܐ) ».

[11] La tradition manuscrite appuierait cette hypothèse si le « deuxième volume » de l'*Add. 14,595*, contenant les *mēmrē* VIII à XIII (WRIGHT, *Catalogue*, p. 530 b), remontait à une division de l'auteur (l'*Add. 12,170* pourrait également avoir connu la série des *mēmrē* VIII-XIII); mais trois anciens manuscrits présentent la série I-IX sans que rien ne les fasse supposer incomplets (les *Add. 12,163, 14,598* et *17,153*); en outre, deux autres contenaient primitivement la série continue des treize (les *Add. 14,596* [VIe siècle!] et *14,625*), d'ailleurs attestée par la numérotation de nombreux témoins.

[12] Ci-dessus, p. 288-290.

que ces fragments proviennent d'homélies perdues, appartenant à la troisième partie de l'ouvrage.

Du fait que, dans la collection actuelle, chaque paire de *mēmrē* traite un même sujet, on a voulu inférer la distinction de deux séries d'homélies, séparées l'une de l'autre par « un intervalle de temps peut-être assez long », et dont la seconde aurait constitué un remaniement de la première, conforme aux principes de l'introduction générale, dont elle serait contemporaine [13]. Cette théorie nous paraît difficilement recevable ; en effet, non seulement la prétendue évolution doctrinale des homélies « morales » aux homélies « mystiques » n'a pas été établie d'une manière convaincante [14] ; mais encore, l'hypothèse de deux séries, que n'appuie d'ailleurs aucune indication de la tradition manuscrite, contredit les références formelles qui relient les homélies censées appartenir à l'une et à l'autre [15] ; enfin, « connaît-on un seul [auteur] qui ait édité ou réédité l'une *et* l'autre [rédaction ou édition d'un même ouvrage] comme parties d'un seul tout ? » [16]. Nous préférons donc renoncer à toute explication systématique de la genèse des treize *mēmrē* et de leur structure dans la collection actuelle ; mais nous n'excluons nullement que certains d'entre eux au moins aient été originellement prononcés dans une église monastique (V, p. 120) [17].

---

[13] LEMOINE, *Homélies*, p. 20-22, 90-91, 159, 313, 429 ; la « première série » comprend, selon lui, les homélies II, V, VII, VIII, X et XII, et la « deuxième série » les homélies III, IV, VI, IX, XI et XIII.

[14] HAUSHERR, *Spiritualité*, p. 173-176.

[15] Références du *mēmrā* V, p. 120 (deuxième sur la simplicité, « première série » d'après Lemoine) au *mēmrā* IV (premier sur la simplicité, « deuxième série » d'après Lemoine) ; du *mēmrā* IX, p. 270 (deuxième sur le renoncement) au *mēmrā* X (premier sur la gourmandise) ; du *mēmrā* XII, p. 476 (premier sur la luxure) au *mēmrā* XI (deuxième sur la gourmandise). Rien ne suggère que ces transitions soient dues à un travail de révision ; elles contraignent Lemoine à des bouleversements inutiles (nous avons vainement cherché le rapport du sixième *mēmrā* au quatrième ; LEMOINE, *Homélies*, p. 159).

[16] HAUSHERR, *Spiritualité*, p. 172.

[17] On ne peut toutefois se fonder sur les expressions « parler » et « écrire » pour distinguer diverses étapes dans la rédaction des *mēmrē* ; en effet, les deux expressions sont employées de façon équivalente, et parfois indistinctement (par ex. VI, p. 159). L'auteur parle tantôt à la 1e personne du pluriel (par ex. IX, p. 119 ; V, p. 157), tantôt au contraire il s'adresse à un « disciple »,

Nous ne voyons pas le moyen de fixer une date, fût-elle approximative, aux homélies individuelles non plus qu'à la collection qui les réunit [18]. Il n'y a rien à tirer de la tradition manuscrite, dont il n'est nullement prouvé qu'elle soit attestée « au début » du VIᵉ siècle, ni, à fortiori, au désert de Nitrie [19]; la qualité d'« évêque de Mabbog », que les titres assignent à l'auteur, peut n'être qu'une précision des scribes, et l'on ne saurait en arguer pour situer la composition des *mēmrē* durant la période de l'épiscopat [20]. Par ailleurs, si l'on rencontre dans les homélies des allusions aux « hérétiques » [21], aux moines peu zélés pour s'instruire de la foi et pour la défendre [22], ainsi qu'un avertissement à donner sa vie pour elle [23], ces données sont trop vagues pour autoriser à reporter la composition de l'ouvrage à une époque de crises doctrinales, encore que ce contexte ne puisse être exclu sous prétexte du ton serein et neutre, conforme au genre parénétique. L'examen de la doctrine spirituelle des *Mēmrē parénétiques*, comparée avec celles des lettres *À Patricius* et *À Abraham et Oreste*, ne permet pas davantage de fixer aux premiers une chronologie relative ou absolue [24]. Enfin, peut-on

---

personnification de son auditoire monastique ou de son public de lecteurs (par ex. II, p. 51-52; V, p. 127).

[18] Budge, *Discourses*, t. 2, p. LXXIII-LXXIV, qui est généralement suivi, les situe entre 485 et 500; Lemoine, *Homélies*, p. 14, dans les années précédant l'épiscopat; Gribomont, *Messalianisme*, aux environs de 485.

[19] Budge, *Discourses*, t. 2, p. LXXIII. Les plus anciens manuscrits ne sont datés du VIᵉ siècle que d'après leur type d'écriture; ceux qui proviennent de N.-D. des Syriens n'y furent pas nécessairement copiés!

[20] Budge, *Discourses*, t. 2, p. LXXIII. Des témoins, même tardifs, ont simplement « Mār Xénaïas » (ci-dessus, p. 280-282).

[21] *Mēmrē parénétiques*, I, p. 17; IV, p. 113; V, p. 157-158.

[22] *Ibid.*, X, p. 368-371, 391-392.

[23] *Ibid.*, X, p. 430-431.

[24] Après avoir d'abord fixé la composition des homélies quelque vingt ans avant que Philoxène eut « adopté dans ses grandes lignes la doctrine d'Évagre le Pontique » (Hausherr, *Grands courants*, p. 119), le P. Hausherr reconnaît plus justement qu'elles citent déjà Évagre, et que leur ignorance des « constructions de la mystique savante » n'est donc qu'apparente et voulue (Id., *Spiritualité*, p. 181, 179). Au reste, « la date où la philosophie grecque fit son entrée dans la spiritualité syrienne » est plus incertaine encore que la chronologie des écrits spirituels philoxéniens, qui permettraient de « l'établir (Id., *Grands courants*, p. 119).

dater les homélies ascétiques d'après la teneur de leurs citations scripturaires ? Il a été affirmé que, ces citations étant « toutes empruntées de la *Pešiṭṭā* », les *mēmrē* seraient donc antérieurs à la création de la philoxénienne (507/8) [25]; mais, quelle que soit la validité des résultats obtenus par l'examen comparé [26], ce raisonnement ne serait concluant que s'il était prouvé que la *Pešiṭṭā* constituait bien le texte biblique utilisé par notre auteur avant qu'il fît exécuter sa nouvelle traduction [27]. Les seuls versets témoins de la philoxénienne que nous considérons comme établis [28] font malheureusement défaut dans les homélies; nous estimons donc plus sage de renoncer provisoirement à fonder la chronologie de cet ouvrage sur ses citations de l'Écriture.

Ce ne sont donc pas des indices formels, mais seulement une vraisemblance d'ordre tout à fait général, qui nous porte à dater les *Mēmrē parénétiques* de la période de l'épiscopat; en effet, on peut raisonnablement supposer qu'ils furent prononcés ou écrits à l'intention des moines et des moniales de Mabbog, dont leur évêque assure qu'il les avait tous « inscrits » [29]; les relations monastiques de Philoxène s'étendaient d'ailleurs bien au-delà des frontières de l'Euphratésie [30].

Il nous reste à inventorier les quelques fragments philoxéniens dont nous avons dit [31] qu'ils pourraient provenir d'homélies ascé-

---

[25] Budge, *Discourses*, t. 2, p. lxiii, cxxxviii-clxvi.

[26] Budge se montre beaucoup plus nuancé dans sa préface (*Discourses*, t. 2, p. ix-x) que dans son introduction aux *Mēmrē parénétiques* (ci-dessus, note 25). Dans la préface, il admet qu'en beaucoup de cas Philoxène citait la *Pešiṭṭā* de mémoire et librement : « loosely, or with such modifications as his argument required or his fancy dictated », et il reconnaît que nombre de citations divergent des versions existantes.

[27] Ci-dessus, p. 119-120.

[28] Ci-dessus, p. 123-124.

[29] Philoxène, *Lettre aux moines de Senoun*, p. 84 [69-70].

[30] Ci-dessus, p. 23. Les homélies ascétiques ne constituent pas une somme de spiritualité philoxénienne; leur substance théologique est très diluée. La détermination de leurs sources mériterait cependant une étude approfondie. Hausherr, *Spiritualité*, p. 180-181 y relève l'influence d'Évagre le Pontique, de Jean le Solitaire et du *Liber graduum*, ce en quoi il rencontre Gribomont, *Messalianisme*, p. 422, note 8.

[31] Ci-dessus, p. 285-286.

tiques perdues de notre auteur. Cinq manuscrits datant du VIᵉ au Xᵉ siècle reproduisent sous le nom de « Philoxène » ou de « Mār Xénaïas » un fragment de quelques pages, dont le titre le plus complet résume bien le contenu : « *Mamlelā* aux frères, familièrement (ܒܝܬܐܝܬ) [32], sur le recueillement à l'office et la discipline conventuelle (ܕܥܘܡܪܐ ܘܠܕܘܒܪܐ) ». La pièce commence d'une manière abrupte, mais se termine normalement par une conclusion, où l'auteur s'adresse à ses « bien-aimés » ; il s'agit donc des dernières pages d'un *logos,* prononcé ou écrit à l'intention d'un public monastique.

Quelques lignes de cet extrait sont reproduites par six autres manuscrits, datant du IXᵉ au XIIIᵉ siècle et représentant trois florilèges ascétiques apparentés [34], comme la seconde de deux citations « de Mār Xénaïas, sur la prière ». La première de ces citations [35], qui exhorte le moine à l'attention et au discernement (ܦܘܪܫܢܐ) dans la prière vocale, de façon que celle-ci ne nuise point au recueillement (ܟܘܢܫ ܪܥܝܢܐ), concorde pour le style et pour le fond avec la seconde ; l'une et l'autre proviennent donc vraisemblablement du *Mamlelā sur le recueillement,* auquel son titre actuel pourrait avoir été donné par le compilateur d'un *mēmrā* philoxénien sur la prière.

Les citations sur la prière des trois florilèges sont précédées dans les mêmes manuscrits [36] par deux extraits [37] respectivement intitulés : « De Mār Xénaïas, sur l'humilité », et « Du même, sur la pénitence » ; l'un explique que l'humilité doit s'accompagner de toutes les autres vertus, tandis que l'autre décrit le comportement du pénitent sincère à l'aide d'exemples évangéliques. Nous ne connaissons à tous

[32] Ce mot pourrait représenter une déformation du nom d'un monastère primitivement indiqué dans le titre.

[33] C'est le titre des *Add. 17,181* et *14,604,* qui est devenu, dans l'*Add. 14,726* : « Aux moines, sur l'office et sur le règles (ܕܡܝܬܪܘ) de la vertu ». L'*Add. 17,173* ne conserve que le terme *mamlelā.*

[34] 1 : *Add. 14,522* et *14,614*; 2 : *Add. 14,582* et *Add. 17,180* d'où dérive l'*Add. 14,728*; 3 : *Add. 18,817.*

[35] Elle se trouve également, avec quelques variantes, dans le *Vatican syr. 543.*

[36] À l'exception de l'*Add. 14,611* (et du *Vatican syr. 543*).

[37] Précédant eux-mêmes un extrait du treizième *Mēmrā* parénétique, plus une du neuvième dans les *Add. 14,522* et *14,604.*

ces fragments aucun correspondant dans les écrits ascétiques conservés de Philoxène; mais rien n'invite à récuser le témoignage des anciens manuscrits qui les conservent sous le nom de notre auteur.

Mentionnons enfin trois fragments ascétiques dont l'authenticité et la provenance nous paraissent moins certaines. Il s'agit tout d'abord d'une citation « de saint Mār Xénaïas, sur les vierges (ܒ̈ܬܘܠܐ), contenue dans l'*Add. 17,215*. Son auteur montre, en glosant la parabole de *Matth.*, xxv, 1-13, que la virginité doit s'entourer de toutes les autres vertus comme d'une sauvegarde; il s'adresse à un public de moines (« parmi nous »); le style de ce morceau évoque celui du précédent fragment sur l'humilité. — L'*Add. 14,613* fait suivre la lettre philoxénienne *Aux reclus* d'un fragment « sur la tonsure », mais le lemme du manuscrit ne l'attribue pas formellement au même auteur; par ailleurs, le titre ne correspond pas exactement au contenu, car il s'agit, en fait, d'un exposé sur le symbolisme de tout le σχῆμα monastique : tonsure, manteau, chaussures; n'ayant trouvé aucun correspondant philoxénien à cette pièce, nous préférons pas nous prononcer sur son authenticité. — Il se confirmerait cependant par le témoignage de l'*Add. 17,193* et du *Paris syr. 112* que notre auteur ait écrit sur la tonsure monastique; en effet, ces deux manuscrits conservent, sous le nom de « Mār Xénaïas » la courte citation suivante : « Ce que nous voyons dans le baptême, nous le voyons [aussi] dans la tonsure ».

4. — UNE ORAISON FUNÈBRE?

Ms. : *Londres (British Museum), Add. 14,520*, f. 123ᵛ-125ʳ (VIIIᵉ-IXᵉ s.; WRIGHT, *Catalogue*, n° 451, p. 364b).
BIBL. : BUDGE, *Discourses*, t. 2, p. LVII, n° XXXIV; BAUMSTARK, *Geschichte*, p. 143, note 11; TISSERANT, *Philoxène*, col. 1521, n° 4.

Parmi des oraisons funèbres attribuées, entre autres, à Jacques de Saroug, l'*Add. 14,520* conserve, sous le nom de « saint Philoxène, évêque de Mabbog », une courte homélie que son lemme intitule : « Consolation pour [un] frère défunt; mais elle est adaptée à tous » (f. 143ᵛ). Il s'agit d'une méditation sur la mort, prononcée devant la dépouille mortelle d'un moine [1] par un des ses confrères [2], peut-être l'abbé du monastère. L'auteur tire des circonstances un appel à bien vivre et une leçon de vigilance ; il dissuade de se préoccuper d'eschatologie cosmique « puisque c'est la mort de chacun des [hommes] qui est pour eux la fin du monde » (f. 144ᵛ). Ni le style ni la doctrine de cette pièce, d'origine monastique, ne rappellent ceux de l'évêque de Mabbog ; son authenticité ne nous paraît donc pas assurée.

5. — UN COMMENTAIRE D'APOPHTEGMES PAR QUESTIONS ET RÉPONSES ?

MSS. arabes : GRAF, *Geschichte*, t. 1, p. 383-386; mss. éthiopiens : CONTI ROSSINI, *Note*, p. 615, sous le nom *Filkeseyus* (auxquels il faut ajouter le *Vatican éth. 294* (XVIIIᵉ-XIXᵉ s.) [1].

ÉD. de l'éthiopien avec version amharique et introduction : *Livre des moines*, t. 2.

BIBL. : BUDGE, *Discourses*, t. 2, p. LXVI, nᵒ v ; TISSERANT, *Philoxène*, col. 1521-1522, nᵒ 6.

De nombreux manuscrits arabes et éthiopiens, dont aucun n'est antérieur au XVᵉ siècle, attribuent à « Fīlksīnūs » (ar.) ou « Filkeseyūs » (éth.) le Syrien, évêque de « Manbiǧ » (ar.) ou « Manbag » (éth.) un commentaire (شرح) ou des questions ተስእሎታት) sur les « histoires des Pères égyptiens ». Il s'agit d'une explication d'apophtegmes, que l'« interprète » (مفسر, መተርጉም) propose aux « frères » (اخوة, አኀው) qui l'avaient interrogé.

L'examen détaillé des manuscrits permettrait de vérifier s'ils reproduisent le même texte, qu'ils divisent en un nombre variable de sections : 234 dans le *Brit. Mus., Orient. 760* (éth.) ; 235 dans le *Sachau 45* (ar.) ; dans le *Tubingue, Or. quart. 344* (éth.) ; 246 dans les *Abbadie 23* et *172* (éth.) ; 248 dans l'*Orient 761* (éth.), 308 dans l'*Abbadie 37* (éth.) [2]. Il faudrait alors déterminer quelle

---

[1] « Notre frère » (f. 143ᵛ, 145ʳ).
[2] « Mes bien-aimés » (f. 143ᵛ) ; « nos frères spirituels » (f. 145ʳ).
[1] Communication de M. le Chan. Van Lantschoot.
[2] TISSERANT, *Philoxène*, col. 1522.

collection syriaque ces mêmes manuscrits traduisent; un sondage
dans l'arabe [3] et dans l'éthiopien [4] oriente, entre autres, vers les
« chapitres » du *Vatican syr. 126*, f. 161ᵛ-179ᵛ, composés de questions et réponses entre les frères (ܐ̈ܚܐ) et le *senior* (ܣܒܐ) [5]. Cette
section de la compilation apophtegmatique du « Paradis des Pères »
y aurait été introduite soit par ʿEnanišoʿ (VIIᵉ s.) [6], soit par
Dadīšoʿ de Bēt-Qaṭrāyē (VIIIᵉ s.) [7], écrivains appartenant tous deux
à la confession « nestorienne ». Faut-il donc supposer que les compilateurs auraient démarqué un commentaire antérieurement attribué à Philoxène et que la tradition jacobite n'aurait cessé de transmettre comme tel? Rien ne nous paraît autoriser cette hypothèse.
En effet, si l'évêque de Mabbog connaît bien les « Pères égyptiens » [8],
aucun témoin de la tradition littéraire ou manuscrite syriaque ne
lui attribue le commentaire des apophtegmes; c'est, au contraire,
le nom de ʿEnanišoʿ, aujourd'hui gratté, que portait la section
probablement correspondante de l'*Add. 17,264* du British Museum [9].
L'attribution à Philoxène n'apparaît qu'avec la version arabe, d'où
elle passe à l'éthiopienne [10]. Ces deux versions sont relativement
récentes [11]; par ailleurs, une note du *Sachau 45* révèle que ce
manuscrit reproduit un modèle très défectueux, traduit du syriaque par quelqu'un dont la connaissance de l'arabe ne donnait pas

---

[3] *Ibid.*

[4] Le P. V. Arras a bien voulu examiner avec nous l'*Or. 759* du British
Museum.

[5] Manuscrit datant de 1223; ASSÉMANI, *Catalogus*, p. 178; éd. BEDJAN, *Acta*,
t. 7, p. 894-978; trad. BUDGE, *Paradise*, p. 1001-1075.

[6] BUDGE, *Paradise*, p. LVIII-LX; BAUMSTARK, *Geschichte*, p. 202-203.

[7] BAUMSTARK, *Geschichte*, p. 226.

[8] PHILOXÈNE, *Lettre à Patricius*, f. 44ʳ a-ᵛ a, 49ʳ a-ᵛ a; *À un ancien scolastique*, p. 101 [195].

[9] *Add. 17,264*, f. 65ʳ; WRIGHT, *Catalogue*, p. 1079 *a*.

[10] Elle semble n'avoir d'abord porté que sur une section restreinte du
Paradis, pour s'étendre ensuite à des titres plus généraux (TISSERANT, *Philoxène*, col. 1522).

[11] Leur âge est connu grâce aux colophons, aux termes desquels le geʿez
fut traduit de l'arabe par le métropolite Abbā Salāmā (1348-1388; VAN
LANTSCHOOT, *Abbā Salāmā*, p. 397-401), l'arabe ayant été lui-même traduit
du syriaque au mois de *sanē*, l'an 1021 des Martyrs (= juin 1305, A.D.);
WRIGHT, *Ethiopic Manuscripts*, p. 178; voir aussi TISSERANT, *Philoxène*, col.
1522.

toute garantie [12]. Dans ces conditions, ne pourrait-on songer à expliquer par une erreur de copiste l'attribution partielle à l'évêque de Mabbog d'une compilation traditionnellement liée au nom de Pallade ? En effet, la confusion entre les deux graphies syriaques, assez proches et d'ailleurs flottantes, de Pallade et de Philoxène, n'aurait rien d'invraisemblable chez un scribe monophysite recopiant un modèle abîmé ou négligé. Mais quoi qu'on pense de cette hypothèse, les chances d'authenticité philoxénienne du commentaire des apophtegmes nous paraissent très minces [13].

III. — PRIÈRES

Faisant écho au patriarche Michel († 1199), qui attribue à Philoxène des « *mēmrē* [1] sur les saintes fêtes du Seigneur » [2], le moine Élī de Qartamīn (XIIIe s.) mentionne des « *mēmrē* et *tūrgāmē* [3] inspirés » de notre auteur, et plus précisément « quelque cent cinquante *tūrgāmē* pour les fêtes du Seigneur et sur le cycle annuel » [4]. Les écrits visés ici ne sont sans doute autres qu'une collection d'hymnes (ܩܝܢܬܐ, *responsoria*) liturgiques pour le cycle dominical et sanctoral, que la tradition fait remonter à Sévère d'Antioche [5] ; en effet, un manuscrit contenant une partie de cette collection porte, à hauteur du titre, la remarque suivante : « D'au-

---

[12] Ms. *Tubingue (Universitätsbibliothek), Sachau 45,* f. 112v (XVIIe s.; SACHAU, *Verzeichniss,* n° 244, p. 742 a-b).

[13] Elle est rejetée par BAUMSTARK, *Geschichte,* p. 226 ; TISSERANT, *Philoxène,* col. 1522, ne se prononce pas. On ne peut exclure a priori l'éventualité d'une origine grecque du commentaire des apophtegmes en cause, ce qui trancherait catégoriquement la question, Philoxène n'ayant jamais écrit en grec (ci-dessus, p. 21) ; tel est le cas pour une section analogue du *Paradis* syriaque (GUY, *Entretien monastique,* p. 230-232).

[1] Le terme *Mēmrā* doit être compris ici dans son sens spécifique de poème liturgique ; BAUMSTARK, *Festbrevier,* p. 53.

[2] MICHEL, *Chronique,* IX, 7, p. 258 [157], repris par BAR-HÉBRÆUS, *Chron. eccl.,* I, 39, col. 183-184.

[3] Au sens liturgique de ce terme ; BAUMSTARK, *Festbrevier,* p. 58.

[4] ÉLĪ, *Mēmrā,* v. 189, 191-192, p. 8 [7].

[5] Collection traduite du grec en syriaque par un évêque Paul d'Édesse (ca 619), revue par Jacques d'Édesse († 708) et progressivement augmentée ; elle est connue sous le nom d'*Ochtoéchos* de Sévère ; BROOKS, *Hymns,* p. 5.

cuns disent que ceci est de Jean Bar-Aftōnyā, d'autres disent de
Philoxène » [6] ; en outre, trois courts extraits des premières hymnes
sont attribués à notre auteur dans un manuscrit jacobite médiéval [7].
Cependant, si la plupart des témoins inscrivent la collection composite au nom de Sévère « et d'autres », parmi lesquels figure
régulièrement Jean Bar-Aftōnyā [8], la mention de Philoxène ne se
trouve, à notre connaissance, que dans le *Vatican syr. 94*, ce qui
interdit de remonter au-delà du XIe siècle ; l'attribution des premières hymnes à Sévère est d'ailleurs garantie par l'autorité de
Jacques d'Édesse, sinon par celle de son prédécesseur Paul [9] ; enfin,
il ne semble pas que l'évêque de Mabbog ait jamais écrit autrement qu'en prose, ou du moins ne trouve-t-on sous son nom aucune
pièce versifiée qui ne soit inscrite ailleurs sous ceux d'Éphrem ou
de Jacques de Saroug [10]. Nous ne croyons donc pouvoir attribuer à
Philoxène aucune des hymnes sévériennes.

En revanche, l'authenticité des prières conservées sous le nom
de notre auteur dans les euchologes et les bréviaires syriaques [11]
n'est pas nécessairement aussi contestable ; en effet, même si l'évêque de Mabbog ne composa pas ces prières pour les fins liturgiques
auxquelles elles sont adaptées [12], elles peuvent parfois provenir

---

[6] *Vatican (Biblioteca Apostolica) syr. 94*, f. 1r (début XIe s. ; ASSÉMANI,
Catalogus, t. 2, p. 500).

[7] Ms. *Tubingue (Universitätsbibliothek), Sachau 165*, f. 5r v (XIVe s. ;
SACHAU, *Verzeichniss*, nᵒ 201, p. 664 a) = BROOKS, *Hymns*, 1, p. 45, *8* - 46, *3* ;
9, p. 51, *13* - 52, *2* ; 3, p. 47, *6-8*.

[8] BROOKS, *Hymns*, p. 45.

[9] Ci-dessus, note 5 ; la version de Paul d'Édesse n'est connue que par la
notice de Jacques.

[10] Ci-dessous, p. 295, note 14.

[11] Les manuscrits liturgiques syriaques comptant parmi les plus nombreux
qui soient conservés, et les descriptions qu'on en possède s'avérant souvent
très sommaires, il faut s'attendre à ce que plusieurs témoins nous aient
échappé, malgré tout le soin que nous avons mis à les relever. La plupart
sont de date récente (XIVe-XVIIIe s.), mais ils remontent à un euchologe
déjà constitué pour l'essentiel dès avant le XIe siècle *(Add. 14,499 et 14,583)* :
il s'agit d'un recueil de prières ouvrant les heures de l'office férial (BAUM-
STARK, *Ferialbrevier*, p. 414 ; *Festbrevier*, p. 86), d'abord rassemblées après
le psautier, puis insérées dans chaque heure. BAUMSTARK, *Geschichte*, p. 143,
note 12, semble les considérer comme apocryphes.

[12] BAUMSTARK, *Ferialbrevier*, p. 402, note 1, situe l'organisation du bréviaire

d'écrits que la tradition lui attribuait [13]. Nous considérons cependant comme apocryphe le poème acéphale « pour un cœur pur » du ms. *Sachau 202-203* [14], et nous suspectons fortement l'authenticité d'une autre « prière de Mār Philoxène », conservée en *karšūnī* dans le *Vatican syr. 98*, pièce qu'une étude comparative permettrait peut-être de rencontrer ailleurs sous un autre patronage [15].

1. — « JE TE PRIE EN CE MOMENT... » ET : « JE TE PORTE, DIEU... »

Mss. : *Londres (British Museum), Add. 17,125*, f. 78ʳ (IXᵉ-Xᵉ s.; Wright, *Catalogue*, nᵒ 175, p. 124b); *Add. 14,529*, f. 16ᵛᵃ-17ʳᵇ (VIIᵉ-VIIIᵉ s.; *Catalogue*, nᵒ 856, p. 918b).

Bibl. : Budge, *Discourses*, t. 2, p. l, nᵒ v; Baumstark, *Geschichte*, p. 143, note 12; Tisserant, *Philoxène*, col. 1526.

Parmi d'autres prières eucharistiques, l'euchologe jacobite de l'*Add. 17,125* en reproduit deux sous le nom de notre auteur, qu'il

férial des Syriens occidentaux au VIᵉ siècle, et avant le schisme définitif des Jacobites, peut-être même à Mabbog. Cependant la tradition n'a rien retenu d'une intervention de Philoxène dans ce domaine de la liturgie.

[13] Voir ci-dessus, p. 272-273, pour une « prière avant l'évangile ».

[14] Ms. *Tubingue (Universitätsbibliothek), Sachau 202*, f. 142r-143v - *Sachau 203*, f. 1r-2r (XVᵉ s.; Sachau, *Verzeichniss*, nᵒ 200, p. 657 a-b); cette prière est complète à la fin (*ibid.*, p. 657 a). Son attribution à notre auteur n'est fondée que sur la note marginale : « Dudit Mār Philoxène », inscrite en regard du titre de la pièce suivante (f. 2r) : « Autre prière du matin ». Elle se trouve également conservée sous les noms d'Éphrem (*Sachau 162*, f. 3r-7r; *Verzeichniss*, nᵒ 165, p. 515 a-b; Rahmani, *Studia syriaca*, t. 2, p. 29-32) et de Jacques de Saroug (*Londres, British Museum, Add. 17,206*; Wright, *Catalogue*, p. 1293 a). À propos des attributions à Éphrem et à Philoxène, Baumstark, *Geschichte*, p. 144, note 1, assure que la rime chosie ne laisse guère de doute sur leur inauthenticité.

[15] Ms. *Vatican (Biblioteca Apostolica), syr. 98*, f. 143r a-145v b (1596; Assémani, *Catalogus*, t. 2, p. 527). Il s'agit d'une prière monastique de louange et d'invocation, contenant une litanie de saints des deux Testaments, composition banale qui nous semble de date tardive. Le copiste pourrait l'avoir inscrite sous le nom de Philoxène à la suite de la prière précédente « Gloire à toi, Dieu ... » (ci-dessous, nᵒ 4), qui occupe les f. 138r b-143r a du manuscrit. Dans la liste bibliographique philoxénienne de Budge, *Discourses*, t. 2, la prière du nᵒ XXXVII (p. lvii) n'est pas de notre auteur; celles des nᵒˢ XXXVIII, XL et XLII (p. lviii) sont des fragments du nᵒ XXXVI (p. lvii); celles des nᵒˢ XXXIX et XL (p. lviii), XLI et XXXV (p. lviii et lvii) sont identiques.

intitule respectivement : « De saint Philoxène ; qu'on prie ainsi lorsqu'on veut s'approcher des saints Mystères », et : « Du même, autre prière, lorsqu'on porte le Corps vivant dans ses mains ». La seconde est également conservée dans une section antijulianiste du florilège de l'*Add. 14,529,* mais avec un texte plus long, et sous le simple lemme : « Dudit saint Philoxène » [1].

Ces prières s'adressent au Christ et sont à l'usage monastique. Leur auteur assimile l'eucharistie à une seconde incarnation, à laquelle il applique les paradoxes de la première dans une perspective monophysite [2] ; il insiste sur la manducation spirituelle, en lui assignant comme effet un soutien dans la résistance aux passions et aux convoitises, ainsi que la croissance spirituelle dans « la garde des commandements » et « les travaux de la justice » ; certaines de ces expressions rejoignent celles de Philoxène dans les *Mēmrē parénétiques* [3] : autant d'appuis au témoignage d'authenticité des deux anciens manuscrits, dont l'un contient d'ailleurs de nombreux autres fragments de l'évêque de Mabbog [4]. L'*Add. 14,529* ne détermine pas la provenance de son extrait ; mais il n'est pas interdit de supposer que les deux prières faisaient originellement partie d'un *mēmrā* philoxénien traitant de l'eucharistie.

2. — « GRAND AMOUR INÉPUISABLE... »

Mss. : 1. Texte complet : * *Londres (British Museum), Add. 14,621,* f. 160vb-164rb (801/2 ; WRIGHT, *Catalogue,* no 779 ,p. 758a-b) ; *Birmingham (Selly Oak Colleges), Mingana syr. 86,* f. 97v-109r (XIVe s. ; MINGANA, *Catalogue,* col. 213) ; *Add. 14,736,* f. 33 (un fragment ; XIIIe s. ; WRIGHT, *Catalogue,* no 268, p. 210a). ‖ 2. Un fragment : *Tubingue (Universitätsbibliothek), Sachau 203,* f. 7r-14v (XIVe-XVe s. ; SACHAU, *Verzeichniss,* no

---

1 En effet, les lignes suivantes nous semblent déjà de l'auteur : « Et lorsque tu as tendu les mains et pris le Corps, incline-toi, place tes mains devant ton visage, adore le Corps vivant que tu tiens, puis converse (ܟܡܠ) avec lui et dis-lui, en posant ton regard sur lui... »

2 Voir aussi les expressions : « Corps vivant », « Dieu incorporé » (*Add. 14,529,* f. 16v b).

3 PHILOXÈNE, *Mēmrē parénétiques,* III, p. 56, *14-15* : « Tu portes (ܐܝܢܠ) dans ta main la parcelle (ܐܬܝܨܩ) des Mystères » = *Add. 14,529,* f. 16v b, 17r b. Pour la garde des commandements, voir la *Lettre à Patricius,* f. 39v b-46r a, etc.

4 L'*Add. 14,529* ; WRIGHT, *Catalogue,* p. 917 b-921 a.

200, p. 658a) = .Paris (Bibliothèque Nationale), syr. 178, f. 202^r-209^v
(1489/90; Zotenberg, Catalogue, p. 125a-b) = Mingana syr. 331, f. 10, 1,
11 (XVIe s.; Mingana, Catalogue, col. 610). ‖ 3. Trois fragments : Mingana syr. 185, f. 24^r-27^v, 27^v-30^v, 33^v-38^r (XVe s.; Catalogue, col. 408-409)
= Mingana syr. 284, f. 84^r-85^v, 85^v-86^v, 88^v-90^r (1589; Catalogue, col. 557)
= Mingana syr. 348, f. 48^v-50^r (lacuneux; XVIIIe s.; Catalogue, col. 646)
= Paris syr. 16, f. 101^v-103^v, 103^v-105^r, 107^r-109^r (XVIe s.; Zotenberg,
Catalogue, p. 6b) = Londres (British Museum), Orient. 4065, f. 21^v-24^v,
24^v-27^v, 37^v-40^v (1721; Margoliouth, Descriptive List, p. 20) = Orient.
2732, f. 32^v-35^v, 35^v-38^v, 41^v-44^v (XVIIIe s.; Descriptive List, p. 14) ‖
4. Un fragment : Londres, Add. 14,583, f. 178^r-179^v (XIe s.; Wright,
Catalogue, n° 929, p. 1078a). ‖ 5. Un fragment : Paris syr. 178, f. 29^r-
30^v (1785? Zotenberg, Catalogue, p. 124b). ‖ 6. Un fragment : Londres,
Add. 14,723, f. 78^v (XIIIe s.; Wright, Catalogue, n° 217, p. 144b) =
Add. 17,221, f. 52^v-54^v (XIVe-XVIe s.; Catalogue, n° 218, p. 145b) =
Paris syr. 111, f. 86^v-87^v (1584/5; Zotenberg, Catalogue, p. 69b).

BIBL. : Budge, Discourses, t. 2, p. LVII, n° XXXVI[1]; Baumstark,
Geschichte, p. 143, note 12; Tisserant, Philoxène, col. 1526.

L'Add. 14,621 du British Museum conserve une prière philoxénienne à l'usage monastique, qu'il reproduit sous le titre suivant :
« Prière pénitentielle (ܪܐܝ ܟܐܕܐܝ) qu'à toute heure (ܐ.ܝ) le
sage (ܪܟܐܝܐ) priera pour soi-même ». Après une longue adresse
au Christ, faisant ressortir sa bonté manifestée dans l'économie
(f. 160vb-161vb), l'auteur demande la grâce de la componction, de
la crainte de Dieu, de la sanctification par l'Esprit (f. 161vb-162vb) ;
suivent trois séries d'invocations, l'une sous forme négative (« Non,
Seigneur... » ; f. 162vb-163ra), l'autre sous forme positive (« Oui,
Seigneur... » ; f. 163ra-b), et la troisième sous forme antithétique
(« Au lieu de ceci, cela... » ; f. 163rb-vb) ; viennent enfin de nouvelles
demandes, entre autres celle d'être sanctifié de corps, d'âme et
d'intellect (ܪܕܐܚ) en vue de la prière pure (f. 163vb-164rb) ; toute
la pièce est tissue de réminiscences bibliques.
    À notre connaissance, deux manuscrits seulement conservent le
texte intégral de cette prière : l'Add. 14,621 et le Mingana syr. 86[2];
trois autres la présentent amputée de son exorde : les Sachau 203,

---

[1] Ci-dessus, p. 295, note 15.
[2] L'Add. 14,736, f. 33, en contient le début, et non une anaphore, comme
le conjecturait Wright, Catalogue, n° 268, p. 210 a.

Paris syr. 178, f. 202, et *Mingana syr. 331* [3]; de nombreux bréviaires jacobites la divisent en trois sections, réparties entre les heures de l'office férial [4]; enfin, seule sa dernière partie est reproduite dans les *Add. 14,723* et *17,221*, et le *Paris syr. 111*.

Une tradition qui apparaît dès le début du IXᵉ siècle [5] atteste l'origine philoxénienne de la prière pénitentielle; par surcroît, nous y avons relevé en deux endroits une coïncidence littérale avec trois passages des *Mēmrē parénétiques* de l'évêque de Mabbog [6]. Nous ne sommes pas à même de déterminer dans quel sens a joué l'emprunt, car on peut tout aussi bien supposer un imitateur de Philoxène, ou Philoxène lui-même, s'inspirant des *Mēmrē* pour écrire la prière, que notre auteur s'aidant, au contraire, de celle-ci dans la rédaction de ses *Mēmrē*, ou même utilisant des matériaux préexistants pour la composition des deux pièces. En toute hypothèse, l'attribution de la prière pénitentielle à l'évêque de Mabbog se justifie au moins par les passages incontestablement philoxéniens qu'elle contient [7].

3. — « NOM GLORIEUX QUE SANCTIFIENT... »

Mss. : * *Cambridge (University Library), Add. 2012*, f. 100ᵛ-102ᵛ, (XIVᵉ s.; Wright-Cook, *Catalogue*, p. 530); *Tubingue (Universitätsbibliothek)*,

---

[3] C'est de cette recension, ou du premier texte, que doit dériver l'extrait du *Paris syr. 178*, f. 29, dont le début ne coïncide avec les sections d'aucun autre témoin.

[4] Mss. *Mingana syr. 185, 284* et *348*; *Paris syr. 16*; *British Museum, Orient. 4065* et *2732*. Les deux premiers extraits se suivent immédiatement pour l'heure de sexte, la troisième pour vêpres *(ramšā)*.

[5] L'*Add. 14,621*, daté de l'an 1113 des Séleucides = 801/2 A.D., contient, entre autres pièces philoxéniennes authentiques, la *Lettre à Patricius* et des fragments des *Mēmrē parénétiques* (ci-dessus, p. 254 et 280).

[6] *Add. 14,621*, f. 161ʳ a-ᵛ b = Philoxène, *Mēmrē parénétiques*, VII, p. 202, *17* - 205, *16*; f. 163ʳ a-ᵛ b = *mēmrē* I, p. 19, *6-9* et p. 22, *3* - 23, *18*.

[7] Les deux premiers emprunts aux *Mēmrē parénétiques* chevauchent respectivement : (1) sur l'exorde de la prière et la première de ses trois sections adaptées au bréviaire; (2) sur la deuxième et la troisième de ces sections. Celles-ci ne sont donc pas primitives, ce qui confirme que l'adaptation de la prière pénitentielle à l'office férial est secondaire; peut-être fut-elle suggérée par un titre analogue à celui de l'*Add. 14,621*, conseillant de réciter la prière « à tout moment », ce dernier terme (ܒ̇ܟܠ) étant un de ceux par lequel les Syriens désignent également les heures de l'office.

Sachau 203, f. 2^{r-v} (XIVe-XVe s.; SACHAU, *Verzeichniss*, n° 200, p. 654*a*);
Birmingham (Selly Oak Colleges), Mingana syr. 185, f. 19^r-21^r (XVe s.;
MINGANA, *Catalogue*, col. 408-409); *Mingana syr. 284*, f. 82^r-83^r (1589;
Catalogue, col. 557); *Paris (Bibliothèque Nationale), syr. 177*, f. 1^{r-v}
(1520/1; ZOTENBERG, *Catalogue*, p. 123*b*); *syr. 16*, f. 99^r-100^r (XVIe s.;
Catalogue, p. 6*b*); *Londres (British Museum), Orient. 4065*, f. 16^r-17^r
(1721; MARGOLIOUTH, *Descriptive List*, p. 20); *Orient. 2732*, f. 28^v-30^r
(XVIIIe s.; *Descriptive List*, p. 14).

BIBL. : BAUMSTARK, *Geschichte*, p. 43, note 12.

Une des prières ouvrant l'heure de tierce dans le bréviaire férial
jacobite est attribuée à Philoxène par pluieurs manuscrits, datant
du XIVe au XVIIIe siècle. Elle s'adresse au Christ, invoqué comme
« Dieu devenu comme nous, hormis le péché [*Hébr.*, IV, 15] » et
comme « Saint qui suça le lait, notre connaturel [voir *Luc*, I, 35] ».
Bien que nous n'ayons trouvé à cette pièce aucun parallèle comparable à ceux de la prière pénitentielle, rien ne s'oppose à ce qu'elle
ait été adaptée au bréviaire à partir d'un écrit authentique de
l'évêque de Mabbog.

4. — « GLOIRE À TOI, DIEU... »

MSS. : I (en dehors du bréviaire jacobite) : *Cambridge (University
Library), Add. 2019*, f. 206^r-209^v (1451/2; WRIGHT-COOK, *Catalogue*, p.
581; acéphale); *Tubingue (Universitätsbibliothek), or. oct. 444*, f. 114^r-
119^r (1597; SACHAU, *Verzeichniss*, n° 146, p. 464*a*); *Birmingham (Selly
Oak Colleges), Mingana syr. 234*, f. 87^r-94^v (XVIe s.; MINGANA, *Catalogue*,
col. 481); *Mingana syr. 83*, f. 1-15 (1785; *Catalogue*, col. 206); *Mingana
syr. 529*, f. 20^v-24^v (XVIIe s.; *Catalogue*, col. 969); *Mingana syr. 205*,
f. 2^r-8^v (XVIIIe s.; *Catalogue*, col. 436); *Mingana syr. 452*, f. 167^r-177^v
(XVIIIe s.; *Catalogue*, col. 807); *Tubingue, Sachau 79*, f. 104^r-108^r (XIXe
s.; SACHAU, *Verzeichniss*, n° 239, p. 729*a*); *Vatican (Biblioteca Apostolica),
syr. 545*, f. 26^v-40^r (XIXe s.) [1]. || II (dans le bréviaire jacobite) : *Tubingue,
or. Peterm. I, 25*, f. 89^r-95^r (XIVe-XVe s.; SACHAU, *Verzeichniss*, n° 143,
p. 458*b*); *Birmingham, Mingana syr. 185*, f. 6^v-16^v (XVe s.; MINGANA,
Catalogue, col. 408-409); *Paris, syr. 177*, f. 2^v-6^v (1520/1; ZOTENBERG,
Catalogue, p. 123*b*); *Mingana syr. 284*, f. 76^r-80^v (1589; *Catalogue*, col.
557); *Paris, syr. 16*, f. 91^v-97^r XVIe s.; *Catalogue*, p. 6*b*); *Londres (British
Museum), Orient. 4065*, f. 4^v-7 (1721; MARGOLIOUTH, *Descriptive List*, p.
20); * *Orient. 2732*, f. 16^v-25^v (XVIIIe s.; *Descriptive List*, p. 14).

---

[1] Communication de M. le Chan. A. Van Lantschoot.

VERSION arabe : GRAF, *Geschichte*, t. 1, p. 453 (nombreux mss. *karšūnī*) ; traduction par l'archevêque Georges de Damas († 1590), éditée dans l'*Hebdomadarium* maronite (Rome, 1591) [2]. Version éthiopienne : CONTI ROSSINI, *Note*, p. 615, sous le nom *Falaskinos* (mss. auxquels il faut ajouter le ms. *Oxford aeth.* f. 16; ULLENDORF, *Oxford*, p. 15) ; reproduction photographique partielle : HAMMERSCHMIDT, *Texte*, pl. après p. 14.

BIBL. : BUDGE, *Discourses*, t. 2, p. LXV, nos I-IV [3]; BAUMSTARK, *Geschichte*, p. 143, note 12.

Une des prières philoxéniennes les plus populaires, à en juger par le nombre des manuscrits jacobites qui la reproduisent, est également conservée en arabe et en éthiopien. En syriaque, elle se trouve souvent insérée dans le bréviaire pour l'heure de matines (ܪ‍ܩ‍ܥ‍ܐ) de l'office férial; mais les lemmes des meilleurs manuscrits la présentent comme une « prière de saint Philoxène de Mabbog, qui s'agenouillait devant Dieu et demandait miséricorde à Dieu pour lui-même et pour le monde entier; les péchés de celui qui la priera sept fois par jour seront effacés, et il s'élèvera au degré des parfaits » (f. 18ᵛ). On peut y distinguer deux parties, dont la première est une glorification de Dieu, pour lui-même ainsi que pour la création des anges, de la terre et des hommes (f. 16ʳ-18ᵛ), tandis que la seconde consiste en une série d'invocations, où l'orant demande d'être purifié et préservé du mal, par l'intercession des saints (f. 18ᵛ-25ᵛ) ; cette dernière section est coupée en huit périodes inégales par des « Amen », qui pourraient refléter des amplifications successives.

Cette prière, tissue de réminiscences des psaumes et des évangiles, ne nous semble pas spécifiquement composée pour l'usage monastique. Nous n'y avons décelé aucun indice formel confirmant son attribution à Philoxène; l'auteur, qui remercie *Dieu* de l'avoir « renouvelé » par *son* corps et par *son* sang (f. 18ʳ), pourrait être un monophysite; mais la circonstance qu'aucun des manuscrits qui la conserve ne soit antérieur au XIVᵉ siècle ne recommande assurément pas son authenticité.

---

[2] ASSÉMANI, *Florence*, p. 89; ID., *Bibl. Orientalis*, p. 24, n° 4. Nous n'avons pu consulter cette édition de l'*Hebdomadarium* maronite.

[3] L'examen des manuscrits éthiopiens du British Museum nous a permis de constater que les « hymnes » et prières présentées par Budge sous quatre titres différents représentent toutes une seule et même pièce.

5. — « JE TE REMERCIE, DIEU... »

Mss. : Texte I : *Londres (British Museum), Add. 14,499,* f. 43^r-v (X^e-XIe s.; WRIGHT, *Catalogue,* n° 293, p. 229b). || Texte II : *Tubingue (Universitätsbibliothek), Sachau 203,* f. 2^r-v (XIVe-XVe s.; SACHAU, *Verzeichniss,* n° 200, p. 658a); *Paris (Bibliothèque Nationale), syr. 177,* f. 2^r-v (1520/1; ZOTENBERG, *Catalogue,* p. 123b); *syr. 16,* f. 89^r-v (XVIe s.; *Catalogue,* p. 6b); *syr. 178,* f. 7^v-8^r (1785? *Catalogue,* p. 124b); *Birmingham (Selly Oak Colleges), Mingana syr. 284,* f. 74^r-v (1589; MINGANA, *Catalogue,* col. 557); *Mingana syr. 176,* f. 36^v-37^r (XVIIe s.; *Catalogue,* col. 386); *Cambridge (University Library), Add. 2014,* f. 70^r-v (XVIIe s.; WRIGHT-COOK, *Catalogue,* p. 545); *Londres, Orient. 2732,* f. 12^r-v (XVIIIe s.; MARGOLIOUTH, *Descriptive List,* p. 14.

BIBL. : BUDGE, *Discourses,* t. 2, p. LVII, n° XXXV et p. LVIII, n° XLI; BAUMSTARK, *Geschichte,* p. 143, note 12.

Une courte « prière du matin », attribuée à Philoxène par de nombreux manuscrits, existe dans deux versions : tandis que le témoin le plus ancien (X^e-XIe s.) la présente comme une « prière [pour] quand on se lève de sa couche (ܪܒܘܩܬܗ) », tous les autres (du XIVe au XVIIIe s.) l'ont adaptée à l'office de matines (ܪܡܫܐ). Cette pièce, d'ailleurs assez banale, nous paraît d'une authenticité contestable; en effet, on la rencontre ailleurs non seulement sous le nom de Sévère d'Antioche [1] mais aussi, semble-t-il, sous celui du patriarche jacobite Ananie-Philoxène († 1492/3) [2]; si cette dernière attribution s'avérait exacte [3], on s'expliquerait que l'homonymie entre le patriarche médiéval et l'évêque de Mabbog ait entraîné leur confusion.

6. — « VIGILANT QUI NE DORS... »

Mss. : Texte I : *Tubingue (Universitätsbibliothek), Peterm. I, 25,* f. 99^v

---

[1] Ms. *Tubingue (Universitätsbibliothek), Peterm. I, 25,* f. 88^v-89^r (XIVe-XVe s.; SACHAU, *Verzeichniss,* n° 143, p. 458 b).

[2] Ms. *Birmingham (Selly Oaks Colleges), Mingana syr. 348,* f. 34^r (1572/3; MINGANA, *Catalogue,* col. 646). Pour le patriarche Ananie-Philoxène, voir ASSÉMANI, *Bibl. Orientalis,* t. 2, p. 468.

[3] L'âge supposé de l'*Add. 14,499* (X^e-XIe s.) semble exclure cette hypothèse; mais il n'est pas assuré que l'Ananie-Philoxène du *Mingana syr. 348* soit bien le patriarche du XVe siècle.

(XIVe-XVe s.; SACHAU, *Verzeichniss*, n° 143, p. 458b); *Oxford (Bodleian Library)*, *Poc. 10*, f. 179^r (XVe s.; PAYNE SMITH, *Catalogus*, n° 16, col. 65); *Birmingham (Selly Oak Colleges)*, *Mingana syr. 185*, f. 39^{r-v} (XVe s.; MINGANA, *Catalogue*, col. 408-409); *Mingana syr. 284*, f. 90^{r-v} (1589; *Catalogue*, col. 557); *Paris (Bibliothèque Nationale)*, *syr. 111*, f. 93^v-94^r (1584/5; ZOTENBERG, *Catalogue*, p. 69b); *syr. 16*, f. 169^r (XVIe s.; *Catalogue*, p. 69b); *Londres (British Museum)*, *Orient. 4065*, f. 44^r (1721; MARGOLOIUTH, *Descriptive List*, p. 20); *Orient, 2732*, f. 45^v-46^r (XVIIIe s.; *Descriptive List*, p. 14). ‖ Texte II : *Paris syr. 177*, f. 16^{r-v} (1520/1; ZOTENBERG, *Catalogue*, p. 123b); *syr. 111*, f. 94^{r-v} (1584/5; *Catalogue*, p. 69b); *Vatican (Biblioteca Apostolica)*, *syr. 85*, f. 188^{r-v} (1584-1586; ASSÉMANI, *Catalogus*, t. 2, p. 353); *syr. 409*, f. 74^{va-b} (XVIIe s.; MAI, *Codd. Assem.*, p. 61); *Londres, Orient. 4065*, f. 45^{r-v} (XVIIIe s.; MARGOLIOUTH, *Descriptive List*, p. 20).

BIBL. : BUDGE, *Discourses*, t. 2, p. LVIII, n° XLIII; BAUMSTARK, *Geschichte*, p. 143, note 12.

Les deux prières de l'office jacobite de complies (ܪܡܫܐ) que de nombreux manuscrits du XIVe au XVIIIe siècle attribuent à Philoxène constituent deux versions d'une même pièce; le texte court, qui se trouve le plus fréquemment représenté, est peut-être aussi le plus ancien; dans le *Paris syr. 111* et l'*Orient. 4065* du British Museum, il est immédiatement suivi de la seconde version, légèrement divergente et amplifiée, tandis que tous les autres témoins ne connaissent encore que l'une ou l'autre. L'auteur s'adresse à Dieu, invoqué comme « Seigneur » en implorant sa protection pour la nuit. Le contenu banal et la destination liturgique précise de cette prière la rapprochent de celle du matin dont il vient d'être question, et nous dissuadent d'en attribuer la paternité à l'évêque de Mabbog.

IV. — *ORDINES* ET ANAPHORES

De nombreux manuscrits syriaques médiévaux et modernes conservent sous le nom de Philoxène des rituels et des formulaires liturgiques; cependant, la tradition historiographique n'attribue à l'évêque de Mabbog aucun rôle comparable à celui de Sévère d'Antioche dans la formation du rite jacobite [1], tandis qu'il est à présu-

---

[1] HONIGMANN, *Évêques et évêchés*, p. 20.

mer que, parmi les pièces de date postérieure que l'on plaça sous le patronage des Pères de la foi monophysite, plus d'une fut mise sous celui de notre auteur. On ne saurait cependant prétendre à priori qu'aucun des *ordines* ou des anaphores philoxéniens ne puisse être rapporté de quelque façon à leur auteur déclaré, au même titre que certaines des prières du bréviaire jacobite qui lui sont attribuées [2]. Le principal critère d'authenticité consiste ici à étudier chaque pièce en référence à l'histoire générale de la liturgie syrienne; mais l'établissement de ces cadres d'appréciation nous paraît insuffisamment avancé pour autoriser des conclusions définitives.

1. — UN *ORDO* BAPTISMAL ?

Mss. : Texte I : *Cambridge (University Library), Add. 1987*, f. 104[r]-105[r] (1646/7; Wright-Cook, *Catalogue*, p. 313); *Florence (Biblioteca Mediceo-Laurentino-Palatina), or. 44* (non daté; Assémani, *Florence*, p. 82) || Texte II : *Londres (British Museum), Add. 14,499*, f. 25[r-v] (X[e]-XIe s.; Wright, *Catalogue*, n° 293, p. 229b). || Texte III : *Vatican (Biblioteca Apostolica), syr. 51*, p. 223-224 (1171/2; Assémani, *Catalogus*, t. 2, p. 321).

Éd. avec version latine : Assémani, *Codex liturgicus*, t. 2, p. 307-309 [1]; version latine : Denzinger, *Ritus Orientalium*, t. 1, p. 318 [2].

Bibl. : Assémani, *Bibl. Orientalis*, t. 2, p. 24-25, n° 5; Budge, *Discourses*, t. 2, p. L, n° iii; Baumstark, *Geschichte*, p. 143, note 14; Tisserant, *Philoxène*, col. 1526.

Un *ordo* baptismal abrégé pour le cas de péril de mort est attribué à Philoxène par les manuscrits liturgiques jacobites, qui le conservent en au moins trois recensions [3]. La suite et la teneur

---

[2] Ci-dessus, p. 294-295.

[1] Édition du *Vatican syr. 51*.

[2] Version de l'édition Assémani.

[3] Le *Cambridge 1987* l'intitule : « *Ordo* (ܩܘܪܒ) abrégé à cause du péril de mort »; l'*Add. 14,499* : « *Ordo* abrégé de la consécration de l'eau, pour l'enfant menacé (ܡܐܪܝ) de mourir »; le *Vatican syr. 51* (où il suit une pièce analogue de Sévère d'Antioche) : « *Ordo* plus condensé (ܩܡܣܘ) pour ceux qui sont sur le point (ܝܕܝܒ) de mourir ». Nous n'avons pu consulter le rituel philoxénien du *Florence or. 44*; mais les quelques indications fournies par le catalogue de S. E. Assémani sur sa nature et son contexte dans le manuscrit orientent vers la recension du *Cambridge 1987*.

des rubriques et des formules sont foncièrement identiques, mais la comparaison des textes permet de déceler une adaptation progressive au baptême individuel d'un enfant[4] à partir d'un archétype où il n'était vraisemblablement question que d'adultes. En effet, l'*Add. 14,499* transpose au singulier la plupart des rubriques que le *Cambridge 1987* conserve au pluriel, et il omet des prestations inapplicables aux tout jeunes enfants, comme le geste de se tourner vers l'Occident et vers l'Orient, la renonciation à Satan et la *syntaxis,* ou la descente et la remontée du baptistère, que le *Cambridge 1987* reproduisait encore; le pontifical de Michel le Syrien *(Vatican syr. 51)* complète d'ailleurs cette adaptation en supprimant partout le pluriel et la mention du peuple, qui étaient encore partiellement maintenus dans l'*Add. 14,499.*

L'histoire du texte, qui trouve ainsi son aboutissement à la fin du XIIe siècle, remonte donc sans doute à une antiquité plus vénérable[5]; mais peut-on attribuer à Philoxène lui-même la paternité du rituel d'où proviennent les trois recensions transmises sous son nom? Il est difficile de répondre à cette question, car les textes sont trop concis pour permettre une comparaison utile avec les prières du rituel baptismal jacobite, qui fut vraisemblablement compilé par Jacques d'Édesse († 708)[6]. La conformité de structure que l'*ordo* philoxénien manifeste avec ce rituel[7] pourrait donc aussi bien s'expliquer par le fonds commun du rite antiochien ancien[8],

---

[4] Pour le pédobaptisme à Antioche à l'époque de Sévère et de Philoxène, on peut consulter DE VRIES, *Sakramententheologie,* p. 114-115.

[5] La tradition manuscrite antérieure au *Cambridge 1987,* qui déclare simplement reproduire « un *codex* (ܟܬ̇ܒܐ) » (f. 105r), se perd dans l'inconnu.

[6] BOTTE, *Baptême,* p. 148, exclut de son enquête les rituels jacobites abrégés; il considère les trois grands rituels baptismaux comme des recensions d'un même texte, qui remonterait à Jacques d'Édesse (p. 152-154), et estime, en conséquence, que « l'attribution du troisième rituel à Sévère n'a aucun soutien », bien que certaines pièces puissent être de lui (p. 154). Le rituel de Rahmani (1922) fournit une bonne base de comparaison (trad. KHOURI-SARKIS, *Baptême*).

[7] À quelques détails près : l'exorcisme suit ici la *syntaxis,* et la *redditio symboli* la triple consignation au front; dans le *Cambridge 1987,* l'onction post-baptismale suit l'eucharistie. On trouvera un bon résumé des cérémonies du baptême suivant le rite jacobite dans RAES, *Liturgia,* p. 115-154 et DE VRIES, *Sakramententheologie,* p. 105-135.

[8] BOTTE, *Baptême,* p. 147. On trouve, notamment, dans le rituel philoxénien

que reflètent d'ailleurs les écrits authentiques de notre auteur [9]. Dans ces conditions, on ne saurait nier catégoriquement que l'« *ordo abrégé* » puisse contenir un noyau philoxénien, quelque indiscernable que soit celui-ci dans les trois formulaires conservés.

2. — TROIS ANAPHORES EUCHARISTIQUES?

Mss. : Raes, *Introductio*, table de la p. xliii, sous le nom de Philoxène [1].

Éd. avec version latine et introduction, pour paraître dans *Anaphorae syriacae*; éd. de l'anaphore I (sous le nom de Basile) dans *Missale syrorum iuxta ritum ecclesiae Antiochenae Syrorum* (Rome, 1843), p. 155-161; vers. latine et commentaire des anaphores I et II : Renaudot, *Collectio*, t. 2, p. 301-309 et 310-320.

Bibl. : Assémani, *Bibl. Orientalis*, t. 2, p. 24, nº 3; Budge, *Discourses*, t. 2, p. li, nº vi; Baumstark, *Geschichte*, p. 143, note 13; Fuchs, *Anaphora*, p. lxii-lxx; Tisserant, *Philoxène*, col. 1526.

Dans la riche collection des anaphores jacobites, trois pièces se trouvent inscrites sous le nom de Philoxène de Mabbog dans de nombreux manuscrits liturgiques, dont le plus ancien date du XIIe [2], et les plus récents du XIXe siècle [3]. Deux de ces anaphores étaient

---

le dédoublement caractéristique de l'onction pré-baptismale, attesté depuis Théodore de Mopsueste.

[9] Philoxène, *Livre des sentences*, II, 7, p. 124 [95], énumère le catéchuménat, le tapis de cilice, les exorcismes par exsufflation, la consignation au front, l'onction d'huile pré-baptismale, la triple immersion au nom de la Trinité, la consignation de chrême, les vêtements blancs, les lumières et les psaumes; notre auteur connaît également la *redditio symboli* (*Commentaire de Jean, 1, 1-17*, f. 125r).

[1] Tous les manuscrits repérables des anaphores jacobites se trouvant relevés dans l'introduction de l'édition romaine, nous avons estimé superflu d'en répéter ici la liste. Des trois fragments du British Museum que Wright, *Catalogue*, présente comme anaphores philoxéniennes, celui de l'*Add. 14,736*, f. 33, provient de la prière pénitentielle (ci-dessus, p. 297, note 2), celui de l'*Add. 14,738*, f. 16 (XIVe s.; *Catalogue*, nº 275, p. 212 a-b) ne correspond à aucune des trois anaphores attribuées à l'évêque de Mabbog (le nom de l'auteur est devenu complètement illisible), et le f. 17r du même *Add. 14,738* contient la fin de l'anaphore de Philoxène *de Bagdad* (trad. Renaudot, *Collectio*, p. 407).

[2] L'*Add. 14,690* du British Museum est daté de Qarṭamīn, l'an 1493 des Séleucides (= 1181/2, A.D.; Wright, *Catalogue*, nº 261, p. 206).

[3] L'anaphore de « Jean », ou Ananie-Xénaïas, est celle du patriarche Jean († 1492/3; Raes, *Introductio*, p. xiii, nº 47); celle de Lazare Bar-Sabta, alias

connues depuis longtemps par la version de l'abbé Renaudot (1716) ; la troisième leur sera prochainement adjointe dans l'édition critique de l'Institut pontifical d'études orientales. Leur classement traditionnel ne tient qu'à l'ordre fortuit dans lequel les deux premières se trouvaient dans l'actuel ms. *Paris. syr. 78*, utilisé par le traducteur, l'inédite ayant été comptée ensuite comme troisième ; en réalité, elle ne portent jamais de numéro d'ordre dans les manuscrits, et les seuls exemples connus de suite immédiate sont I et III [4] ou III et I [5]. On ne saurait davantage considérer les deux premières comme la recension courte et la recension longue d'un même texte [6] ; nous dirions plutôt, en glosant Renaudot [7] : « Sententia ut in aliis omnibus eadem, sed verba diversa ».

Les anaphores philoxéniennes sont conformes au modèle classique de la liturgie jacobite [8] ; sur ce point, la troisième, encore inédite, ne s'écarte en rien des deux premières. Leur examen dans ce cadre historique plus général n'est pas favorable à leur authenticité ; en effet, elles dépendent, comme toutes les autres, de l'« anaphore de Jacques » dont l'expansion, sinon la création, serait liée à celle du monophysime jacobite [9] ; en outre, elles paraissent contenir des allusions aux persécutions des Croisés et des Musulmans [10] ; enfin,

---

Philoxène de Bagdad (dép. en 829), se rencontre parfois sous le nom de Philoxène de Mabbog (*ibid.*, p. XIII, n° 50). La « première » de notre auteur se trouve aussi sous les noms de Proclus, de Basile ou de Siméon de Bêt-Aršam (*ibid.*, p. XIV, n° 62), et sa « deuxième » sous celui de Sévère d'Antioche (*ibid.*, p. XIV, n° 63). La *Prière avant la paix* de l'« anaphore des saints Pères », compilée par Théodore Bar-Wahbun († 1192/3, RENAUDOT, *Collectio*, p. 409), est celle de la « deuxième » anaphore philoxénienne (*ibid.*, p. 310).

[4] Mss. *Borgia syr. 159* et *Jérusalem 96* (RAES, *Introductio*, p. XXXVIII et XXI).

[5] Mss. *Jérusalem 11* et *100* (*ibid.*, p. XXIII et XXII).

[6] FUCHS, *Anaphora*, p. LXVII, note 6. La troisième présente également un texte plus bref que la deuxième.

[7] RENAUDOT, *Collectio*, p. 320.

[8] On trouvera dans HANSSENS, *Institutiones*, t. 2, p. 352-365, le schéma détaillé de l'anaphore jacobite.

[9] FUCHS, *Anaphora*, p. LXVIII, XI. D'après BAUMSTARK, *Liturgie comparée*, p. 23, l'anaphore du patriarche jacobite Jean Ier d'Antioche (630-648) serait la première qui fut composée en syriaque.

[10] FUCHS, *Anaphora*, p. LXX. Il s'agit spécialement des anaphores II et III ; RENAUDOT, *Collectio*, p. 315 : « Comprime, Domine, tumultus regum » (l'*Add. 14,690*, f. 139v, ajoute : « tyrannorum ») ; *Add. 17, 229*, f. 60v, 61r (anaphore

leur structure est celle des anaphores authentiques du deuxième millénaire [11].

Les écrits de notre auteur contiennent quelques précisions sur la liturgie eucharistique qu'il connaissait et qu'il contribua peut-être à établir : ainsi lit-on dans ses *Mēmrē contre Ḥabīb* qu'« au moment redoutable où sont offerts les divins Mystères, devant toute l'assemblée (ܟܢܫܐ) de l'église, le diacre proclame (ܟܪܘܙ) et commémore à haute voix la Vierge, et apprend aussi qui est son enfant : 'Pour (ܚܠܦ) la Vierge Mère de Dieu, qui a engendré et est demeurée vierge!' » [12]; la formule de l'institution apparaît chez lui dans un texte remarquablement ferme : « Prenez (ܣܒܘ) [et] mangez : c'est mon corps qui [sera] brisé (ܡܬܩܨܐ) pour vous en pardon des péchés. Prenez [et] buvez-en tous : c'est mon sang, qui [sera] répandu pour vous en pardon des péchés » [13]; on rencontre encore sous sa plume des allusions à l'épiclèse [14]; enfin, il apprend que les baptisés récitaient le *Pater* avant de s'approcher des Mystères, sur l'invitation du prêtre [15], et il précise la formule que celui-ci employait pour distribuer l'eucharistie : « Le corps de Dieu en pardon des péchés; le sang du Fils de Dieu en purification des offenses (ܢܩܘܬܐ) » [16]. La collation de ces détails authentiques avec les trois anaphores philoxéniennes confirme qu'aucune d'elles ne peut être attribuée telle quelle à l'évêque de Mabbog [17]; toute-

---

III) : « guerres... fils étrangers et sans loi »; « l'erreur païenne sournoisement tramée contre ton Église ». L'édition critique montrera peut-être si ces détails sont des interpolations.

[11] FUCHS, *Anaphora*, p. LXX. Cet auteur conclut qu'elles furent composées peu avant leur première apparition dans les manuscrits, et attribuées à Philoxène à cause de la signification historique de ce personnage (*ibid.*, p. LXVIII); il ne voudrait pourtant pas les reculer « in allzu späte Zeit » (*ibid.*, p. LXIX).

[12] PHILOXÈNE, *Mēmrē contre Ḥabīb*, IX, f. 92r a.

[13] *Ibid.*, X, f. 102v c-103r a; *Mēmrā sur la foi, I*, p. 45, 27-29 [55]; *Lettre aux moines de Senoun*, p. 5 [4].

[14] *Mēmrā sur la foi, II*, f. 105r.

[15] *Mēmrā sur la foi, I*, p. 44 [59-60], 56 [70].

[16] *Ibid.*, p. 45, *24-26* [61]; une formule analogue existe dans le rite syrien oriental; voir TANGHE, *Eucharistie*, p. 168.

[17] En particulier le récit de l'institution est très amplifié dans les anaphores; c'est la première qui s'éloigne le moins du texte de Philoxène.

fois certains indices de la première nous inclinent à penser que celle-ci tout au moins pourrait reposer sur des sources authentiques [18].

---

[18] L'allusion aux « reges fideles » (RENAUDOT, *Collectio*, p. 304) désigne normalement les empereurs byzantins et reporte donc avant les invasions arabes (*ibid.*, p. 309); l'expression des « passions volontaires » du Sauveur (*ibid.*, p. 302-303) est caractéristique de la christologie philoxénienne (ci-dessous, p. 466). FUCHS, *Anaphora*, p. LXIX, voit dans les amplifications du récit de l'institution l'écho de polémiques tardives : Le Christ goûta-t-il lui-même à l'eucharistie? Célébra-t-il la pâque mosaïque? (controverse avec les Arméniens sur le pain azyme). Mais il apparaît que Philoxène avait effectivement parlé de ces deux questions : *Commentaire de Matthieu, XXVI, 26-29* (ci-dessus, p. 139); *Lettre aux moines de Senoun*, p. 6 [5].

TROISIÈME PARTIE

LA THÉOLOGIE DE PHILOXÈNE

INTRODUCTION

Tandis que s'estompait la physionomie historique de Philoxène et que son héritage littéraire allait s'appauvrissant, le rayonnement et l'intelligence de sa doctrine théologique durent subir un affaiblissement proportionné [1]. Les compilations des polémistes, puis celles des exégètes jacobites, avaient rencontré un succès auquel il faut probablement attribuer la perte de maints écrits dogmatiques et scripturaires de notre auteur [2]; ces morceaux choisis eurent pour autre effet de présenter la doctrine philoxénienne sous la forme tronquée de « témoignages » qui allaient bientôt en devenir l'expression stéréotypée. Par ailleurs, les controverses christologiques s'orientant toujours davantage dans la voie de spéculations scolaires sur la constitution ontologique du Verbe incarné [3], on devait normalement préférer au génie intuitif mais tumultueux de Philoxène la logique rigoureuse et subtile de Sévère d'Antioche [4]; celui-ci devint bientôt le grand docteur du monophysisme jacobite; l'éclat d'une autorité et d'un talent égalés à ceux de Cyrille d'Alexandrie fit quelque peu pâlir ceux de l'évêque syrien [5].

Quelle influence réelle la pensée de notre auteur continua-t-elle d'exercer sur les théologiens jacobites au VIIIe et au IXe siècle, puis lors de la renaissance littéraire des XIIe et XIIIe siècles? Il serait sans doute téméraire d'en restreindre la portée aux maigres

---

[1] Jacques d'Édesse († 708) ne connaissait déjà plus que bien imparfaitement les écrits dogmatiques de notre auteur pour n'y avoir point rencontré l'expression ܪܕܝܠܘܬܐ (propriété); JACQUES D'ÉDESSE, *Lettre à Georges*, p. ܐ [X]. Le fait que Philoxène n'ait écrit qu'en syriaque suffit sans doute à expliquer que son nom n'est jamais cité avec celui de Sévère dans les controverses christologiques byzantines du VIe siècle.

[2] Ci-dessus, p. 111.

[3] MOELLER, *Néo-chalcédonisme*. p. 672-676 (Jean le Grammairien); p. 685-687 (Théodore de Raïthou et Léonce de Jérusalem). Pour les jacobites, voir BAUMSTARK, *Geschichte*, p. 173-180.

[4] LEBON, *Christologie*, p. 425, 428, 450.

[5] Le « nestorien » BAR-KŌNĪ, *Scolies*, t. 2, p. 341, considère l'évêque de Mabbog comme un simple sectateur de Sévère (ܟܝ ܣܘܪܝܝܐ ܣܗ).

citations expresses qu'on peut relever chez Jacques d'Édesse, Bar-Cépha, Jean de Dara, Bar-Ṣalībī ou Bar-Hébræus [6]; mais la mesure exacte de son étendue s'avère bien délicate à fixer, puisque la tradition peut avoir puisé son bien dans des écrits philoxéniens aujourd'hui perdus. Si, lorsque la comparaison reste possible avec des textes originaux, les données matérielles s'avèrent fidèlement reproduites [7], il ne s'ensuit nullement qu'elles aient toujours été correctement interprétées [8]; il convient donc de ne pas accepter aveuglement les critiques formulées par la tradition ancienne contre tel ou tel point de la théologie philoxénienne [9].

J. S. Assémani, qui fut le premier savant de l'époque moderne à reprendre contact avec les écrits dogmatiques de l'évêque de Mabbog, en donna un résumé et quelques extraits significatifs (1721); tout en portant un jugement sévère sur le monophysisme de notre auteur, il prit acte de sa prétention à conserver une distance égale entre les hérésies nestorienne et eutychienne [10]. L'érudit maronite n'entendait pas présenter une synthèse de la théologie philoxénienne; celle-ci fut esquissée par A. Vaschalde, dont la dissertation, consacrée à Philoxène, contient un aperçu assez développé de ses positions caractéristiques dans les principaux domaines du dogme (1902) [11]. En dépit de ses mérites, l'étude de Vaschalde se vit rapidement dépassée par une interprétation plus exacte du « monophysisme sévérien », lorsque J. Lebon eut démontré que cette christologie partait d'une notion de *physis* n'impliquant aucun « monophysisme réel » dans la formule de l'une nature incarnée (1909) [12]; l'évêque de Mabbog figurait fréquemment dans cette démonstration aux côtés du patriarche d'Antioche. Un autre aspect

---

[6] Celles que nous avons pu relever proviennent surtout du commentaire philoxénien des évangiles; voir ci-dessus, p. 134-161.

[7] *Ibid.*, p. 143, 157-158, pour le commentaire de *Luc* et de *Jean*.

[8] Soit par malveillance (par ex. le grief d'iconoclasme chez Jean Diacrinomenos; ci-dessus, p. 88-90), soit par suite d'un manque de perspective ou de compréhension (par ex. les critiques adressées par Bar-Ṣalībī à l'anthropologie religieuse de Philoxène dans le *Commentaire de Jean, III, 13*, f. 216ʳ b, ᵛ b).

[9] ASSÉMANI, *Bibl. Orientalis*, p. 20-22 en réunit quelques unes.

[10] *Ibid.*, p. 25-27.

[11] VASCHALDE, *Three Letters*, p. 38-79.

[12] LEBON, *Dissertation*, p. 176-526; ID., *Christologie*.

de la christologie philoxénienne, remarqué dès le début de ce siècle [13], ne put être élucidé qu'avec la véritable signification du julianisme; en comparant explicitement les théories de Julien d'Halicarnasse avec les écrits de Philoxène, M. R. Draguet attira utilement l'attention sur l'intérêt que présente l'anthropologie de notre auteur (1924) [14]. Enfin, c'est plus récemment que le monophysisme philoxénien a été rapporté à un cadre théologique plus large, dans une thèse de Mlle E. Bergsträsser consacrée à la sotériologie de l'évêque de Mabbog (1953) [15].

Cette énumération pourrait donner à penser que tout est dit sur la théologie de notre auteur; mais, en réalité, les études philoxéniennes sont encore loin d'avoir enregistré sur ce point des résultats entièrement satisfaisants; et nous voudrions expliquer ici en quoi elles nous ont paru laisser place à une nouvelle enquête.

D'un point de vue matériel, tout d'abord : la plupart des travaux consacrés jusqu'ici à Philoxène ne sont basés que sur les œuvres publiées. À supposer que celles-ci contiennent les données essentielles de la théologie de notre auteur, il n'en resterait pas moins que les pages encore inédites des *Mēmrē contre Ḥabīb* et les importants fragments conservés du *Commentaire des évangiles* [16] peuvent apporter d'intéressants compléments et correctifs. Nous avons donc voulu mettre à profit l'examen d'ensemble de la tradition manuscrite syriaque que nous avions entrepris, pour élargir au maximum les sources de notre information. Ce faisant, nous sommes pleinement conscient du vide irrémédiable qu'y laisse la perte de tant d'écrits dont les vestiges font encore entrevoir les richesses

---

[13] TER MINASSIANTZ, *Armenische Kirche*, p. 141, 147-151; KRÜGER, *Philoxenos*, p. 370; BARDENHEWER, *Geschichte*, p. 417, note 1.

[14] DRAGUET, *Julien*, p. 232-250.

[15] BERGSTRÄSSER, *Monophysitismus*; ID., *Soteriologie*. Des points particuliers de la doctrine ecclésiologique et sacramentaire de Philoxène ont été étudiés par JUGIE, *Theologia*; ID., *Primauté*; DE VRIES, *Sakramententheologie*; ID., *Kirchenbegriff*. Pour la doctrine spirituelle de l'évêque de Mabbog, on trouvera des indications dans HAUSHERR, *Contemplation*; ID., *Spiritualité*; LEMOINE, *Spiritualité*; ID., *Moine syrien*; GRIBOMONT, *Messalianisme*. Entre autres notices doctrinales consacrées à notre auteur, relevons encore TISSERANT, *Philoxène*, col. 1527-1531; ORTIZ, *Patrologia*, p. 150.

[16] Voir leur résumé, ci-dessus, p. 134-162 et 228-233.

disparues [17]. Mais il faut bien en prendre son parti; et nous estimons, d'ailleurs, qu'il reste suffisamment pour saisir la théologie philoxénienne à partir de son centre vivant et dans ses articulations maîtresses.

Et c'est précisément ici que nous voudrions préciser notre dessein par rapport aux études antérieures. Nous ne songeons nullement à contester que celles-ci aient permis d'atteindre, sur des points capitaux, à des mises au point valables, et souvent définitives, touchant la théologie de notre auteur; mais nous doutons qu'elles aient jamais réussi à en cerner exactement les intentions les plus profondes, pour autant que leurs visées précises et limitées ne les aient point détournés de cet objectif. Or nous sommes persuadé que toute la réflexion religieuse de Philoxène dérive d'une intuition théologique fondamentale, qui implique tout ensemble la christologie, la sotériologie et l'anthropologie chrétienne. C'est avec le souci de souligner le caractère synthétique et l'âme religieuse de la théologie philoxénienne que nous avons entrepris l'esquisse qu'on va lire. Nous n'avons pas caressé l'ambition de suivre la pensée de notre auteur jusque dans ses derniers méandres ou d'en ausculter les plus fines variations; mais nous avons voulu fournir le cadre préalable dans lequel des analyses plus détaillées et plus approfondies pourraient s'inscrire sans danger d'altérer leur véritable perspective.

La difficulté de pénétrer jusqu'au cœur du monophysisme tient pour une bonne part à la complexité de ses motivations. Il va de soi que notre examen ne portera pas sur les facteurs d'ordre personnel et émotif, sociologique ou national, qui pourraient avoir contribué au ralliement de Philoxène à une tradition et à un parti dont les considérations doctrinales ne formaient sans doute pas la seule composante [18]. Quel qu'ait été leur rôle effectif, ces facteurs contingents sont théologiquement nuls; en effet, que l'on conçoive

---

[17] Nous songeons spécialement aux fragments des lettres dogmatiques contemporaines du patriarcat de Flavien; ci-dessus, p. 208-211, nos 8-11.

[18] Le rôle des facteurs non théologiques dans les controverses christologiques du Ve et du VIe siècle, parfois indûment majoré par les historiens, n'en reste pas moins indéniable. On trouvera un exposé d'ensemble dans HAACKE, *Kaiserliche Politik*, et une bibliographie du sujet dans *Chalkedon*, t. 3, p. 837-842.

la théologie comme l'inspiratrice ou seulement comme la justificatrice des options du monophysisme syrien, elle n'en possède pas moins une consistance propre, indépendante de soi de tout conditionnement; et c'est à ce plan proprement objectif que les monophysites ont cherché les raisons les plus valables de leur engagement[19].

Si les circonstances ont pu infléchir dans un sens ou dans l'autre l'accent de la théologie philoxénienne, — soit que la controverse ait changé d'objet en passant du *Trisagion* et de la « formule théopaschite » au diphysisme proprement dit[20], soit que la situation du parti ait permis à l'évêque de Mabbog d'user d'« acribie » vis-à-vis de ses adversaires, ou l'ait au contraire forcé à des concessions « politiques »[21], — on ne peut s'empêcher d'être frappé par la stabilité et la continuité de la doctrine : dès les premiers écrits connus, celle-ci se présente déjà comme nettement dessinée dans ses grandes lignes; de la *Lettre dogmatique aux moines* (ca 480) à celle *Aux moines de Senoun* (521)[22], quarante ans ont passé sans qu'aucune évolution théologique essentielle en ait altéré les traits.

Pareille homogénéité ne doit pas s'expliquer par la rigueur d'une logique déductive et systématisatrice. Philoxène n'utilise pas un vocabulaire théologique absolument ferme et constant[23]; si sa pensée y gagne en souplesse et en fluidité, sa terminologie imprécise n'est pas sans risque d'incessants et graves malentendus, pour peu qu'on l'abstraie de son contexte immédiat. Chez notre auteur, la pensée procède selon une logique que nous qualifierions volontiers d'englobante ou d'intuitive, car, au lieu de se dérouler ou de s'étaler par étapes progressives, elle demeure sans cesse tout entière présente à elle-même; elle ne suit pas à proprement parler une démarche logique; elle ne fait qu'exprimer, sous une forme toujours nouvelle,

---

[19] Lebon, *Dissertation*, p. 502-508. À l'historien qui méconnaîtrait l'influence décisive du facteur religieux dans les controverses monophysites, Philoxène offrirait l'inexplicable paradoxe d'un évêque « nationaliste » syrien appuyant la politique unificatrice de deux empereurs byzantins pour imposer dans le patriarcat d'Antioche, non seulement la « piété grecque », mais encore la sotériologie alexandrine et la christologie cyrillienne!

[20] Ci-dessus, p. 50.

[21] Ci-dessus, p. 19-20, 85-88.

[22] Ci-dessus, p. 189-192 et 223.

[23] Ci-dessous, p. 337, 351-352, note 1 et p. 379-380.

des postulats fondamentaux, des idées directrices, qui constituent son centre de référence et son polarisateur constant [24].

Ces idées-force, qui sous-tendent toute la réflexion théologique de Philoxène, sont des vérités religieuses élémentaires, des convictions vivantes de la foi chrétienne, et non des principes spéculatifs ou philosophiques. Une fois le monophysisme établi comme Église séparée, il allait s'exposer au risque de ramener progressivement la défense de la foi aux proportions d'une joute scolastique; l'évêque de Mabbog, qui lutta toute sa vie pour la cause sacrée, n'y voyait rien moins que l'enjeu du christianisme [25], et s'il consentit à s'abaisser à la controverse spéculative, ce fut toujours avec une conscience aiguë du caractère dérisoire des prétentions de la raison à exprimer le mystère ineffable [26].

Ni le tour d'esprit de notre auteur, ni sa formation syrienne, ni sa dépréciation de la raison, ni l'époque à laquelle il vécut [27] ne

[24] Voir le résumé du *Commentaire de Jean, I, 1-17* et des *Mēmrē contre Ḥabīb*, ci-dessus, p. 152-158 et 228-232.

[25] *Commentaire de Matthieu, XVI, 16-17*, f. 59ʳ-60ʳ : « Celui qui confesse le Christ comme le Père l'a appris est justement appelé de son nom de chrétien; mais s'il comprend le Christ autrement, suivant l'opinion des nestoriens ou des ariens, [...] il reconnaît l'antéchrist qui doit venir. [...] Le dieu des hérétiques est donc Satan, si dure que leur soit cette parole. » — *Lettre à tous les moines orthodoxes d'Orient*, fragm. 6, p. 7 [8-9] : « De même que j'ai l'assurance et la certitude que le Fils de Dieu reviendra détruire et anéantir toutes les œuvres de Satan, ainsi je crois et tiens pour certain que seront anéantis aussi le concile de Chalcédoine et le *Tome* de Léon. »

[26] PHILOXÈNE, *Mēmrē contre Ḥabīb*, VIII, f. 69ᵛ b-70ᵛ a : « Le mystère véritable se médite et se lit par les pensées pures, qui sont les caractères de la vérité, qui s'y incorpore pour venir à la sensation de l'âme. [...] Il arrive souvent à ceux qui ont expérimentalement goûté ce mystère et senti ce qui est [plus] intérieur [que] les sens corporels, qu'en cherchant à saisir la lumière distillée dans leur âme et de l'amener à la composition de la parole, afin d'enseigner extérieurement autrui, [cette lumière] s'envole aussitôt loin d'eux. [...] Nous non plus, qui faisons présentement l'apologie de la vérité, ce n'est pas la vertu intérieure de la vérité que nous montrons au lecteur par notre parole. [...] Lorsque nous luttons contre des ennemis, l'expérience nous l'enseigne, nous errons en dehors de nous. [...] Cependant, bien que l'examen des paroles nous fasse sortir hors de nous et [...] trouble en nous la pensée simple de la foi, nous devons sortir au lieu de ces paroles, à cause de ceux qui ne sont pas encore entrés spirituellement au lieu de la vérité. »

[27] Philoxène était déjà un vieillard à l'époque (512-518) où l'on assiste à « l'investissement progressif de la théologie par la 'scolastique' » (MOELLER, *Néo-chalcédonisme*, p. 638).

font de lui un scolastique; tout donne accès, en sa personne,
au témoin privilégié d'un monophysisme non encore coulé et figé
dans un moule rationnel, mais toujours vibrant d'une vie intense.
C'est chez Philoxène plutôt que chez Sévère, — lequel est embar-
rassé de sa formation scolaire, — qu'on a des chances d'atteindre,
ou du moins d'approcher du plus près l'essence religieuse de la
théologie monophysite [28].

Le centre de gravité de la théologie philoxénienne repose incontestablement dans la christologie. Les circonstances n'ont certes pas
été sans peser sur cette orientation; cependant, si les nécessités de
l'heure ont contraint notre monophysite à épuiser son génie dans
la polémique contre le dualisme christologique, elles n'ont été que
le ferment grâce auquel sa pensée se formula et se précisa dans
telle direction et avec telle coloration particulière. La christologie
philoxénienne ne part pas d'un réflexe de défense; elle n'est pas
essentiellement le produit d'une négation, ni même d'une réaction :
elle plonge ses racines dans le vieil humus de la tradition chrétienne la plus authentique, condensée dans l'adage du *divinum
commercium*.

Tout le christianisme se résume pour notre auteur dans un double
devenir : Dieu devint homme pour que l'homme devînt dieu [29];
aussi les deux chapitres de cette étude théologique sont-ils consacrés à développer le mouvement de descente et de remontée compris
dans le principe du divin échange; ils traitent respectivement de
l'incarnation et de la divinisation, ou, si l'on préfère, de la christologie et de la sotériologie de Philoxène.

L'examen du mystère de l'incarnation partira de l'assertion fondamentale du « devenir » et de la méthode théologique qu'elle
entraîne; on verra ensuite comment notre auteur oppose le devenir
à l'« assomption » nestorienne et le défend contre l'objection du
« changement » eutychien; l'attention s'arrêtera alors au sujet divin
du devenir, puis à son terme humain; après quoi il sera possible
de porter, par manière de conclusion provisoire, un jugement sur la
signification du monophysisme philoxénien.

---

[28] Le sens religieux de Sévère, qui se manifeste librement dans les *Homélies*,
est comme contenu, dans ses écrits polémiques, par le souci de la rigueur
dialectique.

[29] Ci-dessous, p. 397-398.

Dans l'analyse de la théologie de notre auteur, nous avons délibérément renoncé à entrer dans l'identification et la comparaison
systématique des sources patristiques; nous ne sous-estimions nullement l'intérêt et l'importance incontestables de pareille enquête;
mais nous ne pouvions songer à entreprendre, sur un terrain embras-
sant pratiquement toute la synthèse théologique de Philoxène, un
travail qui, pour être sûr et utile, aurait exigé des recherches précises portant sur chaque point du système; notre étude constitue
plutôt un premier essai d'inventaire et de classement **thématique**,
préliminaire à d'ultérieurs examens d'identité [30].

Une comparaison d'ensemble de la théologie philoxénienne avec
celle de Sévère d'Antioche, qui s'avérerait sans doute instructive
pour l'appréciation du monophysisme syrien, aurait demandé, elle
aussi, un examen approfondi; mais on ne dispose pour Sévère
d'aucun travail s'étendant à l'examen de ses principes sotériologi-
giques [31]; nous avons donc préféré étudier Philoxène pour lui-même,
en laissant à d'autres le soin de fixer sa place exacte dans l'évolution des doctrines christologiques.

Afin de ne pas transformer les pages suivantes en un répertoire
de textes philoxéniens, nous avons réduit les citations à l'essentiel,
en donnant en principe la préférence aux écrits encore inédits, et
sans entrer dans des discussions qui auraient considérablement
alourdi l'exposé. Les titres et les références aux œuvres de notre
auteur sont conformes aux indications bibliographiques qui ont été
fournies dans la deuxième partie de ce travail. Nos traductions
visent plus à l'exactitude qu'à l'élégance, et ce souci de fidélité
nous a parfois contraint à la néologie; mais, si les termes dont nous
usons alors ne seraient pas admis par les puristes, il le sont tout
au moins par les spécialistes de l'histoire de la christologie, que
notre étude pourrait intéresser.

---

[30] Pour les autorités patristiques invoquées par Philoxène, voir ci-dessous,
p. 323, note 25. Nous ne saurions souscrire à l'avis du P. Gribomont, niant
toute influence d'Éphrem sur la doctrine trinitaire et christologique philoxénienne (GRIBOMONT, *Messalianisme*, p. 431). Cette influence nous paraît, au
contraire, déterminante; elle vient d'être démontrée pour la « théologie »
(BECK, *Philoxenos und Ephräm*, p. 61-75), et une enquête analogue mériterait
assurément d'être entreprise pour la christologie (*ibid.*, p. 76).

[31] LEBON, *Dissertation*; ID., *Christologie* et BARDY, *Sévère*, s'intéressent
exclusivement à la christologie du patriarche d'Antioche.

CHAPITRE PREMIER

LA CHRISTOLOGIE

I. — LE MYSTÈRE DU DEVENIR DIVIN

Si l'on s'est accoutumé à considérer comme l'affirmation centrale de la christologie monophysite la formule à laquelle cette christologie doit son nom, c'est qu'on l'a jugée dans une perspective et selon des critères qui lui étaient étrangers [1]. Philoxène, qui fit toujours sienne la cause du « monophysisme » strictement dit, accepte sans doute le principe de l'unité sans confusion [2]; mais la définition christologique qui lui tient le plus à cœur et qui revient inlassablement sous sa plume est celle du devenir sans changement [3]. La structure des deux florilèges patristiques qu'il nous a légués marque bien qu'il ne regarde l'unité que comme une conséquence du devenir, lequel constitue à ses yeux l'essence même du mystère christologique [4].

Pour peu qu'on admette que la considération de l'unité envisage le mystère du Verbe incarné sous l'angle du rapport, en quelque sorte statique, de ses composantes divine et humaine, on conviendra que la perspective philoxénienne du devenir, qui regarde le mystère comme l'acte divin d'une personne divine, en marque mieux le dynamisme et la fonction sotériologique [5]. Le principe théolo-

---

[1] Voir, sur ce point, JOUASSARD, *Intuition*, p. 179-183; LIÉBAERT, *Cyrille*, p. 178.

[2] Ci-dessous, p. 385-389.

[3] Il faudrait citer ici une infinité de passages de notre auteur; nous nous contentons de renvoyer au résumé des *Mēmrē contre Ḥabīb* et du *Commentaire de Jean, I, 1-17* que nous avons donné ci-dessus, p. 228-232 et 152-158. Par la force des choses, les traductions latines de Philoxène (par ex. VASCHALDE, *Tractatus tres*) déforment ܗܘܐ (« il devint ») en « factum est ».

[4] Dans le florilège du *Volume contre Ḥabīb*, l'unité vient en quatrième lieu, après la descente du ciel, l'incarnation et la naissance (ci-dessus, p. 227); dans celui de la *Lettre aux moines de Senoun*, elle vient en second lieu (p. 36 [29-30]), après la « formule théopaschite » (p. 32 [26-27]).

[5] Cette perspective est celle de la « christologie alexandrine »; voir, par ex., LEBON, *Christologie*, p. 431-433; GRILLMEIER, *Vorbereitung* p. 167-168.

gique du devenir ne représente pas, comme celui de l'unité, une réflexion critique sur la constitution ontologique du Verbe incarné, mais une description immédiate de l'« économie ». Pris dans leur acception christologique, les deux termes de « devenir » (‏ܪ‎ܘܐ) et d'« économie » (‏ܪܬܐܘܢ ܕܒܪ‎) sont d'ailleurs synonymes sous la plume de Philoxène [6] : par « économie » il désigne régulièrement l'acte de la providence divine vers lequel convergent tous les autres, c'est-à-dire le mystère du Verbe incarné [7]; et, d'autre part, s'il vise d'abord proprement par « devenir » l'économie dans son acte inaugural, c'est-à-dire l'inhumanation de Dieu Verbe [8], il en applique ensuite le principe à tout le déroulement de la vie du Sauveur, comme s'il voyait le mystère primordial s'étaler, en quelque sorte, de la naissance à la mort rédemptrice de Dieu Verbe [9].

Si nous venons d'évoquer, à propos du devenir de Dieu, la catégorie du dynamisme, ce n'est nullement, faut-il le préciser, dans le sens d'un émanatisme, et moins encore d'un évolutionnisme panthéiste. Le Dieu de Philoxène est celui de la tradition judéochrétienne, personnel, parfait et infiniment transcendant [10]. Les pages suivantes montreront avec quel soin jaloux notre auteur s'efforce d'écarter toute compromission de la transcendance et de l'autonomie divines dans le devenir du Verbe [11].

---

[6] L'un et l'autre s'opposent alors à la nature ou à l'essence divine : *Mēmrē contre Ḥabīb*, VII, f. 63v c; X, f. 109r a-v c; *Commentaire de Jean, I, 1-17*, f. 24v.

[7] Il le précise d'ailleurs souvent par l'expression « économie selon la chair » (‏ܕܒܣܪ‎); *Commentaire de Matthieu, III, 1-16*, f. 202v b : « La cause de l'économie selon la chair est l'accomplissement du mystère caché dans la prescience de Dieu le Père; aussi celui qui est engendré au-dessus des temps s'inhumana à la fin des temps. » Nous ne connaissons qu'un seul cas où Philoxène distingue l'économie et l'incarnation (*Mēmrē parénétiques*, XIII, p. 619).

[8] *Commentaire de Jean, I, 1-17*, f. 91v : « Dieu s'incarna et s'inhumana, ce qui est le commencement de la voie de toute l'économie. »

[9] *Mēmrē contre Ḥabīb*, X, f. 109r c : « L'économie, c'est la naissance, la passion et la mort. » Notre auteur marque cet « étalement » du devenir de l'incarnation à la croix en rapprochant *Gal.*, III, 13 (devenu malédiction) de *Jean*, I, 14 (devenu chair); ci-dessous, p. 470.

[10] *Livre des sentences*, I, p. 5-8 [10-12], 13 [16], 17-18 [19-20] : « Son Essence (‏ܪܬܘܬܐ‎) ne se répand pas dans la créature, et la créature ne se mêle pas naturellement à son Essence. »

[11] Ci-dessous, p. 339-351.

Il faut donc se garder d'introduire dans la conception philo-xénienne du « devenir » toute connotation suggérant un processus de développement continu, une évolution homogène ; bien au con-traire, pourrait-on dire, puisque notre auteur emploie le verbe « devenir » (ܟ̈ܐܘܢ) et le substantif correspondant pour désigner la venue de la création à l'existence, ou encore la créature dans sa condition d'être créé [12]. Comme le devenir de la création, encore que dans un sens tout différent [13], celui du Verbe représente un événement, une irruption entièrement neuve et inédite ; le terme « devenir » est donc ici pratiquement synonyme de ceux d'incarna-tion, d'incorporation, ou, plus exactement, d'inhumanation, qui ne font d'ailleurs que l'expliciter, ainsi que le souligne expressément notre théologien [14].

Avant d'examiner comment Philoxène comprend le principe du devenir de Dieu Verbe en l'opposant aux nestoriens et aux euty-chiens, nous voudrions indiquer ici sur quelles autorités théologi-ques il l'appuyait, et dans quel esprit il entendait aborder le mystère.

C'est évidemment la tradition de l'Église que notre auteur reven-dique en faveur de sa perspective christologique et qu'il oppose à ses adversaires. Il regarde comme la norme prochaine de cette tra-dition la définition solennelle de la foi résumée dans le symbole de Nicée et de Constantinople [15]. Le titre canonique fondamental

12 *Livre des sentences*, III, 1, p. 155 156 [117] : « Le nom 'devenir' fut jadis imposé [*Gen.*, I, 1, etc.] à ceux qui devinrent de rien, puis aux œuvres [créées] qui furent constituées à partir de celles-là. » — *Ibid.*, II, 4, p. 62-63 [52] : « Toute œuvre [créée...] devient alors qu'elle n'était pas. » Dans ce sens, le devenir s'oppose à l'Essence (ܐܝܬܘܬܐ), c'est-à-dire à l'être absolu et éternel de Dieu, suivant la révélation de *Ex.*, III, 14 ; *Commentaire de Jean, I, 1-17*, f. 66v ; BECK, *Philoxenos und Ephräm*, p. 61, 64, 66.

13 Ci-dessous, p. 341-343 ; Philoxène considère la création de l'*Assumptus homo* comme une expression de l'hérésie nestorienne.

14 *Lettre aux moines de Senoun*, p. 53-54 [44] : « La [formule] 'Dieu s'in-humana', que le grec emploie couramment, provient de 'il lui advint (ܟ̈ܐܘܢ ܠܗ) humanité' ; et 'il s'incarna' de 'il lui advint chair' ; [...] et 'il s'incorpora' de 'il lui advint corps'. »

15 *Commentaire de Jean, I, 1-17*, f. 21v-22r : « Les Pères de Nicée, d'accord avec l'évangéliste Jean [*Jean*, I, 14], dirent que Dieu Verbe descendit du ciel, s'incarna et s'inhumana, [mais] sans indiquer d'où, tandis que les autres

sur lequel il appuyait son rejet du dogme de Chalcédoine, qu'il tenait du reste pour hérétique, fut toujours que ce concile aurait contrevenu à l'interdiction portée à Éphèse d'adopter un nouveau symbole de foi[16]; telle était d'ailleurs la position que lui dictait la politique religieuse des empereurs Zénon et Anastase, dont l'*Hénotique* resta la charte officielle pendant toute la durée du schisme acacien[17]. Ce n'est pas l'effet du hasard si Philoxène se montre soucieux de rattacher toute sa christologie au *Credo*, au point qu'elle n'en semble souvent qu'un simple commentaire[18] : il s'agissait pour lui de montrer dans la théologie du devenir de Dieu Verbe la seule interprétation fidèle et conséquente d'un texte reconnu comme l'expression autorisée et intangible de la foi commune.

Pour notre auteur, le symbole n'avait pas seulement proclamé, contre Arius, la génération éternelle du Fils et sa connaturalité avec le Père; il avait également pris, pour ainsi dire prophétiquement, au sujet de la seconde naissance du Verbe, toutes les précautions nécessaires pour réprouver à l'avance l'hérésie des nouveaux ariens que seraient les « anthropolâtres » nestoriens ou chalcédoniens; en effet, Philoxène voit affirmée dans le symbole la divinité de l'unique Seigneur Jésus-Christ, qui y est présenté comme le sujet de toute l'économie; il y trouve les termes « incarné » et « inhumané » pour décrire le devenir et son terme[19], ainsi que le

---

[ceux de Constantinople], en disant : 'De l'Esprit-Saint et de la Vierge Marie', approuvèrent l'ange [*Matth.*, I, 20], l'évangéliste [*ibid.*, 18] et l'Apôtre [*Gal.*, IV, 4]. » — *Ibid.*, f. 31ʳ : « Les Pères apparaissent avoir pensé [conformément au Nouveau Testament], et c'est dans un même esprit qu'ils ont composé leur définition dogmatique : 'Dieu de Dieu descendit du ciel, s'incarna de l'Esprit-Saint et de la Vierge Marie, et s'inhumana'. » Voir aussi *ibid.*, f. 179v.

16 *Mēmrē contre Ḥabīb*, I, p. 489; *Sept chapitres*, 4, p. CXXI; *Mamlelā contre Chalcédoine*, p. XXIX (ci-dessus, p. 250, note 5).

17 Ci-dessus, p. 51-52.

18 Voir les cinq points par lesquels Philoxène résume ses *Mēmrē contre Ḥabīb* (ci-dessus, p. 227); voir également ce que nous avons dit de l'importance des professions de foi dans les écrits dogmatiques de notre auteur (*ibid.*, p. 168).

19 *Mēmrē contre Ḥabīb*, IV, f. 35ʳ c : « Nos trois cent dix-huit Pères et les cent cinquante ont succinctement et lumineusement écrit cette parole dans leur symbole de foi : 'Dieu de Dieu, Lumière de Lumière, vrai Dieu de vrai Dieu, connaturel (ܟܝܢܝܐ) du Père, descendit, s'incorpora et devint homme'. Nos

nom de la Vierge Marie pour préciser l'origine de la chair du Verbe [20], tandis que l'anathème dont les Pères firent suivre leur définition souligne à ses yeux l'immutabilité de Dieu dans son devenir [21]. Le dogme de la *Théotokos* et celui de l'*Unus de Trinitate*, exprimés l'un et l'autre dans la liturgie [22], ne représentent à ses yeux qu'une inférence immédiate du *Credo* [23].

Écrivant à une époque où la polémique christologique faisait déjà une large place à l'argument patristique [24], Philoxène ne pouvait manquer d'annexer à sa théologie les autorités les plus incontestées de la pensée chrétienne [25]; il ne semble pourtant pas que son érudition en ce domaine ait approché de celle de Sévère [26], car beaucoup des témoignages qu'il cite comptent parmi les lieux classiques des chaînes monophysites [27]; rien ne prouve même qu'il ait personnellement rassemblé les citations d'Éphrem, « son docteur

bienheureux Pères nous ont enseigné deux [choses] en une : que Dieu de Dieu descendit, qu'il s'incorpora et devint homme. » — *Commentaire de Jean, I, 1-17*, f. 187r-v : « Voici la tradition des Pères dans leur symbole de foi : d'abord que Dieu Verbe s'incarna, ce par quoi lui advint la chair, laquelle exigeait aussi une âme; puis ils enseignent qu'il s'inhumana. Ils prirent le 'il s'incarna' de [*Jean*, I, 14; *Rom.*, I, 3; IX, 5; *Hébr.*, II, 14]; et il leur parut bon d'écrire le 'il s'inhumana' à cause de [*Gal.*, IV, 4], puisque ce n'est évidemment pas la chair non animée qui 'devient sous la Loi'. »

20 Ci-dessus, p. 321-322, note 15.

21 *Mēmrē contre Ḥabīb*, VIII, f. 86r b-c : « Après avoir écrit qu'il descendit du ciel, s'incorpora et devint homme, nos trois cent dix-huit Pères ajoutèrent aussitôt : 'Ceux qui disent le Fils de Dieu [sujet à] changement (ܡܫܬܚܠܦܢܐ) ou altération (ܡܫܬܓܢܝܐ), la sainte Église catholique les anathématise'. J'ai donc bien appris et justement écrit que [le Verbe] devint sans changer. »

22 Ci-dessus, p. 307 et 34-35.

23 Voir les cinq points résumant les *Mēmrē contre Ḥabīb*; ci-dessus, p. 227.

24 RICHARD, *Florilèges diphysites*, p. 771-772.

25 Dans sa *Lettre aux moines de Palestine*, l'évêque de Mabbog se réclame d'« Athanase, Théophile, les [deux] Grégoire, Jean, Cyrille et le bienheureux Éphrem » (p. 38 [44]); pour les témoignages invoqués dans le florilège du *Volume contre Ḥabīb*, voir ci-dessus, p. 233; dans la *Lettre aux moines de Senoun*, p. 32-49 [26-40], sont cités Athanase, les trois Cappadociens, Cyrille, Éphrem ainsi que les pseudépigraphes apollinaristes (Grégoire le Thaumaturge, Jules, Athanase).

26 DRAGUET, *Julien*, p. 84, note 2.

27 Entre autres ceux de la *Lettre aux moines de Senoun*, p. 32-35 [27-29]; DE HALLEUX, *Senoun*, p. [XIII-XIV].

syrien » [28], qui constituent l'originalité de son grand florilège [29]. Du reste, tant s'en faut que la théologie philoxénienne repose effectivement sur l'argumentation patristique à laquelle elle recourait; il serait peut-être plus exact de dire que les témoins de la tradition n'étaient choisis, et au besoin interprétés, que pour illustrer des positions doctrinales déjà pleinement élaborées et formulées [30].

C'est, avant tout, à l'Écriture que notre auteur se réfère comme à la source et à l'instance dernière de sa foi christologique. Les livres du Nouveau Testament contiennent, selon lui, toute la révélation du mystère, que le symbole ne fait qu'expliciter [31]; il y trouve enseignées l'unité du Christ avec 1 *Cor.*, VIII, 6, sa descente du ciel avec *Jean* III, 13, son incarnation avec *Jean,* I, 14, son inhumanation avec *Gal.*, IV, 4, sa naissance de l'Esprit et de la Vierge avec *Matth.*, I, 18-20 [32].

Parmi ces témoignages, ceux dont la formulation même pouvait être invoquée en faveur de la théologie du devenir reçoivent un traitement privilégié; Philoxène les cite fréquemment [33] et les groupe sous le titre : « Les évangélistes (Jean, Luc et Matthieu), l'apôtre (Paul) et l'ange (de l'annonciation) » [34]. Avant tout autre, c'est à *Jean,* I, 14, qu'il recourt le plus volontiers; il considère ce verset comme « la pierre posée au fondement de l'économie de l'incarnation » [35].

28 *Lettre aux moines de Senoun,* p. 35-36 [29], où l'évêque de Mabbog semble apprécier hautement la familiarité de ses correspondants avec les écrits d'Éphrem; le florilège du *Volume contre Ḥabīb* pourrait être d'origine monastique.

29 Ci-dessus, p. 233-234.

30 Le texte d'Éphrem (*Nativité,* VIII, 2) que Philoxène invoque en faveur de la formule monophysite de l'une nature n'est guère favorable à sa thèse, aussi notre auteur doit-il entrer dans de laborieuses explications pour l'y annexer, tout en reconnaissant d'ailleurs la maladresse des expressions du docteur syrien; *Lettre aux moines de Senoun,* p. 49-53 [40-44]. Voir également ci-dessous, p. 378-380.

31 Dans les *Mēmrē contre Ḥabīb,* Philoxène soutient la légitimité d'une explicitation de la foi (I, p. 489-490), et en particulier l'usage de termes dogmatiques non bibliques, comme « hypostase », « génération » et « connaturel » (III, f. 26v b-27r a).

32 Ci-dessus, p. 321-323, notes 15 et 19.

33 *Mēmrē contre Ḥabīb,* IV, f. 38r a; VIII, f. 72v c-75r b, etc.

34 *Commentaire de Jean, I, 1-17,* f. 30v-34v (ci-dessus, p. 322, note 15).

35 *Livre des sentences,* III, 1, p. 172 [130].

Dès le début des controverses christologiques, les théologiens de tradition « antiochienne » n'avaient pas manqué de mettre en relief les passages néotestamentaires présentant le mystère de l'économie sous les catégories de l'inhabitation, de l'assomption ou de l'élection, et ils avaient interprété dans ce sens les textes parlant du devenir [36]. Philoxène ne méconnaît pas les témoignages ainsi objectés à la « christologie du devenir de Dieu » ; mais, soutenant que l'Écriture ne peut se contredire, il s'efforce, avec des fortunes diverses, de les annexer à sa cause [37].

À côté du Nouveau Testament, notre auteur cherche encore volontiers à appuyer et à illustrer le mystère de l'incarnation par l'analogie du devenir du chrétien dans les mystères sacramentels [38]. Il recourt aussi à l'obscure annonce de la divinité du Sauveur qu'il lit chez les prophètes de l'ancienne Alliance [39], ainsi qu'à la typologie des miracles de l'Exode qui lui paraissent représenter un étonnant exemple du devenir sans changement [40]. Cet exemple, il le cherche jusque dans l'ordre de la création, car, à ses yeux, la nature et l'Écriture conspirent à indiquer secrètement au sage le mystère de l'incarnation [41].

Philoxène regarde le devenir sans changement de Dieu Verbe comme le mystère de la foi par excellence [42] ; suivant ses propres termes,

---

[36] C'est le reproche que notre auteur adresse régulièrement à Nestorius ; par ex. *Commentaire de Jean, I, 1-17*, f. 39r, 184r, 185r ; *Livre des sentences*, III, 1, p. 170 [128].

[37] Dans les *Mēmrē contre Ḥabīb*, il discute ainsi *Jean*, II, 19 (VI, f. 50v a-51r a), *Actes*, XVII, 31 (VII, f. 66v c-69r c), *Phil.*, II, 7 (VIII, f. 83v b-84r b) et *Hébr.*, II, 14 (VIII, f. 81v b-83v b) ; pour le *Commentaire de Jean, I, 1-17*, voir ci-dessus, p. 231.

[38] *Mēmrē contre Ḥabīb*, V, f. 42r a-v b ; VIII, f. 71r a-b ; *Commentaire de Jean, I, 1-17*, f. 12v-13r, 29r-v, 179r-181v ; *Livre des sentences*, II, p. 41 [36] ; II, 7-8, p. 118-151 [91-114] (*passim*) ; ci-dessous, p. 419.

[39] Sa liste de *testimonia* comprend essentiellement *Is.*, VII, 14, *Baruch*, III, 36-38 et *Michée*, V, 1 ; voir *Commentaire de Jean, I, 1-17*, f. 31r-v, 34r.

[40] *Commentaire de Jean, I, 1-17*, f. 77v-87r ; *Livre des sentences*, II, 7, p. 112-118 [86-91] ; III, 1, p. 157-158 [118-119].

[41] *Mēmrē contre Ḥabīb*, V, f. 41r a-42v c ; *Commentaire de Jean, I, 1-17*, f. 47v-48r : « Les hérétiques [...] n'ont pu voir les choses naturelles ni connaître les surnaturelles, dont les mystères (ܐܪ̈ܙܐ) sont déposés dans les natures et dans les Écritures, et dont la réalité fut expliquée dans le Verbe inhumané. »

[42] *Mēmrē contre Ḥabīb*, X, f. 101r a-c ; *Livre des sentences*, II, 2, p. 45 [39-

« l'essence de Dieu (c'est-à-dire sa nature), ses particularités (les trois hypostases) et tout ce qui découle de sa volonté (l'économie) reste enfermé dans le silence et n'est accessible qu'à lui-même » [43]. Ce qu'on pourrait nommer, non sans quelque exagération d'ailleurs, l'anti-intellectualisme philoxénien dérive de principes gnoséologiques aux termes desquels, l'intelligence dans sa condition incarnée abstrayant ses connaissances à partir du sensible, la « science des pensées composées » s'avère inadéquate au monde spirituel et radicalement simple qu'est celui du divin [44]; inadéquation encore exaspérée par une théologie de l'absolue transcendance, dont notre auteur tire un apophatisme ne laissant place, entre Dieu et l'homme, à aucune comparaison [45], pas même dans le degré de perfection, lequel est infini, pas même par contraste, Dieu n'ayant à proprement parler aucun contraire qui lui puisse être opposé [46]. Ces

---

40]; *Commentaire de Jean, I, 1-17*, f. 13v-15r; *ibid.*, f. 77v : « Le grand miracle auquel aucun [autre] n'est semblable est donc vraiment que le Verbe devint chair. [...] Il n'a ni analogue ni comparaison; il n'en fut jamais opéré et il ne s'en opérera plus de pareil; il doit être cru, même s'il n'y a aucun signe pour assurer ou indiquer comment il advint. »

43 *Commentaire de Jean, I, 1-17*, f. 64r.

44 *Mēmrē contre Ḥabīb*, III, f. 25r b-c : « Lorsque nous prononçons chacun des noms des natures, la nature se dépeint aussitôt dans notre esprit, parce que nous l'avons [déjà] vue, goûtée, touchée ou sentie; en effet, nous connaissons d'avance les natures par les sens, et l'intellect (ܡܕܥܐ) a reçu leur indication; c'est pourquoi, chaque fois que nous rappelons leurs noms, leur figure se représente aussitôt dans notre esprit, car la connaissance des natures, qui réside dans l'âme, y représente et dépeint leur image. Mais lorsque nous prononçons les noms 'Père', 'Fils' ou 'Esprit', la figure de leurs hypostases ne se représente pas dans notre connaissance, parce que nous n'avons pas reçu leur vue par les sens et [que] leur connaissance n'est pas enfermée dans notre âme; ce n'est donc pas la connaissance qui est en nous qui les dépeint, mais la foi les reçoit spirituellement sans les représenter. » — *Mēmrē parénétiques*, II, p. 34-36; X, p. 407-408. Ci-dessous, p. 438-440.

45 *Mēmrē contre Ḥabīb*, III, f. 26r c : « De même que la nature [de Dieu] ne nous ressemble en rien, ne croyons pas davantage que les expressions appliquées à sa nature ressemblent en rien aux nôtres. » — *Livre des sentences*, III, p. 152 [115].

46 *Commentaire de Jean, I, 1-17*, f. 56r : « Le Créateur et sa créature ne [peuvent] être mutuellement opposés [...], car il n'aurait rien fait qui [pût] lui devenir opposé; et il est absolument impossible qu'aucune des œuvres [créées] devienne contraire à Dieu, puisque ceci arrive par comparaison soit

motifs expliquent pourquoi Philoxène subordonne toute connaissance éventuelle de la nature de Dieu et de ses desseins sur le monde à une révélation que seul peut donner celui qui est seul à se connaître [47].

Nous analyserons plus loin l'incidence que notre théologien attribue à l'efficacité rédemptrice de l'économie sur la connaissance religieuse [48]; mais la fonction essentielle qu'il accorde aux facteurs subjectifs de la foi et de la contemplation en théologie nous contraint d'anticiper quelque peu ce que nous dirons alors. Philoxène souligne qu'en révélant tous les mystères de Dieu dont il est porteur en sa personne [49], le Verbe incarné n'en accorde pas l'intelligence à la raison, mais les présente à l'obéissance de la foi [50]; en choisissant la voie de l'incarnation et de la croix, Dieu ne se manifeste plus par sa sagesse et sa puissance reflétées dans la création, mais par une faiblesse et une folie opposées à sa nature et donc scandaleuses pour la raison, mais portant l'épreuve de la foi à son paroxysme [51].

La négation de la naissance et de la mort de Dieu, que l'évêque de Mabbog impute à ses adversaires, revêt donc à ses yeux une tout autre gravité que celle d'une simple hérésie; s'il conteste aux « nestoriens » le titre de chrétien [52], s'il les assimile aux juifs et aux

partielle, soit totale entre deux choses; or il est absolument impossible qu'une chose créée puisse revendiquer vis-à-vis de Dieu une ressemblance, petite ou grande. » — Livre des sentences, I, p. 12-14 [15-17].

[47] Livre des sentences, I, p. 11 [14-15]; 20-23 [21-23]; Mēmrē parénétiques, II, p. 31-36. Philoxène pouvait trouver cette idée chez Éphrem; voir BECK, De fide, p. 44-47; JUGIE, Theologia, p. 560-561, parle à ce sujet de l'« agnosticisme » de l'évêque de Mabbog.

[48] Ci-dessous, p. 441-445.

[49] Commentaire de Jean, I, 1-17, f. 101r-102r; Livre des sentences, I, p. 28 [27]; II, 6, p. 84 [67], où il est montré que le mystère de la Trinité est révélé par le Verbe incarné.

[50] L'évêque de Mabbog insiste volontiers sur l'incompréhension des hérauts de la révélation : les disciples et Pierre lui-même ne comprennent pas la confession de Césarée (Commentaire de Matthieu, XVI, 16-17, f. 58v-59r); le sens de Jean, I, 14 reste mystérieux à l'évangéliste lui-même, et aux anges : Commentaire de Jean, I, 1-17, f. 152r-v; Livre des sentences, II, 5, p. 71-73 [58-59].

[51] Ci-dessous, p. 435-437.

[52] Commentaire de Matthieu, XVI, 16-17, f. 59r-60r (ci-dessus, p. 316, note

païens [53], c'est qu'il croit déceler chez eux un rationalisme inconciliable avec l'essence même de la foi [54], soit qu'ils nient ouvertement le mystère incompréhensible, soit qu'ils prétendent le comprendre et l'expliquer [55].

Cependant la sagesse divine concentrée dans le Verbe incarné [56] et transmise sous le langage d'aspect tout ordinaire du symbole [57], n'est point faite pour demeurer sous le boisseau. Philoxène n'admet pas que le chrétien s'en tienne à la foi simple [58], car celle-ci tend normalement à ce que notre auteur appelle la sensation (ܪܓܫܬܐ) [59], c'est-à-dire qu'il la considère comme le germe d'une connaissance supérieure du mystère. En qualifiant cette connaissance de « science spirituelle » et de « science de la charité » [60], Philoxène en détermine bien les deux conditions essentielles : en effet, d'une part

25); *Lettre aux moines de Senoun*, p. 4 [3] : « Les nestoriens apprennent à chacun à considérer le Christ comme un homme, et non comme Dieu inhumané pour nous; en insinuant au [chrétien] de renier la foi, ils s'efforcent d'en effacer aussi le baptême. »

53 L'accusation est fréquente; voir, par ex., *Lettre aux moines de Téléda*, I, p. 471-472, 486-487; *Aux moines du Bēt-Gōgal*, II, f. 37ʳ a-40ᵛ a.

54 Dans les *Mēmrē contre Ḥabīb*, X, f. 112ᵛ c-113ʳ c et le *Commentaire de Jean, I, 1-17*, f. 47ᵛ-48ʳ : « Puisque tous les hérétiques sont privés des sens de l'intellect et de leur activité, ils n'ont pu voir les choses naturelles ni connaître les surnaturelles. »

55 *Mēmrē contre Ḥabīb*, III, f. 24ᵛ a-b; *Commentaire de Jean, I, 1-17*, f. 14ʳ-15ʳ : « Oser dire froidement que le Verbe ne devint pas chair, c'est une dure impiété et un blasphème manifeste. [...] Et si l'on parle de 'comment' à propos du mystère inexplicable, cela prouve, soit que le mystère n'existe pas, soit qu'on profère à son sujet un blasphème sous couleur d'explication. [...] Ni le païen ni le juif ni aucun de ceux qui tiennent leurs opinions ne peuvent recevoir la lumière intellectuelle de la sagesse des mystères divins dans leurs opinions obscures et ténébreuses, et leur ignorance ne peut aucunement s'associer au savoir, ni leur erreur à la foi. »

56 Ci-dessous, p. 426.

57 *Mēmrē contre Ḥabīb*, I, p. 444; IV, f. 30ᵛ b-31ʳ c; V, f. 40ʳ c-41ʳ a; *Commentaire de Jean, I, 1-17*, f. 123ᵛ-124ᵛ.

58 *Mēmrē parénétiques*, X, p. 368-371; ci-dessous, p. 437.

59 *Mēmrē parénétiques*, I, p. 24; IX, p. 266-268, 292; XI, p. 463; *Livre des sentences*, I, p. 3-4 [9-10]; *Lettre aux moines de Senoun*, p. 71 [58-59], etc.; ci-dessous, p. 458-459.

60 *Mēmrē contre Ḥabīb*, III, f. 21ʳ a-22ʳ b : « La science spirituelle que la charité fait croître »; *ibid.*, f. 26ᵛ b-27ᵛ b.

il considère que la spiritualisation radicale ou ontologique de l'homme nouveau, participant par le baptême à l'efficacité de l'incarnation du Verbe, transporte en quelque sorte le chrétien au niveau du mystère de Dieu et du monde spirituel [61]; mais, d'autre part, il subordonne normalement l'activité des « sens spirituels », créés au baptême, à un ensemble de dispositions morales qu'il conçoit comme couronnées par la charité, laquelle rend à l'intellect sa pureté originelle [62].

Encore une fois, nous comptons revenir plus en détail sur la conception philoxénienne de la connaissance religieuse; mais nous devions dire ici, afin de situer dans ses véritables perspectives la démarche théologique de notre auteur, qu'il n'est à ses yeux de théologien que le contemplatif, et qu'il regarde la contemplation des mystères comme le déploiement normal des virtualités de la foi. Notre analyse de la christologie de Philoxène ne saisira donc que la diffraction rationnelle et communicable d'une expérience personnelle du mystère [63]; elle portera sur les composantes du « devenir sans changement » que notre auteur déclare connaissables,

---

[61] *Commentaire de Jean, I, 1-17*, f. 127r : « L'homme nouveau, rené par le baptême [...] peut seulement entendre les paroles relatives au mystère de la foi; mais qu'il devienne parfait [...] et il pourra apercevoir la vertu et la sagesse contenues dans ce dont auparavant il entendait seulement les paroles. » — *Ibid.*, f. 148v-149r. Ci-dessous, p. 438.

[62] *Commentaire de Luc, II, 52*, f. 28r : « Croire l'incompréhensible [appartient] à notre volonté, et acquérir le savoir par l'exercice et l'entraînement [relève] de notre sollicitude; mais sentir les choses spirituelles plus intérieures que la parole et la pensée, c'est la grâce de Dieu qui le donne, tantôt gratuitement, comme pour les Apôtres, tantôt à la pureté de l'intellect, qui s'acquiert après la victoire sur les passions. » — Ci-dessous, p. 422.

[63] *Mēmrē contre Ḥabīb, VIII*, f. 70r c : « Nous non plus, qui faisons maintenant l'apologie de la vérité, ce n'est pas la vertu intérieure de la vérité que nous montrons au lecteur par notre parole, — puisque [cette] vertu n'est pas connue par la parole, — mais ce sont des mots qui se détruisent mutuellement et des doctrines qui se combattent mutuellement. Lorsque nous luttons contre des ennemis, l'expérience nous l'enseigne, nous errons en dehors de nous; mais quand nous rentrons en nous-mêmes pour jouir des vivantes impulsions spirituelles, nous laissons complètement le souvenir de l'examen des paroles, et jouissons uniquement, par les sens intérieurs aux sens, [d'une jouissance] qu'on sent sans savoir en parler, qu'on goûte sans pouvoir l'expliquer et qu'on est incapable d'enseigner [parce qu']on l'apprend sans l'enseignement de la vue corporelle. »

c'est-à-dire : « qui, d'où, quoi et pourquoi » [64] ; quant au « comment », qu'il considère comme irréductible à toute explication positive, nous nous efforcerons maintenant de le cerner négativement à sa suite [65], par une double approche, en le définissant d'abord face à toute forme d'adoptianisme, puis face au docétisme et au synousiasme.

II. — DEVENIR ET ASSOMPTION

Sans être née d'un réflexe polémique, la théologie du devenir de Dieu n'en constitue pas moins l'inépuisable arsenal où Philoxène cherche ses armes défensives et offensives contre toute formulation dualiste du mystère christologique. Notre monophysite, qui savait occasionnellement reconnaître les intentions louables d'adversaires soucieux d'éviter le docétisme manichéen et de soustraire Dieu aux passions [1], se refusa toujours obstinément à voir dans les diphysites autre chose que des nestoriens honteux. Lorsqu'il en distingue les néochalcédoniens, qu'il qualifie de « semi-nestoriens » [2] ou de « parti hiérosolymite » [3], c'est pour démasquer, sous leur modération affectée, une dangereuse imposture visant à abuser les esprits simples.

---

[64] *Mēmrē contre Ḥabīb*, IX, f. 87ᵛ c : « Voici ce qu'il convient de dire : Qui est celui qui devint? d'où devint-il? que devint-il? pourquoi devint-il ce qu'il devint? Mais comment il devint, c'est une question que les sages n'entreprennent pas de sonder. » — *Livre des sentences*, III, 5, p. 246-247 [183]. — Philoxène pouvait trouver chez Éphrem cet écho des catégories aristotéliciennes; voir BECK, *Theologie*, p. 36.

[65] *Mēmrē contre Ḥabīb*, III, f. 30ᵛ b : « Nous disons : Ce n'est pas ainsi qu'est Dieu; mais nous ne pouvons dire comment il est. Nous disons : Ce n'est pas ainsi que Dieu descendit, remonta, devint, s'incorpora, naquit, apparut, pâtit ou mourut; mais nous ne savons expliquer comment, parce que le sens de son économie est réservé à la connaissance des hypostases [divines]. » — *Livre des sentences*, III, 1, p. 158-159 [119-120].

[1] *Livre des sentences*, II, 2, p. 48-49 [42].

[2] *Commentaire de Jean, 1-17*, f. 15ʳ : « Les hérétiques qui minent maintenant la voie de la foi sont les nestoriens et les semi-nestoriens; certains comprennent le Christ comme un homme en dehors de la Trinité et d'autres, le plaçant apparemment dans la Trinité, pensent qu'il est deux natures. »

[3] *Lettre aux moines de Senoun*, p. 73-77 [60-64]; ci-dessus, p. 99-100; *ibid.*, p. 74 [61] : « Il est donc bien plus nécessaire d'éviter la communion de l'[évêque] de Jérusalem que celle des Romains, parce que [cet évêque] proteste hypocritement ne pas approuver [ceux-là], alors qu'il tient leur sentiment et dissimule [sa] ruse avec art, tandis que sa foi et la leur [ne font qu']un. »

Pour inqualifiable qu'il puisse paraître, ce procès de tendances était justifié, dans la perspective de notre théologien, par ce qu'il considérait comme une évidence aveuglante, savoir l'équivalence dans le fait entre la confession de deux natures et celle de deux hypostases[4]. Nous aurons à revenir sur le sens théologique qu'il donne à cette équivalence[5]; il nous suffit pour l'instant d'avoir noté qu'elle lui permet de confondre tout dualisme christologique dans une même réprobation de principe.

Philoxène se représente la christologie de ses adversaires comme un grossier adoptianisme, dont les traits rassemblés composeraient l'image suivante : un homme devient, c'est-à-dire est créé, puis cet homme est choisi et appelé à devenir Fils de Dieu et Dieu par grâce, soit dès le sein, soit même après sa naissance, lors du baptême ou de la résurrection, en prévision ou comme récompense de sa justice; cette filiation consiste en ce que Dieu vient habiter dans l'homme élu comme dans son temple, ainsi qu'il faisait chez les justes et les prophètes de l'ancien Testament, ou encore que Dieu l'endosse en quelque sorte comme un vêtement, qu'il l'assume, qu'il se le joint pour ne plus faire avec lui qu'un *prosopon* d'honneur et d'adoration. Notre théologien n'esquisse nulle part dans son ensemble ce tableau caricatural de la christologie « antiochienne » qu'il attribue aux diphysites comme aux nestoriens; mais on peut en retrouver tous les éléments épars à travers son œuvre[6]. Au gré des besoins de la controverse il vise tantôt un point, tantôt l'autre; mais ce sont surtout ceux de l'assomption et de l'inhabitation qu'il considère comme les plus directement opposés à la théologie du devenir[7].

---

[4] *Douze chapitres*, 4, p. CVIII-CIX; *Vingt chapitres*, 7, p. CXXVI, etc.; *Lettre aux moines de Senoun*, p. 11-12 [9-10] : « Deux natures [...] sont évidemment aussi des hypostases, puisque la nature considérée à part, ou comptée, ne peut pas ne pas être aussi hypostase. [...] S'il y a deux hypostases, puisqu'il y a deux natures, [...] la conclusion s'impose qu'il y a aussi deux Fils, d'où aussi deux dieux. »

[5] Ci-dessous, p. 383-384.

[6] *Profession à Zénon*, p. 165 [120]; *Lettre aux moines de Téléda*, I, p. 463-465; *Lettre aux moines du Bēt-Gōgal*, I, p. 148-149 [107-108]; *Commentaire de Jean, I, 1-17*, f. 165v-167v; *Livre des sentences*, II, 2, p. 52 [44-45]; III, 5, p. 239-240 [178]; *Lettre aux moines de Senoun*, p. 3-5 [3-4], etc.

[7] Dans les *Mēmrē contre Ḥabīb*, VIII, f. 72v c-75r b, Philoxène s'en prend

Il n'entre pas dans nos intentions d'apprécier le bien-fondé et la justesse de la polémique philoxénienne. Ses critiques témoignent souvent vis-à-vis du point de vue adverse d'une incompréhension si grossière qu'on serait parfois tenté d'y soupçonner une volonté de dénigrement systématique [8]; mais il ne suit pas de là que l'évêque de Mabbog n'ait jamais combattu autre chose que les fantômes inconsistants nés de son imagination : nous avons dit qu'il devait à son éducation édessénienne la connaissance directe des écrits de Diodore de Tarse et de Théodore de Mopsueste [9], et que sa situation aux marches orientales de l'empire byzantin le mit en contact avec d'authentiques tenants de cette tradition christologique [10].

Mais nous examinons ici la critique philoxénienne du nestorianisme en fonction non pas du nestorianisme lui-même, mais de la logique interne des perspectives de Philoxène. De ce point de vue, le reproche fondamental que notre théologien adresse à la christologie de l'assomption et de l'inhabitation est celui de substituer le devenir d'un homme à celui de Dieu, et donc de trahir le sens de l'Écriture en lisant non pas : « Le Verbe devint chair et habita en nous », mais : « Une chair devint, et le Verbe habita en elle » [11]. Le résultat incontesté de la crise apollinariste ayant été de préciser que le terme humain de l'incarnation du Verbe n'est pas la chair inanimée ni même simplement « animale », mais l'homme complet, avec son âme intellectuelle [12], Philoxène peut représenter aux partisans de

---

vivement à son adversaire, qui prétendait l'assomption véritable et le devenir imaginaire. — On trouve cette opposition entre le devenir et l'inhabitation en christologie chez les théologiens alexandrins du IVe et du Ve siècle; voir GRILL- MEIER, *Vorbereitung*, p. 99-101, 105, 167-168.

[8] La réplique de Philoxène au moine Ḥabīb est souvent de mauvais aloi, par exemple lorsque notre auteur accuse son adversaire de nier la naissance virginale du Christ pour avoir dit que la Vierge engendra « naturellement » (V, f. 55v b-56r c); la discussion sur le caractère « naturel » de la mort et de la résurrection du Christ (VII, f. 59v c-62r a) repose également sur des équivoques verbales. Les interprétations que l'évêque de Mabbog donne de la définition de Chalcédoine et des lettres de saint Léon dans la *Lettre aux moines de Senoun* ne sont pas davantage acceptables; DE HALLEUX, *Senoun*, p. [XVI].

[9] Ci-dessus, p. 29.

[10] Ci-dessus, p. 234-236.

[11] Ci-dessus, p. 325, note 36.

[12] LIÉBAERT, *Cyrille*, p. 377; GRILLMEIER, *Vorbereitung*, p. 173.

l'assomption que celle-ci a bien pour objet « un homme autre que Dieu »[13].

Notre théologien rejette donc l'idée d'assomption pour autant que celle-ci implique à ses yeux une existence humaine antécédente, laquelle est à son tour au terme du devenir l'ayant constituée dans son être : si un homme est assumé, il fallait bien qu'il existât pour pouvoir l'être; mais s'il existait un homme, c'est qu'il était devenu, c'est-à-dire avait été créé comme tel[14]. Philoxène exprime volontiers cette déduction régressive dans un langage temporel : l'assumé pré-existe normalement à son assomption, mais, dans le cas du Christ, on ne peut admettre que la chair, le corps ou l'homme ait existé un seul instant en dehors du Verbe[15]; pour recevoir un sens accepta-ble, l'assomption christologique requerrait donc à tout le moins une absolue simultanéité avec la création de l'assumé[16].

Cependant, si notre auteur admet l'« assomption simultanée au devenir », ce n'est pas uniquement pour avoir surmonté l'objection

---

13 À Ḥabīb, qui opposait à l'expression : « devenir homme » la formule « il prit un corps », Philoxène répond que, ce corps étant doué d'âme rationnelle, c'est l'hypostase complète d'un homme qui serait alors assumée : *Mēmrē contre Ḥabīb*, IV, f. 38ʳ a; *ibid.*, IX, f. 91ʳ a : « Celui qui dit que le corps [du Christ] naquit et fut crucifié se trouve devant cette alternative : ou bien il dit que Dieu assuma un corps sans âme, ou bien, s'il admet que [le corps] a [son] âme, avec la pensée et l'intellect, c'est dans un homme qu'[il place] son espérance. »

14 *Commentaire de Jean, I, 1-17*, f. 113ʳ : « Si devint d'abord une chair ou un homme, qui fut alors assumé par le Verbe qui [vint] habiter en lui... » — *Ibid.*, f. 114v, 119v-120r, 156r-v.

15 *Profession à Zénon*, p. 165 [120]; *Commentaire de Jean, I, 1-17*, f. 188r-v; *Livre des sentences*, II, 2, p. 51-52 [44] : « Ni l'homme ni la chair ne devint d'abord [...] de façon à pouvoir être compté avec Dieu. » — *Lettre aux moines de Senoun*, p. 55 [45-46] : « Ils ne sauraient montrer que l'on connut dans le ventre de la Vierge, fût-ce [le temps d']un clin d'œil, soit un homme en dehors de Dieu, soit Dieu n'étant pas aussi homme. »

16 *Commentaire de Jean, I, 1-17*, f. 21r-v : « De même que tout enfant formé dans le sein assume évidemment de sa mère par le fait qu'il devient d'elle et que l'assomption n'est aucunement antérieure au devenir, puisque celui qui assume n'était pas avant de devenir; et qu'il ne devient pas avant d'assumer, car s'il était [déjà] devenu, il n'y aurait pas lieu qu'il assume encore ce qu'il [était déjà] devenu une fois : ainsi faut-il penser que, chez le Verbe de Dieu, [...] c'est dans le devenir même que s'opéra aussi l'assomption. » — *Livre des sentences*, II, 3 p. 57-58 [48-49].

de leur opposition temporelle, car, indépendamment de ceci, il continue de voir entre assumer et devenir une incompatibilité plus essentielle, celle de deux modes d'union de Dieu à la créature radicalement différents [17]. Celui de l'assomption caractérise à ses yeux le genre de communication divine propre à l'ancienne Alliance : lorsque Dieu assumait, et parfois dès le sein, un juste d'Israël à l'honneur et à la mission de prophète, de prêtre ou de roi, on ne peut dire qu'il « devenait » ce qu'il assumait [18]. Du Verbe seul il est permis et requis de dire qu'il devint homme ; ainsi Philoxène place-t-il l'originalité essentielle du nouveau Testament et la source de sa transcendance sur l'ancien dans le fait que Dieu n'y « reste plus chez lui », en dehors de sa créature, mais s'engage personnellement, pour ainsi dire, dans l'économie [19], au point qu'en sa per-

[17] *Livre des sentences*, III, 5, p. 261 [194] : « Même si l'on voulait dire qu'aussitôt la chair formée, le Verbe se l'adjoignit et y habita, ou l'unit à son nom et à son *prosopon*, on ne pourrait montrer ainsi la naissance du Verbe. »

[18] *Commentaire de Jean, I, 1-17*, f. 181r-v : « Depuis que fut créé Adam, le premier homme, jusqu'à ce que le Fils de Dieu s'incorpore de Marie, Dieu [restait] connu chez soi (ܒܠܚܘܕ), de même que chaque homme [restait] dans ce qu'il avait, et on ne parlait pas alors d'économie, parce que l'inhumanation n'était pas [encore] réalisée. S'il en est de même après que le Verbe se fut incarné et fut devenu vraiment homme, [...] il faut seulement parler d'une assomption ordinaire, comme il y en eut jadis de la part de Dieu pour certains justes, pour aucun desquels on ne dit que [...] Dieu devint selon la chair. » — *Ibid.*, f. 184r-v : « Si Dieu [résida] dans cet homme, créé récemment, et que le devenir ou la parole qui s'y rapporte [*Jean*, I, 14] s'applique uniquement à cet [homme] et non à Dieu lui-même parce qu'il s'incarna, il n'y a plus rien d'admirable dans cette économie, puisqu'il n'est écrit nulle part pour ceux-là que c'est Dieu qui devint chair. [...] Et si la chair du Verbe a été façonnée de cette façon, son devenir ne diffère en rien de celui des autres créatures. » — *Livre des sentences*, II, p. 95-98 [75-77] ; III, 3, p. 209-214 [156-159].

[19] *Commentaire de Jean, I, 1-17*, f. 91r-92v, 109r-110r, 162r-164r : « [La création d'Adam et d'Ève] n'a rien de commun avec le [fait] que [Dieu] devint chair de la femme ; car cela advint en dehors de lui et dans d'autres hypostases, mais ceci s'opéra dans son être (ܟܝܢܐ) à lui, car c'est lui qui s'anéantit hypostatiquement, s'incarna et naquit de la femme » (f. 92r). « Il est écrit que Dieu assuma certains justes à la royauté, au sacerdoce et à la prophétie ; [...] mais l'assumant, c'est-à-dire Dieu, restant chez soi (ܒܠܚܘܕ), l'assumé crût en qualité et en honneur dans ce pour quoi il avait été assumé, [...] et l'on ne dit pas ici que l'assumant devint ce qui fut assumé, ni que l'assumé devint en puissance (ܒܚܝܠܐ) comme l'assumant » (f. 162v) ; *Livre des sentences*, III, 5, p. 243-245 [180-182].

sonne les anthropomorphismes, qui n'étaient jusqu'alors que de simples métaphores, sont devenus mystérieuse réalité [20].

Pour marquer ce que nous venons d'appeler l'engagement personnel de Dieu dans le devenir de l'incarnation, notre théologien utilise les expressions scripturaires de mission (*Gal.*, IV, 4), de venue (*Jean*, I, 11), de descente du ciel (*Jean*, III, 13), dans le sein de la Vierge (*Luc*, I, 35), et surtout de kénose (*Phil.*, II, 7), en soulignant que ces descriptions de l'initiative divine caractérisent bien l'économie dans sa nouveauté spécifique [21].

Ces images impliquent une transcription du devenir de Dieu dans le registre du mouvement et de la dimension spatiale. Philoxène corrige évidemment ce que cette représentation a de grossier [22],

20 *Mēmrē contre Ḥabīb*, III, f. 25ᵛ b-c : « Lorsque nous entendons les Écritures employer des expressions bornées au sujet des noms de Dieu, ou de la nature et des hypostases [divines], faisons deux hypothèses touchant [ces] expressions : ou bien elles sont dites métaphoriquement (ܐ‍ܡ‍ܝ‍ܪ‍ܐ‍ܝ‍ܬ), à cause de la faiblesse des auditeurs, ou bien, si elles sont écrites en vérité, elles sont inexplicables. En effet, il est dit dans l'Ancien [Testament] que Dieu mangea, but, respira, dormit, fut las, se repentit, vint et alla, eut besoin et demanda, oublia et questionna ; mais nous n'imaginons pas qu'aucune de ces expressions ait été dite de lui vraiment, ou qu'il ait expérimenté aucune d'elles en la subissant effectivement. Or ces expressions sont encore écrites, dans le Nouveau [Testament], à propos du Fils, — non d'un autre fils, mais du Fils véritable, un de la Trinité ; — et nous ne disons pas qu'ici aussi elles sont métaphoriques, comme dans l'Ancien [Testament], mais nous croyons qu'il a accompli vraiment dans son hypostase chacune des passions et des besoins humains. » — *Ibid.*, VIII, f. 76ᵛ b-77ᵛ c ; *Commentaire de Jean, I, 1-17*, f. 91ʳ ; *Livre des sentences*, III, 1, p. 166 [125].

21 Philoxène souligne fréquemment le caractère fondamental de la kénose : d'elle dépendent l'incorporation, la naissance et tout ce qui s'ensuit, car elle a lieu « en vue de devenir homme » (*Lettre aux moines du Bēt-Gōgal, II*, f. 41ᵛ b-42ᵛ b, 47ᵛ a) ; la mission du Verbe précède elle aussi son devenir humain (*Livre des sentences*, III, 1, p. 176-179 [132-134]) ; il vient dans la Vierge avant de devenir et de s'incorporer d'elle (*ibid.*, II, p. 37-38 [34] ; II, 6, p. 99[78]). Cette antériorité ne doit cependant pas être comprise au sens temporel, car notre auteur affirme expressément la simultanéité temporelle absolue de la kénose, du devenir et de la conception (*Lettre aux moines de Senoun*, p. 55-56 [45-46]). Il ne s'agit donc que d'une priorité de conditionnement : la kénose est prérequise pour l'incarnation, si c'est Dieu qui devient homme.

22 Dans les *Mēmrē contre Ḥabīb*, II, p. 499-500, 503 ; III, f. 21ʳ c-ᵛ c, Philoxène déclare qu'il faut comprendre la « descente du ciel » conformément à l'immensité divine, c'est-à-dire non comme un mouvement local : « Nous disons qu'il

mais il ne saurait prétendre la surmonter absolument, puisque le mystère de l'incarnation insère le Verbe divin dans le monde spatio-temporel. Dans le sein de la Vierge, Dieu est contenu tout entier, comme homme fini et limité : voilà bien un miracle surnaturel; mais notre théologien se refuse tout autant à nier qu'à expliquer la réalité du fait; tout ce qu'il peut affirmer, c'est que ce nouveau mode de présence divine ne modifie en rien celle que le Verbe continue de posséder dans le Père comme hypostase coëssentielle et dans le monde comme nature créatrice [23].

Il nous est déjà possible de déterminer provisoirement le contenu théologique que notre auteur accorde au « devenir de Dieu » : le devenir exclut d'abord, selon lui, toute préexistence d'un être autre que celui qui devient; en second lieu, il constitue un processus s'opérant pour ainsi dire dans la personne du Verbe, qui s'y engage personnellement, tandis que l'assomption reste en quelque sorte extrinsèque à la Divinité, à la manière d'une activité créa-trice ou providentielle; en d'autres termes, le devenir affecte réelle-ment le Verbe et le constitue véritablement dans un nouvel état, celui d'être incarné.

On peut donc dire, nous semble-t-il, que dans la perspective dynamique qui est celle de la christologie philoxénienne, le con-cept théologique du devenir marque, en même temps qu'il la garan-tit, l'identité et l'unité du sujet ou de la personne qui se trouve constituée au terme de l'incarnation.

Mais cette insistance sur le réalisme du devenir du Verbe ne menace-t-elle pas de compromettre, d'une part la consistance du terme humain de l'incarnation, et d'autre part la transcendance divine? Le monophysisme fut toujours particulièrement vulnérable aux griefs de docétisme et de théopaschisme. Cependant, après s'être laissé porter à l'extrême par l'affirmation de sa foi dans le mystère de l'unité, Philoxène écarte, dans un second mouvement et avec la

descendit du ciel, comme nous l'ont appris les Écritures, et qu'il demeura au ciel, parce qu'ainsi l'exige la parole relative à la nature divine; il vint sur terre à cause de son économie, alors qu'il était sur terre à cause de son Essence » (f. 21v a); voir aussi *Lettre aux moines du Bēt-Gōgal, II*, f. 49r b-50v a.

[23] *Commentaire de Jean, I, 1-17*, f. 28r, 34r, 40r-42r; *Livre des sentences, II*, 6, p. 90-94 [71-74], 98-101 [77-79]. Philoxène élabore ainsi les antithèses poé-tiques d'ÉPHREM, *Nativité*, IV, 154, 168-169; XXI, 6-8; XXIII, 2, etc.

même énergie, les périls de confusion et de docétisme, qu'il paraissait pourtant frôler, en expliquant que le devenir de Dieu s'opère sans changement pour lui-même, et à partir de notre nature.

Nous allons passer à l'analyse de ces deux correctifs; mais avant de quitter le thème de l'assomption christologique, nous aimerions indiquer comment un souci analogue d'écarter de Dieu toute « passion » dans le devenir porte notre théologien à admettre et à justifier, en harmonie avec ses principes, cette même assomption dont il contestait l'orthodoxie chez ses adversaires. Il y a ici, soit dit en passant, un exemple entre mille de l'étonnante liberté d'expression qui donne parfois à la pensée philoxénienne une apparence d'imprécision, voire d'inconséquence, et qui force le lecteur à toujours rechercher l'intention au-delà de la lettre.

En effet, Philoxène reconnaît que l'Écriture, qui révèle le devenir du Verbe, décrit également l'incarnation comme une assomption : l'une et l'autre doivent donc être tenues pour également véritables [24]. Elles constituent même à ses yeux deux aspects du mystère qui se complètent et se corrigent mutuellement : le devenir exclut le dualisme que toute assomption implique entre assumant et assumé, tandis que l'assomption indique à son tour que le devenir ne suppose aucune transformation en Dieu, parce qu'il s'opère à partir de notre nature [25]. Ainsi, lorsque Philoxène veut rappeler que le

---

[24] *Mēmrē contre Ḥabīb*, IV, f. 38r b-39r a; VIII, f. 72v c-75r b, où Philoxène recense les témoignages du Nouveau Testament en faveur des deux expressions : « Les deux se trouvent dans les Écritures, et si on déclare faux le 'il devint', on déclare faux en même temps le 'il assuma', [...] car c'est l'Écriture qui dit le 'il devint' qui dit [aussi] le 'il assuma' » (f. 73r b). *Commentaire de Jean*, I, 1-17, f. 43v-45r : « C'est d'accord avec [les Livres saints] que les Pères ont dit, avec l'Évangéliste [*Jean*, I, 14], que le Verbe devint chair, et, avec Paul [*Hébr.*, II, 16], qu'il assuma de la semence d'Abraham; en confessant qu'il assuma lorsqu'il devint, ils établirent qu'il ne changea point » (f. 44r).

[25] *Mēmrē contre Ḥabīb*, VIII, f. 81r b-84r b : « Le Verbe ne se changea pas en chair, et il n'assuma pas non plus un autre homme, compté dans une hypostase propre (ܐܟܢܡ ܡܘܢܩ), mais son hypostase [c.-à-d. : lui personnellement] devint homme, comme il est écrit de lui, et il resta sans changement parce qu'il est Dieu » (f. 81v b); *Commentaire de Jean*, I, 1-17, f. 92v-93r : « Bien que l'assomption soit reconnue dans le devenir et le devenir dans l'assomption, le devenir est cependant différent de l'assomption, car le devenir indique que le Verbe s'incarna hypostatiquement, et ne fit pas sienne une chair façonnée pour être [celle] d'un autre, tandis que l'assomption montre d'où il s'incarna,

devenir n'entraîne aucun changement dans le Verbe qui devient, il dira que le devenir s'opère par assomption [26]; mais sa polémique incessante contre tout dualisme l'amène bien plus souvent à soutenir que l'assomption doit être comprise comme l'incorporation à partir de la Vierge [27].

Le devenir et l'assomption représentent donc pour lui les deux pôles indissociables d'un même acte; le Verbe assume en devenant et devient en assumant [28]. Mais de ces deux aspects du mystère, celui du devenir reste à ses yeux le plus vrai et le plus foncier, parce qu'il exprime directement l'essence de l'acte d'incarnation. Le point de vue de l'assomption n'intervient qu'en second lieu, comme une réplique à l'objection du docétisme ou du changement

c'est-à-dire de la Vierge, de laquelle il naquit; et puisqu'on croit qu'il devint ce qu'il n'était pas et resta ce qu'il était même après être devenu, le devenir intervient pour indiquer la première [vérité] et l'assomption pour montrer la seconde. » — *Ibid.*, f. 162r-v : « Nous disons donc aussi qu'il assuma la chair en devenant, sans expliquer le devenir comme une assomption ni l'assomption comme un devenir, pour ne pas introduire le changement dans l'un et pour ne pas montrer le nombre dans l'autre. »

26 *Commentaire de Jean, I, 1-17*, f. 8r : « De même qu'on comprend, outre le '[il devint] chair', le 'il devint homme', ainsi doit-on penser, outre le 'il devint', le 'il assuma', car on a coutume d'ajouter 'sans changer', afin de montrer que le devenir fut établi par l'assomption. »

27 *Mēmrē contre Ḥabīb*, IV, f. 37r a : « Le 'il s'incorpora' est le 'il assuma [son] corps', et le 'il assuma [son] corps' est le 'il s'incorpora'; en effet, Dieu s'incorpora hypostatiquement de la Vierge, et [c'est] dans son incorporation même [qu']il assuma [son] corps. » — *Ibid.*, VI, f. 56v b-c: « 'Dieu assuma' n'est assuré que si l'est d'abord le 'il s'incorpora et naquit de la Vierge'. Mais toi, tu as sottement considéré ce qui assure l'assomption comme sa négation, et sa négation comme ce qui l'établit. » — *Commentaire de Jean, I, 1-17*, f. 110r-v: « Ce n'est donc pas comme celle qui [a lieu] chez chacun des justes qu'est cette assomption-ci, mais [bien comme] une [assomption] unique, qui ne convient qu'à Dieu, lequel assuma en lui la figure et l'image de la nature de l'homme, par une incorporation hypostatique, et se montra dans l'image de l'esclave [*Phil.*, II, 7]. » — *Ibid.*, f. 112v.

28 *Commentaire de Jean I, 1-17*, f. 21v : « Deux [choses] s'opérèrent ensemble [dans le Verbe] : il devint chair, comme dit l'Évangéliste [*Jean*, I, 14]; et, puisqu'il ne devint pas d'ailleurs que de la Vierge, dans le devenir même s'opéra aussi l'assomption. » — *Ibid.*, f. 188r : « L'union fut établie à la fois par le devenir et par l'assomption, ni avec l'hypostase d'un homme, ni avec un corps façonné pour devenir [celui] d'un autre, mais avec la chair de Dieu Verbe lui-même. »

en Dieu; Philoxène ne l'adopte jamais spontanément, ni sans prévenir tout danger d'interprétation rationaliste en soulignant son caractère divin et mystérieux[29].

III. — DEVENIR SANS CHANGEMENT

L'Évangile et toute la tradition chrétienne obligent le croyant à regarder le mystère de l'incarnation comme le devenir de Dieu : telle est l'affirmation fondamentale de la christologie philoxénienne. Mais il reste que ce devenir doit être compris comme il convient à Dieu, c'est-à-dire sans la « passion » ou l'imperfection inhérente à tout devenir créé qu'est le changement (ܫܘܚܠܦܐ). L'immutabilité divine demeurant intacte à travers le déploiement du devenir dans la vie et la mort du Verbe incarné, elle fonde les paradoxes christologiques si chers aux monophysites, et sur lesquels il faudra revenir, de l'impassibilité dans la passion et de l'immortalité dans la mort[1].

On pourrait dire que le principe de l'immutabilité divine dans le devenir offre à Philoxène la réponse au grief de confusion, et notamment à celui de théopaschisme, tandis que celui de la connaturalité du Christ avec nous le défend du reproche de docétisme. De ces deux erreurs, on verra plus loin que c'est à la seconde surtout qu'il assimile l'eutychianisme[2]. Cependant il dut fréquemment rencontrer l'objection selon laquelle, les termes mêmes de devenir et de changement offrant à l'esprit une insurmontable contradiction, l'incarnation conçue comme un devenir entraînerait inévitablement une transformation et une confusion : soit celle du Verbe avec la chair, soit celle de la chair avec Dieu; telle est, en effet, la difficulté que notre auteur s'attache à résoudre, dès les

---

29 *Lettre aux moines du Bēt-Gōgal, II*, f. 51ʳ b : « Même en disant que le 'il devint' indique le 'il assuma', tu ne donnes pas une explication du fait, mais tu redoubles le nœud, tu ajoutes une difficulté à une autre et tu recouvres le mystère d'un voile. Même si tu confesses le devenir comme une assomption, ce n'est pas une explication, mais l'énonciation d'un mot comme le premier. Le 'il assuma' reste donc sans explication comme le 'il devint'. » — *Commentaire de Jean, I, 1-17*, f. 108ᵛ-109ʳ, 110ʳ-112ᵛ.

1 Ci-dessous, p. 459-460, 486-487.

2 Ci-dessous, p. 364.

Mēmrē contre Ḥabīb et jusque dans la *Lettre aux moines de Senoun*[3].

Pas plus que le devenir, l'immutabilité n'est considérée par Philoxène comme une vérité d'origine rationnelle ou philosophique : il la regarde comme un dogme de foi, solennellement promulgué à Nicée[4], expressément révélé dès l'Ancien Testament[5] et supposé par tout l'Évangile[6]. Cependant, tandis que le devenir de Dieu, qui dérive de la volonté divine, constitue en quelque sorte un mystère doublement surnaturel et rigoureusement incompréhensible pour toute créature[7], l'immutabilité de Dieu, qui ressortit à la nature divine[8], doit normalement s'expliquer suivant les principes d'une « théologie naturelle ». Effectivement, en dépit de ses principes

---

[3] Ci-dessus, p. 229; *Lettre aux moines de Senoun*, p. 60 [50] : « Comment y aurait-il moyen que l'Existant devienne et que l'Engendré naisse? » L'objection apparaît encore dans le *Commentaire de Jean, I, 1-17* (ci-dessus, p. 156) et dans le *Livre des sentences* (cité fréquemment dans les pages suivantes). Voir aussi l'objection de Ḥabīb, reproduite par Philoxène dans ses *Mēmrē*, V, f. 43ᵛ a : « Tu as écrit que l'Essentiel devint, [...] oubliant que les Syriens appliquent ce nom d'Essentiel à ce qui n'est pas devenu, et [que] donc tout ce qui devient n'est pas essentiel et tout ce qui est essentiel ne devient pas. »

[4] Ci-dessus, p. 323, note 21.

[5] L'autorité classique en la matière est *Mal.*, III, 6; voir, par ex., *Mēmrē contre Ḥabīb*, VIII, f. 86ʳ b.

[6] Y compris le lieu privilégié de *Jean*, I, 14, où notre théologien interprète la gloire du Verbe incarné comme la révélation de son immutabilité divine : *Mēmrē contre Ḥabīb*, VIII, f. 85ᵛ c-86ʳ c; *Commentaire de Jean, I, 1-17*, f. 190ᵛ. — L'argument de l'immutabilité du Verbe fut appliqué en christologie à partir de la polémique antiarienne (LEBON, *Dissertation*, p. 209-211; RICHARD, *Athanase*, p. 13-17; GESCHÉ, *Commentaire*, p. 253-256); Philoxène pouvait en trouver l'expression chez ÉPHREM, *Nativité*, I, 97; *Sur la foi*, XIX, 3 (changement volontaire de la nature immuable), etc.

[7] *Mēmrē contre Ḥabīb*, VII, f. 63ᵛ a-b : « Le fait qu'il est n'est pas miraculeux, mais naturel, et le fait qu'il a les [propriétés] divines n'est pas étonnant, mais ce qui convient à sa nature s'y trouve naturellement. [...] Mais l'étonnant et l'œuvre miraculeuse, c'est que ce qui ne lui convient pas naturellement s'opéra dans son hypostase. C'est pourquoi tout esprit qui a senti le mystère du Christ s'étonne plus de ce qu'il devint homme que de ce qu'il est Dieu. »

[8] *Commentaire de Jean, I, 1-17*, f. 93ᵛ : « Nous disons que le Verbe devint chair, et nous ajoutons à ceci qu'il ne changea pas, réservant le 'il devint' à sa volonté et attribuant le 'il ne changea pas' à sa nature, car il est évident que Dieu est immuable par nature. »

apophatiques, notre théologien développe une argumentation rationnelle en faveur de l'immutabilité du devenir divin; aussi allonsnous indiquer ici les trois principaux motifs que nous avons rencontrés chez lui : ils s'appuient respectivement sur l'éternité, la perfection et la liberté de Dieu.

Une des raisons favorites de Philoxène en faveur de l'immutabilité du Verbe dans l'économie pourrait s'énoncer comme suit : le devenir de Dieu n'entraîne pas plus le changement que son être ne suppose le devenir; Dieu devint sans changer parce qu'il existait sans être devenu [9].

Cette argumentation se base sur l'opposition de l'être créé à l'Existant par soi. Pour notre théologien, la créature existe, soit parce que créée de rien (les êtres spirituels et les quatre éléments matériels), soit parce que faite à partir d'éléments préexistants (les corps formés par la composition des éléments premiers) [10]; ce devenir, radical ou relatif, de toute créature implique en tout cas le changement que constitue sa création absolue ou sa formation en un être nouveau. À l'encontre des êtres créés, Dieu existe par soi, parce qu'il existe, ainsi qu'il le révéla lui-même (*Ex.*, III, 14);

---

[9] *Livre des sentences*, III, 4, p. 231-234 [171-174] : « Lorsque nous disons que [Dieu] existe, nous ne pensons pas que c'est parce qu'il devint qu'il existe; si on confesse qu'il devint, qu'on n'imagine donc pas qu'il devint en changeant, car à celui qui n'a pas de commencement dans son existence, aucun changement ne pouvait arriver dans son devenir » (p. 233 [173]); *ibid.*, III, 5, p. 239 [177] : « De même que nous croyons qu'il existe sans être devenu, nous confessons qu'il devint sans changer. » — L'opposition de l'être au devenir comme les deux états ou conditions du Verbe est familière à Athanase et Cyrille l'Alexandrie; voir LIÉBAERT, *Cyrille*, p. 159, 162, 166-167; JOUASSARD, *Intuition*, p. 180.

[10] *Commentaire de Jean, I, 1-17*, f. 184v : « Il est dit dans l'Écriture que certaines [créatures] devinrent de rien, comme le ciel, la terre, l'eau, l'air, la lumière, le feu et les anges, et que certaines [devinrent] à partir des quatre natures devenues et établies en premier lieu, ainsi que devinrent les semences, les plantes, les bêtes, les animaux, les reptiles de l'eau et les corps des hommes. » — *Livre des sentences*, II, 4, p. 62 [52] : « Toute œuvre [créée] qui devient ou bien devient de rien, ou bien est façonnée à partir d'[une autre] chose par changement; mais ici, où c'est Dieu qui voulut devenir homme, on ne peut rien penser de cela : ni qu'il devint alors qu'il n'exist[ait] pas, ni qu'il fut fait par changement. » — *Ibid.*, p. 65 [53-54].

c'est-à-dire qu'il n'est ni fait ni créé [11]. Philoxène complète cette expression négative de l'aséité divine par le rappel de l'éternité de Dieu; en effet, l'idée de création entraîne pour notre auteur celle de commencement temporel, tandis que l'Existant essentiel lui paraît normalement éternel, sans commencement, au-dessus des temps [12].

La nature essentielle et éternelle de Dieu lui interdit, si l'on ose dire, le devenir qui fait passer toute créature du non-être à l'existence [13]. Tirera-t-on de ces prémisses l'impossibilité absolue de tout devenir divin? Philoxène, qui ne peut accorder une conclusion qu'il estime contraire à sa foi dans l'incarnation, va dégager la notion du devenir de l'inévitable imperfection que celle-ci revêt chez l'être créé en distinguant entre devenir et changement : tandis que le changement lui paraît impliquer essentiellement ce qu'il appelle une « passion », inconciliable avec l'absolue perfection de la nature divine, il considère le devenir comme un concept normalement appliqué au monde créé, mais néanmoins susceptible d'une purification radicale [14]; ainsi, si Dieu devient, il deviendra sans changer. Sans

---

11 *Mēmrē contre Ḥabīb*, V, f. 43v b-c : « Comment existent le monde et Dieu, la créature et l'Essence? L'un existe sans avoir été fait, et l'autre existe parce qu'il devint, après quoi il est dit exister. [...] Ce qui devint est dit exister parce que devenu, et non comme Dieu existe. » — *Livre des sentences*, II, 5, p. 70-71 [58]; *Commentaire de Jean, I, 1-17*, f. 66v : « Le nom d'Essentiel (ܐܝܬܝܐ), par lequel il se révéla à Moïse, qui lui avait demandé quel est son nom, [...] indique le fait qu'il est. [...] Et il fut dit ainsi parce que lui seul est constamment, sans être créé (ܥܒܝܕ), tandis que toutes les autres œuvres [créées], visibles ou invisibles, sont à cause qu'elles sont devenues. » — *Livre des sentences*, I, p. 16-17[19].

12 *Commentaire de Jean, I, 1-17*, f. 18r : « S'il se trouvait être lorsque commencèrent à devenir chacune des œuvres [créées], et s'il est au-dessus de [tout] commencement, il est évident qu'il est par essence. Et s'il est sans être devenu, il s'ensuit qu'il ne changea pas en devenant. » — *Livre des sentences*, II, 5, p. 75 76 [61]. — Philoxène réserve l'« anarchie » à l'hypostase du Père (*Mēmrē contre Ḥabīb*, I, p. 498; *Livre des sentences*, I, p. 25 [25]), tout en acceptant évidemment l'éternité du Fils (*Commentaire de Jean, I, 1-17*, f. 105r-v, 109r), qu'il appuie sur le prologue johannique (*ibid.*, f. 17r-19v).

13 *Mēmrē contre Ḥabīb*, V, 43v b-c; ci-dessus, note 11.

14 *Commentaire de Jean, I, 1-17*, f. 17r-19r : « Nous n'avons jamais pensé qu'en devenant chair, le Verbe subit un changement, puisqu'il nous est évident à tous qu'il est impossible que Dieu change dans son être; et nous n'aurions même pu dire qu'il devint si nous ne l'avions appris de l'Évangéliste [*Jean, I,*

doute, en dehors de la révélation, aucun esprit n'eût osé concevoir le devenir de Dieu, et aucun ne peut davantage le comprendre depuis qu'il est révélé [15]; mais on ne peut tout au moins contester sa compatibilité avec l'éternité de l'être divin. Chez toute créature, l'être et le devenir sont deux notions mutuellement contradictoires, puisque la créature ne devient que dans la mesure où elle n'existe pas encore [16]; mais cette contradiction ne tient qu'à l'état de créature de l'être qui devient, c'est-à-dire que le devenir est pour celui-ci condition nécessaire d'existence. L'être essentiel de Dieu n'est donc pas incompatible en principe avec un éventuel devenir [17].

On saisira mieux ceci en suivant Philoxène dans le troisième argument qu'il développe en faveur de l'immutabilité de Dieu Verbe dans l'incarnation; mais il faut d'abord passer à un autre ordre de considérations, portant sur la cause finale de l'économie. Ce

---

14]. Deux choses sont maintenant examinées : s'il devint et s'il changea; nous recevons l'une et vomissons l'autre » (f. 17v); *Livre des sentences*, II, 4, p. 63-65 [53-54].

[15] *Commentaire de Jean, I, 1-17*, f. 14r-v : « Qui donc serait capable de concevoir ou d'exprimer [le mystère] nouveau, merveilleux, surnaturel, qui n'eut ni n'aura jamais son pareil, que seule l'admiration accompagne et l'étonnement suit, parce qu'il s'accomplit dans l'hypostase de Dieu lui-même? [...] De même qu'il est interdit de dire ou de chercher comment est le Verbe Dieu, mais [qu'on peut] seulement [dire] qu'il est, ainsi [peut-on dire], touchant son devenir, non pas comment il devint, mais seulement qu'il devint. Et de même que nous n'aurions pu savoir qu'il est si nous ne l'avions appris de lui, ainsi n'aurions-nous [pu apprendre] qu'il devint s'il ne nous l'avait dit lui-même. »

[16] *Commentaire de Jean, I, 17*, f. 105r-v : « De même que, parce qu'il est le Verbe de Dieu, il n'est pas permis de le comparer avec ceux qui sont à cause qu'ils devinrent, ainsi pour son devenir on ne peut l'assimiler ou le joindre à leur mode de devenir, parce qu'il est sans être devenu, et existe seulement parce qu'engendré, tandis qu'eux sont seulement à cause qu'ils furent faits et devinrent à partir de leur non-existence. » — *Ibid.*, f. 109r; *Livre des sentences*, III, 2, p. 199-200 [149].

[17] *Commentaire de Jean, I, 1-17*, f. 17v : « On croit qu'il devint sans changement, parce que cela se trouve chez Dieu comme chez le Fort et le Puissant qui, même lorsqu'il devient ce qu'il veut, reste ce qu'il est. » — *Ibid.*, f. 162r; *Livre des sentences*, II, 4, p. 62-64 [52-53] : « Si donc nous entendons l'Écriture dire de celui qui était qu'il devint, il ne faut pas nous effrayer ni douter de cette parole comme d'une nouveauté » (p. 64 [53]); *ibid.*, II, 5, p. 71-72 [58-59].

deuxième argument peut se résumer comme suit : Dieu devient sans changer parce qu'il devient pour nous et non pour lui-même.

On interpréterait mal le « propter nos » du symbole de foi en concluant de ce que le Verbe s'incarne pour le salut des hommes, que son existence leur serait en quelque sorte subordonnée, comme s'il n'était qu'un instrument à leur service, à la manière de la créature irrationnelle ; Philoxène fait ressortir le blasphème qu'il y aurait à soumettre ainsi Dieu à l'homme ; dans ce sens, ce n'est pas le Verbe incarné qui existe pour nous ; c'est nous qui sommes siens et qui existons pour lui [18].

Pour comprendre l'interprétation positive que notre auteur donne du « pour nous » marquant la finalité de l'incarnation, il faut partir d'un présupposé sotériologique sur lequel nous aurons à revenir, et que nous nous contentons maintenant d'énoncer : l'incarnation opère une nouvelle création [19]. Si l'on se souvient que le terme « devenir » revêt dans la théologie philoxénienne une signification première pratiquement synonyme de « création » [20], on sera à même de saisir dans quel sens « Dieu devient pour nous et non pour lui-même » : par cet aphorisme, Philoxène veut dire que la raison de son devenir est d'amener les hommes au devenir [21] ; Dieu, existant par soi-même, n'éprouve aucun besoin personnel de devenir ; s'il devient c'est littéralement par procuration pour ses créatures besogneuses et impuissantes à se recréer elles-mêmes [22].

[18] *Livre des sentences*, II, 6, p. 88-89 [70-71] ; III, 3, p. 207-216 [154-161]. Voir JUGIE, *Theologia*, p. 560-561. Philoxène reprenait sans doute ces considérations à saint Athanase ; voir BOUYER, *Athanase*, p. 66-68.

[19] Ci-dessous, p. 412-418.

[20] Ci-dessus, p. 321, 341.

[21] *Livre des sentences*, III, 3, p. 206-207 [154] : « Il devint alors qu'il existe, afin qu'on sache qu'il devint pour les autres, et non pour lui ; car pour lui, il était Dieu, mais il voulut devenir homme pour nous ; parce qu'il était impossible que nous devenions fils de son Père par ce qu'il est Fils, il devint lui-même homme de nous et comme nous, pour qu'ainsi nous puissions nous-mêmes devenir fils de son Père et frères de sa propre filiation. »

[22] *Commentaire de Jean, I, 1-17*, f. 115v : « Si on croit que le devenir unique et nouveau dont parle Jean [I, 14] est celui de Dieu, il a ramené toute chose à un [nouveau] devenir ; mais si on pense que c'est [le devenir] d'un homme, il n'a profité ni à lui ni aux autres. » — *Livre des sentences*, II, 4, p. 64 [53] : « Il n'avait pas besoin de devenir pour lui-même, car il existait pour lui-même, même s'il n'était pas devenu ; mais il devint à cause de nous et pour nous. »

En effet, suivant notre auteur, l'être créé, qui reçoit l'existence comme un don, ne peut à proprement parler la communiquer à aucun autre; étant devenue « pour soi », son existence s'épuise pour ainsi dire en elle-même; seul Dieu, qui existe souverainement, peut appeler la création à l'existence [23]. L'incidence sotériologique de ces principes est évidente; mais nous ne les invoquons ici que pour expliquer l'argument que Philoxène en tire en faveur du devenir sans changement.

La ligne de cet argument pourrait être résumée comme suit : le devenir « pour soi » propre à l'être créé implique chez lui une motivation intrinsèque, c'est-à-dire qu'il suppose un besoin, un manque d'être, une perfection à acquérir; mais Dieu est une nature absolument parfaite, possédant l'existence de façon plénière, et qui n'a nul besoin de devenir pour lui : s'il devient, ce ne pourra être que d'une manière entièrement gratuite et désintéressée, et nullement afin de combler un manque personnel [24]. En d'autres termes, l'éventuel devenir de Dieu sera nécessairement exempt du changement que supposerait la satisfaction d'un besoin, la suppléance d'un défaut d'être; tout le bénéfice en revient à ceux « pour » lesquels il s'opère [25].

---

[23] *Ibid.*, p. 65 [53-54] : « Il est évident que l'[être] qui n'était pas [avant d'être créé] n'était pas pour soi-même; et lorsqu'il devint, c'est-à-dire fut fait par le Créateur, il devint pour lui, et non pour que d'autres soient faits par son devenir. » — *Ibid.*, II, 6, p. 87 [69] : « Si [le Fils] reçut le devenir par grâce, [...] comment aurait-il pu donner à d'autres de devenir fils? [...] Car une œuvre [créée] ne peut en faire d'autres, et une créature ne peut en créer une autre. » — *Ibid.*, III, 4, p. 219-229 [163-170] : « Le devenir d'un homme est donc faible et très débile; il ne peut faire un autre par son devenir, ni devenir la cause que, tandis qu'il devient lui-même, deviennent avec lui ceux qui ne sont pas » (p. 220 [164]).

[24] *Commentaire de Jean, I, 1-17*, f. 12r-13r : « Or s'ils demandent ou interrogent : Pourquoi donc fallait-il qu'il devînt, alors qu'il est? on leur dira que ce n'est pas pour lui qu'il devint. En effet, il n'avait pas besoin de devenir, à savoir, chair et homme, celui qui était Verbe et Dieu; mais il devint chair, alors qu'il est esprit, afin que nous devenions derechef, par son devenir à lui, spirituels et fils de Dieu. » — *Livre des sentences*, II, 3, p. 56-57 [48]; II, 4, p. 62 [52] : « Il ne changea pas en devenant, parce c'est de nous et à cause de nous que le corps lui fut façonné, et non pour combler ainsi un manque propre. »

[25] Cet argument était utilisé par les controversistes antiariens pour répondre à l'objection des imperfections du Sauveur. Athanase l'emploie fréquemment

Comme le premier argument, celui-ci aboutit donc à dissocier le changement du devenir comme sa « passion », puis à le nier en principe comme incompatible avec la nature divine ; mais le changement était considéré comme contraire, là à l'éternité de Dieu, et ici à son absolue perfection.

Un troisième motif, fondé sur la liberté et la toute-puissance de Dieu, va permettre de pénétrer plus profondément encore dans les présupposés « théologiques » du devenir. Nous exprimerons comme suit ce dernier argument : Dieu devient sans changer parce qu'il devient par volonté [26] et non par nature. Philoxène en applique le principe au mode de présence divine résultant de l'incarnation [27], à la seconde naissance du Verbe [28], à la mort de Dieu [29], mais d'abord et surtout au mystère fondamental : suivant ses propres termes, le « devenir » se rapporte à la volonté de Dieu Verbe, l'immutabilité à sa nature [30].

(BOUYER, *Athanase*, p. 49-50, 85-86, 94-100, 104-108, 138 ; RICHARD, *Athanase*, p. 21-22, 44-45). ÉPHREM, *Sogītā*, V, 25-26, l'applique au baptême du Christ, et la version adoucie des *Centuries gnostiques* d'ÉVAGRE (IV, 80), à la descente aux enfers (GUILLAUMONT, *Kephalaia*, p. 234).

[26] Le terme « économie » intervient fréquemment dans ce contexte comme synonyme de « volonté », et celui d'« essence » comme synonyme de « nature ». *Livre des sentences*, II, 4, p. 68 [56] : « L'essence de Dieu ne se changea pas en son devenir. [...] Et si tu dis que son être est inexplicable parce qu'il appartient à sa nature, on te dira que son devenir est aussi inaccessible parce qu'il appartient à sa volonté. » — Philoxène doit peut-être cette distinction entre la nature et la volonté divine à saint Éphrem, qui s'en servait contre le dualisme gnostique, pour affirmer la liberté de l'acte créateur ; voir BECK, *Philoxenos und Ephräm*, p. 63-64, 67, 69 ; ID., *Theologie*, p. 14-15, 105 ; ID., *De fide*, p. 35, 66-67.

[27] *Commentaire de Jean, I, 1-17*, f. 40r-42r ; *Livre des sentences*, II, 6, p. 98-101 [77-79].

[28] *Livre des sentences*, II, 4, p. 68-70 [56-58].

[29] *Mēmrē contre Ḥabīb*, X, f. 98v b, où notre auteur reprend une proposition de sa *Lettre dogmatique aux moines*, p. 138 [100] : « Il goûta la mort par sa volonté, alors qu'il est vivant par sa nature. »

[30] *Commentaire de Jean, I, 1-17*, f. 93v. Le devenir et la kénose sont donc surnaturels, aux yeux de Philoxène, non seulement du point de vue de l'homme, mais aussi de celui de Dieu (c'est-à-dire qu'ils ne lui conviennent pas en vertu de sa nature), à l'encontre de la génération du Verbe, laquelle est surnaturelle du point de vue de l'homme, mais naturelle de celui de Dieu : *Lettre aux moines du Bēt-Gōgal, II*, f. 49r b-50v a ; *Commentaire de Jean, I, 1-17*, f. 27r-28r ; *Livre des sentences*, II, 4, p. 68-70 [56-57] ; II, 6, p. 98-99 [77].

La volonté représente le domaine de la liberté, de l'initiative, de l'autarcie, et la nature celui de la loi, de la nécessité, de la contrainte. En rattachant le devenir à la volonté divine, comme à un principe de toute-puissance et d'absolue spontanéité, Philoxène cherche donc à en montrer la possibilité, mais aussi et avant tout à le dégager de toute nécessité découlant de la nature, fût-ce de la nature divine ; selon lui, en effet, Dieu ne saurait être regardé comme soumis à aucune loi, fût-ce celle de sa propre nature, sans que soit menacée la souveraine autarcie qui constitue l'essence de sa liberté [31]. Ce n'est pas par boutade que notre théologien, renversant l'objection de théopaschisme contre ses auteurs, déclare qu'en attribuant à Dieu l'impossibilité de devenir, on l'affecte d'une « passion », c'est-à-dire d'une limitation à sa toute-puissance [32] ; en effet, il considère que si Dieu ne pouvait devenir sous peine de changer, son immutabilité serait toute relative et son pouvoir dérisoire ; ainsi est-ce le devenir de Dieu qui fournit à ses yeux la preuve pour ainsi dire expérimentale tant de l'immutabilité que de la toute-puissance [33].

[31] *Livre des sentences*, II, 4, p. 66-67 [54-55] : « [Le Verbe] est libre parce qu'il possède le pouvoir naturel, et il n'a d'opposition absolument en rien, ni dans la nature ni dans la volonté. [...] Sa volonté ne fut empêchée par aucune faiblesse ni par [aucune] opposition. [...] Rien ne put devenir opposé à sa volonté, pour qu'elle ne réalise point ce qui lui avait paru [bon] pour aider [les créatures]. En effet, le Verbe Dieu est tout-puissant, et les oppositions sont chez lui impuissantes. » — *Ibid.*, III, 4, p. 230 [171] : « Dieu est libre [parce] qu'il possède le pouvoir de n'être retenu par rien, non seulement par la volonté, mais aussi par la nature. »

[32] *Mēmrē contre Ḥabīb*, X, f. 99v b-c : « Entourer Dieu d'une frontière, c'est l'enfermer sous une passion ; en effet, avoir une frontière [serait] une passion chez Dieu, et ne pas faire tout ce qu'il veut, une faiblesse indicible. »

[33] *Commentaire de Jean, I, 1-17*, f. 20r-v : « La laine nommée amiante et les animaux dont elle provient [c.-à-d. les salamandres] possèdent chacun, dit-on, une nature incorruptible au feu, et ceci est connu de beaucoup par ouï-dire ; mais s'il arrive que quelqu'un voie cet animal dans le feu, ou la laine qui en provient tomber dans le feu sans se consumer, il a désormais appris par l'expérience de la vue ce qu'il acceptait auparavant par ouï-dire, et, outre la parole, c'est aussi par le fait qu'il connaît [désormais] l'incorruptibilité que cet animal possède naturellement. Ainsi [en va-t-il] de Dieu, Seigneur de l'univers, dont la parole confessée par chacun reconnaît qu'il a une nature immuable et incorruptible : chez les chrétiens, c'est aussi par le fait qu'on l'a reconnu tel, car ils croient qu'il devint chair, comme le dit de lui l'Écriture, sans changer

La théologie philoxénienne apparaît donc comme résolument
« volontariste » [34]; mais son intention ne vise nullement à dénier
toute consistance à la nature. Lorsque notre auteur attribue le devenir du Verbe à la volonté divine, en ajoutant que la nature ne
peut contraindre celle-ci mais lui obéit [35], il entend simplement
sauvegarder la contingence et la gratuité absolue de l'économie;
en effet, inscrire le devenir dans la nature divine équivaudrait,
selon lui, à en exiger la réalisation comme une nécessité intrinsèque,
ce qui supposerait inéluctablement en Dieu un besoin d'être, et
donc une imperfection ne pouvant se combler que par « changement » [36]. On se trouve ainsi ramené aux considérations de l'argument précédent, puisqu'une incarnation naturelle et nécessaire de
Dieu Verbe serait forcément une incarnation « pour lui-même » et
non « pour nous ».

Philoxène refuse donc d'inscrire le devenir du Verbe dans la
nature divine pour ne pas le dégrader par l'imperfection de la
nécessité; mais il refuse pareillement de le détacher de cette même
nature pour autant qu'il y trouve la raison de son immutabilité.

dans la divinité qu'on lui reconnaît. » — *Livre des sentences*, III, 4, p. 230-231
[171].

[34] *Lettre aux moines du Bēt-Gōgal, II*, f. 41v a-b : « Si la volonté [divine]
veut sans que la nature réponde, voici une faiblesse de la volonté, une scission
dans la nature et une passion d'impossibilité; mais loin de nous [la pensée]
que rien de cela [puisse] arriver à Dieu, de manière que sa volonté serait
empêchée par quoi que ce soit! » — *Livre des sentences*, II, 4. p. 66 [55]: « Il
devint à la fin [des temps] ce qu'il lui plut, et sa volonté ne fut empêchée par
aucune faiblesse ni par [aucune] opposition. De même que rien ne l'empêcha
d'exister, mais qu'il existait éternellement et essentiellement, ainsi rien ne
put devenir contraire à sa volonté. »

[35] *Livre des sentences*, II, 7, p. 127-128 [97-98] : « Sa nature ne peut
aucunement forcer sa volonté, parce qu'il n'y a en lui aucune opposition. »

[36] *Mēmrē contre Ḥabīb*, X, f. 98v c : « Ce n'est pas en séparant sa volonté
de sa nature que nous avons dit qu'il goûta la mort par sa volonté, mais [nous
l'avons dit] pour apprendre que sa nature est vivante, de sorte que l'hypostase
qui mourut ne soit pas crue naturellement mortelle comme chacun, ou menée
à la mort contre sa volonté, par la nécessité d'un autre. » — *Livre des sentences*,
II, 4 : « Parce qu'il devint sans changer, on a reconnu aussi qu'il était sans
[avoir été] fait, car ce n'est pas pour lui-même qu'il devint, de façon à
perdre son être à cause de son devenir. En effet, il n'avait pas besoin de
devenir pour soi, car il était pour soi, même s'il n'était pas devenu; mais
parce qu'il devint pour nous, il resta pour soi sans changement ce qu'il est. »

Dans ce sens, Dieu « accomplit le dessein de sa volonté sans nuire
à sa nature » [37]. Notre auteur apporte ainsi un correctif à ce que
nous appelons son « volontarisme » théologique, ou du moins à ce
que ce volontarisme aurait pu avoir d'unilatéral et partant d'excessif ; ce correctif repose sur un appel à la conciliation en Dieu de
la volonté et de la nature, et donc sur l'assurance de leur accord
parfait dans le mystère de l'absolue simplicité divine : Dieu peut
tout ce qu'il veut parce qu'il ne veut que ce qu'il peut, c'est-à-dire
que sa volonté ne veut rien d'opposé à sa nature [38]. Cette nature
devant d'être immuable à son éternelle perfection, le devenir éventuel, qui lui sera conforme, participera de cette même immutabilité [39].

[37] *Commentaire de Jean, I, 1-17*, f. 17r-19v : « Le Fils ressemble en tout au
Père, en nature et en volonté : parce que le Père voulait que son Fils devînt
homme, [le Fils] approuva sa volonté et devint ce qu'il lui plaisait ; et parce
que la nature du Père est immuable, le Fils aussi resta sans changer dans son
devenir. Et de même que ç'aurait été une preuve de faiblesse s'il avait cherché
à ne pas devenir afin de ne pas changer, ainsi sa puissance se manifesta par
le devenir sans changement. En effet, s'il avait su qu'il allait changer, il
n'aurait pas même entrepris de devenir ; mais, confiant dans la stabilité qu'il
a en tant qu'il est et qu'il est immuable naturellement, il accomplit le dessein
de sa volonté sans nuire en rien à sa nature » (f. 19r-v).

[38] *Lettre aux moines du Bēt-Gōgal, II*, f. 41v a : « Que Dieu devienne homme,
c'est possible à sa puissance et cela convient à sa volonté, car aucune nécessité
ne peut forcer son essence à ne pas devenir ce qu'il veut. Si sa volonté d'amour
est retenue par la nécessité de sa nature, c'est ouvertement la passion d'une
faiblesse, qui veut faire quelque chose sans le pouvoir ; mais [Dieu] ne veut
rien qu'il ne puisse, car ce n'est pas à la fin de l'œuvre qu'il apprend l'expérience de sa puissance. [...] Il n'a donc pas la volonté de faire rien d'impossible, mais, s'il veut faire ceci, c'est évidemment parce qu'il pouvait l'achever
qu'il a voulu et entrepris son œuvre, sans que son [amour] soit retenu en rien
par sa nature puissante. » — *Livre des sentences*, II, 7, p. 128 [98] : « Sa nature
ne sait forcer en rien sa volonté, [...] et sa volonté n'entraîna aucune nécessité
dans sa nature. »

[39] *Mēmrē contre Ḥabīb*, X, f. 99r c-100r b : « Nous ne disons pas de Dieu
qu'il a une nature passible, et pas davantage une volonté passible, car en disant
cela, soit de sa nature, soit de sa volonté, nous introduirions la nécessité en
Dieu ; mais [nous disons] qu'il voulut, dès lors qu'il existe, ce qui était requis
pour notre salut, afin que nous fussions aidés par ce dont il n'avait pas
besoin » (f. 99r c). *Commentaire de Jean, I, 1-17*, f. 18v : « Le changement ne
convient pas à la nature [de Dieu], parce que, de même qu'aucun dommage
ne la touche, ainsi aucun changement ne lui arrive. [...] Il est [donc] impossible
que le devenir puisse, de quelque façon que ce soit, changer le Fils de Dieu,

La conciliation mystérieuse de l'être immuable et du devenir véritable de Dieu se réalise donc dans celle des deux attributs divins où ils s'enracinent : la nature ne peut pas plus empêcher la volonté de devenir que la volonté n'entraîne la nature à perdre son immutabilité [40]. Philoxène exprime parfois cet accord dans les catégories du temps : la science et la volonté de Dieu sont coëssentielles et donc coéternelles à sa nature ; si le devenir n'est pas opposé à l'être immuable, c'est parce qu'il ne « survient » pas dans la nature comme une volonté « nouvelle », contemporaine du fait, lequel se produit à la fin des temps. Notre théologien peut donc affirmer que l'incarnation ne représente pas un changement pour l'être de Dieu parce qu'elle est éternellement préconnue et prédéterminée dans la pensée et le vouloir divins, bien que réalisée « en dehors de l'éternité » et « après des temps incommensurables » [41].

Les trois arguments que nous venons de parcourir se rejoignent donc dans leur affirmation inconditionnée de l'immutabilité divine. Cette affirmation joue un rôle capital dans la théologie philoxénienne du devenir de Dieu : elle permet à notre auteur de justifier rationnellement la possibilité du devenir, et de répondre ainsi à

ou que l'Essence de laquelle il est se mue en quelque chose d'autre par le devenir. »

[40] *Livre des sentences*, III, 5, p. 249 [185] : « Puisqu'il n'y a en Dieu aucune opposition, la nature ne force point la volonté à ne pas chercher à devenir homme, et la volonté n'entraîne pas la nature par nécessité à changer en devenant. » — Cette dialectique des rapports entre la nature et la volonté divine se trouve esquissée, sous forme poétique, chez ÉPHREM, *Contre les hérésies*, XXXII, 14-15, XXXVI, 6, etc. ; voir BECK, *De fide*, p. 88-89.

[41] *Mēmrē contre Ḥabīb*, X, f. 98v a-99r c ; *Commentaire de Jean, I, 1-17*, f. 22r, 105v-107v : « Puisqu'il faut croire que son hypostase est contemporaine de sa naissance du Père, il convient également de penser que la volonté concernant la seconde naissance était aussi contemporaine de l'hypostase ; d'où quiconque sait réfléchir pourra voir que la volonté du Verbe n'est pas, de ce fait, opposée à sa nature. [...] Il n'y a donc pas lieu de penser que le fait de devenir ne convient pas à celui qui existe, puisque la volonté de devenir était prédéterminée simultanément à son existence. [...] Il ne lui arriva donc pas une chose nouvelle, qui lui aurait été inconnue, ou opposée à sa nature, puisque l'être appartient à sa nature et le devenir à sa volonté, et que sa volonté concernant ce [devenir] est sans commencement avec sa nature » (f. 106r-v). *Livre des sentences*, I, p. 29 [27-28].

l'objection de son incompatibilité avec la nature éternelle et parfaite de la Divinité. Au raisonnement : « Dieu est immuable, donc il ne devient pas », Philoxène répliquerait : « C'est Dieu qui devient, donc il devient immuablement ».

Cette réponse n'est pas spécieuse, mais elle reste dépourvue pour l'esprit de tout contenu intelligible positif ; car si on nous donne l'assurance de principe que l'immutabilité et le devenir se concilient en Dieu, on ne nous explique pas comment ils s'accordent dans le fait. C'est là le noyau irréductible du mystère, qu'il serait blasphématoire de vouloir pénétrer parce qu'il demeure réservé à celui qui est seul à savoir le comment de ce qu'il fait [42]. Du moins le principe du devenir sans changement permet-il à la christologie philoxénienne d'éviter l'écueil de la confusion, qui compromettrait la transcendance divine dans la naissance, la souffrance et la mort.

Il faudrait examiner à présent comment Philoxène écarte le danger du docétisme et de l'apollinarisme, en étudiant sa conception du terme humain de l'incarnation ; mais, puisque le thème de l'immutabilité dans le devenir nous a naturellement conduit à analyser les présupposés du devenir de Dieu Verbe dans la « théologie », nous allons maintenant passer à l'examen du sujet du devenir ou de son terme divin, ce qui fera remonter aux présupposés trinitaires de la christologie de notre auteur.

IV. — UN DE LA TRINITÉ, DIEU VERBE

Le concept de nature (ܟܝܢܐ) ne répond pas plus chez Philoxène qu'il ne le fait dans notre langue courante à une définition philosophique bien précise, qu'il suffirait d'appliquer mécaniquement à chaque cas ; le terme se présente sous sa plume dans les acceptions les plus diverses, parfois mêlées comme à plaisir en de subtils et irritants paradoxes [1]. Ces acceptions se rattachent toujours de

---

[42] *Livre des sentences*, II, 5, p. 72-76 [59-62] : « Reconnais avec l'Évangéliste que [le Verbe] devint ; comment il devint, laisse-le à la science de celui qui devint » (p. 73 [59-60]) ; *ibid.*, III, 2, p. 192 [144].

[1] Dieu devient surnaturellement homme à partir de la nature (*Lettre dogmatique aux moines*, p. 134 [98]) ; il meurt surnaturellement de la mort de notre nature (*Mēmrē contre Ḥabīb*, VI, f. 58v b-59r b), mais aussi conformément à

plus ou moins près à l'idée très générale d'une structure interne, constitutive de l'être et normative de son activité; mais seul le contexte permettra d'en préciser le sens ou la nuance exacte.

On a déjà suivi notre auteur dans l'examen de deux implications du devenir christologique avec la nature divine, où celle-ci était successivement envisagée comme principe de déterminisme et de nécessité, puis comme source et garantie d'immutabilité; en ce sens, Philoxène pouvait dire que Dieu devint, non certes par nature mais conformément à sa nature[2]. Il reste à voir dans quel sens l'incarnation du Verbe affecte la nature divine dans son rapport avec les hypostases (ܩܢܘܡܐ) de la Trinité; en effet, l'affirmation de la foi attribuant l'économie au Fils seul amène naturellement à examiner les inévitables répercussions de cet aspect du dogme dans la théologie trinitaire philoxénienne.

Notre auteur considère le sujet de l'incarnation comme une des composantes du mystère accessibles au croyant, parce qu'expressément révélées dans le Nouveau Testament : l'Évangéliste affirme que le Verbe devint chair (*Jean*, I, 14), l'Apôtre que le Fils devint de la femme (*Gal.*, IV, 4), et le symbole précise la condition divine de ce Fils unique, le Seigneur Jésus-Christ[3].

Notre théologien adopte d'emblée et utilise régulièrement la terminologie trinitaire « une nature, trois hypostases », communément reçue en Orient depuis la fin de la crise arienne[4]. Suivant la foi

---

la nature divine (*ibid.*, X, f. 99r c-100r b); il est fils de la Vierge naturellement et surnaturellement (*Commentaire de Jean, I, 1-17*, f. 165r-v), etc. La nature s'oppose à la volonté ou à l'économie (ci-dessus, p. 346), au surnaturel et au miraculeux (*Commentaire de Jean, I, 1-17*, f. 11r, etc.), à l'Écriture (*ibid.*, f. 22v 24r, 46r-48r, etc.) et à la Loi (*Livre des sentences*, III, 1, p. 178 [134], etc.), à la grâce (*Lettre aux moines de Senoun*, p. 29 [23-24], etc.), à l'hypostase (*ibid.*, p. 40-41 [33-34]) et aux opérations (*Lettre aux moines de Téléda*, I, p. 466).

2 Ci-dessus, p. 348-349.

3 Ci-dessus, p. 330, note 64; p. 324, notes 33-35; p. 322, note 19.

4 *Mēmrē contre Ḥabīb*, II, p. 493; IX, f. 95v c-96v a; *Livre des sentences*, I, p. 23-24 [24]; *Mēmrē parénétiques*, II, p. 32; *Profession : « Nous professons la foi en une nature éternelle »*, f. 165r-v, etc. — Pour Athanase et les premiers nicéens, οὐσία (ou φύσις) était encore un équivalent d'ὑπόστασις (LEBON, *Consubstantiel*, p. 639); leur distinction, qui proviendrait de la tradition origénienne (*ibid.*, p. 664), est attribuée aux Orientaux par les homéousiens (*ibid.*, p. 661); et cette théologie trinitaire sera vulgarisée par les Cappadociens

de Nicée, pour laquelle il professe la vénération que nous avons
dite [5], il reconnaît dans le Fils Dieu coëssentiel, ou connaturel, au
Père [6]. La divinité du Fils ressort, selon lui, d'une simple analyse
de la notion de filiation, impliquant l'idée de génération, puis,
en vertu de l'axiome *Omnis ens generat simile sibi,* celle de connaturalité; quant à la divinité du Verbe, elle lui paraît naturellement
enseignée dans le premier verset de l'évangile johannique [7]. Pour
notre auteur, les noms de Fils et de Verbe désignent tous deux
l'hypostase, et non directement la nature; mais, tandis que le premier
vise l'hypostase dans ce qui la constitue comme telle, c'est-à-dire dans
le fait de la génération éternelle, le second indique le mode spirituel et mystérieux de cette génération par l'exemple de la parole [8];

(*ibid.*, p. 663). Apollinaire la reçoit (*ibid.*; Voisin, *Apollinaire*, p. 360-361,
412). Éphrem n'appliquait pas encore le terme ܟܝܢܐ, dans le sens de
ὑπόστασις, à la théologie trinitaire ni à la christologie (Beck, *Theologie*,
p. 20; *De fide*, p. 9; voir cependant Éphrem, *Sur la foi*, XXXVI, 11-15).

5 Ci-dessus, p. 321-323.

6 À l'expression « coëssentiel » (ܒܪ ܐܝܬܘܬܐ; *Livre des sentences*, I, p. 32
[30], etc.), Philoxène semble préférer celle de « connaturel » (il rend régulièrement ὁμοούσιος ἡμῖν par ܒܪ ܟܝܢ), bien qu'il semble avoir corrigé cette dernière expression en la première dans sa version du symbole (comparer les
Mēmrē contre Ḥabīb, IV, f. 35r c et *Commentaire de Jean, I, 1-17* f. 125r;
Lettre aux moines de Senoun, p. 64-65 [53]). Notre auteur réserve l'emploi du terme « Essence » (ܐܝܬܘܬܐ) à la Divinité, comme l'avait bien vu
Jacques d'Édesse, *Scolies*, p. 204, *10-22*; ce terme équivaut alors à celui
de « nature » (Beck, *Philoxenos und Ephräm*, p. 61-62). On ne rencontre jamais
chez Philoxène la translittération syriaque du grec οὐσία, comme c'est le cas
dans les traductions des traités polémiques de Sévère; Jacques d'Édesse, *Lettre
à Georges*, p. ܐ [X] assure que ce terme n'était pas encore en usage à l'époque
de notre auteur.

7 *Mēmrē contre Ḥabīb*, III, f. 26v c : « Quand le nom de Fils est véritable,
et non pas dit par métaphore, il indique aussi la génération et enseigne la connaturalité. » — *Commentaire de Jean, I, 1-17*, f. 15r-17r: « Par les paroles placées
en tête de son livre, Jean s'efforça de montrer que le Fils est coëssentiel du
Père, qu'il ne [vient] pas de lui comme une des œuvres [créées], qu'il est éternellement auprès de lui comme son Fils, qu'il ne survint pas par accident et
après [un certain temps], qu'il est Dieu auprès de Dieu, qu'il est le non créé
auprès du Créateur, etc. » (f. 16r). *Ibid.*, f. 102r-104v.

8 *Mēmrē contre Ḥabīb*, VI, f. 54r a : « Le nom de Fils est plus intérieur
et [plus] proche de la nature de Dieu que celui de Verbe; en effet, le nom de
Fils indique qu'il est connaturel, et le nom de Verbe qu'il est engendré sans
passion, et qu'il est toujours dans celui qui l'a engendré, et avec lui. La réalité

néanmoins l'attachement de Philoxène à l'autorité de *Jean*, i, 14, lui fait utiliser le nom de Verbe de préférence à celui de Fils.

L'expression « Dieu Verbe », qui revient inlassablement sous la plume de notre auteur, n'a donc rien d'une redondance ; le premier terme désigne directement la nature et le second l'hypostase ; l'un oppose Dieu à la créature, l'autre distingue le Fils du Père et de l'Esprit [9]. En les employant pour désigner le sujet de l'économie, il entend donc bien attribuer le mystère à « une hypostase de la nature divine ». Ce point ne nous paraît pas nécessiter de plus longue démonstration, d'autant que notre auteur prend souvent le soin de l'affirmer expressément [10], et qu'il consacre à sa défense de longues pages des *Mēmrē contre Ḥabīb* [11].

Nous insisterons bientôt sur la répercussion que cette constatation préliminaire entraîne dans l'interprétation du monophysisme philoxénien [12] ; mais notre objectif immédiat est d'analyser son incidence dans la théologie trinitaire. En effet, la question se pose de

est antérieure à son exemple ; or le nom de Verbe est l'exemple, et le nom de Fils est la réalité elle-même (ܐܳ ܟܺܝ ܢܳܐ ܕ ܘ ܟܝ ܢܐ ܘ). » — *Livre des sentences*, III, 2, p. 191 [143] : « [Le Christ] est nommé Fils parce qu'il est né du Père, de même qu'il [est appelé] Verbe parce qu'il est né sans passion. »

[9] *Mēmrē contre Ḥabīb*, IX, f. 92v a-b : « [L'évangéliste dit que] le Verbe était Dieu [*Jean*, i, 1], nom par lequel sont appelés le Père et l'Esprit, et dont on nomme aussi la nature [divine], tandis que 'Verbe' est seulement une appellation de l'hypostase du Fils, et on n'appelle de ce nom ni le Père ni l'Esprit ni la nature. » En principe, Philoxène n'emploie donc pas indifféremment les deux expressions ; dans la pratique, cependant, il ne parle pas toujours en termes propres et formels ; mais s'il affirme que Dieu s'incarne, c'est évidemment en sous-entendant : dans la personne du Verbe.

[10] Il le fait dans la plupart de ses professions de foi ; ainsi dans la première *Lettre aux moines de Téléda*, p. 453-454 : « Voici comment je crois et confesse : une nature essentielle et éternelle du Père, du Fils et de l'Esprit-Saint, [...] trois hypostases, mais un Dieu, trois *prosopa*, mais une nature, trois noms, mais une Essence ; c'est en cette une nature divine avec ses saintes hypostases que j'ai appris à croire. Et je confesse encore, suivant ce que j'ai reçu de la doctrine apostolique, qu'une des hypostases de l'Essence, le Verbe Dieu, [...] s'anéantit [...] et devint vraiment homme de la Vierge sainte, etc. »

[11] *Mēmrē contre Ḥabīb*, II, p. 518-527, 534-537 ; III, f. 22r a-23v b, 26v b-27v c ; IV, f. 31r c-33r a. Il ne s'agit d'ailleurs, en l'occurrence, que de la pleine explicitation de la formule *Unus de Trinitate* impliquée dans les controverses du *Trisagion* (ci-dessus, p. 34).

savoir comment il est possible de se représenter l'implication de l'unique nature divine dans l'économie du Verbe, ou, plus précisément, comment une hypostase peut s'incarner sans entraîner le « devenir » des deux autres.

À vrai dire, notre auteur n'envisage pas le problème sous cet angle, car la distinction des hypostases trinitaires est pour lui d'une telle évidence qu'elle estompe à ses yeux la difficulté ; ce n'est que provoqué par l'accusation de trithéisme qu'il paraît amené à en prendre conscience et à s'efforcer de le résoudre : il se récriera alors que distinguer les hypostases divines n'équivaut pas à couper l'Essence [13] ; cependant, si la sincérité de ces protestations ne peut être suspectée, il reste incontestable que les principes théologiques de notre auteur aient pu prêter quelque apparence de fondement aux insinuations de ses détracteurs.

Sans doute trouve-t-on affirmée en principe, dans la théologie philoxénienne, la parfaite unité de la nature divine dans les actes *ad extra* : « Les trois [hypostases] ne se distinguent ni du point de vue de la nature, ni dans les autres actions de puissance, de création, de volonté, de pouvoir » [14] ; en vertu de ce principe, « le Fils est égal au Père en tout, sauf en ce qu'il n'engendre pas » [15] ; et notre théologien exprime cette unité d'une manière à première vue absolument catégorique, lorsqu'il affirme que la Trinité n'est pas numériquement distincte [16].

Mais d'autres données semblent venir mettre en cause cette unité numérique. Philoxène insiste sur le fait que la Trinité comprend trois noms particuliers visant trois vraies hypostases complètes,

---

[12] Ci-dessous, p. 359-363.

[13] *Mēmrē contre Ḥabīb*, II p. 518 : « Ce n'est pas celui qui sépare (ܪܫܒ) les hypostases qui coupe l'Essence, et ce n'est pas en nommant les hypostases qu'on confesse nature et nature. » (Voir l'objection de Ḥabīb, p. 504).

[14] *Livre des sentences*, I, p. 26 [26].

[15] *Commentaire de Jean, I, 1-17*, f. 103v.

[16] *Mēmrē contre Ḥabīb*, II, p. 494 ; IV, f. 34r a : « J'ai écrit en croyant, sans placer ni sembler placer de frontières, de degrés ou de nombres dans la Trinité. » — *Ibid.*, X, f. 102r a. *Livre des sentences*, I, p. 24 [24-25] : « Nous nommons donc la Trinité et nous confessons trois hypostases, mais nous ne comptons pas les hypostases divines : un, deux, trois, par la composition des nombres, comme sont normalement comptés les corps ou les hypostases composées. »

ayant chacune leurs propriétés [17]; la terminologie du « propre »,
qu'il rejette dans l'économie [18], lui paraît donc normale en « théologie ». Mais en outre il décrit les hypostases comme des êtres égaux
(ܟ̈ܘܐ), voire semblables [19], et il qualifie la nature divine de commune (ܟܘܢܝܐ) [20]. La liberté de cette dernière expression ne peut
être attribuée à l'infirmité de la langue syriaque, qu'il reconnaît
pourtant comme mal préparée à exprimer les nuances subtiles de
la théologie grecque [21], puisqu'il s'explique ici avec une clarté qui
ne laisse rien à désirer : en Dieu comme dans l'ordre créé, l'hypostase est le principe qui particularise ou individualise la nature
générale ou commune à l'espèce [22].

17 *Mēmrē contre Ḥabīb*, IV, f. 33ᵛ c : « La Trinité est trinité d'hypostases,
et ce n'est pas une [seule] hypostase que nous comprenons par le nom de
Trinité; c'est ainsi que le nom même de Trinité vient de 'trois'. » — *Ibid.*, VIII,
f. 84ʳ c; IX, f. 96ᵛ b; ci-dessous, note 22.

18 Ci-dessous, p. 380, note 7.

19 *Mēmrē contre Ḥabīb*, X, f. 112ᵛ c : « Le Père a ressuscité son Fils comme
[son] égal (ܟܘܐ) en nature et en puissance; donc le Père l'a ressuscité, et
lui-même s'est ressuscité et l'Esprit l'a ressuscité, à cause de l'égalité de
puissance de l'essence [divine]. » — *Livre des sentences*, I, p. 26-27 [26] : « Sous
le rapport de l'essence, les hypostases sont une [en] quelque [sorte], et
de même qu'elles sont égales en essence, ainsi [le sont-elles] aussi en
divinité, en puissance, en volonté et dans les autres actions, puisque si
l'essence est une, il faut qu'elle ait égalité en tout. » — *Commentaire de Jean, I,
1-17*, f. 19ʳ : « Le Fils ressemble au Père en tout : en nature et en volonté. »

20 *Mēmrē contre Ḥabīb*, IX, f. 96ᵛ a : « Un Dieu et trois hypostases, parce
que 'Dieu' est commun à la nature, tandis que Père, Fils et Esprit sont les noms
marquant la distinction (ܦܘܪܫܐ) des hypostases. » — *Ibid.*, f. 97ʳ c : « Être
Dieu est commun à lui, au Père et à l'Esprit; devenir homme est particulier
de son hypostase. […] 'Ils sont une nature' est commun à lui, au Père et à
l'Esprit. »

21 *Lettre aux moines de Senoun*, p. 53-55 [44-45].

22 *Ibid.*, p. 41-42 [33-34] : « On admet qu'hypostase et nature sont identiques,
sauf que la nature est commune, tandis que l'hypostase désigne un [seul]
homme. […] Ainsi dit-on que la Trinité sainte, outre une essence, [est aussi]
une [seule] nature, mais non avec cela aussi une [seule] hypostase, comme le
comprit judaïquement Sabellius; mais, outre que chacune des trois hypostases a
un nom particulier par lequel chacune est reconnue, je veux dire [ceux] de
Père, Fils et Esprit, [il faut] croire qu'outre nature, [chacune] est aussi
hypostase; et la nature inclut les trois ensemble, tandis que le nom de l'hypostase
indique la particularité et propriété de chacun d'eux. » — *Livre des sentences*,
I, p. 27 [27] : « Tandis que les hypostases sont indiquées par ces noms, par

Ce faisant, Philoxène n'entend pourtant sacrifier en rien l'unité numérique de la Divinité que réclame le dogme du monothéisme; s'il voit en Dieu une nature triplement individuée en hypostases, dont on peut dire : un, un et un, il refuse de « compter numérique-ment » ces hypostases comme : un, deux, trois [23]. La raison de ce refus réside sans doute dans l'infinitude et la simplicité divines; en effet « compter numériquement » suppose de toute nécessité un objet composé de quantités finies et discontinues, c'est-à-dire un être ayant limites et parties; d'où il suit qu'en Dieu, qui est sans commencement ni fin, et dont la spiritualité, c'est-à-dire la non-composition, est absolue, le nombre et la division n'ont aucune prise [24].

Tant s'en faut donc que la théologie trinitaire de Philoxène soit « néonicéenne », au sens où elle substituerait dans la nature divine l'unité générique à l'unité numérique [25]; lorsqu'il souligne qu'en Dieu l'unité transcende infiniment l'ordre du nombre, — c'est-à-dire qu'elle n'y est pas le premier chiffre d'une série, — notre théologien place par le fait même la Trinité au-dessus de la plura-lité numérique qui sépare les individus d'un même genre, tout en

---

d'autres [noms], qui sont [ceux d'] Essentiel, Dieu et Seigneur, on connaît la nature commune des trois. » — *Ibid.*, p. 32 [30] : « Dans l'une nature de l'humanité, [il y a] des hommes innombrables, et une est la nature humaine, et chacun d'eux est reconnu [comme] un homme; ainsi dans les trois hypostases [il n'y a qu'] un Dieu, et un Dieu en trois hypostases, comme tous les hommes [ne font qu'] un homme et qu'un homme se montre en chacun. »

23 *Mēmrē contre Ḥabīb*, II, p. 493-495; II, p. 586; X, f. 102r a : « Bien qu'il ne nous soit pas permis de compter la Trinité [comme] un, deux, trois, la tradition orthodoxe exige cependant que nous la confessions [comme] Trinité et que nous croyions [en] trois hypostases. » — *Livre des sentences*, I, p. 23 [24] (ci-dessous, note 24).

24 *Livre des sentences*, I, p. 14 [17]; 22 [23]; 23-24 [24] : « Trinité des hypostases, [mais] non numériquement; et s'il n'est pas permis de le dire un, deux, trois, mais seulement Trinité, ou trois hypostases, c'est parce qu'on ne [peut] saisir le commencement de la première pour introduire après elle la seconde, selon l'ordre du nombre; et on ne peut davantage devancer la géné-ration de la deuxième pour y ajouter le nombre de la troisième. [...] Chacune d'elles existe essentiellement, et non selon l'ordre des nombres, l'une après l'autre. [...] Nous ne comptons pas les hypostases divines parce qu'on ne peut atteindre le commencement d'aucune : ni de la première, ni de la deuxième, ni de la troisième, de façon qu'elles tombent sous le nombre. »

25 LEBON, *Consubstantiel*, p. 485-487.

conservant une entière latitude dans la distinction des hypostases divines [26].

Si l'on se souvient, à présent, que pour Philoxène, l'économie ne consiste pas dans l'« œuvre *ad extra* » que serait la création d'un homme assumé, mais qu'elle constitue un « devenir » affectant proprement l'hypostase divine [27] et parallèle, en ce sens, à la génération intratrinitaire [28], on comprendra aisément que notre théologien n'éprouve aucun embarras à l'attribuer au seul Fils. Son insistance sur la distinction des hypostases trinitaires lui permet, sinon de comprendre, du moins de justifier en principe qu'une d'elles puisse s'incarner sans entraîner la nature commune et ainsi les deux autres hypostases dans le devenir, les passions et la mort [29]; le

---

[26] Philoxène reproche aux nestoriens, qui divisent le Verbe incarné, d'introduire la confusion dans la Trinité, ou du moins de ne pas soutenir sincèrement la distinction des hypostases (*Mēmrē contre Ḥabīb*, II, p. 508-510; IV, f. 33ᵛ c; VIII, f. 84ʳ b-85ᵛ c, 90ᵛ a). À ses yeux, le diphysite en christologie oppose nécessairement l'homme assumé à toute la nature divine assumante (*ibid.*, IV, f. 33ʳ a-c), puisque l'économie de l'assomption est celle de l'ancien Testament. Dans le *Commentaire de Luc, II, 52*, f. 19ᵛ-20ʳ, il soutient, contre Théodore de Mopsueste, que la filiation adoptive des chrétiens doit être attribuée à l'hypostase du Père, et non à la nature divine. Il devait peut-être son insistance sur la distinction des personnes divines à saint Éphrem, chez qui on peut déceler les traces d'un certain subordinatianisme; voir BECK, *Theologie*, p. 45; ID., *De fide*, p. 21-27.

[27] Ci-dessus, p. 336.

[28] *Mēmrē contre Ḥabīb*, II, p. 496-498 : « Si le Père, le Fils et l'Esprit sont une nature, comment une des hypostases fait-elle quelque chose particulièrement, sans les autres? — Mais comprenez ce que vous niez par ce que vous confessez : en effet, le fait que le Père engendre est particulier, et le fait que le Fils est engendré est aussi particulier; [...] mais si des noms et des actions particuliers sont manifestés et reconnus ici à chacune des hypostases, le fait que le Fils descendit du ciel, s'incorpora et devint homme de la Vierge, avec tout le reste de l'économie, est donc aussi particulier à l'hypostase du Fils. En effet, le fait d'envoyer est particulier au Père et celui d'être envoyé au Fils, comme [leur] sont particuliers [les noms d']engendré et d'engendreur. » — *Commentaire de Jean, I, 1-17*, f. 18ᵛ : « De même qu'on ne croit pas son hypostase opposée à la nature de laquelle il est parce qu'on le confesse engendré et le Père non engendré, ainsi ne croit-on pas davantage son devenir opposé à l'Essence parce que lui devint, et non le Père et l'Esprit. » — *Lettre aux moines de Senoun*, p. 42 [34] : « L'inhumanation n'appartient qu'à lui, tout comme la génération par le Père. »

[29] *Mēmrē contre Ḥabīb*, X, f. 97ʳ c : « Être Dieu lui est commun avec le

sujet de l'économie, c'est pour lui la nature divine individuée dans l'hypostase du Fils [30].

Ayant ainsi examiné les présupposés trinitaires de la christologie philoxénienne, nous voudrions revenir un instant au point de départ, c'est-à-dire à la détermination du sujet de l'incarnation comme « une des hypostases de la nature divine », pour y chercher un premier élément d'interprétation du monophysisme de notre auteur ; en effet, nous sommes persuadé que, chez lui [31], les termes « nature » et « hypostase » de la formule christologique ne se réfèrent ni plus ni moins qu'à la terminologie trinitaire.

Qu'on nous comprenne bien : il ne s'agit en aucune façon d'assimiler ici l'union des trois hypostases divines en une nature à l'union du Verbe et de son humanité en une nature et hypostase. Philoxène serait le premier à rejeter l'identification intempestive de ces deux mystères [32] ; s'il admet leur comparaison, c'est en tant

Père et l'Esprit, mais devenir homme est particulier à son hypostase, comme sa naissance du Père ; et de même que nous confessons qu'il est né du Père sans dire que le Père et l'Esprit sont nés aussi, de même croyons-nous qu'il devint homme, pâtit et mourut sans soumettre le Père et l'Esprit à la passion et à la mort. » — *Lettre aux moines de Téléda*, I, p. 474 ; *Commentaire de Jean, I, 1-17*, f. 161v-162r : « Dè même qu'il ne fut pas contraint [...] de devenir en dehors de [son] égalité avec l'Essence, ainsi n'est-il pas permis de penser que les hypostases du Père et de l'Esprit furent impliquées dans son devenir ou dans aucune des passions humaines à cause de leur égalité de nature avec le Fils. » — *Lettre aux moines de Senoun*, p. 42 [34] : « [Les passions n'advinrent] pas au Père et à l'Esprit-Saint comme au Fils, car l'inhumanation n'appartient qu'à celui-ci, tout comme la génération par le Père. »

[30] Lorsque Philoxène écrit que la Vierge reçut le Verbe hypostatiquement sans qu'il eût quitté le Père naturellement (*Commentaire de Jean, I, 1-17*, f. 24v), ou encore que, descendu en tant qu'hypostase, le Fils resta immuable en tant que nature (*Mēmrē contre Ḥabīb*, II, p. 499-500), il veut seulement affirmer le devenir véritable et sans changement ; le devenir hypostatique s'oppose ici à l'assomption, sans impliquer aucunement que le Verbe soit devenu « sans sa nature » (*Lettre aux moines de Senoun*, p. 42 [34]), bien que celle-ci reste le principe de l'immutabilité dans le devenir.

[31] Philoxène se séparerait donc ici de Sévère d'Antioche et de la tradition apollinariste, pour qui la terminologie technique diffère d'un mystère à l'autre (LEBON, *Dissertation*, p. 249-250 ; *Christologie*, p. 465 ; VOISIN, *Apollinarisme*, p. 363).

[32] *Mēmrē contre Ḥabīb*, I, p. 465 ; X, f. 110r b-c : « Par quel docteur as-tu

que l'une et l'autre union excluent le nombre [33]; pour le reste, il souligne que celle du Verbe à sa chair est différente de celle qui ne supprime pas la trinité des hypostases divines [34].

Mais ceci dit, nous croyons qu'il emploie d'une manière conséquente la même terminologie théologique lorsqu'il définit Dieu comme « une nature et trois hypostases », puis le Verbe incarné comme « une nature et hypostase ». Ceci nous paraît tout d'abord postulé par la continuité effective des deux mystères, continuité que notre auteur marque en calquant la structure de ses professions de foi sur celle du symbole de Nicée-Constantinople; bien que son intention soit de développer la confession christologique, il part toujours de la confession trinitaire, comme s'il la regardait comme un préliminaire obligé de celle-là, afin de pouvoir définir le sujet de l'économie comme *Unus de Trinitate* [35].

Ne serait-il pas à priori bien étrange qu'un théologien monophysite, dont le tour d'esprit porte jusqu'à l'obsession l'insistance sur la primauté absolue de la personne divine dans son état d'incarnation, n'ait pas défini cette personne incarnée dans les mêmes termes qui la définissent avant le mystère? La clé de voûte de la christologie philoxénienne est le principe du « devenir sans changement »; mais affirmer qu'en devenant homme Dieu Verbe resta ce

---

entendu citer cet exemple? et comment cette preuve conviendrait-elle? En effet, pour les hypostases divines, la nature est une, mais les hypostases et les *prosopa* sont trois, et lorsque nous avons nommé les trois hypostases, nous les confessons une nature. Que désires-tu que nous disions : que Dieu et l'homme, deux hypostases, sont une nature? — Non! — Alors la preuve ne convient pas. »

33 *Livres des sentences*, III, 2, p. 205 [152] : « De même que [le Fils] est un avec le Père par nature, il put devenir un avec sa chair par hypostase, et montrer en soi, sans nombre, même après qu'il se fut incarné, l'unicité qu'il a sans la chair. »

34 *Mēmrē contre Ḥabīb*, II, p. 504-505 : « Ici je sépare, et je confesse qu'autre est l'hypostase du Père et autre l'hypostase du Fils; mais entre le Fils et son corps, je ne mets pas de séparation (ܪܘܚܩܐ) en comprenant dans l'économie deux hypostases, comme chez le Père et le Fils. [...] Dans la nature [divine], il y a séparation des hypostases, puisque autre est l'hypostase du Père, autre l'hypostase du Fils et autre celle de l'Esprit-Saint; mais dans l'union de l'économie il n'y a pas hypostase et hypostase, ni un autre dans un autre, mais, comme je l'ai dit, un [venant] de deux. »

35 Ci-dessus, p. 354, note 10.

qu'il était ne revient-il pas à dire qu'il ne cessa jamais d'être
« une hypostase de la nature divine » [36] ?

Considérons un instant une des objections favorites que notre
polémiste adresse à ses adversaires : par ce qu'il considère comme
une étrange inconséquence, les « nestoriens », refusant avec les
juifs et les païens de croire dans le Christ comme en Dieu devenu
homme, feraient ensuite de cet homme assumé un dieu nouveau,
qu'ils adoreraient avec la Trinité comme une seconde nature et une
quatrième hypostase [37]. Cette objection est assurément de très mauvais aloi; mais conserverait-elle un sens si, dans l'esprit de Philoxène, le Verbe incarné était compris autrement que comme une
hypostase de la nature trinitaire ?

C'est, d'ailleurs, d'une manière absolument constante que notre
théologien explique l'état naturel et hypostatique du Verbe incarné

---

[36] *Profession : « Ma foi est dans la Trinité... »*, p. xcvi : « Une des hypostases de cette Trinité descendit du ciel, par le mystère de la kénose, et devint
homme à partir de la Vierge sainte. Puisqu'il est Dieu, sa nature ne changea
pas dans son devenir, et il n'advint pas d'addition dans son hypostase, mais
il resta [le Fils] unique même après s'être incorporé. » — *Lettre aux moines de
Senoun*, p. 57 [47] : « On ne saurait montrer nulle part deux natures du
Christ, puisque l'hypostase et la nature ne sont reconnues que chez Dieu
Verbe; en effet, c'est du [Verbe] qu'on croit qu'il était dans les deux avant
de s'inhumaner, car il avait la nature du Père et son hypostase propre; et
après s'être inhumané, il resta encore un dans les deux. [Aussi] confessons-
nous tous que le Verbe de Dieu, même après l'union, est aussi bien une nature
qu'une hypostase, savoir, inhumanée. » — *Ibid.*, p. 68 [56] : « Le Fils est donc
reconnu posséder, même dans sa composition avec la chair, la même signification
qu'a l'unité pour les hypostases reconnues comme simples, c'est-à-dire celles du
Père et de l'Esprit-Saint, car il resta un, lui aussi, même dans son inhumanation,
comme il était avant de s'incarner et comme sont maintenant encore le Père
et l'Esprit; c'est pourquoi la perfection de la foi sera conservée sans altération,
sans diminution ni addition, si notre confession de la Trinité adorable et
égale en essence est maintenue intacte, sans qu'aucun nombre étranger s'y introduise. »

[37] Cet argument classique de la polémique monophysite se trouve fréquemment invoqué par notre auteur; voir, par exemple, *Mēmrē contre Ḥabīb*, X,
f. 101v a-102v b; *Profession à Zénon*, p. 172 [125]; *Lettre aux moines du Bēt-
Gōgal*, II, f. 41r a-b; *Livre des sentences*, III, 5, p. 266-267 [197-198]. Il était
déjà utilisé par Apollinaire, avec celui de l'unique adoration et de la chair
vivifiante du Verbe incarné, que Philoxène avance également; voir DE RIED-
MATTEN, *Christologie*, p. 219-221.

par référence avec son existence *in divinis*. Nous nous contenterons
de le montrer par un texte absolument explicite; polémiquant contre le moine Ḥabīb au sujet des « noms communs et particuliers »
du Christ, Philoxène transforme cette théorie, qu'il considère par
ailleurs comme « nestorienne », en un principe théologique conforme à sa perspective monophysite, qu'il énonce comme suit : les
noms « communs » du Christ sont ceux qui désignent la nature;
les noms « particuliers » sont ceux qui désignent l'hypostase; puis,
comme si la référence trinitaire de cette terminologie christologique
n'était pas encore suffisamment claire, il précise que les noms de
la nature (du Christ !) sont « Dieu » et « Seigneur », tandis que
les noms de l'hypostase (du Christ !) sont « Fils », « Verbe » et
« Monogène » [38].

Nous croyons donc pouvoir l'affirmer sans hésitation : Philoxène
ne met pas de différence entre la « terminologie technique » de la

---

[38] *Mēmrē contre Ḥabīb*, IX, f. 95r c : « J'ai donc bien dit que le Fils, c'est le
Verbe, et que le Verbe, c'est Dieu, et que Dieu, c'est le Monogène, et que le
Monogène, c'est Jésus et le Christ. Par tous [ces] noms on nomme une [seule]
hypostase du Fils de Dieu; mais il y en a par lesquels on connaît exclusivement
l'hypostase seule, et il y en a qui sont communs à la nature; en effet, 'Dieu' et
'Seigneur' sont [les noms] de la nature, et 'Fils', 'Verbe', 'Monogène', 'Jésus-
Christ', 'Fils de l'homme' sont ceux de l'hypostase. » — *Ibid.*, f. 97v b : « Bien
que tous les noms de son hypostase furent révélés avec sa naissance de la Vierge,
certains sont cependant contemporains de sa première naissance, et il reçut les
autres, c'est-à-dire les noms de la nature humaine, depuis son incorporation.
[...] Les noms de 'Dieu', 'Seigneur', 'Créateur', ainsi que les autres semblables, sont les noms qu'il a en commun avec la nature divine, tandis que 'Fils',
'Verbe' et 'Monogène' appartiennent exclusivement à son hypostase. » — *Lettre
aux moines de Senoun*, p. 43 [35] : « La nature du Fils est donc une, comme
une est son hypostase, aussi bien avant l'incorporation qu'après l'inhumanation. » — *Ibid.*, p. 44 [36] : « En dehors de l'union, le Fils n'a pas seulement
la nature, mais aussi l'hypostase; et de même que l'inhumanation [...] ne
l'augmenta pas d'une autre hypostase, [elle ne l'augmenta pas] non plus
d'une [autre] nature, mais on reconnaît que [là même] où il s'unit à l'humanité,
il est non seulement une hypostase, mais aussi une nature, savoir, inhumanée. » —
Vingt chapitres, 2, p. cxxiv : « Dieu Verbe n'est pas sans son hypostase et
sans sa nature; et si Dieu Verbe s'incorpora, et que Dieu Verbe incorporé soit
un, une est aussi son hypostase et sa nature incorporée. » — *Ibid.*, 3, p. cxxv :
« Si le Verbe devint chair, comme dit l'Évangéliste [*Jean*, I, 14], l'hypostase du
Verbe devint chair aussi; et si l'hypostase du Verbe devint chair, la nature
du Verbe devint chair aussi. »

formule christologique monophysite et celle de la théologie trinitaire traditionnelle. Cette observation capitale engage toute l'appréciation du monophysisme philoxénien, car on entrevoit déjà
que, dans l'« économie », le concept christologique de nature ne
sera pas plus formellement synonyme de celui d'hypostase qu'il ne
l'est dans la « théologie »; d'où il suit encore qu'on ne pourra
ramener l'intention dernière du monophysisme de notre auteur à
la défense de l'unité du sujet ou de la personne. Cependant, si
nous avons déjà établi que le Christ de Philoxène est « une hypostase de la nature divine », on ne voit pas encore comment l'humanité réelle et complète du Verbe divin ne lui ajoute ni une seconde
hypostase ni une seconde nature, autrement dit, comment son
hypostase et sa nature restent une dans l'état d'incarnation; c'est
ce que nous allons nous efforcer de déterminer à présent en ana-
lysant la doctrine de l'évêque de Mabbog relative au terme humain
du devenir de Dieu.

V. — HOMME VÉRITABLE ET COMPLET

La primauté que Philoxène accorde à l'acteur divin de l'incarnation ne le porte nullement à en négliger le terme humain; notre
auteur évite cependant d'utiliser toute expression susceptible de
suggérer dans l'être qui devient le « changement », qu'il tient
particulièrement à écarter; plutôt que de parler de « ce que » le
Verbe devient, il préfère donc dire, conformément au *Credo*, « d'où »
il devient [1].

On a fait observer depuis longtemps que les monophysites syriens
se défendent toujours avec la dernière énergie des insinuations de
docétisme christologique dont ils furent constamment victime de la
part de tous les diphysites [2]. La foi de Philoxène est exemplaire
sur ce point; on peut la résumer dans l'adage traditionnel : Dieu
devint homme véritable et complet afin de sauver vraiment l'homme

---

1 *Mēmrē contre Ḥabīb*, IX, f. 87ᵛ c; *Livre des sentences*, II, 1, p. 43 [38].
2 ASSÉMANI, *Bibl. Orientalis*, p. 25-26, 28, 34-35; voir cependant p. 22 :
« Manichaeismum Xenajae veteres objecere, etsi Manichaeos ipse in libris
suis passim execretur : nam haereticos in suis opinionibus inconstantes fuisse
[...] liquet. »

tout entier [3]. Laissons pour plus tard l'analyse des implications sotériologiques de cette assertion [4], et bornons-nous pour l'instant à examiner les positions de notre théologien face à l'eutychianisme et à l'apollinarisme.

Ce que Philoxène comprend sous le nom d'eutychianisme n'est pas tant l'hérésie de la confusion des essences que celle du phantasiasme ou du docétisme [5]; en effet, il ramène volontiers la doctrine d'Eutychès au dualisme gnostique de Mani, Marcion, Valentin et Bardesane, en la caractérisant comme négatrice de la corporalité du Verbe [6].

Cette assimilation pourrait provenir d'une simple inférence polémique : si l'humanité du Verbe incarné ne nous est pas consubstantielle, raisonnerait notre auteur, c'est-à-dire si elle ne provient pas de Marie, mais ne fait que passer à travers celle-ci « comme par un canal », venant du ciel ou « d'on ne sait où », mais, en tout cas, pas « de la semence d'Abraham », comment pourrait-elle être une corporalité véritable, et non l'illusoire inconsistance d'une image et d'une ombre [7] ? Nous avons cependant souligné que Philoxène ne traite pas toujours le docétisme comme une simple catégorie théologique stéréotypée, et qu'on ne saurait exclure à priori que la doctrine qu'il vise ait pu constituer une menace réelle dans les

---

[3] *Lettre aux moines de Senoun*, p. 4 [3]; *ibid.*, p. 8-9 [7] : « Si c'est notre corps et notre âme que le Verbe livra comme siens pour nous, c'est donc l'homme tout entier qui fut sauvé de nouveau en Dieu. De même qu'Adam tout entier [était tombé] sous la malédiction et s'était corrompu, ainsi fut-il tout entier renouvelé et assumé en Dieu. Le Seigneur inhumané livra son corps à la mort pour tous les corps et son âme pour le salut de toutes les âmes; [ainsi] notre nature entière fut-elle recréée en lui comme homme nouveau. »

[4] Ci-dessous, chap. II, § IV-VI.

[5] Dans les *Mēmrē contre Ḥabīb*, V, f. 47r a, notre auteur distingue trois formes d'eutychianisme : « Il y en a qui disent que le Verbe fit descendre [son] corps du ciel, comme [...] Bardesane; [...] il y en a qui disent que Notre-Seigneur apparut comme une image et une ombre, comme disent Mani et Marcion; [...] et il y en a qui disent que son hypostase s'incorpora et devint visible et tangible par changement de sa nature. »

[6] *Profession à Zénon*, p. 173 [126]; *Lettre aux moines du Bēt-Gōgal, I*, p. 157 [114]; *Livre des sentences*, II, 8, p. 140-143 [106-108].

[7] *Lettre dogmatique aux moines*, p. 133-134 [97-98]; *Mēmrē contre Ḥabīb*, V, f. 47r a; *Lettre aux moines du Bēt-Gōgal, I*, p. 157 [114]; *Livre des sentences*, II, 1, p. 41-42 [37].

marches orientales de l'empire byzantin, patrie de tant d'hérésies gnostiques [8].

Les soupçons de docétisme dont la christologie philoxénienne fit elle-même l'objet n'étaient pas dénués de toute apparence de fondement. En effet, on rencontre fréquemment chez notre auteur des expressions, d'ailleurs conformes à l'Écriture (1 *Jean*, ɪ, 1), décrivant l'économie comme une manifestation phénoménale de Dieu : le Verbe incarné est vu, entendu, touché comme un homme [9].

Par ces tournures, répondant bien à la perspective christologique « alexandrine », Philoxène voulait simplement montrer comment Dieu s'incarnant passait, en quelque sorte, du domaine spirituel et inaccessible aux sens, qui est celui de son existence, à celui de l'expérience perceptible. Cependant, dans la mentalité platonisante de cette même tradition, le monde de l'esprit est celui de la vraie réalité, tandis que le monde de l'apparence n'est que celui de l'« opinion », exposé à l'illusion et à l'erreur [10]. L'usage christologique du vocabulaire de l'apparition devait donc comporter de soi une nuance dépréciative; et si celle-ci convenait bien à notre auteur pour marquer que les dehors humains du Verbe doivent être dépassés par la sagesse de la foi pour découvrir son être véritable et spirituel [11],

---

[8] Ci-dessus, p. 91, 143, 148, 161, 244-245, note 33. — Dans le *Commentaire de Jean, I, 1-17*, f. 168v, Philoxène assure que « les eutychianistes pensent que le corps [du Christ] est l'Église, et qu'il n'a pas de corps hypostatique ».

[9] *Lettre dogmatique aux moines*, p. 140-141 [101-102] : « L'Invisible est apparu, l'Inaudible a été entendu, l'Intangible a été touché. » — *Commentaire de Jean, I, 1-17*, f. 5r : « Il se montra aux anciens par des visions, et aux derniers par [sa] manifestation dans la chair. » — *Ibid.*, f. 34v; *Livre des sentences*, III, 5, p. 240 [178]; *Lettre aux moines de Senoun*, p. 43 [35], etc.

[10] *Mēmrē contre Ḥabīb*, VII, f. 62r b : « Tout ce qui ne demeure pas à jamais et qui est naturellement destructible et corruptible est σχῆμα et φαντασία; [... 1 *Cor.*, vɪɪ, 31...] tout ce qui est naturel par la corporalité consiste en φαντασία, parce qu'elle n'est pas vraie et ne demeure pas à jamais; mais ce qui est surnaturel, spirituel et toujours vivant, voilà la réalité (ܪܝܫ) immuable. » — *Ibid.*, VIII, f. 72v c : « Il est évident pour chacun que l'opinion n'est pas véritable, mais mensongère; ainsi les païens imaginent que les idoles sont des dieux, et tu imagines que le Christ est un homme créé. »

[11] *Lettre aux moines de Téléda, I*, p. 483-485 : « J'ai appris la vérité de sa divinité par la vérité de sa corporalité, et j'ai compris son essence réelle par son humanité réelle. Si l'aspect est véritable, véritable est l'intérieur; si le toucher est authentique, authentique est la spiritualité. [...] Celui qu'on tou-

elle ne pouvait pas moins aisément être interprétée comme une menace pour l'objectivité de l'incarnation.

Est-il besoin de le dire, Philoxène ne glisse jamais dans ce piège du docétisme; s'il applique régulièrement au Verbe incarné la terminologie de l'apparition (ܐܬܚܙܝ, ܐܬܚܠܝ), il réprouve formellement celle de l'« opinion » (ܐܣܬܒܪ, ܡܣܬܒܪ) qui ne lui sert que pour qualifier l'incrédulité de ceux qui s'arrêtèrent à mesurer le Christ d'après des apparences nullement illusoires certes, mais combien impuissantes à révéler son être profond [12].

Un des procédés favoris dont notre auteur use pour souligner la réalité objective de l'humanité du Verbe consiste à opposer cette « apparition véritable » à celle des autres êtres spirituels, qu'il nomme apparition « par σχῆμα » ou « rien que pour la vue de l'œil » [13]. Dans cette perspective, le principe du devenir sans chan-

---

chait, c'est Dieu incorporé et le Verbe devenu vraiment chair, et non un homme en dehors de Dieu ou une image sans vérité. [...] Dieu a voulu être cru du genre humain par [ce qui lui est] opposé. Pourquoi? Pour mettre le comble à leur foi et leur donner lieu de le confesser. En effet, comment n'est-il pas cru par [ce qui lui est] opposé : on le voit homme, et nous le croyons Dieu; on le touche [comme] corporel, et on le sait spirituel. » — *Mēmrē contre Ḥabīb*, VIII, f. 73ʳ c.

[12] *Commentaire de Luc*, III, *23*, f. 31ᵛ, où Philoxène explique qu'en écrivant « ut putabatur », l'évangéliste voulait redresser l'erreur des Juifs, qui considéraient Jésus comme le fils de Joseph (c'est-à-dire comme un homme ordinaire). *Mēmrē contre Ḥabīb*, VIII, f. 73ᵛ b : « Je ne dis pas qu'il devint en opinion, mais je crois qu'il devint en vérité; et ceux qui le virent selon le corps tandis qu'il était dans le monde ne l'appelaient pas homme en opinion, mais le disaient homme naturellement. Et en outre, comme je l'ai dit plus haut, il n'y avait pas lieu chez [les Juifs] à l'[opinion], puisqu'ils ne reconnaissaient pas son intériorité, de façon à pouvoir dire également de son extériorité qu'elle est opinion. » — *Livre des sentences*, II, 7, p. 134-138 [102-105].

[13] *Mēmrē contre Ḥabīb*, VII, f. 62ʳ b-63ʳ b : « Ne considère pas comme imagination (φαντασία) ce qui devient surnaturellement, mais considère comme imagination ce qui n'est pas devenu vraiment; et si l'aspect, l'image, le contact et l'audition de ce qui est devenu est vérité, c'est un miracle et un signe réalisé selon le mystère, surnaturellement, et non une image et une apparence (σχῆμα) trompeuse. » — *Ibid.*, VIII, f. 74ʳ b-v c. *Lettre aux moines de Téléda*, I, p. 481-482 : « Dieu n'apparut pas dans le monde comme apparaissaient les anges, [...] car cela n'était qu'en image, tandis que ceci [eut lieu] dans la vérité de la corporalité. [...] Pour ce que firent les anges, la foi n'était pas nécessaire, parce que c'était une image, mais pour ce qui est du Christ, la foi

gement lui présente la seule voie d'issue entre les deux écueils opposés de la « conversion » et du docétisme.

En effet, on se trouve placé devant l'alternative suivante : ou bien l'ange et le démon se transforment en ce en quoi ils apparaissent, ou bien ils restent ce qu'ils sont ; dans le premier cas, il est clair qu'on ne saurait parler d'une apparition angélique ou démoniaque, puisqu'au terme de la transformation, il n'y a plus ni ange ni démon ; mais dans la seconde hypothèse, la forme sensible de l'apparition ne peut qu'être étrangère à la nature spirituelle de l'être qui apparaît, et, dans ce sens, image et fantôme [14].

Il importe de remarquer que ce qui est en jeu ici ne concerne pas l'objectivité de la perception. Nous ne pensons pas que Philoxène s'arrête jamais à l'éventualité psychologique de l'illusion au sens d'une hallucination, d'une impression sans objet, s'opérant tout entière dans l'organe sensoriel [15] ; du moins précise-t-il, pour le cas de l'apparition, que l'ange se construit pour ainsi dire une apparence humaine ($\sigma\chi\hat{\eta}\mu\alpha$), sur l'origine de laquelle notre auteur n'ose se prononcer avec assurance, mais dont il ne songe nullement à nier la réalité objective [16]. À ses yeux, l'apparence

est donnée, parce que cela fut véritable et en vérité. » — *Commentaire de Jean, I, 1-17,* f. 5r-7v ; *Livre des sentences,* III, 1, p. 166-167 [125-126].

[14] *Lettre aux moines de Téléda, I,* p. 470 : « L'ange ne peut devenir vraiment homme, même s'il le désire, à moins que son créateur ne veuille le changer en homme ; et si [Dieu] veut en faire un homme, [l'ange] ne deviendra pas vraiment homme sans avoir changé dans sa nature spirituelle. En effet, des anges sont souvent apparus sous l'image des hommes ; mais leur visibilité n'était pas vérité de nature, mais seulement une image empruntée, et puisque son aspect était une image, bien qu'un homme apparût aux regards, il était spirituel par [sa] nature ; l'une de [ces choses] était vérité, l'autre image. » — *Mēmrē contre Ḥabīb,* VII, f. 62r a : « Le démon apparaît sous l'apparence d'un homme, [...] et nous appelons son aspect fantôme parce que ce n'est pas l'aspect de [sa] nature véritable ; en effet, il ne lui est pas permis de transformer sa nature en ce qu'il veut. »

[15] Pour la psychologie de la vision d'après notre auteur, voir *Mēmrē contre Ḥabīb,* VIII, f. 75v a ; *Commentaire de Jean, I, 1-17,* f. 45r-46r ; *Memrā sur la foi,* I, p. 51 [66] ; *Lettre à Patricius,* f. 61r b-63r a : la vision saine suppose l'œil ouvert et sain, illuminé intérieurement par la lumière extérieure et suffisamment proche de l'objet.

[16] *Mēmrē contre Ḥabīb,* VII, f. 62v a : « Il est facile à une nature spirituelle de tromper la nature corporelle, et de lui montrer un aspect véritable en

s'oppose à la réalité (ܪ‍ܝܝܬ) parce qu'elle ne correspond pas à la nature véritable de l'être qui apparaît[17]; en d'autres termes, l'illusion ne porte pas sur la consistance interne de l'apparence mais sur sa correspondance avec l'être ou la chose dont elle est l'expression normale.

Ces précisions aideront à comprendre la raison profonde de l'assimilation que notre auteur opère entre l'eutychianisme et le docétisme : même doué d'une réalité objective, le corps du Christ venu du ciel ou « d'on ne sait où » resterait un fantôme au même titre que l'apparition angélique; pour qu'il puisse être considéré comme une « corporalité véritable », il faut, en outre, que cette réalité corresponde vraiment à la nature humaine que le corps manifeste de soi, c'est-à-dire qu'il provienne de la race qui constitue concrètement cette nature. Voilà pourquoi Philoxène ne se contente pas de chercher dans l'évangile des indices plaidant pour la réalité objective du corps du Christ; que celui-ci se montre homme par tout son comportement[18], qu'il éprouve besoins et « passions » avec une intensité extraordinaire[19], qu'il ait passé neuf mois dans le sein de Marie[20] : rien de cela n'est négligeable; cependant, seule la conception et la naissance du Verbe incarné à partir de sa mère représente pour notre auteur une parade décisive du phantasiasme[21];

[prenant] l'apparence qu'elle veut. » — *Commentaire de Luc, I, 26-35*, p. 159 : « L'ange dépouillait et revêtait des images en apparaissant. » — Philoxène penche cependant pour l'hypothèse suivant laquelle l'apparition serait formée à partir de l'air ambiant : « Le lieu engendra l'homme » (à propos de l'apparition de Gabriel à la Vierge; *ibid.*, p. 157); « Pourquoi [le Fils] ne prit-il pas une image à partir de l'air ou d'ailleurs, comme les anges qui apparurent jadis et comme les démons ont coutume de se montrer aux hommes? » (*Commentaire de Luc, III, 22*, f. 7r).

[17] Ci-dessus, p. 367, note 14.

[18] *Mēmrē contre Ḥabīb*, III, f. 22v b-23r b.

[19] *Commentaire de Luc, III, 22*, f. 3r-4r; ci-dessous, p. 471.

[20] *Ibid.*, f. 6v-7r; *Commentaire de Jean, I, 1-17* f. 7v.

[21] *Livre des sentences*, II, 1, p. 42 [37] : « Si donc l'intellect, le toucher et l'aspect qu'avait celui qui se manifesta n'appartiennent pas à la nature de Dieu, ou bien ils lui advinrent par changement, ou bien il les assuma de la Vierge, ou bien il apparut en imagination; mais s'il est mal de dire, soit que Dieu changea, soit qu'il se montra en image, on est contraint de penser que celui qui est invisible par nature apparut dans un corps visible, et dans le nôtre qui lui advint de la Vierge. » — *Commentaire de Luc, III, 22*, f. 10r: « Qui-

en effet, ce n'est que si la Vierge est vraiment la mère de celui à qui elle donne le jour, que celui-ci pourra et devra être reconnu consubstantiel, à elle d'abord, puis ainsi à toute l'humanité [22].

Dans la perspective christologique « antiochienne », qui aborde le mystère par le biais de sa dimension humaine, le problème de l'anti-docétisme ne concerne que la consistance objective de l'humanité du Christ; mais du point de vue de Philoxène, qui envisage l'in-carnation à partir de sa source divine, cette humanité véritable n'est elle-même qu'une manifestation de Celui qui s'y révèle à la foi [23]; un « docétisme » infiniment plus grave et pernicieux que le premier consisterait donc à s'arrêter aux apparences humaines sans les référer à l'Être qu'elles expriment.

En effet, reprenons où nous l'avions laissée l'opposition que notre auteur établit entre la manifestation du Verbe incarné et les apparitions angéliques [24]. Selon Philoxène, celles-ci ne diffèrent pas essentiellement des apparitions de Dieu dans l'ancienne Alliance; en effet, la nature divine s'avérant incomparablement plus spiri-

conque est conçu et naît est normalement apparenté par nature à celle qui lui donne naissance; ceci est commun à tous les engendrés. C'est pourquoi le Fils, venant à la seconde naissance, devint d'abord homme et s'apparenta à sa mère par nature, puis naquit d'elle et fut nommé son fils; car s'il ne lui ressemble pas, il n'est pas davantage son fils; ou s'il est seulement cru image, celle qui lui donna naissance sera nécessairement confessée de même; mais si elle est fille d'homme par nature, [...] celui qui naquit d'elle est aussi comme elle de toute façon, et c'est pourquoi lui [est] fils et elle mère. »

22 *Livre des sentences*, III, 5, p. 251 [186]; 260 [193] : « Elle engendra celui qui devint d'elle homme sans changement, fut conçu en elle et s'apparenta à elle par nature en s'incorporant d'elle. Et, afin que l'acte de la naissance fût véritable, — puisque celui qui naît doit nécessairement devenir le connaturel de celle qui l'engendre, — et parce que le Verbe était devenu, selon la chair, le connaturel de la Vierge, c'est-à-dire le nôtre, il naquit aussi d'elle selon la chair. »

23 *Mēmrē contre Ḥabīb*, VIII, f. 73r c-v a : « [Le Verbe s'efforça] longue-ment de persuader [les Juifs] de le croire plus que ce qui apparaissait; mais ils ne [se laissèrent] pas persuader, le prenant pour un homme ordinaire par nature, comme l'un de nous. » — L'incarnation constituait ainsi un voile de la gloire du Verbe pour l'épreuve de la foi, qui devait découvrir la puissance de Dieu dans la faiblesse (*Commentaire de Jean, I, 1-17*, f. 96v-97v); ce voile s'écar-tait lors des miracles, et notamment lors de la transfiguration (*Douze chapitres*, 12, p. cxix).

24 Ci-dessus, p. 366-367.

tuelle encore que celle des anges [25], la forme sensible qui apparaissait ne pouvait être qu'une apparence infiniment éloignée de la vérité de cette nature; c'est le Verbe incarné qui surmonte, en quelque sorte, cette distance infinie en faisant vraiment sienne sa manifestation dans la chair, au point que les anthropomorphismes de l'Ancien Testament deviennent en sa personne mystérieuse réalité : ici Dieu voit, entend et se laisse toucher au sens propre des termes [26].

On voit donc que Philoxène cherche la garantie dernière contre le caractère fantomatique ou illusoire de l'incarnation dans le mystère surnaturel du devenir; lorsqu'il parle de la « corporalité véritable de Dieu Verbe », il entend bien souligner la réalité de l'humanité du Christ, qui provient d'une mère humaine, mais aussi et surtout l'appartenance personnelle de cette humanité à Dieu Verbe [27]. S'il accorde plus d'importance à ceci qu'à cela, c'est que, répétons-le, tout l'accent de sa christologie porte sur la personne divine; il n'empêche que la « vérité » de l'humanité du Verbe demeure pour lui une donnée incontestable de la foi, et qu'elle conserve à ses yeux une fonction sotériologique irremplaçable : la corporalité

---

[25] *Commentaire de Luc, I, 26-35*, p. 158-159; *Livre des sentences*, I, p. 11 [15], 22 [23].

[26] *Mēmrē contre Ḥabīb*, III, f. 25v b-c; VII, f. 62r a-63r b; *Lettre aux moines de Téléda, I*, p. 481-482 : « À Dieu ne plaise que je dise que dans l'économie de Dieu, le devenir, la naissance, la passion, la mort, ainsi que toutes les actions humaines intermédiaires, se sont réalisés en image mensongère; mais tout devint en vérité et en réalité, et comme en Dieu. En effet, Dieu n'apparut pas dans le monde comme apparurent les anges; [...] car cela était seulement en image, mais ceci [se réalisa] dans la vérité de la corporalité. » — *Commentaire de Luc, I, 26-35*, p. 158; *Livre des sentences*, III, p. 167-168 [126-127].

[27] *Lettre aux moines de Téléda, I*, p. 483 : « J'ai appris la vérité de sa divinité par la vérité de sa corporalité, et j'ai compris son essence réelle par son humanité réelle. Si l'aspect est véritable, véritable est l'intérieur; si le toucher est authentique, authentique est la spiritualité; car si Jésus apparut dans l'extérieur en vérité, c'est pour nous apprendre que la divinité cachée est vérité. » — On peut comprendre ainsi l'assimilation paradoxale que Philoxène établit entre les eutychiens et les nestoriens dans leur négation de la corporalité du Verbe : les premiers contestent la « vérité de la corporalité », tandis que les seconds, qui l'attribuent à un homme, refusent de la considérer comme vraiment celle du Verbe (*Mēmrē contre Ḥabīb*, III, f. 22r b-23v b; *Livre des sentences*, III, 5, p. 256-257 [190-191], etc.).

de Dieu est la cause des biens du salut; si elle n'était qu'une image, ceux-ci ne pourraient être qu'illusoires [28].

Consubstantielle à la nôtre, l'humanité du Verbe est également complète : en soulignant cette intégrité, Philoxène entend affirmer avec la tradition que le corps du Christ est doué d'une âme rationnelle, et cette affirmation vise directement les hérésies d'Arius et d'Apollinaire, que notre auteur accuse de priver l'humanité du Sauveur de son intellect ou même, pour le premier, de son principe vital [29].

On sait qu'en harmonie avec leur vision théocentrique et dynamique du mystère du Christ, les monophysites syriens le décrivent régulièrement dans les termes « incarnation », « incorporation » et « inhumanation » [30]. Philoxène apprend que cette terminologie, calquée sur le grec, n'était pas encore devenue courante en syriaque de son temps, et que le sens pouvait aisément en paraître obscur à des moines peu instruits [31]. Il assure que les verbes « s'incarner » (ܐܬܒܣܪ) et « s'inhumaner » (ܐܬܒܪܢܫ) viennent du symbole de foi, en expliquant que le concile de Nicée forgea le premier à partir de *Jean*, I, 14 et que les Pères de Constantinople y ajoutèrent le second, en se fondant sur *Gal.*, IV, 4, dans une intention antiapollinariste [32]. Par « s'incorporer », on traduit, faute de mieux, deux expressions syriaques (ܐܬܓܫܡ et ܐܬܦܓܪ) dérivées de deux substantifs qui servent dans cette langue à désigner le corps; s'il faut y distinguer une nuance on pourrait dire que, chez notre

---

[28] *Commentaire de Luc, III, 22*, f. 4v-5r : « Si la corporalité de Dieu n'est qu'une image, images sont aussi les biens qu'il a préparés aux hommes. »

[29] *Mēmrē contre Ḥabīb*, IV, f. 36r a-b; V, f. 45v a; *Lettre aux moines de Senoun*, p. 10-11 [9] : « Arius et Eunomius ont dit que le Fils de Dieu est une créature [...] et prétendu que ce n'est qu'un corps mort qui fut assumé de la Vierge. [...] Apollinaire tient pour nul notre salut en disant que l'intellect humain ne fut pas assumé par celui qui s'inhumana complètement. »

[30] Lebon, *Dissertation*, p. 192; *Christologie*, p. 436-437.

[31] À l'exception de ܐܬܓܫܡ ; *Lettre aux moines de Senoun*, p. 53-54 [44] : « Mais il faut montrer maintenant, me semble-t-il, ce que signifient ces expressions, dont l'usage et l'étymologie sont inconnus à la langue syriaque, afin que la lecture de [cette] lettre ne soit obscure ni pour vous ni pour aucun autre à qui elle tomberait sous la main. »

[32] *Commentaire de Jean, I, 1-17*, f. 21v-22r (ci-dessus, p. 321-322, note 15).

auteur, le second comprend le corps du Christ comme un élément du composé humain, tandis que le premier, de loin le plus courant, soulignerait plutôt son caractère matériel[33]. Philoxène complète parfois ce vocabulaire par les termes d'animation (ܪܡܐ ܗܝܬ) et d'intellectuation (ܒ.ܝܘ ܗܝܬ) lorsqu'il veut préciser que l'inhumanation comprend non seulement le corps, mais aussi l'âme intellectuelle[34].

[33] Nous n'avons jamais rencontré chez Philoxène le terme ܒܪܝܐ appliqué à autre chose qu'au corps, vivant ou mort, d'un être du règne organique, tandis que ܒܪܐܘܠ lui sert parfois à désigner le monde matériel; *Commentaire de Jean, I, 1-17*, f. 55ᵛ : « Tandis qu'il est impossible que le feu et l'eau se mélangent purement, bien que les deux soient des corps (ܒܪܐܘܠ), l'âme et le corps (ܒܪܝܐ), natures absolument dissemblables, ont pu [se mêler]. »

[34] *Commentaire de Jean, I, 1-17*, f. 183ʳ; *Livre des sentences*, II, p. 38 [34], etc. L'anthropologie de notre auteur s'inscrit dans le cadre d'une philosophie dichotomiste et hylémorphique, et elle reprend les conceptions scientifiques de l'époque. L'homme est composé d'une âme spirituelle et simple, et d'un corps matériel et composé (*Commentaire de Jean, I, 1-17*, f. 55ʳ-56ᵛ). L'âme comprend à son tour les parties rationnelle, irascible et concupiscible (*Lettre à Patricius*, f. 48ᵛ b-49ʳ a; Philoxène dépend ici d'Évagre; voir GUILLAUMONT, *Kephalaia*, p. 108); elle est créée directement par Dieu (*Livre des sentences*, III, 1, p. 182 [137], s'appuyant sur *Gen.*, II, 7 pour Adam et sur *Zach.*, XII, 1 pour les hommes en général). Le corps est formé à partir des quatre éléments primordiaux, réunis dans la semence virile et le sang de la mère (*Livre des sentences*, II, 5, p. 73 [60]). L'âme envahit le corps « jusqu'aux ongles et aux cheveux » et le corps intervient jusque dans les opérations les plus subtiles de l'âme, sans que cette compénétration mutuelle entraîne aucunement la perte de leur spécificité respective (*Commentaire de Jean, I, 1-17*, f. 57ʳ-58ʳ); l'homme est ainsi une nature de deux (*Mēmrē parénétiques*, XIII, p. 577-578; *Lettre aux moines de Senoun*. p. 43-44 [36]). Des détails plus précis seraient à élaborer à partir des apories que Philoxène propose dans son *Commentaire de Jean, I, 1-17*, f. 45ʳ-53ʳ et 55ʳ-59ʳ. — Depuis Assémani (*Bibl. Orientalis*, p. 158-159), qui s'en rapporte lui-même à Bar-Ṣalībī (*Commentaire de Luc, I, 35*, p. 248 [201]), on répète (par ex. JUGIE, *Theologia*, p. 558-559) que Philoxène fixait l'animation du corps du Verbe au quarantième jour après son incarnation. Le *Livre des sentences* (II, 8, p. 143-144 [109]; III, 1, p. 170 [128]) et le *Commentaire de Jean, I, 1-17* (f. 83ʳ) distinguent effectivement l'incarnation et l'animation comme deux étapes chronologiques, et dans le premier de ces ouvrages (III, 5, p. 261-262 [194]), Philoxène situe l'inhabitation de l'Esprit en Jean-Baptiste aux sixième mois (*Luc*, I, 26), c'est-à-dire, peut-être, après la formation du corps et l'insufflation de l'âme; par contre, dans un de ses derniers écrits, la *Lettre aux moines de Senoun* (p. 56-57 [46-47]), notre auteur, commentant le Ps-Athanase, soutient formellement que la chair et l'âme du Verbe ont commencé d'exister simultanément avec la descente dans la Vierge. On peut donc songer à une évolution doctrinale; cepen-

Il serait donc hors de propos de chercher dans la prédilection de notre théologien pour les termes « incarnation » ou « incorporation » on ne sait quel penchant secret pour une christologie du type *Logos-Sarx* ; si ce vocabulaire s'était introduit dans les écoles syriennes sous le patronage des pseudépigraphes apollinaristes, il est indubitable qu'il s'y était maintenu et qu'il y était compris dans un sens parfaitement orthodoxe [35]. Nous sommes d'ailleurs convaincu que l'apollinarisme n'offrit jamais de séduction à l'esprit de Philoxène, tout au moins dans la mesure où ce système constitue une tentative pour expliquer l'unité du Verbe incarné ; en effet, on verra bientôt notre auteur aborder le problème avec des principes qui rendaient pour lui superflue toute amputation de l'humanité du Christ [36].

Non moins que pour la réalité de l'incarnation, le respect de son intégrité est avant tout commandé à Philoxène par des motifs sotériologiques ; en incluant l'âme et l'intellect dans l'humanité du Verbe, notre théologien cherche moins à rendre compte de la psychologie du Christ qu'à assurer le renouvellement de l'homme tout entier [37].

Quelle que soit l'insistance de Philoxène sur l'intégrité de l'humanité du Verbe, deux restrictions semblent à priori susceptibles de venir la menacer dans le fait. La première concerne le péché et ses suites, et se fonde sur l'*Absque peccato* de *Hébr.*, IV, 15 ; nous en remettons l'examen à plus tard [28], nous contentant pour l'instant de relever que notre théologien dénie au « péché » toute con-

---

dant nous croirions plutôt que l'évêque de Mabbog n'accordait pas au problème en cause une signification proprement théologique. En effet, dans le *Commentaire de Luc, I, 35* et dans la *Lettre aux moines de Senoun*, il a soin d'indiquer les deux principes essentiels qui restent saufs en toute hypothèse, savoir que le Verbe s'*inhumana* en se conformant aux lois de la génération humaine, et que, même dans l'éventuelle période précédant l'animation, le corps doit être considéré comme vivant de la vie divine du Verbe.

[35] LEBON, *Christologie*, p. 480, note 69.

[36] Ci-dessous, p. 385-389.

[37] *Livre des sentences*, II, 2, p. 55 [46] : « Il devint homme complet, de corps, d'âme et d'intellect, pour renouveler tout l'homme. » *Commentaire de Luc, II, 52*, f. 26v-27r. — Éphrem utilisait, lui aussi, cet argument classique dans sa polémique contre Apollinaire ; voir BECK, *Theologie*, p. 55.

[38] Ci-dessous. p. 466-489, 494-498.

sistance ontologique [39]. La seconde, qui va maintenant retenir l'attention, consiste en ce que, dans la perspective monophysite, l'humanité de Dieu Verbe ne constitue ni une hypostase ni une nature.

En soulignant que Philoxène comprend les termes « nature » et « hypostase » de la formule christologique monophysite dans le sens même que ces termes recevaient dans la théologie trinitaire traditionnelle de son temps [40], nous déterminions un premier principe d'interprétation du monophysisme de notre auteur, savoir : que l'unique nature et hypostase du Verbe incarné n'est toujours autre que la deuxième hypostase de la nature divine; mais cette constatation entraîne comme conséquence immédiate que l'humanité de Dieu Verbe, pour réelle et complète qu'elle soit, ne lui a pourtant ajouté ni une seconde hypostase ni une seconde nature : c'est là un deuxième aspect de la théologie monophysite philoxénienne, envisageant le mystère dans son terme humain.

Une constatation fondamentale s'impose ici : notre auteur, qui réprouve formellement l'usage d'expressions désignant ce terme humain comme un homme, une nature, une chair [41], l'appelle par contraste l'homme, l'humanité, la nature humaine, notre nature, nous, toute la nature de l'homme [42]. La dernière de ces expressions

---

[39] *Livre des sentences*, II, 2, p. 55 [46] : « Le péché, qui n'est ni homme ni nature. »

[40] Ci-dessus, p. 359-363.

[41] Philoxène se distingue ici encore de Sévère d'Antioche, que la polémique avec Jean le Grammairien amena à préciser que le Verbe s'unit à *une* chair et non à toute l'humanité (par ex. SÉVÈRE, *Contre le Grammairien*, II, 17, p. 152 [119]; 162-163 [127]).

[42] *Mēmrē contre Ḥabīb*, II, p. 517-518; *Profession à Zénon*, p. 165 [120] : « Il ne s'unit pas à l'hypostase d'un homme, mais à notre nature, par son inhumanation de la Vierge. » — *Livre des sentences*, II, 3, p. 55-56 [47]; III, 1, p. 168-169 [127]: « Le Verbe ne demeura pas dans un homme, comme ils l'imaginent, mais il habita en nous [*Jean*, I, 14], les hommes, c'est-à-dire dans la nature commune, et non dans l'hypostase particulière d'un [seul] homme. Que Dieu demeure dans un [seul] homme s'est toujours produit chez chacun des justes et des prophètes; mais que toute la nature lui devînt habitation et temple, et fût recréée pour qu'il demeure lui-même en nous tous, ceci n'advint que récemment, à cause qu'il devint chair; de même que la chair qu'il devint est [la chair] commune, et non celle des justes seulement, — en effet c'est de la nature de l'humanité qu'il s'incarna par la Vierge et s'inhumana, — ainsi nous accorde-t-il à tous l'inhabitation, [c'est-à-dire] à quiconque désire

signifie d'abord que le Verbe assuma, pour le sauver, l'homme tout entier avec son corps et son âme spirituelle [43] ; mais, en évitant partout d'employer le numéral « un », Philoxène entend marquer qu'il ne considère pas l'humanité du Christ comme une nature humainement individuée.

En effet, notre théologien conçoit la nature comme le principe ontologique de ce que l'ensemble des individus d'une même espèce possède de commun ; à ses yeux la nature de l'homme ou de l'humanité vise donc de soi le genre humain, c'est-à-dire « tous ceux qui sont inclus sous le nom », ou répondent à la définition d'homme, en les considérant précisément en tant que tels comme ne formant qu'un [44]. Par ailleurs Philoxène explique les différences et caractéristiques distinguant l'un de l'autre chaque individu de l'espèce par le principe de l'hypostase ; une hypostase humaine désigne selon lui n'importe quel homme particulier dans sa particularité même, c'est-à-dire en tant qu'individu déterminé [45]. Cependant cet

---

être baptisé et renaître. » — *Ibid.*, III, 5, p. 240-241 [178-179] : « Dans son devenir, il ne s'adjoignit pas un autre homme, connu auparavant comme ayant une hypostase ou une nature, parce que c'est la nature humaine que Dieu est dit s'être adjoint par la Vierge, et non un autre homme, considéré comme assumé de la nature humaine. » — *Ibid.*, p. 268-269 [198-199]; *Lettre aux moines de Senoun*, p. 49 [40] : « La nature de notre humanité à nous, à partir de laquelle le Verbe s'inhumana [...] et nullement un autre homme, connu en dehors du Verbe lui même, compté en une autre nature. »

[43] *Livre des sentences*, III, 5, p. 269 [199] : « Non seulement il s'incarna, mais il s'anima aussi, et l'homme second [redressa] en soi toute la nature de l'homme. » — *Lettre aux moines de Senoun*, p. 4 [3] : « Il devint [...] homme complet pour sauver tout l'homme en soi. »

[44] *Livre des sentences*, I, p. 32 [30] : « Dans l'une nature de l'humanité, [il y a] des hommes innombrables, et [pourtant] la nature humaine est une. » — *Lettre aux moines de Senoun*, p. 40-41 [33] : « On a donc coutume de dire une nature de tous ceux qui sont inclus sous ce nom, fussent-ils une multitude innombrable, comme sont les hommes et les anges. »

[45] *Lettre aux moines de Senoun*, p. 40 [33] : « La nature est commune, tandis que l'hypostase désigne un [seul] homme. » — Le terme *qenōmā*, qui équivaut ici au grec ὑπόστασις, est courant en syriaque ; chez Philoxène il rend parfois simplement le pronom réfléchi (*Mēmrē contre Ḥabīb*, IV, f. 35ᵛ b, etc.) ; ailleurs, il désigne la réalité, par opposition, tantôt à la fausse apparence, tantôt au nom (*ibid.*, II, p. 492 ; VIII, f. 69ᵛ b-c, etc.) ; ailleurs encore il indique la substance, par opposition aux puissances et aux opérations (*ibid.*, V, f. 41ᵛ b, etc.). — La distinction basilienne entre la nature générique et l'hypostase indivi-

individu continue de participer de la nature commune qu'il incarne,
en quelque sorte ; comme dit notre auteur, l'hypostase n'est pas
privée de sa nature [46] ; si donc on l'envisage sous ce rapport, la
nature sera dite une nature, c'est-à-dire particulière et individuelle.
Ainsi l'hypostase est par définition singulière, tandis que Philoxène
parle tantôt de *la* nature tantôt d'*une* nature, suivant qu'elle est
regardée comme spécifique ou comme particulière ; ce n'est que
dans ce dernier cas qu'il considère « nature » comme concrètement
synonyme d'« hypostase », c'est-à-dire que l'une et l'autre désignent
alors un être individuel [47].

Qu'on excuse l'aridité de ces explications, que nous avons jugées
indispensables pour faire toucher le nerf de la théologie monophysite de notre auteur ; à leur lumière, l'opposition que nous lui avons
vu mettre entre *la* nature humaine et *une* nature humaine du Christ
s'explique comme suit : Dieu Verbe devenant homme ne s'unit pas
à un homme ; son humanité réelle et complète n'est donc pas une
hypostase, ni, ce qui revient concrètement au même, une nature
humaine, mais bien la nature humaine spécifique ou commune, non
encore particularisée ou individuée [48].

---

duelle est commune, dans la première moitié du VIe siècle, aux monophysites
(LEBON, *Christologie* p. 458-460) et aux chalcédoniens (RICHARD, *Léonce de
Jérusalem*, p. 60).

[46] *Vingt chapitres*, 7, p. CXXVI. *Mēmrē contre Ḥabīb*, VI, f. 55ʳ c : « Toute
nature [individuée] a [son] hypostase. » — *Lettre aux moines de Senoun*, p. 42
[34] : « L'hypostase est aussi nature, et la nature à son tour a l'hypostase. »

[47] *Lettre aux moines de Senoun*, p. 40 [33] : « On admet qu'hypostase et
nature sont identiques, sauf le fait que la nature est commune, tandis que
l'hypostase désigne un [seul] homme. [Ainsi] dit-on une la nature de l'homme
[prise] communément, ou tous les hommes, puis la nature avec l'hypostase, ou
chacun des hommes ; et quand on dit [que] toute l'humanité [prise] communément [est] une nature, on ne la dit pas aussi une hypostase, tandis que si
cette parole vise un [seul] homme, outre le [fait] qu[' il est] une nature,
il faut aussi comprendre qu'il est une hypostase. » La même distinction est
supposée dans les *Mēmrē parénétiques*, XII, p. 509. Philoxène applique ces principes à la théologie trinitaire : *Mēmrē contre Ḥabīb*, IX, f. 95ʳ c, 97ʳ c-v a ;
Lettre aux moines de Senoun, p. 41 [34]. Lorsqu'il exclut toute distinction
dans le fait entre hypostase et nature, au cours de la polémique antichalcédonienne, il s'agit toujours de la nature individuée (*deux* natures, ou *une* nature
humaine).

[48] *Vingt chapitres*, 7, p. CXXVII : « [Le corps et l'âme] ne sont pas comptés

La raison théologique dernière de cette théorie réside, croyons-nous, dans la sotériologie; suivant Philoxène, c'est parce que Dieu s'inhumane pour sauver, non pas un seul homme mais toute l'humanité, qu'il fait sienne « la chair commune » et non celle d'un individu particulier [49]. Mais nous remettons à plus tard l'examen de ce motif [50], nous efforçant pour l'instant de déterminer le statut ontologique que notre théologien assigne à la « nature commune » du Christ homme.

En effet, cette notion n'implique-t-elle pas que Dieu Verbe incarné se soit uni tous les hommes, au point qu'il ne posséderait pas d'humanité individuelle? Philoxène est à mille lieues de pareille pensée; il souligne que Dieu Verbe a son corps personnel, venant de sa mère et distinct du corps de l'Église [51]. Mais ce corps, c'est-à-dire cette humanité, n'ayant jamais appartenu ni en fait ni de droit à aucun individu humain, puisqu'elle fut dès l'instant de sa création l'humanité de Dieu Verbe, celui-ci se l'unit sans le principe individuant de l'hypostase qui eût fait de cette nature humaine *une* nature, et donc un homme particulier, coupé en tant que tel à la fois des autres hommes et de son assumant. En d'autres termes :

en une autre nature, en dehors de la nature du Verbe, sinon dans la [nature] commune de toute l'humanité. » Ci-dessus, p. 374-375, note 42.

[49] *Livre des sentences*, III, 1, p. 168 [127]; III, 5, p. 240-243 [178-181] : « C'est la nature humaine que Dieu est dit s'être joint par la Vierge, et non un autre homme, conçu comme assumé de la nature humaine. [...] Car c'est la nature de l'homme qu'il honora, et non un homme quelconque, assumé de la nature; c'est à la nature humaine qu'il mérita l'adoption filiale, et non à un homme seulement. [...] Les biens qui nous furent ménagés par la manifestation dans la chair ont été préparés et promis à nous tous, et non à un seul homme. »

[50] Ci-dessous, p. 420-421.

[51] *Commentaire de Jean, I, 1-17*, f. 168v, où l'évêque de Mabbog s'en prend aux eutychiens. Dans le même contexte (f. 184r-186r), il oppose le corps propre à la simple possession (voir aussi *Mēmrē contre Ḥabīb*, X, 109r a-110r b; *Livre des sentences*, II, 2, p. 49-50 [42-43]). À son sens, il faut dire à la fois que le Verbe *est* chair et qu'il *a* chair, car les deux expressions se complètent et se corrigent : la catégorie de l'avoir vise à écarter l'idée de transformation, mais seule celle de l'être suffit à désigner le corps personnel (*Livre des sentences*, III, 5, p. 256 [189-190]). — L'individualité de l'incarnation ressort également du fait que Philoxène, qui regarde le nombre comme un principe de singularité (ci-dessous, p. 385-386) dit le Verbe « compté avec » les créatures (*Livre des sentences*, II, 3, p. 60 [50]; *Vingt chapitres*, 4, p. cxxv, etc.).

en recevant son individuation hypostatique dans la nature et l'hypostase de Dieu Verbe, sa nature humaine ne leur ajoute ni une seconde nature ni une seconde hypostase [52].

Nous pensons ainsi avoir établi dans son fondement l'interprétation philoxénienne du dogme monophysite ; mais nous estimons que le « monophysisme » ne dit pas le dernier mot de la christologie de notre auteur, car il n'exprime pas directement sa manière d'envisager le mystère de l'union sans confusion ; après avoir analysé les divers éléments du « devenir sans changement », on est à présent armé pour aborder l'examen de cette question.

VI. — UNITÉ SANS CONFUSION

On trouve chez Philoxène, est-il besoin de le dire, les formules dogmatiques classiques de la christologie monophysite, et avant tout celle de l'une nature et hypostase de Dieu Verbe incorporée [1]. Sa

---

[52] *Profession à Zénon*, p. 166 [120-121] ; *Livre des sentences*, II, 2, p. 51-52 [44] ; III, 5, p. 267 [198] ; *Vingt chapitres*, 3, p. CXXV : « Si la chair animée intellectuellement devint sienne dans l'hypostase du Verbe, elle devint sienne aussi dans la nature du Verbe ; et si l'âme et le corps devinrent siens par nature, le Verbe n'est pas deux natures, mais une nature, la sienne, incarnée et animée. » — *Ibid.*, 4, p. CXXV : « Puisque l'âme et le corps [de Dieu Verbe] sont siens dans son hypostase et dans sa nature, on ne compte pas d'autres natures avec lui, mais on les considère dans l'une nature de Dieu incorporée. » — *Ibid.*, 7, p. CXXVI-CXXVII : « Et si le corps et l'âme ne sont pas comptés comme une autre hypostase dans l'hypostase du Verbe, puisque c'est dans l'hypostase du Verbe que devint leur hypostase, ainsi ne les compte-t-on pas davantage comme une autre nature avec la nature du Verbe, puisque c'est dans la nature du Verbe que fut constituée et que devint leur nature ; en effet, ils ne sont pas comptés en une autre nature, en dehors de la nature du Verbe, sinon dans la nature commune de toute l'humanité. » — *Lettre aux moines de Senoun*, p. 55-57 [45-47] : « Si c'est dans l'hypostase même de Dieu Verbe que l'hypostase advint à l'âme et au corps, [...] il appert que [c'est là que leur advint] aussi la nature ; on ne saurait [donc] montrer nulle part deux natures du Christ, puisque l'hypostase et la nature ne sont reconnues que chez le Verbe. » — *Ibid.*, p. 63-64 [52-53].

[1] Ou : incarnée, inhumanée, après l'inhumanation, après l'union. Voir par exemple *Mēmrē contre Ḥabīb*, VI, f. 53ʳ b : « L'expression 'une hypostase et une nature incorporée', par laquelle surtout on reconnaît l'union, comme disent nos saints Pères. » — *Lettre aux moines du Bēt-Gōgal*, I, p. 154 [111-112] ; *Livre*

fidélité à cette confession s'inspire plutôt d'un attachement inconditionné à la tradition alexandrine que de l'exclusivisme de ses
positions théologiques personnelles; ainsi admet-il la permanence
de la « différence des natures » après l'union lorsqu'il trouve cette
expression patronnée par Cyrille [2]; mais lorsqu'il la lit dans la
définition de Chalcédoine, c'est pour la rejeter avec indignation,
en prétendant que le concile aurait cherché par là à insinuer
l'*Anthropotokos* [3].

Par ailleurs, les vicissitudes que le parti monophysite d'Orient
subit pendant toute la durée du schisme acacien (482-519) ne lais-
sèrent pas de dicter à Philoxène les concessions politiques dont cet
habile avocat sut toujours nuancer ses prétentions; ce n'est évidemment pas dans un même contexte historique qu'il déclare tantôt
que distinguer des natures dans le Christ revient à le séparer [4], puis
qu'il considère une certaine dualité comme acceptable, pour autant
qu'elle implique distinction et non pas nombre [5]

Faut-il considérer ces variations comme le reflet d'une polémique
sans scrupule, mise au service d'ambitions partisanes ? Ce que nous
avons développé jusqu'ici de la pensée théologique de notre auteur
aura déjà suffisamment fait sentir, nous l'espérons, l'enracinement
de sa foi monophysite dans des convictions religieuses dont le
martyre sut d'ailleurs éloquemment prouver la sincérité. Mais voici
un indice déterminant : pour farouche adversaire qu'il soit de la
formule diphysite, Philoxène reconnaît pourtant de bonne grâce
que la tradition n'est pas unanime sur ce point; des Pères, dont
Cyrille lui-même, ont admis deux natures dans le Christ; ne pouvant que s'incliner devant ces autorités vénérées, notre théologien
n'abandonne pas pour autant l'esprit avec la lettre; l'essentiel,

---

des sentences, II, p. 39 [35]; *Lettre aux moines de Senoun*, p. 67 [55-56], etc.;
Lebon, *Dissertation*, tableau après la p. 308.

2 *Lettre aux abbés Théodore, Mamas et Sévère*; *Lettre contre Flavien* (ci-
dessus, p. 209-211); *Livre des sentences*, III, 2, p. 202-203 [151].

3 *Lettre aux moines de Senoun*, p. 25-26 [21].

4 *Mēmrē contre Ḥabīb*, II, p. 506 : « Ce sot imagine avoir subtilement
composé [son] discours en disant non pas 'séparation' (ܦܘܪܫܢܐ), mais 'distinction' (ܦܘܠܓܐ) des natures. Il n'a donc pas compris que des choses distinctes l'une de l'autre, dont chacune est conçue en soi et apparaît en son
particulier, ne [constituent] pas une distinction, mais une séparation. »

5 *Livre des sentences*, II, p. 37 [33].

explique-t-il, c'est d'interpréter le diphysisme des Pères comme
exprimant non pas l'assomption d'un « fils de la grâce » par le
Fils de la nature, mais l'incorporation du Monogène à partir de
la nature humaine [6].

Ainsi la fidélité de Philoxène à la tradition christologique alexandrine sait se dégager, au besoin, d'un attachement servile aux formules; s'il faut reconnaître qu'il dépense parfois à défendre ces
formules une subtilité intempestive et non toujours exempte de
logomachie, il reste que leur interprétation positive cherche, parfois maladroitement, à exprimer des principes théologiques remarquablement fermes et d'une extrême simplicité [7].

---

[6] *Mēmrē contre Ḥabīb*, II, p. 510-511; VIII, f. 75r b-c : « Tu nous ordonnes
donc de dire deux natures pour qu'on reconnaisse deux hypostases séparées
et deux Fils; mais, non content de ne pas approuver cet esprit d'impiété, nous
anathématisons quiconque dit deux natures dans ce sens. En effet, ce n'est pas
pour [dire] qu'autre est Dieu et autre le Christ, comme tu l'écris dans ton
impiété, que nos Pères ont dit la formule 'deux natures', mais bien pour montrer par elle que l'incorporation véritable de Dieu Verbe advint à partir de la
nature humaine. » — *Lettre aux moines de Senoun*, p. 49-51 [40-42].

[7] Parmi les notions et formules christologiques monophysites de Philoxène
dont nous ne traiterons pas ici, tant parce qu'elles ne remplissent aucune fonction
théologique positive dans la synthèse philoxénienne que parce qu'elles ont
déjà été excellemment étudiées (LEBON, *Dissertation*, p. 370-433; *Christologie*,
p. 510-552), figurent la notion de « propriété » et la formule *ex duabus
naturis*. Notre auteur n'aborde la question du « propre » (ܪ‎ܒܝܠܝܐ) ou du particulier (ܪ‎ܕܝܠܢܝܐ) dans le Verbe incarné que pour réfuter, soit la théorie
nestorienne des noms simples (ou particuliers) et doubles (ou communs, jumelés),
soit le dogme chalcédonien de la permanence des propriétés et activités des deux
natures après l'union; le principe est qu'après l'incarnation aucun nom ni
fait ne reste particulier au Verbe ou à la chair (*Livre des sentences*, III, 4, p.
218 [162]), mais aussi qu'aucun ne devient « commun aux deux » (*Mēmrē contre
Ḥabīb*, II, p. 511-518); tout est entraîné dans l'unité sans confusion (*ibid.*,
VII, f. 63r b-64r c; *Commentaire de Jean*, I, 1-17, f. 48v-49v), qui permet ainsi de
surmonter le dilemme « propre ou commun ». — Philoxène accepte la formule
ex duabus naturis comme une concession au diphysisme, pourvu qu'il soit bien
entendu que les deux natures n'ont jamais eu le temps d'exister (*Livre des
sentences*, III, 1. p. 180-181 [135-136]; *Lettre aux moines de Senoun*, p. 55-58
[45-48]; 65-67 [54-55]); mais on ne voit pas bien le sens qu'il peut lui
donner, car il rejette la théorie cyrillienne, reprise par Sévère d'Antioche (LEBON,
Dissertation, p. 345-369; *Christologie*, p. 496-509), de la « contemplation intellectuelle », ne pouvant, semble-t-il, concevoir une opération de l'esprit qui ne
porterait pas sur un objet réel (*Mēmrē contre Ḥabīb*, II, p. 506-507; *Commen-*

Nous avons déjà analysé les deux éléments fondamentaux du monophysisme philoxénien, savoir : que la nature et l'hypostase incarnée de Dieu Verbe est la deuxième hypostase de la nature divine[8], et que son inhumanation véritable et complète à partir de la nature humaine ne lui ajouta ni une seconde hypostase ni une seconde nature[9]. Nous voudrions souligner maintenant que ces deux principes ne font que traduire sur le plan « statique » du mystère considéré comme déjà accompli la théologie du devenir sans changement, lequel nous paraît exprimer l'essence de la christologie de notre auteur, qui s'inscrit dans une perspective « dynamique »[10].

En effet Philoxène affirme souvent, en termes équivalents, que l'unique nature et hypostase incarnée est celle de Dieu Verbe parce que celui-ci ne changea pas en devenant[11] : il resta ce qu'il était, c'est-à-dire une nature et une hypostase, avant comme après l'inhumanation[12]; il n'y a pas deux natures après l'union parce qu'il

---

taire de Jean, I, 1-17, f. 186ᵛ: « Si Dieu parfait assuma un autre homme parfait, et que l'intellect ait pu voir deux parfaits dans [leurs] natures et [leurs] hypostases avant que l'union advienne, comment se pourrait-il que deux hypostases fassent un [être] parfait sans confusion? »). — Il arrive à Philoxène d'appeler le Christ « composé » à partir de deux; dans ce cas il préfère employer le verbe ܐܪܟܒ (*Mēmrē contre Ḥabīb*, VI, f. 55ʳ b; *Lettre aux moines de Senoun*, p. 55 [45], etc.) que ܐܪܟܒ̇ et son dérivé ܡܪܟܒܐ, qui rend le grec σύνθετος dans les traductions théologiques de Sévère, car il considère ceux-ci comme synonymes de « corporel » (l'être composé, par opposition à la simplicité de l'être spirituel); lorsqu'il dit que le Verbe devint composé, il n'entend souvent rien d'autre que « incorporé » (*Mēmrē contre Ḥabīb*, IV, f. 36ʳ b-c; *Commentaire de Jean, I, 1-17*, f. 46ʳ; *Mēmrē parénétiques*, XIII, p. 619, etc.).

8 Ci-dessus, p. 354, 359-363.

9 Ci-dessus, p. 374-378.

10 *Livre des sentences*, II, 3, p. 57 [48] : « [Le Verbe] n'est reconnu comme numérable nulle part, parce que son Être n'est pas séparé de son devenir, ni le fait d'être reconnu comme Verbe de celui d'être apparu comme chair, ni son intérieur de son extérieur, ni sa divinité de son humanité, ni son éternité du fait d'être devenu soumis au temps. »

11 *Mēmrē contre Ḥabīb*, IV, f. 36ʳ b-ᵛ c; *Livre des sentences*, III, 2, p. 191-192 [143-144]; *Lettre aux moines de Senoun*, p. 57 [47] : « Il avait la nature de son Père et son hypostase propre; et, après s'être inhumané, il resta encore un dans les deux; et nous confessons tous que le Verbe Dieu, même après l'union, est aussi bien une nature qu'une hypostase, savoir, inhumanée. »

12 *Livre des sentences*, II, 2, p. 52 [44] : « Le Verbe devint chair sans changement, et il resta dans sa nature ce qu'il est, et on le reconnaît comme la

demeura le Monogène et un de la Trinité, même après s'être inhumané [13]; c'est le même et unique Fils dans les deux naissances, puisqu'il garde dans les deux un seul et même Père naturel, de qui il tient sa nature [14].

Philoxène entend tout d'abord sauvegarder ainsi l'unité de sujet ou de personne dans le Verbe incarné; mais la perspective de sa christologie lui fait envisager cette unité comme la permanence d'une identité plutôt que comme la synthèse d'une individualité à partir d'éléments constitutifs. Chez lui l'expression « un et le même » conserve toujours une nuance « active », car les deux termes de l'« ipséité » sont Dieu dans son Être et dans son devenir, c'est-à-dire qu'elle embrasse tout le « processus » immuable de l'économie [15].

---

même hypostase et nature auparavant et maintenant. » — *Lettre aux moines de Senoun*, p. 67 [56] : « Le Fils resta une hypostase et nature inhumanée même dans la naissance selon la chair, et il n'est pas permis de lui ajouter ni hypostase ni nature, puisque même lorsqu'il devint homme par la kénose, il resta Fils par nature et Dieu en vérité. »

13 *Lettre à Théodore, Mamas et Sévère*, f. 41ʳ b : « Les Pères n'ont pas pu dire deux natures […] après l'union, parce qu'il demeura le Monogène et un de la Trinité, même après s'être inhumané. » — *Livre des sentences*, II, 4, p. 44-45 [39].

14 *Profession à Zénon*, p. 167-168 [121-122]; *Livre des sentences*, II, 2, p. 47 [44]; II, 8, p. 139-140 [105-106]; III, 1, p. 179-182 [134-137]; *Lettre aux moines de Senoun*, p. 27-28 [33] : « Si celui que nous confessons comme Dieu un inhumané n'est pas deux natures, il est évident qu'il a pour les deux naissances un [seul] Père naturel, qui est Dieu, parce que lui, un [seul] Fils dans les deux naissances, n'a pas plus de père dans la [naissance] humaine qu'il n'a de mère pour la [naissance] divine. De même que le Père et sa nature [sont] un dans les deux générations, ainsi le Fils et sa nature inhumanée [sont] un dans celle-ci et dans celle-là, car il continua d'être le Fils par nature, même dans la naissance d'une mère où il devint homme par la kénose. »

15 *Mēmrē contre Ḥabīb*, app., f. 135ʳ c : « Celui qui entra dans la Vierge était un [et] spirituel, tenant du Père la nature de sa spiritualité; ainsi le même un sortit d'elle, tenant de la nature de la Vierge la vérité de sa corporalité. » — *Commentaire de Jean, I, 1-17*, f. 180ᵛ : « Le Verbe de Dieu, dont il est écrit qu'il devint chair de Marie, devint ce qu'il n'était pas et resta sans changement ce qu'il est, et on le reconnaît comme le même, homme en aspect, et Dieu en puissance; non en deux natures, ni en deux hypostases, ni en deux parties, ni en deux formes, et sans qu'on pense en lui un autre et un autre, puisque c'est par l'inhumanation que fut établie l'économie. » — *Livre des sentences*, III, 2, p. 192 [144] : « Il s'inhumana […] sans tomber sous le

Notre théologien souligne cette permanence d'une façon simple et parlante lorsqu'il fait remarquer que les verbes et les substantifs exprimant le devenir du Verbe, comme : s'incarner, s'incorporer, s'inhumaner, incarnation, incorporation, inhumanation, supposent un sujet préexistant en qui ce devenir puisse s'inscrire; et ce sujet lui apparaît pour ainsi dire grammaticalement désigné par le pronom personnel pour les verbes (*il* devint, *il* s'incarna, etc.) et par le possessif pour les substantifs (*son* devenir, *son* incarnation, etc.) [16].

À ce titre déjà, on peut affirmer que Philoxène n'envisage pas l'unité du sujet, ou l'existence individuelle du Christ, dans la perspective de l'union de deux essences; mais nous estimons, en outre, que le monophysisme, interprété comme une simple expression de l'unité du sujet, n'exprime pas l'intention profonde de la christologie philoxénienne.

Sans doute admettons-nous que, dans la « formule monophysite », notre théologien considère « une nature » comme pratiquement synonyme d'« hypostase »; mais ceci ne tient qu'au numéral « un », indiquant qu'il s'agit d'une nature individuée, puisque le mot « nature » revêt pour lui une signification formellement distincte de celui d'« hypostase » [17]; et, comme la nature, même individuée en une

---

nombre, mais celui qui était reconnu auparavant comme Dieu [né] du Père, le même est reconnu comme homme [né] de Marie par la kénose. »

16 *Mēmrē contre Ḥabīb*, IX, f. 94v c : « Celui qui dit 'sa divinité' et 'son humanité' confesse une [seule] hypostase, parce que la lettre ܗ [c'est-à-dire le pronom-suffixe syriaque] placée à la fin des deux noms les lie [tous] deux en une seule hypostase. [...] C'est celui qui confesse que Dieu devint homme qui emploie correctement cette formule; il dit 'sa divinité' parce qu'il est, et 'son humanité' parce qu'il devint. » — *Livre des sentences*, III, 5, p. 257-260 [191-192] : « Nul [...] n'entreprend de dire qu'un homme s'est inhumané, ou qu'une chair s'est incarnée, ou qu'un corps s'est incorporé. [...] 'Il s'inhumana' nous fait comprendre qu'il n'était pas homme avant cela; 'il s'incarna', qu'il était esprit, et non pas chair; 'il s'incorpora', qu'il était non composé, et non pas un corps. » — *Lettre aux moines de Senoun*, p. 24 [20] : « Il est absurde d'attribuer à celui qui est homme par nature l'inhumanation, qui ne peut s'appliquer qu'à Dieu Verbe, puisque c'est du fait que [celui-ci] est esprit et supérieur à la matière que cette expression d''inhumanation' lui convient. »

17 Ci dessus, p. 375-376. Notre auteur n'établit aucune synonymie formelle entre « nature » et « hypostase ». Lorsqu'il affirme, contre les chalcédoniens, que deux natures constituent nécessairement deux hypostases, tout l'accent porte

nature, ne laisse pas de connoter son aspect formel de nature, les deux expressions de la formule monophysite « une nature » et « hypostase » ne sauraient représenter, pour Philoxène, une simple redondance.

La nuance qui les sépare s'explique d'ailleurs à partir des considérations déjà esquissées à propos de l'inclusion de l'humanité du Christ en Dieu ; en effet, si la nature humaine de l'incarnation reçoit son individuation non seulement dans l'hypostase du Verbe mais aussi dans sa nature divine, comment ne s'ensuivrait-il pas normalement une communion d'ordre non seulement personnel mais naturel [18] ?

Ainsi, autant il est exact de dire que le monophysisme philoxénien comporte l'affirmation de l'unité de sujet ou de l'existence individuelle dans le Christ, autant le réduire à cette affirmation reviendrait à lui enlever toute sa pointe. Le dogme de l'unité personnelle constitue pour ainsi dire le dénominateur commun de toute christologie chrétienne ; mais il reste une étiquette neutre et imprécise tant qu'on n'a pas déterminé les nuances séparant les différentes tendances théologiques dans leur interprétation concrète du mystère.

Au reste, si, par la « formule monophysite », Philoxène insiste bien sur l'unité du Verbe incarné, son monophysisme n'explique

sur la dualité, indiquant qu'il s'agit de natures individuées (*Lettre aux moines de Senoun*, p. 11-12 [9-10] : « La nature considérée à part, ou comptée, ne peut pas ne pas être aussi hypostase » ; *ibid.*, p. 67 [56] : « Deux natures complètes, dont chacune est reconnue et comptée à part, [ne peuvent] aussi être assemblées dans l'union naturelle en une hypostase ») ; la nécessité et l'impossibilité sont alors à priori.

18 *Lettre aux moines de Senoun*, p. 42 [34-35] : « Ce docteur (Ps.-ATHANASE, *Contre Apollinaire*, I, 5) dit que ce qui n'est pas [le propre] de la Divinité par nature devint le propre de Dieu par nature, lorsqu'il plut au Verbe de s'engager à venir dans la naissance humaine pour redresser en lui sa créature, comme il dit. Et il dit que cela devint [le propre] du Verbe non seulement par l'hypostase, mais aussi par nature, pour avoir compris que l'hypostase est aussi nature, et que la nature à son tour a aussi l'hypostase. [...] Ce docteur dit donc avec justesse que, alors que cela n'est pas [le propre] de la Divinité par nature, c'est-à-dire le propre de l'Essence, [cela] devint [le propre] du Fils de Dieu, non seulement par l'hypostase, mais aussi par la nature, Dieu Verbe étant aussi de la nature même de l'Essence. » — *Ibid.*, p. 43-44 [35-36].

encore rien de la manière dont s'opère cette unité entre une nature divine et la nature humaine, et, dans ce sens, n'exprime pas le dernier mot de sa christologie. Celle-ci nous paraît se concentrer, en dernière analyse, sur l'idée de ce que la théologie postérieure appellera « périchorèse » [19], c'est-à-dire d'une interpénétration radicale du Verbe divin et de son humanité en une parfaite mais inconfuse unité, cette « unité sans confusion » n'étant d'ailleurs que l'expression statique du « devenir sans changement ».

En effet, notre auteur comprend l'union christologique (ܡܚܝܕܘܬܐ, ἕνωσις), qu'il reçoit de la tradition comme un dogme incontestable [20], au sens strict de l'unité numérique; il affirme en principe qu'« union » dérive de « un » comme « dualité » de « deux » [21]; cette unité constitue donc à ses yeux la négation même du « nombre » [22]; aussi un de ses leitmotive consiste-t-il à répéter qu'il n'y a pas de

---

[19] La notion de périchorèse christologique se trouve pleinement élaborée chez saint Jean Damascène, à partir d'indications patristiques antérieures; voir ROZEMOND, *Damascène*, p. 29-31.

[20] Il la trouve enseignée dans 1 *Cor.*, VIII, 6 (*Commentaire de Jean, I, 1-17*, f. 168r; *Livre des sentences*, II, 2, p. 47 [41]), dans le symbole de foi (*Lettre aux moines de Senoun*, p. 64-66 [53-54]), ainsi que par « les Pères », parmi lesquels il faut compter Cyrille d'Alexandrie et les pseudépigraphes apollinaristes (*ibid.*, p. 36-47 [29-38]).

[21] *Mēmrē contre Ḥabīb*, IX, f. 90v a : « Nous confessons que le Christ est de la Divinité et de l'humanité, et nous croyons que le même est Dieu et homme; mais nous ne le séparons pas en deux hypostases ou en deux nombres, sinon il n'y a pas union; en effet, nous confessons l'union et l'unicité (ܡܚܝܕܘܬܐ), et 'union' est pris de 'un' et 'unicité' est pris de 'unique'; or, s'il est unique et un, comment [serait-il] compté? » — *Livre des sentences*, III, 5, p. 251 [186]; *Lettre aux moines de Senoun*, p. 54 [44] : « De même que le mot 'dualité' vient normalement de 'deux', 'trinité' de 'trois' et ainsi de suite pour les autres nombres, ainsi les Grecs ont-ils voulu dire par 'union' que, une fois la Divinité et l'humanité assemblées dans le Christ, les deux devinrent en lui, sans confusion, une hypostase. » Le syriaque ܡܚܝܕܘܬܐ rend indifféremment le grec ἕνωσις ou ἑνότης.

[22] *Livre des sentences*, II, 2, p. 50-51 [43-44] : « Qui donc pourrait sans frémir entendre l'Unique compté comme deux, et considéré comme moitié Dieu et moitié homme! [...] Car si l'union se dissout par le nombre, c'est bien ainsi qu'il faut penser. [...] Si le Christ est compté comme deux là où il s'inhumana, son inhumanation même est exclue et son unité se dissout. » — *Lettre aux moines de Senoun*, p. 64 [53] : « Si le nombre advient, il dissout l'union, de même que si l'union s'établit, elle exclut le nombre. »

« nombre » dans le Christ, ou encore qu'on ne peut rien « compter »
en lui [23].

L'union ainsi conçue s'applique avant tout à l'une nature et
hypostase de Dieu Verbe incarnée, c'est-à-dire qu'elle garantit
l'unité du sujet christologique; en effet, si le nombre exprime
l'individuation hypostatique de la nature, la nature humaine du
Christ, qui n'est pas individuée par soi, c'est-à-dire qui n'est pas
une nature, ne saurait introduire de nombre dans l'une nature et
hypostase de Dieu Verbe, en qui elle devient [24].

Mais l'unité pénètre la constitution ontologique du Christ plus
radicalement encore, car Philoxène souligne fréquemment qu'elle
ne laisse subsister en lui ni « côtés » (ܓܒܐ) ni « parties » [25]. Peut-
être la commune réprobation du « nombre » (ܡܢܝܢܐ) et de la
« partie » (ܡܢܬܐ) lui était-elle suggérée par l'étymologie apparen-
tant en syriaque ces deux mots au verbe « compter » (ܡܢܐ); toujours est-il qu'en portant l'exclusion du nombre jusqu'aux derniers
retranchements de l'être, notre théologien est normalement amené
à concevoir l'unité du Verbe et de son humanité comme une manière
de mutuel et radical investissement.

Il exprime fréquemment cette compénétration totale en disant
que le Christ est tout entier Être et tout entier devenir, entièrement
Dieu et entièrement homme [26]; ainsi Dieu Verbe envahit mystérieu-

---

[23] *Commentaire de Jean, I, 1-17*, f. 179r-181v : « Ni en deux natures, ni en
deux hypostases, ni en deux parties, ni en deux formes » (f. 180v). *Livre des
sentences*, III, 5, p. 251 [186] : « La vertu de l'union advenue est de montrer
[comme] un les deux devenus un, comme le sens de la dualité [est] d'indiquer
[comme] deux ceux qui sont comptés. »

[24] Ci-dessus, p. 376; *Lettre aux moines de Senoun*, p. 56-57 [46-47] : « S'il
n'y eut jamais lieu de compter deux natures dans le Christ, c'est que la chair
animée qui fut assumée dans le Verbe ne reçut pas de nature et d'hypostase et
ne fut pas ainsi comptée à part avant de lui être unie. [...] On ne saurait
montrer nulle part deux natures du Christ, puisque l'hypostase et la nature ne
sont reconnues que chez le Verbe. »

[25] *Commentaire de Jean, I, 1-17*, f. 111r : « Non en deux parties, ou en
deux images, ou en deux natures, mais en chacune, l'autre aussi. » — *Ibid.*, f.
113v : « Il est tout entier Dieu parce qu'il est du Père, et tout entier homme à
cause qu'il devint aussi d'une mère; non en parties ou en natures, mais tout
entier dans chacune de ces choses. » — *Livre des sentences*, III, 1, p. 175 [132]:
« On ne connaît en lui ni parties ni côtés. »

[26] *Profession à Zénon*, p. 165 [120] : « Non pas moitié Dieu et moitié homme,

sement son humanité, de la façon qui convient à l'absolue simplicité divine, tandis que l'humanité appartient tout entière et indi-
visiblement à celui qui s'incarne en elle[27].

L'unité christologique telle que Philoxène la conçoit transcende
donc tout nombre, c'est-à-dire toute dualité, qui en serait la négation même; mais elle exclut avec le même soin toute confusion, qui
en serait la « passion »[28]. Si notre théologien accepte les termes de
« mélange » (ܡܘܙܓܐ) et de « mixtion » (ܚܘܠܛܢܐ), c'est uniquement parce qu'il les trouve employés chez son « docteur syrien »
saint Éphrem[29]; il considère cette terminologie comme moins rigoureuse que celle des Grecs, et en particulier que celle du symbole
de foi[30], et il ne la reçoit qu'épurée de toute idée de « confusion »
(ܒܘܠܒܠܐ) ou de « corruption » (ܚܘܒܠܐ) : pas plus que le devenir de Dieu n'implique de changement, le « mélange » du Verbe à
la chair ne peut entraîner une mutuelle transformation dans laquelle
chacun perdrait sa « distinction et exactitude naturelle »[31].

---

mais tout entier Dieu parce qu'il est du Père, et tout entier homme parce
qu'il devint de la Vierge. » — *Commentaire de Jean, I, 1-17,* f. 77v-82v : « Le
Verbe devint chair et resta Verbe, et le même est tout entier Verbe et tout
entier chair, tout entier Dieu et tout entier homme, en dehors de tout changement et nombre. » — *Livre des sentences,* II, 8, p. 138 [105] : « On ne peut imaginer en lui des parties, mais il faut croire qu'il est complet dans quelque
partie que l'on nomme, car l'union opérée montre miraculeusement chacune des
parties comme l'autre, sans confusion. » — *Ibid.,* p. 146 [110]: « Le même est
reconnu être Dieu et homme, tout entier en ceci et tout entier en cela, parce
qu'aucun redoublement ne lui arriva et qu'il ne reçut pas le nombre. » — *Ibid.,*
III, 1, p. 180 [135]; III, 2, p. 197 [147-148]; III, 5, p. 251 [186], etc.

27 *Livre des sentences,* II, 6, p. 98-101 [77-79].

28 *Lettre contre Flavien,* fragm. 1, f. 41r b : « Si quelqu'un s'obstinait à
introduire la dualité en vue d'exclure la confusion, qu'il réfléchisse que ce n'est
pas la passion qu'il écarte du fait, mais qu'il évacue totalement le fait lui-même;
en effet, le fait est l'union, à laquelle on pense que s'ajoutent d'un côté la
confusion et de l'autre le nombre. »

29 *Lettre aux moines de Senoun,* p. 51 [42]. Le sens exact des deux termes
n'apparaît jamais clairement; il semble que le premier s'applique de préférence
au mélange de liquides et le second à celui de couleurs et de remèdes (*Livre des
sentences,* II, 8, p. 151 [114]).

30 *Lettre aux moines de Senoun,* p. 51 [42].

31 *Mēmrē contre Ḥabīb,* VIII, f. 75r b-76r c; *Commentaire de Jean, I, 1-17,*
f. 87r-90v; *Livre des sentences,* II, p. 39-41 [35-36]. Philoxène amène à l'appui
de nombreux exemples; parmi ceux des « mélanges sans passion », il compte la

Pour exprimer cette inconfusion, Philoxène en revient parfois au vocabulaire « dualiste », pourtant condamné en principe ; déjà dans les formules soulignant l'identité, il n'excluait pas les deux termes que cette identité réunit [32] ; mais il affirme aussi que la Divinité et l'humanité restent différentes après l'union, et, suivant Cyrille d'Alexandrie, il appelle cette distinction « différence des natures » [33] ; il ira même jusqu'à écrire que le Verbe et la chair ne sont pas une seule nature [34], expression qu'on hésiterait à lui attribuer si l'on ne se souvenait que les natures sont alors envisagées « en dehors de l'union » [35].

En effet, dans l'incarnation, cette « dualité » ne constitue aucune menace pour l'unité christologique exclusive de tout « nombre », grâce à la compénétration mutuelle de Dieu Verbe et de son humanité ; notre auteur conçoit cette « périchorèse » d'une manière si radicale qu'elle ne laisse séparée aucune « partie », c'est-à-dire aucun élément ontologique, si ténu soit-il, si bien qu'on ne peut discerner dans le Verbe incarné aucune quantité discrète sujette à la numération [36].

---

parole intérieure et le mot qui l'exprime, l'âme et le corps, l'eau et le feu de *Ex.*, IX, 23-24, le feu et le buisson de *Ex.*, III, 3-4 ; il range parmi les mélanges qui s'opèrent « avec passion » celui de l'eau et du vin.

[32] *Lettre aux moines de Téléda, I*, p. 454-455 : « Sa nature est de l'Essence et sa corporalité de la Vierge ; mais [il n'y a qu']un Fils dans les deux. » — *Commentaire de Jean, I, 1-17*, f. 186ʳ : « Il est regardé comme Dieu dans la Trinité et comme homme avec les hommes, et on le croit un dans chacun des deux côtés. » — *Livre des sentences*, II, 8, p. 138 [105]: « Le Christ est un des deux côtés, car il est reconnu comme Dieu du côté supérieur et, le même, comme homme du côté inférieur. »

[33] *Lettre à Théodore, Mamas et Sévère ; Lettre contre Flavien*, fragm. 2-3, f. 41ʳ b ; *Livre des sentences*, II, 8, p. 151 [114]; *Lettre aux moines de Senoun*, p. 65 [54] : « La Divinité diffère de l'humanité. »

[34] *Livre des sentences*, III, 2, p. 202 [150].

[35] *Ibid.*, p. 199 [148] : « La Divinité et l'humanité sont deux natures. » Cette déclaration doit être replacée dans son contexte (p. 197-198 [147-148]), où l'union exclusive de tout nombre est fortement appuyée ; voir aussi *Lettre à Maron d'Anazarbe*, p. 41 [61-62] : « Si l'on veut dire ceci, en dehors de l'union, de la Divinité et de l'humanité, ou de l'Essence et de la créature, on ne s'écarte pas, me semble-t-il, de la pensée convenable, puisque autre est, dans l'Essence, la nature de Dieu, et autre la nôtre à nous, hommes. »

[36] Ci-dessus, p. 385-387. *Commentaire de Jean I, 1-17*, f. 81ᵛ : « Le Verbe devint chair et resta Verbe, et le même est tout entier Dieu et tout entier

L'unité étant ainsi conçue comme intégrale, la distinction n'aura d'autre refuge que de se situer sur un plan différent, où elle pourra alors s'étendre d'une manière aussi englobante que l'unité; en d'autres termes, Philoxène ne considère pas l'unité et la distinction dans le Christ comme se partageant deux régions contiguës et variant en raison inverse l'une de l'autre; il les regarde, au contraire, comme deux aspects totaux et indivis, comme deux « selon quoi » du même Être, comme deux principes ou points de vue selon lesquels (ܒܡܐ, ܢ) ou sous le rapport desquels (ܠܐܕ, ܓܝܢ) il existe, c'est-à-dire que le même est tout entier Dieu Verbe par le premier de ces aspects (l'Être, la Divinité, la nature) et tout entier homme par l'autre (le devenir, la corporalité, l'inhumanation) [37].

Nous ne prétendrons pas que cette conception de l'unité inconfuse du Verbe incarné ait été inspirée à notre auteur par son hylémorphisme anthropologique [38], mais on ne peut manquer d'être frappé par la similitude des principes, d'autant plus que ceux de l'anthropologie sont parfois invoqués à l'appui et comme exemple de l'union christologique : le Verbe est uni à la chair « comme l'âme est dans le corps » [39].

---

homme, en dehors de tout changement ou nombre. » — *Livre des sentences*, II, 8, p. 138-139 [105] : « On ne reconnaît pas un autre dans cette partie-là et un autre dans celle-ci; en effet, il ne faut pas imaginer de parties en lui, mais on doit le croire complet dans chacun des côtés que l'on nomme, car l'union opérée montre d'une manière merveilleuse chacun des côtés comme l'autre, sans confusion. » — *Ibid.*, III, 1, p. 175 [132] : « On le croit tout entier sous chacun de ces [rapports] : tout entier Dieu là même où il apparut homme, et tout entier homme là même où il est cru Dieu, car on ne reconnaît pas en lui de parties ni de côtés qui seraient seulement joints. »

[37] *Mēmrē contre Ḥabīb*, VII, f. 63r b-c; *Livre des sentences*, II, 3, p. 62 [51] : « Sous le rapport de son Être il est reconnu comme Dieu, et sous le rapport de son devenir, comme homme. » — *Ibid.*, III, 1, p. 175 [132]: « Celui qui est tout entier reconnu comme Dieu selon son Être apparut tout entier comme homme sous le rapport de son devenir, et on le croit tout entier sous chacun de ces [rapports]. » — *Ibid.*, III, 2, p. 194 [144] : « Le même qui est reconnu [...] auprès du Père comme Dieu [est] homme de la Vierge Marie par la kénose, tout entier en cela et tout entier en ceci, le même un sous le rapport d'être Dieu et sous le rapport d'être apparu comme homme. » — *Ibid.*, III, 5, p. 251 [186] : « Il est reconnu tout entier Dieu sous le rapport de son Être, et tout entier homme sous le rapport de son devenir. »

[38] Ci-dessus, p. 372, note 34.

[39] *Commentaire de Jean, I, 1-17*, f. 55r-56v : « L'âme et le corps, natures

On se sera peut-être aperçu que nous avons évité d'introduire dans cet exposé les termes « abstrait » et « concret ». L'omission était intentionnelle, car nous estimons que l'emploi de ce vocabulaire n'aurait pu qu'exposer à des malentendus. En effet, ce serait trahir la pensée de notre auteur que de l'interpréter en identifiant l'être concret ou réel avec l'être singulier, individuel, distinct, existant à part soi, subsistant ou personnel, dans la mesure où cette assimilation nous obligerait à regarder comme abstraites les essences, formes ou natures spécifiques.

Les monophysites syriens ne conçoivent nullement comme une abstraction la nature spécifique, ou ce que Philoxène appelle la « nature commune » [40]. Ceci ne signifie pas nécessairement qu'en parlant de « la nature humaine », notre auteur désigne formellement l'ensemble des individus de la race ; nous dirions plutôt qu'il conçoit ici la nature comme le principe ontologique en vertu duquel sont hommes tous les individus participant de l'espèce [41]. Se représente-t-il ce principe comme réalisé en soi dans un ciel des idées, ou le voit-il au contraire comme inhérent à chaque être individuel ? Sans doute ne s'interrogea-t-il jamais sur ce point ; et d'ailleurs peu

qui ne se ressemblent en rien, [...] furent merveilleusement mêlées l'une à l'autre, au point qu'il ne se trouve aucune particularité de l'âme à laquelle elle n'associe le corps, ni [de propriété] du corps à laquelle l'âme aussi ne soit mêlée. [...] Si donc le corps et l'âme, qui sont mutuellement opposés, constituent une [seule] nature de l'homme, [...] comment saurait-on sonder comment le Verbe [né] du Père put constituer avec la chair [venant] de la Vierge une hypostase et nature ? » — *Livre des sentences*, II, 3, p. 56 [47-48] ; III, p. 196 [147] : « [L'union] est vraiment naturelle, comme celle de l'âme et du corps, car de même qu'ici, bien que ceux qui s'unissent, c'est-à-dire l'âme et le corps, diffèrent l'un de l'autre sous le rapport (ܪܚܠܣ) des natures, on reconnaît un homme [formé] des deux : ainsi une nature et hypostase du Fils nous est révélée, [venant] du Verbe qui a l'Essence du Père et de la chair qui est [tirée] de l'humanité. »

[40] LEBON, *Christologie*, p. 402-405 ; *ibid.*, p. 529 ; ID., *Consubstantiel*, p. 645-646. Ils devaient ce « réalisme » à la tradition alexandrine d'Athanase et de Cyrille ; voir GROSS, *Divinisation*, p. 206-207, 283-284 ; 345 ; BOUYER, *Athanase*, p. 98 ; JANSSENS, *Filiation*, p. 237-241.

[41] *Livre des sentences*, I, p. 32 [30] : « Dans l'une nature de l'humanité [il y a] des hommes innombrables, et une est la nature humaine. » — *Lettre aux moines de Senoun*, p. 40 [33] : « On a coutume de dire une nature de tous ceux qui sont inclus sous ce nom. »

nous importe ici que la métaphysique de Philoxène se rattache à la tradition platonicienne ou aristotélicienne, car ce qui reste certain en toute hypothèse, c'est qu'elle regarde « la nature » comme un principe ontologique, c'est-à-dire réel et concret; si notre théologien considérait comme « abstraite » la « nature commune », comment pourrait-il fonder sur l'union du Verbe à celle-ci le réalisme du salut [42] ?

Cependant le problème de l'individuation de la nature spécifique n'est pas le seul en cause dans la métaphysique philoxénienne de l'incarnation, et l'on pourrait même dire qu'il n'y joue pas le rôle essentiel, puisque l'union christologique y est envisagée, en fin de compte, comme une sorte de « périchorèse hylémorphique » entre Dieu Verbe et son humanité réelle et complète; mais les deux aspects totaux sous lesquels le même être existe ne doivent pas davantage être considérés comme « abstraits », car ici encore il s'agit de deux principes ontologiques que l'esprit distingue dans la réalité existante et concrète du Verbe incarné pour rendre raison de son inconfuse unité [43].

Philoxène n'est jamais tenté de se réfugier dans l'abstraction pour sauvegarder l'inconfusion du Christ; celle-ci est à ses yeux aussi réelle et aussi radicale que l'unité. Voilà pourquoi notre théologien n'a que faire de la théorie de la « contemplation intellectuelle », si chère à Sévère d'Antioche [44]; en affirmant que la distinction intellectuelle équivaut pour lui à la séparation dans le fait [45], il prouve bien qu'il ne conçoit pas de pensée qui ne vise le réel !

---

[42] Ci-dessous, p. 419-421.

[43] Philoxène ne fait jamais appel à la notion cyrillienne de « propriété comme en qualité naturelle », qui joue un rôle capital dans la christologie de Sévère (LEBON, *Dissertation*, p. 415-432; ID., *Christologie*, p. 536-542).

[44] Ci-dessus, p. 380, note 7. *Commentaire de Jean, I, 1-17*, f. 189ʳ : « Il est impossible que l'esprit voie, dans la Vierge ou après l'inhumanation, soit le Verbe sans la chair, soit la chair en dehors du Verbe. » — *Lettre aux moines de Senoun*, p. 66 [54] : « L'esprit ne peut séparer en lui le devenir [en l'attribuant] à un et l'être à un autre. » — *Livre des sentences*, III, 2, p. 199 [148]: « Bien que les [espèces] (ܐܢܰܝ̈ܐ) soient deux quant à leurs racines, elles sont assemblées et unies en lui, et désormais n'apparaissent plus comme deux ni à l'œil ni à la pensée. »

[45] *Mēmrē contre Ḥabīb*, II, p. 506-507 (ci-dessus, p. 379, note 4).

La théologie philoxénienne de l'union christologique répond donc à deux problèmes connexes mais distincts : celui de l'unité individuelle et celui de la constitution ontologique interne du Verbe incarné ; notre auteur résoud le premier par le principe de l'individuation de la nature humaine dans la nature et l'hypostase de Dieu Verbe [46], et le second par le principe de l'intime et totale compénétration de l'Être divin et de son humanité en une unité parfaite mais sans confusion [47]. Fermons à présent le premier volet de notre dyptique, pour passer de l'examen de la christologie à celui de la sotériologie, en suivant le déroulement de l'« économie » à travers la vie et la mort du Sauveur.

---

[46] LEBON, *Christologie*, p. 485, souligne justement cet aspect de la christologie monophysite. Rappelons que Philoxène le trouvait exprimé chez le PS.-ATHANASE, *Contre Apollinaire*, I, 5 (*Lettre aux moines de Senoun*, p. 39-40 [32-33]).

[47] Philoxène pouvait trouver l'antinomie « Tout entier Dieu, tout entier homme » chez ÉPHREM, *Nativité*, IV, 159, 168-169 ; XXIII, 2, etc., ainsi que dans les pseudépigraphes apollinaristes (voir *Lettre aux moines de Senoun*, p. 37 [30, *18*], 38 [31, *16-17*]).

CHAPITRE DEUXIÈME

LA SOTÉRIOLOGIE

I. — LE DIVIN ÉCHANGE

En rapprochant, comme il le fait, les termes « économie » et « incarnation » [1], Philoxène ne dégrade pas le mystère religieux en une métaphysique sacrée, mais il rappelle, au contraire, que le Verbe incarné concentre et résume en sa personne tous les desseins providentiels de Dieu. En écho au christocentrisme paulinien, notre auteur voit dans cette personne la réalisation de l'intention créatrice primordiale ; ainsi, commentant *Hébr.*, II, 14-16 et *Rom.*, VIII, 29, il explique que les hommes, préexistant à leur « devenir » effectif dans la prescience et la volonté du Père, y furent en quelque sorte présents comme fils, c'est-à-dire en fonction du Christ, avant même de l'être comme hommes [2] ; et c'est encore avec saint Paul (1 *Cor.*, XV, 24-29 et *Col.*, III, 11) qu'il se représente la fin dernière de l'univers comme l'anéantissement des puissances adverses et l'union au Père de la création rassemblée dans le Christ et renouvelée en lui [3].

---

[1] Ci-dessus, p. 320.

[2] *Mēmrē contre Ḥabīb*, VIII, f. 82r a-83r a ; *Commentaire de Jean, I, 1-17*, f. 1r-3v : « S'il est permis de concevoir que, dans la pensée du Père, une chose est antérieure à une autre, il les connut d'abord comme fils, puis comme hommes » (f. 1v). Cette idée vient d'Athanase ; voir GROSS, *Divinisation*, p. 203-204 ; BOUYER, *Athanase*, p. 141-142. — Dans les œuvres conservées de notre auteur, on ne trouve guère d'indications théologiques sur la phase préparatoire du plan divin. Le *Livre des sentences* (II, 8, p. 144 [109] ; III, 4, p. 220-229 [163-170]) décrit l'histoire religieuse de l'humanité jusqu'au Christ comme une série de tentatives, successivement avortées, par lesquelles Dieu s'efforçait d'asseoir l'édifice sur des fondations résistant au péché (Adam, Noé, Abraham, Moïse, David), mais toujours caduques parce que faisant fond sur la même souche adamique. Les fragments du *Commentaire de Luc, III, 23-38* (f. 33-38) parlent de la transmission de l'image (*Gen.*, I, 26-27) dans l'humanité d'Adam à la Vierge.

[3] *Commentaire de Matthieu, III, 1-16*, f. 202v b : « La cause de l'économie de l'incarnation fut l'accomplissement du mystère caché dans la prescience de

Bien que l'événement eschatologique soit acquis, c'est-à-dire à la fois préfiguré et inauguré, avec l'économie de l'incarnation, son accomplissement se réalise encore progressivement dans le temps [4]; ce mystère d'union cosmique de la créature à Dieu n'est d'ailleurs nullement conçu chez notre auteur comme un processus évolutif mécanique et aveugle; parmi les objections qu'il adresse à la conception origéniste de la *recapitulatio* se trouve celle de contredire le dogme de la rétribution, et partant de nier la nécessité des sacrements et de la morale chrétienne [5]. La foi impose donc à notre

---

Dieu le Père. Si celui qui est engendré au-dessus des temps s'inhumana à la fin des temps, c'était pour que, par cette providence, la créature soit unie au Créateur. C'est afin que ce mystère ineffable se réalise que l'unique Dieu Verbe s'incorpora; c'est vers ce terme que regardait le commencement de toute chose. » — À la fin des temps, la mort, le mal et l'erreur, venus en sus de la création divine, à la suite du péché, seront anéantis (*ibid.*, f. 204r b); la composition matérielle des corps, qui n'avait qu'un rôle provisoire dans le dessein créateur, disparaîtra également, mais « la nature des corps » restera, « pour que rien ne périsse des œuvres de Dieu » (*Ibid.*; *Commentaire de Luc, II, 52*, f. 28v-29v); Dieu opérera dans l'univers rassemblé en lui (par et dans le Verbe incarné) comme l'âme dans le corps (*Commentaire de Matthieu, III, 1-16*, f. 204r b; *Mēmrē parénétiques*, VII, p. 193), mais sans que la distinction soit effacée entre agissant et agi, ni que l'union atteigne au degré des hypostases divines entres elles ou de celle du Verbe à son corps personnel (*Lettre à Abraham et Oreste*, p. 28-34 [29-35], 42-46 [43-47]). — Ces thèmes eschatologiques sont en tout point conformes à l'évagrianisme mitigé de l'ancienne version syriaque des *Centuries gnostiques*; voir GUILLAUMONT, *Kephalaia*, p. 236-241.

[4] Philoxène décrit le baptême de Jésus sous les traits de l'événement eschatologique (*Commentaire de Matthieu, III, 1-16*, f. 205v a-b), tout en précisant qu'il ne sera pleinement accompli que lors de la résurrection (*ibid.*, f. 204r a, 205r b) : « Le retour de l'univers à Dieu, le rassemblement et le renouvellement, et que toute chose soit en lui et lui en tout [1 *Cor.*, xv, 24-28], ceci est réservé au Fils; le type en est dans le baptême, la réalité dans sa résurrection, et l'accomplissement lorsque l'univers [aura] été soumis au Fils et le Fils au Père, et que Dieu [sera] devenu tout en tous » (f. 204r a). Dans le même ordre d'idée, notre auteur oppose « le temps de l'exercice et de la doctrine », pendant lequel les baptisés travaillent à leur spiritualisation, à celui « de l'héritage et du royaume » (*Commentaire de Luc, II, 52*, f. 29r); dans les *Mēmrē parénétiques*, XIII, p. 619-620, il oppose même l'incorporation personnelle du Christ à l'économie qui lui rattache les membres de son corps ecclésial.

[5] *Lettre à Abraham et Oreste*, p. 28-30 [29-31] : « [En disant] que l'univers peut devenir comme [Dieu, Bar-Ṣūdaylī] renie les saintes Écritures, coupe l'espérance dans le christianisme, enseigne à tout homme à pécher autant qu'il veut,

théologien d'apporter une double restriction à ce que nous caracté-
riserons bientôt comme le « réalisme physique » de sa sotériologie [6] :
d'une part l'inclusion de l'humanité dans le corps du Verbe incarné
ne s'opère que par son rattachement à l'Église par le baptême [7];
d'autre part, l'homme nouveau doit encore « actualiser » ce qu'il
n'est devenu qu'« en puissance » par la foi et le sacrement [8], c'est-à-
dire qu'il lui reste à expérimenter sa transformation ontologique,
au terme d'un ensemble de dispositions morales le conduisant à la
contemplation [9].

Il n'entre pas dans nos intentions de faire ici l'exposé de la
sacramentologie et de la spiritualité philoxéniennes; les développe-
ments concernant le baptême, l'eucharistie ou l'ordination nous
entraîneraient sur un terrain où la pratique liturgique et discipli-
naire interfèrent avec les principes théologiques [10], et l'examen de

empêche les païens, les Juifs et les hérétiques de se convertir et de revenir à Dieu,
anéantit le saint baptême, les dons des divins mystères, les travaux et la
course pour la justice. »

[6] Ci-dessous, p. 419-423.

[7] *Commentaire de Luc, III, 23-38*, f. 32ʳ : « Comme [le Christ], ceux qui
deviennent ses membres naissent d'abord hommes du ventre, puis fils de Dieu,
du baptême. Lui naquit [comme] homme, alors qu'il est Dieu, du ventre de la
nature; et nous devenons fils de Dieu par le baptême, alors que nous sommes
hommes par nature. » — *Commentaire de Jean, I, 1-17*, f. 25ᵛ : « Le baptême,
deuxième sein qui engendre les hommes comme fils de Dieu. » — Ci-dessous,
p. 419.

[8] *Commentaire de Jean, I, 1-17*, f. 12ʳ b : « Chacun de nous est devenu en
puissance (ܚܝܠܐ) fils de Dieu dans le ventre du baptême, sans que notre
nature change de ce que nous sommes. [...] Nous sommes devenus maintenant
[fils] en puissance, et non pas aussi en acte (ܡܥܒܕܢܘܬܐ). » — *Ibid.*, f. 26ʳ :
« Nous sommes devenus en puissance fils de Dieu par la nouvelle naissance. »

[9] *Ibid.*, f. 145ᵛ : « Nous ne sommes pas maintenant spectateurs de ce que nous
somme devenus. De même que tout homme qui naît possède en puissance ce
qui [appartient] à l'homme adulte, sans que l'acte s'en montre chez lui
tant qu'il n'est pas arrivé à l'âge adulte; ainsi chacun de ceux qui renaissent
de l'eau et de l'Esprit ont en puissance, et dans la nature même de [leur]
renouvellement, tout ce qui [appartient] à l'âge adulte de l'homme nouveau,
mais l'activité n'en apparaît pas chez eux avant qu'ils aient gardé les commandements du Christ, qu'ils se soient accomplis et que l'Esprit-Saint se soit
manifesté en eux. » — Ci-dessous, p. 443-445.

[10] Ci-dessus, p. 85-87; DE VRIES, *Sakramententheologie*, p. 46-47; 59-60; 70-71;
145-148. Les considérations que notre auteur consacre au baptême et à l'eucharistie sont souvent élaborées comme un simple parallèle du mystère de l'in-

la doctrine spirituelle nous contraindrait semblablement à entrer dans le domaine de la direction et des conseils pratiques, où le jugement et l'expérience importent plus que les considérations spéculatives.

Le caractère synthétique de notre étude nous invite, au contraire, à limiter notre enquête à l'œuvre rédemptrice du Verbe incarné, dans laquelle s'enracinent les sacrements et la vie chrétienne; ce sont les principes christocentriques, voire les formules monophysites, de Philoxène qui fourniront, par le simple déploiement de leurs prolongements théologiques, le cadre où devraient venir s'inscrire, ou du moins en référence auquel il faudrait apprécier tous les points accessoires et les variations occasionnelles de sa pensée.

Notre intention dernière est, rappelons-le [11], de mettre en évidence les connexions vitales qui relient chez Philoxène la christologie à la sotérologie. On s'en apercevra mieux dans la suite, mais nous tenons à le souligner dès ici : jamais notre auteur ne perd de vue la fonction rédemptrice du « devenir » de Dieu Verbe [12]. Nous croyons même pouvoir affirmer que la raison théologique dernière de son irréductible opposition aux « nestoriens » et aux diphysites consiste en ce que ceux-ci lui paraissaient menacer l'œuvre divine du salut en réservant à une hypostase ou à une nature humaine, c'est-à-dire à « un homme », la naissance, la passion et la mort rédemptrices [13]. Tant s'en faut que le motif sotériologique fût

carnation; replacées dans ce contexte, les formules « impanationnistes » de Philoxène (JUGIE, *Theologia*, p. 675-676; ORTIZ, *Patrologia*, p. 150) s'expliquent aisément.

[11] Ci-dessus, p. 317.

[12] *Commentaire de Jean, I, 1-17*, f. 190r : « Il ne devint pas pour lui, mais pour ceux qui avaient besoin de son devenir; car il est évident que si lui n'était pas d'abord devenu homme, eux non plus n'auraient pu devenir fils de Dieu. » — *Livre des sentences*, III, 3, p. 207 [154]: « Il devint pour les autres et non pour lui; pour lui, il était Dieu, mais il voulut devenir homme pour nous et à cause de nous; parce qu'il était impossible que nous devenions fils de son Père en ce qu'il est Fils, il devint lui-même homme de nous et comme nous pour que nous puissions aussi devenir fils du Père. » — Ci-dessous, p. 484-485.

[13] *Commentaire de Jean, I, 1-17*, f. 115v : « Si le devenir unique et nouveau dont parle Jean [I, 14] est attribué à Dieu, il a ramené toute chose au devenir; mais si on le croit celui d'un homme, il n'a profité ni à lui ni aux autres. » —

pour lui un argument parmi d'autres en défense de la formule
monophysite [14] !

Cependant l'enracinement de la christologie philoxénienne dans
la théologie du salut ne se limite pas à ces généralités ; nous avons
déjà montré que la « terminologie monophysite technique » utilisée
par notre auteur n'est autre que celle de la théologie trinitaire [15],
et cette constatation laissait présager que l'ontologie de l'une nature
et hypostase ne pouvait être chez lui sans relations avec l'ensemble
du mystère chrétien ; mais on va bientôt découvrir que la christologie monophysite représente pour Philoxène une pièce indispensable
de la sotériologie « physique » alexandrine, qui conçoit la filiation
adoptive, la divinisation et la spiritualisation de « la nature humaine » par son union à « une hypostase et nature » incarnée de Dieu
Verbe [16].

Toute la doctrine de notre auteur sur le salut chrétien pourrait
se résumer dans l'adage du divin échange : le fils de Dieu devint
Fils de l'homme pour nous faire fils de Dieu [17] ; ou encore : le

Livre des sentences, II, 6, p. 86-87 [69] : « Nous ne sommes pas devenus fils
de Dieu lorsque nous avons cru, si celui qui naquit pour nous est un homme
naturel, et non Dieu né selon la chair. [...] Et, pour le dire en bref, vaine est
notre foi, vide notre espérance, et notre attente regarde quelque chose de
vain, si celui qui naquit de Marie est considéré comme un homme, et non comme
Dieu inhumané pour nous. » — *Lettre aux moines de Senoun*, p. 13 [11],
28-30 [23-25].

14 Ce serait également fausser les perspectives que de considérer les deux
« cris de guerre » monophysites, *Théotokos* et *Unus de Trinitate*, comme de simples « corollaires de l'union », voire comme des formules saugrenues, créées par
goût de l'excentricité ou par désir de provocation. Pour Philoxène, ces devises
expriment, au contraire, dans le langage simple de la foi et de la prière populaires, tout l'essentiel du christianisme, c'est-à-dire la divinité du Sauveur
né de la Vierge et mort en croix. Loin d'y voir une oiseuse « récréation théologique », notre auteur reçoit respectueusement ces confessions comme le legs
le plus précieux de la tradition et la plus sûre expression de l'orthodoxie.

15 Ci-dessus, p. 359-363.

16 Ci-dessous, p. 419-421.

17 *Commentaire de Jean*, I, 1-17, f. 12ᵛ. — Les antithèses poétiques sur le
divin échange sont particulièrement abondantes chez ÉPHREM (*Nativité*, I, 99 ;
III, 3 ; XXII, 39 ; *Sur la foi*, LIV, 8 ; LVIII, 11 ; *Contre les hérésies*, XXXIII,
8 ; XXXIV, 1-2, etc.). Philoxène pouvait également en trouver l'expression chez
Athanase et Cyrille d'Alexandrie ; voir BOUYER, *Athanase*, p. 46 ; JANSSENS,
Filiation, p. 235.

devenir de Dieu a pour fin le devenir nouveau des créatures [18];
ou, d'une manière plus savante : l'Existant, qui, en devenant ce
qu'il n'est pas, ne perd pas ce qu'il est, donne aux devenants de
devenir ce qu'ils n'étaient pas sans perdre ce qu'ils sont [19].

On voit que le principe de l'échange est ici appliqué au « devenir » ; cette notion constitue donc véritablement la charnière de
toute la synthèse philoxénienne, non seulement christologique, mais
aussi sotériologique. Le devenir du Verbe désigne d'abord et avant
tout l'événement inaugural de l'économie, par lequel le Verbe
devient homme ; aussi notre auteur développe-t-il volontiers l'idée
du « divin échange » lorsqu'il met l'incarnation en parallèle avec
le baptême [20]. Mais Philoxène considère le principe du devenir sans
changement comme applicable à chacune des étapes subséquentes
de l'économie, et en particulier à la passion et à la mort du Verbe
incarné [21]; c'est pourquoi il applique naturellement la notion de
l'échange à chacune de ces étapes [22].

---

[18] *Livre des sentences*, III, 3, p. 213 [159].

[19] *Ibid.*, III, 4, p. 221-222 [164-165]; *ibid.*, p. 229 [170] : « Il devint pour
nous et à cause de nous ce que nous sommes, pour nous faire fils de son Père et
dieux dans le ciel. S'il devint homme, c'est pour que nous devenions ce qu'il
est, c'est-à-dire fils de Dieu et dieux; en effet, par l'échange nouveau qui
s'opéra admirablement lorsqu'il devint homme, les hommes purent devenir par
le baptême fils de Dieu. »

[20] *Mēmrē contre Ḥabīb*, V, f. 42r a-v b; VIII, f. 71 r a-b; *Commentaire de
Jean, I, 1-17*, f. 12v-13r, 29r-v, 179r-181v; *Mēmrē parénétiques*, XIII, p. 619-
620; *Livre des sentences*, II, p. 41 [36]; II, 7, p. 118-126 [91-96], 132-134
[100-102]; II, 8, p. 144-151 [109-114]. Ci-dessous, p. 419.

[21] Ceci ressort, entre autres, du parallèle que notre auteur établit entre le
« devenir chair » de *Jean*, I, 14, le « devenir sous la Loi » de *Gal.*, IV, 4 et le
« devenir malédiction » de *Gal.*, III, 13 : *Commentaire de Jean, I, 1-17*, f. 43v-
45r, 187v, etc.

[22] *Commentaire de Jean, I, 1-17*, f. 96v-97r : « Le Verbe devint chair et
nous fit spirituels; il devint homme et nous rendit fils de Dieu; il s'anéantit
et nous combla de tous les biens; étant parfait, il grandit comme nous et nous
amena à la taille accomplie, nous qui sommes imparfaits; sans être besogneux,
il prit part à nos besoins pour nous soustraire aux besoins, nous qui sommes
toujours besogneux; [...] par notre mort, qu'il goûta sur la croix, et par les
passions qu'il subit, lesquelles avaient été sanctionnées contre nous à cause
des péchés, il rendit tous les mortels supérieurs aux passions, à la corruption
et à la mort. » — *Mēmrē parénétiques*, VII, p. 204, etc.

Le « devenir » du chrétien, dont celui du Verbe est la source, comprend ainsi tous les effets du salut. Notre théologien se contente d'ordinaire de décrire ceux-ci pêle-mêle par une accumulation d'adjectifs qui pourraient à première vue paraître pléonastiques ; ainsi écrit-il que, par le baptême, l'homme devient spirituel, céleste, angélique, fils de Dieu, divinisé, libre, héritier, ami, familier, immortel, impassible, incorruptible, créature nouvelle, sauvé de la malédiction et de la sentence [23]. Pour organiser quelque peu ces énumérations chaotiques, il convient de faire appel à la nette distinction que Philoxène met entre l'effet proprement *nouveau* du salut et son aspect de *restauration* : ici, c'est la restitution de ce qu'avait perdu Adam depuis le péché ; là, il s'agit d'une deuxième création, consistant dans la divinisation et la spiritualisation de l'homme, qui devient frère du Christ, membre de son corps, fils et héritier du Père [24].

La restauration proprement dite est évidemment conçue par notre théologien en fonction de la manière dont il se représente la condition originelle de l'homme et les suites de la déchéance [25] ; bornons-

---

[23] *Mēmrē contre Ḥabīb*, V, f. 42r c-v a ; *Commentaire de Jean, I, 1-17*, f. 12v-13r ; *Livre des sentences*, II, 2, p. 50 [43] ; II, 7, p. 134 [102] ; III, 5, p. 248-249 [184], etc.

[24] *Commentaire de Jean, I, 1-17*, f. 145r : « La création du chef de notre race nous fut rendue, pour que nous devenions, de corps et d'âme, comme il était avant de pécher ; [...] et ce qu'il n'avait pas nous fut également donné ; car la création première rendit seulement l'homme façonné à l'image et à la ressemblance de Dieu, mais la création seconde [le rendit] fils, héritier, frère du Christ et membre de son corps. » — *Livre des sentences*, III, 5, p. 241-243 [179-181] : « La nature humaine fut sauvée et renouvelée dans le Christ. [...] C'est à nous tous qu'est rendu, si nous voulons, ce qu'avait perdu Adam, le chef de notre race ; nous sommes tous devenus fils dans le Fils devenu homme, nous sommes tous divinisés dans l'unique Dieu inhumané. » — Dans le même ordre d'idées, Philoxène distingue un double effet dans le baptême : le néophyte devient « d'abord » immortel, « puis » frère du Christ, membre de son corps, et ainsi fils du Père ; *Commentaire de Luc, II, 52*, f. 21r-v : « D'abord le Fils devint homme, puis il fit les hommes fils ; et eux naissent derechef, puis, deviennent [fils ...]. En effet, nous sommes devenus immortels, puis fils, car il ne convenait pas que des hypostases mortelles deviennent membres dans le corps vivant du Christ, et Dieu n'accepte pas que lui adviennent des fils et amis qui sont esclaves de la mort, mais [il les veut] vivants et immortels à son image. »

[25] Philoxène décrit souvent les effets de la transgression d'Adam comme une déviation, un affaiblissement, une maladie, un vieillissement ou une cor-

nous pour l'instant à citer ce qu'il considère comme les aspects
majeurs de l'état de la nature humaine consécutif au péché, quitte
à préciser en son temps leur sens et leur portée exacte [26] : face au
mal, l'homme déchu se trouve démuni de son privilège d'impassibilité ainsi que de la plénitude de sa liberté, c'est-à-dire qu'il est
soumis aux passions et à la convoitise; privé des diverses contemplations dont il jouissait, il est sujet à l'ignorance et à l'erreur dans
le domaine de la connaissance religieuse; enfin le péché entraîne
dans son sillage la mort et la corruption, et, en enlevant à l'homme
l'autorité que celui-ci avait reçue de Dieu sur la création, il l'assu-
jettit aux puissances sataniques [27].

Il paraîtrait dans la logique des choses que l'insistance des monophysites sur l'unique nature du Verbe incarné ait abouti à reléguer
l'humanité du Sauveur dans l'inaccessible lointain de sa transcendance; mais cette vue de l'esprit s'avère insoutenable en ce qui
concerne notre auteur [28]. Sans doute Philoxène ne cesse-t-il jamais
de voir Dieu en Jésus, et l'on ne trouvera pas chez lui les tendres
accents de la dévotion de l'Occident médiéval pour l'humanité du
Christ; cependant, loin de dissoudre cette humanité dans l'océan
de la nature divine, il lui attribue un rôle sotériologique actif
irremplaçable. D'une part, en effet, bien que la nouvelle création
soit l'œuvre du Verbe en tant que tel, celui-ci l'opère néanmoins
dans son humanité; et d'autre part, la restauration est accomplie
par le Verbe en tant qu'homme, et plus précisément en tant que
nouvel Adam. Nous aurons à montrer ceci en détail par la suite [29];
contentons-nous pour l'instant d'en indiquer l'argument général.

---

ruption de la nature humaine; la restauration prend alors la forme d'un redressement, d'un affermissement, d'une guérison, d'un renouvellement ou d'un
assainissement; *Commentaire de Jean, I, 1-17,* f. 13r, 95v, 108r; *Livre des sentences,* III, 1, p. 185 [139], etc.

   [26] Ci-dessous, p. 441-442, 463, 478, 494.

   [27] Ceci ressort, entre autres, de la description de l'état d'Adam avant la
chute que Philoxène donne dans le *Commentaire de Jean, III, 13,* f. 215v b-
216r a (ci-dessus, p. 160).

   [28] LEBON, *Christologie,* p. 578, dit excellemment que les monophysites syriens
et égyptiens « ne détruisaient pas Jésus en le rejetant dans l'éternité, mais ils
introduisaient le Verbe dans le temps et dans l'histoire ».

   [29] Ci-dessous, p. 449-452, 481, 498.

Les principes sotériologiques sur lesquels s'appuie notre auteur ne sont jamais, sinon clairement exprimés, du moins pleinement élaborés; mais ils se laissent aisément ramener aux trois axiomes que nous avons analysés en examinant la théologie philoxénienne du devenir, et qu'on pourrait résumer dans ces termes : « immuablement », « pour nous » et « volontairement » [30]. Or, si le premier de ces principes s'applique exclusivement au Verbe incarné en tant que Dieu, pour marquer la permanence « sans passion » de la divinité dans tout le devenir véritable de l'économie [31], les deux autres s'appliquent également au Verbe en tant qu'incarné, pour montrer que le Christ est impassible dans la passion et immortel dans la mort non seulement parce qu'il est Dieu, mais aussi parce qu'il devint l'homme d'avant le péché, et comme tel « libre pour soi » vis-à-vis des passions et de la mort [32].

---

[30] Ci-dessus, p. 341-350.

[31] *Commentaire de Jean, I, 1-17*, f. 17v-18v : « Nous n'avons jamais pensé qu'en devenant chair le Verbe subit un changement, puisqu'il nous est évident à tous qu'il n'y a pas moyen que Dieu change de ce qu'il est. [...] Le changement ne convient pas à sa nature, car de même qu'aucun dommage ne l'approche, aucun changement ne lui arrive non plus. »

[32] Ci-dessous, p. 478, 494. Le fait que le Verbe incarné accomplisse son économie « pous nous », et non « pour lui », ne porte aucune atteinte à la consistance humaine de cette économie; notre auteur ne conteste nullement, il affirme avec force la réalité des imperfections humaines; c'est pourquoi, à ses yeux, chacune des actions et des « passions » du Verbe incarné constitue un insondable mystère, car plus ces actions sont humbles et ordinaires, plus elles sont éloignées de sa nature divine. Que le Christ ne les accomplisse ou ne les subisse pas « pour lui » signifie simplement que, pour réelles qu'elles soient, elles ne sont pas commandées par un besoin, ne répondent pas à une nécessité, mais sont posées ou acceptées librement (ci-dessous, p. 473-481). *Commentaire de Luc, II, 52*, f. 16r-v : « Qu'il te suffise donc de savoir qui est celui qui grandissait, et ne cherche pas comment. [...] Et ne nous étonnons pas de ne pouvoir comprendre le mystère de sa croissance, car l'inexplicable appartient à Dieu, et non à l'homme. Et si sa grandeur est insondable, comment son humilité pourrait-elle être scrutée? En effet, il est plus facile d'exprimer la grandeur de Dieu que de comprendre son humilité, car sa grandeur appartient à sa nature, et son humilité au miracle qui advint dans son hypostase. Et si c'est un miracle que Dieu s'humilie, tout ce qui s'ensuit est aussi miracle; et les miracles ne peuvent être expliqués, mais [ils doivent] amener l'esprit à les admirer et à s'en étonner. »

Si le monophysisme de Philoxène l'avait poussé à nier, ou du moins à négliger la fonction sotériologique de l'humanité du Verbe, instantanément « divinisée » par l'incarnation [33], on ne voit pas quelle signification il aurait encore pu accorder aux différents « mystères de la vie du Christ »; or, loin de paraître gêné par le déroulement de l'histoire évangélique, notre théologien s'attache, au contraire, à l'interpréter en fonction de l'œuvre du salut. Ses confessions de foi comprennent régulièrement l'énumération plus ou moins détaillée [34] des principales étapes de l'économie, où l'on retrouve régulièrement la trilogie fondamentale : devenir, passion et mort, que Philoxène considère comme marquant le début, le milieu et la fin de l'économie [35].

La première étape, celle du devenir, est elle-même diversement subdivisée : certaines listes commencent par mentionner l'existence du Verbe *in divinis* [36], tandis que la plupart mentionnent la kénose et les diverses phases allant de la conception à la naissance, à partir de laquelle le Verbe, devenu parfaitement homme, passe de la Vierge au monde pour y accomplir sa tâche rédemptrice [37].

Notre théologien considère le baptême, par lequel Jésus passe du régime de la Loi à celui de la liberté spirituelle, comme un moment si décisif de l'économie qu'il divise souvent celle-ci dans les trois étapes suivantes : de la Vierge au baptême; du baptême à la croix; la croix [38].

---

[33] On sait que telle était l'interprétation du monophysisme par HARNACK, *Lehrbuch*, t. 2, p. 44-53; elle est reprise pour Philoxène, encore que d'une façon nuancée, par BERGSTRÄSSER, *Monophysitismus*, p. 74, 79, 81-82; *Soteriologie*, p. 51.

[34] Les plus détaillées se trouvent dans les *Mēmrē contre Ḥabīb*, IX, f. 98r a-b, dans le *Commentaire de Jean, I, 1-17*, f. 123v-124v et dans le *Livre des sentences*, III, 1, p. 186-190 [139-142].

[35] *Mēmrē contre Ḥabīb*, X, f. 103r a; *Lettre aux moines de Téléda*, I, p. 500; *Lettre aux moines du Bēt-Gōgal*, I, p. 151 [109]; *Commentaire de Jean, I, 1-17*, f. 13v; *ibid.*, f. 74r : « L'économie de l'incarnation est surnaturelle, savoir le commencement, la fin et le milieu, c'est-à-dire, outre le devenir et la mort, aussi les passions et les besoins. »

[36] *Mēmrē contre Ḥabīb*, IX, f. 98r a; *Commentaire de Matthieu, III, 1-16*, f. 202v a.

[37] *Mēmrē contre Ḥabīb*, app., f. 135v c; *Lettre aux moines de Téléda*, I, p. 500; *Commentaire de Matthieu, III, 1-16*, f. 202v a; *Commentaire de Jean, I, 1-17*, f. 53r-v, 70v, 123v-124r, 161v.

[38] *Mēmrē contre Ḥabīb*, VIII, f. 80v a; IX, f. 98r a; *Profession à Zénon*, p.

La mort du Christ constitue à ses yeux la fin de l'économie, comme il le souligne fréquemment [39]; c'est par sa mort que Jésus sauve [40]; c'est par la croix qu'il détruit le pouvoir des démons, de la mort et de la corruption [41], et c'est à elle qu'est lié le don de l'Esprit [42].

La mention de la sépulture, de la descente aux enfers, de la résurrection, des apparitions, de l'ascension, de la session à la droite et du second avènement dans certaines descriptions de l'économie nous paraissent avoir été inspirées à notre auteur par la fidélité au symbole de foi plutôt que par une théologie de la rédemption [43]; en effet, si Philoxène admet que la résurrection élève l'humanité du Verbe à la condition nouvelle du corps spirituel, et constitue ainsi les prémices et la source de la résurrection générale [44], il ne

169 [123]; *Commentaire de Jean, I, 1-17*, f. 2ᵛ; *Mēmrē parénétiques*, VIII, p. 254-255.

[39] *Mēmrē contre Ḥabīb*, VII, f. 61ʳ b : « Suspendu à la croix, au moment où il parfit et consomma toute chose dans son hypostase, et où il ne lui manquait plus que 'son heure' [*Jean*, ii, 4, etc.], c'est-à-dire la consommation de toute l'économie redoutable et mystérieuse que Dieu accomplit dans [son] corps, il dit : 'Tout est consommé' [*Jean*, xix, 30], puis s'écriant : 'Père, je remets mon esprit dans tes mains', il pencha la tête et rendit l'esprit [*Luc*, xxiii, 46]. » — *Commentaire de Jean, I, 1-17*, f. 181ᵛ-184ʳ; *Livre des sentences*, III, 1, p. 160-164 [121-124]; *Mēmrē parénétiques*, VIII, p. 254-255.

[40] *Lettre aux moines du Bēt-Gōgal, II*, f. 42ʳ a : « Si la mort et la passion ne s'étaient pas accomplies, la nature mortelle n'aurait pas reçu le salut, la vie et la libération de la mort et du péché. » — *Lettre aux moines de Senoun*, p. 59 [48] : « S'il devint homme dans le ventre, c'était pour naître de la femme; et il naquit de celle-ci afin de mourir; et il mourut afin de sauver, savoir de Satan, de la mort et du péché. »

[41] *Commentaire de Jean, I, 1-17*, f. 124ᵛ : « Il reçut la mort par la croix et par elle […] délia le pouvoir de la mort, détruisit l'empire de la corruption et fit passer le pouvoir des démons. »

[42] *Mēmrē contre Ḥabīb*, X, f. 107ᵛ a : « C'est celui qui existe depuis toujours [et] qui avait la gloire auprès du Père avant que le monde fût, qui dit : 'L'heure est venue pour que le Fils de l'homme soit glorifié' [*Jean*, xii, 23], c'est-à-dire crucifié; en effet, c'est sa croix qu'il appelle gloire, comme dit [l'évangéliste] : 'L'Esprit n'était pas encore donné parce que Jésus n'avait pas encore été glorifié' [*Jean*, vii, 39]. »

[43] *Ibid.*, app., f. 135ᵛ c; *Commentaire de Matthieu, III, 1-16*, f. 202ᵛ b; *Commentaire de Jean, I, 1-17*, f. 123ᵛ-124ᵛ.

[44] *Introduction du commentaire des évangiles*, fragm. 3, f. 13ᵛ b-14ʳ b : « Autre était sa condition de la naissance à la mort, autre après qu'il fut

place pas cet événement au centre de sa sotériologie ; le salut se réalise essentiellement, selon lui, dans le scandale et la faiblesse de la naissance, de la passion et de la mort de Dieu [45].

Sans lier exclusivement chaque aspect du salut à un « mystère » déterminé de la vie du Christ, Philoxène les rapproche cependant par affinités : « Notre-Seigneur nous a donné d'autres choses en devenant homme, d'autres en venant au baptême et d'autres en devenant malédiction sur la croix » [46]. Notre dessein étant d'exposer la sotériologie philoxénienne en la prenant pour ainsi dire à sa source dans la vie du Verbe incarné, nous suivrons celle-ci dans son déroulement chronologique, en rattachant à chaque étape son effet salvifique approprié. Nous ne nous dissimulons pas ce que ce procédé peut comporter d'artificiel ; en effet, si la filiation divine du chrétien se rattache normalement à l'inhumanation de Dieu Verbe, la guérison des passions et de la convoitise à sa passion, et le don de l'immortalité et de l'incorruption à sa mort, on peut situer

---

ressuscité des morts, et autre avant qu'il s'incorpore. Il faut comprendre chez lui trois types : avant de devenir homme, [il était] non corporel, non composé, invisible, intangible, impassible, immortel ; après s'être inhumané, il apparut, fut touché, devint dans les besoins, éprouva les passions et goûta la mort ; et après être ressuscité des morts [... son corps] est non besogneux, immortel, impassible, incorruptible, resplendissant toujours de la gloire divine. [...] Jésus est reconnu dans les trois ordres susdits : dans le premier comme Dieu, dans le deuxième comme homme nouveau, dans le troisième dans l'image des anges. C'est ce qu'il avait promis de donner à ceux pour lesquels il s'était inhumané qu'il montra d'abord lui-même dans son hypostase, leur étant d'abord lui-même assimilé, afin de montrer justement en lui ce qu'il allait leur donner. » — *Commentaire de Matthieu, III, 1-16*, f. 201ᵛ a ; *Mēmrē parénétiques, III*, p. 65.

[45] *Mēmrē contre Ḥabīb, VI*, f. 58ᵛ b : « Nous croyons que ce n'est pas par la résurrection de Notre-Seigneur que la mort fut détruite, mais que la mort fut détruite par sa mort. Sa résurrection ne détruisit pas la mort, mais manifesta et montra que la mort était détruite. » — *Commentaire de Jean, I, 1-17*, f. 13ᵛ : « Il devint afin d'aider, [...] en mourant il put vivifier, et en expérimentant les passions il nous affranchit des passions ; car il appartient à Dieu seul d'opérer des merveilles par ce qui [lui] est opposé. » — En outre, c'est de l'incarnation, et non de la résurrection, que Philoxène rapproche le baptême, qui constitue fondamentalement l'homme nouveau et spirituel ; et il considère la spiritualisation de la vie morale et contemplative moins comme une anticipation terrestre de l'eschatologie que comme l'épanouissement normal des virtualités du baptême (ci-dessous, p. 422-423, 444-445).

[46] *Mēmrē contre Ḥabīb, VIII*, f. 80ᵛ a.

diversement la victoire du Christ et notre rédemption des puissances du mal, et il est difficile de trouver un point d'insertion précis à la restauration de la connaissance religieuse ; c'est cependant en nous inspirant des indications de notre auteur que nous rapprocherons de la soumission du Christ à la Loi l'aspect démonologique du salut (*Gal.*, iv, 4), et son aspect gnoséologique de la croissance de Jésus en sagesse (*Luc,* ii, 52).

II. — LA NOUVELLE CRÉATION

Le « devenir » strictement dit ou l'inhumanation de Dieu Verbe se termine à sa naissance de la Vierge *théotokos* [1] ; avant d'aborder l'examen de la portée sotériologique essentielle de ce « devenir », nous voudrions indiquer celle que notre théologien attache au fait que le Verbe le réalise à partir de sa mère.

Philoxène trouve dans les mots « ex muliere » de *Gal.*, iv, 4 une justification théologique de l'immutabilité de Dieu dans un devenir qui ne constitua pas une transformation interne [2], mais il y voit en même temps une preuve de la connaturalité véritable et complète du Verbe incarné avec la race dans laquelle il venait s'insérer [3]. L'intérêt de ces deux arguments pour la théologie du salut est évident, puisqu'ils garantissent, l'un la solidarité du Sauveur avec l'humanité, et l'autre l'immunité de sa qualité de sauveur divin ; mais on va trouver des précisions sur ces mêmes aspects sotériologiques dans la doctrine philoxénienne de la virginité et de la maternité divine de Marie [4].

---

[1] Des *Mēmrē parénétiques,* IX, p. 260-264, il ressort que Philoxène considère que l'homme n'est véritablement constitué comme tel qu'à la naissance.

[2] Ci-dessus, p. 323, note 19. *Livre des sentences,* II, 1, p. 41 [37] : « Si donc la chair du Verbe n'est pas [née] de la Vierge, comme les phantasiastes ont cru bon de le dire, c'est par changement de sa nature qu'apparut celui qui est invisible. »

[3] *Ibid.*, p. 42 [37] ; III, 5, p. 260 [193] : « Afin que l'acte de la naissance fût véritable, — puisque celui qui naît doit nécessairement devenir le connaturel de celle qui l'engendre, — et parce que le Verbe était devenu, selon la chair, le connaturel de la Vierge, c'est-à-dire le nôtre, il naquit aussi d'elle selon la chair. »

[4] En marge de notre exposé, nous voudrions souligner comment Philoxène,

En effet, le dogme de la *Théotokos* offre à notre auteur une de
ses preuves favorites en faveur de la divinité du Sauveur. Attribuant le salut directement à la naissance, à la passion et à la mort
du Verbe incarné, Philoxène devait normalement apporter le plus
grand soin à montrer que celui qui naquit, pâtit et mourut n'était
autre que Dieu. C'est dans ce contexte qu'il utilise l'argument de
la maternité divine, en descendant de la naissance à la mort en
croix, mais aussi en remontant de la naissance au devenir; la foi
dans la *Théotokos* assure donc pour lui la divinité du crucifié, —
lequel était de toute évidence identique à l'enfant qui naquit [5], —

loin d'être amené par le dogme de la *Théotokos* à diviniser la mère de Jésus au
point de la soustraire à la condition humaine, témoigne d'une aussi grande liberté
que Chrysostome dans l'exégèse des textes évangéliques relatifs à Marie. Jusqu'à
la Pentecôte, affirme notre auteur, la Vierge ne connut pas « l'exactitude du
mystère surnaturel » qui s'était opéré en elle; c'est-à-dire que, si elle savait bien
qu'elle avait conçu et enfanté virginalement, elle ne se rendait pas compte de la
divinité naturelle de son Fils (*Commentaire de Luc, I, 26-35,* p. 159; *de Luc,
II, 51-52,* f. 15r-v). Notre théologien voit dans cette « opinion faible » la source
du manque de foi et du scandale qu'aurait éprouvé Marie : elle s'étonne des
paroles de Siméon (*Luc,* II, 33); elle ne comprend pas la mission de son Fils
(*Luc,* II, 48-50); elle prétend lui imposer l'obéissance, alors que Jésus baptisé
n'est plus soumis aux obligations de la Loi (*Jean,* II, 4) et peut la répudier
(*Matth.,* XII, 48; *Jean,* XIX, 26); elle participe au scandale des disciples la nuit
de l'arrestation (*Matth.,* XXVI, 31); *Commentaire de Luc, II, 24-39,* f. 21r-22r;
Mēmrē parénétiques, VIII, p. 249-254. Par tout ceci, Philoxène n'entend nullement insulter à la sainteté de Marie, mais il lui refuse une situation privilégiée par rapport à celle des disciples, puisque Pierre lui-même, qui put seul,
avant le don de l'Esprit, confesser la divinité du Christ (*Matth.,* XVI, 16) en
vertu d'une révélation du Père, n'aurait pas compris le sens d'un mystère caché
aux puissances spirituelles elles-mêmes (1 *Cor.,* II, 6-12; *Éph.,* III, 10); *Commentaire de Matthieu, XVI, 16-17,* f. 58r-59r. Le manque de foi de Marie
était d'ailleurs dû à la faiblesse, et non à une volonté mauvaise; aussi fut-il
guéri lors du baptême de la Pentecôte; c'est ainsi que Philoxène explique que la
lance du doute et du scandale ne fit que lui traverser le cœur (*Luc,* II, 35);
Commentaire de Luc, II, 24-39, f. 21r-22r.

[5] *Mēmrē contre Ḥabīb,* IV, f. 36v c : « Si tu crains de dire que la Vierge est
mère d'un homme et que tu la confesses [...] Mère de Dieu, [...] c'est Dieu qui
naquit [...] et c'est celui qui commença par la naissance qui finit sur la croix. » —
Ibid., X, f. 111r a-b : « Vous n'acceptez pas l'[expression] 'Dieu naquit', ni celle
'Il fut crucifié'. Mais puisqu'il est écrit et lu dans toutes les églises, et qu'on
proclame sur la victime, lors de l'oblation des saints mystères, que la Vierge
est Mère de Dieu, [...] j'ai voulu assurer la mort de Dieu par sa naissance

mais elle est elle-même garantie parce que la naissance de cet enfant
ne constituait pour ainsi dire que la dimension expérimentale du
devenir divin.

Lorsque notre théologien affirme que le devenir précède la naissance, il veut simplement dire que celui qui fut conçu et qui naquit
est identique à celui qui « devint », ou, plus précisément, que le
devenir n'est pas celui d'un homme assumé par Dieu dans le sein
de Marie [6]; ce qu'il cherche dans le dogme d'Éphèse, c'est donc à
la fois la condamnation de la perspective christologique de l'homme
assumé et l'attestation du devenir de Dieu; en effet, remarque-
t-il, les termes « mère » et « naissance » s'appliquent au devenir et
non à l'assomption [7].

---

de la Vierge. » — *Lettre aux moines de Téléda*, I, p. 486-487. *Lettre aux moines
de Senoun*, p. 13 [11] : « Par qui, dis-moi, le salut nous est-il advenu? N'est-
ce pas par la mort de celui dont on confesse qu'il fut crucifié? Or si c'est Dieu
[qui fut crucifié], comme nous le croyons, nous voici sauvés par Dieu; mais
si c'est un homme, tel est aussi notre sauveur! »

[6] *Livre des sentences*, II, 8, p. 140-141 [106-107] : « C'est donc le devenir, et
non l'inhabitation, qui doit précéder la naissance, et c'est pourquoi il est
écrit que le Verbe devint chair, et non qu'il habita dans la chair. C'est celui
qui devient d'abord qui naît, tandis que de celui qui inhabite, on ne pense pas
qu'il naît, mais seulement qu'il est dans celui qui naît. [...] Et si elle enfanta
la chair dans laquelle le Verbe demeurait, et non le Verbe lui-même, incarné,
elle n'est pas justement confessée Mère de Dieu, puisqu'elle n'a pas enfanté
Dieu incarné, mais celui qui fut fait en elle récemment, c'est-à-dire la chair
ou l'homme. » — *Ibid.*, III, 1, p. 167 [126] : « Il est évident que celui qui
naquit de la Vierge devint d'abord en elle avant de naître d'elle. » — *Ibid.*,
p. 171 [129] : « Si on confesse que le Verbe vint d'abord dans la Vierge,
s'incarna d'elle par l'Esprit-Saint et s'inhumana, il est également assuré
que Marie soit confessée Mère de Dieu, puisque [...] quiconque naît devient
avant de naître, et est nommé par là fils de celle qui l'enfante. » Devenir et
naissance se conditionnent donc mutuellement; de l'argument de la maternité
divine, qui porte strictement sur la naissance (ܐܠܕܐ ܕܝܠܕ), Philoxène remonte au devenir de Dieu, comme il descend du devenir à la *Théotokos*.

[7] *Mēmrē contre Ḥabīb*, VI, f. 52[r] c : « Elle est mère quant au devenir,
et non quant à l'assomption. » — *Livre des sentences*, III, 5, p. 254 [188] : « Ce
qui assure la naissance, c'est le devenir, et non l'inhabitation; et si on attribue
le devenir à un homme, [il en ira] évidemment [de même pour] la naissance,
tandis que si [on l'attribue à] Dieu, à cause de la [parole] : 'Le Verbe
devint chair' [*Jean*, I, 14], sienne sera [aussi] la naissance d'une mère. »
— Est-il besoin de préciser que Philoxène n'interprète pas la maternité divine

L'interprétation philoxénienne de la maternité divine de Marie apparaît donc comme exclusivement christocentrique; il n'en va pas autrement pour la virginité, que notre théologien considère, non comme un privilège personnel de la Mère de Dieu, mais uniquement comme l'expression de la conception et de la naissance virginale du Verbe incarné.

Dans la naissance virginale du Verbe, qui laisse sa mère *incorrupta*, Philoxène voit le signe en quelque sorte expérimental du miracle surnaturel de la conception virginale, qui la laisse *intacta* [8]; quant à cette conception, elle lui apparaît intimement liée, en vertu de son caractère surnaturel, à la divinité de l'enfant qui « devient » de Marie [9].

Ceci s'explique par ce que notre auteur regarde comme une loi infrangible fixée par le Créateur, aux termes de laquelle l'homme ne peut être formé sans le mariage [10], loi qu'il exprime positivement sous la forme du principe, plus général encore, que toute

dans le sens du monophysisme réel : la Vierge n'engendre pas le Verbe « en dehors de l'incorporation » (*Mēmrē contre Ḥabīb*, IV, f. 52v b-53r b). Strictement, c'est la chair, et non la Divinité que le Verbe reçoit de Marie; mais cela n'empêche pas que celle-ci soit mère de l'être entier qui naît d'elle en tant qu'homme, de même qu'on parle de la mère d'un homme bien qu'elle engendre la chair à partir de sa chair, et non l'âme à partir de son âme (*Livre des sentences*, III, 5, p. 253-254 [188]).

[8] *Mēmrē contre Ḥabīb*, VII, f. 63r c : « Il naquit en conservant dans sa naissance la virginité de sa mère, et indiqua par là qu'il s'était incorporé sans le mariage, miraculeusement. » — *Commentaire de Jean, I, 1-17*, f. 165r : « Elle conçut sans le mariage et enfanta sans corruption; son Fils advint miraculeusement à celle qui était restée vierge merveilleusement. » — *Livre des sentences*, III, 5, p. 255 [189].

[9] *Mēmrē contre Ḥabīb*, VII, f. 69r a; *Mēmrē parénétiques*, IX, p. 302; *Livre des sentences*, II, 5, p. 82 [66]; II, 9, p. 84-85 [67-68]; *Commentaire de Jean, I, 1-17*, f. 186v : « Dirons-nous que celui qui sortit d'elle est un homme? Mais comment était-il conçu sans le mariage et laissait-il vierge celle qui l'enfanta, s'il était un homme par nature, et non, surnaturellement, Dieu incorporé miraculeusement? »

[10] *Commentaire de Luc, II, 52*, f. 26r; *Livre des sentences*, II, 8, p. 142 [108] : « L'homme naturel ne peut devenir sans le [mariage], depuis la règle une fois posée par le Créateur; et s'ils disent qu'Adam et Ève furent créés sans le mariage, qu'ils apprennent que le décret relatif à la propagation du genre humain n'était pas encore promulgué. »

nature engendre par société [11] ; sur quoi il s'autorise à conclure que ce n'est pas un homme qui naît de la Vierge Marie, mais Dieu lui-même [12], et que la perspective christologique de l'« Assumptus homo » conduit logiquement à nier la conception et la naissance virginales [13].

On sent la faiblesse de cette argumentation ; notre théologien, qui ne manque jamais d'insister sur la toute-puissance divine [14], estimerait-il donc inconcevable que Dieu pût faire aucune exception à une loi dont il est l'auteur ? Effectivement, Philoxène n'hésite pas, au besoin, à reconnaître que la parthénogénèse ne suffit point par elle seule à prouver qu'il s'agit du devenir de Dieu, et il amène l'exemple d'Adam et d'Ève, venus au monde par l'action directe du Créateur [15].

En définitive, ce qui rattache le devenir virginal du Verbe à sa divinité semble être l'analogie entre les deux naissances ; en effet, notre auteur raisonne comme s'il comptait parmi les propriétés du Fils *in divinis* d'avoir sa génération *ex uno*, c'est-à-dire du Père seul ; la seconde naissance laissant sa nature inchangée, puisqu'il reste le Fils, elle aura lieu normalement *ex una*, c'est-à-dire d'une mère seule [16].

---

[11] *Commentaire de Jean, I, 1-17*, f. 4ᵛ : « Il est évident pour chacun que toute nature qui existe engendre normalement par société, sans laquelle il est impossible que devienne ou qu'apparaisse un rejeton. »

[12] *Ibid.*, f. 35ᵛ : « S'il fut conçu surnaturellement et ne naquit pas selon la norme, cassant ainsi la loi que le Créateur avait imposée au mariage, ou bien c'est celui qui avait jadis fixé que la conception adviendrait par le mariage, ou bien c'est le Fils de celui qui imposa cette loi. »

[13] *Ibid.*, f. 113ʳ : « Si l'on pense [...] que devint d'abord une chair, ou un homme, ensuite assumé par le Verbe qui y demeura, ce n'est donc pas le Verbe qui devint chair, comme le dit Jean [*Jean*, I, 14], et celle qui enfanta ne resta pas vierge non plus. » — *Lettre aux moines de Senoun*, p. 26 [22].

[14] Ci-dessus, p. 347.

[15] *Mēmrē contre Ḥabīb*, VI, f. 56ᵛ b ; *Livre des sentences*, II, 6, p. 96-97 [75-76] : « Si Dieu avait créé un homme, soit par le mariage, soit sans société, [homme] qu'il aurait assumé et dans lequel il aurait habité, rien de cela n'aurait semblé une kénose. » — *Ibid.*, III, 5, p. 244-245 [182] : « Et s'ils disent : 'C'est parce que celui-ci fut conçu sans le mariage qu'on dit que c'est Dieu qui devint par son devenir', voici qu'Adam et Ève, [eux] aussi, furent créés sans le mariage ; pourquoi ne dit-on pas que Dieu devint par leur devenir ? »

[16] *Livre des sentences*, III, 1, p. 180 [135] : « Parce que là il était Fils

La conception virginale n'intéresse cependant pas seulement, ni même principalement, le Verbe comme tel, car Philoxène lui accorde une fonction essentielle dans la théologie de l'inhumanation strictement dite. Nous aurons à revenir [17] sur la portée sotériologique qu'il attribue au principe suivant lequel le Verbe « n'a pas l'incarnation selon la condamnation du péché » [18], c'est-à-dire « devient » dans le corps et l'âme qu'avait l'Adam d'avant la transgression [19]. Notre auteur entend avant tout exprimer par là l'immunité du péché dont jouissait le Sauveur ; mais au péché proprement dit il joint la convoitise, qui en est la cause, et « les suites de la condamnation », c'est-à-dire les « besoins », les « passions » et la mort, qui en sont la conséquence [20].

C'est en rapport avec cette franchise du Verbe en tant qu'homme, que Philoxène fait intervenir la conception virginale ; en effet, il déclare formellement que la convoitise et la mort naturelles se transmettent par la voie du mariage (ܟܠܐܘܝ) ; et il n'entend pas seulement par là que le « péché originel » se communique à la race par la génération (ܚܝܘܬܠܐ), qui fait participer les enfants à la nature

du Père sans mère, il devint ici de même Fils de la Vierge sans père. » — *Ibid.*, III, 2, p. 203 [151] : « Comme le Christ naquit du Père sans mère, il devint encore d'une mère sans père. » — *Lettre aux moines de Senoun*, p. 27-28 [22-23] : « La propriété du Fils de Dieu est qu'il est engendré du Père sans mère. [...] Il a pour les deux naissances un [seul] Père naturel, qui est Dieu, parce que lui, un Fils dans les deux naissances, n'a pas plus de père dans la [naissance] humaine qu'il n'a de mère pour la divine. » — Une autre analogie entre les deux naissances, qui n'est pas non plus sans rapport avec la virginité, consiste en ce que l'une s'opère *ex intacto* et l'autre *ex intacta*, c'est-à-dire que ni le Père n'est diminué par la génération du Verbe, ni la Vierge ne perd sa virginité lors de l'inhumanation (*Livre des sentences*, II, p. 37 [34] ; III, 1, p. 179-180 [135]). — Philoxène semble interpréter l'article du symbole « de Spiritu Sancto » par la sanctification de Marie garantissant l'incarnation de toute atteinte de la convoitise (*Lettre dogmatique aux moines*, p. 132 [96] ; *Lettre aux moines de Téléda*, I, p. 465). C'est régulièrement le Verbe qu'il voit dans la « Force du Très-Haut » de *Luc*, I, 35 (*Commentaire de Luc*, I, 26-35, p. 158-159 ; *Livre des sentences*, II, 6, p. 101 [79] ; *Lettre aux moines de Senoun*, p. 60 [49-50]).

[17] Ci-dessous, p. 443, 467, 478, 497-498.

[18] *Commentaire de Jean*, XX, 17, p. 253.

[19] *Commentaire de Jean*, III, 13, f. 215v a 216r b.

[20] *Ibid.*, f. 216r a ; ci-dessous, p. 448.

des parents, mais il voit son agent de transmission dans la convoitise (ܪܓܬܐ), qui, présidant au rapprochement charnel, imprègne son fruit de péché et le rend porteur de mort [21]. Voilà pourquoi le Sauveur divin, qui devait devenir de la nature humaine homme véritable et complet, mais aussi demeurer, même en tant qu'homme, supérieur au péché, et partant à la convoitise et à la mort [22], est conçu par génération, mais sans l'acte du mariage, c'est-à-dire d'une mère vierge, en dehors de tout « mouvement de la nature et écoulement de la convoitise » [23].

Notre auteur se représente vraisemblablement cette conception miraculeuse à la lumière des notions physiologiques de son temps lorsqu'il explique qu'elle ne résulta pas du mélange des quatre éléments matériels, réunis dans tout acte générateur [24]; il ne dit

---

[21] *Lettre aux moines de Téléda, I*, p. 465-466 : « C'est par la transgression première que la mort a régné, et la mort s'est mêlée avec la convoitise dans la nature, et désormais quiconque entre dans le monde par le mariage naîtra naturellement mortel et sera soumis à la mort inéluctablement, qu'il pèche ou non, qu'il pèche peu ou beaucoup, parce que la mort est mêlée à la nature. Mais lorsque Dieu voulut devenir homme de la Vierge afin de nous recréer par son devenir, il ne s'incorpora et ne naquit pas du mariage, suivant la loi ancienne, afin de devenir supérieur à la mort dans son incorporation même, c'est-à-dire supérieur aussi à la convoitise, parce que les deux choses découlent du mariage dans [la nature]. [...] Voici donc que Dieu immortel, voulant devenir homme de la femme, devint homme de façon immortelle par son incorporation même, puisqu'il est incorporé sans le mariage, dans lequel est incorporée la mort. » — *Mēmrē parénétiques*, XI, p. 446-447 : « C'est donc la convoitise qui engendra [la mort], et c'est elle qui l'engendre aussi en chacun, dans toutes les générations. En effet, la racine de la mort est la convoitise, et la racine de la convoitise est le mariage. Voilà pourquoi tous ceux qui naissent par le mariage sont mus par la convoitise et asservis à la mort, à l'exception d'un [seul], qui ne naquit point par le mariage; aussi fut-il affranchi du mouvement de la convoitise, et apparut par là supérieur à la mort de la nature; car lorsqu'il reçut [celle-ci], elle fut volontaire, et non naturelle. »

[22] Ci-dessous, p. 469, 480.

[23] *Mēmrē contre Ḥabīb*, VIII, f. 74ᵛ b; *Livre des sentences*, II, 6, p. 89-90 [71] : « Dieu s'incarna et s'inhumana [...] de la Vierge sainte, à l'exclusion du péché, de la société et du flux de la conception (ܕܡܣܒܐ), de la semence mortelle et des mouvements de la convoitise. » — *Mēmrē parénétiques*, IX, p. 302; ci-dessus, note 21.

[24] *Mēmrē contre Ḥabīb*, IV, f. 35ᵛ b : « Ce n'est pas par le mélange des quatre éléments qu'il fut constitué comme nous, ainsi que le prétend cet impie,

pas comment, à son sens, une formation en quelque sorte physique-
ment incomplète put constituer l'humanité intégrale du Verbe, mais
cette intégrité demeure indubitablement intacte à ses yeux, en vertu
du principe suivant lequel le Verbe devint homme complet pour
sauver tout l'homme en lui[25]; si on pressait notre théologien de
s'expliquer, il répondrait donc sans doute que le péché n'est ni
homme, ni nature, ni créature de Dieu[26], et que ses concomitants,
c'est-à-dire la convoitise, les passions et la mort, sont pareillement
« entrés du dehors, en sus de la formation de l'homme »[27], qu'ils
privaient de ses privilèges originels, constituant en quelque sorte
un pis-être que la rédemption eut pour fin non de sauver mais
d'anéantir[28].

Ayant ainsi examiné les implications théologiques du fait que le
Verbe devint homme de la Vierge *théotokos*, nous abordons maintenant l'analyse de l'effet sotériologique propre au « devenir » comme
tel. Philoxène exprime volontiers cet effet en disant que le devenir
ou la seconde naissance du Verbe est cause de la renaissance ou du
devenir second de l'homme[29]; il s'agit donc d'une nouvelle création, puisque, suivant la terminologie de notre auteur, le « devenir »

car l'incorporation n'advint pas par le mariage, qui est le mélangeur des
éléments, mais en s'incorporant de notre nature, il s'incorpora merveilleusement, surnaturellement, par la médiation de l'Esprit-Saint. Or dans le mariage,
les quatre éléments concourent manifestement au ministère du mariage : la
terre par le corps qui se joint au corps, l'eau par la semence et le sang, le
feu par la chaleur de la convoitise, et l'air (ܪܘܚܐ) par une autre forme de
ministère des instruments du mariage. Mais pour l'incorporation de Dieu
nous n'avons pas l'audace d'avancer rien de cela. »

[25] *Lettre aux moines de Senoun*, p. 4 [3].

[26] *Livre des sentences*, II, 5, p. 55 [46]; II, 6, p. 99 [78].

[27] *Ibid.*, III, 5, p. 266 [197].

[28] On verra ci-dessous, p. 473 et 497-498, comment le Verbe incarné assume
volontairement les passions et la mort.

[29] *Commentaire de Jean, I, 1-17*, f. 115ᵛ : « Ce devenir unique et nouveau
[...] a ramené toute chose au devenir. » — *Livre des sentences*, III, 4, p. 219-
220 [163-164] : « Ce n'est pas par le devenir d'un homme que le monde devint
derechef, ô hérétique, mais par le devenir de celui qui est; étant devenu alors
qu'il est, il put aussi renouveler ceux qui s'étaient corrompus après être
devenus. »

premier des créatures ne signifie rien d'autre que leur venue à l'être par la création [30].

Cette œuvre créatrice seconde et définitive lui paraît infiniment supérieure à la première [31], et il explique la raison de cette transcendance en paraphrasant *Col.*, I, 16 : après avoir été créée *par* le Christ, toute chose fut recréée *en* lui [32] ; ou encore, en des termes à la fois plus imagés et plus explicites : Dieu Verbe, qui avait dessiné l'homme à son image et ressemblance (*Gen.*, I, 27), non content d'en restaurer lui-même les traits abîmés, la prit dans sa propre hypostase, la créant et l'engendrant derechef en soi par son incorporation et son devenir [33].

---

[30] Ci-dessus, p. 321.

[31] *Commentaire de Jean, I, 1-17*, f. 133r-v : « Ce qui avait été établi par sa Divinité, [puis] s'était corrompu, fut redressé par sa corporalité et ne se corrompra plus ; et il n'y a aucun croyant qui ne reconnaisse que l'œuvre [créatrice] seconde est meilleure que la première. » — *Ibid.*, f. 177r-v : « Si l'on compare mutuellement ces deux faits, que toute chose fut faite par le Verbe et que toute chose fut renouvelée en lui, il se trouve que le renouvellement second qui advint aux créatures transcende infiniment leur création première, [... parce qu'] elles ne reviendront plus, après ce renouvellement, à la vieillesse première. » — De la supériorité de la nouvelle création sur l'ancienne, Philoxène tire un argument à fortiori en faveur de la divinité du Sauveur : si Dieu seul peut créer, parce qu'il possède l'Être par soi (*Livre des sentences*, I, p. 10 [14] ; III, 4, p. 219-220 [163-164]), « c'est bien celui qui a fait qui a aussi renouvelé » (*ibid.*, II, p. 34 [31], 38 [34-35] ; II, 6, p. 87-88 [69-70]).

[32] *Mēmrē contre Ḥabīb*, VIII, f. 84v b-c ; X, f. 107v c-108r a ; *Commentaire de Jean, I, 1-17*, f. 158v : « C'est donc en celui par qui tout avait été créé, en tant que Verbe et Fils, que tout fut renouvelé, en tant que Christ et prémices. Puisqu'ici il devint la tête de ceux qui furent renouvelés en lui, et eux [devinrent] pour lui comme des membres, tandis que là, chez ceux qui devinrent par lui [*Jean*, I, 3], on le reconnaît seulement comme maître et Dieu, il est dit ici [*Col.*, I, 16] que [tout] fut créé en lui, et là, par lui. » — *Livre des sentences*, III, 4, p. 219 [163] : « L'Apôtre dit manifestement que tout fut créé par lui et en lui [*Col.*, I, 16] : les œuvres furent créées jadis par lui, et finalement en lui, lorsqu'elles furent renouvelées. »

[33] *Mēmrē contre Ḥabīb*, VI, f. 49vb-50ra ; *Livre des sentences*, II, p. 34 [31] ; *ibid.*, p. 38 [34-35] : « Celui qui est Dieu naturel devint homme véritable et recréa en soi la nature de l'homme. Lorsque celle-ci avait été faite jadis, il est évident qu'elle avait été constituée en dehors de lui [*Gen.*, I, 26 ; II, 7 ...] tandis que maintenant, [il n'en va] plus ainsi, mais c'est en Dieu que fut recréée la nature de l'homme. »

L'inclusion en Dieu Verbe par laquelle Philoxène caractérise la condition de la nouvelle créature doit être comprise d'une manière littérale et pour ainsi dire « physique »; c'est dans ce sens que notre théologien interprète l'image paulinienne du corps, en se représentant les êtres raisonnables comme réunis dans l'hypostase du Fils à la manière des membres d'un corps dont il est la tête [34].

Il y a ici plus qu'une simple comparaison, et cet organisme lui apparaît proprement comme le prolongement du corps personnel du Christ; en effet, Philoxène affirme que le corps dont Dieu nous fait membres est celui de son inhumanation, et que c'est par le fait que notre corps est devenu sien que nous sommes tous devenus ses membres; en d'autres termes, l'humanité rachetée n'est pas seulement reliée vitalement au Sauveur divin comme les membres d'un corps le sont à leur tête, mais elle l'est plus précisément par et dans l'humanité personnelle du Verbe incarné, qui forme ainsi le nouveau lieu de communion ontologique entre Dieu et l'homme [35].

Mais quelque intime que soit l'union résultant de cette inclusion de l'humanité sauvée en Dieu Verbe, Philoxène ne va jamais jusqu'à l'assimiler à l'unité de celui-ci avec son humanité personnelle; il distingue expressément le corps propre que le Verbe s'unit à partir de la Vierge de celui de l'Église, qu'il s'unit par le bap-

---

[34] *Mēmrē contre Ḥabīb*, V, f. 46ᵛ b-c; 48ʳ c-ᵛ b; *Commentaire de Jean, I, 1-17*, f. 156ᵛ : « C'est parce que nous sommes devenus membres dans le corps de celui qui est Dieu par nature et en vérité, que nous a été imposé le nom [de fils et de dieux]. »

[35] *Lettre aux moines de Téléda*, I, p. 455 : « C'est parce que notre corps est devenu sien que nous sommes tous devenus ses membres par sa grâce. » — *Commentaire de Jean, I, 1-17*, f. 42ʳ : « Il nous fit membres du corps de son inhumanation, et au lieu de l'âme [qui est] en chacun de nous, l'Esprit-Saint demeura en nous tous. De même que la puissance qui est en chacun des membres du corps et l'activité particulière qu'ils ont existent naturellement, il pourvut par son inhumanation à ce que ses propriétés deviennent en nous comme elles sont par nature, fixement et fermement, inébranlables et immuables, à l'image de nos [propriétés] naturelles premières, pour ne pas dire même plus qu'elles. » — *Ibid.*, f. 95ᵛ : « Il nous fit son corps (ܪܝܫܐ) et des membres dans le corps (ܕܟܢܫܐ) de son Église, devenant lui-même pour nous comme la tête, afin que, de même que les membres de la nature ont coutume de recevoir de la tête nourriture et vie, nous puissions nous aussi assumer de lui la puissance [et] les énergies divines. »

tême [36], et il soutient que le baptisé, tout en devenant un membre du corps du Christ, « demeure dans son hypostase un homme distinct par le nombre » [37].

L'appréhension du panthéisme pousse même parfois notre auteur à qualifier le lien rattachant le chrétien à Dieu d'union de *proposon* et d'amour [38]; mais en adoptant ainsi dans la sotériologie une expression qu'il reproche à la christologie nestorienne, Philoxène ne veut nullement nier le « réalisme » de l'inclusion ontologique; il entend uniquement souligner que l'union du Verbe incarné à son corps ecclésial ne supprime ni la distinction naturelle entre Dieu et les hommes ni la distinction hypostatique des hommes entre eux [39].

En effet, si tout le résultat de l'incarnation avait consisté à établir entre l'humanité et Dieu des relations affectueuses de type

---

[36] *Commentaire de Jean, I, 1-17*, f. 169[v] : « Le Verbe de Dieu inhumané a pour corps, outre celui de son hypostase, l'Église qui lui a été unie par l'Esprit à partir de tous les hommes; le corps de son hypostase lui advint de la Vierge, et celui de l'Église, du baptême. »

[37] *Mēmrē parénétiques*, XIII, p. 619-620. La distinction entre les deux corps du Christ ressort également de l'exégèse philoxénienne de l'inhabitation dans *Jean*, I, 14 et II, 19-21, où notre auteur distingue le corps propre du Verbe et les baptisés, temples de l'Esprit (*Livre des sentences*, II, 3, p. 55-56 [47]; *Lettre aux moines de Senoun*, p. 3-5 [3-4]). Philoxène reproche à Bar-Ṣūdaylī de confondre l'union eschatologique de la créature à Dieu avec celle du corps personnel du Verbe à son Être divin (*Lettre à Abraham et Oreste*, p. 46 [47]).

[38] *Commentaire de Jean, I, 1-17*, f. 167[v]-168[r]; 187[r] : « L'hérétique doit dire, s'il pense que ceux qui s'unirent sont des hypostases complètes, soit que l'union n'advint pas, soit, si elle advint, qu'elle est seulement [union] de *prosopon*, comme est aussi [celle de] toute l'Église avec le Christ. » — *Mēmrē parénétiques*, VII, p. 193 :« À partir de races différentes [c.-à-d. les anges et les hommes] une [seule] Église est rassemblée par l'accord de la charité, chantant la sainteté des volontés divines et mue tout entière par un [seul] mouvement vivant et spirituel, comme le corps de la nature est mû tout entier par la vie de l'âme. »

[39] *Mēmrē contre Ḥabīb*, VI, f. 49[v] c : « Il était impossible que la créature naisse naturellement de l'Essence et devienne sa connaturelle; [mais une] hypostase de l'Essence descendit, parce que tout est facile à sa nature souveraine, et devint de nous homme comme nous, et fit découler [ses] biens en nous comme la tête dans les membres, et nous associa à son Père et à son Esprit par la médiation de son incorporation. » — *Commentaire de Jean, I, 1-17*, f. 41[v]-42[r]; ci-dessus, note 37.

« moral », la filiation adoptive des chrétiens n'eût transcendé en
rien celle d'Israël ; or notre théologien voit dans le caractère « réel »
de l'adoption du nouveau Testament la marque propre de la nouvelle création, et la « vérité » de l'incarnation de Dieu Verbe garantit pour Philoxène celle de la spiritualisation de l'homme sauvé ;
autrement dit, la filiation du chrétien ne pourrait être que nominale s'il fallait envisager celle du Christ dans la perspective nestorienne de l'assomption [40].

Sous le régime de l'ancien Testament, explique notre auteur,
l'adoption des justes n'était que putative et provisoire : putative
parce que, le Père ne s'étant pas encore révélé comme hypostase,
elle avait pour terme immédiat la nature divine, laquelle, avant
l'incarnation, ne pouvait entretenir avec la créature que des rapports d'ordre extrinsèque et moral ; provisoire parce que ce privilège fut enlevé à Israël au bénéfice des chrétiens. En revanche,
l'adoption filiale des chrétiens est d'ordre ontologique et définitif,
car, par l'incarnation, le baptisé devient par grâce fils de l'hypostase du Père par son insertion dans celle du Fils naturel [41].

[40] *Commentaire de Luc, II, 52,* f. 20v : « S'il devint homme, c'était pour
nous faire fils de Dieu ; et de même que son incorporation ne fut pas seulement
nominale, mais véritable réalité, ce n'est pas davantage en parole seulement
qu'il nous fit ses membres et les fils de son Père, comme chez les Juifs ; car
là il n'était pas devenu homme avant de les faire fils. »

[41] *Commentaire de Luc, II, 52,* f. 20r-v : « Si [les hérétiques] donnent un
exemple de notre adoption filiale à partir de celle des Juifs, et pensent que,
chez nous comme chez eux, c'est la nature [divine] qui est considérée comme
père, et non l'hypostase du Père, ils frustrent l'économie du Père, nient le
salut du Fils et considèrent nos biens comme ceux des Juifs. En effet, leur
adoption filiale était un type, et tous leurs biens étaient des ombres courant
après le corps, mais les nôtres sont corps et vérité, car ce n'est pas en dehors
de l'hypostase du Fils que nous sommes reconnus fils, mais lui est la tête et
nous des membres dans son corps. » — *Ibid.,* f. 21v-22r : « Puisqu'ils sont
devenus, par la nouvelle naissance du baptême, frères du Fils devenu homme, ils
sont forcément reconnus aussi comme fils du Père, car si le fait de la frater-
nité est commun, le nom de la paternité aussi appartient aux deux : à la
tête et à ses membres, au Verbe devenu homme et aux hommes devenus fils. » —
Com. de Luc, III, 23, f. 31v : « Tandis que les Juifs étaient jadis regardés
putativement comme fils de Dieu, mais [qu'ils étaient] réellement des hommes,
fils de la grâce, [les membres] sont aujourd'hui reconnus putativement comme
hommes, [mais sont] réellement fils de Dieu, parce que l'adoption filiale qu'ils
ont reçue ne sera plus enlevée ou changée, mais qu'elle leur est permanente,

Semblablement, et en vertu des mêmes principes, le chrétien devient spirituel par participation vitale aux énergies divines de l'Esprit-Saint, que le Verbe incarné possède par nature [42], et non plus par le don extrinsèque et passager qui rendait spirituel et nouveau l'homme d'avant le péché [43].

Cette création nouvelle de l'homme en Dieu assure d'ailleurs à la restauration proprement dite son caractère stable et permanent, aussi Philoxène peut-il mêler indifféremment les effets de l'une et de l'autre [44]; mais lorsqu'il écrit que les chrétiens puisent leur vie immortelle au corps vivant du Christ dont ils sont devenus

conformément à l'hypostase dans laquelle ils sont devenus membres.» — L'opposition entre les deux adoptions avait été semblablement soulignée par saint Athanase; voir BOUYER, *Athanase*, p. 92-93, 115-119. — Lorsque Philoxène affirme que Dieu seul pouvait faire des hommes ses fils (*Commentaire de Jean, I, 1-17*, f. 28r-29r; 179r-182v), il ne conteste pas que le Père aurait pu réaliser son dessein de filiation adoptive en dehors de l'incarnation (*ibid.*, f. 93v), mais il veut dire que la manière « physique » dont la divinisation et la filiation s'opèrent effectivement découle directement du « devenir » véritable du Verbe incarné (*ibid.*, f. 189v-190v).

[42] *Commentaire de Jean, I, 1-17*, f. 41v-42r : « Il demeure en nous autrement [que par l'infinité de sa nature], suivant la vertu de la cause qui le fit demeurer en nous [c'est-à-dire l'incarnation]. Puisqu'il lui était impossible de demeurer en nous naturellement, parce qu'il est reconnu comme l'Essentiel, et nous comme des créatures, il accomplit ceci d'une autre manière lorsqu'il devint, sans changement, chair comme nous le sommes. Il nous fit membres du corps de son inhumanation, et au lieu de l'âme [qui est] en chacun de nous, l'Esprit-Saint demeura en nous tous. De même que la puissance qui est en chacun des membres du corps et l'activité particulière qu'ils ont existent naturellement, il pourvut par son inhumanation à ce que ses propriétés deviennent en nous comme elles sont par nature, fixement et fermement, inébranlables et immuables, à l'image de nos [propriétés] naturelles premières, pour ne pas dire même plus qu'elles. » — *Mēmrē parénétiques*, XIII, p. 618-620.

[43] *Dix chapitres*, 4, p. CI : « Ce n'est pas comme permanent et indissoluble que [l'homme] possédait ce don [de l'Esprit], témoin le premier Adam. » — *Commentaire de Luc, II, 40*, f. 14v; *Mēmrē parénétiques*, XII, p. 500-501. — Philoxène pouvait trouver cette idée chez Athanase et Cyrille d'Alexandrie; voir RICHARD, *Athanase*, p. 29-30; JANSSENS, *Filiation*, p. 257-259.

[44] *Commentaire de Luc, II, 52*, f. 20r-22r (ci-dessus, p. 416-417, note 41); *Livre des sentences*, III, 4, p. 219-229 [163-170] : « Son renouvellement ne vieillira plus et sa fermeté ne se déliera plus, puisque la pierre posée au fondement n'est plus le vieil homme, mais Dieu nouvellement inhumané » (p. 227-228 [169]).

les membres [45], ou que la seconde naissance les rend indestructibles et immuables en les greffant sur le corps de Dieu Verbe [46], ou encore que la chair du Christ renouvelle et guérit la création visible et invisible en se l'unissant par l'inhumanation [47], on aurait tort de comprendre qu'il attribue formellement la restauration strictement dite au Verbe en tant que Dieu, comme si elle s'opérait par la fusion de la nature humaine dans l'incadescence du foyer divin; en effet, notre auteur, qui maintient l'inconfusion dans l'unité tant chez le Verbe incarné qu'entre celui-ci et son corps mystique, distingue l'efficacité sotériologique de Dieu et celle de la chair [48]; il n'en reste pas moins que le second Adam, nouveau chef de la race humaine et retrouvant pour elle la condition originelle du premier, n'est pas un homme comme lui, mais Dieu Verbe devenu homme, ce qui ne saurait manquer d'imprimer à son œuvre de restauration un caractère d'indestructible fermeté [49].

45 *Commentaire de Luc, II, 52,* f. 21v : « Nous sommes devenus immortels, et puis fils, car il ne convenait pas que des hypostases mortelles deviennent membres dans le corps vivant du Christ. »

46 *Ibid., Luc, III, 23,* f. 32v : « Ceux qui naissent [du baptême] ne périssent pas, mais restent sans fin membres spirituels dans le corps auquel ils sont joints, car il convient à ceux qui sont devenus spirituels de demeurer sans dissolution ni changement. »

47 *Livre des sentences,* III, 4, p. 221-222 [165] : « Lorsque Dieu voulut venir, selon l'économie, de l'Essence cachée au devenir manifeste, toute chose allait redevenir nouvelle; c'est pourquoi, non content de s'incarner, il s'anima, afin que tout le visible soit renouvelé en lui par la chair et l'invisible par l'âme. »

48 Ci-dessus, p. 400-401.

49 *Lettre aux moines de Téléda, I,* p. 458 : « Si notre chef est un homme dans la restauration seconde comme [il le fut] dans la création première, de quoi nous a servi la venue du Christ? Et si les deux ancêtres que nous avons eus, [l'un] dans la création et [l'autre] dans la restauration, sont des hommes, tout le genre humain est encore dans la mort et dans la corruption. » — *Mēmrē contre Ḥabīb,* V, f. 47v c-48r a : « Je confesse que notre chef est non pas un homme, mais le Fils de Dieu [...] qui s'incorpora des hommes pour leur salut et devint leur chef par sa naissance corporelle. » — *Commentaire de Jean, I, 1-17,* f. 13r : « Ce qu'il fit en tant qu'il est reconnu comme Dieu avait vieilli et s'était corrompu; mais ce qui fut renouvelé par l'inhumanation ne vieillira et ne se corrompra plus, mais restera toujours sans corruption ni changement. »

Le système sotériologique philoxénien, tel que nous venons de
l'exposer, relève de toute évidence du genre de la « théorie grecque »
ou « physique », et reproduit des traits indiscutablement alexandrins, dont il serait aisé de trouver le modèle chez Athanase et
chez Cyrille [50] ; cette origine ne pourrait-elle aider à expliquer l'affinité qui relie, dans la pensée de notre auteur, la théologie du salut
au monophysisme christologique ?

Nous avons déjà souligné comment le principe de l'échange et
celui du devenir sans changement éclairent toute la synthèse théologique philoxénienne et relient indissociablement le double mouvement du mystère unissant Dieu à l'homme et l'homme à Dieu dans
le Verbe incarné [51]. Notre théologien exprime cette synthèse avec
toute la clarté souhaitable lorsqu'il compare l'élément constitutif
de chacun des deux moments, c'est-à-dire l'inhumanation et le baptême : de part et d'autre, il s'agit d'un « devenir », bien que de
sens inverse puisque le terme en est ici la spiritualisation et là
l'incarnation ; les deux « devenirs » sont réels ou véritables, car
pas plus que celui du Verbe ne se réduit à son inhabitation dans
un homme réputé Dieu, celui du chrétien ne saurait être interprété
comme une filiation putative et extrinsèque ; et cependant ils s'opèrent l'un et l'autre sans changement, puisque, de même que le
Verbe reste Dieu dans l'économie, l'homme nouveau reste ce qu'il
était par nature avant son baptême [52].

La mise en évidence d'harmonies théologiques si précises entre
les deux phases du mystère du salut nous interdit de penser que
Philoxène ait pu élaborer sa christologie comme un arsenal con-
ceptuel jalousement isolé de l'*éthos* religieux ambiant ; tout indique,
au contraire, que l'unité d'inspiration qui relie chez lui la théologie
de la Trinité à celle de l'économie du Verbe selon la chair [53] se

---

[50] Voir, par ex., GROSS, *Divinisation*, p. 201-218 et 277-297.

[51] Ci-dessus, p. 397-398.

[52] Cette comparaison, plus ou moins développée, se rencontre fréquemment
chez notre auteur : *Profession à Zénon*, p. 164-165 [119-120] ; *Mēmrē contre
Ḥabīb*, V, f. 42r a-v b ; VIII, f. 71r a-b ; *Lettre aux moines du Bēt-Gōgal*, II, f.
50v a-51v a ; *Commentaire de Jean, I, 1-17*, f. 12v-13r ; 29r-v ; 179r-181v ; *Livre
des sentences*, II, p. 41 [36] ; II, 7, p. 118-126 [91-96], 131-135 [100-103] ;
II, 8, p. 144-151 [109-114]. — La comparaison entre l'incarnation et le baptême
se rencontre chez ÉPHREM, *Épiphanie*, VIII, 1 ; IX, 3, etc.

[53] Ci-dessus, p. 359-363.

prolonge jusque dans la sotériologie. En effet, le parallèle que notre auteur établit entre le devenir de l'incarnation et celui du baptême va plus loin qu'une simple comparaison, puisque le premier devenir est la cause efficiente du second [54]; cette causalité consistant à son tour en une véritable inclusion ontologique des baptisés en Dieu Verbe incarné, il nous semble légitime de conclure, sans trahir les perspectives de Philoxène, que celui qui demeure dans son économie « une hypostase de la nature divine » opère en lui à la fois la filiation adoptive et la divinisation virtuelle de toute l'humanité : la filiation en vertu de son hypostase *(filii in Filio)* et la divinisation en vertu de sa nature *(dii in Deo)* [55].

Mais comment notre théologien explique-t-il en dernier ressort cette communion du Verbe incarné à toute l'humanité? Nous sommes convaincu qu'on ne saurait trouver une réponse adéquate à cette question sans faire appel aux principes de la christologie philoxénienne; en effet, nous avons cru pouvoir affirmer que c'est parce qu'il refuse de considérer l'humanité du Christ comme *une* nature humaine individuée que notre auteur rejette le diphysisme, et que son monophysisme implique donc que l'humanité de Dieu Verbe est, d'une certaine manière, « la nature commune » [56]; mais il importe de remarquer que cette assertion se trouve régulièrement appuyée par un motif proprement sotériologique, savoir : que si le

[54] *Livre des sentences*, II, 7, p. 120 [92] : « L'Évangéliste [*Jean*, I, 12-14] a placé les deux naissances l'une à côté de l'autre : celle des hommes, qui advient derechef par le baptême, et sa deuxième [naissance] à lui, [le Verbe], qui advint de la Vierge, selon la chair; il enseignait [ainsi] que la cause de ce que nous naissions de Dieu le Père par le baptême, c'est que le Verbe s'associa à la chair et au sang [*Hébr.*, II, 14] et devint, par la kénose, fils d'une fille d'homme. » — *Ibid.*, III, 5, p. 241-242 [170-180].

[55] *Commentaire de Luc*, II, 52, f. 20v : « Ce n'est pas en dehors de l'hypostase du Fils que nous sommes reconnus fils, mais lui est la tête et nous des membres dans son corps. » — *Livre des sentences*, II, 7, p. 131-132 [100] : « Dieu est justement confessé homme parce qu'il s'inhumana, et l'homme [est appelé] Dieu à cause qu'il fut divinisé. Lui assuma de nous son inhumanation, et nous de lui notre divinisation en lui. Le Verbe devint dans son inhumanation pour que nous soyons divinisés en lui, et devenions en puissance fils et dieux. » Ci-dessous, note 57. — Cette idée était familière à saint Cyrille d'Alexandrie; voir JANSSENS, *Filiation*, p. 240-249.

[56] Ci-dessus, p. 374-378.

Verbe avait assumé « un homme » il n'aurait sauvé « en lui » que ce seul individu [57].

Tout se présente donc comme si Philoxène concevait la nature humaine du Sauveur « non encore » individuée, c'est-à-dire le principe d'humanité commun à tous les hommes, comme demeurant pour ainsi dire en communion ontologique directe avec chaque personne particulière, tandis que si le Verbe s'était uni à une nature individuée, c'est-à-dire coupée en quelque sorte des autres individus par son originalité personnelle, cette nature n'aurait plus joui d'une communion ontologique immédiate avec le reste des hommes ; autrement dit, l'humanité de Dieu Verbe, dans laquelle tous les hommes reçoivent la divinisation et la filiation, touche pour ainsi dire le genre humain au niveau de la nature commune, principe d'unité doué d'extension universelle, et non à celui de la singularité propre à chaque personne [58].

Loin de n'être qu'un argument parmi d'autres au service de la controverse monophysite, la sotériologie philoxénienne nous semble donc pénétrer jusqu'au cœur même de la christologie. Chez notre auteur, les principes du monophysisme s'éclairent à la lumière de la théologie « physique » du salut en même temps qu'ils s'avèrent comme sa meilleure garantie ; en effet, n'est-ce point parce que les diphysites lui semblaient menacer la portée sotériologique de l'incarnation en restreignant son effet à un seul homme assumé, que Philoxène leur opposa la christologie de l'une nature, en vue de défendre ce qu'il regardait comme l'essence même du christianisme [59] ?

---

[57] *Livre des sentences*, III, 5, p. 242-243 [180-181] : « C'est la nature humaine qui fut sauvée et renouvelée dans le Christ, et non pas un homme. [...] En effet, c'est à nous tous qu'a été rendu, si nous voulons, ce qu'avait perdu Adam, le chef de notre race ; nous sommes tous devenus fils dans le Fils devenu homme ; nous avons tous été divinisés dans un [seul] Dieu inhumané. [...] Tout cela fut donc donné gratuitement à la nature humaine, et non à l'hypostase d'un homme, puisque c'est notre nature qui a été honorée par l'inhumanation de Dieu. » — Ci-dessus, p. 377.

[58] Il va sans dire que notre auteur ne s'exprime nulle part avec une telle précision.

[59] LEBON, *Dissertation*, p. 515-518 ; *Christologie*, p. 579, nous paraît avoir sous-estimé l'importance du facteur sotériologique dans la christologie monophysite, poussant ainsi trop loin sa juste réaction contre Harnack.

Mais si la christologie monophysite apparaît ainsi, dans la pensée de notre auteur, en consonance avec la « sotériologie grecque », faut-il préciser que ni l'une ni l'autre n'ont rien de commun chez lui avec on ne sait quelle mystique panthéiste[60]. Nous croyons avoir suffisamment insisté à sa suite sur la permanence dans le devenir et sur la distinction dans l'union, tant chez le Christ que chez le chrétien, pour qu'il ne reste aucun doute sur ce point.

Ce n'est d'ailleurs que par le baptême et la foi que l'homme, devenu fils dans le Fils, participe aux « énergies » divines de l'Esprit-Saint[61] ; notre auteur considère l'Esprit et la foi liés au baptême comme l'âme de l'homme nouveau[62], c'est-à-dire, comme le principe d'une vie et d'une activité comparables à celles que l'âme communique aux membres de son corps[63] ; mais le baptisé n'est devenu fils qu'en puissance, et non en acte ; tel un enfant il lui reste à réaliser les virtualités de son être nouveau par la croissance dans la vertu, puis par l'exercice de ses sens intérieurs dans les divers degrés de la contemplation[64]. Ceci nous amène naturellement à

---

[60] Ci-dessous, p. 481-482.

[61] Ci-dessous, p. 417. *Commentaire de Jean, I, 1-17*, f. 41v-42r (ci-dessus, p. 417, note 42) ; *ibid.*, f. 95v : « Par l'eau et l'Esprit il nous fit hommes nouveaux, son corps (ܓܘܫܡܐ) et des membres dans le corps (ܗܕܡܘ̈ܗܝ) de son Église, devenant lui-même pour nous comme la tête, afin que, de même que les membres de la nature reçoivent normalement de la tête nourriture et vie, nous puissions nous aussi assumer de lui puissance [et] énergies divines. »

[62] *Lettre aux moines de Téléda, I*, p. 452 : « Une âme habite en nous au-dedans de l'âme, et celle de la grâce ne part pas avant que soit sortie celle de la nature. » — *Mēmrā sur la foi par questions et réponses*, I, p. 52 [67] : « L'Esprit-Saint que nous avons reçu de Dieu est l'âme de notre âme. » — *Commentaire de Luc, III, 23*, f. 30v : « La chair a besoin d'une âme, et les deux de l'Esprit-Saint ; et de même que la chair devient homme lorsqu'elle reçoit l'âme, l'homme est reconnu comme fils de Dieu lorsqu'il reçoit l'Esprit-Saint ; et tandis que la chair prend âme dans le ventre, c'est dans le baptême que l'Esprit-Saint est donné à l'homme. » — *Mēmrē parénétiques*, XII, p. 524 ; XIII, p. 623. — On trouve des thèmes semblables chez saint Éphrem ; voir Beck, *Theologie*, p. 102 ; Id., *De fide*, p. 54.

[63] Suivant Philoxène, l'Esprit ne quitte le baptisé qu'avec la foi ; le péché l'attriste (*Éph.*, IV, 30) ou l'éteint (1 *Thess.*, V, 19), mais ne le chasse point, puisque c'est lui qui invite à la pénitence ; *Mēmrā sur la foi par questions et réponses*, I, p. 42-57 [57-71] ; voir aussi *Mēmrē parénétiques*, III, p. 72.

[64] Ci-dessus, p. 395, notes 8 et 9.

examiner la doctrine philoxénienne de la connaissance religieuse et de ses implications sotériologiques ; mais on voit déjà comment l'intervention de l'effort moral dans l'actualisation des effets de l'incarnation éloigne définitivement d'une théologie concevant le salut comme une divinisation mécanique et instantanée : la sotériologie de Philoxène est « physique » en ce sens que selon lui l'économie du Verbe restaure et surélève les possibilités ontologiques de la nature, et non parce qu'elle transformerait la personne malgré elle ou sans elle.

III. — SAGESSE, FOI ET CONTEMPLATION

On ne manque pas d'être frappé, à la lecture de Philoxène, par le traitement de faveur dont jouissent chez lui les thèmes gnoséologiques : les considérations touchant les conditions subjectives du savoir théologique ne font pas défaut dans les grands traités christologiques comme les *Mēmrē contre Ḥabīb* [1] et le *Livre des sentences* [2], tandis que le *Commentaire des évangiles* s'étend longuement sur le rôle de la foi et de la contemplation dans le dessein créateur et rédempteur de Dieu [3], et que des écrits directement consacrés à la vie spirituelle, comme la *Lettre à Patricius* [4] ou les *Mēmrē parénétiques* [5] rattachent explicitement les contemplations à l'économie du Verbe incarné.

Bien que la doctrine de la connaissance religieuse ne constitue pas l'idée centrale de la sotériologie philoxénienne, elle ne laisse donc pas d'y être immédiatement impliquée et explicitement intégrée. On va constater que Philoxène tient sa spiritualité « gnostique » de la tradition évagrienne [6] ; il serait intéressant de déterminer dans quelle mesure notre auteur put trouver cette spiritualité reliée à la christologie et à la sotériologie alexandrine [7] ; en toute

---

[1] Ci-dessus, p. 228-230.

[2] *Livre des sentences*, I, p. 3-4 [9-10].

[3] Ci-dessus, p. 135-136, 153-157.

[4] *Lettre à Patricius*, f. 48v b-49r a, 51r a-b, 58r b-61r b, 63r b-64r b, etc.

[5] *Mēmrē parénétiques*, III, p. 52-53 ; IX, p. 257-269, 342-345.

[6] Ci-dessous, p. 440.

[7] Nous parlons ici, non pas d'Évagre le Pontique lui-même (GUILLAUMONT, *Kephalaia*, p. 151-156), dont la christologie témoignerait d'un « strict dyophy-

hypothèse, nous ne voyons pas que ce lien manifeste une cohérence comparable à celle qui rattachait, dans sa pensée, le monophysisme à la sotériologie « physique ».

Dans la perspective de notre enquête, nous voudrions examiner ici non tant la psychologie du « gnostique » chrétien en elle-même que l'influence sotériologique que le mystère exerce sur la connaissance dont il fait l'objet. Dans ses écrits conservés, Philoxène consacre à ce thème des considérations peu systématisées, mais qu'on peut cependant ramener à trois lignes de pensée principales; avant de nous attacher à l'examen des deux dernières, qui se concentrent sur le thème de la foi et sur celui de la contemplation, nous nous arrêterons un instant à une première série de réflexions, où notre auteur met en relief l'aspect ontologique de la « gnose », en s'inspirant de la théologie alexandrine du *Logos,* mêlée à des réminiscences pauliniennes sur le « mystère du Christ » (*Éph.,* IV, 13 et *Col.,* I, 25-29).

Philoxène souligne volontiers que la marque de l'infinie sagesse du Créateur se trouve comme imprimée dans l'univers visible; le monde matériel revêt, aux yeux de notre auteur, la fonction d'un instrument d'éducation, d'une sorte de pédagogie divine; l'esprit humain incarné, précise-t-il, ne rencontre pas normalement la sagesse spirituelle sans l'intermédiaire d'une expression sensible; les corps offrent donc, dans leur aspect visible et composé, comme la médiation d'un signe, lourd d'un sens à déchiffrer, ou encore d'un miroir réfléchissant la lumière de Dieu et du monde spirituel déposée en eux lors de leur création [8].

---

sisme » (REFOULÉ, *Évagre,* p. 235, 237, 248, 251), mais bien de la version syriaque à l'origénisme atténué, que Philoxène connaissait (GUILLAUMONT, *Kephalaia,* p. 211, 233-236), et qui nous semble avoir été corrigée dans le sens d'une christologie plus unitaire.

[8] *Commentaire de Matthieu, III, 1-16,* f. 204v a : « Les corps ont été constitués pour être des signes, par lesquels les êtres raisonnables reçoivent la connaissance de Dieu. » — *Commentaire de Luc, II, 52,* f. 28v : « Si les [êtres] rationnels [et] corporels pouvaient sentir la connaissance de Dieu sans la vue des corps, [Dieu] n'aurait pas créé les choses visibles; mais puisqu'il a voulu faire, non seulement les [êtres] rationnels spirituels, mais aussi l'homme, composé d'âme et de corps, il a déposé la sagesse dans les corps pour son exercice. » — *Lettre à Patricius,* f. 46v b-47r a : « Dieu a créé tout ce qu'il a créé avec sagesse spirituelle; et cette sagesse avec laquelle ont été établies les œuvres

La sagesse « incorporée » dont parle ainsi notre théologien doit être comprise au sens objectif de l'« intelligible »[9]; elle correspond aux *logoï* qui, d'après la philosophie platonico-stoïcienne des premiers siècles chrétiens, rendent raison de l'ordre et de la mesure du cosmos et en expriment ainsi le sens véritable[10]; mais est-il besoin de préciser que cette « rationalité » du monde sensible, procédant tout entière de l'acte créateur, ne saurait être, pour Philoxène, le principe immanent d'un univers fermé sur lui-même.

Dans quelle mesure notre auteur rapportait-il la « sagesse » créée au *Logos* créateur ? Ses écrits conservés ne contiennent aucune affirmation explicite sur ce point, mais il ne manque pas d'indices pour suggérer que l'idée de ce rapprochement ne lui était pas étrangère. Avec la tradition, il considère le Verbe connaturel du Père comme l'agent immédiat de l'œuvre créatrice[11]; or, en syriaque comme en grec, le terme « verbe » (ܡܠܬܐ, λόγος) est un mot courant de la langue, où il sert à désigner la parole, non dans son expression vocale (ܒܪܬ ܩܠܐ), mais dans le contenu rationnel que la

---

[créées] a été mêlée à ces œuvres; et ceci pour l'exercice de l'intellect, qui ne pouvait rencontrer cette sagesse spirituelle nûment, sans matière (ܗܘܠܐ) sensible. C'est ce qui advient aussi chez les enfants : parce qu'ils ne peuvent rencontrer la sagesse du maître nûment, sans la médiation de ses signes, [le maître] mêle sa sagesse aux signes et l'amène ainsi à la sensation des sens, c'est-à-dire de la vue, de la voix et de l'ouïe; et lorsque le jeune homme s'est instruit et a grandi dans la lecture des signes, non seulement il voit l'apparence des signes et leur composition, mais il en retire aussi la contemplation de la science qu'ils contiennent. » Ci-dessous, p. 428, note 21. — Ce thème est évagrien; voir GUILLAUMONT, *Kephalaia*, p. 104, note 104.

[9] Corrélativement à cet intelligible de la création matérielle, et en conspiration secrète avec lui, Dieu inscrit également sa sagesse dans le cœur ou dans la conscience (*Rom.*, II, 15) : *Commentaire de Jean, I, 1-17*, f. 72v-73r : « Les faits surnaturels [...] n'ont pas le témoignage de la nature ni celui de la conscience. » — *Ibid.*, f. 74r : « La loi naturelle inscrite dans le cœur ne témoigne pas pour [l'économie], et la nature ne l'indique pas non plus par son aspect, comme [elle montre] qu'elle a un auteur. » — *Ibid.*, f. 116r : « Paul a exclu ces deux sagesses [...], celle qui est inscrite dans le cœur et celle qui est déposée dans la nature. » — *Mēmrē parénétiques*, XIII, p. 607.

[10] SPANNEUT, *Stoïcisme*, p. 342-343. Philoxène pouvait trouver cette idée chez Évagre; voir GUILLAUMONT, *Kephalaia*, p. 110.

[11] *Commentaire de Luc, III, 23-38*, f. 34v : « Le Père [...] dit que l'homme soit [*Gen.*, I, 26], et le Fils, en tant qu'exécuteur de la volonté de son Père, fit l'homme [*Gen.*, I, 27]. » — Ci-dessus, p. 413, note 32.

voix exprime [12]; image parfaite de Dieu, le Verbe n'apparaît-il pas ainsi comme se proférant lui-même, en quelque sorte, dans le monde et particulièrement dans l'homme qu'il crée à cette image ?

Le fait que notre théologien utilise le mot « incorporation » pour décrire l'apport de la sagesse divine dans la création du monde matériel [13] nous paraît même indiquer qu'il y voit comme la préfiguration de l'incorporation personnelle du Verbe ; effectivement, dans des pages, — assez obscures, il est vrai, faute d'un contexte suffisant, — du *Commentaire de Luc*, Philoxène explique que l'image qu'Adam reçut de Dieu pour la transmettre à sa race (*Gen.*, I, 27) était « l'hypostase du Fils » [14].

Notre auteur devait toutefois concevoir cette première incarnation de la sagesse divine comme extrinsèque à la nature de Dieu, puisque, selon lui, tel est le propre de la première création par le Verbe, opposée à la seconde, qui s'opère en lui [15]. C'est d'ailleurs conformément à ces principes qu'il décrit le mystère du Christ comme l'acte de Dieu s'incorporant non plus dans la sagesse de sa création, mais par celle de sa nature incréée, puis que, mêlant des thèmes pauliniens à ces catégories « sophiologiques », il poursuit sa description de l'économie en se représentant le Christ comme rassemblant en sa personne par son corps ecclésial toute la sagesse créée afin de la ramener « en son lieu », c'est-à-dire dans le Père [16].

---

[12] Philoxène oppose la « parole » spirituelle à la « voix » matérielle dans le *Commentaire de Jean, I, 1-17*, f. 46r-48r.

[13] *Commentaire de Matthieu, III, 1-16*, f. 205r a ; *Commentaire de Luc, II, 52*, f. 29r : « Lorsque cette sagesse s'incorpora dans les œuvres [créées], elle apparut au-dehors. »

[14] *Commentaire de Luc, III, 23-38*, f. 34v : « L'image de Dieu était en [Adam], c'est-à-dire que le Fils résidait dans sa formation première pour être transmis dans sa descendance. » — *Ibid.*, f. 36v : « [Dieu] fit [l'homme] à l'image divine et la ressemblance de Dieu fut déposée en lui, c'est-à-dire que le Fils de Dieu demeura dans la formation de l'homme pour passer et être transmis à la Vierge. » — *Ibid.*, f. 38r : « L'homme premier ne devint pas seulement à la ressemblance de Dieu, mais il fut aussi le récepteur et le transmetteur de sa ressemblance, c'est-à-dire de l'hypostase du Fils, qui est l'image exacte et naturelle du Père. »

[15] Ci-dessus, p. 413, notes 32 et 33.

[16] *Commentaire de Luc, II, 52*, f. 29r-v : « [La sagesse] est dans l'Auteur et dans les œuvres. [...] Mais lorsque sera terminé le temps de l'exercice et de la doctrine et que se manifestera celui de l'héritage et du royaume, la sagesse

Ces considérations nous paraissent révélatrices du caractère
« intellectualiste » ou « idéaliste » d'une mentalité philosophique que
notre auteur héritait du monde grec ; si Philoxène peut indifféremment
dépeindre la *recapitulatio* des créatures en Dieu dans un langage
à la fois ontologique et gnoséologique [17], c'est bien qu'il considérait
l'être spirituel comme le réel par excellence, et l'essence
de l'être spirituel comme la pensée, en sorte que les relations ontologiques
au plan de l'esprit devaient être normalement conçues
comme des rapports de connaissance.

Certes, en écho à son maître saint Éphrem [18], notre auteur s'oppose
délibérément au dualisme gnostique, en déclarant hautement
que la création matérielle est bonne, puisqu'elle est l'œuvre du
Dieu unique [19] ; toutefois, la fonction qu'il accorde à la matière
dans le dessein créateur n'est qu'instrumentale et provisoire, puisqu'il
affirme que l'aspect sensible et la composition des corps disparaîtront
à la fin des temps [20] ; et s'il maintient qu'ils subsisteront,

---

se rassemblera dans son lieu. [...] Lorsque [Dieu] mêla [sa sagesse aux créatures],
elle ne s'écarta pas de lui, mais on la croit en lui et dans les œuvres :
en lui comme non composée, et dans les œuvres [créées] avec composition et
corps. Mais parce que le discernement des hommes ne consentit point à trouver
l'écrivain de ces signes en les lisant, et ainsi à comprendre leur science, Dieu
lui montra une autre voie pour marcher vers lui et lui enseigna la sagesse
d'une autre manière ; au lieu qu'il avait incorporé au commencement dans
les œuvres créées la sagesse de sa création, maintenant, à la fin des temps,
c'est la sagesse de sa nature qui s'incorpora et devint chair. » — Philoxène pouvait
trouver cette idée chez saint Athanase ; voir BOUYER, *Athanase*, p. 143-145.
Commentaire de Matthieu, III, 1-16, f. 204v a : « Donc, lorsque les corps
(ܟܝܢܐ) auront été renouvelés dans le corps (ܦܓܪܐ), ils deviendront spirituels,
et rejoindront les âmes et les vertus incorporelles, [pour] devenir en Dieu
d'une manière ineffable, et lui opérera en eux comme l'âme dans les membres,
suivant la signification de la [parole] : 'Dieu sera tout en tous' [1 *Cor.*, xv,
28]. »

17 *Commentaire de Matthieu*, III, 1-16, f. 204r b-205v a : « Lorsque [la
composition, le mal et l'erreur seront enlevés, plus rien n'empêchera l'intellect
de devenir pleinement en Dieu, ni que s'accomplisse en acte la [parole] :
'Dieu sera tout en tous' [1 *Cor.*, xv, 28]. »

18 BECK, *Theologie*, p. 105 ; ID., *De fide*, p. 35.

19 *Mēmrē contre Ḥabīb*, V, f. 47r b-v c ; *Livre des sentences*. II, 1, p. 43
[38].

20 *Commentaire de Matthieu*, III, 1-16, f. 204v a : « Donc, lorsque les corps
(ܟܝܢܐ) auront été renouvelés dans le corps (ܦܓܪܐ), ils deviendront spiri-

« pour que rien ne périsse des œuvres de Dieu »[21], on ne voit pas bien le rôle que les corps ressuscités et la matière transformée pourraient encore jouer dans un monde où les intermédiaires cognitifs sensibles auront définitivement cédé la place au contact direct des esprits.

Mais il faut à présent examiner de plus près le caractère d'exercice ou d'épreuve que les deux « incarnations » de la sagesse divine impliquent pour la liberté humaine, et qui est à la racine de la théologie philoxénienne de la foi ; jusqu'ici, en effet, nous avons fait abstraction des incidences de la chute originelle et de ses suites dans le déroulement de l'économie sapientielle ; mais aux thèmes que nous venons d'esquisser Philoxène joint un deuxième ordre de considérations, qu'il fonde sur l'opposition paulinienne entre la sagesse de la foi et celle de ce monde (1 *Cor.*, I, 18-25).

Lorsqu'il explique la fonction révélatrice de la création matérielle, notre auteur prend souvent soin de préciser que celle-ci indique uniquement l'existence de Dieu et l'incompréhensibilité de sa nature[22] ; suivant son maître saint Éphrem dans sa réaction contre

tuels, et rejoindront les âmes et les vertus incorporelles [pour] devenir en Dieu d'une manière ineffable. »

[21] *Ibid.* : « Ce n'est pas comme on efface des signes lorsqu'on en a pris la science que seront détruits les corps dans lesquels était mêlée cette science ; eux aussi seront renouvelés, comme je l'ai dit, par notre corps, afin qu'absolument rien ne périsse des œuvres de Dieu ; [...] mais il dépasse notre esprit de comprendre comment ils seront renouvelés, et dans quel état ils apparaîtront. » — *Ibid.*, f. 205ᵛ b : « Lorsque sera enlevée la composition par laquelle [la science de Dieu] se montre à nous comme dans un miroir, elle se rassemblera tout entière en son lieu, dans le Christ ; et nous en lui, comme des membres placés dans le corps, nous la verrons comme face à face, sans qu'avec l'aspect et la composition soit détruite aussi la nature des corps, comme disent les manichéens. » — Cette doctrine est celle de l'évagrianisme adouci que connaissait Philoxène ; voir GUILLAUMONT, *Kephalaia*, p. 236-241.

[22] *Commentaire de Jean, I, 1-17*, f. 60ʳ : « Toute chose créée est vraiment un signe et un exemple posé pour enseigner l'incompréhensibilité de Dieu. » *Ibid.*. f. 65ʳ⁻ᵛ : « La science déposée dans les natures enseigne seulement que Dieu est, mais non aussi comment, combien, quand, depuis quand, où, jusqu'où, de quelle façon et à qui il ressemble. [...] La nature et l'Écriture n'ont pu montrer sa nature. » — *Livre des sentences*, II, 5, p. 74 [60]. — Philoxène pouvait trouver cette distinction entre le « quod » et le « quomodo » chez ÉPHREM, *Sur la foi*, IX, 1 ; XXXIII, 1-8, etc.

le « rationalisme » eunomien, il insiste sur le mystère inaccessible
de la nature divine au point de ne reconnaître comme légitime en
principe qu'une « theologia negativa » [23] ; et cette inaccessibilité
naturelle de Dieu se traduit en quelque sorte pour notre auteur
dans le caractère inexhaustible, incommensurable et partant incompréhensible de la sagesse créée : Dieu seul sait combien il a mis de
sagesse dans la création, et la plus vulgaire des créatures en contient tant qu'un esprit la sondant du commencement à la fin du
monde ne suffirait pas à l'épuiser [24].

Mais si les œuvres reflètent l'infinitude et l'incompréhensibilité
de leur auteur, c'est afin de convaincre la raison de son impuissance
et pour la courber devant la foi [25] ; ainsi Philoxène se trouve-t-il con-

[23] *Mēmrē contre Ḥabīb*, III, f. 30ᵛ b : « Nous disons comment Dieu n'est
pas, mais nous ne pouvons dire comment il est. » Dieu seul sait le comment
de ce qu'il fait (*Livre des sentences*, II, 5, p. 73-74 [60]; III, 2, p. 194
[145]); *Mēmrē contre Ḥabīb*, III, f. 26ʳ c : « Celui qui dit quelque chose de
Dieu, s'il [veut] parler correctement et comme il convient à Dieu, [doit]
déraciner de son âme toute image humaine, en songeant que, de même que la
nature [de Dieu] ne nous ressemble en rien, [...] les expressions dites de sa nature ne ressemblent en rien aux nôtres. » — *Commentaire de Jean, I, 1-17*, f. 56ʳ :
« Qu'une chose créée puisse revendiquer une ressemblance, petite ou grande,
vis-à-vis de Dieu, c'est absolument impossible. » Voir aussi *Livre des sentences*, I, p. 18-24 [19-24]; III, p. 152 [115]. Selon notre auteur, les noms divins,
élaborés à partir du fini, ne donnent aucune indication positive sur la nature
divine : *Commentaire de Jean, I, 1-17*, f. 65ᵛ-66ᵛ; *Livre des sentences*, I, p. 8-9
[12-13], 16-17 [19]. — Sur la polémique d'Éphrem contre les aétiens et les
eunomiens, voir BECK, *Theologie*, p. 11, 23-32, 63-64; ID., *De fide*, p. 42-44;
cette polémique paraît indépendante de celle des Pères cappadociens (*ibid.*,
p. 108).
[24] *Commentaire de Jean, I, 1-17*, f. 60ᵛ-63ʳ : « S'il arrivait que le Créateur
voulût qu'un homme reste en vie du commencement à la fin du monde, et
cherche à trouver la sagesse déposée en n'importe quel objet, [cet homme] ne
saurait réussir à atteindre ce qu'il cherche à trouver, puisque le Dieu créateur
a rempli ses œuvres d'une telle sagesse, les grandes comme les petites, que
personne ne saurait la mesurer ou l'atteindre. » — *Livre des sentences*, II, 7, p.
106-107 [83].
[25] *Commentaire de Jean, I, 1-17*, f. 59ᵛ : « [Les créatures] ont été faites
pour que, par leur incompréhensibilité, nous apprenions à trouver l'incompréhensibilité de Dieu tout-puissant. » — *Ibid.*, f. 104ᵛ : « Certaines [paroles de
l'Écriture] sont confiées aux deux ensemble, c'est-à-dire à la science et à
la foi, afin que, la science [les] ayant sondées, la foi [les] reçoive. » — *Livre
des sentences*, II, 7, p. 106-107 [83] : « Lorsque [la science] sait par expérience

duit par sa conscience aiguë de l'infinie transcendance divine à
élaborer une théologie de tendance fidéiste [26].

Les condamnations catégoriques du savoir profane qu'on trouve
sous sa plume [27] lui sont dictées par sa hantise du rationalisme des
« nestoriens », qu'il considère comme les héritiers spirituels des
ariens ; ses critiques n'impliquent aucunement la réprobation absolue
d'un savoir qui se bornerait à étudier « ce qui sert à l'aménagement de la vie humaine », sans empiéter sur le terrain de la foi ;
cette science-là, notre auteur l'appelle un don de Dieu et il n'hésite

que même ce que l'on imagine connu est incompréhensible, elle confie cette
incompréhensibilité à la foi. »

[26] *Livre des sentences* II, 5, p. 74 [60] : « L'Auteur a placé dans les hommes l'indication de deux choses : la connaissance qu'il leur a donnée et la
faiblesse de leur nature, afin qu'en connaissant un tant soit peu, ils se connaissent rationnels, et qu'en ne pouvant connaître toute la science, ils sentent
leur faiblesse. [...] Ce n'est pas pour s'estimer savants qu'ils ont reçu une
part de science, mais pour reconnaître par elle combien la sagesse de l'Auteur
est plus haute et plus secrète que celle des créatures. » — Philoxène devait
peut-être à saint Éphrem son insistance sur l'infinité de la transcendance
divine ; voir BECK, *De fide*, p. 36-37.

[27] Philoxène considère la sagesse du monde comme opposée à la simplicité de
la foi : *Mēmrē parénétiques*, IV, p. 82-83, 106-108 ; *Mēmrē contre Ḥabīb*, III,
f. 20ʳ a-c : « Et si tu dis : 'Je connais la médecine et l'astronomie, [...] et
je lis maintenant les philosophes grecs !', pour nous cela n'est pas nécessaire,
parce que nous sommes simples ; nous préférons les balbutiements de Moïse
à l'éloquence de Platon, la simplicité du langage des prophètes à la subtilité
du langage des sophistes et l'ingénuité de la doctrine des Apôtres aux raison-
nements spécieux des philosophes, et nous préférons recevoir les lois du Christ
que celles que les sages grecs ont ordonnées et établies par les inventions de
la science. En effet, ils sont critiqués par les divines Écritures, tous ceux qui
scrutent pour trouver des nouveautés, même s'ils les recherchent sous le
prétexte de la foi, parce que ce n'est pas dans l'enflure des nouveautés qu'est
la doctrine de la foi, mais elle tient par sa propre vertu, sans le secours de
la science profane. [...] Tu te vantes de savoir la médecine ; mais qui en
fut l'inventeur ? ne sont-ce pas des païens et des polythéistes ? [...] Et si tu
connais l'astronomie, [sache que] la venue du Christ l'a supprimée et anéantie ;
et si tu as lu les livres des philosophes, [sache que] leurs trouvailles ont été
anéanties et [que] tout le labeur de leur science est apparu [comme] vain.
Bref, tout ce que tu sais est ce qu'il ne convient pas à un croyant de savoir ;
ou bien, s'il le sait, il doit l'abandonner et le renier lorsqu'il s'approche de
la doctrine de la foi. »

pas à affirmer que « la doctrine ecclésiastique ne la réprouve nullement » [28].

Cependant notre auteur entend bien limiter le domaine légitime du savoir naturel au monde matériel; les réalités spirituelles, et singulièrement tout ce qui regarde Dieu, restent de soi inaccessibles à l'esprit incarné qui abstrait normalement ses concepts à partir du sensible; leur connaissance dépend donc entièrement d'une révélation éventuelle, à laquelle l'homme devra se soumettre sous peine d'illusion [29].

Philoxène voit donc dans les énigmes du monde visible une invitation et une préparation à la foi; devant amener l'esprit humain à reconnaître l'incompréhensibilité de Dieu, la création le dispose ainsi à accepter la révélation de l'économie et de la Trinité, dont le Verbe incarné sera l'agent [30].

[28] *Mēmrē parénétiques*, III, p. 54-55; IV, p. 107; *Commentaire de Jean, I, 1-17*, f. 60ᵛ : « Ce qui donne [lieu à] la science concernant les choses du monde et exerce la raison à trouver ce qui sert à l'aménagement (ܩܘܪܚܐ) de la vie humaine, [la foi] le laisse à la sagacité de ceux qui aiment posséder la science humaine. » — *Livre des sentences*, II, 6, p. 104 [81]; II, 7, p. 104-107 [81-83].

[29] *Mēmrē contre Ḥabīb*, III, f. 24ᵛ b-25ᵛ c; *Commentaire de Jean, I, 1-17*, f. 56ᵛ : « La nature spirituelle, c'est-à-dire l'âme, reçoit la doctrine par les sens corporels. » — *Mēmrē parénétiques*, II, p. 33-36; p. 35 : « Pour le visible, la foi est pas nécessaire, puisque la vue de l'œil le voit; — en effet, [le visible] est corporel, et l'homme le regarde corporellement; — mais tout le monde spirituel, c'est la foi qui le sent. » — *Ibid.*, III, p. 54-55; X, p. 407-408; *Livre des sentences*, II, 5, p. 81 [65]. D'après Philoxène, la sagesse profane n'a compris que le produit de ses propres inventions en cherchant à élucider par elle-même le mystère de la Cause première et de ses jugements (*Mēmrē contre Ḥabīb*, VIII, f. 70ᵛ a-c; *Commentaire de Jean, I, 1-17*, f. 134ᵛ-140ᵛ; *Lettre à Patricius*, f. 61ʳ b-63ʳ b). Les « hérétiques nestoriens » tombent d'ailleurs dans la même illusion, faute de croire à la divinité du Christ (*Commentaire de Jean, I, 1-17*, f. 128ᵛ-146ᵛ).

[30] *Commentaire de Jean, I, 1-17*, f. 104ᵛ : « Toute recherche advient évidemment par la science et non par la foi, afin que, la science ayant cherché tout ce qu'il est permis de chercher, elle croie. » — *Livre des sentences*, I, p. 20 [21] : « Tous les [êtres] rationnels ont reçu de [Dieu] de le sentir, car s'il ne s'était révélé lui-même, il aurait été considéré comme non existant par les [êtres] rationnels. [...] Il se montre par sa grâce à ceux à qui il veut [se montrer], en donnant à [l'esprit] la puissance de recevoir sa révélation. » — Cette idée vient de saint Éphrem; voir BECK, *De fide*, p. 49. — Philoxène

C'est dans cette perspective qu'il faut interpréter des affirmations à première vue catégoriques sur l'autarcie du croyant. Notre auteur considère le mystère révélé comme entièrement surnaturel et miraculeux, c'est-à-dire comme ne recevant aucun support de la nature ni de la conscience, si bien que la foi n'a d'autre appui qu'elle-même [31]; cependant, s'il n'hésite pas à écrire qu'il faut croire sans comprendre, ou même dans la mesure où le mystère est incompréhensible [32], cette attitude n'implique pas à ses yeux une véritable démission de la raison; au contraire, il considère la foi comme une « docte ignorance », c'est-à-dire comme la sagesse véritable, qui renonce à scruter l'incompréhensible parce qu'elle le sait

estime que les trois hypostases divines ne furent révélées qu'avec le nouveau Testament (*ibid.*, I, p. 27-28 [27]); l'existence du Verbe fut dévoilée à l'occasion de son devenir (*Commentaire de Jean, I, 1-17*, f. 177r-179r); corrélativement, la révélation de la seconde naissance du Fils manifeste le Père comme Père naturel du Verbe, et non comme père adoptif du peuple élu (*Commentaire de Luc, II, 52*, f. 22r-v; *Livre des sentences*, II, 6, p. 84 [67]).

[31] *Mēmrē contre Ḥabīb*, III, f. 20v a; *Commentaire de Jean, I, 1-17*, f. 72v : « Nous, qui avons cru une fois [pour toutes] et qui avons été assurés par la nature et par l'Écriture que Dieu existe, nous ne devons plus retourner à la nature, soit pour nous instruire à son sujet, soit pour nous assurer de ce qu'il a dit, mais nous devons regarder l'Écriture et apprendre par elle ce que Dieu a dit et fait, et en être persuadés, même si cela semble très difficile. » — *Ibid.*, f. 75v-76r : « Si ce qui a été confié à notre foi n'est pas considéré comme difficile et absolument dépourvu de soutien [venant] de la nature, la foi n'aura ni gloire ni récompense. [...] Pour [nous] assurer que Dieu s'inhumana, il nous suffit donc de l'enseignement manifeste du Nouveau Testament, outre celui de l'Ancien, bien qu'il soit donné obscurément, et nous n'avons pas besoin du soutien offert soit par la nature, soit par le témoignage de la conscience. »

[32] *Commentaire de Jean, I, 1-17*, f. 105r : « La parole relative à la foi est incompréhensible et inexplicable, et elle justifie parce qu'elle est crue sans être comprise par quiconque la reçoit et croit. » — *Ibid.*, f. 124v : « Et parce que chacun des [faits de l'économie] est un mystère, une action recélant la sagesse et un miracle surnaturel, il est requis tout d'abord que celui qui les reçoit dise qu'il croit en chacun d'eux; car s'il se pouvait que leur vertu soit comprise par chacun avec leur audition, celui qui y adhère ne dirait pas qu'il professe seulement croire. » — *Livre des sentences*, II, 5, p. 80-81 [65] : « Il ne faut pas nier ce qui [appartient] à Dieu parce que cela dépasse la mesure de notre compréhension, mais c'est pour cela surtout qu'il faut croire. » — *Ibid.*, II, 8, p. 192 [144] : « Ce n'est pas pour être compris que [le mystère] fut révélé, mais pour être reconnu incompréhensible. »

tel, mais qui l'accepte parce qu'elle l'estime seul digne de Dieu [33].

Afin de conduire l'esprit à l'acte de foi, la connaissance de Dieu inscrite dans la création présuppose de soi un ensemble de dispositions subjectives; notre théologien les résume parfois sous le nom du « discernement » (ܦܪܘܫܘܬܐ, διάκρισις), dans lequel il voit le *temperamentum* ou l'équilibre psychique assurant la santé de l'esprit, la rectitude du jugement et de la décision [34]; mais il parle plus souvent et plus volontiers de la « simplicité » (ܦܫܝܛܘܬܐ) naturelle ou de l'esprit d'enfance spirituelle, grâce auxquels le

---

[33] *Livre des sentences*, II, 5, p. 73 [60] : « Tu te montres particulièrement savant en confessant que tu ignores, car tu as pu voir l'ignorance par la science. [...] Ce n'est pas seulement savoir qui est considéré comme science, mais aussi savoir qu'on ne sait pas. » — *Lettre aux moines de Senoun*, p. 10 [8]. — Philoxène semble parfois considérer la recherche d'un appui rationnel à la foi comme une attitude contraire, ou tout au moins antérieure à celle-ci, qui est essentiellement un acte de confiance, un crédit, l'hommage d'une obéissance (*Mēmrē parénétiques*, II, p. 26-27; III, p. 58-59); c'est le païen, dit-il, que l'Écriture renvoie à la nature; dès l'instant où l'on a atteint la foi à l'existence de Dieu, il ne faut plus regarder la nature, mais l'Écriture où Dieu parle par ses témoins dignes de foi (*Commentaire de Jean, I, 1-17*, f. 72r-73v); croire après avoir vu et compris, c'est ne pas avoir la foi (*ibid.*, f. 93r). Cependant notre auteur reconnaît comme légitime, encore que moins louable et moins méritoire, la foi qui s'appuie sur les miracles du Christ et des Apôtres; les miracles ont cessé dans l'Église, constate-t-il, parce que celle-ci possède la confirmation apportée par les faits aux prédictions du Sauveur : prédication universelle de l'Évangile, rejet d'Israël et élection des Gentils (*ibid.*, f. 71r-77v; 89r-91v; 93v-101r). En pratique, d'ailleurs, Philoxène fait régulièrement appel aux types et aux exemples vétérotestamentaires ou « naturels » du mystère christologique, qu'il découvre et analyse avec toutes les subtilités de l'exégèse allégorisante (*ibid.*, f. 77v-87r); mais alors, c'est qu'il réfute sur leur propre terrain le rationalisme des « nestoriens », qui prétendent contradictoire le mystère du « devenir sans changement »; ce faisant, il note d'ailleurs soigneusement qu'il ne cherche pas à soumettre la foi à l'évidence rationnelle ou à la rendre compréhensible, et que l'analogie créée (déjà inexplicable par elle-même) restera toujours inférieure à la réalité (*Mēmrē contre Ḥabīb*, III, f. 19v c-20r c).

[34] *Mēmrē contre Ḥabīb*, IX, f. 86r c-v a : « Le discernement naturel, lorsqu'il est dans son état droit, est la véritable santé de l'âme; et quand l'âme est saine, ses mouvements, ses pensées, ses questions et sa recherche sont tous en bonne santé. [...] Le bon tempérament (ܡܘܙܓܐ) naturel de l'âme est la foi véritable, dont le mouvement est naturellement inhérent à tous les [êtres] vivants et raisonnables. »

croyant s'en remet à l'autorité de Dieu, avec la même confiance que l'enfant à celle de ses parents et de ses maîtres, pour ce dont il ne peut encore comprendre la signification [35].

À ces vertus, que notre auteur distingue soigneusement de la « pureté » (ܪܟܕܘܬܐ) [36], mais non toujours de la foi [37], s'oppose la vanité et l'orgueil de l'esprit, qui peut s'attribuer le mérite de son savoir, ou encore, s'aventurant dans le domaine interdit de la Divinité, tenter de s'en approprier la gnose [38] ; d'autre part, les passions, liées à l'inconduite, tendent à fausser le discernement et deviennent ainsi source d'égarement et d'illusion [39]. Philoxène explique de la sorte, en suivant *Rom.*, I, 18-32, l'oblitération progressive de la foi en Dieu par l'idolâtrie et le vice [40].

[35] *Commentaire de Jean, I, 1-17*, f. 113v-115v; *ibid.*, f. 120v : « La nature nous enseigne qu'il faut obéir à Dieu en toute chose, comme l'enfant à son père ou à son maître. [...] Comment ne chercherait-on pas à recevoir comme un enfant la doctrine touchant les mystères divins, dont la science est cachée à toutes les puissances célestes, et [comment] aurait-on la sotte prétention et l'audace de juger et de scruter ce qu'il faut seulement recevoir avec la foi et la simplicité qui accompagnent l'enfance! » — *Mēmrē parénétiques*, II, p. 28-30; IV et V.

[36] *Commentaire de Jean, I, 1-17*, f. 155r-156r (ci-dessous, note 30); *Mēmrē parénétiques*, V, p. 148-149.

[37] Ci-dessus, notes 33 et 34.

[38] *Commentaire de Jean, I, 1-17*, f. 122r : « Même si les hérétiques et les disputeurs paraissent avoir en eux le zèle pour la science et le désir de s'instruire, c'est une sotte passion qui les engendre, et non un sage discernement; c'est être honorés par les hommes qu'ils cherchent, et non croître dans la science des choses spirituelles. » — *Lettre à Patricius*, f. 62v b-63r b; *Mēmrē parénétiques*, IV, p. 105-107, 113-115, 118, etc.

[39] *Commentaire de Jean, I, 1-17*, f. 67v-68r; *ibid.*, f. 155v : « L'hérétique s'acharne à voir la lumière de la sagesse divine sans avoir les yeux de la foi, qui reçoit normalement cette lumière. [...] La lumière intellectuelle de la sagesse des mystères divins peut être vue, soit par la pureté de l'intellect, qui est [sa] vue naturelle, soit par la foi mue par la simplicité de la nature; et s'il arrive que [la foi] se corrompe, [l'intellect] ne croit plus la vérité, par la simplicité, mais le mensonge, à cause de l'erreur; et s'il reçoit [le mensonge] en se trompant, ce n'est pas la foi, née de la simplicité de la nature, qu'il a employée, mais son contraire, c'est-à-dire l'erreur qui lui vient des démons et des passions. » — *Mēmrē parénétiques*, V, p. 128-129.

[40] *Commentaire de Jean, I, 1-17*, f. 64r-70v, où Philoxène explique l'idolâtrie par l'orgueil de l'esprit : c'est illusionnés par le caractère inépuisable de la

Il s'agit bien, en l'occurrence, d'une simple oblitération, car notre auteur, qui qualifie la foi de naturellement infuse [41], ne songe pas plus à dénier la capacité radicale de la connaissance de Dieu à la raison déchue [42] qu'il ne conteste le pouvoir du bien à la volonté également déchue [43]. Mais ceci dit, il n'en admet pas moins que l'« affaiblissement » de la nature humaine consécutif au péché contribue à expliquer l'infidélité de la grande masse et la rareté de ceux qui surent effectivement reconnaître Dieu manifesté dans ses œuvres ; Philoxène constate ainsi avec saint Paul (1 *Cor.*, I, 19-25) l'échec infligé par la liberté humaine à la première voie choisie par le Créateur pour amener à la foi en lui [44].

La nouvelle voie que Dieu choisit alors n'est plus constituée comme la première par l'« incarnation » dans la créature d'une

---

sagesse créée, reflet de l'infinité divine, que les hommes ont adoré la création. Voir aussi *ibid.*, f. 137r-138v ; *Mēmrē parénétiques*, II, p. 36-37 ; III, p. 66-67.

[41] *Commentaire de Luc, 11, 52*, f. 28r : « Croire en ce qui est incompréhensible [appartient] à notre volonté, [...] mais sentir les choses spirituelles intérieures à [toute] parole et pensée, c'est la grâce de Dieu qui l'accorde. » — *Mēmrē contre Ḥabīb*, X, f. 113r a-b : « La foi est naturellement déposée dans l'âme, même si on détourne volontairement sa foi pour croire en quelque chose d'étranger à l'unique vérité propre à la foi. » — *Mēmrē parénétiques*, II, p. 36 : « Bien que la foi ait été plantée en nous par Dieu, notre créateur, lors de notre formation (ܚܒܘܠܐ), elle s'était cependant corrompue. »

[42] Aussi considère-t-il les justes de l'ancien Testament comme des modèles de foi et de simplicité (*Mēmrē parénétiques*, IV, p. 75, 91-92, 95-101, 103-105, 108-112). Il soutient même qu'un enfant élevé à l'écart de tout commerce humain demeurerait jusqu'à l'âge adulte dans la simplicité naturelle et serait ouvert aux contemplations surnaturelles (*ibid.*, p. 85).

[43] Ci-dessous, p. 464.

[44] *Mēmrē contre Ḥabīb*, III, f. 28r a-c : « Si le discernement des [êtres] raisonnables n'est pas corrompu, et que les impulsions naturelles de la science qui est en eux ne soient pas déracinées par l'abondance du mal, ils peuvent par l'intelligence, comme dit Paul [*Rom.*, I, 20], montrer le Créateur à partir de ses créatures. Mais ceci s'est réalisé chez peu seulement, car chez peu s'est trouvée la belle conduite, qui garde normalement de la corruption les impulsions de la science naturelle. [...] Si peu seulement sentirent Dieu par la vue de ses œuvres, c'est que chez peu se trouvait l'intelligence qui naît de la conduite droite ; et ceci ayant péri chez chacun à cause de la faiblesse qui régnait alors sur tous les hommes, ils ne surent connaître Dieu par l'intelligence à partir de la vue de ses œuvres. » — *Commentaire de Jean, I, 1-17*, f. 94r-v, 116r-119r.

sagesse extrinsèque à la nature divine, mais bien par l'inhumanation personnelle de sa Sagesse naturelle [45] ; d'un autre point de vue cependant, notre théologien considère cette seconde manifestation comme entièrement surnaturelle, et cela pour Dieu lui-même, puisque celui-ci se révèle non plus dans la sagesse des œuvres créées et la puissance des miracles, mais bien dans la faiblesse de l'incarnation et la folie de la croix, c'est-à-dire dans ce qui est le plus opposé à sa nature spirituelle et impassible [46].

Philoxène remarque ensuite que la faiblesse a paradoxalement triomphé là où la puissance avait échoué (1 *Cor.*, ɪ, 25), en anéantissant l'idolâtrie, en attirant à Dieu les égarés, en donnant aux hommes la lumière de la foi [47] ; notre auteur voit ici un véritable miracle, car les tribulations et le martyre d'innombrables croyants non soutenus par l'espoir d'une récompense temporelle, ainsi que leur confiance dans des promesses si disproportionnées avec l'apparente insignifiance de leur auteur, ne lui paraissent pas naturellement explicables [48].

---

[45] Ci-dessus, p. 426.

[46] *Commentaire de Jean, I, 1-17*, f. 22v-24r : « Voulant manifester la science relative à sa nature, Dieu [avait] employé la grandeur et émerveillé les païens par la sagesse déposée dans toutes les œuvres [créées], ainsi que par sa puissance, manifestée aux Juifs dans des miracles. Mais puisque les hommes furent incapables de s'instruire auprès de Dieu de cette manière, mais s'avérèrent faibles, tant pour comprendre sa sagesse que pour reconnaître sa puissance, [Dieu] manifesta sa faiblesse à la foi, qui triompha par elle. » — *Ibid.*, f. 63r-64r ; 93v-101r.

[47] *Ibid.*, f. 94v : « Mais maintenant qu'il a employé la faiblesse au lieu de la puissance, et que, plutôt que d'opérer des prodiges, il a pris sur lui de supporter les outrages, de se soumettre aux passions et de subir la mort par la croix, il a attiré par sa puissance et intérieurement converti à lui tous ceux qui erraient. » — *Ibid.*, f. 97r-v : « C'est par la puissance de la faiblesse et par la science réputée folie que les hommes ont cru en Dieu. » — *Ibid.*, f. 117r: « Ce que n'avait pu faire ce qui est considéré dans le monde comme grand et glorieux s'accomplit, parce que Dieu le voulut, par ce qui est considéré comme petit et méprisable. Les hommes n'avaient pu connaître Dieu ou croire en lui par cela ; [...] il se révéla [donc] à eux par un autre moyen, par lequel il leur ménagea aussi le salut. »

[48] *Ibid.*, f. 97v-100r : « Et bien qu'il y ait une telle opposition entre les paroles et les objets, entre les promesses et les faits, tous les peuples qui ont cru les écoutèrent et les acceptèrent, ayant reconnu que cela avait été dit et promis par Dieu, sans douter de sa parole. »

À l'origine de cette victoire de la foi, il place la coopération de trois facteurs : le discernement et la volonté, que le péché n'avait jamais entièrement corrompus, un assainissement de cette volonté, et, pour les baptisés, la nouvelle naissance et les sens spirituels conférés par le baptême [49].

Notre auteur se refuse à doser la part propre à chacun de ces facteurs, et nous ne chercherons pas à déterminer ce pour quoi il confesse lui-même son ignorance ; il nous suffira d'avoir montré que, pour lui, le « devenir » du Verbe apporte à la foi non seulement son objet surnaturel, mais encore la possibilité pratique de son exercice. En examinant à présent la doctrine de Philoxène sur la contemplation, on va constater combien intimement il a su intégrer les thèmes évagriens dont il s'inspire à ses conceptions sotériologiques personnelles.

La théologie philoxénienne de la foi se caractérise indéniablement par une pointe antirationaliste, mais son intention n'est nullement opposée à l'exercice de l'intelligence ; en effet, si notre auteur exaspère le paradoxe paulinien de la divine folie de l'incarnation et de la croix, il croit intensément à une sagesse supérieure et sacrée, fruit de la foi et terme anticipé de la société avec le Christ [50].

[49] *Ibid.*, f. 100r : « La faiblesse de Dieu, manifestée dans les derniers temps, opéra ce que n'avait point fait sa puissance, manifestée en tout temps par les miracles ; et [cette] obéissance advint, soit parce que les hommes naquirent derechef et devinrent une créature nouvelle, soit parce que la volonté faible fut assainie par les remèdes de la grâce, soit parce que [Dieu] lui-même voulut ménager par la faiblesse des faits plus grands que ceux produits par la puissance : que chacune de ces [raisons] soit laissée à l'appréciation de sa science à lui. » — *Ibid.*, f. 117v : « [Les chrétiens] ont pu sentir de pareils faits par d'autres sens, qu'ils ont acquis en naissant derechef et en devenant une créature nouvelle. La sagesse qui est dans les natures a été donnée pour être comprise par la raison de l'âme, et celle de l'économie pour la foi de ceux qui sont nés derechef. » — *Ibid.*, f. 118v : « Il leur créa d'autres sens nouveaux, par lesquels ils puissent voir ce qu'il est dans ce qu'il devint, c'est-à-dire Dieu dans l'humanité, la puissance dans la faiblesse, la sagesse dans la folie, le non-besogneux dans les besoins, l'impassible dans les passions, le céleste et l'immortel sur la croix et dans la mort. »

[50] Philoxène décrit régulièrement l'exercice de la vie chrétienne comme la purification de l'intellect, partant de la foi et aboutissant à la contemplation : *Commentaire de Matthieu, III, 1-16*, f. 203r ; *de Luc, II, 52*, f. 27v-28v ;

Nous voudrions indiquer ici à grands traits comment il conçoit la nature et l'objet de la contemplation, avant de déterminer l'incidence qu'y exerce, selon lui, l'économie du Verbe incarné.

Notre auteur partage avec toute l'antiquité la conviction foncière que le semblable n'est connu que par son semblable et que, partant, le monde spirituel étant par essence simple, c'est-à-dire sans composition ni parties, sa connaissance n'est accessible qu'à un être également spirituel, capable de saisir son objet dans l'unité d'une intuition globale [51]. Mais Philoxène lie l'exercice de l'activité cognitive de l'homme aux sens corporels, par l'intermédiaire desquels l'esprit abstrait du monde matériel des « pensées psychiques » (ܪܥܝܢܐ, διαλογισμοί), composées, c'est-à-dire multiples, partielles et discursives [52].

Cette inéluctable inadéquation ne saurait être surmontée que par l'établissement d'un contact direct entre l'âme spirituelle et le monde de l'esprit, esquivant pour ainsi dire, la médiation du monde matériel et des sens; notre auteur estime que cette rencontre de plain-pied s'opère déjà par la foi, qui accueille avec les dispositions de la « simplicité naturelle » la révélation immédiate du mystère divin exprimé dans les « paroles simples » de l'Écriture et du symbole [53].

---

de Jean, I, 1-17, f. 120r-132r, 140v-142r; *Lettre à Patricius,* f. 51r a-57v a; *Mēmrē parénétiques,* IX, p. 268, etc.

[51] *Mēmrē contre Ḥabīb,* III, f. 24r b : « Avant que l'homme corporel devienne spirituel et acquière la puissance et le pouvoir de la nature des [êtres] spirituels, ou soit élevé à la science de leur degré, il est impossible qu'il connaisse la vertu de leur activité. » — *Mēmrē parénétiques,* II, p. 33-36; *Lettre à Patricius,* f. 55r b-57v a. — Philoxène pouvait trouver chez Évagre le principe du semblable connu par le semblable; voir GUILLAUMONT, *Kephalaia,* p. 254.

[52] *Commentaire de Jean, I, 1-17,* f. 56v : « Bien que l'âme ne soit pas composée et ne possède pas de sens composés, elle reçoit la doctrine par les sens composés du corps. » — *Commentaire de Luc, II, 52,* f. 27v : « La vue spirituelle ne vient pas à la parole et à la voix composée, car autre est la sensation et autre la science rassemblée par la doctrine. »

[53] *Mēmrē contre Ḥabīb,* III, f. 21v c-22r b : « Quand la foi a souffleté et réprimandé toutes les pensées et réprimé les impulsions humaines, alors poussent et croissent les pensées spirituelles et les impulsions non composées, qui sont la science de la foi. » — *Mēmrē parénétiques,* II, p. 33-36; III, p. 54-55 : « La vertu de la foi n'est pas goûtée par l'expérience de la parole, mais elle est

Cependant le « croyant simple » ne comprend pas encore ce qu'il croit ; Philoxène le compare à l'enfant qui doit découvrir progressivement le sens des mots qu'on lui apprend à lire, et il explique que c'est dans la mesure de sa taille spirituelle, c'est-à-dire de sa charité et de sa pureté d'intellect, que le chrétien verra sa foi s'éclairer en « sagesse spirituelle » [54].

Sans jamais cesser de l'appuyer sur la foi, notre auteur décrit cette sagesse comme une intuition radicalement simple et immédiate. En l'appelant simple, il entend l'opposer à la « science psychique », car il souligne d'une part qu'elle n'est pas abstraite par les sens, ni donc faite de « pensées composées », et d'autre part qu'elle est incommunicable « en dehors de son lieu », c'est-à-dire inexprimable en des paroles également composées [55]. En lui attribuant ensuite un

goûtée par elle-même ; [...] et elle est confirmée de l'intérieur, par la vertu de l'âme. » *Ibid.*, IV, p. 81-82. — *Commentaire de Jean, I, 1-17*, f. 90v : « De même que les sens suivent normalement le sensible et les pensées l'intelligible, la foi doit se conformer en tout à l'Écriture. » — *Ibid.*, f. 104v : « [La foi] ne sait que croire, et non discuter ou scruter ; elle convient à la simplicité de la nature, et la [science] à son discernement. »

[54] *Commentaire de Jean, I, 1-17*, f. 146v-147r : « Quiconque apprend est encore enfant et simple par rapport à ce qui lui est transmis ; mais lorsque les apprentis ont grandi dans les deux dimensions susdites et ont atteint l'âge fixé, ils deviennent aussi spectateurs de la sagesse cachée dans les deux doctrines, la divine et l'humaine. Mais la science du monde se trouve normalement à force de lectures, de paroles et de noms nouvellement appris, à force d'exercice et d'expérience recueillis des objets, tandis que la [science] supérieure, divine et spirituelle, ne peut être acquise par la recherche, l'exercice, le sondage et la discussion. [...] Si l'homme grandit en vertu, joint la justice à la foi et la garde de tous les saints commandements à la confession des noms divins, et devient homme adulte, dans la taille qui concerne le Christ, la sagesse de l'Esprit se manifestera en lui, non pour qu'il l'exprime en parole, ce qui est impossible, mais seulement pour qu'il la voie et la sente. » — *Ibid.*, f. 155r.

[55] *Mēmrē parénétiques*, III, p. 54-56 ; *Commentaire de Jean, I, 1-17*, f. 142r-v ; *Lettre à Patricius*, f. 56r a : « Les images éveillent les pensées selon leur multitude et leurs divergences, et les pensées, une fois éveillées, troublent l'intellect ; mais si [celui-ci] regarde au-dedans, là où il n'y a pas d'objets comptés ni de compositions mutuellement distinctes par leurs divergences, il est évident qu'il reçoit la contemplation simple. » — *Ibid.*, f. 57r b : « Les paroles de l'Écriture sont confiées à l'audition de la foi, mais la science est manifestée à l'intellect après la santé de l'âme. Lorsque [l'intellect] l'a vue, il l'admire et en jouit seulement, mais il ne peut l'exprimer en paroles, même

caractère immédiat ou intuitif, il veut semblablement dire que l'intermédiaire noétique de la création matérielle ne vient plus s'interposer entre le sujet et l'objet, mais que la contemplation s'opère par un contact direct entre l'esprit pur qui regarde en lui-même et la science de l'Esprit-Saint qui s'y imprime [56].

L'influence d'Évagre le Pontique sur cette doctrine ne fait guère de doute [57]; mais elle est plus manifeste encore pour ce qui concerne l'objet de la contemplation, car Philoxène adopte ici la division tripartite de la *théoria* spirituelle, en distinguant celle des natures composées, irrationnelles ou corporelles, c'est-à-dire de la

---

s'il le veut, puisqu'elle ne lui est pas apparue de manière composée, pour qu'il puisse l'exprimer en parole composée. » — *Ibid.*, f. 66ʳ a-b. — La simplicité de la contemplation n'implique d'ailleurs aucunement pour Philoxène qu'elle ne comporte aucune distinction (*Commentaire de Jean, I, 1-17*, f. 148ʳ; *Mēmrē parénétiques*, II, p. 33-34; *Livre des sentences*, II, 7, p. 109 [84-85]).

56 *Commentaire de Luc, II, 52*, f. 28ᵛ : « La simple lecture des Écritures n'indique pas la sagesse qu'elles contiennent, non plus que la vue des natures [ne révèle] la science qui y est cachée. À partir de la vue des œuvres [créées], quiconque le veut peut connaître Dieu; mais [le connaître] à partir de la sagesse spirituelle qu'elles contiennent, [le peuvent] seuls ceux qui ont d'abord trouvé leur intellect, puis la sagesse dans laquelle grandit l'intellect; et ils la voient non par les corps dont elle est revêtue, mais dans la pureté de l'intellect; car telle est sa nature que, lorsqu'il est purifié et dépouillé du vieil homme, il rencontre les objets spirituels nûment, sans la médiation des corps. » — *Commentaire de Jean, I, 1-17*, f. 144ʳ : « Les paroles touchant la sagesse dont il est parlé parmi les parfaits sont intérieures, non seulement aux sens du corps, mais aussi au cœur lui-même, qui est l'organe des pensées psychiques. [...] L'intellect pur a naturellement le pouvoir de voir la lumière spirituelle. » — *Mēmrē parénétiques*, IV, p. 77; IX, p. 288-291; *Lettre à Patricius*, f. 55ʳ a : « De même que, [lorsque] les [êtres] corporels sentent, ce n'est pas par question et doctrine qu'ils sentent les natures qui leur sont apparentées, mais que chacun d'eux sent naturellement tout objet proche sans qu'advienne aucune doctrine médiane entre le sentant et le sensible; ainsi également les sens spirituels de l'intellect sentent naturellement la science du Christ si l'intellect se tient vraiment dans la santé de sa nature, et il devient désormais spectateur de la science, et ne [doit] plus questionner à son sujet. » — L'incompréhensibilité divine n'en reste pas moins sauve, car l'intellect ne connaît qu'à la mesure de sa taille, et Dieu ne se laisse connaître que dans la mesure de sa condescendance (*Livre des sentences*, I, p. 3-4 [9-10]; 11 [14-15]).

57 HAUSHERR, *Contemplation*, p. 174, 186-187.

« sagesse incarnée », dont nous avons dit la fonction gnoséologique au plan de la foi, celle des natures non composées, rationnelles ou spirituelles, c'est-à-dire du monde angélique, et celle de la nature incréée, ou essentielle, c'est-à-dire de la Trinité [58].

Ces considérations dûment enregistrées, on est à même d'examiner comment Philoxène envisage le sort de la contemplation dans l'économie du salut. Notre auteur accorde à l'homme d'avant le péché la connaissance prophétique, la science psychique, la sagesse spirituelle et la contemplation de Dieu [59]. De ces quatre sciences, il ne considère que la troisième comme une contemplation spirituelle proprement dite [60], et il la limitait vraisemblablement au monde visible, en accord avec sa conception réservant la connaissance directe du monde angélique et celle de la Trinité à la révélation du Verbe incarné [61]. C'est donc sans doute en vertu de la « con-

---

[58] *Commentaire de Matthieu, III, 1-16*, f. 205^v a; *Lettre à Patricius*, f. 58^r a : « Les contemplations des natures sont trois : deux des natures créées, les rationnelles et les irrationnelles, les spirituelles et les corporelles; et une de la sainte Trinité. » — *Livre des sentences*, III, 4, p. 220 [164]. — Philoxène inclut parfois dans la contemplation de Dieu celles du zèle, de la providence et du jugement (*Lettre à Patricius*, f. 63^r a, c); il assimile celles des natures créées au royaume des cieux (*Jean*, III, 3) et celle de la nature incréée au royaume de Dieu (*Jean*, III, 5) : *Commentaire de Matthieu, III, 1-16*, f. 205^r a. — Sur les notions de providence et de jugement dans l'origénisme atténué de l'*Évagre* syrien, voir GUILLAUMONT, *Kephalaia*, p. 244-246.

[59] *Commentaire de Jean, III, 13*, f. 215^v b-216^r a : « [Adam] était prophète, et il connaissait les choses cachées. [...] Il avait la sagesse spirituelle et la contemplation des natures, compréhensible, non aux pensées psychiques, mais [bien] à l'intellect pur, grâce à l'Esprit-Saint. [...] Il était rempli de la science psychique, qui est la philosophie et les arts. [...] Dans le premier mouvement de son intellect, il était lié à la contemplation de son auteur. »

[60] *Commentaire de Jean, I, 1-17*, f. 144^v-145^r. Philoxène considère la « science psychique » comme essentiellement composée (ci-dessus, p. 439, note 55); il applique la science prophétique d'Adam à *Gen.*, I, 20-23 (*Commentaire de Jean, III, 13*, f. 215^v b).

[61] *Livre des sentences*, III, 4, p. 220 [164] : « En s'incarnant, [le Verbe] donna à [l'intellect] de voir les puissances spirituelles et de leur être associé en tout; et en s'animant, il lui montra aussi la sainte Trinité et le rendit digne de lui être mêlé en esprit. » Philoxène trouvait cette théorie dans l'*Évagre* syrien; voir GUILLAUMONT, *Kephalaia*, p. 235. — La contemplation de Dieu dont jouissait Adam n'est donc pas celle de l'Essence ou de la Trinité; nous croirions volontiers que notre auteur songeait aux apparitions et aux com-

templation spirituelle des corps » que notre auteur considère le premier Adam comme un homme nouveau et spirituel; mais le péché fit perdre à l'homme cette spiritualité de façon irrémédiable avec le don de l'Esprit-Saint qui la lui assurait, jusqu'à ce que celui-ci lui fût rendu par le Christ [62].

Le Verbe incarné réunit et exerce en sa personne toutes les contemplations spirituelles, ce dont Philoxène voit la preuve dans la croissance de Jésus en sagesse (*Luc*, II, 52) [63]. Ce n'est pourtant pas

munications divines dont parle la *Genèse*; voir *Mēmrē contre Ḥabīb*, X, f. 102v b; *Lettre à Patricius*, f. 69r a-b.

[62] *Commentaire de Luc, II, 40*, f. 14v; *Commentaire de Jean, I, 1-17*, f. 127r : « Lorsque le premier homme fut façonné par Dieu, il était nouveau et possédait seulement la vue spirituelle; mais lorsqu'il eut transgressé le commandement et péché, [...] des pensées psychiques lui advinrent au lieu des pensées spirituelles. » — *Ibid.*, f. 144r-v : « Seule la pureté naturelle de l'intellect peut voir ce qui est intérieur au corps. [Cette pureté] est celle que possédait le premier homme avant de pécher, et c'est à cause d'elle qu'il fut nommé image et ressemblance de Dieu. Et c'est elle que nous restitua le Seigneur, par ce qui est écrit de lui : 'Jésus croissait en taille, en sagesse et en grâce devant Dieu et devant les hommes'. » — *Livre des sentences*, I, p. 4 [9]; *Mēmrē parénétiques*, XII, p. 500-501. — Philoxène ne semble pas envisager la possibilité d'une contemplation spirituelle sans rapport avec l'économie du Verbe, car il déclare que la soi-disant contemplation des natures par les sages païens n'était qu'illusion (*Lettre à Patricius*, f. 63r b).

[63] *Lettre à Patricius*, f. 63r b-v a : « La contemplation véritable des natures composées et non composées, et celle de la sainte Trinité elle-même, avec ses desseins divers, c'est seulement la manifestation du Christ qui l'a indiquée aux hommes. Il fit d'abord dans son hypostase le renouvellement de toute la nature humaine, lui rendit sa liberté première, la pureté et la santé intellectuelle de l'âme, et rétablit notre intellect, en le renouvelant, dans son immutabilité première, de façon que nous recevions la contemplation de toutes les créatures (ܚܙܳܬܐ) vraiment, et non en imagination. [Puis] le Christ lui-même les accomplit toutes dans son incorporation [... *Luc*, II, 52. En grandissant] en âge, il nous enseigna la contemplation des natures composées; [en grandissant] en sagesse, la contemplation des natures non composées; [en grandissant] en grâce devant Dieu, la contemplation de la sainte Trinité; et [en grandissant en grâce] devant les hommes, la contemplation de la providence, du gouvernement et du jugement de Dieu sur les hommes. [Enfin], ayant rassemblé lui-même tout cela dans son hypostase, et étant devenu comme pour nous leur spectateur et savant, à savoir, de toutes les contemplations spirituelles, il nous donna aussi à chacun la voie par laquelle marcher vers ladite vision; et cette [voie] est [celle de] ses saints commandements. »

la psychologie du Christ qui le retient ici; bien au contraire, il déclare qu'il serait vain et blasphématoire de chercher à sonder le mystère de la faiblesse de Dieu; il lui suffit de l'assurance que l'éducation du Verbe *qua homo* à la sagesse spirituelle est aussi réelle que son incarnation elle-même [64], car il attribue à ce mystère une efficacité sotériologique pour la nature humaine tout entière [65].

Pas plus qu'il n'introduit de confusion dans la personne du Verbe incarné, notre auteur n'en met dans l'œuvre du salut entre la restauration et la nouvelle création; c'est en tant que nouvel Adam que le Christ restitue à la nature sa liberté première, la santé et la pureté que l'intellect possédait avant le péché [66]; il rend ainsi au chrétien la possibilité radicale de la contemplation spirituelle des corps, tout en laissant à chacun le soin d'épanouir ces virtualités en parcourant la « voie légale de la garde des commandements » et de la charité [67].

---

[64] *Commentaire de Luc, II, 52*, f. 25v-27v; *ibid.*, f. 16r : « Qu'il te suffise de savoir qui est celui qui grandissait, et ne cherche pas comment. [...] Ne nous étonnons pas de ne pouvoir comprendre le mystère de sa croissance, car cette chose inexplicable est de Dieu, et non d'un homme. »

[65] Ci-dessus, note 63. *Commentaire de Luc, II, 42-46*, f. 17r; *Luc II, 52*, f. 19r, 26v; *Commentaire de Jean, I, 1-17*, f. 144v-145r.

[66] *Commentaire de Jean, I, 1-17*, f. 144v-145r : « En grandissant en sagesse, [Jésus] nous amena à la pureté de l'intellect qu'Adam possédait depuis le moment de sa formation et par laquelle il était spectateur de toute la sagesse de Dieu contenue dans toutes les œuvres [créées]. Et il est ajouté qu'il grandissait aussi en grâce [*Luc*, II, 52], pour que nous apprenions que [Jésus] ne rendit pas seulement à l'homme la pureté que l'intellect tenait de sa création, mais qu'il le remplit de l'Esprit-Saint, de manière qu'il ne soit plus seulement spectateur de la sagesse déposée dans les corps visibles, mais aussi de l'autre, qu'on reconnaît dans les puissances incorporelles. Si le Seigneur s'inhumana, c'était pour reprendre comme homme ce qu'il possède naturellement en tant qu'il est reconnu comme Dieu, et le rendre aussi [commun] à toute la nature de l'humanité, afin que nous puissions acquérir dans le Christ ce que nous avions perdu par Adam. »

[67] *Lettre à Patricius*, f. 51r a-b : « La pureté de l'âme est le don premier de notre nature, c'est-à-dire qu'elle est la santé que l'âme possédait avant que le péché ne s'introduise. Si quelqu'un la mérite, il me semble qu'il reçoit la sensation de sa restauration, en sorte que ce n'est pas en parole qu'il apprend qu'il est fils de Dieu et frère du Christ, mais c'est en fait (ܟܒܥܒܕܐ) qu'il sent ce don. » — *Ibid.*, f. 63v a : « Bien que nous ayons été engendrés par grâce une fois [pour toutes] par l'eau et par l'Esprit, il exige encore de nous une autre

Philoxène s'explique donc cette spiritualisation en puissance conformément aux principes de sa sotériologie « physique »; selon lui, du reste, c'est également en reliant tout le corps ecclésial à son hypostase et à sa nature, et en lui communiquant vitalement son propre Esprit, que Dieu Verbe en tant que tel opère une spiritualisation radicale de la nature humaine transcendant celle du premier Adam et habilitant les chrétiens à la « théoria » spirituelle de la Trinité et de l'économie, ainsi qu'à celle des natures rationnelles [68]. Ainsi, en même temps que le Verbe incarné propose à la foi les mystères surnaturels, il recrée à la fois et surcrée, si l'on ose dire, le croyant en un homme spirituel doué de sens nouveaux, destinés à percevoir « à la mesure de sa taille » toute la sagesse créée et incréée [69].

La synthèse que notre auteur fait ainsi entre la doctrine de la contemplation et celle du salut, elle-même intimement reliée à la christologie, nous paraît révélatrice de la remarquable unité d'inspiration qui sous-tend toute sa pensée théologique; chez lui, en effet,

---

renaissance, c'est-à-dire la sensation de notre naissance première, qui advient lorsque nous avons dépouillé notre vieil homme. »

[68] Ci-dessus, p. 442-443, notes 63 et 66. *Commentaire de Luc, II, 52*, f. 28r : « Sentir les choses spirituelles plus intérieures que la parole et la pensée, c'est la grâce de Dieu qui le donne, tantôt gratuitement, comme pour les Apôtres, et tantôt à la pureté de l'intellect que l'on acquiert par la victoire sur les passions. » — *Ibid.*, f. 29r : « La [sagesse] spirituelle n'est trouvée que par l'homme nouveau qui est reconnu comme tel par la grâce et par les œuvres. » — *Livre des sentences*, III, 4, p. 220 [164]: « Si le Verbe s'incarna et s'incorpora, c'est pour nous rendre spirituels et subtils, et enlever l'écran de l'épaisseur de la chair et de ses passions, qui a coutume d'empêcher l'intellect de voir les choses spirituelles. En s'incarnant il lui donna de voir les puissances spirituelles, [...] et en s'animant, il lui montra aussi la sainte Trinité. » — *Mēmrē parénétiques*, II, p. 37; IX, p. 303-304. — Philoxène rattache la contemplation des mystères surnaturels à la croix et au baptême, auxquels il lie le don de l'Esprit; son embarras à justifier l'exception de Jean-Baptiste est significatif à cet égard (*ibid.*, IV, p. 85-86; IX, p. 301-303).

[69] *Mēmrē contre Ḥabīb*, III, f. 28r b-c; *Commentaire de Jean, I, 1-17*, f. 117v : « [Les élus] ont pu sentir ces choses par d'autres sens, qu'ils ont acquis en naissant derechef et en devenant une créature nouvelle. » — *Ibid.*, f. 118r-v : « Il se montra à eux homme au lieu de Dieu; [...] et il leur créa aussi d'autres sens nouveaux par lesquels ils puissent voir ce qu'il était même dans ce qu'il devint. » — *Mēmrē parénétiques*, IX, p. 288-291.

le caractère « physique » de la sotériologie, qui commandait le monophysisme christologique [70], se répercute également dans la théologie
mystique, puisque, comme l'union du Verbe à sa chair, puis comme
celle du Verbe incarné à toute l'humanité sauvée, la connaissance
qui couronne ces deux mystères d'unité est, elle aussi, « naturelle ».

En effet, Philoxène refuse de considérer la contemplation comme
le don gracieux d'une révélation particulière et passagère, à la
manière de celles que Dieu accordait à des justes de l'ancien Testament [71] ; en s'incorporant de notre nature, Dieu Verbe incarné nous
communique l'Esprit « non comme par un don mais comme par
nature » ; désormais le chrétien ne possède pas seulement « la nature
des réalités », mais il « est devenu naturellement dans les choses
spirituelles », c'est-à-dire que l'affinité de ses sens spirituels d'homme nouveau avec la sagesse de l'Esprit est du même ordre que celle
des sens corporels pour la perception du sensible [72].

---

[70] Ci-dessus, p. 419-421.

[71] Ce qui est gratuit, ce qu'il serait désordonné de désirer, selon notre auteur,
ce n'est pas la contemplation elle-même, mais bien de vouloir atteindre la
pureté de l'intellect sans passer par l'exercice des commandements (*Lettre à
Patricius*, f. 40v b-41r a, 51r b-55r b, 64r b-71v a) ; loin d'encourager l'illuminisme, Philoxène souligne expressément qu'une révélation reçue prématu-
rément ou en dehors de la voie légale ne peut être qu'une dangereuse illusion
(*ibid.*, f. 61r b-63r b, 64r b-67v a).

[72] *Lettre à Patricius*, f. 60v b-61r b : « Je ne cherche pas à recevoir le don
comme quelque chose qui me serait repris, mais bien à devenir naturellement
dans les choses spirituelles. [...] De même qu'ici, ce n'est pas par un don nouveau que mes sens ont la sensation des natures corporelles, mais que leur sensation est ancrée dans leur nature même, ainsi là-bas je veux que les sens de mon
intellect sentent naturellement toutes les choses spirituelles. Tel est d'ailleurs
le but de la venue de Dieu dans le monde ; [il n'est] pas [venu pour] nous
donner la révélation du spirituel en partie, tantôt donnant et tantôt reprenant,
et le don étant soumis au changement à cause du changement de ceux qui le
reçoivent, mais [il est venu pour] que je voie face à face le visage de sa
gloire, comme par le Seigneur Esprit [1 *Cor.*, XIII, 12 ; 2 *Cor.*, III, 18...]. Le
Christ, qui opéra le renouvellement de notre nature dans son hypostase et,
par un mystère ineffable, nous composa comme des membres dans son corps,
ne veut pas seulement donner la vie à ses membres comme par un don, mais
c'est comme par nature qu'il leur infuse la vie, ainsi que la tête corporelle à
ses autres membres. » — En disciple d'Évagre, et conformément à l'idéal
intellectualiste de la philosophie antique, Philoxène subordonne la charité
à la contemplation (*ibid.*, f. 58rv-61rv ; *Mēmrē parénétiques*, VII, p. 211 ;

IV. — DE LA LOI À LA LIBERTÉ

Devenu de la femme, le Fils devient aussi sous la Loi : dans cette affirmation paulinienne (*Gal.*, IV, 4), qui compte parmi ses autorités favorites [1], Philoxène ne cherche pas seulement un témoignage en faveur du « devenir » de Dieu, mais il y trouve également l'expression privilégiée d'une distinction théologique entre le « naturel » et le « légal » dans l'économie du Verbe incarné.

Ses énumérations les plus détaillées des mystères de la vie du Christ sont suffisamment précises pour faire saisir concrètement ce qu'il entend par cette distinction : d'une part Dieu Verbe, né comme homme véritable et complet, est enveloppé de langes, suce le lait, grandit en passant par les stades de l'enfance, de la jeunesse, de l'adolescence et de l'âge adulte [2]; d'autre part il est circoncis, on présente pour lui les offrandes rituelles, il monte en pèlerinage au Temple, il obéit à ses parents selon la chair [3]; le « légal » désigne donc les obligations de la Loi juive, dont le Verbe incarné « accomplit toute la justice » en observant ses préceptes [4].

Le jugement que Philoxène porte sur le régime nomique de l'ancien Testament reflète bien l'ambiguïté dont ce thème est affecté dans la pensée paulinienne. Loin de déprécier systématiquement les commandements de la Loi, notre auteur sait reconnaître qu'ils ont pour objet le bien à faire ou le mal à éviter, que leur âme commune est le souci de la miséricorde, et qu'ils font « entrer dans la vie » [5]; on verra d'ailleurs bientôt comment il conserve une

---

IX, p. 348, etc.); il entend par charité le redressement de la partie concupiscible de l'âme consécutif à la victoire sur les passions (*Lettre à Patricius*, f. 51ʳ b-53ᵛ b; 58ʳ b-61ʳ b); mais il ne déprécie nullement la charité envers le prochain, qu'il considère comme l'âme des commandements (*ibid.*, f. 58ʳ b-61ʳ b).

[1] Ci-dessus, p. 324.

[2] *Mēmrē contre Ḥabīb*, IX, f. 97ᵛ b; *Commentaire de Luc, II, 51-52*, f. 15ᵛ.

[3] *Commentaire de Luc, III, 22*, f. 4ᵛ; *Commentaire de Jean, I, 1-17*, f. 53ʳ⁻ᵛ, 117ᵛ-118ʳ, 123ᵛ-14ʳ, 161ᵛ; *Livre des sentences*, III, 1, p. 178 [134].

[4] *Mēmrē parénétiques*, VIII, p. 243-256; IX, p. 258-259. *Livre des sentences*, III, 1, p. 178 [134] : « Aussitôt né, non seulement il accomplit le naturel, mais il observa aussi le légal. »

[5] *Lettre à Patricius*, f. 41ᵛ b-42ᵛ b, 45 ᵛ a-46ʳ a : « Il est donc évident que

fonction spécifique à l'économie légale dans la vie chrétienne elle-même [6].

D'ordinaire, cependant, l'idée de Loi évoque à Philoxène celle du péché ; sans oser dire que le motif de son introduction fut de faire abonder les transgressions (*Rom.*, v, 20), il lui accorde toutefois un rôle essentiel dans l'éveil de la convoitise (*Rom.*, VII, 7-8), au deuxième « mouvement de l'intellect » [7] ; par ailleurs, le jeu de mots par lequel il rapproche la « garde des commandements » de la « transgression des commandements » [8] suggère que l'obligation légale revêtait à ses yeux un caractère médicinal ; enfin la Loi lui apparaît, comme à l'Apôtre (*Gal.*, III, 10-13), une source de malédiction [9], ce qui souligne bien son caractère pénal.

Ainsi la distinction entre le « naturel » et le « légal » dans l'éco-

---

tous les commandements imposés par Dieu, soit dans l'ancien, soit dans le nouveau Testament, ne le sont que pour être gardés par les hommes ; en effet, Dieu n'a pas seulement voulu nous enseigner par ses commandements qu'il est lui-même miséricordieux et juste, mais aussi nous rendre miséricordieux et justes. »

[6] Ci-dessous, p. 456-459.

[7] *Commentaire de Jean, III, 13*, f. 216ʳ a : « Dans le premier mouvement de son intellect, [Adam] était lié à la contemplation de son Auteur, sans qu'il y eût dans son corps la démangeaison de la convoitise ni dans son âme l'impulsion du péché. [...] Alors son intellect fut mû d'un deuxième mouvement, et dans ce mouvement même lui fut imposée la loi de ne pas manger [du fruit ...]. Depuis le moment où la loi lui fut imposée jusqu'à ce qu'il la transgresse, les démangeaisons et les impulsions de la convoitise luttèrent contre lui. » — *Mēmrē parénétiques*, X, p. 500-501. — Philoxène rapporte le concept origénien du « mouvement » à Évagre le Pontique (*Lettre à Abraham et Oreste*, p. 36 [37]). Sur le sens qu'avait pris ce concept dans la version syriaque expurgée dans laquelle Philoxène lisait Évagre, voir GUILLAUMONT, *Kephalaia*, p. 244-246.

[8] *Lettre à Patricius*, f. 39ᵛ a-40ᵛ b : « Les commandements à observer ont évidemment été introduits après la propension [au mal] (ܪ ܚܐܘܠܒ ܝܡ), et celui qui est supérieur au mouvement n'a pas besoin d'exercer ces commandements, puisqu'ils sont purificateurs. [...] Puisque les saintes puissances angéliques ne sont pas déchues, elles n'ont pas non plus besoin de commandements qui les purifient. » — *Ibid.*, f. 40ᵛ a : « Le mal s'est introduit par la transgression du commandement ; il partira donc par la garde des commandements. »

[9] *Mēmrē contre Ḥabīb*, VIII, f. 78ᵛ a-c ; f. 79ʳ a : « La mort, par laquelle la Loi se faisait meurtrière. » — *Livre des sentences*, III, 1, p. 162 [122].

nomie du Verbe incarné peut-elle se préciser comme suit : notre
auteur qualifie de naturel ce qui relève de la condition de la nature
humaine telle que celle-ci fut créée par Dieu, tandis qu'il met le
« légal » en relation avec le péché ; telle est la raison pour laquelle
il joint souvent la mention de la Loi à celle des suites de la faute
originelle, c'est-à-dire la convoitise, les besoins, les passions et la
mort [10].

Réservant pour la suite l'analyse directe de ces quatre composantes de l'état de la nature déchue, ainsi que l'examen de leur
sort dans le salut par l'économie du Verbe incarné [11], nous n'en
retiendrons ici que le caractère « légal », obligatoire ou assujettis-
sant, que Philoxène rattache à Satan et aux démons [12]. Ce sont donc
proprement les aspects sotériologiques de victoire sur les puissances
hostiles et de rédemption proprement dite ou de « rachat », qui vont
être envisagés à présent. Les écrits conservés de notre auteur ne
livrent pas grand-chose de ses conceptions démonologiques, dont la
connaissance se serait avérée particulièrement utile en ce domaine ;
du moins les indications que nous avons pu rassembler montrent-
elles indiscutablement que la sotériologie de la « satisfaction » ne
lui était pas inconnue.

Philoxène distingue régulièrement du péché la condamnation ou
le châtiment qu'il entraîne ; cette distinction se trouve nettement
affirmée lorsque, interprétant *Gal.*, III, 13, selon quoi le Christ
« devint malédiction », notre théologien montre que ce devenir ne
s'applique pas à la malédiction du péché, mais à celle de la con-

---

[10] *Mēmrē contre Ḥabīb*, VIII, f. 71r b-c ; f. 79r a : « Il arrêta la course
de la Loi, enleva aux démons leur pouvoir, tua le péché [...] et mortifia la
mort. » — *Livre des sentences*, III, 5, p. 248 [184].

[11] Ci-dessous, p. 459-505.

[12] *Commentaire de Jean*, I, 1-17, f. 181v : « Alors qu'il est le Dieu béni
et bienheureux, supérieur à toutes les passions et étranger à tous les péchés,
afin de pouvoir souffrir pour les pécheurs et les rendre justes, il s'incarna,
s'inhumana, devint de la femme et sous la Loi ; en triomphant du péché, il nous
affranchit de la servitude de la Loi, et en étant suspendu au bois, il nous
racheta de la malédiction de la sentence, pour que nous ne soyons plus
asservis à Satan ni ravis par la mort. »

damnation : la condamnation est la suite du péché, le péché cause
de la condamnation [13].

Le châtiment divin comporte sans doute, selon Philoxène, un
caractère médicinal : le péché est désiré avec complaisance,
explique-t-il, et son fruit semble doux à la liberté parce qu'elle
n'en remarque pas la « passion » ; la condamnation est donc comme
une incision douloureuse dans la plaie du péché, destinée à avertir
le pécheur de la gravité de son mal [14]. Cependant, notre auteur
considère surtout la condamnation sous son aspect pénal ; il y voit
une disposition de la justice divine, et plus précisément l'imposition
d'une dette, dont toute la race pécheresse est redevable [15].

La justice dont il est ici question n'implique absolument aucun
« droit du démon » ; en effet, dans les *Mēmrē contre Ḥabīb*, Philoxène envisage comme parfaitement légitime l'hypothèse dans laquelle le Sauveur se serait contenté d'agir comme Dieu, Seigneur et
maître du péché, de la mort, de la Loi et des démons, en abolissant
leur pouvoir par un acte souverain et radical ; il ajoute bien que
la dette contractée pour les péchés déjà commis serait alors restée
comme une revendication insatisfaite de la Loi ; mais cette exigence
n'en apparaît pas moins comme l'expression d'une justice relevant
de Dieu seul en dernière instance [16].

---

13 *Mēmrē contre Ḥabīb*, VIII, f. 78r a-c, 79r a-b : « Partout où est le péché,
la malédiction de la condamnation entre aussitôt à sa suite. […] Partout où
est la malédiction du péché, entre aussi la malédiction de la condamnation. » —
Commentaire de Jean, I, 1-17, f. 181v-184r ; *Livre des sentences*, III, 1, p. 162
[122] : « La malédiction énoncée dans la Loi, dans laquelle devenait tout
pécheur, était une condamnation statuée par Dieu contre ceux qui transgres-
saient la Loi. »

14 *Livre des sentences*, III, 1, p. 163-164 [123].

15 *Ibid.* : « La malédiction du péché [appartient] à la volonté, la malédiction de la condamnation vient de la justice. » — *Mēmrē contre Ḥabīb*, VIII,
f. 78r c : « Puisque partout où se trouve la malédiction qu'est le péché, est
envoyée aussi l'autre malédiction, celle de la condamnation, il s'ensuit que,
toute la race des hommes étant assujettie au péché, elle était aussi redevable
de la malédiction [qu'est] la condamnation de Dieu. »

16 *Mēmrē contre Ḥabīb*, VIII, f. 78r c-v b : « Notre-Seigneur, voulant nous
affranchir de la condamnation de notre péché, enleva de nous le péché, cause de
la condamnation, et le fixa à sa croix [*Col.*, II, 14], c'est-à-dire le lia et entrava
pour qu'il ne coure plus se transmettre dans la race humaine suivant son habi-
tude. Et parce que ce n'est pas seulement en Seigneur, comme Dieu, qu'il

La même idée se trouve exposée plus clairement encore dans des fragments philoxéniens que nous avons proposé de restituer à des *Mēmrē sur l'inhumanation* [17]. Notre auteur y présentait la théologie de la rédemption dans la mise en scène dramatique d'un « mystère » médiéval, dont la scène se déroule à la cour de justice céleste, et où le Père tient le rôle de juge des hommes, le Christ celui d'avocat de la vie et Satan celui d'avocat de la mort. Le salut fut accompli avec justice, telle est la thèse de Philoxène : en effet, explique-t-il, le Christ n'a pas vaincu Satan comme Dieu, c'est-à-dire à armes inégales, mais comme homme, par le combat régulier du jeûne, du renoncement et de la soumission au Père ; d'autre part, le Sauveur est autorisé à parler au nom du genre humain dont il porte la corporalité dans son hypostase ; ainsi Dieu n'exauce-t-il pas son Fils par favoritisme, mais il laisse parler les faits et décide en conséquence [18].

voulut que soit payé ce que nous devions pour le péché, il le prit lui-même dans son hypostase. En effet, en enlevant le péché, il ne restitua pas la dette, mais il montra sa seigneurie ; c'est en prenant la condamnation dont nous étions redevables pour le péché qu'il restitua la dette, nous affranchissant [ainsi] totalement de la condamnation. En effet, même si le péché était [resté] vivant et qu'eût subsisté l'empire des démons, ils n'auraient pu nous léser en rien pour la dette des anciennes [offenses] ; et quand bien même aurait subsisté l'empire de la Loi, qui est exigence des dettes du péché, elle n'aurait pu nous léser en rien pour les anciennes [offenses]. Voici pourquoi Notre-Seigneur fit les deux : il restitua la dette du péché des anciennes [offenses] pour justifier toutes les anciennes générations déjà décédées, et il tua le péché sur sa croix pour affranchir tous les hommes du péché futur. »

[17] Ci-dessus, p. 248-249.

[18] *Mēmrē sur l'inhumanation*, fragm. 9-10, f. 9v a-10r a : « Le [Fils] unique de Dieu devint l'avocat de notre nature, et intenta procès pour nous tous contre l'Ennemi, le Père étant médiateur et juge. Satan prenait la défense de la mort, le Christ plaidait pour nous tous, et le Père était comme un juge, auditeur des deux parties. L'Ennemi ne pouvait objecter au Christ : 'Pourquoi as-tu pris la défense du genre humain?', puisqu'il voyait la corporalité des hommes dans son hypostase. [… Le Père] n'exauçait pas son Fils parce que c'était son Fils ; ce n'est pas comme son Fils qu'il l'exauçait, mais comme homme. En effet [le Fils] était d'abord devenu homme pour qu'il lui soit possible de plaider légitimement, s'étant approprié ce qui [appartient] à la nature humaine ; de sorte que, si l'Ennemi voulait se plaindre d'être entraîné par Dieu comme par la contrainte de la [toute]-puissance, le Christ [pouvait] lui répliquer : 'Ce n'est pas comme Dieu que j'intente procès

La pointe de ce tableau n'oppose pas le Christ homme à Satan comme deux puissances à égalité de droits, mais souligne que la juste satisfaction du péché est dûment rendue à Dieu ; le duel des deux adversaires ne doit pas évoquer on ne sait quelle théomachie mythologique ; il s'agit concrètement de la tentation au désert (*Matth.*, IV, 1-11), où le Christ vainquit Satan par son obéissance au Père, réparatrice de la désobéissance originelle [19] ; le seul rapport direct que notre auteur connaisse entre le Verbe incarné et les puissances hostiles est leur destruction à la croix (*Col.*, II, 13-15 ; *Hébr.*, II, 14-15) [20].

Mais en même temps qu'ils montrent que le Sauveur n'eut aucun compte à rendre au prince du mal, ces fragments philoxéniens mettent en vive lumière la manière dont notre auteur se représente le mécanisme de la rédemption proprement dite. Notons tout d'abord qu'il l'attribue expressément au Verbe incarné en tant qu'homme ; on ne saurait trouver de meilleure preuve que ses principes monophysites n'entraînent pas plus de confusion dans les divers aspects de l'acte sotériologique que dans la personne du Verbe incarné

---

contre toi, de peur que tu ne t'esquives sous le prétexte de ne pouvoir entrer en procès avec le roi. En effet, ce n'est pas le roi que tu vois en moi, mais l'image du serviteur, semblable aux hommes. [...] C'est comme avec un homme que tu entres en procès, et non comme avec Dieu ; car si Dieu te vainc, c'est une victoire de justice'. » — Philoxène pouvait trouver cette idée chez ÉPHREM, *Sur le jeûne*, VIII, 2, col. 693.

[19] *Ibid.*, fragm. 11, f. 10ʳ b : « Si je t'ai vaincu au désert sans le jeûne, la constance et la persévérance, tu te dis bien mené par contrainte ; mais si j'ai jeûné, si j'ai eu faim, si j'ai lutté, si je me suis humilié, [...] je [t']ai vaincu en peinant, et non par contrainte, je t'ai vaincu en jeûnant, et non en jouissant, en renonçant à l'univers et non en possédant une grande fortune, en me soumettant au Père et en lui offrant l'adoration pour tous, et non en usurpant comme toi l'adoration. »

[20] *Mēmrē contre Ḥabīb*, VIII, f. 78ᵛ c : « En observant la Loi, il restitua la dette des anciens ; par la condition spirituelle, supérieure à la Loi, qu'il montra dans le monde, il nous éleva au degré des spirituels et des parfaits ; en étant crucifié, il tua le péché sur sa croix et affranchit du péché les générations suivantes. » — *Ibid.*, f. 79ʳ a : « Sur la croix, il reçut la condamnation due pour le péché par tout le genre humain, justifia les derniers et les anciens, arrêta la course de la Loi, enleva aux démons leur pouvoir, tua le péché, qui est l'aiguillon de la mort, et mortifia la mort, par laquelle la Loi se faisait meurtrière. »

lui-même; l'anéantissement des puissances maléfiques relève de la divinité du Sauveur, mais il appartenait à son humanité de satisfaire pour le péché.

En second lieu, les fragments que nous venons de résumer précisent le titre qui autorisait le Christ à satisfaire en toute justice pour l'humanité pécheresse : il s'agit de la solidarité l'unissant personnellement à notre nature par son incarnation. Mais ce motif doit être complété par un autre principe sotériologique, en vertu duquel le devenir du Verbe incarné fut « pour nous, et non pour lui » [21]; en l'occurrence, ce principe signifie concrètement que l'observance de la justice légale n'était aucunement nécessaire au Sauveur lui-même, qui n'était pas plus redevable de la Loi par son incarnation que par sa nature divine, n'ayant ni péchés commis à purifier, ni mouvements des pensées ou impulsions de la convoitise à déraciner [22].

Nous aurons à revenir sur cette liberté du Christ dans sa soumission aux suites de la faute originelle, que Philoxène considère comme un facteur essentiel de l'acte du salut [23]. Dans le cas présent, notre auteur raisonne comme si le Sauveur, en payant une dette personnelle par son observance de la Loi, n'aurait pu faire bénéficier d'autres que lui du fruit de son obéissance [24].

---

21 Ci-dessus, p. 344-345.

22 *Mēmrē contre Ḥabīb*, VIII, f. 78ᵛ b : « Son hypostase sainte était pure de l'impulsion du péché et de l'acte du péché; la justice ne lui était pas nécessaire pour satisfaire son péché. Celui qui poursuit la justice le fait dans deux intentions : soit pour purifier par sa justice le péché qu'il a servi par ses actes, soit pour déraciner en lui par les travaux, la [bonne] conduite et l'âpreté des tribulations, les impulsions et les élans du péché, et pour vaincre avec le péché la convoitise qui en est l'entremetteuse (ܐܠܒܬܐ) et la porte. Mais puisqu'il n'y avait rien de cela dans l'hypostase de Notre-Seigneur, ni en tant qu'il est Dieu, ni en tant qu'il devint homme : — ni le péché en acte, ni les impulsions du péché venant des pensées, ni les élans de la convoitise s'éveillant dans les membres, — mais [puisqu']il était tout entier pur et saint, qu'il travailla et fut las, pratiqua et garda la Loi, et amassa la justice par la tribulation de sa sainte hypostase, son travail porta du fruit, et les fatigues de sa justice furent [portées au compte] de tout le genre humain, depuis Adam jusqu'à lui. » — *Mēmrē parénétiques*, VIII, p. 240-242.

23 Ci-dessous, p. 473, 488.

24 Ci-dessus, note 22; *Livre des sentences*, III, 1 p. 184[138] : « Il devint volontairement homme assujetti à la Loi, et en l'observant restitua la dette de

La solidarité du Verbe incarné avec la nature humaine et sa condition d'homme nouveau constituent ainsi pour Philoxène les conditions nécessaires de l'universalité et de l'efficacité de l'économie du salut; mais cette solidarité d'ordre « physique » n'empêche nullement que la rédemption proprement dite consiste en une soumission volontaire, c'est-à-dire en un acte de réparation « morale » adressé au Père au nom de l'humanité coupable. N'est-il pas piquant de découvrir ainsi une préfiguration du thème anselmien de la satisfaction chez un théologien oriental que son monophysisme aurait logiquement dû porter à n'exalter que la divine victoire de la croix !

La période durant laquelle le Verbe incarné vit sous le régime de la Loi se termine lors de son baptême, qui l'introduit dans le régime de la liberté spirituelle, des miracles et de l'enseignement de la vie parfaite [25]; Philoxène ne perd pas de vue que la mort de la croix pousse au paroxysme l'assomption de l'« image de l'esclave » [26], aussi la césure du baptême ne doit-elle pas être prise trop strictement; sans doute lui est-elle suggérée par le lien intime qui relie dans sa pensée le sacrement chrétien à la spiritualisation [27].

---

la nature humaine. » — *Mēmrē parénétiques*, VIII, p. 244; 252 : « C'est à cause de l'économie [...] que je t'ai obéi, et non parce que je te [le] devais naturellement. [...] Je t'ai obéi et je me suis soumis [à toi] non pour te payer une dette pour moi, que je ne te devais pas, mais pour payer la dette et accomplir la Loi pour tous les fils qui se sont révoltés contre leurs parents. »

[25] *Mēmrē contre Ḥabīb*, IX, f. 98r a-b : « De la Vierge au baptême, il est appelé serviteur de la Loi, mais du baptême à la mort, homme spirituel, accomplissant les commandements de la perfection, faisant tout en [homme] libre, et enseignant avec autorité. » — *Commentaire de Luc, II, 52*, f. 27v : « Il n'est pas écrit qu'il advint des miracles avant le baptême. » — *Mēmrē parénétiques*, VIII, p. 254-255; IX, p. 258-259.

[26] *Mēmrē contre Ḥabīb*, VIII, f. 80r b : « Afin de nous enseigner la mesure de son humilation, Notre-Seigneur ne condescendit pas seulement à être appelé esclave, mais il alla jusqu'à la passion, la mort, l'infamie et les outrages. »

[27] *Commentaire de Matthieu, III, 1-16*, f. 203r b-204r b : « Les cieux se fendirent [*Matth.*, III, 16] pour apprendre que ce qui advint là apparentait avec les [êtres] d'en haut tous ceux qui naissent du baptême; [...] la corporalité se transformait en spiritualité et toute chose composée en non composée. »

Du fait que notre auteur considère le baptême de Jésus comme une étape de l'économie, il ne faudrait pas inférer qu'il lui attribue une signification proprement christologique; en conformité avec son principe sotériologique selon lequel Dieu devint pour nous, il affirme nettement que le Christ fut baptisé de notre baptême, comme prémices, pour nous le donner [28]; bien qu'ayant vécu jusqu'alors sous le régime de la Loi, le Verbe, incarné comme homme nouveau, possédait initialement l'Esprit-Saint que le premier Adam avait reçu lors de sa création et perdu lors de la transgression; il le possédait d'ailleurs non pas à titre gracieux, mais de façon naturelle, immuable, et dans sa plénitude, en tant que Verbe divin [29]. Aussi, tout en affirmant que c'est vraiment le Fils bien-aimé, Dieu Verbe, qui fut oint et reçut l'Esprit, notre théologien ajoute qu'il recevait « ce qui est nôtre », et pour nous spiritualiser [30].

La fonction sotériologique propre au stade « légal » et au stade « spirituel » de l'économie du Verbe incarné reçoit chez notre auteur une double interprétation. Tout d'abord et proprement, l'effet de ces deux mystères consiste dans l'abolition de la Loi et dans l'institution du baptême. À strictement parler, les bénéficiaires de la soumission du Christ à la Loi s'identifient avec « ceux qui sont sous la Loi » (*Gal.*, IV, 4), c'est-à-dire avec les générations de l'ancien Testament (*Hébr.*, IX, 15); quant aux générations postérieures, notre auteur précise que le Sauveur n'a plus à les racheter de ce qu'il a détruit sur la croix avec le péché, la mort et les

---

28 *Commentaire de Matthieu, III, 1*, dans BAR-ṢALĪBĪ, p. 131 [98] : « Il fut baptisé de notre baptême à nous parce qu'il allait nous le donner. [...] De même qu'il mourut et ressuscita, devenant pour nous prémices d'entre les morts [1 *Cor.*, XV, 20], ainsi fut-il baptisé saintement pour notre baptême à nous, et il nous le donna aussitôt. »

29 *Dix chapitres*, 4, p. CI; *Commentaire de Luc, III, 21*, f. 1v b (ci-dessus, p. 147, n° 11).

30 *Mēmrē contre Ḥabīb*, X, f. 104v c-105r a; *Lettre aux moines du Bēt-Gōgal, II*, f. 44v b : « Bien que, étant [né] du Père, il n'eût pas besoin de l'onction, étant devenu de nous, il fut oint comme nous, afin que nous recevions la purification par son baptême, par son onction pour nous. En effet, tout ce que Dieu fit dans son économie fut accompli pour notre vie et notre salut à tous. » — *Commentaire de Jean, I, 1-17*, f. 169r-170r; *Livre des sentences*, II, 2, p. 43-44 [38].

démons [31]; le chrétien ne vit plus sous l'économie légale parce que le Christ l'en a délivré en s'y soumettant pour lui [32].

Si Philoxène voit dans le baptême de Jésus l'inauguration du « sein spirituel engendrant les hommes nouveaux » [33], c'est cependant plutôt au mystère de l'incarnation qu'il rattache le sacrement de l'initiation chrétienne [34], tandis que le passage du Verbe incarné du régime de la Loi à celui de la liberté spirituelle lui suggère plus souvent l'engagement du chrétien dans la vie parfaite inaugurée par le renoncement au monde [35]. Notre théologien voit ainsi dans le Christ l'initiateur de la vie monastique, et ce thème lui fournit une deuxième application sotériologique de l'économie dans ses étapes légale et spirituelle : arrivé au terme de la justice, le Sauveur passe à la règle de la perfection, l'enseigne aux hommes par la parole et par l'exemple, et les y amène [36].

[31] *Mēmrē contre Ḥabīb*, VIII, f. 78ᵛ c : « En observant la Loi, il restitua la dette des anciens, [...] et en étant crucifié il tua le péché sur sa croix et affranchit du péché les générations suivantes. En effet, s'il avait été crucifié sans avoir observé la Loi, il aurait justifié les derniers, tandis que le péché des anciens n'aurait pas été pardonné; et s'il avait gardé la Loi, mais sans être crucifié, il aurait restitué la dette des anciens en laissant la Loi dans son pouvoir et le péché vivant, sans en affranchir les derniers. »

[32] *Mēmrē parénétiques*, VIII, p. 244; IX, p. 306 : « Il ne t'est pas nécessaire d'observer la Loi, puisqu'elle est observée et dissoute; ni de servir [tes] parents de la nature, puisque j'ai obéi à [mes] parents corporels et les ai servis pour tous; le joug de la Loi et de la nature t'est désormais enlevé, et tu es laissé libre pour toi-même. »

[33] *Commentaire de Matthieu, III, 1-16*, f. 204ʳ a-b; *Commentaire de Luc, III, 21*, dans Bar-Ṣalībī, p. 303-304 [246] : « Je viens d'être baptisé et de préparer le baptême pour qu'il devienne le sein spirituel qui engendre les hommes à nouveau. [...] Par ma prière, ô Père, ouvre le ciel et envoie ton Esprit-Saint dans le sein du baptême; de même qu'il résida dans le sein de la Vierge et m'y incorpora d'elle, qu'il réside dans le sein du baptême, le sanctifie, [y] forme les hommes et les en fasse naître comme des fils nouveaux, les rendant tes fils, mes frères et les héritiers du Royaume. »

[34] Ci-dessus, p. 404, note 45; p. 419.

[35] *Mēmrē parénétiques*, VIII, p. 246-256; IX, p. 257-259, 341-342, etc.

[36] *Ibid.*; *Mēmrē contre Ḥabīb*, VIII, f. 78ᵛ c-79ʳ a : « S'il était venu immédiatement du baptême à la croix, il aurait tué le péché, détruit le pouvoir de la Loi et justifié gratuitement les derniers sans livrer aux hommes la conduite spirituelle et le modèle de la vie parfaite [venant] de la liberté. C'est pourquoi j'ai dit qu'il montra trois types : jusqu'au baptême, il garda

Philoxène ramène volontiers les deux conditions de la vie dans le monde et de l'état monastique à l'opposition entre la justice et la perfection, qu'il rapproche elles-mêmes de l'économie de la Loi et de celle du nouveau Testament; c'est ainsi que l'efficacité sotériologique de l'étape « légale » de l'incarnation, qui, d'après les *Mēmrē contre Ḥabīb,* atteignait les générations de l'ancienne Alliance, est appliquée dans les *Mēmrē parénétiques* aux chrétiens vivant dans le monde : avant le baptême, le Christ suivait la règle de la justice pour ceux du monde; après le baptême, il suit celle de la perfection pour les solitaires [37].

Cette assimilation de la morale commune à l'économie légale n'entraîne pour le régime spirituel de la perfection aucun anomisme proprement dit. En effet, Philoxène accorde une valeur essentiellement positive aux préceptes moraux de l'Ancien Testament imposés aux chrétiens du monde; les commandements conduisent à faire le bien et à éviter le mal; s'ils sont imparfaits, c'est parce qu'ils ne peuvent déraciner la convoitise; le chrétien qui les observe n'a pas encore entièrement mortifié en lui le vieil homme, et dans cette mesure il les observe encore avec la crainte de l'esclave. Mais notre auteur n'insiste pas moins fortement sur la nécessité des commandements dans la règle de la perfection; il s'agit surtout alors des commandements « parfaits » du Nouveau Testament, révélés par le Sauveur dans le sermon sur la Montagne; si ceux-ci sont parfaits, c'est que leur observance donne à l'homme nouveau la victoire sur la convoitise et ainsi la confiance filiale de la charité [38].

---

la Loi et restitua la dette des anciens; du baptême à la croix, il donna le modèle de la conduite spirituelle et tourna la volonté des hommes vers la pratique de la perfection; et sur la croix, il reçut la condamnation que tout le genre humain devait pour le péché. »

[37] *Mēmrē parénétiques,* VIII, p. 222-224; 240-249; 244 : « Jusqu'au baptême, [...] il observait tous les [préceptes] de la Loi ancienne pour payer la dette à cause de laquelle toute notre race avait été assujettie à la servitude du péché, de la Loi et de la mort. [...] Jésus observa dans son hypostase [...] tout ce qui est écrit dans la Loi, et cela pour deux [motifs] : d'abord pour payer la dette, et ensuite pour apprendre à quiconque est dans le monde à s'appliquer pour cela à la justice de la Loi. » — *Ibid.,* p. 255-256.

[38] *Lettre à Patricius,* f. 39v a-42v b; 44v b-46r a; 51r b-53v b; 55r a : « Tous les commandements de Dieu dans l'Ancien [Testament] retranchent les actions du mal; c'est pourquoi il est dit : 'Tu ne tueras point, tu ne commet-

Nous n'avons pas à entrer dans le détail des considérations, d'ailleurs peu élaborées, que notre auteur consacre à ces problèmes ; il suffira d'avoir noté comment il rattache la condition du chrétien séculier et celle du moine à l'économie du Verbe incarné. Si on lui demandait comment une condition qu'il assimile au régime de la Loi peut encore subsister après le dépassement de ce régime par l'institution de la nouvelle Alliance, Philoxène répondrait sans doute qu'il faut voir là une disposition de la condescendance divine ; en effet, il explique que le Sauveur aurait voulu voir tous les hommes mener la vie angélique de la perfection en renonçant au monde, mais que, tous n'étant pas capables de cette option radicale, la volonté du salut universel disposa des exigences adaptées aux forces de chacun [39].

Notre auteur réunit ainsi les deux états de la vie chrétienne sous une même finalité ; s'il affirme que les commandements de la nature et de la Loi mènent à la vie du royaume, tandis que ceux de la perfection font régner avec le Christ [40], ce n'est pas qu'il songe à opposer deux rétributions, dont la première serait réservée aux

---

tras point l'adultère, tu ne voleras point' ; mais les commandements du Christ déracinent le mal de l'âme [*Matth.*, v, 20-32], et non d'une manière ordinaire ; mais d'abord notre nature tout entière reçut le renouvellement par l'incorporation du Christ, sa passion et sa mort ; puis, après le renouvellement, sont venus les commandements nouveaux. Si ceux-ci avaient été donnés sans que notre nature eût été préalablement renouvelée, ils auraient opéré comme ceux de l'Ancien [Testament], et retranché les actions du mal sans déraciner le mal lui-même ; mais maintenant, au contraire, l'exercice des commandements vivants, lorsque l'âme les observe avec le regard dirigé vers Dieu, guérit intérieurement toutes ses parties. » — *Mēmrē parénétiques*, VI, p. 186-187 ; VII, p. 194-199, 211-218 ; IX, p. 332-337 (sur l'opposition entre la crainte et l'amour).

[39] *Mēmrē parénétiques*, VIII, p. 223-224 : « Voici la volonté du Christ législateur : il voulait que tous les hommes marchent dans la voie des anges et que nul ne renonce à la contemplation (ܚܙܬܐ) offerte à tous (?ܕܡ[ܐ]ܠ ܕܝܠܗ ܠܟܠ). Mais, puisque tout le monde n'en est pas capable, et qu'il voulait que chacun soit sauvé (ܢܚܐ), il donna des commandements différents pour le salut de chaque homme, et il mit des mesures et des degrés à sa doctrine, non qu'elle les comporte, mais à cause de ceux qui les reçoivent, et à cause de ceux qui en avaient besoin, et qui n'auraient pu être sauvés sans eux. » — Sur ce texte, voir GRIBOMONT, *Messalianisme*, p. 427.

[40] *Lettre à Patricius*, f. 41v b-42v a.

pneumatiques, tandis que la classe inférieure des chrétiens ecclésiastiques devrait se contenter d'une béatitude de second ordre ; le
vocabulaire qu'il utilise ici pourrait remonter à celui des anciennes
sectes rigoristes ou enthousiastes [41], mais à ses yeux, la distinction
entre la « vie » et le « règne » n'implique pas plus de cloisonne-
ment étanche que la distinction évagrienne entre royaume des cieux
et royaume de Dieu, par laquelle il désigne deux des degrés de la
contemplation [42].

On ne peut donc opposer chez Philoxène l'homme d'Église au
moine évangélique issu du désert, car loin de présenter une double
morale ou une double rétribution de la vie chrétienne, notre auteur
ne conçoit la perfection que comme l'épanouissement des virtualités du baptême ; les vertus qu'il lie à la vie solitaire sont celles
qui conduisent normalement à la contemplation, savoir : le dépouillement du vieil homme par la victoire sur les passions et le recueillement de l'esprit dans la prière [43] ; et la contemplation n'est elle-

41 GRIBOMONT, *Messalianisme*, p. 427.

42 Ci-dessus, p. 441, note 58. Philoxène range parmi les mystères surnaturels
et incompréhensibles ceux du royaume des cieux, ses demeures et ses biens,
et en particulier, la distinction entre les lieux célestes de « Sion » et de « Jérusalem » (*Commentaire de Jean*, I, *1-17*, f. 151ʳ ; *Livre des sentences*, II, 7,
p. 109-111 [85-86]) ; il n'avait donc aucune notion bien précise à ce sujet.

43 *Commentaire de Matthieu*, III, *1-16*, f. 203ʳ b : « Voici donc la voie
légale qui conduit à la science véritable : [il faut] d'abord croire et être
baptisé ; puis, après le baptême, commencer à observer les commandements.
[...] Les commandements sont observés quand on a vaincu toute convoitise.
[...] Le vainqueur dépouille alors le vieil homme avec ses actes [...] et se
tient dans l'impassibilité. [...] D'où il arrive à la charité, qui rend celui qui y
arrive parfait et accompli, et image exacte de Dieu. Et lorsqu'il a repris en
soi l'image de son prototype, effacée par le premier péché et restaurée par la
justice du Christ, [...] il rencontre la science sans voile. » — *Lettre à Patricius*,
f. 41ʳ a-v b ; 51ʳ a-v b ; 48ᵛ b-49ʳ a : « Le solitaire doit correspondre à son nom
en fait, extérieurement et intérieurement. [...] 'Là où deux ou trois sont rassemblés en mon nom, je suis au milieu d'eux' [*Matth.*, XVIII, 20] ; c'est-à-
dire que le rationnel, le concupiscible et l'irascible de son esprit (ܚܘܫܒܐ)
se mouvront et s'exerceront suivant leur nature, le rationnel de l'esprit
scrutant la science des natures, et ceci pour Dieu, son concupiscible aspirant
à la société avec les choses spirituelles, et son irascible luttant contre le
mal. » — *Livre des sentences*, I, p. 3-4 [9-10] ; *Lettre aux moines de Senoun*,
p. 71 [58-59].

même pour lui que la prise de conscience de la spiritualisation baptismale [44]; au reste, lorsque notre théologien reprend la comparaison traditionnelle de la sortie du monde et de l'entrée au désert à une seconde naissance, parallèle à celle du baptême, il précise que cette nouvelle naissance consiste dans la sensation de la première, c'est-à-dire dans l'usage des membres et des sens de l'homme nouveau [45]. Mais on saisira mieux les ressorts de cette « actualisation », et avant tout ceux de la lutte contre les passions et la convoitise en examinant directement l'influence qu'exerce sur celles-ci l'économie de l'incarnation.

V. — PASSIONS, BESOINS ET CONVOITISE

La théologie des « passions » du Verbe incarné, qui occupe une place originale dans la sotériologie de Philoxène, joua très tôt un rôle important dans les préoccupations du polémiste, dont les plus anciens écrits connus sont consacrés à la défense de la « formule théopaschite », ou, plus précisément, de son expression populaire dans l'« addition » au *Trisagion* liturgique [1]; mais en outre, dès la seconde moitié du VIe siècle, les sévériens orthodoxes disputaient aux julianistes l'autorité de l'évêque de Mabbog, qu'ils revendiquaient pour établir, les seconds l'impassibilité des passions du Sauveur, et les premiers le caractère passible et mortel de son inhumanation [2]. Ainsi les paradoxes de la passion de l'Impassible et de la mort de l'Immortel ne furent-ils pas seulement pour tous les diphysites la source d'un scandale plus brutalement ressenti que celui de la formule de l'une nature incarnée, mais ils firent aussi l'objet de discussions et de critiques parmi les monophysites eux-mêmes.

---

[44] Ci-dessus, p. 438-439.

[45] *Lettre à Patricius*, f. 63v b-64r b; *Mēmrē parénétiques*, IX, p. 260-266.

[1] Ci-dessus, p. 170-173, 189-201 et 225-240. — Philoxène pouvait lire de nombreuses expressions équivalentes de la formule « théopaschite » chez Athanase et Cyrille d'Alexandrie; voir BOUYER, *Athanase*, p. 119-122; JOUASSARD, *Impassibilité*, p. 210-214.

[2] BAR-ṢALĪBĪ († 1171), *Commentaire de Jean*, III, 13 (ms. *Vat. syr. 155*, f. 216v b) et BAR-HÉBRÆUS († 1286), *Livre des splendeurs* (cité par ASSÉMANI,

L'incompréhension ou la suspicion dans laquelle on les tint étaient sans doute dues pour une bonne part au caractère imprécis et ambigu des concepts théologiques qu'ils impliquaient. Philoxène n'eût pas admis, pour sa part, que l'on ne voie dans le contraste brutal de leur expression que la subtilité d'un trait d'esprit ou d'une évocation poétique; il n'affectionnait l'antithèse que parce qu'il trouvait dans son défi à la sagesse humaine la formulation la moins infidèle du mystère de la foi[3]. Cependant, tout en maintenant

Bibl. Orientalis, p. 22), soulignent l'originalité de la théorie philoxénienne des « passions volontaires », mais sans paraître s'en offusquer. La popularité dont l'évêque de Mabbog jouissait dans l'Église arménienne, de sympathie julianiste (TER MINASSIANTZ, *Armenische Kirche*, p. 151), remonte à l'introduction de ses écrits et à leur traduction, au synode de Dvin de 555, par le syrien ʿAbdīšō (ci-dessus, p. 112). De leur côté, les florilèges antijulianistes syriaques attestent que les deux partis de l'Église jacobite invoquaient chacun le témoignage de Philoxène dès le VIIe siècle (DRAGUET, *Julien*, p. 283), et les variantes théologiques des manuscrits de la *Lettre aux moines de Senoun* permettent de reculer ces revendications jusque dans la seconde moitié du VIe, en montrant qu'elles pouvaient conduire à falsifier les textes philoxéniens eux-mêmes (DE HALLEUX, *Senoun*, p. XI-XII). Si notre auteur put ainsi être invoqué par les deux partis, c'est qu'il n'avait été ni un julianiste ni un antijulianiste déclaré. L'histoire nous paraît d'ailleurs confirmer la chose. En effet, nous avons dit que l'évêque de Mabbog ne séjournait pas à Constantinople vers 510, lors des premiers débats sur l'incorruptibilité du corps du Christ (ci-dessus, p. 59-60; DRAGUET, *Julien*, p. 4); sans doute put-il en être averti, puisqu'il était alors en correspondance avec Sévère (ci-dessus, p. 209-210); mais ses démêlés avec Flavien d'Antioche devaient absorber à ce moment toutes ses préoccupations. D'autre part, il est fort douteux que les échos de la controverse entre Julien et Sévère, déclenchée en Égypte vers 520 (DRAGUET, *Julien*, p. 24-25), ait atteint Philoxène († 523) dans son exil de Thrace de façon qu'il pût prendre position dans le débat. Ajoutons que les écrits où notre théologien défend l'impassibilité du Christ témoignent d'une théologie à la fois plus souple et moins appuyée que celle de l'évêque d'Halicarnasse; si Philoxène parle bien de l'ἀφθαρσία du corps du Christ, rien n'y trahit une influence des théories caractéristiques de Julien (ci-dessous, p. 503-504). Ceci ne préjuge nullement des affinités doctrinales incontestables qu'on a justement relevées dans l'anthropologie et la sotériologie des deux évêques monophysites (DRAGUET, *Julien*, p. 232-249).

[3] *Commentaire de Jean, I, 1-17*, f. 13v-14r; *Lettre aux moines de Téléda, I*, p. 459-460 : « C'est Dieu qui goûta la mort volontairement en devenant homme. [...] La foi n'est pas nécessaire pour [croire] qu'un homme est mort pour nous, car il est évident, même sans la foi, que tout homme qui existe est

en principe que le sens secret et insondable de ces formules ne se révèle que dans la contemplation spirituelle [4], notre théologien ne leur accorde pas moins, dans le fait, un contenu intelligible analysable par la raison; c'est en nous efforçant de les élucider sur ce plan que nous voudrions en montrer la portée sotériologique essentielle.

On chercherait en vain chez Philoxène la moindre définition du concept même sur lequel se fonde le paradoxe des passions de l'Impassible. Dans les écrits ascétiques, le terme de « passion » (ܚܫܐ, πάθος) recouvre généralement, sous des nuances multiples dans l'analyse desquelles nous n'avons pas à entrer, l'acception très large de tendance mauvaise [5]; dans ce sens la passion ne diffère pas essentiellement de la convoitise mauvaise; ainsi trouve-t-on souvent dans les *Mēmrē parénétiques* les convoitises du corps (ܪܓܬܐ, ἐπιθυμία) formant avec les pensées de l'âme (ܚܘܫܒܐ, διαλογισμοί) comme les deux catégories principales de la passion [6].

mortel, de même qu'il est manifeste pour tous les hommes, même sans la foi, que Dieu est immortel. »

[4] Ci-dessus, p. 327-329. *Livre des sentences*, I, p. 4 [10] : « Ce n'est pas par la science, qui naît seulement de l'amour spirituel, que nous parlons maintenant, mais par les mouvements de la foi, qui est le commencement de la voie de la conduite. »

[5] Des expressions comme celle de « bonnes (ܛܒܬܐ) passions » (*Mēmrē parénétiques*, XI, p. 434) sont exceptionnelles chez notre auteur.

[6] *Mēmrē parénétiques*, VI, p. 161; IX, p. 269; XII, p. 519-520, etc.; on trouve également la distinction entre convoitises du corps et passions de l'âme (*ibid.*, I, p. 13; IX, p. 349; XIII, p. 540-541). C'est probablement la partie irrationnelle de l'âme (irascible et concupiscible) que Philoxène regarde comme le siège des passions et des convoitises (*Lettre à Patricius*, f. 48ᵛ b-49ʳ a). Il considère parfois la convoitise comme une puissance naturelle de l'âme, créée par Dieu (*Mēmrē parénétiques*, XIII, p. 577-581); ainsi la « convoitise du ventre » a-t-elle pour fin d'assurer la subsistance de l'individu, et la « convoitise du mariage » celle de l'espèce (*ibid.*, XII, p. 496, 508-509; XIII, p. 523, 564). L'âme saine désire « naturellement ce qui est au-dessus de sa nature », c'est-à-dire le monde spirituel, tandis que l'âme souffrant des suites du péché convoite « en dehors de sa nature », le monde de la « chair » (*ibid.*, XI, p. 435, 443-445; XII, p. 500-506, 514-515, 521-524; XIII, p. 568-571; *Lettre à Patricius*, f. 54ʳ b-ᵛ b); aussi Philoxène prend-il normalement (toujours, dans le contexte de la christologie) la convoitise au sens péjoratif de mouvement désordonné.

En revanche, les textes christologiques philoxéniens maintiennent une nette distinction entre les passions et la convoitise, et on constatera bientôt que cette distinction revêt aux yeux de notre auteur une véritable signification théologique [7]. Les passions du Christ sont ici décrites comme les crachats, la flagellation, le jugement, le portement de la croix, le dépouillement, le vinaigre et le fiel, bref, tout ce que le Nouveau Testament, la tradition et le symbole de foi résument sous l'expression « passus est », à quoi Philoxène joint la pauvreté et les humiliations de la vie antérieure du Sauveur; mais il désigne encore du même nom de passions, suivant également en ceci la tradition patristique, la crainte de la mort, le trouble et la tristesse qui envahirent Jésus au jardin de Gethsémani [8]. Il s'agit donc concrètement des souffrances physiques et des émotions de l'âme du Verbe incarné.

Suivant notre auteur, les passions du corps et de l'âme proviennent de la sentence divine qui suivit la transgression (*Gen.*, III, 16-19), car l'homme avait été créé impassible, c'est-à-dire que la maladie, le vieillissement et la fatigue, mais aussi l'angoisse, la tristesse et la crainte n'avaient sur lui aucune prise [9]. Cependant, si les passions que le Christ assume sont ainsi une des suites de la chute originelle, leur rapport avec le péché n'est pas tel qu'on puisse les considérer comme entachées du caractère peccamineux de la faute morale. Il nous paraît caractéristique à cet égard qu'on ne trouve pas dans les textes christologiques de Philoxène la distinction classique entre passions coupables, ou répréhensibles, et non

---

[7] Ci-dessous, p. 470.

[8] *Commentaire de Jean, I, 1-17*, f. 53v, 96v-97r, 124r-v; *Livre des sentences*, III, 1, p. 186-190 [139-142].

[9] *Commentaire de Jean, III, 13*, f. 215v a-b : « [Adam fut créé] impassible, parce qu'il n'était pas malade dans son corps, ne vieillissait pas et ne se fatiguait pas, et [parce que] l'angoisse, la tristesse et la crainte ne touchaient pas son âme, puisque les maux, les passions, l'angoisse et les enfantements pénibles sont les sentences introduites après la transgression. » — *Com. de Jean, XX, 17*, p. 286 : « Toutes les maladies de l'âme et du corps s'introduisirent après le péché de l'homme; et c'est à cause du premier homme que les hommes devinrent ignorants; et c'est par lui qu'ils reçurent l'angoisse, la tristesse, la crainte, les passions de l'âme et du corps, avec la condamnation à la mort. » — *Mēmrā sur l'arbre de vie*, col. 572-573.

coupables, ou irrépréhensibles [10] ; en réalité, notre auteur remplace cette distinction par l'opposition de la convoitise aux passions.

Dans son *Commentaire de Jean*, Philoxène expliquait la naissance de la convoitise mauvaise chez Adam en suivant la théorie évagrienne des « trois mouvements de l'intellect » : au cours du premier de ces états, allant de la création à l'interdiction du fruit (*Gen.*, II, 16-17), la convoitise n'était pas agissante ; durant le deuxième, allant de l'épreuve à la transgression, elle s'attaquait à l'homme tout en restant extérieure à lui ; dans le troisième, c'est-à-dire depuis la chute, elle est installée dans sa nature [11].

En considérant ainsi la convoitise désordonnée comme « mêlée » à la nature déchue, notre auteur comprend d'abord qu'elle se transmet à tous les individus descendant du premier père, et participant de la nature humaine en vertu de leur naissance ; nous avons déjà souligné qu'il explique cette transmission dans l'acte générateur par la convoitise dont celui-ci procède depuis le péché et qui s'inocule en quelque sorte au fruit de la procréation [12].

---

[10] BAR-ṢALĪBĪ, *Commentaire de Jean, III, 13* (ms. *Vat. syr. 155*, f. 216v b), semble soutenir le contraire : « Les autres docteurs appellent [les passions du Christ] naturelles, volontaires et non répréhensibles ; et Philoxène les appelle économiques, véritables et non répréhensibles. » En réalité l'évêque d'Amid apprécie avec sa terminologie propre la position de notre auteur, après l'avoir illustrée par des citations, où la formule des « passions non répréhensibles » n'intervient nulle part.

[11] *Commentaire de Jean, III, 13*, f. 216r a-b : « Depuis qu'[Adam] fut créé jusqu'à ce que la loi lui fût imposée, il n'y avait pas dans son corps la démangeaison de la convoitise, ni dans son âme l'impulsion du péché : et depuis que la loi lui fut imposée jusqu'à ce qu'il la transgressât, les démangeaisons et les impulsions de la convoitise luttèrent contre lui ; et après qu'il eut transgressé le commandement, les démangeaisons et les impulsions du péché s'éveillèrent dans son corps. » — *Mēmrē parénétiques*, XII, p. 499-501 ; XIII, p. 613 (où les deux derniers « mouvements » sont bloqués en un seul).

[12] Ci-dessus, p. 410-411. Bien que ne connaissant aucun texte philoxénien qui justifie explicitement le lien de la convoitise à l'acte sexuel par le recours à *Gen.*, III, 16, nous pensons que notre auteur se référait effectivement à ce texte, qui représente une des autorités fondamentales de son anthropologie religieuse. Ainsi s'expliquerait le caractère, à première vue ambigu, de son appréciation du mariage, qu'il considère tantôt comme conforme à l'ordre de la création (*Commentaire de Jean, III, 13*, f. 216r b ; *Mēmrē parénétiques*, XII, p. 496, 508-509 ; XIII, p. 523, 584), tantôt comme une institution provisoire dans

Mais en appelant naturelle la convoitise, Philoxène veut encore la situer dans l'homme à un niveau plus profond que celui de l'activité libre. L'ordre de ce qu'il nomme la justice et le péché relève selon lui du domaine des opérations et se trouve sous l'emprise de la volonté, mais ces « œuvres » sont élicitées par les tendances foncières qu'elles actualisent [13]. Notre auteur ne considère pas pour autant la convoitise mauvaise comme un déterminisme entraînant l'incapacité radicale du bien pour la volonté [14]; elle constituerait plutôt une inclination au péché qui, sans rendre la « justice » impossible, explique son caractère pénible et le petit nombre de ceux qui, dans l'ancien Testament, surent lui rester attachés en résistant aux instincts qui emportaient la masse [15].

Philoxène nous semble réserver l'appellation de « péché » (ܚܛܝܬܐ) à l'ordre des « œuvres » ou de l'activité volontaire, et nous ne pen-

l'intention divine et comme un instrument de la convoitise et de la mort (*Mēmrē parénétiques*, XIII, p. 565-566; ci-dessous, note 13).

[13] *Lettre aux moines de Téléda*, I, p. 465-466 : « La mort s'est mêlée avec la convoitise dans la nature, et désormais quiconque entre dans ce monde par le mariage naîtra naturellement mortel et sera soumis à la mort inéluctablement, qu'il pèche ou non, qu'il pèche peu ou beaucoup, parce que la mort est mêlée à la nature. [...] Jésus fut affranchi, non seulement des œuvres du péché, mais aussi des impulsions du péché; aussi est-il naturellement supérieur à la mort, lui dont l'incorporation advint saintement, sans le mariage, la convoitise du péché ni la mort. »

[14] *Mēmrē parénétiques*, XII, p. 546 : « La nature spirituelle de notre âme possède naturellement la puissance de résister aux convoitises, et il lui est facile de les vaincre, si elle le veut. [...] Et si elle se sert de son pouvoir comme elle le reçoit de sa nature, la grâce de l'Esprit vient aussi accompagner l'âme, et lui donner soutien et force. »

[15] *Livre des sentences*, III, 4, p. 226 [168] : « Puisque la faiblesse dans la justice et l'inclination au péché [n'appartenaient] pas seulement à Adam, mais étaient devenues aussi celles de toute la race issue de lui, s'il se trouva de temps en temps quelques justes dans cette race, c'est à force de beaucoup d'endurance et de constance dans les travaux [de la justice] qu'ils demeurèrent dans la justice et la connaissance de Dieu, et non parce que la nature elle-même désirait incliner facilement à cela. Et puisque tout le monde n'aime pas travailler et porter le poids des tribulations, par lesquelles on peut demeurer auprès de Dieu et faire sa volonté, la plupart s'étaient corrompus et gâtés, et seuls quelques-uns étaient restés auprès du Seigneur; et même ceux-ci, ce n'était pas par leur propre puissance, mais ils étaient manifestement gardés par [Dieu]. »

sons pas qu'il nomme jamais ainsi la convoitise mauvaise; il désigne
régulièrement la tendance déréglée comme la cause, la source, l'entre-
metteur ou la « porte » du péché; si elle diffère à ses yeux des passions moralement indifférenciées, lesquelles ne représentent que la
suite ou le châtiment de la faute, c'est bien précisément par son
caractère moralement vicieux et perverti de « puissance du péché » [16].

Prenant en christologie la convoitise dans son sens biblique et
péjoratif d'impulsion dépravée, notre théologien devait désigner
d'une autre façon les tendances appétitives conformes à l'ordre de
la création; c'est dans ce dessein qu'il utilise le terme de « besoins »
(ܚ̈ܫܚܬܐ, χρείαι). Dans les écrits ascétiques, les besoins sont
présentés comme antinomiques des passions et de la convoitise mauvaise : ayant pour fonction de servir le corps afin de le soumettre
à l'âme, ils sont naturels; déréglés, ils deviennent convoitise ou
passion, comme la gourmandise par rapport à la faim [17]. Dans les
textes christologiques, cependant, les « passions » étant comprises
au sens neutre et non axiologique de souffrances physiques ou
d'émotions de l'âme, elles rejoignent normalement les besoins dans
leur opposition à la convoitise mauvaise [18]; les besoins du Verbe
incarné désignent alors concrètement la faim et la soif, la fatigue
et le sommeil dont parlent les évangélistes [19].

---

16 *Mēmrē contre Ḥabīb*, VIII, f. 78ᵛ b : « La convoitise, qui est l'entremetteuse et la porte du péché »; *Livre des sentences*, III, 4, p. 227 [168] :
« [En tout descendant d'Adam] se trouvait la puissance (ܫܠܝܛܐ) du péché,
à cause de la convoitise, sinon par la volonté, du moins par la faiblesse de la
nature. »

17 *Mēmrē parénétiques*, X, p. 372-373 : « Autre chose est de manger par
convoitise, et autre chose de se nourrir par besoin : celui qui mange par
besoin mange pour son âme [...], mais celui qui mange par convoitise se
nourrit pour son corps. » — *Ibid.*, XI, p. 426-428, 443-445, etc.

18 *Mēmrē contre Ḥabīb*, IV, f. 35ʳ c-v a : « Il devint homme comme nous,
supporta tous nos besoins et porta nos passions, bien qu'en devenant homme,
ce n'est pas par le mélange des quatre éléments qu'il fut constitué, [...] sinon
la convoitise aurait été naturellement semée dans la sainte hypostase du
Christ. » — *Commentaire de Jean, I, 1-17*, f. 70ᵛ, etc.

19 *Commentaire de Jean, I, 1-17*, f. 53ᵛ : « Nul ne peut comprendre les besoins
du Verbe incarné, j'entends qu'il eut faim et mangea, qu'il eut soif et but,
qu'il peina et se reposa, qu'il eut sommeil et dormit; ni les passions qu'il

Au même titre que les passions, les besoins humains sont considérés par Philoxène comme une suite du péché dans ce qu'ils ont de nécessaire et de contraignant; sans doute notre auteur admet-il en principe que le manger et le boire sont dans l'ordre de la création (*Gen.*, I, 29 et 27) [20]; mais ce que nous dirons bientôt de la liberté avec laquelle il les fait assumer volontairement par le second Adam [21] suppose normalement qu'à son sens ces fonctions ne répondaient pas davantage à un besoin contraignant, à une nécessité de nature, avant le péché du premier homme.

Si nous avons cru nécessaire de nous arrêter quelque peu à l'examen des notions théologiques philoxéniennes des « besoins » et de la « convoitise », c'était afin de pouvoir à présent aborder de plain-pied une section importante de la synthèse théologique de notre auteur, dans laquelle la christologie se révélera une fois de plus comme une simple prémisse de la sotériologie. La doctrine de Philoxène, qui suit ici des lignes remarquablement nettes, se ramène essentiellement aux trois principes suivants : le Verbe incarné détruit sans les assumer le péché et la convoitise; en revanche, il assume personnellement les besoins et les passions; mais il les assume volontairement, ou selon l'économie, c'est-à-dire librement. Ce programme nous paraît condensé dans deux citations caractéristiques, que nous aurions pu inscrire en exergue de ce chapitre : « En s'anéantissant et en prenant l'image de l'esclave [*Phil.*, II, 7], le Fils de Dieu [...] ne laissa rien, ni des choses de la nature ni de celles qu'avait introduites la sentence, sans l'exercer dans son hypostase,

---

subit pour nous lorsqu'il fut crucifié [c'est-à-dire] qu'il craignit dans sa prière, qu'il se troubla lorsqu'on vint l'arrêter, et tout ce qu'il subit lorsqu'on le jugeait. » — *Ibid.*, f. 96ᵛ, 118ʳ, 124ʳ⁻ᵛ, etc.

20 *Commentaire de Jean, III, 13*, f. 216ʳ b : « Qu'[Adam] mangeait et buvait, en témoignent les arbres et les animaux créés pour le nourrir, et l'eau [créée] pour l'abreuver; et qu'il se mariait, cela appert de la structure (σχῆμα) mâle et femelle dans laquelle ils furent créés [*Gen.*, I, 27]. Mais comment il mangeait, buvait et se mariait, alors qu'il était impassible, nous l'ignorons; en effet, sauf les membres, le corps, la visibilité et la capacité (ܩܒܠܐ) de la nourriture, de la boisson et du mariage, il ne différait pas des anges. »

21 Ci-dessous, p. 473-480.

hormis le péché, qui n'est pas une nature » [22], ou, plus précisément :
« Dans son incorporation, le Verbe assuma de la Vierge [son] corps avec tous les besoins humains, hormis les impulsions du péché [c'est-à-dire la convoitise] et la nécessité des besoins » [23].

Recevant de la tradition l'assurance que le Christ ne connut pas la convoitise, notre théologien considère cette opinion comme un dogme impliqué dans l'impeccabilité du Sauveur ; l'autorité de *Hébr.*, IV, 15 n'est jamais absente de ses considérations sur ce thème ; aussi peut-il écrire dans une même affirmation que le Seigneur était étranger non seulement au péché en acte, mais encore à ses impulsions irréfléchies [24]. Cette équation s'explique d'ailleurs à partir du caractère peccamineux de la convoitise mauvaise [25] : tout se présente comme si Philoxène aurait cru attenter à l'intégrité morale du Sauveur en concédant que celui-ci eût été involontairement victime de la convoitise, voire seulement troublé par son importunité [26].

---

[22] *Lettre aux moines de Téléda*, II, fragm. 8, f. 74v a.

[23] *Mēmrē contre Ḥabīb*, V. f. 42v b.

[24] *Ibid.*, f. 36r a : « Paul dit donc [...] 'hormis le péché' non pas [seulement] du service des actes du péché, mais [encore] des mouvements intérieurs du péché. » — *Ibid.*, VIII, f. 78v b : Dans l'hypostase de Notre-Seigneur, il n'y avait, [...] ni en tant qu'il est Dieu ni en tant qu'il devint homme, le péché en acte, les mouvements du péché venant des pensées, ou les élans de la convoitise qui s'éveillent dans les membres, mais il était tout entier pur et saint. »

[25] Ci-dessus, p. 462-465.

[26] *Mēmrē contre Ḥabīb*, IV f. 35v b-c : « [Si le Verbe s'était incorporé à partir des quatre éléments matériels], la convoitise aurait été naturellement semée dans la sainte hypostase du Christ, et il aurait été constamment troublé et agité [ms. *Add. 12,164* : touché] par elle, comme nous, et il y aurait eu [en lui] une guerre constante contre lui-même (ܩܢܘܡܗ), comme [il y en a une en] nous contre nous-mêmes (ܩܢܘܡܢ). N'eût-il pas été vaincu dans l'état de veille, c'est en rêve qu'il aurait expérimenté la [convoitise], comme il nous arrive à nous-mêmes. La convoitise aurait toujours été étouffée dans sa pensée ; mais, même en restant invaincu, il aurait toujours été agité par son combat. Loin de nous de concevoir ainsi l'hypostase pure et immaculée du Christ, suivant les blasphèmes des impies ! » — *Ibid.*, VI, f. 59r a. — Cette idée se trouve déjà clairement exprimée chez saint ÉPHREM, *Carmina Nisibena*, XXXV, 9-10 ; voir BECK, *De paradiso*, p. 166-167.

Il ne faudrait pourtant pas inférer de ces prémisses théologiques que notre auteur attribuait à Jésus la psychologie factice de l'insensibilité devant la tentation ; en effet, il admet que le Fils de Dieu, en se soumettant à la Loi, entra dans le « deuxième mouvement de l'intellect » [27], c'est-à-dire qu'il se trouvait alors dans la même situation que le premier Adam au temps de son épreuve ; lorsque Philoxène écrit que le monde extérieur n'éveilla pas de convoitise chez le Verbe incarné [28], il faut donc comprendre que les attraits du mal ne trouvèrent pas chez lui, comme dans tout homme déchu, la complicité intérieure d'une tendance désordonnée.

On aurait également tort de concevoir l'exemption de la convoitise chez le Sauveur comme logiquement impliquée dans les principes monophysites de Philoxène ; respectueux, ici encore, de l'inconfusion dans l'unité du Verbe incarné, notre théologien précise que le Christ ne devait pas uniquement ce privilège à son être divin, auquel il est évident que la convoitise répugne souverainement, mais qu'il en était également affranchi en tant que devenu homme [29]. Ce dernier titre d'exemption se trouve d'ailleurs en par-

---

[27] *Commentaire de Jean, III, 13*, f. 216ʳ b : « Aussitôt que notre Sauveur devint chair, son âme devint dans la contemplation divine ; et lorsqu'il observa la Loi, son âme devint dans le deuxième mouvement. Paul écrit au sujet de ces deux mouvements, [pour] le premier : 'Dieu envoya son Fils qui devint de la femme', et [pour] le deuxième : 'Et qui devint sous la Loi' [*Gal.*, IV, 4]. »

[28] *Commentaire de Luc, II, 42-46*, f. 18ʳ : « La conduite des hommes est épaisse et corporelle, non seulement par la nourriture et la boisson, mais aussi par les aises humaines et par les spectacles éveillant les convoitises ; même si ceux qui arrivent à l'âge de la jeunesse ne sont pas dans ces choses, elles viennent à eux, puisque tout le commerce du monde et les mœurs humaines amènent aux convoitises, épaississent l'intellect et obscurcissent les pensées ; et bien qu'à l'époque de l'enfance [l'homme] ne sente pas les convoitises, puisqu'elles dorment en lui, elles s'éveillent en lui lorsqu'il arrive à l'âge de la jeunesse, même s'il n'y consent point, chatouillant les membres et troublant les pensées. [...] Mais chez Jésus, c'est le contraire ; puisque la convoitise n'avait pas été plantée dans son incorporation, les commerces venant du dehors ne la firent pas germer et les spectacles humains ne l'éveillèrent pas. » — *Mēmrē parénétiques*, XIII, p. 620.

[29] *Mēmrē contre Ḥabīb*, IV, f. 59ʳ a, où Philoxène réplique à Ḥabīb, qui soulignait la sainteté de l'Homme assumé : « Et si un autre avait été créé sans le mariage, sa pensée n'aurait-elle pas été aussi limpide que la sienne ? » —

faite conformité avec le principe philoxénien selon lequel le corps et l'âme du Christ furent ceux de l'homme d'avant le péché[30] ; et son explication réside, on le sait déjà, dans la conception virginale du Verbe, qui, en s'incorporant d'une vierge, devint « sans mouvement de la nature ni écoulement de la convoitise »[31].

Notre auteur assigne à cette immunité exceptionnelle un motif sotériologique, qu'il ne croit jamais nécessaire d'expliciter[32] ; mais il est possible de prolonger fidèlement sa pensée en faisant appel à ses propres principes. En effet, la convoitise mauvaise, dont il est ici question, n'est pas la « partie concupiscible » de l'âme telle qu'elle sortit des mains du Créateur, mais son dérèglement consécutif à la chute originelle[33] ; en outre, à la différence des besoins et des passions, elle ne représente pas seulement une suite, un châtiment du péché, mais elle constitue aussi une puissance maléfique active et permanente, et se trouve comme telle affectée d'un indice moral négatif[34]. Le Verbe n'a donc pas à assumer la convoitise, fût-ce « volontairement », comme il le fait pour les besoins et les passions moralement neutres, mais il a uniquement à la détruire, comme il le fait du péché[35]. On pourrait exprimer ceci en disant

---

Ibid., VIII, f. 78ᵛ b (ci-dessus, p. 467, note 24) ; *Lettre aux moines de Téléda*, I, p. 455-466 (ci-dessus, p. 464, note 13).

[30] Ci-dessus, p. 410.

[31] *Mēmrē contre Ḥabīb*, VIII, f. 74ᵛ b ; *ibid.*, IV, f. 36ʳ a : « Les mouvements naturels de la convoitise n'étaient aucunement enracinés dans la sainte hypostase du Christ, parce qu'il s'était incorporé sans le mariage. » Ci-dessus, p. 410-411.

[32] *Livre des sentences*, II, p. 34 [31] : « Voulant rendre à l'homme l'honneur et la gloire que [celui-ci] avait perdus, et l'élever à la hauteur dont il avait déchu, il s'incorpora et s'inhumana pour cela, et le refit en lui une créature nouvelle ; en effet, il n'y aurait pas eu moyen que nous puissions remonter au lieu dont nous avions déchu si Dieu ne s'était hypostatiquement incorporé de nous et n'était devenu homme comme nous sans changement, hormis le péché. »

[33] Ci-dessus, p. 463.

[34] Ci-dessus, p. 464-465.

[35] *Mēmrē contre Ḥabīb*, VIII, f. 78ʳ c : « Malédiction du péché, malédiction de la condamnation : la première malédiction, Notre-Seigneur l'enleva, mais il devint dans la seconde. [...] Voulant nous affranchir de la condamnation [portée] pour le péché, il enleva de nous le péché, cause de la condamnation, et le cloua à sa croix [*Col.*, II, 14]. » — *Livre des sentences*, III, 1, p. 162-163 [122] : « Le Christ ne devint donc pas péché, mais il l'enleva ; c'est malédiction qu'il devint, puisqu'il pâtit et mourut vraiment. »

que notre auteur ne considère pas dans la convoitise le substrat ontologique et psychologique positif [36], mais seulement l'antivaleur théologique et morale.

Contrairement au péché et à la convoitise, que le Sauveur détruit sans y « devenir », les besoins et les passions [37], bien qu'objet de la sentence divine et conséquence du péché, sont néanmoins inclus dans l'économie. Rapprochant du verset johannique aux termes duquel le Verbe devint chair (*Jean*, I, 14) celui où saint Paul affirme que le Christ devint malédiction (*Gal.*, III, 13), Philoxène souligne que les deux devenirs se conditionnent et se garantissent mutuellement, car ici et là le Verbe devint vraiment [38].

La réalité des besoins et des passions apparaît ainsi à notre théologien comme impliquée dans celle de l'incarnation : Dieu Verbe devenu vraiment homme reçut vraiment dans son hypostase et sa nature les besoins et les passions de la nature humaine [39]. Mais on se méprendrait en pensant que Philoxène rattache directement à l'inhumanation cette prise en charge de la nature, puisque, selon lui, le Verbe s'incarne dans le corps et l'âme d'Adam avant le

---

[36] La partie concupiscible de l'âme est guérie par son union au Verbe incarné (ci-dessus, p. 458, note 43).

[37] Et la mort, dont nous nous réservons de traiter plus loin (ci-dessous, p. 484-505).

[38] *Mēmrē contre Ḥabīb*, VIII, f. 77ᵛ c-81ᵛ a; *Commentaire de Jean, I, 1-17*, f. 44ʳ-45ʳ; *Livre des sentences*, III, 1, p. 160-165 [121-125] : « Nous avons appris de l'Écriture sainte à comprendre deux devenirs au sujet de Jésus, le Fils de Dieu : un est connu au commencement de l'économie et l'autre à sa fin. [...] Il devint chair afin de pouvoir aussi devenir malédiction, parce qu'il était impossible qu'il devînt celle-ci s'il n'était d'abord devenu chair. Et dans chacun de ces [devenirs] on reconnaît qu'il devint pour nous; en effet, il devint chair pour nous, parce que pour lui-même, il est esprit et Dieu; et il devint malédiction pour nous, parce que pour lui-même il est vivant et immortel. Et les deux [devenirs] sont assurés non seulement par le témoignage des Écritures, mais par le fait lui-même, car le Verbe devint vraiment chair, bien qu'il soit par sa nature esprit et incomposé; et il devint vraiment malédiction, c'est-à-dire susceptible de mort, bien qu'en tant qu'il est reconnu comme Dieu il soit incomposé, vivant et immortel » (p. 160-161 [125]).

[39] *Mēmrē contre Ḥabīb*, IV, f. 35ᵛ a-36ʳ b; VII, f. 61ᵛ c; f. 63ʳ c : « De même que son devenir est véritable et son incorporation de notre nature digne de foi, ainsi sont vrais tous les besoins humains de ce même devenir. »

péché [40], tandis que les passions et, dans une certaine mesure, les besoins eux-mêmes, ressortissent à la nature humaine en vertu, non de sa création, mais de la sentence [41]. En rapprochant ici de l'incarnation ces suites du péché, notre auteur use en réalité d'un raccourci ou d'une simplification, qui lui offre une parade plus sûre à l'accusation de docétisme.

C'est par le même réflexe défensif qu'il cherche également à asseoir la réalité du devenir sur l'expérience par le Verbe incarné des besoins et des passions humaines : Dieu voulut ressentir les faiblesses du corps et de l'âme avec plus d'intensité que le commun des mortels afin de prouver qu'il était vraiment homme. Ses miracles divins eussent pu faire suspecter la consistance de son incarnation ; aussi, explique Philoxène, sa faim et sa soif, sa crainte et sa passion furent-elles extrêmes « à cause de la vérité de son humanité » ; il dort d'un sommeil si pesant que ni la tempête ni les cris des disciples ne l'en réveillent, et l'horreur de son agonie « dépasse la mesure de la nature », puisqu'elle lui arrache la sueur de sang [42].

---

[40] Ci-dessus, p. 410.

[41] Ci-dessus, p. 462 et 466.

[42] *Mēmrē sur l'inhumanation*, fragm. 1-3, f. 16r a-b : « Il fut soumis plus que personne aux parents qui lui advinrent. [...] Il eut faim et soif ; plus que personne il peina et fut las, [...] afin d'expérimenter plus que personne le travail et la fatigue. Sa crainte fut plus grande que celle de personne, au point qu'il transpira dans sa prière non la sueur ordinaire, mais celle dont il est dit qu'elle se coagula et devint comme des gouttes de sang [*Luc*, XXII, 44]. Il expérimenta plus que personne l'angoisse, la tristesse et le trouble de l'âme. [...] À cause de la vérité de son humanité, il alla jusqu'à l'extrême des imperfections de la nature : dans sa mort il était outragé par chacun, sa passion était plus amère que celle de personne ; son ensevelissement fut gracieux ; il craignit et s'attrista plus que personne, dans la faim et la soif, la lassitude et le travail, la privation et le besoin de tout ; dans ses passions il pâtissait plus que personne et pénétrait plus que tous les hommes dans la faiblesse de sa corporalité. » — *Commentaire de Luc, III, 22*, f. 3v-4r : « C'est afin qu'on sache que Jésus est Dieu devenu homme qu'il s'abaissa plus que personne et expérimenta les passions humaines. Chez les autres hommes, la nature elle-même suffit à assurer leur corporalité, mais chez le Christ, outre la vue, le toucher et la nature véritable du corps, [ce sont] aussi les besoins et les passions qu'il expérimenta plus profondément et plus abondamment que personne [... *Luc*, XXII, 44 ; *Matth.*, VIII, 24]. C'est donc pour que sa corporalité ne soit pas niée à cause de sa divinité, et pour que ses passions ne

Pareille insistance semble donc inspirée à notre théologien par un souci apologétique; cependant, s'il admet la réalité des besoins et des passions du Verbe incarné, ce n'est pas seulement comme un correctif au soupçon d'aphthartodocétisme que pouvaient évoquer à l'esprit ses paradoxes sur l'impassibilité du Christ dans les passions; il reçoit également comme une vérité fondamentale de la foi que le Sauveur prit sur lui les besoins et les passions de l'humanité déchue pour se conformer à la condition concrète de celle-ci. Cette affirmation revêt d'ailleurs aux yeux de Philoxène une signification sotériologique évidente; en effet, glosant *Hébr.*, ii, 14-18 et v, 8, il souligne dans sa *Lettre à Uranius* que c'est parce que le Christ avait lui-même expérimenté les passions qu'il put apporter par elles le salut aux hommes passibles; il n'y aurait eu pour ceux-ci aucun avantage, précise-t-il, à ce que Dieu impassible pâtît dans un corps non sujet aux passions, car alors ces passions n'eussent pas été véritables; la nature de Dieu transcendant les passions, il lui fallut prendre le corps par lequel il pourrait pâtir [43].

Ce texte lie donc le salut aux passions du Christ, bien que d'une manière encore indéterminée; mais s'il nous semble mériter de retenir l'attention, c'est avant tout parce qu'il pose nettement comme une condition de la réalité des passions que l'humanité du Verbe soit susceptible de pâtir, c'est-à-dire qu'elle soit « passible » au

---

soient pas crues irréelles et ses besoins imaginaires, à cause de la grandeur de son Essence, qu'il expérimenta les choses humaines plus que l'homme de la nature. »

43 *Lettre au scolastique Uranius*, f. 74ᵛ a : « C'est parce qu'il pâtit lui-même dans l'épreuve qu'il put aider ceux qui sont éprouvés [*Hébr.*, ii, 18]. Pourquoi, dis-moi, put-il aider par les passions ceux qui sont éprouvés par les passions? N'est-ce pas parce qu'il pâtit dans leur chair à eux, qui est passible? Car s'il avait pâti dans une autre chair, qui n'aurait pas été soumise aux passions, — soit qu'elle eût été du ciel, soit qu'elle eût été assumée des anges [*Hébr.*, ii, 16], soit qu'elle fût devenue de rien, soit qu'elle fût sienne par nature et non à cause de l'union, — il n'y aurait eu aucun profit pour nous, les passibles. En effet, quel avantage aurions-nous retiré de ce que Dieu impassible supporte les passions dans un corps non soumis aux passions? Outre que les passions ne se seraient même pas produites, si elles n'étaient pas advenues dans ce corps passible qui est le nôtre; car si la nature de Dieu est supérieure à la passion, et qu'il n'ait pas assumé de corps passible par lequel il puisse pâtir, il est évident que les passions ne se sont pas réalisées, et partant, il n'y a pas eu non plus de salut. »

sens commun du terme. Nous voyons là une précision assez exceptionnelle, et dont il sera utile de se souvenir pour interpréter correctement le paradoxe des « passions de l'Impassible » [44].

C'est sur ce fond traditionnel de l'assomption des besoins et des passions humaines par le Verbe incarné que Philoxène inscrit une théorie personnelle, suivant laquelle leur exercice ne serait pas « naturel », c'est-à-dire que le Sauveur les aurait acceptées « volontairement », avec une liberté souveraine et une absence totale de nécessité.

On possède à ce sujet les affirmations les plus nettes et les mieux attestées : les besoins de la nature sont dans l'hypostase du Christ vraiment, mais non naturellement et nécessairement [45]; le Sauveur est affranchi des passions, mais il les reçoit volontairement pour nous; les passions ne sont pas « plantées » en lui naturellement, et il ne leur est pas soumis nécessairement, mais il les supporte selon l'économie, volontairement [46]. Notre théologien indique d'ailleurs la signification essentiellement sotériologique qu'il accorde à cette théorie : à ses yeux, pouvait seul délivrer des passions, de la mort et de la corruption quelqu'un qui les transcenderait naturellement [47].

---

[44] Ci-dessous, p. 475-479.

[45] *Mēmrē contre Ḥabīb*, VII, f. 61ᵛ c : « De même que nous mangeons vraiment, lui [aussi] mangeait vraiment; de même que nous grandissons vraiment, et non en apparence, lui aussi grandissait; de même que nous sommes las, pâtissons et dormons, lui aussi faisait cela vraiment, comme nous en tout. [Toutefois], ce n'est pas parce qu'il faisait cela comme nous qu'il le faisait aussi naturellement et nécessairement, mais lui, c'est volontairement qu'il l'expérimentait. »

[46] *Commentaire de Jean*, III, 13, f. 216ʳ b-ᵛ b : « Il était affranchi des passions et des maladies, de la faim et de la soif, du sommeil, de l'angoisse et de la crainte; [...] cependant il recevait cela volontairement (ܟ‍ܝܢ‍ܐܝܬ), à cause de nous [...]. Les passions n'étaient pas plantées en lui naturellement, mais il les portait selon l'économie. [...] Il n'était pas soumis aux passions et aux besoins, mais il les supportait selon l'économie, volontairement, et non par nécessité. »

[47] *Livre des sentences*, II, 3, p. 57 [48] : « Il devint de la Vierge non pas ce qu'il était par nature, mais ce qu'il accomplit selon l'économie pour notre salut. En effet, il fallait que nous devenions supérieurs aux passions, à la mort et à la corruption; et il n'y avait pas moyen que cela se fît sans que devînt pour nous notre image et s'associât à nos [passions] celui qui leur est supérieur par nature. C'est pourquoi il s'associa à la chair et au sang [*Hébr.*, II, 14], et nous associa à l'esprit, à la vie et à l'incorruptibilité. »

Afin de comprendre ceci, il faut tenir présents à l'esprit des principes sur lequels nous avons déjà attiré l'attention à propos de la théologie du devenir de Dieu : pour Philoxène, la « nature » est à la « volonté » ce que la nécessité et la contrainte sont à la liberté et à la spontanéité [48]; toute action qu'un être exécute en vertu de sa nature répond ainsi à l'obligation que cette nature lui impose de se conformer à sa loi interne, et dans ce sens agir naturellement c'est agir « pour soi »; mais notre théologien considère comme un dogme enseigné par le symbole que toute l'économie du Verbe eut lieu « pour nous » et non « pour lui » [49]; on conçoit donc que les besoins et les passions que le Christ souffrit pour en délivrer les autres ne sauraient lui avoir été imposés par aucune nécessité naturelle, mais qu'il les assuma avec toute la liberté de sa volonté [50]. En d'autres termes, lorsque Philoxène affirme que la soumission du Christ aux suites du péché ne fut pas naturelle mais volontaire, il entend rappeler que le Sauveur les accepta non pas pour satisfaire à une obligation personnelle, mais de façon à pouvoir en affranchir toute l'humanité.

De même que pour l'exemption de la convoitise, c'est tout d'abord en tant que Verbe divin que le Sauveur est considéré par notre théologien comme affranchi de toute nécessité dans les besoins et

---

[48] Ci-dessus, p. 347.

[49] Ci-dessus, p. 345.

[50] *Mēmrē contre Ḥabīb*, VI, f. 50ᵛ a : « En éloignant Dieu de sa mort volontaire, tu soumets sa nature à la passion et à la mort naturellement; et quelle impiété plus amère que de rendre Dieu mortel dans sa nature et [lui faire] expérimenter la mort naturellement! Donc, s'il est mortel par nature et mourut naturellement, sa passion et sa mort ne nous ont pas vivifiés et affranchis, puisque celui qui meurt naturellement meurt pour soi-même. » — *Lettre aux moines de Téléda, I*, p. 466-467 : « Il réalisa volontairement toutes les autres faiblesses dans son hypostase, pour nous. En effet, s'il y avait été soumis naturellement, elles se seraient réalisées nécessairement en lui, comme en chacun, et sa victoire sur elles aurait donc été pour lui, elle aussi, et non pour nous. C'est donc volontairement qu'il se soumit à toutes [les faiblesses], non comme besogneux, ni comme démuni, ni comme entraîné nécessairement, ni comme poussé par le mouvement de la convoitise, ni comme passible, ni comme mortel par nature; mais, c'est en [être] supérieur à elles par nature qu'il s'abaissa et les réalisa toutes volontairement, et remporta la victoire sur toute l'inimitié. »

les passions humaines [51]. Philoxène voit dans l'impassibilité divine un dogme incontestable; il rattache cette propriété à l'absolue simplicité de Dieu [52], et il l'applique non seulement aux passions humaines, mais, d'une façon plus générale, à tout défaut ou changement susceptible d'affecter de quelque façon l'essence ou l'activité divine [53].

Il faut se garder soigneusement d'interpréter à priori la notion philoxénienne d'impassibilité dans le sens d'une incapacité constitutionnelle de pâtir, c'est-à-dire d'une incompatibilité absolue avec la passion. Pour notre théologien, « être impassible » signifie simplement « n'être point sujet à la passion en vertu de sa nature ». Il importe de le souligner, car c'est à partir de l'interprétation apparemment la plus obvie de l'impassibilité comme impossibilité de pâtir que notre auteur a été gratuitement accusé de théopaschisme lorsqu'il proclamait les passions de l'Impassible [54], puis d'aphthartodocétisme lorsqu'il déclarait ces passions impassibles [55].

En réalité, nous l'avons déjà souligné, le volontarisme de Philoxène lui fait porter à l'absolu, pour ainsi dire, la toute-puissance divine; or, si rien n'est impossible à Dieu parce qu'il peut tout ce qu'il veut, on ne saurait lui dénier la liberté de pâtir sans l'affecter d'une impuissance, qui serait elle-même une passion [56]. Mais notre auteur émousse aussitôt, nous l'avons dit, la pointe de ce volonta-

---

[51] Ci-dessus, p. 468.

[52] *Mēmrē contre Ḥabīb*, IX, f. 90ᵣ a : « La nature divine, parce que divine, essentielle, non composée et incorporelle, est supérieure à la passion et à la mort, et supérieure à tous les besoins humains. » — *Livre des sentences*, I, p. 10 [14], 15 [18] : « La passion n'atteint pas sa nature puisqu'il n'est pas comme un des [êtres] composés. »

[53] *Mēmrē contre Ḥabīb*, X, f. 99ᵥ b-c : « Entourer Dieu d'une frontière, c'est l'enfermer sous une passion; en effet, avoir une frontière [serait] une passion chez Dieu, et ne pas faire tout ce qu'il veut, une faiblesse indicible. » — *Lettre aux moines du Bēt-Gōgal*, II, f. 41ᵥ a : « Si la volonté de son amour est empêchée par la nécessité de sa nature, voilà une passion manifeste de faiblesse, voulant faire quelque chose et ne le pouvant. » — *Commentaire de Jean, I, 1-17*, f. 18ᵥ : « De même qu'aucun dommage n'approche [la nature de Dieu], aucun changement ne lui arrive non plus. »

[54] Ci-dessus, p. 339-340.

[55] Assémani, *Bibl. Orientalis*, p. 22; Krüger, *Philoxenos*, p. 370; Vaschalde, *Three Letters*, p. 66-67.

[56] Ci-dessus, p. 347.

risme, qu'il opposait au rationalisme nestorien, en ajoutant que si
Dieu peut tout ce qu'il veut, il ne veut rien qui soit opposé à sa
nature [57]. Le premier de ces principes justifie la réalité des passions du Verbe incarné, enseignées par toute la tradition; le deuxième permet d'affirmer à priori que ces passions ne lèsent en
rien l'impassibilité divine : en d'autres termes, les passions volontaires de Dieu doivent être conçues conformément à sa nature
impassible, c'est-à-dire sans aucune imperfection indigne d'elle [58].

Cette expression du mystère ne constitue d'ailleurs qu'une application particulière de la théologie philoxénienne du devenir sans
changement : tout aussi réellement que devient celui qui est, l'Impassible peut pâtir, mais il demeurera impassible dans ses passions,
de même que l'Étant devient sans perdre son Essence. Notre théologien opère ainsi une conciliation de principe entre l'impassibilité
et les passions de Dieu Verbe reposant sur l'accord mystérieux de
la nature et de la volonté divines [59].

En Dieu, l'impassibilité n'est donc pas liée à la nature au point
de devenir incompatible avec d'éventuelles passions volontaires; le
Sauveur est impassible non parce qu'il ne peut point pâtir, mais
parce qu'il ne le doit pas en vertu de sa nature; dans la pensée
de Philoxène l'impassibilité naturelle du Verbe incarné ne représente que l'expression négative de l'entière liberté avec laquelle
les passions « non naturelles » sont « volontairement » assumées dans
l'économie.

---

[57] Ci-dessus, p. 348-350.

[58] *Mēmrē contre Ḥabīb*, II, p. 500; III, f. 25ᵛ c-26ᵛ b; X, f. 99ᵛ c-100ʳ a :
« Tout ce qui est dit de Dieu par un exemple [pris] de chez nous est sans
passion chez lui; l'expression est [prise] de nous, mais le fait est conforme
à Dieu. [...] Dieu est-il donc enfermé dans la frontière de son impassibilité
de façon à ne [pouvoir] venir à la passion? Il serait alors lui-même son
gardien, par crainte! Or il ne faut pas penser cela de Dieu. » — *Lettre aux
moines du Bēt-Gōgal, II*, f. 41ᵛ a-b : « Si la volonté [divine] veut sans que la
nature réponde, voici une faiblesse de la volonté, une scission dans la nature et
une passion d'impossibilité. Mais loin de nous [la pensée] que rien de cela
[puisse] arriver à Dieu! » — *Livre des sentences*, II, 5, p. 76-83 [61-66]; 76
[62] : « Toute parole dite de Dieu doit avoir la vertu unique qui ne convient
qu'à Dieu, et il faut la comprendre conformément à Dieu, et non par l'expérience des choses de chez nous. »

[59] Ci-dessus, p. 348-350.

Cette liberté dans les passions ne s'oppose donc pas plus à leur réalité que l'immutabilité de Dieu dans son devenir ne menace la « vérité » de celui-ci ; c'est d'ailleurs sur l'inhumanation véritable que notre auteur fonde le réalisme des besoins et passions du Verbe [60] ; et l'immunité dont bénéficie le Sauveur vis-à-vis de ces suites du péché ne porte pas sur leur exercice, mais uniquement sur la nécessité qui en ferait une expression de la nature [61].

Nous estimons donc que les paradoxes philoxéniens sur la passion de l'Impassible s'appliquent d'abord et avant tout au Sauveur dans sa nature divine ; ils signifient que le Verbe incarné lui-même pâtit vraiment, mais sans blesser en rien l'immuable et infinie perfection de sa nature divine et impassible ; devenu homme sans cesser d'être Dieu, sa volonté expérimente tout au long de l'économie les besoins et les passions humaines avec la même et souveraine liberté qui avait présidé à l'acte initial de l'inhumanation [62].

Mais on ne rendrait pas entièrement compte de la théologie philo-xénienne des passions volontaires en ne faisant appel qu'à la nature divine du Verbe, car l'inhumanation elle-même constitue, selon notre auteur, un titre distinct d'impassibilité. Bien que l'énoncé des « formules théopaschites » comporte rarement l'explicitation du rapport sous lequel le Sauveur assume les passions, il les considère naturellement comme assumées par l'humanité du Verbe et en elle, expliquant, au besoin, que dans le *Trisagion* l'expression « crucifié » suppose le devenir ou la corporalité de l'Immortel comme une

---

[60] *Mēmrē contre Ḥabīb*, VII, f. 63ʳ b-64ʳ c : « De même que son devenir est véritable et son incorporation de notre nature digne de foi, ainsi sont véritables tous les besoins humains de ce même devenir. »

[61] Ci-dessus, p. 474.

[62] Nous avons déjà souligné la portée sotériologique de ces principes (ci-dessus, p. 474). Sans doute le paradoxe des passions de l'Impassible implique-t-il l'affirmation de la permanence du sujet divin dans l'économie ; mais, pour Philoxène, l'accent est ailleurs. Si notre théologien insiste tant sur l'impassibilité du divin Crucifié, ce n'est pas seulement parce que l'idée d'un Dieu passible lui paraît aussi scandaleuse qu'à ses adversaires diphysites ; c'est aussi et surtout parce qu'il considère qu'attribuer les passions à un sauveur passible reviendrait à la négation même du salut, puisque seul un être naturellement impassible est à même de sauver les passibles (p. 473, note 47).

condition évidente de sa crucifixion [63]. Dans ces conditions, il faut s'attendre à ce que le privilège de l'impassibilité soit requis pour l'humanité du Sauveur comme il l'était pour sa nature divine; et Philoxène affirme effectivement que Jésus fut libre de toutes les passions de l'âme et du corps non seulement en tant que Dieu impassible et immortel, mais aussi en tant qu'homme [64].

On connaît déjà le motif pour lequel le Christ homme était naturellement étranger aux passions : c'est parce qu'il « ne fit pas de péché » (1 *Pierre*, II, 22), tandis que les passions « s'introduisirent après le péché »; autrement dit, la liberté du Verbe en tant qu'inhumané devant les besoins et les passions humaines s'explique par le principe selon lequel il devint dans le corps et l'âme de l'Adam d'avant la transgression [65]. C'est donc à la lumière du principe du nouvel Adam qu'il convient d'examiner ce que notre théologien comprend par l'impassibilité du Sauveur en tant qu'homme.

Ici encore, on ne saurait songer à une incapacité radicale de pâtir : comme le corps et l'âme du premier homme, ceux du Christ étaient constitutionnellement aptes à expérimenter les besoins et les passions que le premier subit comme châtiment du péché et que le second assuma volontairement; lorsque Philoxène insiste sur la « vérité » de l'économie pour se défendre du soupçon de docétisme,

---

[63] *Mēmrē sur le Trisagion*, fragm. 1, f. 75r a : « Mais si tu dis : 'Par quelle expression pourrai-je donc indiquer la corporalité, puisque celle d'Immortel ne la montre pas?', apprends de nous que le mot 'crucifié' établit deux [choses] : la corporalité et la crucifixion, puisqu'il était impossible que l'Immortel fût crucifié si la corporalité ne lui était d'abord advenue. »

[64] *Commentaire de Jean*, XX, 17, p. 286 : « Toutes les maladies de l'âme et du corps s'introduisirent après le péché de l'homme; et c'est à cause du premier homme que les hommes devinrent ignorants, et c'est par lui qu'ils reçurent l'angoisse, la tristesse, la crainte et les passions de l'âme et du corps, avec la condamnation à la mort. Mais Jésus, n'ayant pas commis de péché, fut libre de toutes les maladies en tant qu'il devint homme, et non seulement en tant qu'il était Dieu impassible et immortel. »

[65] *Ibid.*; *Commentaire de Jean*, III, 13, f. 216r b : « En s'inhumanant, le Verbe Dieu était affranchi de tout ce qui s'introduisit après la transgression; et il n'était pas soumis aux besoins, d'abord parce qu'il avait l'âme et le corps d'Adam d'avant la transgression, et secondement parce qu'il naquit sans le mariage. Aussi était-il affranchi des passions et des maladies, de la faim et de la soif, du sommeil, de l'angoisse et de la crainte. »

il n'hésite pas à appeler la chair du Sauveur passible au sens commun du mot, c'est-à-dire susceptible de pâtir [66].

L'impassibilité ou le caractère non naturel des passions, qu'il attribue au nouvel Adam, ne désigne donc rien d'autre que la liberté avec laquelle celui-ci les expérimentait. C'est d'ailleurs dans ce sens que notre théologien illustre sa théorie par le détail concret de l'histoire évangélique, en montrant que le Christ fixait de sa propre initiative et avec une souveraine autorité les moments où il voulait ressentir la faim et la soif, la fatigue et le sommeil, la souffrance et la mort [67]. Pour celle-ci, on le verra, Philoxène pouvait invoquer le texte classique de *Jean*, x, 18 [68]; quant à la faim du Sauveur, c'est à propos de l'épisode de la tentation (*Matth.*, IV, 2) qu'il fait remarquer que le besoin ne se manifesta qu'après quarante jours de jeûne, et sans devoir être assouvi, preuve qu'ici la faim était bien l'effet d'une libre décision, et non d'un besoin contraignant de la nature [69].

---

[66] *Lettre au scolastique Uranius* (ci-dessus, p. 472, note 43); *Lettre à Jean l'Arabe*, f. 74ᵛ a : « De l'Essence de Dieu et Père, le Fils et Verbe unique naquit [comme] invisible, non besogneux, impassible et immortel; et le même naquit de la Vierge [comme] visible, tangible, susceptible des (ܚܫ̈ܒܐ) besoins, passible et mortel. »

[67] *Commentaire de Jean, III, 13*, f. 216ᵛ a : « Ce n'est pas naturellement que ces passions étaient plantées en lui, mais c'est selon l'économie qu'il les supporta comme nous. Ceci appert du fait qu'elles ne naissaient pas en lui du dedans, mais [le] combattaient du dehors; [puis], par le fait qu'il les expérimentait de temps en temps; ainsi [est-il écrit] une [seule] fois qu'il dormit [*Matth.*, VIII, 24], une [seule] fois qu'il fut fatigué [*Jean*, IV, 6], une [seule] fois qu'il craignit [*Luc*, XXII, 44] et deux fois qu'il eut faim [*Matth.*, IV, 2; XXI, 18]; et on reconnaît [encore] qu'il recevait [les besoins] selon l'économie par le fait qu'il ne les satisfaisait pas comme nous, car il n'est pas écrit qu'il mangea après avoir eu faim, ni qu'il but après avoir eu soif [*Jean*, IV, 32; XIX, 28], ni qu'il se reposa après avoir été las. » Voir aussi BAR-ṢALĪBĪ, *Commentaire de Matthieu, VIII, 24*, p. 258-259 [192-193].

[68] Ci-dessous, p. 496.

[69] *Commentaire de Jean, XX, 17*, p. 260-261 : « La chair [était] véritable, mais sans la concupiscence, ni la faiblesse, ni rien de ce qui est dû à la condamnation d'Adam, mais tout à fait libre. Le Seigneur expérimenta donc tout librement, par libre volonté, et non comme nécessairement assujetti à l'obéissance, comme il le dit lui-même : 'J'ai le pouvoir de déposer mon âme et j'ai le pouvoir de la reprendre' [*Jean*, x, 18]. Si donc déposer et reprendre [son âme] était en son pouvoir, il est évident que tout le reste advenait par libre

L'aspect insolite de cette psychologie de Jésus n'expérimentant pas les besoins humains d'une manière constante pourrait facilement faire planer sur la christologie philoxénienne le soupçon de docétisme; il importe donc de noter que ses principes ne portent nullement atteinte à la pleine réalité de l'incarnation, mais relèvent directement du parallèle anthropologique et sotériologique des deux Adam. Le fait que notre auteur appelle non naturels les besoins et les passions du Christ ne doit pas donner le change sur leur réalité : à Adam innocent, qui n'éprouvait pas la faim comme un besoin, il était loisible de manger, et, en l'occurrence, il mangeait aussi réellement qu'après la sentence, c'est-à-dire en suivant toutes les lois présidant aux fonctions nutritives [70]; ainsi les besoins et les passions librement assumés par le Verbe incarné ne représentent-ils aucune illusion ou imposture [71]. En les qualifiant de non naturels, notre théologien veut dire que le Sauveur endossa ces propriétés de la nature déchue dans une humanité jouissant encore de l'impassibilité d'Adam avant la chute; en d'autres termes, la « nature » à laquelle elles sont ici référées est celle de l'homme non pas tel qu'il sortit des mains du Créateur, mais tel que le fit le péché [72].

volonté et [n'était] pas naturel. La faim et la soif, la fatigue et le sommeil, les maladies : tout cela [doit] être considéré selon l'économie et non selon la nature de la chair. Il eut faim quand il le voulut, et quand il eut faim, [ce n'était] pas comme démuni de nourriture, comme chacun; [en effet] il jeûna quarante jours et quarante nuits, puis il eut faim; mais s'il avait eu faim par nature, comme chacun, la faim n'aurait pas commencé à se manifester après le jeûne, à la fin des quarante jours; et il ne convient pas non plus à la nature de l'homme qu'après avoir eu faim et soif, on ne prenne ni nourriture ni boisson. En disant ceci, nous ne disons pas que le Seigneur ne prit pas de nourriture et de boisson, mais bien qu'il ne la prit pas nécessairement, comme un besogneux attiré par le besoin. »

[70] *Commentaire de Jean*, *III, 13*, f. 216r b (ci-dessus, p. 466, note 20).

[71] Philoxène souligne la réalité du repas que le Ressuscité prit avec ses disciples (*Luc*, XXIV, 41-43) en l'opposant à celui des anges apparus à Abraham (*Gen.*, XVIII, 6-8), bien qu'il admette qu'après la résurrection Jésus vivait dans un corps glorifié, « à l'image des anges » (*Introduction du commentaire des évangiles*, fragm. 3, f. 13v a-14v a).

[72] DRAGUET, *Julien*, p. 241-242, fait justement remarquer que ce n'est pas dans un sens docète que Philoxène appelle « surnaturelle » et « miraculeuse » l'économie du Verbe, et en particulier les besoins et les passions. Le « sur-

En insistant sur l'absence de la convoitise et sur la liberté devant les besoins et les passions dont le Christ jouit en vertu de son humanité, Philoxène n'offre pas seulement une nouvelle preuve que le monophysisme ne le conduit à aucune confusion dans le Verbe incarné, mais il montre encore que l'humanité du Verbe possède à ses yeux une fonction sotériologique distincte. En effet, l'idée que le Sauveur divin communiquerait aux hommes son impassibilité propre par simple contact avec leur nature est absolument étrangère aux perspectives de notre théologien : tout d'abord l'impassibilité que Dieu Verbe accorde à la nature humaine n'est pas une communion directe à sa propriété divine, mais il restaure par son incarnation celle dont jouissait le premier homme avant la chute [73] ; en outre, ce n'est même pas immédiatement en vertu de sa constitution humaine « impassible » que le Christ en tant qu'homme restaure l'impassibilité, mais bien par sa libre assomption des passions ; autrement dit, son humanité joue ici un rôle sotériologique actif. En effet, comment expliquer autrement que notre auteur accorde aux passions une nécessité rédemptrice telle, qu'il n'hésite pas à affirmer que l'assomption par le Verbe d'une chair non sujette aux passions n'eût profité en rien aux êtres passibles [74] ? Une théorie comprenant le don de l'impassibilité par simple contact « physique » n'eût pas seulement exigé l'assomption de la nature humaine « impassible » d'avant la chute, mais elle aurait exclu positivement que le Sauveur ait aucunement à partager, fût-ce « volontairement », la condition de l'homme déchu.

Philoxène ne précise dans aucun texte conservé sa conception

naturel » consiste ici en ce que Dieu, naturellement impassible, se soumet volontairement à la passion ; mais le « miracle » n'est perceptible que pour la foi, puisqu'il consiste précisément en ce que les besoins et les passions du Verbe incarné sont véritablement humains.

[73] *Commentaire de Jean, I, 1-17*, f. 127r, 144v-145r ; *Livre des sentences*, I, p. 4 [9] ; III, 1 p. 185 [139] ; *Lettre à Patricius*, f. 39v b-40r a ; 63r b : « [Le Christ] fit d'abord en son hypostase le renouvellement de toute la nature humaine, lui rendit sa liberté première, la pureté et la santé intellectuelle de l'âme et rétablit notre intellect en le restaurant dans son immutabilité première. » *Lettre aux moines de Senoun*, p. 71 [58]. — L'incarnation confère toutefois à cette impassibilité retrouvée un caractère de fermeté spéciale (ci-dessus, p. 417-418).

[74] Ci-dessus, p. 472, note 43.

positive du don de l'impassibilité par les passions impassibles du
Sauveur; mais le fait qu'il considère les besoins et les passions
comme des suites ou un châtiment du péché [75] invite à penser qu'il
pouvait rendre compte de leur délivrance par le truchement d'une
satisfaction représentative, analogue à celle par laquelle il expliquait la rédemption de la Loi [76].

Ce n'est pas pour le contenu de l'impassibilité, ni pour le mode
de son acquisition par le Sauveur, mais uniquement pour son mode
de communication aux rachetés, que notre théologien invoque les
principes « réalistes » qui commandent sa conception « physique »
de l'organisme du salut. Ici, il considère comme un des effets de
l'économie d'avoir opéré pour toute la nature humaine la guérison,
c'est-à-dire le redressement vers le spirituel, de la partie concupiscible et irascible de l'âme, siège des passions; plus précisément,
les passions du Verbe incarné rendent à l'intellect sa liberté première et la santé de sa nature en le rétablissant dans son immutabilité primitive [77].

Cette transformation peut être regardée comme « naturelle » non
seulement par son extension universelle, mais encore en ce qu'elle
opère une guérison radicale de l'âme, et non un simple retranche-
ment des actions mauvaises, comme la justice de l'ancien Testament [78]. Cependant, Philoxène ne conçoit pas le don de l'impassibilité comme une effusion automatique; elle n'est accessible qu'aux
seuls baptisés, et n'est offerte à ceux-ci que comme une victoire

---

[75] Ci-dessus, p. 462 et 466.

[76] Ci-dessus, p. 453.

[77] *Lettre à Patricius*, f. 39v a : « Le but de sa venue est de purifier
le mal de l'âme et de lui rendre son assiette (ܪܚܝܘܬܐ) première. » — *Ibid.*,
f. 51r a-b : « La pureté de l'âme est le don premier de notre nature, c'est-à-dire
qu'elle est la santé de l'âme, que l'âme possédait avant que s'introduise le
péché; et, à mon avis, celui qui a mérité de l'atteindre reçoit la sensation de
son renouvellement, pour que ce ne soit pas en parole qu'il apprenne qu'il
est fils de Dieu et frère du Christ, mais qu'il sente ce don en acte. » — *Ibid.*,
f. 54v a : « Le désir naturel de l'âme advient après qu'elle s'est guérie de toutes les passions mauvaises et qu'elle a déraciné d'elle le mal, qui est sa maladie. » —*Ibid.*, f. 55r a : « Tant que la partie de la passibilité de l'âme n'a pas
été guérie, elle ne possède pas la santé. »

[78] Ci-dessus, p. 456-457, note 38.

à conquérir [79]; ce que le chrétien a reçu, suivant notre théologien, c'est une possibilité nouvelle ou, plus exactement, la restauration d'une virtualité « naturelle »; il appartient normalement à l'homme nouveau d'épanouir en acte, c'est-à-dire de rendre sensible son renouvellement acquis *in nucleo,* tant en dépouillant le vieil homme par la lutte contre les passions mauvaises qu'en acquérant la charité par la garde des commandements [80].

[79] *Lettre aux moines de Téléda, I,* p. 467 : « Moi seul je me suis incorporé de la nature humaine, sans le mariage, et j'ai sanctifié en moi la nature, et je l'ai rendue supérieure à la passion, aux mouvements du péché et à la mort de la nature. [...] Je me suis abaissé et j'ai exercé tout ce [qui appartient à la nature] pour le salut de ceux pour qui je m'étais incorporé; ct vous pouvez désormais, vous aussi, vaincre le monde comme je l'ai vaincu [*Jean,* XVI, 33]. Avant moi, nul n'avait vaincu le monde; mais après moi, quiconque naît de l'eau et de l'Esprit vainc le monde, car il le vainc parce que je l'ai moi-même vaincu. Avant moi, nul n'avait vaincu; mais après moi vainc quiconque le veut. »

[80] Ci-dessus, p. 422. Nous n'avons pas à étudier dans le détail la place que Philoxène assigne à l'impassibilité ou à l'immutabilité (ܠܐ ܚܫܘܫܘܬܐ) dans l'accès à la contemplation, ni, notamment, ses rapports avec la pureté parfaite de l'intellect et la charité spirituelle (*Lettre à Patricius,* f. 51r b-53v b; 58r b-61r b). Bornons-nous à indiquer qu'à notre sens, le concept philoxénien d'impassibilité devrait être élucidé en fonction du principe anthropologique des « trois mouvements de l'intellect » : en effet, si l'impassibilité que l'homme retrouve est celle d'Adam avant la chute (ci-dessus, p. 481, note 73), elle s'identifie normalement avec un des deux « mouvements » qui précédèrent celle-ci. Ainsi est-ce conformément au deuxième « mouvement » que notre auteur comprendrait l'impassibilité conçue à la manièrc de l'« indifférence » paulinienne (1 *Cor.,* VII, 29-31), c'est-à-dire d'un dégagement, d'une liberté intérieure vis-à-vis des passions encore actives, mais impuissantes : l'esprit contemple leur combat et le dirige de haut sans être pris par leur plaisir (*Mēmrē parénétiques,* XII, p. 532-533, 537-538; *Lettre à Patricius,* f. 46r b-47v a); il leur est présent avec l'autorité de sa nature, sans s'y disperser, comme Dieu est à la fois présent à l'univers qu'il transcende pourtant infiniment (*Mēmrē parénétiques,* XII, p. 513-514). Mais parfois Philoxène semble se représenter l'impassibilité du parfait conformément au premier « mouvement » de l'intellect, qui précéda l'épreuve et l'éveil même de la convoitise, c'est-à-dire comme une véritable insensibilité : plus rien que le spirituel n'existe pour l'esprit, qui ne sent plus la passion du péché (*ibid.,* XII, p. 536-537; XIII, p. 612-617, 624); ici, non seulement le parfait mange « comme ne mangeant pas » (*ibid.,* XI, p. 442-443) mais il ne sent plus qu'il mange (*ibid.,* XI, p. 456); non seulement il n'est plus troublé par la convoitise du mariage, mais il ne distingue plus entre homme et femme (*ibid.,* p. 482); le vieil homme étant mortifié en acte,

VI. — LA MORT DE DIEU

Le thème patristique de la « mort de Dieu », que d'étranges
métamorphoses allaient convertir en un manifeste de l'athéisme
moderne, représente pour Philoxène l'expression privilégiée de la
foi chrétienne et le sommet du mystère christologique. Le paradoxe
de la *Théotokos,* expression équivalente de la naissance de Dieu, et
celui du *Trisagion* monophysite, proclamant la mort en croix de
l'Immortel, ne sont pas conçus, chez notre théologien, comme des
« corollaires » artificiels et savants du dogme christologique ; bien
au contraire, il se situent pour lui au cœur de l'affirmation de
la « foi simple », celle du symbole et de la liturgie, et c'est plutôt
la formule monophysite de l'une nature et hypostase qui constitue
à ses yeux leur élaboration théologique [1].

Des trois mystères principaux que Philoxène regarde respectivement comme le début, le milieu et la fin de l'économie, c'est-à-dire
la naissance, les passions et la mort du Verbe incarné [2], le dernier
n'est pas un simple terme accidentel, mais il représente véritablement le but directeur des intentions divines. L'évêque de Mabbog
a réfuté d'avance, en quelque sorte, ceux pour qui la sotériologie
monophysite lui aurait prétendument fait négliger la croix au profit de l'incarnation [3] : Dieu s'incarne afin de pouvoir pâtir et mourir pour les pécheurs [4] ; il devient chair afin de devenir malédiction,
c'est-à-dire pour pouvoir mourir en croix [5] ; il naît pour mourir et

il n'y a plus ni sensation, ni convoitise, ni guerre des passions (*ibid.,* XIII,
p. 620; *Commentaire de Jean, I, 1-17,* f. 131r-132r). On peut se demander
dans quelle mesure Philoxène conçoit cette anticipation de l'état eschatologique comme accessible ici-bas.

1 Ci-dessus, p. 319, note 4; *Mēmrē contre Ḥabīb,* X, f. 103v a.

2 Ci-dessus, p. 402.

3 BERGSTRÄSSER, *Soteriologie,* p. 51; *Monophysitismus,* p. 127.

4 *Commentaire de Jean, I, 1-17,* f. 181v : « Il s'incarna, s'inhumana, devint
de la femme et sous la Loi [*Gal.,* IV, 4] afin qu'il lui fût possible de pâtir
pour les pécheurs et de les rendre justes; en triomphant du péché, il nous affranchit de la servitude de la Loi; et en étant suspendu au bois, il nous racheta
de la malédiction de la sentence, pour que nous ne soyons plus asservis à
Satan ni ravis par la mort. »

5 *Mēmrē contre Ḥabīb, VIII,* f. 80r c : « C'est afin de devenir malédiction
[*Gal.,* III, 13] qu'il devint d'abord chair; en effet, puisqu'il était impossible

meurt pour sauver [6]; l'incarnation n'est donc qu'un préliminaire du sacrifice, c'est-à-dire la constitution de la victime [7]. Saurait-on marquer plus nettement la préséance du mystère de la croix, et partant le caractère sotériologique de toute la christologie [8]?

Afin de comprendre l'obstination que Philoxène met à défendre la passion et la mort de Dieu, il convient de se souvenir qu'il interprète tout dualisme christologique, nestorien ou chalcédonien, sur le mode d'un adoptianisme aboutissant à confesser la passion et la mort d'un homme ordinaire [9]. Notre théologien avait bien saisi que l'intention des diphysites partait du souci d'écarter toute imperfection humaine de la divinité du Sauveur, mais leurs distinctions lui apparaissent comme la négation de la foi christologique et la ruine du salut [10].

qu'il devienne malédiction et expérimente la mort en tant qu'il est spirituel et incorporel, il devint d'abord chair de la Vierge, afin de devenir malédiction sur la croix. »

[6] *Lettre aux moines de Senoun*, p. 58 [48] : « S'il devint homme dans le ventre, c'était pour naître de la femme; et il naquit de celle-ci afin de mourir; et il mourut afin de sauver, savoir de Satan, de la mort et du péché. »

[7] *Ibid.*, p. 7 [6] : « Devenu prémices de la Vierge par la naissance humaine, il devint encore, dans son hypostase, sacrifice propitiatoire à son Père pour toute l'humanité, en supportant dans la chair la mort en croix. »

[8] Si Philoxène refuse de dire que le Sauveur n'aurait pas existé sans le péché et la nécessité de la rédemption (*Livre des sentences*, III, 3, p. 206-216 [153-161]), c'est parce que cette opinion lui paraît subordonner le Christ aux hommes comme un moyen à sa fin. — La finalité sotériologique de l'incarnation est également souligné par Athanase (BOUYER, *Athanase*, p. 47, 87) et Cyrille d'Alexandrie (GROSS, *Divinisation*, p. 285).

[9] Ci-dessus, p. 331; *Mēmrē contre Ḥabīb*, X, f. 103ʳ a-109ᵛ c; *Lettre aux moines de Téléda*, I, p. 459-460 : « Qui est celui qui anéantit par sa mort la puissance de la mort [*Hébr.*, II, 14]? C'est évidemment le même Dieu que celui qui était devenu homme; car ce n'est pas un autre qui s'était associé à nous et un autre qui mourut pour nous, mais c'est celui qui s'était associé à notre race et affilié à notre nature, étant Dieu de Dieu, qui goûta volontairement la mort en tant que devenu homme. En effet, ce n'est pas un autre homme, extérieur à Dieu, qui reçut la passion, Dieu prenant sur soi métaphoriquement la passion de [cet] homme; il serait risible de croire ainsi, car la foi n'est pas nécessaire pour [croire] qu'un homme est mort pour nous, puisqu'il est évident, même sans la foi, que tout homme qui existe est mortel, de même qu'il est manifeste pour tous les hommes, même sans la foi, que Dieu est immortel. »

[10] *Lettre aux moines de Senoun*, p. 30 [24] : « Les nestoriens disent qu'il

Le dogme de la mort de Dieu implique et exprime donc à ses yeux l'imprescriptible unité du Verbe incarné; au terme de l'économie comme à son début, le Christ reste « un de la Trinité »; c'est donc Dieu qui meurt, aussi véritablement que c'est Dieu qui était né[11]. La pointe de cette affirmation, que Philoxène oppose à toute idée d'un « partage de propriétés »[12], vise à montrer la Divinité comme inconfusément présente au cœur même du mystère de sa mort personnelle, et non comme simplement agissante à travers une mort humaine[13].

Mais cette insistance sur le caractère divin, si l'on ose dire, de la mort humaine elle-même nous paraît révélatrice de la portée essentiellement sotériologique que les paradoxes de la théologie monophysite conservent chez notre auteur : il ne s'agit jamais pour lui d'affirmations spéculatives, qui n'auraient d'autre intention

---

faut confesser que celui qui fut crucifié pour nous est un homme, croyant ainsi honorer Dieu en écartant de lui les passions et la mort, et en les reportant sur un homme mortel; égarés, qui ne comprennent pas qu'ils outragent particulièrement Dieu en croyant l'honorer! Mais s'il ne mourut pas parce qu'il est immortel, suivant leur dire, qu'ils ne le nomment donc pas non plus notre sauveur, car il est évident que c'est celui qui mourut qui sauva. »

11 *Profession à Zénon*, p. 171-172 [125] : « Nous ne soumettons donc pas la nature du Verbe à la passion, et nous ne croyons pas que c'est un homme extérieur à lui qui mourut, mais nous croyons que c'est celui qui est supérieur à la mort comme Dieu qui l'expérimenta comme homme, [lui] qui est le Fils unique, un de la Trinité. » — *Livre des sentences*, III, 1, p. 160-161 [121] : « Nous avons appris de l'Écriture sainte à comprendre deux devenirs de Jésus, le Fils de Dieu; un est reconnu au début de l'économie, l'autre à la fin. » — *Lettre aux moines de Senoun*, p. 28 [23]. — Nous avons déjà souligné que Philoxène utilise fréquemment l'argument de la maternité divine pour prouver la mort de Dieu (ci-dessus, p. 406-407). Il voit la divinité du Crucifié manifestée dans les miracles qui accompagnèrent sa mort, confessée dans l'adoration de la croix et implicitement affirmée dans la foi aux biens divins qui en découlent (*Lettre aux moines de Téléda*, I, p. 468-469, 488-489, 495-496; *Dix chapitres*, 10, p. CIII-CIV; *Lettre aux moines de Senoun*, p. 13 [11], 29-32 (24-26)).

12 *Mēmrē contre Ḥabīb*, IX, f. 89v c-91v b, 93v a-94v b; *Lettre aux moines de Senoun*, p. 25-30 [21-25].

13 Philoxène semble souvent en rester à la perspective des controverses ariennes, où les imperfections humaines du Sauveur étaient avancées comme une objection contre sa divinité; pour Athanase, voir RICHARD, *Athanase*, p. 7-13; pour Éphrem, voir BECK, *Theologie*, p. 64-65; pour Cyrille d'Alexandre, voir LIÉBAERT, *Cyrille*, p. 210-216.

que de corroborer la formule savante de l'une nature incarnée ; au contraire, le dogme de la mort de Dieu ne se charge de tout son potentiel émotif d'acclamation liturgique, et il ne devient pleinement intelligible dans toute la richesse de son contexte théologique, que si on l'éclaire par les deux assertions capitales de la foi qu'il résume, savoir : que le salut chrétien est une action divine, et qu'il découle de la mort du Sauveur [14].

C'est donc pour être salutaire que la mort du Christ devait être divine. Il fallait que Dieu mourût, déclare Philoxène, pour détruire le péché et la malédiction, et pour que l'humanité entre en jouissance du nouveau Testament, spirituel et divin ; voilà pourquoi, s'inspirant d'un argument traditionnel, il avertit souvent les « nestoriens » que la réduction du mystère de la croix à une simple mort humaine compromet irrémédiablement l'espérance des baptisés [15].

Le paradoxe de la mort de Dieu ne perd donc jamais chez notre auteur sa valeur religieuse d'expression du mystère rédempteur ; et ceci est encore plus vrai si on le considère dans sa forme achevée, où la mort est présentée non seulement comme celle de l'Immortel, mais comme vivante et vivifiante en elle-même, Philoxène précisant alors que le Verbe incarné reste immortel dans la mort, c'est-à-dire, qu'il meurt de façon immortelle [16].

---

[14] *Lettre aux moines de Senoun*, p. 13 [11] : « Par qui, dis-moi, le salut nous est-il advenu ? N'est-ce pas par la mort de celui dont on confesse qu'il fut crucifié ? Si c'est Dieu, comme nous le croyons, nous voici sauvés par Dieu ; mais si c'est un homme, tel est aussi notre sauveur ! [...] En outre, comment nous fier à la capacité de nous sauver de celui qui serait un homme par nature ? » — *Ibid.*, p. 30 [25] : « Si, comme ils disent, le Verbe craignit et fuit la mort par laquelle le salut fut accompli, il écartait de lui-même d'adoration convenant à celui qui se montra sauveur par la mort. »

[15] *Mēmrē contre Ḥabīb*, VI, f. 56ᵛ c-59ʳ b ; *Lettre aux moines de Senoun*, p. 28 [23].

[16] *Lettre dogmatique aux moines*, p. 170 [123-124] ; *Mēmrē contre Ḥabīb*, VIII, f. 70ʳ c ; *Lettre aux moines de Téléda*, I, p. 471 ; *Lettre aux moines de Senoun*, p. 34 [28] : « Bien que celui qui pendait à la croix parût être un homme réputé passible, c'était pourtant Dieu impassible, devenu dans la passion en tant que visible, mais demeurant impassible en tant qu'invisible, et devenu dans la mort selon la chair parce qu'il l'avait voulu, et non comme un mortel soumis à la mort contre son gré. » — *Ibid.*, p. 36 [29] : « Impassible dans nos passions, qu'il avait faites aussi les siennes, il détruisit le pouvoir des passions

En effet, les principes sous-jacents à ces affirmations se ramènent
à un motif essentiellement sotériologique, que nous avons déjà relevé
à propos des passions volontaires [17] : la liberté de l'économie comme
condition de son efficacité rédemptrice. Selon notre théologien,
tout mortel meurt « pour soi », parce que sa mort répond à une
nécessité immanente ou naturelle; mais celui qui meurt ainsi parce
qu'il doit mourir, ne saurait mourir « pour les autres », c'est-à-dire
à leur avantage, comme le « propter nos » du symbole l'affirme
du Sauveur. Pour délivrer l'humanité de la mort, il fallait donc
qu'un Immortel consente à mourir d'une façon entièrement désintéressée, sans nécessité aucune, de sorte que le bénéfice de sa mort
puisse être appliqué aux mortels qu'il voulait sauver [18].

Cependant, le sens, encore général, de l'antinomie philoxénienne va
se préciser par l'examen des deux titres que le Verbe incarné possède
à l'immortalité dans la mort; en effet, notre théologien distingue

---

par son impassibilité; puis, par sa mort immortelle, celui qui était devenu dans
la chair fit passer l'empire de la mort et de la corruption. »

[17] Ci-dessus, p. 473-479.

[18] *Lettre dogmatique aux moines*, p. 139 [101] : « Ce n'est pas un mortel
qui mourut pour nous, ni un homme, car tout mortel qui meurt meurt pour
soi-même, et tout passible qui pâtit pâtit pour soi-même, et quiconque n'est
pas [avant de] devenir devient pour soi-même. Mais ici, grand est le mystère,
profonde la charité, ineffable le salut : celui qui est devint, non pour devenir
lui-même, car il était, mais pour que nous devenions fils de Dieu par son devenir; et tout ce qu'il devint, ce n'est pas pour lui qu'il le devint, mais pour
nous. Il était impassible par sa nature, car s'il avait pâti en étant passible,
il aurait pâti pour soi; et il n'était pas mortel par la sentence de la transgression, comme nous, mais il est immortel parce que Dieu. » — *Lettre aux moines
de Téléda, I*, p. 461-463 : « Si un mortel est mort, comme vous le dites, de
quoi cela me sert-il? Et si quelqu'un de naturellement soumis aux passions a
pâti, je n'en tire aucun profit, car il est évident pour tous les [êtres] intelligents que la nécessité de la mort règne sur la vie de celui qui est mortel par
sa nature. [...] Si celui qui mourut est mortel par nature, il serait mort pour
lui de toute façon, même s'il n'était pas mort pour nous; et [alors] la mort
du Christ n'est plus pour nous, mais il est mort pour lui-même, par la sentence,
comme moi! [...] Comment celui qui était soumis à la mort par sa nature aurait-
il vaincu la mort? S'il était mort en étant mortel, la mort aurait eu empire
sur lui et il n'aurait pas vaincu la mort. » — *Mēmrē contre Ḥabīb, X*, f. 100ᵛ c :
« Si le Christ est mortel, comme tu le dis, il aurait dû mourir pour lui, et il
serait apparu dans sa mort même que sa mort advenait pour lui, puisqu'il
serait mort en étant mortel. »

ici, comme il le faisait à propos des passions [19], la liberté que le
Christ conserve devant la mort en vertu de son Être divin et en
vertu de son devenir humain.

Si la mort du Verbe incarné est immortelle et vivifiante, c'est
tout d'abord parce qu'elle est celle de Dieu lui-même, devenu homme
sans changement [20]. L'immortalité de Dieu représente pour Philoxène une donnée incontestée : l'être parfait possède la vie par soi;
non seulement il ne la reçoit d'aucun autre, mais il est, au contraire,
l'unique source de toute vie créée [21]; notre auteur rattache plus
précisément l'immortalité divine à l'absolue simplicité de la nature
essentielle, où l'on ne saurait distinguer la dichotomie de l'âme
vivifiant son corps [22].

Jamais Philoxène ne remet en question l'immortalité naturelle
de Dieu, qui est aussi celle de l'hypostase coëssentielle du Fils.

---

[19] Ci-dessus, p. 477.

[20] *Mēmrē contre Ḥabīb*, VIII, f. 70ᵛ b : « Il s'incorpora d'abord et devint
homme de notre nature, sur laquelle la mort a empire; puis il expérimenta l'acte
de la mort. Et puisqu'en devenant homme, Dieu était demeuré dans sa nature,
comme il convient à Dieu, c'est à bon droit qu'on dit que l'Immortel mourut,
parce qu'on croit que Dieu était devenu homme. Et de même qu'il resta ce qu'il
est dans son devenir, il resta aussi immortel en mourant. C'est donc à bon
droit que je proclame sans crainte que l'Immortel mourut, puisque j'annonce
aussi sans crainte que Dieu devint homme; et je l'appelle justement immortel dans sa mort même, puisque je le nomme aussi justement Dieu dans son
humanité, et Essentiel dans son devenir. » — *Commentaire de Jean, I, 1-17*, f.
164ᵛ.

[21] *Mēmrā sur l'arbre de vie*, col. 602 B-C : « Nam etiam si gratuito [Adamo]
concessum fuisset, ut vitam sempiternam ageret, non ideo immortalis natura
dicendus erat : quippe cujus vita in alterius esset potestate. Igitur, et si in
aeternum non fuisset moriturus, mortalis tamen erat; nempe immortalitas
ad solum Deum spectat; et si ulla sit natura quae non dissolvitur nec ullo
mortis fato perimitur, id ex gratia donatum sibi ab illo habet; quod autem
alteri acceptum fertur, id rursus pro illius arbitrio adimi potest. » — *Livre
des sentences*, I, p. 10 [14]; 16 [18] : « Il est donneur de vie par sa nature,
non pour lui, mais pour les autres. »

[22] *Livre des sentences*, I, p. 15-16 [18] : « Il n'y a pas de mort dans son
Essence, parce que sa vie n'est pas versée en lui comme dans un vase; il n'est
pas constitué de parties comme l'homme; il n'y a pas en lui une [partie] qui
vivifie et une autre qui reçoit la vie; il est tout entier vie, puisqu'il est tout
entier vivant; en effet, il n'est pas composé de deux, comme d'un corps et
d'une âme dont l'une donne la vie et l'autre est récepteur de la vie. »

Recevant le dogme de la mort du Verbe incarné comme une donnée fondamentale de la révélation, il échappe cependant à l'alternative fatale du théopaschisme et du docétisme en attribuant cette mort non pas à la nature mais à la volonté divine [23]. Pas plus que l'impassibilité, l'immortalité de Dieu n'est donc interprétée par notre théologien dans le sens d'une incompatibilité absolue; il s'agit d'une répugnance naturelle, mais surmontable en vertu de la toute-puissance de la volonté divine [24]. Le « volontarisme » fournit ainsi à Philoxène la justification théologique du dogme de la mort de Dieu; mais ce volontarisme est corrigé chez lui, on le sait, par l'affirmation de principe que la volonté divine ne contredit pas sa nature [25]; la mort de Dieu n'affecte donc aucunement sa nature mais son devenir, c'est-à-dire l'incarnation, par laquelle le Verbe acquiert la possibilité de mourir qu'il ne possédait pas en vertu de son être.

Notre auteur exprime ce dernier point de bien des manières : Dieu ne meurt pas « au-delà de l'incorporation » [26]; sans incarnation

[23] *Lettre dogmatique aux moines*, p. 138 [100] : « Il goûta la mort par sa volonté alors qu'il est vivant par sa nature. » — *Mēmrē contre Ḥabīb*, X, f. 98ᵛ b : « Sa nature est vivante, [mais] sa volonté l'amena à la mort. »

[24] *Lettre aux moines de Téléda*, I, p. 469 : « Il mourut parce qu'il le voulut; en effet Dieu n'est enfermé dans aucune frontière. » — *Livre des sentences*, II, 7, p. 127-128 [97-98] : « [L'Infini] est libre toujours et pour tout, et il faut croire de celui qui est reconnu tel qu'il n'est empêché de suivre sa volonté ni par sa volonté ni par sa nature. [...] Il expérimenta les passions sans laisser d'être reconnu impassible, et la mort sans cesser d'être vivant par nature et dispensateur de vie. [...] Puisque sa nature ne peut forcer en rien sa volonté, [...] sa nature obéit à sa volonté et il s'anéantit en venant dans la Vierge. »

[25] *Mēmrē contre Ḥabīb*, X, f. 98ᵛ b-c : « J'ai dit deux choses : qu'il mourut par sa volonté et qu'il est vivant par sa nature. Si tu dis qu'il n'est pas vivant par sa nature, voilà une impiété; et si tu écartes sa volonté de la mort, le voici mort contre sa volonté, et ce qu'il devint est opposé à sa volonté! Or ce n'est pas en séparant sa volonté de sa nature que nous disons qu'il goûta la mort dans sa volonté, mais c'est pour apprendre que sa nature est vivante, afin que l'hypostase qui mourut ne soit pas crue naturellement mortelle comme chacun. »

[26] *Ibid.*, VII, f. 59ᵛ c-60ʳ a : « Si nous avions nommé la mort au-delà de l'incorporation, la mort eût été naturelle, contrainte et nécessaire, et [le Christ] ne nous aurait servi de rien dans sa mort ni dans sa résurrection. Mais maintenant que nous confessons que l'Immortel s'incorpora, et qu'il s'incorpora de notre nature à nous, mortels, et qu'il expérimenta tout selon le corps, dans

véritable, point de mort, répond-il encore à l'objection selon laquelle
la mort de l'Immortel frustrerait l'humanité du Christ [27]; en commentant le *Trisagion* monophysite, il explique semblablement que
les mots « crucifié pour nous » indiquent la corporalité, car « l'Immortel n'aurait pu être crucifié si la corporalité ne lui était d'abord
advenue » [28]; le Christ ne meurt pas spirituellement, c'est-à-dire
en tant qu'il est Dieu, par sa nature spirituelle, mais corporellement, c'est-à-dire en tant que devenu homme, notre connaturel,
par le devenir de sa grâce, par l'incorporation de notre nature [29].

Le paradoxe de la mort vivante de Dieu est donc conçu par
Philoxène sur le modèle du devenir immuable, dont il constitue
d'ailleurs un simple prolongement : d'une part la mort est à la
fois véritable et divine : aussi divine que le devenir, qui est celui
de Dieu, et aussi véritablement humaine qu'avait été l'inhumanation ;
mais d'autre part Dieu meurt en restant vivant dans la mort,
comme il était devenu homme sans cesser d'être Dieu ; il meurt
conformément à la nature divine, c'est-à-dire sans abandonner la
vie dans la mort [30].

ce sens, l'économie est libre de toute contradiction, car la mort n'est pas [celle]
de sa nature puisque ce n'est pas dans sa spiritualité qu'il mourut. » — Par
« au-delà de l'incorporation », Philoxène veut désigner ici l'état du Verbe
in divinis.

[27] *Ibid.*, VIII, f. 70v a-b : « Nous n'avons pas nié l'humanité, comme tu
le dis, sinon nous aurions aussi nié la mort avec elle ; car celui qui refuse la
corporalité de Dieu refuse évidemment aussi sa mort, parce qu'on ne croit
pas la mort si on ne prend d'abord la corporalité. En effet, la mort est [le
propre] des [êtres] corporels, et non des spirituels, et la passion advient aux
[êtres] composés, et ne se produit point là où il n'y a pas de membres. La
mort n'aurait donc pas atteint Dieu s'il n'était venu à l'incorporation, qui est
susceptible de la mort. »

[28] *Mēmrā sur le Trisagion*, fragm. 2-3, f. 75r a-b : « 'Il est immortel' convient à : 'Il est', et : 'Il fut crucifié et mourut pour nous' [convient] à : 'Il
devint'. [...] Le même est reconnu immortel et mortel : immortel comme Dieu,
et mortel, c'est-à-dire susceptible de mort, en tant que devenu homme. »

[29] *Profession à Zénon*, p. 170-172 [124-125] ; *Lettre aux moines de Téléda, I*,
p. 469-477 : « La mort appartient à son devenir, et non à son Essence » (p.
470) ; « Dieu ne goûta pas la mort par la nature de sa spiritualité, mais par
la vérité de sa corporalité » (p. 471).

[30] *Lettre aux moines de Téléda, I*, p. 493 : « Dieu mourut vraiment en tant
que devenu homme, et il ne mourut vraiment pas en tant qu'il est Dieu ; les
deux choses sont vraies dans son hypostase adorable. » — *Mēmrē contre Ḥabīb*,

Pour mieux saisir comment notre auteur interprète concrètement
ce mystère, il importe de savoir qu'il conçoit la mort humaine comme
le départ de l'âme ou sa séparation d'avec le corps, c'est-à-dire
comme la dissolution de leur société mutuelle [31]. On comprend,
dès lors, qu'il voie dans le dogme de la mort vivante du Verbe
incarné l'expression de la condition du Sauveur durant le « triduum
mortis » ; la mort est réelle, car l'âme et le corps humains du Verbe
sont réellement séparés l'un de l'autre : le Crucifié a remis son
esprit entre les mains du Père, tandis que son corps détaché de la
croix gît au tombeau ; mais d'autre part cette mort est immortelle
parce que, Dieu Verbe n'ayant quitté ni son corps ni son âme, ils
restent l'un et l'autre tout aussi vivants et vivifiants qu'ils l'étaient
depuis le premier instant de l'inhumanation, en vertu de leur union
hypostatique et naturelle à la Vie elle-même [32].

VI, f. 59r b : « Celui qui mourut est Dieu immortel qui, en tant que devenu
homme, expérimenta la mort et, en tant que demeuré Dieu sans changement,
resta supérieur à la mort. » — *Ibid.*, VIII, f. 70v b : « Puisqu'en devenant
homme Dieu était demeuré dans sa nature, comme il convient à Dieu, c'est à
bon droit qu'on dit que l'Immortel mourut, parce qu'on croit que Dieu devint
homme. Et de même qu'il resta ce qu'il est dans son devenir, ainsi resta-t-il
immortel en mourant.

[31] *Commentaire de Jean, I, 1-17*, f. 183r : « L'âme fut unie au corps par la
formation du premier homme, et ils furent séparés l'un de l'autre par la
sentence, à cause du péché. » — *Com. de Jean, II, 19*, f. 23v (ci-dessus, p. 159,
no 5) : « La mort est le terme de la vie ancienne et la séparation de l'âme d'avec
le corps, et non seulement le relâchement et la dispersion de la composition des
membres. De même que le commencement de la vie de l'homme est l'associa-
tion de l'âme avec le corps, ainsi le [commencement] de la mort est leur séparation mutuelle ; et si l'âme ne meurt pas par sa nature, comme l'a enseigné
Notre-Seigneur [*Matth.*, x, 28 ?], parce qu'elle n'est pas composée, son associa-
tion avec le corps se dissout par la mort. » — *Mēmrē sur l'inhumanation*, fragm.
4, f. 9r a : « Ce n'est pas à partir du moment où son âme quitte son corps
que [l'homme] est appelé mortel, mais il est appelé mortel de sa naissance à
sa mort, tout le temps de sa vie, puisque telle est sa nature. »

[32] *Profession à Zénon*, p. 170-171 [124-125] ; *Lettre aux moines de Téléda*,
I, p. 477-478 : « Si sa mort est la vie pour les autres, combien plus son hypostase
ne perd-elle pas sa vie par sa mort ! [...] Dieu était vivant dans sa mort même,
et tandis qu'il était déposé au tombeau selon le corps. il ne cessait pas l'activité de sa nature. » — *Ibid.*, p. 490 : « La vie humaine quitta le Christ, mais non
la vie divine ; il remit son âme entre les mains de son Père, mais non sa divinité. » — *Ibid.*, p. 492 : « C'est notre vie qui était en lui qu'il remit entre les

Le Verbe incarné meurt véritablement; aussi Philoxène considère-t-il comme miraculeux le jaillissement du sang et de l'eau hors du côté transpercé [33]; mais dans ce miracle il lit surtout le signe que le cadavre inanimé du Christ restait vivant de sa vie divine et vivifiante [34]. Il applique d'ailleurs cette activité « vivifiante » du Sauveur dans la mort à deux aspects de la rédemption : le corps du Verbe anéantit dans les enfers le pouvoir de la corruption, tandis que son âme au ciel prépare l'accès des âmes au Père [35].

On voit que le paradoxe de la mort vivante ne recèle rien de la scandaleuse contradiction que les adversaires de Philoxène crurent y découvrir [36]; sa subtilité apparente tient à un jeu de mots, car

mains de son Père. » — *Commentaire de Jean, I, 1-17*, f. 183v : « Ces parties [l'âme et le corps] furent séparées l'une de l'autre par la croix, mais non de lui [le Seigneur]. » — *Lettre aux moines de Senoun*, p. 57-58 [47-48] : « C'est dans le Verbe lui-même que l'âme et le corps reçurent leur composition mutuelle, comme c'est évidemment en lui aussi que [cette composition] se défit; et de même que, lorsque [le corps et l'âme] se défirent en lui par la mort et s'éloignèrent l'un de l'autre, ni eux ne devinrent en dehors de lui, ni lui ne fut considéré comme étant en dehors d'eux une autre hypostase ou nature, ainsi, lorsqu'ils devinrent en lui par son incarnation et animation, c'est-à-dire lorsqu'ils furent composés en lui, ils ne furent pas d'abord connus en dehors de lui avant d'être assumés et de devenir siens ou en lui. »

33 *Commentaire de Jean, I, 1-17*, f. 10v : « [On ne peut comprendre] comment on vit jaillir du sang et de l'eau du corps de Notre-Seigneur alors qu'il n'y avait plus en lui de vie humaine. »

34 *Lettre aux moines de Téléda, I*, p. 489-490 : « Lorsqu'il eut crié à haute voix et remis son esprit dans les mains du Père, et que son corps fut resté sur la croix, afin que chacun apprenne que ce corps était vivant et [celui] du Vivant, un soldat s'approcha et ouvrit de sa lance le côté de ce qui paraissait un corps mort, et aussitôt il en jaillit du sang et de l'eau, comme d'un vivant. »

35 *Profession à Zénon*, p. 171 [125] : « En remettant son esprit dans les mains de son Père, il donna aux autres esprits des hommes la familiarité auprès de Dieu; et le même descendit par son corps dans les enfers [où] il prépara la résurrection commune des corps. » — *Commentaire de Luc, II, 40*, f. 14; *Commentaire de Jean, II, 19*, f. 24r a. — Les choses sont présentées autrement dans la *Lettre à Abraham et Oreste*, p. 42 [43], et dans le *Commentaire de Jean, I, 1-17*, f. 183v : « Par son âme, par laquelle il visita toutes les âmes détenues dans les enfers, il délia le pouvoir de la mort; et par son corps, lorsqu'il fut déposé au tombeau, il détruisit l'empire de la corruption. »

36 *Lettre aux moines de Téléda, I*, p. 460 : « Comment mourut-il s'il est immortel? disent-ils; [comment put-il] pâtir s'il est impassible? Les paroles

les deux termes qu'il comporte ne comprennent pas la vie et la mort dans un sens univoque : Dieu meurt dans son humanité d'une mort humaine, qui consiste dans la séparation de son âme d'avec son corps; mais la vie immortelle que conservent les deux éléments désintégrés de cette humanité se ramène, en dernière analyse, à l'union hypostatique.

Ceci ne constitue toutefois qu'un premier aspect de l'immortalité du Verbe incarné; il est un second motif, ressortissant non plus à la nature divine du Sauveur, mais à son incarnation même, et dont l'examen va nous permettre de compléter notre exégèse de la théologie philoxénienne de la mort de Dieu, dans un sens analogue à ce que nous avons dit plus haut des « formules théopaschites » [37].

Suivant la doctrine paulinienne (*Rom.*, v, 12), l'évêque de Mabbog enseigne formellement que la mort humaine « s'introduisit du dehors », en tant que condamnation divine consécutive à la transgression adamique; corrélativement, il affirmait que le premier homme fut créé immortel [38].

Concevoir cette immortalité au sens d'une incapacité constitutionnelle de mourir serait s'exposer aux plus ridicules contresens; les textes de Philoxène ne laissent d'ailleurs aucune hésitation possible sur ce point de sa pensée. En effet, notre auteur reconnaît l'homme comme mortel, d'abord parce que toute vie créée demeure

que vous récitez se réfutent mutuellement, disent-ils. » — *Mēmrē contre Ḥabīb*, VI, f. 58ᵛ b; VIII, f. 70ᵛ a, etc.

[37] Ci-dessus, p. 477-479.

[38] *Introduction du commentaire des évangiles* fragm. 2, f. 10ᵛ a : « Puisque la mort du corps et la mortalité effective prit sa cause du péché, qui est en dehors de la nature, c'est justement que l'on considère cette mortalité effective et la mort du corps comme entrée du dehors dans la nature; non que le corps ne soit pas mortel par nature, mais il n'était pas mortel en fait (ܡܝܘܬܐ ܗܘܐ). » — *Commentaire de Jean, III, 13*, f. 215ᵛ a : « Adam fut créé comme une créature supérieure, et tout d'abord immortel; inférieur aux anges dans son âme parce qu'elle était attachée (ܕܢܩܝܦܐ) au corps, mais meilleur que les animaux dans son corps, parce qu'il ne mourait pas comme eux. » — *Lettre aux moines de Téléda, I*, p. 473 : « La mort a empire sur les [êtres] composés, soit par le fait de la nature, comme pour les animaux et les bêtes, soit par la sentence de la transgression, comme pour notre race à nous, hommes. »

sans cesse à la discrétion de son créateur; dans ce sens, Dieu seul, qui possède la vie par soi, est immortel par nature, et l'immortalité perdue par le premier Adam était donc une propriété gratuitement accordée et toujours révocable [39].

Mais Philoxène regarde encore l'homme comme mortel en vertu de la composition de l'âme et du corps [40]; l'immortalité d'Adam à laquelle il songe doit donc être considérée comme un don gracieux, qui tenait à ce qu'en formant le premier homme Dieu avait uni l'âme au corps, non certes d'une manière absolue et définitive, mais de façon subordonnée à l'épreuve de l'obéissance au commandement [41]; comme l'écrit très précisément notre théologien, Adam innocent était mortel par nature, mais immortel dans le fait [42]; mortel, il pouvait mourir; immortel, il ne mourrait que s'il le voulait, en transgressant le commandement.

Cette notion d'immortalité comme liberté devant la mort rejoint ce que nous constations à propos de l'impassibilité [43]; suivant l'anthropologie philoxénienne, de même que l'homme « impassible » peut pâtir mais ne le doit point en vertu de sa nature, l'« immortel » est susceptible de mourir, mais il n'y est point contraint par une nécessité naturelle. Le péché ne crée donc pas la capacité con-

---

39 *Mēmrā sur l'arbre de vie* (ci-dessus, p. 489, note 21).

40 *Mēmrē contre Ḥabīb*, VII, f. 61ᵛ a : « Toutes les natures spirituelles sont dites vivantes naturellement, et la vie de toute la nature des [êtres] corporels, constitués dans une vie empruntée (ܪܠܚܐ), est appelée naturellement mortelle tout entière. » — Ci-dessus, p. 489-492, notes 22, 27, 31.

41 *Commentaire de Jean, I, 1-17*, f. 183ʳ : « L'âme avait été unie au corps lors de la formation du premier homme; et ils furent séparés l'un de l'autre par la sentence, à cause du péché. » — *Mēmrē sur l'inhumanation*, fragm. 5-6, f. 9ʳ a-b : « Dieu, toujours secourable, préparait mon salut, et il n'y avait pas d'empêchement de sa part que je devienne immortel dès le début; et s'il m'imposa la loi de ne pas manger [du fruit] de l'arbre, il voulait par là, non pas me rendre mortel, mais que je me donne à moi-même, volontairement, le don de l'immortalité. [...] En effet, par le commandement, il m'ouvrit la porte de la vie pour que j'y pénètre et reçoive volontairement la vie. »

42 Ci-dessus, p. 494, note 38. — Philoxène partageait sur ce point l'opinion de saint Éphrem; voir BECK, *De paradiso*, p. 25-26, 136-137. Pour l'opinion d'Apollinaire de Laodicée, voir DE RIEDMATTEN, *Christologie*, p. 223-225.

43 Ci-dessus, p. 478-479.

stitutionnelle de mourir, mais inaugure le règne de la mort, c'est-à-dire qu'il en fait une nécessité inéluctable [44].

Ce que nous disions du caractère respectivement naturel ou volontaire des passions chez l'homme d'avant ou d'après le péché, ainsi que du prétendu aphthartodocétisme de notre auteur doit être transposé ici : Philoxène ne songe jamais à émousser la consistance humaine d'une mort qu'il regarde comme la source du salut; ce qu'il veut maintenir, en appelant cette mort « non naturelle », c'est que le Verbe incarné ne mourut forcé par aucune nécessité interne ou externe, mais uniquement parce qu'il voulut sauver [45]; mort volontaire dont notre auteur trouve la preuve dans les versets évangéliques montrant que Jésus en connaissait l'heure, et qu'il en disposait souverainement [46].

Pas plus qu'il n'attribue à la nature humaine une constitution ontologique autonome qui la couperait de l'acte créateur, Philoxène ne la considère jamais indépendamment de sa situation historique concrète. Lorsqu'il affirme que « nous sommes tous mortels par nature », ou que « notre nature doit nécessairement mourir » [47], il ne veut sans doute parler que de la nature déchue, car les témoignages formels ne manquent pas, où il est affirmé que c'est le vieil homme qui est naturellement mortel et la mort corporelle due

---

[44] *Mēmrē contre Ḥabīb*, X, f. 108ᵛ c : « La mort a empire sur nous par la sentence. » — *Lettre aux moines de Téléda*, I, p. 465 : « C'est par la transgression première que la mort a régné; la mort s'est mêlée avec la convoitise dans la nature, et désormais quiconque entre dans ce monde par le mariage naîtra naturellement mortel et sera soumis à la mort inéluctablement, qu'il pèche ou non, qu'il pèche peu ou beaucoup, parce que la mort est mêlée à la nature. »

[45] *Ibid.*, X, f. 98ᵛ b-c : « J'ai dit deux choses : qu'il mourut par sa volonté et qu'il est vivant par sa nature. Si tu dis qu'il n'est pas vivant par sa nature, voilà une impiété; mais si tu écartes sa volonté de la mort, le voici mort contre sa volonté et ce qu'il devint est opposé à sa volonté. Or ce n'est pas en séparant sa volonté de sa nature que nous disons qu'il goûta la mort par sa volonté, mais c'est pour apprendre que sa nature est vivante, afin que l'hypostase qui mourut ne soit pas crue naturellement mortelle comme chacun, ou menée à la mort contre sa volonté, par la nécessité venant d'un autre. »

[46] *Ibid.*, VIII, f. 59ᵛ c-61ʳ b, etc.

[47] *Mēmrē contre Ḥabīb*, VII, f. 60ʳ b.

au péché qui est naturelle, et qu'elle l'est en vertu de la sentence divine [48].

En appelant la mort humaine « naturelle », Philoxène ne veut pas seulement dire que meurent effectivement tous les individus qui composent la race pécheresse, mais il entend marquer que leur mort n'est pas du ressort de la justice ou du péché personnel [49]. C'est donc bien la distinction entre le naturel et le volontaire que l'on retrouve ici [50] : tout comme la convoitise, la mort est au péché et à la justice ce que la nature est à ses opérations [51]; la nécessité de la mort tient donc à ce que celle-ci s'enracine dans les couches profondes et indifférenciées de l'être, échappant aux prises de la volonté personnelle [52].

La mortalité « naturelle » de l'homme pécheur, ou la nécessité de la mort, se transmet à ses descendants par la voie du mariage; Philoxène, qui l'affirme clairement, ajoute que le Christ fut

---

[48] *Ibid.*, f. 60ᵛ b; *Lettre aux moines de Téléda*, I, p. 462-463 : « La puissance de la mort régnait sur le genre humain par la sentence de la parole divine. [...] Toute notre race est devenue mortelle par nature, par la sentence de la transgression première; d'où quiconque est homme par nature meurt naturellement; et s'il ne veut pas mourir pour Dieu ou pour l'amour d'autrui, il goûtera la mort à cause du fait que sa nature est mortelle. » — *Mēmrē parénétiques*, XIII, p. 568.

[49] *Lettre aux moines de Téléda*, I, p. 465 (ci-dessus, p. 496, note 44). — Notre auteur illustre cette idée par l'exemple des Apôtres, qui moururent malgré qu'ils n'eussent plus péché depuis leur baptême spirituel de la Pentecôte, puis par l'hypothèse de la mort subite d'un néophyte à la sortie des fonts (*ibid.*, p. 463-465).

[50] Ci-dessus, p. 463-464.

[51] *Lettre aux moines de Téléda*, I, p. 466 : « Immortel, non par [sa] justice comme ils disent, mais par nature, [...] car Jésus ne fut pas seulement affranchi des œuvres du péché, mais aussi des impulsions du péché; il est donc également supérieur à la mort. »

[52] *Ibid.*, p. 461-462 : « La nécessité de la mort règne sur la vie de celui qui est mortel par sa nature; quand il ne voudrait pas mourir pour autrui, il est de toute façon mortel pour lui-même, comme tous les saints Apôtres et les bienheureux martyrs. Mortels par nature, ils moururent en martyre pour la vérité de leur foi; mais s'il leur était arrivé de fuir la mort et de ne pas vouloir mourir pour Dieu, ils auraient de toute façon été mortels pour eux-mêmes, parce que leur nature était soumise à la mort; et ils n'auraient pu échapper au pouvoir de la mort qui régnait sur le genre humain par la sentence de la parole divine. » — Ci-dessus, p. 492, note 31.

exempt de cette nécessité, c'est-à-dire immortel en tant qu'homme, grâce à sa conception virginale [53]. L'immortalité que Dieu Verbe incarné possède ainsi en vertu de son « devenir » s'ajoute à celle qu'il tenait de sa nature : par l'une, il demeure divinement vivant et vivifiant dans sa mort, tandis que l'autre lui assure la condition d'Adam avant le péché, c'est-à-dire une entière franchise humaine vis-à-vis de la mort.

Cette double liberté constitue d'ailleurs, rappelons-le, une condition indispensable du caractère rédempteur de la croix; dès lors que la mort du Christ s'avérerait naturelle et nécessaire, elle perdrait, aux yeux de notre théologien, tout son bénéfice universel exprimé par le « propter nos » du *Credo*, en s'épuisant pour ainsi dire en elle-même : en effet, tout être mortel meurt pour soi, payant en quelque sorte son dû à la mort, incapable par conséquent d'en triompher, ni à fortiori d'en délivrer d'autres mortels; seul un immortel pouvait sauver de la mort [54].

---

[53] *Mēmrē contre Ḥabīb*, VII, f. 61ᵛ b : « Puisque nous naissons naturellement par le mariage, notre mort aussi est nommée naturelle, car la mort suit le mariage et l'écoulement de la nature, c'est-à-dire que la mort est mêlée au mariage. [...] Mais chez le Christ, tout est miraculeux et surnaturel. [...] Nous disons qu'il s'incorpora et devint homme, non pas naturellement, par le mariage, comme tous les autres hommes, mais de notre nature, par un miracle surnaturel. » — *Lettre aux moines de Téléda*, I, p. 465 : « Lorsque Dieu voulut devenir homme de la Vierge afin de nous recréer par son devenir, il s'incorpora et naquit, [mais] pas par le mariage, suivant la loi ancienne, afin de devenir supérieur à la mort par son incorporation même. [...] Voici donc que ce Dieu immortel, voulant devenir homme de la femme, devint homme de façon immortelle par son incorporation même, puisqu'il est incorporé sans le mariage, dans lequel est incorporée la mort; et de même qu'il est immortel par sa nature, ainsi demeure-t-il immortel dans son devenir. » — *Mēmrē parénétiques*, XI, p. 446-447 : « La racine de la mort est la convoitise, et la racine de la convoitise est le mariage. Voilà pourquoi tous ceux qui naissent par le mariage sont mus par la convoitise et asservis à la mort, à l'exception d'un [seul], qui ne naquit point par le mariage; aussi fut-il affranchi du mouvement de la convoitise, et apparut par là supérieur à la mort de la nature; car lorsqu'il reçut [celle-ci], elle fut volontaire, et non naturelle. » — C'est sans doute par l'intermédiaire de la convoitise que Philoxène conçoit la transmission de la mort dans le mariage; à cela pourraient cependant se mêler quelques réminiscences philosophiques sur le rapport entre la génération et la corruption, par exemple lorsqu'il est question de la « semence mortelle » (*Livre des sentences*, II, 6, p. 89-90 [71]).

[54] *Profession à Zénon*, p. 170 [124] : « Celui qui subit la mort pour nous n'est

Notre auteur détermine régulièrement l'effet sotériologique spécifique de la mort du Verbe incarné suivant une loi d'antithèse qui s'applique à chacun des mystères du « commercium » : celui de la mort est pour les chrétiens source de vie et d'immortalité [55]. Ces concepts ne paraissent pas avoir été clairement élaborés par Philoxène, qui considère parfois la mort anéantie à la croix comme la mort du péché, et la réconciliation avec Dieu comme impliquant l'adoption filiale [56], tandis qu'ailleurs il voit dans l'immortalité con-

---

pas mortel comme l'un de nous, car [sinon] le pouvoir de la mort sur les mortels n'eût pas été aboli. » — *Lettre aux moines de Téléda*, I, p. 461 : « Si un mortel est mort, comme vous dites, de quoi cela me sert-il? Et si c'est quelqu'un de naturellement soumis aux passions qui pâtit, je ne suis aidé en rien, car il est évident pour tous les [êtres] intelligents que la nécessité de la mort règne sur la vie de celui qui est mortel par sa nature; et même s'il ne veut pas mourir pour autrui, il est de toute façon mortel pour lui-même. » — *Ibid.*, p. 462 : « Si celui qui mourut est mortel par nature, il serait mort pour lui de toute façon, même s'il n'était pas mort pour nous; et ce n'est plus pour nous que [serait] la mort du Christ, mais il [serait] mort pour lui-même, par la sentence, comme moi. » — *Ibid.*, p. 477 : « La mort d'un homme ne peut pas vivifier les hommes; car comment la passion et la mort de celui qui paie par sa mort sa dette personnelle (ܩܘܡܐܘܒܕܗ) et accomplit la sentence pour lui-même seraient elles pour notre rédemption à nous? » — *Mēmrē contre Ḥabīb*, X, f. 100v b : « S'il mourut pour lui, il ressuscita aussi pour lui, comme ayant besoin de la résurrection; mais si sa mort advint pour les autres, sa résurrection aussi est un exemple de la résurrection des autres, car il n'avait pas besoin de ressusciter, n'ayant pas besoin non plus de mourir. Par sa mort, en effet, ce n'est pas la mort de son hypostase qu'il mortifia, mais la mort de notre nature à nous. » — Philoxène pouvait trouver cette idée chez ÉPHREM, *Sur Nisibe*, XXXVI, 2, etc., ou encore chez Athanase (voir BOUYER, *Athanase*, p. 87).

[55] *Lettre dogmatique aux moines*, p. 170 [124]; *Lettre aux moines de Téléda*, I, p. 472, 480; *Mēmrē contre Ḥabīb*, VIII, f. 72r b-v a; *Lettre aux moines du Bēt-Gōgal*, II, f. 48r a; *Commentaire de Jean*, I, 1-17, f. 13v-14r, etc. — Cette antithèse était traditionnelle; voir, par ex., ÉPHREM, *Nativité*, XVIII, 36; *Sogītā*, I, 12, etc.

[56] *Mēmrē contre Ḥabīb*, VIII f. 79r c : « En devenant pour nous malédiction, il ne nous a pas [seulement] rachetés de la Loi, mais il nous a donné par cela d'autres choses plus grandes que l'affranchissement de la Loi. En effet, autre chose est d'être affranchi de l'esclavage, et autre chose qu'après avoir été affranchi, on s'enrichisse, on s'ennoblisse, on soit glorifié, on règne et on devienne cohéritier du Christ en devenant fils du Père du ciel. Or c'est en devenant pour nous malédiction qu'il nous donna ces choses, tandis qu'en nous

férée par le Crucifié la restauration de la condition humaine primitive [57]; la mort vaincue n'est plus alors celle du péché, qui fermait
pour l'homme l'accès à Dieu, mais bien la mort décrétée par la
sentence, qui séparait l'âme du corps [58].

En tout état de cause, c'est à la mort volontaire du Sauveur que
notre théologien attribue le don de l'immortalité; on ne saurait
donc concevoir cet aspect du salut comme acquis par le simple fait
de l'union naturelle du Verbe incarné, mais il faut plutôt songer
à des théories sotériologiques du type « moral », comme celles de
la satisfaction et de la victoire sur la mort, où l'humanité du Christ

rachetant de la malédiction de la Loi, il nous sauva de l'esclavage de la Loi.
En effet, la parole de l'Apôtre [*Gal.*, III, 13] montre deux biens : le premier
[consiste en ce] que Notre-Seigneur garda la Loi pour nous, rétribua notre dette
et nous affranchit de son esclavage; et l'autre [en ce] qu'il fut crucifié pour
nous et nous inscrivit à l'adoption de son Père. » — *Ibid.*, f. 80ᵛ b : « Les béné-
dictions spirituelles promises à Abraham furent distribuées à toutes les nations
par la mort et la croix du Christ, que Paul appelle malédiction. » — *Lettre aux
moines de Téléda*, I, p. 493 : « Le péché était mêlé à la vie humaine depuis
la transgression, mais il fut lavé, purifié et séparé par la vie sainte du Christ.
Mais afin qu'il n'[en] fût pas seulement séparé en demeurant au loin, pour
revenir souiller les vivants, Jésus le tua totalement sur sa croix et remit dans les
mains de son Père la vie humaine qu'il avait purifiée du mal dans son hypostase,
afin que la victoire vienne de deux côtés à la nature humaine : d'une part,
parce que le péché fut tué et les démons ennemis crucifiés; et d'autre part, parce
que la vie humaine fut remise dans les mains du Père par l'hypostase du Fils. »

[57] *Mēmrē contre Ḥabīb*, VIII, f. 80ᵛ c : « Parce que l'Écriture nous apprend
que deux morts régnèrent sur le genre humain, l'une [étant] la mort du péché et
l'autre la mort de la nature, Notre-Seigneur anéantit ces deux morts : l'une en
accomplissant le commandement et en gardant la Loi, l'autre en étant étendu
corporellement sur la croix. » — *Commentaire de Jean*, I, *1-17*, f. 181ᵛ : « En
triomphant du péché il nous affranchit de la servitude de la Loi; et en étant
suspendu au bois, il nous racheta de la malédiction de la sentence, pour que nous
ne soyons plus asservis à Satan ni ravis par la mort. » — *Ibid.*, f. 183ʳ : « En
expérimentant les passions et la mort, il enlève de nous la sentence de malédiction portée contre nous à cause du péché. »

[58] *Mēmrē contre Ḥabīb*, VII, f. 60ʳ c-v a : « La divine Écriture considère
comme mort véritable la mort du péché, et [non] la mort naturelle du corps, due
pour le péché. » — *Mēmrē parénétiques*, XI, p. 421 : « C'est par la volonté que
la mort du péché s'est introduite, et après elle est venue la mort de la condamnation, par la volonté de Dieu. »

joue un rôle rédempteur actif en écartant pour la nature humaine l'obstacle infranchissable du péché et de la condamnation [59].

Lorsque notre théologien considère la spiritualisation de la nature humaine comme l'effet direct de l'incarnation [60], il conçoit donc moins celle-ci comme assurant l'acquisition de l'immortalité que comme fondant le mode ontologique de sa communication; c'est uniquement dans ce sens que l'on peut parler d'une « sotériologie physique » chez Philoxène; pour notre auteur, elle ne s'applique pas proprement à l'acte rédempteur, mais au mode de sa participation. Celle-ci est communiquée aux bénéficiaires du salut comme une guérison ou un perfectionnement de la nature analogue à celui que nous avons décrit pour l'impassibilité, c'est-à-dire comme une possibilité, une puissance, une virtualité nouvelle de la nature du chrétien [61].

En effet, si le baptisé continue de mourir en vertu de la sentence, parce qu'il est devenu homme nouveau « sans changement » [62],

---

[59] *Mēmrē contre Ḥabīb*, VI, f. 59r b : « Sa mort à lui seulement a suffi [...] à nous donner la réconciliation avec Dieu, qui était irrité contre nous. » — *Ibid.*, VIII, f. 78r c-v a, 79r a; ci-dessus, note 56; *Livre des sentences*, III, 5, p. 242-243 [180-181].

[60] *Commentaire de Jean*, I, 1-17, f. 183r-v : « En devenant chair, il nous transforme en spiritualité; et en expérimentant les passions et la mort, il nous enlève la sentence de malédiction portée contre nous à cause du péché. [...] Il s'incarna d'abord, et par ce moyen s'unit le corps, puis [...] l'âme humaine; et après avoir guéri les deux en s'inhumanant parfaitement, et posé en tout homme la puissance de vaincre, s'il le veut, à la fois toutes les passions de l'âme et du corps, il est écrit qu'il inclina la tête sur la croix et remit son esprit [*Jean*, XIX, 30]. »

[61] *Lettre aux moines de Téléda*, I, p. 467 : « Moi seul je me suis incorporé de la nature humaine sans le mariage, j'ai sanctifié en moi la nature et je l'ai rendue supérieure à la passion, aux mouvements du péché et à la mort de la nature, afin qu'elle devienne désormais comme moi supérieure à tout cela. [...] Il vous est désormais loisible de vaincre le monde comme je l'ai vaincu. » — *Lettre à Patricius*, f. 54v b-55r a : « Toute notre nature reçut [son] renouvellement par l'incorporation du Christ, par sa passion et par sa mort; puis, après le renouvellement, sont venus aussi les commandements nouveaux. »

[62] *Mēmrē contre Ḥabib*, X, f. 108v c : « Chacun de nous, croyants, est homme par nature, et nous sommes devenus et appelés fils de Dieu par le baptême; mais nous n'avons pas perdu dans ce devenir de la grâce ce qui [appartient] à notre nature première; d'où, s'il arrive que l'un de nous quitte ce monde par la mort naturelle, on ne dit pas que le fils de Dieu est mort, bien que le mort était devenu fils de Dieu par le baptême, mais chacun dit que l'homme est mort,

toutefois, depuis qu'il vit de la vie divine, sa mort corporelle, devenue volontaire à l'image de celle du Christ [63], n'est plus à proprement parler une mort; pas plus que le Verbe ne quitta son humanité durant le « triduum mortis », l'Esprit-Saint ne quitte le corps et l'âme du croyant séparés par la mort; tandis que l'âme vit auprès du Dieu vivant, il demeure auprès du corps jusqu'à la résurrection, que sa puissance effectuera; ainsi notre théologien peut-il appeler la mort du croyant un sommeil (1 *Thess.*, IV, 13), et considérer les fidèles défunts comme des « dormants », vivant selon l'esprit [64]. L'analogie de la vie chrétienne avec l'économie du

et on appelle de son nom ancien celui sur lequel la mort eut empire dès le début. »

[63] *Mēmrē contre Ḥabīb*, VII, f. 60r c : « Chez nous-mêmes, la mort volontaire, qui advient pour Dieu, diffère de la [mort] nécessaire de la nature, que nous expérimenterions même contre notre gré; et désormais nous disons que la mort de tous ceux qui meurent naturellement est une mort; tandis que la mort de ceux qui meurent volontairement, en souffrant pour Dieu, ou dans l'espérance de la foi au Christ, nous ne l'appelons pas mort, mais sommeil ou dormition. » — *Ibid.*, X, f. 99v a : « De même que les [parfaits], bien que mortels par nature, sont vivants par grâce, non seulement parce qu'ils vont ressusciter, mais [parce qu']ils sont vivants spirituellement au moment (ܟܘܠܝܐ) même de leur mort; [...] ainsi [chez] Dieu, qui est immortel par nature, mais qui, par sa grâce, goûta la mort pour chacun, la vie de sa nature était conservée dans la mort même, qui advenait par [sa] grâce. » — *Lettre aux moines de Téléda*, I, p. 462.

[64] *Commentaire de Luc, II, 40*, f. 14r : « Il est écrit que les âmes des justes sont dans les mains de Dieu [*Sag.*, II, 1], là où il avait d'avance déposé leur vie. [...] La vie humaine quitte les corps des justes, mais la preuve que la vie divine ne s'en éloigne pas, ce sont les miracles qui arrivent par leurs ossements et les démons qui s'écrient, apprenant que la vie divine y est demeurée. » — *Mēmrā sur la foi par questions et réponses*, I, p. 53-54 [68-69] : « L'âme permanente de l'homme nouveau, c'est l'Esprit-Saint, qui demeure en lui, non [seulement] dans sa vie corporelle, mais aussi après sa mort, opérant des miracles et faisant des signes chez les saints. En effet, bien que l'âme de la nature ne soit pas dans les ossements des justes, je veux dire des Apôtres, des martyrs et de tous les saints, car elle en a été éloignée par la mort, l'Esprit-Saint demeure auprès d'eux et est en eux, et c'est lui qui y fait des signes et des miracles, et [c'est] par sa vertu qui est en eux que les démons s'écrient et vocifèrent, et que les maux sont chassés et les maladies expulsées. Et au moment de la résurrection, quand leurs âmes reviendront dans leurs corps, il y trouveront l'Esprit-Saint. [...] Et puisque l'Esprit-Saint est dans les fidèles qui meurent, leur mort n'est pas appelée mort, mais sommeil. [...] Quand l'âme [du croyant baptisé]

Verbe est ici parfaite, puisque l'immortalité du chrétien est assurée par sa vie divine, tout comme l'union hypostatique, persévérant à travers la mort du Sauveur, assura sa propre résurrection.

Nous ne saurions terminer cette étude de sotériologie philoxénienne sans évoquer le problème de l'incorruptibilité du corps du Christ, dont on sait l'importance capitale dans le différend qui opposa les julianistes aux monophysites sévériens orthodoxes [65]. Les remarquables affinités doctrinales qu'on a déjà relevées entre l'évêque de Mabbog et Julien d'Halicarnasse [66] permettaient d'espérer d'intéressantes découvertes dans les textes philoxéniens encore inédits; malheureusement ceux-ci ne nous ont pas apporté la preuve que notre auteur aurait été impliqué dans des controverses christologiques touchant l'incorruptibilité [67].

Dans ses écrits conservés, le vocabulaire de la φθορά (ܣܘܚܒܠܐ) et de l' ἀφθαρσία (ܐܠ ܡܬܚܒܠܢܘܬܐ) apparaît normalement comme le dernier terme d'une trilogie comprenant également l'impassibilité et l'immortalité [68]. Nulle part notre théologien ne nous a paru concevoir la corruption, à la manière de Julien [69], comme une notion générique englobant le péché, la convoitise et la mort; il ne semble la comprendre qu'au sens physique de la décomposition matérielle du corps [70]. Sans doute, dans la mesure où la mort est une suite

quitte son corps et qu'il meurt de la mort de la nature, nous l'enterrons comme un dormant vivant. » — *Mēmrē parénétiques*, III, p. 57, 65.

[65] On trouvera un bon résumé de la christologie julianiste dans DRAGUET, *Julien d'Halicarnasse*, col. 1934-1939. L'interprétation ancienne est maintenue par JUGIE, *Julien et Sévère*, p. 267-285; ID., *Theologia*, p. 434-436.

[66] DRAGUET, *Julien*, p. 232-250.

[67] Cependant le *Commentaire de Luc, II, 21* (ci-dessus, p. 143-144) conserve les vestiges d'une polémique contre des monophysites, que Philoxène assimile aux manichéens, et auxquels il reproche de nier la circoncision du Christ en arguant des *Actes*, II, 31.

[68] *Mēmrē contre Ḥabīb*, V, f. 42r c-v a; *Commentaire de Jean, I, 1-17*, f. 96v, 97, 178r; *Livre des sentences*, II, 3, p. 57 [48]; III, 5, p. 243 [180]; *Lettre aux moines de Senoun*, p. 29 [24], etc.

[69] DRAGUET, *Julien*, p. 222.

[70] *Mēmrē contre Ḥabīb*, VI, f. 51v a : « Le corps d'un homme dont la composition ne fut même pas détruite et sur qui la corruption n'eut point empire. » Philoxène appelle ici le Verbe incarné « un homme » dans un argument *ad hominem* contre son adversaire nestorien.

du péché, la corruption qu'elle entraîne en provient au même titre (*Gen.*, III, 19), aussi Philoxène peut-il rattacher sa transmission à la convoitise [71] ; cependant rien n'indique qu'il la considère avec elle, ainsi que le fait Julien [72], comme une souillure morale, entachée de culpabilité.

Le principe de l'incorruptibilité du corps du Christ s'applique donc principalement au « triduum mortis » ; mais il vaut aussi pour des parties matérielles séparées du corps du Sauveur durant sa vie terrestre [73]. Dans les deux cas, notre auteur appuie l'absence de corruption sur les deux mêmes motifs qu'il avançait en faveur de l'impassibilité et de l'immortalité du Verbe incarné : il s'agit d'abord du corps vivant et vivifiant de Dieu, qui lui demeure naturellement et hypostatiquement uni jusque dans la mort [74] ; mais en outre, la conception virginale assure l'incorruptibilité à l'incorporation elle-même [75].

---

71 *Ibid.*, VIII, f. 74ᵛ b-c : « Dans la nature mortelle, le corps n'est pas solide (ܪܟܝܟ), puisqu'il se corrompt ; mais dans l'hypostase de Dieu, il est solide puisque [le Verbe] s'incorpora incorruptiblement et qu'il s'incorpora sans le mouvement naturel et l'écoulement de la convoitise. [...] Il s'incorpora incorruptiblement, et c'est pourquoi il est écrit de lui que son corps ne vit pas la corruption [*Actes*, II, 31]. »

72 DRAGUET, *Julien*, p. 120.

73 *Mēmrē contre Ḥabīb*, VII, f. 64ʳ c : « Dans sa mort il demeura sans corruption, surnaturellement. [...] Seule cette incorporation de Dieu resta supérieure à la corruption, alors qu'il était déposé dans le tombeau qui corrompt le corps de la nature. De même qu'il était devenu surnaturellement lorsqu'il devint du ventre, il resta supérieur à la corruption lorsqu'il fut déposé au tombeau. » — Dans le *Commentaire de Luc*, II, 21, fragm. 1-2, f. 78ʳ b, Philoxène admet que la corruption n'eut pas empire sur « la coupure de la circoncision du Christ ». Lorsqu'il fait observer à ses adversaires que *Actes*, II, 31, s'applique à la résurrection (*ibid.*, fragm. 3, f. 78ʳ b), ce n'est pas au sens où l'entendait le compilateur antijulianiste, puisque l'incorruption est affirmée pour la circoncision ; il s'agit simplement d'un argument *ad hominem*, destiné à récuser la pertinence de l'autorité que les « manichéens » invoquaient pour nier la circoncision.

74 *Mēmrē contre Ḥabīb*, VII, f. 64ʳ c (ci-dessus, note 73) ; *Commentaire de Luc*, II, 21, fragm. 4, f. 78ʳ b : « Et si tel est le mystère de son économie, crois que la coupure de la circoncision du Christ fut réunie à son hypostase lors de la résurrection, et que la corruption n'eut point empire sur elle, en tant que [partie du] corps vivant et vivifiant de Dieu. »

75 *Mēmrē contre Ḥabīb*, VIII, f. 74ᵛ b-c (ci-dessus, note 71). Voir aussi *Livre des sentences*, II, 6, p. 89-90 [71] : « Dieu s'inhumana [...] de la Vierge sainte,

Le rapprochement de la corruption avec les passions et la mort, et sa distinction d'avec la convoitise, auraient normalement entraîné que Philoxène applique au Sauveur l'antithèse de l'« incorruptible dans la corruption »; s'il n'en fait rien, c'est incontestablement parce que l'autorité de l'Écriture (*Actes,* II, 27-31) s'opposait à ce que le Christ ait connu la corruption. Il reste que l'incorruptibilité que notre auteur attribue au corps du Verbe incarné ne doit pas être comprise au sens docète d'une inaptitude constitutionnelle à la décomposition, mais seulement au sens d'une incorruption de fait, relevant de son double titre de franchise; ce que nous avons dit de l'impassibilité et de l'immortalité comme liberté devant les passions et la mort [76] est ici applicable *a pari* et nous dispense d'insister davantage.

hormis le péché, la société et le flux de la conception, la semence mortelle et les mouvements de la convoitise. »

[76] Ci-dessus, p. 475-479, 489-490, 494-496.

CONCLUSION

Philoxène de Mabbog représente sans contredit une des figures les plus marquantes que le monophysisme syrien compta pendant le dernier quart du Ve siècle et le premier du VIe. Sa vie et son œuvre sont indissociablement liées aux controverses christologiques et aux intrigues de politique ecclésiastique qui agitaient alors le patriarcat d'Antioche, et sur l'évolution desquelles il exerça une influence déterminante.

Philoxène, de son nom syriaque, Xénaïas, était né dans la province perse du Bēt-Garmaï, durant le deuxième tiers du Ve siècle, dans une famille chrétienne d'ascendance araméenne. Élève de l'école théologique d'Édesse, peut-être encore sous Hibas († 457), il se rallia au cyrillianisme des partisans de l'ancien évêque Rabboula († 436), et se détourna ainsi de la christologie « antiochienne », à laquelle adhéraient la majorité de ses compatriotes.

Xénaïas résida ensuite dans les monastères de Syro-Mésopotamie et de Syrie occidentale, où il adopta la forme grécisée de son nom, mais sans renier pour autant son éducation syriaque. Entre 470 et 480, il gagna la confiance du patriarche d'Antioche, Pierre le Foulon; pendant la disgrâce de ce dernier (476-484), il milita si activement en faveur du *Trisagion* monophysite que le patriarche chalcédonien Calendion (482-484) se vit contraint de l'expulser. Cette mesure ne ralentit point les menées de l'ardent prosélyte; les moines monophysites orientaux le déléguèrent à Constantinople, où il contribua à obtenir de l'empereur Zénon la déposition de Calendion et la restauration de Pierre le Foulon (septembre 484).

L'année suivante (16 août 485), le patriarche rétabli récompensait Philoxène de son dévouement en l'ordonnant au siège métropolitain d'Euphratésie, Mabbog-Hiérapolis. Le nouvel évêque s'efforça dès lors de gagner à la christologie « alexandrine » le clergé et les moines de sa province, traditionnellement attachés au dualisme

« antiochien » ; mais jusqu'à la fin du siècle, il se dépensa princi-palement à soutenir la résistance des monophysites de Perse contre les persécutions dont ils faisaient alors l'objet.

L'avènement de Flavien au siège d'Antioche (498) allait cepen-dant ramener en Syrie occidentale le foyer des controverses christo-logiques. L'hostilité de l'évêque de Mabbog contre son nouveau patriarche éclata aussitôt que Flavien eut réhabilité la mémoire d'évêques orientaux diphysites que Philoxène avait fait rayer des diptyques ecclésiastiques quinze ans auparavant.

Après la guerre perse de 502-505, la querelle s'envenima, à l'occasion de la rupture entre le patriarche d'Antioche et Jean III d'Alexandrie, et les polémiques prirent dès lors un accent antichal-cédonien de plus en plus accusé. En 507, l'évêque de Mabbog se rendit à Constantinople pour y dénoncer personnellement Flavien devant l'empereur Anastase ; lors d'un synode antiochien de 509, il essaya, sans succès, d'arracher à son patriarche les anathèmes que le décret impérial du *Type* semble avoir obtenu peu après, sous une forme adoucie ; enfin, ayant échoué, au synode de Sidon (511), à faire rétablir la communion entre l'Orient et l'Égypte par la répudia-tion du dogme chalcédonien, il organisa à Antioche une campagne de protestations violentes ; celles-ci aboutirent à la déposition et à l'exil de Flavien, que remplaça le monophysite Sévère (novembre 512).

Philoxène se dépensa alors pour obtenir des évêques orientaux la reconnaissance de la nouvelle politique religieuse du patriarcat ; elle fut officiellement ratifiée au grand synode d'Antioche de 513 ; mais ce ralliement n'alla point sans réticences. Conscient de la position délicate du patriarche, à l'heure où la conclusion du schisme acacien se laissait déjà pressentir, l'évêque de Mabbog sut engager Sévère dans une politique de tolérance, et il fit de son mieux pour modérer le zèle des intransigeants de son propre parti.

Mais l'avènement de l'empereur Justin Ier (518) et la réconcilia-tion de Constantinople avec Rome vinrent mettre une fin brutale au régime monophysite à Antioche. Réfractaire à l'abjuration exigée, le vieil évêque de Mabbog fut déporté à Gangres, puis dans la métropole de Thrace, Philippoupolis ; c'est là qu'il mourut, le 10 décembre 523, sinon comme le martyr qu'allait bientôt créer la légende jacobite, du moins comme confesseur d'une foi que la persécution et l'exil n'avaient pu entamer.

La mémoire de ce champion de l'antichalcédonisme ne fut pas épargnée dans la chrétienté orthodoxe, où les chroniqueurs byzantins dépeignirent Philoxène comme un génie malfaisant de l'agitation et de l'hérésie. Il méritait pourtant un meilleur sort, et il l'eût assurément obtenu si son dévouement aveugle à la foi dans le Verbe incarné ne l'avait conduit à confondre la défense du monophysisme avec celle du christianisme lui-même. C'est avec l'intention sincère de préserver l'Église d'Orient de l'apostasie « nestorienne » qu'il intervint de façon décisive dans l'établissement d'une hiérarchie monophysite à Antioche, en engageant l'offensive contre le patriarche Flavien. Sans son obstination, cette lutte n'aurait sans doute jamais abouti à instaurer le régime sévérien, qui devait se perpétuer dans l'Église jacobite ; l'évêque de Mabbog est donc regardé à bon droit comme un des pères de cette confession. Cependant, son rôle avait été celui d'un précurseur plutôt que celui d'un fondateur ; aussi ses coreligionnaires allaient-ils rapidement lui préférer l'autorité de Sévère d'Antioche, dont les homélies et les traités devinrent bientôt le bréviaire des théologiens et des apologètes monophysites.

On conserve de nombreux et importants écrits ascétiques de Philoxène ; mais son œuvre fut essentiellement consacrée à la défense et à l'exposé de la christologie, à l'intention des milieux ecclésiastiques et monastiques syriens du diocèse d'Orient et de l'empire sassanide. Un premier groupe de lettres, de traités et de professions dogmatiques, qui datent d'avant l'épiscopat, et dont les *Mēmrē contre Ḥabīb* constituent la pièce la plus importante, sont contemporains des controverses antiochiennes sur le *Trisagion* ; ces écrits ne manifestent pas encore de préoccupation directement antichalcédonienne.

Au début du VIe siècle, l'évêque de Mabbog entreprenait de commenter les passages christologiques les plus significatifs des évangiles de *Matthieu,* de *Luc* et de *Jean,* pour combattre l'influence que l'exégèse de Diodore de Tarse et de Théodore de Mopsueste exerçait dans l'Église persane; remarquant, à cette occasion, les insuffisances de sa version syriaque du Nouveau Testament, il le fit retraduire sur le grec.

Une autre série de lettres, de traités et de « chapitres » christologiques philoxéniens datent des dernières années du patriarcat de Flavien ou du règne de Sévère; ils accusent les traits d'un antichalcédonisme, plus intransigeant pour la première de ces deux périodes, plus conciliant pour la seconde, à laquelle appartient, entre autres, le *Livre des sentences*.

Les dernières lettres doctrinales de l'évêque de Mabbog, contemporaines de son dernier exil, sont entièrement dictées par les circonstances de la persécution antimonophysite de Justin.

———

La théologie qui s'exprime dans ces écrits, tous profondément conditionnés par les polémiques du temps, ne reflète pas un système scolaire, méthodiquement élaboré à partir de notions et de principes bien définis; cependant, à travers un langage proche de l'Écriture et de l'usage courant, et nourri de réminiscences d'Éphrem, d'Athanase et de Cyrille d'Alexandrie, des pseudépigraphes apollinaristes et de l'ancien *Évagre* syrien, se dessinent des lignes de force révélant une profonde unité d'inspiration, qui embrasse la théologie trinitaire, la christologie, la sotériologie et l'anthropologie chrétienne en une véritable synthèse, partout présente sans être nulle part mise en théorie.

Dans sa formulation la plus simple, où le vocabulaire monophysite technique n'intervient pas encore, cette synthèse développe l'adage traditionnel du divin échange, conçu comme un double devenir; on peut la résumer dans les termes suivants.

Dieu Verbe, le Fils, « un de la Trinité », devient d'abord homme véritable et complet, en naissant de la Vierge Marie, puis il « devient dans » la passion, et enfin dans la mort. Dieu s'engage personnellement dans ce devenir, c'est-à-dire que c'est vraiment lui qui naît, souffre et meurt, lui et non pas « un autre » dont il assumerait ensuite de quelque façon le devenir; cependant, Dieu devient sans changer, c'est-à-dire en restant ce qu'il était et sans être lésé en rien dans sa divinité, parce que son devenir ne répond à aucune nécessité mais est spontanément et librement consenti pour notre salut.

L'acte du salut a pour effet le « devenir second » des créatures; il consiste d'abord en une nouvelle création des hommes « dans » le Fils, qui fonde leur union à Dieu; mais il comprend aussi la destruction du péché et de ses suites. Au premier de ces aspects répondent la filiation, la divinisation et la spiritualisation de l'homme nouveau; au second, sa restauration dans la condition humaine primitive, et en particulier dans l'impassibilité et l'immortalité du premier Adam. Le Verbe incarné accomplit cette restauration à travers tout le déroulement de son économie, comme une satisfaction de justice qu'il réalise au nom de l'humanité déchue et insolvable, par sa libre soumission aux suites du péché, et singulièrement à la mort, dont il était exempt en vertu de sa conception virginale.

La participation des hommes au salut s'opère en vertu de leur communion à l'humanité personnelle du Verbe, mais le corps du Christ que l'Église constitue par la foi et le baptême ne se confond pas avec cette humanité. Le salut communiqué au chrétien consiste fondamentalement en des virtualités ou en des possibilités nouvelles de la nature; celles-ci doivent ensuite normalement s'épanouir au registre expérimental de la contemplation, au terme de la vie morale et ascétique.

Pour l'essentiel, la synthèse que nous venons de résumer ne fait qu'exploiter l'héritage de la théologie alexandrine, qui avait su mettre dans un puissant relief la foi traditionnelle dans l'œuvre divine du salut. C'est précisément cette foi que Philoxène croit menacée par la christologie des théologiens « orientaux » et de leurs maîtres Diodore et Théodore, qu'il apprend à connaître à l'école persane d'Édesse. L'intention de cette christologie ne visait peut-être pas tant à souligner la réelle et complète humanité de Jésus qu'à écarter du Fils, consubstantiel au Père, toute « passion » indigne de Dieu; mais notre auteur considère comme un rationalisme sacrilège et dissolvant ce partage des propriétés, réservant la souffrance et la mort à l'humanité du Christ ; à ses yeux, au con traire, le Verbe sauve précisément par et dans les actes de son économie divine, et c'est de ces mêmes actes que découlent les biens divins du salut.

Tel est le motif qui oppose Philoxène au diphysisme. Nous sommes convaincu que l'évêque de Mabbog aurait transigé sur la formule de la *Mia physis* s'il n'avait cru apercevoir dans le symbole chalcédonien et la christologie du *Tome* un écartèlement des opérations qu'il estimait négateur du salut. Il connaît un diphysisme acceptable : celui consenti par Cyrille dans la formule d'union de 433 ; mais il refuse d'y assimiler celui de Chalcédoine. Lorsque le cours des événements l'aura amené à se prononcer plus nettement sur la question des natures, il ne voudra jamais voir dans le diphysisme de ses adversaires qu'une ruse de nestoriens impénitents ; et comme les chalcédoniens et les néochalcédoniens refusaient, à juste titre, de se reconnaître dans le grossier adoptianisme dont ils se voyaient chargés, Philoxène allait justifier cette assimilation en explicitant l'intime connexion du monophysisme proprement dit à sa synthèse théologique.

La continuité réelle du mystère de l'incarnation avec celui de la Trinité devait inviter notre théologien à chercher dans ce dernier dogme la référence de sa terminologie christologique ; effectivement, c'est en fonction des concepts trinitaires de nature et d'hypostase, respectivement compris comme « le commun » et « le particulier », qu'il précise sa conception monophysite de l'économie : Dieu Verbe est une hypostase de la nature divine ; devenant homme sans changer, il n'acquiert ni une seconde hypostase ni une seconde nature. Ce n'est là qu'une application toute normale du principe du « devenir sans changement ». Mais comment l'union de Dieu à la nature humaine n'entraîne-t-elle point chez le Christ une dualité de nature ? Nous croyons que Philoxène répondrait à ceci que la nature humaine du Verbe lui est unie à un niveau pour ainsi dire antérieur à toute détermination numérique ou individuelle, et qu'elle ne trouve sa singularité que dans la nature et l'hypostase divine.

Le monophysisme de notre auteur manifeste ainsi ses présupposés sotériologiques « réalistes » ou « physiques » ; en effet, c'est pour garantir la divinisation virtuelle de tout le genre humain par sa communion avec Dieu que Philoxène soutient l'union du Verbe à *la* nature humaine, car il estime que cette communion salvifique se restreindrait à un seul homme si le Christ avait assumé une nature humainement individuée, c'est-à-dire s'il fallait reconnaître en lui une deuxième nature.

Il nous semble donc qu'on ne peut rendre pleinement compte du monophysisme philoxénien en l'isolant du contexte trinitaire et sotériologique du divin échange, où il se trouve intégré. En voulant expliquer toute l'opposition de l'évêque de Mabbog au dogme chalcédonien par le biais de la formule apollinariste, on s'expose à masquer les intentions profondes au bénéfice d'une définition philosophique indûment privilégiée. Qu'après avoir analysé la terminologie de la formule monophysite dans les écrits de notre auteur, on soit autorisé à conclure qu'il confessait, comme ses adversaires, l'unité inconfuse du sujet ou de la personne du Christ, nous n'en disconvenons pas ; mais nous craignons qu'ainsi envisagée, la question n'atteigne pas le point central de ses préoccupations.

La pensée de Philoxène porte encore la nette empreinte de traits archaïques, montrant l'importance primordiale que conservait pour lui la question du « théopaschisme » en christologie ; n'y aurait-il pas là une indication comme quoi, loin d'être née d'une réaction contre le symbole chalcédonien, la « mentalité » monophysite dont notre auteur héritait plongeait des racines profondes dans l'histoire de la foi et de la piété chrétiennes, en se rattachant à de vénérables expressions du mystère de la divine économie : « Dieu est né, Dieu a souffert, Dieu est mort pour nous ».

Les premiers affrontements de la raison théologique avec ces vigoureuses mais paradoxales affirmations sotériologiques datent au moins de l'époque des controverses ariennes, dont on a justement aperçu dès l'antiquité l'aspect proprement christologique. Philoxène semble souvent ne pas dépasser cette perspective ancienne ; pour lui, la question de l'unité du Christ ne représente pas un objet de réflexion isolé, mais la contemplation de la personne du Sauveur

reste inséparable de celle de son œuvre ; en conséquence, il envisage
la christologie moins comme un problème de constitution ontologique ou comme une métaphysique de la personne que comme de
simples prémisses sotériologiques, qu'il développe et défend dans
la mesure où le dualisme lui paraît menacer la divinité du Sauveur
et le réalisme de la participation au salut. Nous dirions volontiers
que le monophysisme de notre auteur conçoit l'union moins comme
un principe de singularité et d'unité personnelle que comme un
principe de médiation de l'humanité individuelle du Verbe entre la
personne divine et le genre humain tout entier.

Ceci dit, répétons qu'il reste légitime de constater l'accord foncier de la christologie de Philoxène avec celle du concile qu'il rejeta
de toute son âme ; mais encore faut-il préciser que cet accord ne
porte que sur la foi, commune à tout christianisme, en l'unité de
la personne du Christ ; dans l'éventail des écoles qui caractérisent
diversement cette unité, notre théologien occuperait, de toute évidence, une position extrême, car il conçoit l'union inconfuse de la
manière la plus radicale.

Il n'empêche que nous ne voyons pas en quoi le monophysisme
de Philoxène trahit aucun des deux aspects essentiels du mystère
christologique. L'idée du devenir de Dieu lui permet, tout d'abord,
de sauvegarder l'insertion de la christologie dans l'ensemble de la
théologie, et en particulier dans celle du mystère du salut ; ensuite,
de marquer nettement la transcendance de la nouvelle Alliance sur
l'ancienne, par opposition à tout adoptianisme ; enfin et surtout,
de ne jamais perdre de vue l'unité et la priorité absolue de la
personne divine, ou plutôt sa permanence dans son état incarné,
par contraste avec les christologies présentant l'humanité et la
divinité comme deux principes en quelque sorte parallèles.

Ce théocentrisme, inhérent à la christologie alexandrine, l'a toujours fait suspecter de confondre ou d'absorber l'humanité de Jésus
dans le Verbe divin. Est-il besoin de rappeler que notre auteur
défend en principe la consistance et la spécificité de l'inhumanation,
sa pleine réalité et son inconfusion dans l'unité ? Sa reconnaissance
de l'humanité du Sauveur ne se borne d'ailleurs pas à une conces-

sion de principe, car il accorde à cette humanité un rôle sotériologique positif; à ses yeux, l'incarnation ne constitue pas un simple
instrument passif de communion divine, mais la vie, la passion et
la mort du Christ sont des médiateurs actifs du salut. Sans doute,
Philoxène ne va-t-il jamais jusqu'à expliquer cette opération par
une psychologie détachée du Verbe qui l'exerce; mais il ne voit
dans l'« hégémonie » divine aucune gêne pour l'exercice de l'activité humaine du Christ : il se satisfait de la tranquille affirmation
que l'homme véritable qui parle et agit, qui souffre et meurt vraiment, n'est autre que Dieu lui-même.

Dira-t-on que pareille christologie renonce à rendre compte du
mystère du Verbe incarné? Notre auteur répondrait sans doute à
ceci qu'il n'a précisément d'autre ambition que d'en reconnaître
et d'en respecter l'incompréhensible transcendance. L'insistance de
sa polémique contre le rationalisme qu'il impute à tout dualisme
christologique nous porterait à caractériser l'inspiration dernière
de sa pensée comme une « antithéologie », la théologie étant ici
comprise au sens d'une transcription rationnelle de la foi.

Le destin tragique du monophysisme, tel que le vécut Philoxène,
ne tint pas à une infidélité envers la tradition chrétienne; bien
plutôt pécha-t-il par un excès d'attachement à l'antique sagesse
mystique et apophatique, alors que la théologie rationnelle et critique avait reçu, à Chalcédoine, une solennelle et irréversible consécration.

INDEX DES MANUSCRITS

Les chiffres renvoient aux pages, les exposants aux notes.

INDEX DES ABRÉVIATIONS BIBLIOGRAPHIQUES

Dans nos références, les chiffres droits renvoient aux pages, les italiques aux lignes, ceux entre crochets aux volumes de version de textes orientaux. Les écrits de Philoxène ne sont pas inclus dans cet index; la table des matières permet de se reporter aisément aux indications bibliographiques de la deuxième partie, où les éditions et les manuscrits que nous citons sont marqués par l'astérisque.

Actes d'Éphèse 449 = *Akten der Ephesinischen Synode vom Jahre 449,* éd. J. FLEMMING et G. HOFFMANN (*Abhandl. d. Ges. d. Wiss. z. Göttingen, philos.-hist. Kl., N. S., 15, 1*), Goettingue, 1917.

AHRENS-KRÜGER, *Zacharias* = K. AHRENS et G. KRUEGER, *Die sogenannte Kirchengeschichte des Zacharias Rhetor (Scriptores sacri et profani, 3),* Leipzig, 1899.

ALBERT, *Disciple* = M. ALBERT, *Lettre inédite de Philoxène de Mabboug à l'un de ses disciples,* dans *L'Orient syrien,* t. 6 (1961), p. 243-254.

ALBERT, *Juif converti* = M. ALBERT, *Une lettre inédite de Philoxène de Mabboug à un Juif converti engagé dans la vie parfaite,* dans *L'Orient syrien,* t. 6 (1961), p. 41-50.

ALTANER, *Patrologie* = B. ALTANER, *Patrologie. Leben, Schriften und Lehre der Kirchenväter,* 5e éd., Fribourg-en-Br., 1958.

Anaphorae syriacae = *Anaphorae syriacae quotquot in codicibus adhuc repertae sunt cura Pontificii Instituti Studiorum Orientalium editae et latine versae,* Rome, 1939 ss.

Anonyme 819 = *Chronicon anonymum ad A.D. 819 pertinens,* éd. A. BARSAUM et J.-B. CHABOT (*Corpus script. christ. orient.,* 81 [109] = Syr. III, 14), Paris et Louvain, 1920 et 1937.

Anonyme 846 = *Chronicon anonymum ad A.D. 846 pertinens,* éd. E. W. BROOKS et J.-B. CHABOT (*Corpus script. christ. orient.,* 3 [4] = Syr. III, 4), Paris, 1903.

'ARBAYĀ, *Écoles* = BARḤADBSABBA 'ARBAYĀ, *Cause de la fondation des Écoles,* éd. A. SCHER, dans *Patrol. orientalis,* t. 4 (1908), p. 319-404.

ASSÉMANI, *Bibl. Orientalis* = J. S. ASSEMANI, *Bibliotheca orientalis Clementino-Vaticana.* I : *De scriptoribus Syris orthodoxis.* II : *De scriptoribus Syris monophysitis,* 2 vol., Rome, 1719 et 1721. Dans les notes, nous citons le t. 2 sans indication de tomaison.

ASSÉMANI, *Catalogus* = S.-E. et J.-S. ASSÉMANI, *Bibliothecae apostolicae vaticanae codicum manuscriptorum catalogus,* 3 vol., Rome, 1756-1759. Sauf indication contraire, nous citons le t. 3.

522 INDEX DES ABRÉVIATIONS BIBLIOGRAPHIQUES

ASSÉMANI, *Codex liturgicus* = J. A. ASSEMANI, *Codex liturgicus ecclesiae universae*, t. 2, Rome, 1749.

ASSÉMANI, *Florence* = S. E. ASSEMANI, *Bibliothecae Mediceae Laurentianae et Palatinae codicum orientalium catalogus*, Florence, 1742.

ASSFALG, *Syrische Handschriften* = J. ASSFALG, *Syrische Handschriften. Syrische, karšunische, christlich-palästinische, neusyrische und mandäische Handschriften (Verzeichnis der orientalischen Handschriften in Deutschland, 5)*, Wiesbaden, 1963.

BABAÏ, *Livre de l'union* = BABAI MAGNI *Liber de unione*, éd. A. VASCHALDE (*Corpus script. christ. orient.*, 79 [80] = Syr. II, 61), Paris, 1915.

BACHT, *Mönchtum um Chalkedon* = H. BACHT, *Die Rolle des orientalischen Mönchtums in den Kirchenpolitischen Auseinandersetzungen um Chalkedon (431-519)*, dans *Chalkedon*, t. 2, p. 193-314.

BAETHGEN, *Über den Glauben* = F. BAETHGEN, *Philoxenus von Mabug über den Glauben*, dans *Zeitschrift für Kirchengeschichte*, t. 5 (1882), p. 122-138.

BAR-BAHLŪL, *Lexique* = HASSAN BAR-BAHLUL, *Lexicon syriacum*, éd. R. DUVAL (*Collection orientale*, 15-17), 3 vol., Paris, 1901.

BAR-CÉPHA, *Création des anges* = MOÏSE BAR-CÉPHA, *Traité de la création des anges*, ms. *Birmingham (Selly Oak Colleges)*, Mingana syr. 9, p. 241-290.

BAR-CÉPHA, *De paradiso* = MOSES BAR-CEPHA, *Commentaria de paradiso ad Ignatium fratrem*, trad. A. MASIUS, dans MIGNE, t. 111, col. 481-608.

BAR-CÉPHA, *Hiérarchie céleste* = MOÏSE BAR-CÉPHA, *Traité sur la hiérarchie des anges*, ms. *Birmingham (Selly Oak Colleges)*, syr. 9, p. 290-324.

BAR-CÉPHA, *Traité de l'âme* = MOÏSE BAR-CÉPHA, *Traité de l'âme*, ms. *Birmingham (Selly Oak Colleges)*, Mingana syr. 9, p. 4-149.

BARDENHEWER, *Geschichte* = O. BARDENHEWER, *Geschichte der altkirchlichen Literatur*, t. 4, Fribourg-en-Br., 1924.

BARDY, *Anastase* = G. BARDY, *Sous le régime de l'Hénotique : la politique religieuse d'Anastase*, dans A. FLICHE et V. MARTIN, *Histoire de l'Église*, t. 4, Paris, 1939, p. 299-320.

BARDY, *Sévère* = G. BARDY, art. *Sévère d'Antioche*, dans *Dict. de théol. cath.*, t. 14 (1941), col. 1988-2000.

BAR-HÉBRÆUS, *Candélabre, VIII* = GRÉGOIRE ABU'L FARAǦ, *Candélabre des sanctuaires*, éd. J. BAKOŠ, *Psychologie de Grégoire Aboulfaradj, dit Barhebraeus, d'après la huitième base de l'ouvrage : Le Candélabre des sanctuaires*, Leyde, 1948.

BAR-HÉBRÆUS, *Chron. eccl.* = GRÉGOIRE ABU'L FARAǦ, *Chronicon ecclesiasticum*, éd. J.-B. ABBELOOS et T. LAMY, 3 vol. (1 et 2 à pag. continue), Louvain, 1872-1877. Sauf indication contraire, nous citons les t. 1-2.

BAR-HÉBRÆUS, *Commentaire des évangiles* = GRÉGOIRE ABU'L FARAǦ, *Horreum Mysteriorum*, éd. W. E. W. CARR, *Gregory Abu'l Faraj, Commonly Called Bar Hebraeus, Commentary on the Gospels from the Horreum Mysteriorum*, Londres, 1925.

BAR-HÉBRÆUS, *Profession* = GRÉGOIRE ABU'L FARAǦ, *Profession de foi*, éd. ASSÉMANI, *Bibl. orientalis*, t. 2, p. 276-277.

BAR-KŌNĪ, *Scolies* = THÉODORE BAR-KŌNĪ, *Liber scholiorum*, éd. A. SCHER, t. 2 (*Corpus script. christ. orient.*, 69 = Syr. II, 66), Paris, 1912.

BAR-ṢALĪBĪ, *Commentaire* = DIONYSII BAR-ṢALĪBĪ, *Commentarii in evangelia*, éd. I. SEDLÁČEK et J.-B. CHABOT (*Corpus script. christ. orient.*, 15 [16] et 77 [85] = Syr. II, 98 [*Matth.*, I, 1 - XX, 34]), Paris, 1906-1922; éd. A. VASCHALDE (*Ibid.*, 95 [98] et 113 [114] = Syr. II, 99 [*Matth.*, XXI, 1 - *Luc*, XXIV, 53]), Paris et Louvain, 1931-1940; ID., *In Apocalypsim, Actus et Epistulas catholicas*, éd. I. SEDLÁČEK (*Ibid.*, 53 [60] = Syr. II, 101), Paris, 1909 et 1910.

BAUMSTARK, *Evangelienexegese* = A. BAUMSTARK, *Die Evangelienexegese der syrischen Monophysiten*, dans *Oriens christianus*, t. 2 (1902), p. 151-169 et 358-389.

BAUMSTARK, *Ferialbrevier* = A. BAUMSTARK, *Das « syrisch-antiochenische » Ferialbrevier*, dans *Der Katholik*, t. 82 (1902), p. 401-427 et t. 83 (1903), p. 43-54.

BAUMSTARK, *Festbrevier* = A. BAUMSTARK, *Festbrevier und Kirchenjahr der syrischen Jakobiten* (*Studien z. Geschichte u. Kultur des Altertums*, III, 3-5), Paderborn, 1910.

BAUMSTARK, *Geschichte* = A. BAUMSTARK, *Geschichte der syrischen Literatur mit Ausschluss der christlich-palästinensischen Texte*, Bonn, 1922.

BAUMSTARK, *Liturgie comparée* = A. BAUMSTARK, *Liturgie comparée*, 2e éd., Chevetogne, 1939.

BECK, *De fide* = E. BECK, *Ephraems Reden über den Glauben. Ihr theologischer Lehrgehalt und ihr geschichtlicher Rahmen* (*Studia anselmiana*, 33), Rome, 1953.

BECK, *De paradiso* = E. BECK, *Ephraems Hymnen über das Paradies. Übersetzung und Kommentar* (*Studia anselmiana*, 26), Rome, 1951.

BECK, *Philoxenos und Ephräm* = E. BECK, *Philoxenos und Ephräm*, dans *Oriens christianus*, t. 46 (1962), p. 61-76.

BECK, *Theologie* = E. BECK, *Die Theologie des hl. Ephraem in seinen Hymnen über den Glauben* (*Studia anselmiana*, 21), Vatican, 1949.

BEDJAN, *Acta* = P. BEDJAN, *Acta martyrum et sanctorum*, 7 vol., Paris, 1890-1897.

BEDJAN, *Isaac* = P. BEDJAN, *Mar Isaacus Ninivita de perfectione religiosa*, Paris et Leipzig, 1909.

BERGSTRÄSSER, *Monophysitismus* = E. BERGSTRÄSSER, *Monophysitismus und Paulustradition bei Philoxenos von Mabbug* (*Diss. z. Erl. d. Doktorwürde d. H. Theol. Fak. d. Friedrich-Alexander-Univ. z. Erlangen*), Erlangen, 1953.

BERGSTRÄSSER, *Soteriologie* = E. BERGSTRÄSSER, *Philoxenus von Mabbug. Zur Frage einer monophysitischen Soteriologie,* dans *Gedenkschrift für D. Werner Elert,* Berlin, 1955, p. 43-61.

Bibl. hag. orient. = SOCII BOLLANDIANI, *Bibliotheca hagiographica orientalis* (*Subsidia hagiographica,* 10), Bruxelles, 1910.

BOTTE, *Baptême* = B. BOTTE, *Le baptême dans l'Église syrienne,* dans *L'Orient syrien,* t. 1 (1950), p. 137-155.

BOUYER, *Athanase* = L. BOUYER, *L'incarnation et l'Église-Corps du Christ dans la théologie de saint Athanase* (*Unam Sanctam,* 11), Paris, 1943.

BRIÈRE, *Dissertationes* = *Sancti Philoxeni episcopi Mabbugensis dissertationes decem de uno e sancta Trinitate incorporato et passo. Diss. I et II,* éd. M. BRIÈRE, dans *Patrol. orientalis,* t. 15 (1927), p. 439-542.

BRIÈRE, *Homélie d'Atticus* = M. BRIÈRE, *Une homélie inédite d'Atticus, patriarche de Constantinople (406-425),* dans *Revue de l'Orient chrétien,* t. 29 (1933-1934), p. 160-186.

BRIÈRE, *Homélies* = M. BRIÈRE, *Introduction générale aux homélies de Sévère d'Antioche,* dans *Patrol. orientalis,* t. 29 (1960), p. 7-72.

BRIÈRE, *Lettre d'Atticus* = M. BRIÈRE, *Une lettre inédite d'Atticus, patriarche de Constantinople (406-425),* dans *Revue de l'Orient chrétien,* t. 29 (1933-1934), p. 378-421.

BROCKELMANN, *Lexicon* = C. BROCKELMANN, *Lexicon syriacum,* 2e éd., Halle, 1928.

BROOKS, *Hymns* = E. W. BROOKS, *The Hymns of Severus and Others in the Syriac Version of Paul of Edessa, as Revised by James of Edessa,* dans *Patrol. orientalis,* t. 6 (1911), p. 1-179 et t. 7 (1911), p. 593-802.

BUDGE, *Discourses* = E. A. W. BUDGE, *The Discourses of Philoxenus, Bishop of Mabbôgh,* 2 vol., Londres, 1894.

BUDGE, *Paradise* = *The Book of Paradise. The Syriac Texts, According to the Recension of 'Anân-Ishô' of Bêth 'Âbhê,* éd. E. A. W. BUDGE, 2 vol., Londres, 1904.

BURY, *Later Empire* = J. B. BURY, *History of the Later Roman Empire from the Death of Theodosius I. to the Death of Justinian,* 2 vol., Londres, 1931.

BUYTAERT, *Eusèbe d'Émèse* = E. M. BUYTAERT, *L'héritage littéraire d'Eusèbe d'Émèse* (*Bibl. du Muséon,* 24), Louvain, 1949.

CÉDRÉNUS, *Compendium* = GEORGIUS CEDRENUS, *Historiarum compendium,* éd. I. BEKKER, *Georgius Cedrenus Ioannis Scylitzae ope suppletus et emendatus*, 2 vol., Bonn, 1838 et 1839.

CHABOT, *École de Nisibe* = J.-B. CHABOT, *L'école de Nisibe, son histoire, ses statuts*, tiré à part de *Journal asiatique*, 9e sér., t. 7 (1896).

CHABOT, *Isaac* = J.-B. CHABOT, *De sancti Isaaci Ninivitae vita, scriptis et doctrina* (*Univ. Cath. Lovan. Diss. ad gradum doct. in Fac. Theol.*, I, 44), Louvain, 1892.

CHABOT, *Littérature syriaque* = J.-B. CHABOT, *Littérature syriaque* (*Bibl. cath. des sciences relig.*, 21), Paris, 1934.

CHAINE, *Chronologie* = M. CHAINE, *La chronologie des temps chrétiens de l'Égypte et de l'Éthiopie*, Paris, 1925.

Chalkedon = *Das Konzil von Chalkedon, Geschichte und Gegenwart*, éd. A. GRILLMEIER et H. BACHT, 3 vol., Wurzbourg, 1951-1954.

CHARANIS, *Anastasius* = P. CHARANIS, *Church and State in the Later Roman Empire. The Religious Policy of Anastasius I* (*Univ. of Wisconsin Stud. in the Soc. Sciences and Hist.*, 26), Madison, 1939.

CHARLES, *Christianisme des Arabes* = H. CHARLES, *Le christianisme des Arabes nomades sur le Limes et dans le désert Syro-Mésopotamien aux alentours de l'Hégire* (*Bibl. de l'Éc. des Hautes Études*, Sc. relig., 52), Paris, 1936.

CHRISTENSEN, *Iran sassanide* = A. CHRISTENSEN, *L'Iran sous les Sassanides*, 2e éd., Copenhague, 1944.

Chronique d'Arbèle = *Chronique d'Arbèle*, éd. A. MINGANA, *Sources syriaques*, Leipzig, 1907.

Chronique d'Édesse = *Chronique d'Édesse*, éd. L. HALLIER, *Untersuchungen über die Edessenische Chronik* (*Texte u. Untersuchungen z. Gesch. d. altchr. Lit.*, 9, 1), Leipzig, 1892.

Chronique de Séert = *Histoire nestorienne (Chronique de Séert)*, 2e partie, I, éd. A. SCHER, dans *Patrol. orientalis*, t. 7 (1911), p. 93-203.

Chronique 1234 = *Anonymi Auctoris chronicon ad A.C. 1234 pertinens*, II, éd. J.-B. CHABOT, (*Corpus script. christ. orient.*, 82 = Syr. III, 15), Paris, 1916.

Coll. Avellana = *Collectio Avellana. Epistulae imperatorum, pontificum, aliorum A.D. 367-553*, éd. O. GÜNTHER (*Corpus script. eccl. latin.*, 35), 2 vol., Vienne, 1895 et 1898.

CONTI ROSSINI, *Note* = C. CONTI ROSSINI, *Note per la storia letteraria Abissina*, tiré à part de *Rendic. dl. R. Acc. d. Lincei*, 8, Rome, 1900.

COZZA LUZI, *Isaac* = J. COZZA LUZI, Τοῦ ὁσίου πατρὸς ἡμῶν Ἰσαὰκ ἐπιστολὴ πρὸς τὸν ὅσιον πατέρα ἡμῶν Συμεώνα, dans A. MAI, *Nova Patrum Bibliotheca*, t. 8, Rome, 1871, p. 157-187.

CRAMER, *Anecdota* = J. A. CRAMER, *Anecdota graeca e codicibus manuscriptis Bibliothecae Regiae Parisiensis edita*, t. 2, Oxford, 1839.

GUPPY, *Genuineness* = H. GUPPY, *The Genuineness of At-Ṭabari's Arabic « Apology », and of the Syriac Document on the Spread of Christianity in Central Asia in the John Rylands Library*, dans *Bulletin of the John Rylands Library*, t. 14 (1930), p. 121-124.

GUY, *Entretien monastique* = J.-C. GUY, *Un entretien monastique sur la contemplation*, dans *Recherches de science religieuse*, t. 50 (1962), p. 230-241.

GWYNN, *Remnants* = J. GWYNN, *Remnants of the Later Syriac Versions of the Bible*, 2 vol., Londres et Oxford, 1909.

HAACKE, *Kaiserliche Politik* = R. HAACKE, *Die Kaiserliche Politik um Chalkedon*, dans *Chalkedon*, t. 2, p. 95-177.

HAMMERSCHMIDT, *Texte* = E. HAMMERSCHMIDT, *Äthiopische literarische Texte der Bodleian Library in Oxford (Deutsche Akad. der Wiss. z. Berlin, Inst. f. Orientforschung, 38)*, Berlin, 1960.

HANSSENS, *Institutiones* = J. M. HANSSENS, *Institutiones liturgicae de ritibus orientalibus*, 3 vol., Rome, 1930-1932.

HARNACK, *Lehrbuch* = A. VON HARNACK, *Lehrbuch der Dogmengeschichte*, 3 vol., 5e éd., Tubingue, 1931-1932.

HATCH, *Harclean Gospels* = W. H. P. HATCH, *The Subscriptions in the Chester Beatty Manuscript of the Harclean Gospels*, dans *Harvard Theological Review*, t. 30 (1937), p. 148-151.

HAUSHERR, *Contemplation* = I. HAUSHERR, *Contemplation et sainteté. Une remarquable mise au point par Philoxène de Mabboug († 523)*, dans *Revue d'ascétique et de mystique*, t. 14 (1933), p. 171-195.

HAUSHERR, *De oratione* = I. HAUSHERR, *Le traité de l'oraison d'Évagre le Pontique. I : Authenticité évagrienne*, dans *Revue d'ascétique et de mystique*, t. 15 (1934), p. 34-93.

HAUSHERR, *Grands courants* = I. HAUSHERR, *Les grands courants de la spiritualité orientale*, dans *Orientalia christiana periodica*, t. 1 (1935), p. 114-138.

HAUSHERR, *Jean d'Apamée* = I. HAUSHERR, *Un grand auteur spirituel retrouvé : Jean d'Apamée*, dans *Orientalia christiana periodica*, t. 14 (1948), p. 3-42.

HAUSHERR, *Jean le Solitaire* = I. HAUSHERR, *Jean le Solitaire (pseudo-Jean de Lycopolis). Dialogue sur l'âme et les passions des hommes*, traduit du syriaque sur l'édition de Sven Dedering (*Orientalia christiana analecta*, 120), Rome, 1939.

HAUSHERR, *Spiritualité* = I. HAUSHERR, *Spiritualité syrienne. Philoxène de Mabboug en version française*, dans *Orientalia christiana periodica*, t. 23 (1957), p. 171-185.

HAYES, *École d'Édesse* = E. R. HAYES, *L'École d'Édesse (Univ. de Paris, Fac. des Lettres, Thèse pour le doct. d'Univ.)*, Paris, 1930.

HÉFÉLÉ, *Conciles* = C. J. HÉFÉLÉ et H. LECLERCQ, *Histoire des conciles d'après les documents originaux*, 11 vol., Paris, 1907-1952.

HOFFMANN, *Auszüge* = G. HOFFMANN, *Auszüge aus syrischen Akten Persischer Märtyrer* (*Abhandl. f. d. Kunde d. Morgenlandes*, VII, 3), Leipzig, 1880.

HONIGMANN, *Barṣauma* = E. HONIGMANN, *Le couvent de Barṣaumā et le patriarcat jacobite d'Antioche et de Syrie* (*Corpus script. christ. orient.*, 146 = *Subsidia*, 7), Louvain, 1954.

HONIGMANN, *Évêques et évêchés* = E. HONIGMANN, *Évêques et évêchés monophysites d'Asie antérieure au VIe siècle* (*Corpus script. christ. orient.*, 127 = *Subsidia*, 2), Louvain, 1951.

HONIGMANN, *Hiérapolis* = E. HONIGMANN, art. *Hierapolis* dans PAULY-WISSOWA, *Realenz.*, t. suppl., 4 (1924), col. 733-742.

HONIGMANN, *Ostgrenze* = E. HONIGMANN, *Die Ostgrenze des byzantinischen Reiches von 363 bis 1071* (*Corpus Bruxellense historiae byzantinae*, III, 3), Bruxelles, 1935.

HONIGMANN, *Patristic Studies* = E. HONIGMANN, *Patristic Studies* (*Studi e Testi*, 173), Vatican, 1953.

INGLISIAN, *Armenische Kirche* = V. INGLISIAN, *Chalkedon und die armenische Kirche*, dans *Chalkedon*, t. 2, p. 361-417.

JACQUES BARADÉE, *Profession de foi* = JACQUES BARADÉE, *Profession de foi*, éd. H. G. KLEYN, *Jacobus Baradaeüs, de stichter der syrische monophysietische Kerk* (*Leiden Univ., Fac. der Godgeleerdheid*), Leyde, 1882, p. 121-163.

JACQUES D'ÉDESSE, *Hexaméron* = IACOBI EDESSENI *Hexaemeron seu in opus creationis libri septem*, éd. J.-B. CHABOT et A. VASCHALDE (*Corpus script. christ. orient.*, 92 [97] = Syr. II, 56), Paris, 1928 et 1932.

JACQUES D'ÉDESSE, *Lettre à Georges* = JACOBI EDESSENI *Epistula ad Georgium Sarugenum de orthographia*, éd. P. MARTIN, Paris, 1869.

JACQUES D'ÉDESSE, *Scolie* = JACQUES D'ÉDESSE, *Scolie aux Homélies cathédrales de Sévère d'Antioche*, éd. M. BRIÈRE, dans *Patrol. orientalis*, t. 29 (1960), p. 190-207.

JANSSENS, *Filiation* = L. JANSSENS, *Notre filiation divine d'après saint Cyrille d'Alexandrie*, dans *Ephemerides theologicae Lovanienses*, t. 15 (1938), p. 233-278.

JEAN, *Vie de Sévère* = JEAN DE Bēt-APHTHONIA, *Vie de Sévère*, éd. M.-A. KUGENER, dans *Patrol. orientalis*, t. 2 (1907), p. 207-264.

JEAN DE DARA, *Hiérarchie céleste* = JEAN DE DARA, *Commentaire du traité de Denys l'Aréopagite sur la Hiérarchie céleste*, ms. Birmingham (*Selly Oak Colleges*) *Mingana syr. 56*, f. 1-13.

JEAN DE DARA, *Résurrection des corps* = JEAN DE DARA, *Traité de la résurrection des corps*, ms. *Vatican (Biblioteca Apostolica), syr. 100*, f. 1-79.

JEAN D'ÉPHÈSE, *Vies* = JOHN OF EPHESUS, *Lives of the Eastern Saints*, éd. E. W. BROOKS, dans *Patrol. orientalis*, t. 17 (1923), p. 1-307; t. 18 (1924), p. 513-698, t. 19 (1926), p. 153-285.

JEAN X, *Profession de foi* = F. NAU, *Lettre du patriarche jacobite Jean X (1064-1073) au catholique arménien Grégoire II (1065-1105)*, dans *Revue de l'Orient chrétien*, t. 17 (1912), p. 145-198.

JOUASSARD, *Impassibilité* = G. JOUASSARD, « *Impassibilité* » *du Logos et* « *impassibilité* » *de l'âme humaine chez saint Cyrille d'Alexandrie*, dans *Recherches de science religieuse*, t. 45 (Paris, 1957), p. 209-224.

JOUASSARD, *Intuition* = G. JOUASSARD, *Une intuition fondamentale de saint Cyrille d'Alexandrie dans les premières années de son épiscopat*, dans *Revue des études byzantines*, t. 11 = *Mélanges Martin Jugie* (1953), p. 175-186.

JUGIE, *Julien et Sévère* = M. JUGIE, *Julien d'Halicarnasse et Sévère d'Antioche*, dans *Échos d'Orient*, t. 28 (1925), p. 129-162 et 257-285.

JUGIE, *Primauté* = M. JUGIE, *La primauté romaine d'après les premiers théologiens monophysites*, dans *Échos d'Orient*, t. 33 (1934), p. 181-189.

JUGIE, *Theologia* = M. JUGIE, *Theologia dogmatica Christianorum orientalium ab Ecclesia catholica dissidentium*, t. 5, Paris, 1935.

KEKELIDZE, *Uc'ho avtorebi* = K. KEKELIDZE, *Uc'ho avtorebi zvel k'art'ul literaturaši*, dans *Etiudebi zveli k'art'uli literaturis istoriidan*, t. 5, Tiflis, 1957, p. 1-114.

KHOURI = J. KHOURI, [Étude et traduction de la quatrième base de BAR-HÉBRÆUS, *Le Candélabre du sanctuaire*], Paris, 1950 (voir M. ALBERT, dans *Patrol. orientalis*, t. 30, 1961, p. 275).

KHOURI-SARKIS, *Baptême* = G. KHOURI-SARKIS *Prières et cérémonies du baptême selon le rituel de l'Église syrienne d'Antioche*, dans *L'Orient syrien*, t. 1 (1956), p. 156-184.

KMOSKO, *Liber graduum* = *Liber graduum*, éd. M. KMOSKO (*Patrologia syriaca*, 3), Paris, 1926.

KRÜGER, *De annuntiatione* = P. KRÜGER, *Der Sermo des Philoxenos von Mabbug de annuntiatione Dei Genetricis Mariae*, dans *Orientalia christiana periodica*, t. 20 (1954), p. 153-165.

KRÜGER, *Mönchtum* = P. KRÜGER, *Das syrisch-monophysitische Mönchtum im Tur-Ab(h)din von seinen Anfängen bis zur Mitte des 12. Jahrhunderts*, dans *Orientalia Christiana Periodica*, t. 4 (1958), p. 5-46.

KRÜGER, *Philoxenos* = G. KRÜGER, art. *Philoxenos*, dans *Realenz. f. protest. Theol. u. Kirche*, 3e éd. t. 15, Leipzig, 1904, p. 367-370.

KRÜGER, *Tur Abhdin* = P. KRÜGER, *Das syrisch-monophysitische Mönchtum*

LIBERATUS, *Bréviaire* = LIBERATUS DIAC. CARTHAGINIENSIS, *Breviarium causae Nestorianorum et Eutychianorum*, éd. E. SCHWARTZ, dans *Acta Conciliorum Oecumenicorum*, II, 5, Berlin, 1936, p. 98-141.

LIÉBAERT, *Cyrille* = J. LIÉBAERT, *La doctrine christologique de saint Cyrille d'Alexandrie avant la querelle nestorienne (Fac. cath. de Lille. Mémoires et travaux*, 58), Lille, 1951.

Livre des lettres = *Girkʿ tʿltʿocʿ. Matenagrutʿiwn naxneasʿ (Sahak Mesropean Matenadaran*, 5), Tiflis, 1901.

Livre des moines = *Maṣāḥefta manakosāt. Mār Yeshaq-ennā Felkeseyus Aragāwi Manfasāwi*, Addis-Abeba, 1927/8.

MACLER, *Notices* = F. MACLER, *Notices de manuscrits arméniens ou relatifs aux Arméniens vus dans quelques bibliothèques de la péninsule ibérique et du sud-est de la France*, dans *Revue des études arméniennes*, t. 2 (1922), p. 235-291.

MAI, *Codd. Assem.* = A. MAI, *Codices chaldaici sive syriaci Vaticani Assemaniani*, Rome, 1831.

MALALAS, *Chronique* = JOANNES MALALAS, *Chronographia*, éd. L. DINDORF, Bonn, 1831.

MANSI = I. D. MANSI, *Sacrorum conciliorum nova et amplissima collectio*, Florence, 1759-1773.

MARCELLIN, *Chronique* = MARCELLINUS COMES, *Chronicon*, éd. Th MOMMSEN, dans *Monumenta Germaniae historica, Auctores antiquissimsi* XI, Berlin, 1894, p. 37-104.

MARGOLIOUTH, *Descriptive List* = G. MARGOLIOUTH, *Descriptive List of Syriac and Karshuni Mss. in the British Museum Acquired since 1873*, Londres, 1899.

MARSH, *Hierotheos* = F. S. MARSH, *The Book which is called the Book of the Holy Hierotheos (Text and Translation Society*, 10), Londres et Oxford, 1927

MARTIN, *Institutiones* = P. MARTIN, *Syro-Chaldaicae institutiones, seu introductio practica ad studium linguae arameae*, Paris, 1873.

MARTIN, *Jacques de Saroug* = P. MARTIN, *Lettres de Jacques de Saroug aux moines du couvent de Mar Bassus et à Paul d'Édesse*, dans *Zeitschrift d. Deutschen Morgenl. Ges.*, t. 30 (1876), p. 217-275.

MARŪTĀ, *Lettre à Jean* = MARŪTĀ DE TAGRĪT, *Lettre au patriarche Jean d'Antioche*, dans MICHEL, *Chronique*, IX, 9, t. 4, p. 424-427 [t. 2, p. 435-440].

MASPERO, *Alexandrie* = J. MASPERO, *Histoire des patriarches d'Alexandrie depuis la mort de l'empereur Anastase jusqu'à la réconciliation des Églises jacobites (Bibl de l'Éc. des Hautes Études*, 237), Paris, 1923.

MICHEL, *Chronique* = MICHEL LE SYRIEN, *Chronique*, éd. J.-B. CHABOT,

NAU, *Ménologes* = *Un martyrologe et douze ménologes syriaques*, éd. F. NAU, dans *Patrol. orientalis*, t. 10 (1915), p. 1-163.

NAU, *Naissance de Nestorius* = F. NAU, *La naissance de Nestorius*, dans *Revue de l'Orient chrétien*, t. 14 (1909), p. 424-426.

NAU, *Notice* = F. NAU, *Notice inédite sur Philoxène, évêque de Maboug (485-519)*, dans *Revue de l'Orient chrétien*, t. 8 (1903), p. 630-633.

NAU, *Plérophories* = Jean Rufus, *Plérophories, témoignages et révélations contre le concile de Chalcédoine*, éd. F. NAU, dans *Patrol. orientalis*, t. 8 (1912), p. 1-161.

NAU, *Textes monophysites* = *Textes monophysites*, éd. F. NAU, dans *Patrol. orientalis*, t. 13 (1919), p. 159-209.

NAU, *Traduction* = F. NAU, *Traduction des lettres XII et XIII de Jacques d'Édesse (exégèse biblique)*, dans *Revue de l'Orient chrétien*, t. 10 (1905), p. 197-208 et 258-282.

O'LEARY, *Littérature copte* = E. DE LACY O'LEARY, art. *Littérature copte*, dans *Dict. d'archéol. chrét. et de liturgie*, t. 9 (1930), col. 1599-1635.

OLINDER, *Epistulae* = IACOBI SARUGENSIS *Epistulae quotquot supersunt*, éd. G. OLINDER (*Corpus script. christ. orient.*, 110 = Syr. II, 45), Louvain, 1937.

OLINDER, *Letter to a Friend* = G. OLINDER, *A Letter of Philoxenus of Mabbug Sent to a Friend* (*Göteborgs Högskolas Arsskrift*, 56), Gothenbourg, 1950.

OLINDER, *Novice* = G. OLINDER, *A Letter of Philoxenus of Mabbug Sent to a Novice* (*Göteborgs Högskolas Arsskrift*, 47, 21), Gothenbourg, 1941.

ORTIZ, *Filosseno* = I. ORTIZ DE URBINA, art. *Filosseno*, dans *Enciclopedia cattolica*, t. 5 (1950), col. 1367.

ORTIZ, *Patrologia* = I. ORTIZ DE URBINA, *Patrologia syriaca*, Rome, 1958.

OSTROGORSKY, *État byzantin* = G. OSTROGORSKY, *Histoire de l'État byzantin*, trad. J. GOUILLARD, Paris, 1956.

PARRY, *Syrian Monastery* = O. A. PARRY, *Six Months in a Syrian Monastery*, Londres, 1895.

PAULY-WISSOWA, *Realenz.* = PAULYS *Real-Enzyclopädie der classischen Altertumswissenschaft. Neue Bearbeitung begonnen von* G. WISSOWA, etc., Stuttgart, 1893 ss.

PAYNE SMITH, *Catalogus* = R. PAYNE SMITH, *Catalogus codices manuscriptos Syriacos, Carshunicos, Mandaeos Bibliothecae Bodleianae complectens*, Oxford, 1864.

PAYNE SMITH, *Thesaurus* = R. PAYNE SMITH, *Thesaurus syriacus*, 2 vol., Oxford, 1879 et 1901.

PEETERS, *Golindouch* = P. PEETERS, *Sainte Golindouch, martyre perse († 13 juillet 591)*, dans *Analecta Bollandiana*, t. 62 (1944), p. 74-125.

PEETERS, *Hypatius et Vitalien* = P. PEETERS, *Hypatius et Vitalien. Autour de la succession de l'empereur Anastase,* dans *Annuaire de l'Institut de philologie et d'histoire orientales et slaves,* 10 = *Mélanges Henri Grégoire,* t. 2 (1950), p. 5-51.

PEETERS, *Jacques de Saroug* = P. PEETERS, *Jacques de Saroug appartient-il à la secte monophysite?* dans *Analecta Bollandiana,* t. 66 (1948), p. 134-198.

PEETERS, *Nouveau document* = P. PEETERS, *Un nouveau document sur l'histoire des Turcs?* dans *Byzantion,* t. 4 (1927-1928), p. 569-574.

PEETERS, *Rabban Sliba* = P. PEETERS, *Le martyrologe de Rabban Sliba,* dans *Analecta Bollandiana,* t. 27 (1908), p. 129-200.

PEETERS, *Rabboula* = P. PEETERS, *La vie de Rabboula, évêque d'Édesse († 7 août 436),* dans *Recherches de science religieuse,* 18 = *Mélanges L. de Grandmaison* (1928), p. 170-204.

PERADZE, *Georgische Überlieferung* = G. PERADZE, *Die altchristliche Literatur in der georgischen Überlieferung,* III, dans *Oriens christianus,* t. 30 (1933), p. 180-198.

Pontifical jacobite = *Pontifical jacobite. Profession des ordinands,* éd. F. NAU, *Une profession de foi jacobite,* dans *Revue de l'Orient chrétien,* t. 17 (1912), p. 324-327.

PORCHER, *Homélie* = E. PORCHER, *La première homélie cathédrale de Sévère d'Antioche,* dans *Revue de l'Orient chrétien,* t. 19 (1914), p. 69-78 et 135-142.

PORCHER, *Sévère* = E. PORCHER, *Sévère d'Antioche dans la littérature copte,* dans *Revue de l'Orient chrétien,* t. 12 (1907), p. 119-124.

PS.-DENYS, *Chronique* = PS.-DENYS DE TELLMAḤRē, *Chronique,* éd. J.-B. CHABOT, *Incerti auctoris chronicon pseudo-Dionysianum vulgo dictum (Corpus script. christ. orient.,* 91 [121] = Syr. III, 1 et 104 = Syr. III, 2), Paris et Louvain, 1927-1949. Sauf indication contraire, nous citons le t. 104.

PS.-JOSUÉ, *Chronique* = *The chronicle of Joshua the Stylite,* éd. W. WRIGHT, Cambridge, 1882.

RAES, *Introductio* = A. RAES, *Introductio,* dans *Anaphorae syriacae,* I, 1, Rome, 1939, p. V-XLIX.

RAES, *Liturgia* = A. RAES, *Introductio in liturgiam orientalem,* Rome, 1947.

RAHMANI, *Studia syriaca* = I. E. RAHMANI, *Studia syriaca seu collectio documentorum hactenus ineditorum,* 4 vol., Šarfeh, 1904-1909.

REFOULÉ, *Évagre* = F. REFOULÉ, *La christologie d'Évagre et l'origénisme,* dans *Orientalia christiana periodica,* t. 27 (Rome, 1961), p. 221-266.

RENAUDOT, *Collectio* = E. RENAUDOT, *Liturgiarum orientalium collectio,* 2 vol., 1e éd., Paris, 1716.

RICHARD, *Athanase* = M. RICHARD, *Saint Athanase et la psychologie du Christ selon les ariens*, dans *Mélanges de science religieuse*, t. 4 (1947), p. 5-54.

RICHARD, *Florilèges diphysites* = M. RICHARD, *Les florilèges diphysites du Vᵉ et du VIᵉ siècle*, dans *Chalkedon*, t. 1, p. 721-748.

RICHARD, *Léonce de Jérusalem* = M. RICHARD, *Léonce de Jérusalem et Léonce de Byzance*, dans *Mélanges de science religieuse*, t. 1 (1944), p. 35-88.

ROTHSTEIN, *Laḥmiden* = G. ROTHSTEIN, *Die Dynastie de Laḥmiden in al-Ḥîra*, Berlin, 1899.

ROZEMOND, *Damascène* = C. ROZEMOND, *La christologie de saint Jean Damascène (Studia Patristica et Byzantina*, 8), Ettal, 1959.

RÜCKER, *Philoxenus* = A. RÜCKER, art. *Philoxenus*, dans *Lexicon für Theologie und Kirche*, 1ᵉ éd., t. 8 (1936), col. 248-249.

SACHAU, *Šabuštī* = E. SACHAU, *Von Klosterbuch des Šâbuštî (Abhandl. d. Preuss. Akad. d. Wiss.*, philos.-hist. Klasse, 1919, nᵒ 10), Berlin, 1919.

SACHAU, *Verzeichniss* = E. SACHAU, *Verzeichniss der syrischen Handschriften der köninglichen Bibliothek zu Berlin*, 2 vol. à pag. continue, Berlin, 1899.

SALAVILLE, *Hénotique* = L. SALAVILLE, art. *Hénotique*, dans *Dict. de théol. cath.*, t. 6 (1920), col. 2153-2178.

SBATH, *Catalogue* = P. SBATH, *Bibliothèque de manuscrits Paul Sbath, prêtre syrien d'Alep*, 2 vol., Le Caire, 1928 et 1934.

Sceau de la foi = *Knikᶜ hawatoy*, éd. K. TĒR MKERTčᶜEAN, *Knikᶜ hawatoy əndhanur surb Ekełecᶜwoy yułłapᶜar ew s. hogekir harcᶜn merocᶜ dawanutᶜeancᶜ yawurs. Komitas katᶜułikosi hamahawakᶜeal*, Edjmiadzin, 1914.

SCHER, *Manuscrits d'Alqoš* = A. SCHER, *Notice sur les manuscrits syriaques conservés dans la bibliothèque du couvent des chaldéens de Notre-Dame des Semences*, tiré à part de *Journal asiatique*, 10ᵉ sér., t. 7 (1906).

SCHER, *Musée Borgia* = A. SCHER, *Notice sur les manuscrits syriaques du Musée Borgia, aujourd'hui à la Bibliothèque Vaticane*, dans *Journal asiatique*, 10ᵉ sér., t. 13 (1912), p. 249-287.

SCHWARTZ, *Acacianische Schisma* = E. SCHWARTZ, *Publizistische Sammlungen zum acacianischen Schisma*, dans *Abhandl. d. Bayer. Akad. d. Wiss.*, philos.-hist, Abt., N.F., 10, Munich, 1934, p. 161-262.

SCHWARTZ, *Epistulae ficticiae* = E. SCHWARTZ, *De epistulis ficticiis ad Petrum Fullonem*, dans *Acta Conciliorum Oecumenicorum*, t. 3, Berlin, 1940, p. XI-XIIII.

SÉVÈRE, *Contre le Grammairien* = SEVERI ANTIOCHENI *Liber contra impium*

Grammaticum, éd. J. Lebon (*Corpus script. christ. orient.*, 93 [94] = Syr. IV, 5; 101 [102] = Syr. IV, 6 et 111 [112] = Syr. IV, 4), Paris et Louvain, 1929-1938.

Sévère, *Homélies* = Sévère d'Antioche, *Les Homiliae Cathedrales. Traduction syriaque de Jacques d'Édesse*, hom. 104-112 et 119-125, éd. M. Brière, dans *Patrol. orientalis*, t. 25 (1943), p. 619-815 et t. 29 (1960), p. 1-262.

Sévère, *Homélie I* : voir Porcher, *Homélie*.

Sévère, *Lettres SL* = *The Sixth Book of the Select Letters of Severus, Patriarch of Antioch, in the Syriac Version of Athanasius of Nisibis* éd. E. W. Brooks, 4 vol. (pag. continue pour les 2 vol. de texte et pour les 2 vol. de trad.), Londres, 1902-1904.

Sévère, *Lettres n°s 1-118* = Severus of Antioch, *A Collection of Letters, from Numerous Syriac Manuscripts*, éd. E. W. Brooks, dans *Patrol. orientalis*, t. 12 (1919), p. 163-342 et t. 14 (1920), p. 1-310.

Sévère, *Lettre à Sotérichos* = G. Garitte, *Fragments coptes d'une lettre de Sévère d'Antioche à Sotérichos de Césarée*, dans *Le Muséon*, t. 65 (1952), p. 185-198.

Sherwood, *Charfet* = P. Sherwood, *Le fonds patriarcal de la bibliothèque manuscrite de Charfet*, dans *L'Orient syrien*, t. 2 (1957), p. 93-107.

Siméon, *Lettre à Samuel* = *Lettre du prêtre Siméon à l'abbé Samuel*, dans Zacharie cont., *Hist. eccl.*, VII, 8, p. 41-48 [28-33].

Siméon, *Lettre sur le nestorianisme* = Simeon Beth Arsamensis *Epistola de Barsauma episcopo Nisibeno, deque haeresi Nestorianorum*, éd. Assémani, *Bibl. orientalis*, t. 1, p. 346-358.

Socin, *Tûr 'Abdîn* = A. Socin, *Zur Geographie des Tūr 'Abdīn*, dans *Zeitschrift d. Deutschen Morgenl. Ges.*, t. 35 (1881), p. 237-269.

Spetsieris, *Isaac* = I. Spetsieris, Τοῦ ὁσίου πατρὸς ἡμῶν Ἰσαὰκ ἐπισκόπου Νινευΐ τοῦ σύρου τὰ εὑρεθέντα ἀσκητικά, Athènes, 1895.

Stamoulès, *Symvoli* = M. Stamoulès, Συμβολὴ εἰς τὴν ἱστορίαν τῶν Ἐκκλησιῶν τῆς Θράκης (Θρακικά, 14), Athènes, 1940.

Stein, *Bas-Empire* = E. Stein, *Histoire du Bas-Empire. II : De la disparition de l'Empire d'Occident à la mort de Justinien*, Paris, 1949.

Synodicon Orientale = *Synodicon Orientale*, éd. J.-B. Chabot (*Notices et extraits des mss. de la Bibl. Nat.*, 37), Paris, 1902.

Tanghe, *Eucharistie* = A. Tanghe, *L'Eucharistie pour la rémission des péchés*, dans *Irénikon*, t. 34 (1961), p. 165-181.

Tanghe, *Inhabitation* = A. Tanghe, *Memra de Philoxène de Mabboug sur l'inhabitation du Saint-Esprit*, dans *Le Muséon*, t. 73 (1960), p. 39-71.

Ter Minassiantz, *Armenische Kirche* = E. Ter Minassiantz, *Die armenische Kirche in ihren Beziehungen zu den syrischen Kirchen bis zum*

Ende des 13. Jahrhunderts (Texte u. Untersuchungen z. Gesch. d. altchr. Lit., 26, 4), Leipzig, 1904.

THÉODORE, *Hist. eccl.* = THEODORUS LECTOR, *Historia ecclesiastica*, éd. H. VALOIS, dans MIGNE, t. 86, 1, col. 157-227.

THÉOPHANE, *Chronographie* = THÉOPHANE LE CONFESSEUR, *Chronographie*, éd. C. DE BOOR, *Theophanis Chronographia*, t. 1, Leipzig, 1883.

THÉOTOKI, *Isaac* = N. THEOTOKI, Τοῦ ὁσίου πατρὸς ἡμῶν Ἰσαὰκ ἐπισκόπου Νινευὶ τοῦ σύρου τὰ εὑρεθέντα ἀσκητικά, 1e éd., Leipzig, 1770; 2e éd., Athènes, 1895.

TILLEMONT, *S. Macédone* = L. S. LENAIN DE TILLEMONT, *Mémoires pour servir à l'histoire des six premiers siècles*, t. 16, art. 6-22, Paris, 1712.

TIMOTHÉE, *Lettre à Léon* = TIMOTHÉE ÉLURE, *Profession de foi à l'empereur Léon*, éd. F. NAU, *Textes monophysites*, dans *Patrol. orientalis*, t. 13 (1919), p. 241-247.

TISSERANT, *Philoxène* = E. TISSERANT, art. *Philoxène de Mabboug*, dans *Dict. de théol. cath.*, t. 12 (1935), col. 1509-1532.

TIXERONT, *'Abou Niphir* = J. TIXERONT, *La lettre de Philoxène à 'Abou-Niphir*, dans *Revue de l'Orient chrétien*, t. 8 (1903), p. 623-630.

ULLENDORF, *Oxford* = E. ULLENDORF, *Catalogue of Ethiopian Manuscripts in the Bodleian Library*, Oxford, 1951.

VAN LANTSCHOOT, *Abbā Salāmā* = A. VAN LANTSCHOOT, *Abbā Salāmā, métropolite d'Éthiopie (1348-1388) et son rôle de traducteur*, dans *Atti del Convegno internazionale di Studi etiopici, Roma, 2-4 Aprile 1959*, Rome, 1960, p. 397-401.

VAN ROEY, *École d'Édesse* = A. VAN ROEY, art. *École d'Édesse*, dans *Dict. d'hist. et de géogr. eccl.*, t. 14, (1960), col. 1430-1432.

VAN ROEY, *Église jacobite* = A. VAN ROEY, *Les débuts de l'Église jacobite*, dans *Chalkedon*, t. 2, p. 339-360.

VASCHALDE, *Three Letters* = A. VASCHALDE, *Three Letters of Philoxenus, Bishop of Mabbôgh (485-519) (Cath. Univ. of Amer. Diss. for the Degree of Doct. of Philos.)*, Rome, 1902.

VASCHALDE, *Tractatus tres* = *Philoxeni Mabbugensis tractatus tres de Trinitate et incarnatione*, éd. A. VASCHALDE (*Corpus script. christ. orient.*, 9 [10] = Syr. II, 27), Paris, 1907.

VASILIEV, *Justin* = A. A. VASILIEV, *Justin the First. An Introduction to the Epoch of Justinian the Great (Dumbarton Oak Studies,* 1), Cambridge, Mass., 1950.

VICTOR, *Chronique* = VICTOR TONNENNENSIS, *Chronicon*, éd. Th. MOMMSEN, dans *Monumenta Germaniae historica, Auctores antiquissimi*, XI, Berlin, 1894, p. 184-206.

Vie des saints Pères = *Varkʿ srbocʿ Harancʿ ew kʿałakʿavarowtʿiwnkʿ nocʿin əst krkin tʿargmanowtʿean naxneacʿ*, t. 2, Venise, 1855.

WRIGHT, *Syriac Literature* = W. WRIGHT, *A Short History of Syriac Literature*, Londres, 1894.

WRIGHT-COOK, *Catalogue* = W. WRIGHT et A. COOK, *A Catalogue of the Syriac Manuscripts Preserved in the Library of the University of Cambridge*, 2 vol. à pag. continue, Cambridge, 1901.

ZACHARIE, *Vie de Sévère* = ZACHARIE LE SCHOLASTIQUE, *Vie de Sévère*, éd. M. A. KUGENER, dans *Patrol. orientalis*, t. 2 (1907), p. 7-115.

ZACHARIE CONT., *Hist. eccl.* = *Historia ecclesiastica Zachariae Rhetori vulgo adscripta*, éd. E. W. BROOKS (*Corpus script. christ. orient.*, 83 [87] = Syr. III, 5 et 84 [88] = Syr. III, 6), Paris et Louvain, 1919-1924. Seuls les livres VII-XII sont du continuateur.

ZOTENBERG, *Catalogue* = H. ZOTENBERG, *Catalogues des manuscrits syriaques et sabéens (mandaïtes) de la Bibliothèque Nationale*, Paris, 1874.

ZUNTZ, *Harklean N.T.* = G. ZUNTZ, *The Ancestry of the Harklean New Testament* (*The British Academy, Supplemental Papers*, 7), Londres, 1945.

INDEX DES CITATIONS DE PHILOXÈNE

Les chiffres renvoient aux pages, les exposants aux notes.

INDEX ANALYTIQUE

Les chiffres droits renvoient aux pages, les italiques aux passages principaux, les exposants aux notes. — Abréviations : cath(olicos), conc(ile), emp(ereur), écr(ivain), év(êque), fl(euve), fonct(ionnaire), gén(éral), hig(oumène), hist(orien, chroniqueur), jac(obite), loc(alité), métr(opolite), m(oine), mon(astère), patr(iarche), pr(être), prov(ince), rég(ion), s(aint), scol(astique).

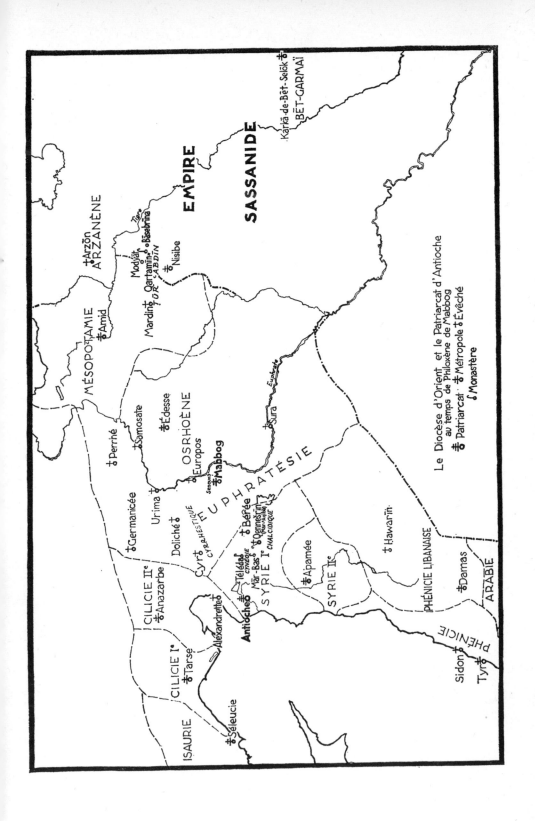

Le Diocèse d'Orient et le Patriarcat d'Antioche
au temps de Philoxène de Mabbog
⊕ Patriarcat · ⊕ Métropole ⊕ Évêché
⟂ Monastère

TABLE DES MATIÈRES

PREMIÈRE PARTIE

LA VIE DE PHILOXÈNE

DEUXIÈME PARTIE

LES ÉCRITS DE PHILOXÈNE

TROISIÈME PARTIE

LA THÉOLOGIE DE PHILOXÈNE

Opus quod inscribitur *La vie, les écrits et la théologie de Philoxène de Mabbog*, auctore R. P. Andrea DE HALLEUX, O.F.M., ex auctoritate Eminentissimi ac Reverendissimi Cardinalis Archiepiscopi Mechliniensis-Bruxellensis, et legum academicarum praescripto recognitum, quum fidei aut bonis moribus contrarium nihil continere visum fuerit, imprimi potest.

Lovanii, die 2ª Iunii 1963.

+ A. DESCAMPS,
Episc. Tunet.,
Rector Universitatis.